# 実録・国際プロレス

THE RISE AND FALL OF INTERNATIONAL WRESTLING ENTERPRISE

Gスピリッツ編

G SPIRITS BOOK Vol.7
辰巳出版

Dedicated to Akio Murasaki, Tsutomu Yonemura, Takashi Kikuchi

# はじめに

『インターナショナル・レスリング・エンタープライズ（IWE＝通称・国際プロレス）』は、日本プロレスの営業部長だった吉原功氏とアメリカで活躍していた日本人レスラーのヒロ・マツダによって、1966年10月に設立され、81年8月に興行活動を停止したプロレス団体である。

最後の年となる81年は、日本マット界にとって大きなターニングポイントだった。国際プロレスが崩壊する3ヵ月半前、新日本プロレスのリングで初代タイガーマスク（佐山聡）が鮮烈なデビューを果たしたのである。

以降、金曜夜8時に始まるテレビ朝日の中継『ワールドプロレスリング』でタイガーマスクの試合が映し出されるようになると、華麗な四次元殺法に魅せられた少年たちが会場に殺到し始めた。これは国際プロレスをリアルタイムで知らないファン層が一気に増えたことを意味する。

しかし、80～90年代に少しでもプロレスに興味があったならば、誰もが国際プロレス出身者の試合をテレビや会場で一度ならずとも目にしたことがあるはずだ。

団体崩壊後、新日本プロレスに乗り込んだラッシャー木村、アニマル浜口、寺西勇の「新国際軍団」は、アントニオ猪木と抗争を展開し、ファンの憎悪を一身に集めた。この時期の新日本プロレスは「黄金期」と称されるが、タイガーマスクとはまったく異なる立ち位置で視聴率&観客動員に貢献したのが、この3人だったことは言を待たない。

その後、〝革命戦士〟長州力と合体した浜口は、寺西と共にジャパンプロレスに籍を移し、戦いの場を全日本プロレスに求めたことで日本テレビの電波にも乗った。

さらに木村も旧UWFを経て、全日本マットに参戦。後年はジャイアント馬場を「アニキ」と呼ぶマイクパフォーマンスで人気を博し、平成世代のファンにも親しまれる存在となった。

また、この『全日本プロレス中継』で、マイティ井上、阿修羅・原、鶴見五郎、マッハ隼人、高杉正彦（ウルトラセブン）、冬木弘道（サムソン冬木）らのファイトを初めて目にしたファンも少なくないだろう。

国際プロレスの万屋（よろずや）的存在だった若松市政（将軍KYワカマツ）は拡声器を片手に新日本マットに登場し、マシン軍団を操る悪徳マネージャーとして大ブレイク。同じくレフェリーやマネージャーもこなしたミスター珍は、大仁田厚率いるFMWで「現役最高齢の第1級身体障害者レスラー」として現役復帰し、その姿は一般のメディアにも取り上げられた。

後年、思いもよらぬ形でブレイクしたのが剛竜馬である。90年代に入って「ショアッ!」の掛け声と「プロレスバカ」の愛称で時の人となり、テレビ朝日の格闘バラエティー番組『リングの魂』にも出演。見方によっては、この時期がキャリアの絶頂期だったかもしれない。

外国人選手に関しても、〝鉄人〟ルー・テーズ、〝人間風車〟ビル・ロビンソン、〝大巨人〟アンドレ・ザ・ジャイアント、〝プロレスの神様〟カール・ゴッチ、〝狂乱の貴公子〟リック・フレアー、〝爆弾小僧〟ダイナマイト・キッド、〝暗闇の虎〟初代ブラック・タイガーなど国際プロレスを通過した著名レスラーは数多い。つまり団体崩壊後にファンになった世代でも、どこかで「国際プロレス」に触れているのだ。

だが、団体名はよく見聞きするものの、その歴史や実態はよくわからないという方も多かったのではないだろうか。

本書はタツミムック『Gスピリッツ』の連載「実録・国際プロレス」を加筆・修正し、再構成したものである。所属選手と関係者の生の証言をこれだけのボリュームで集めた書籍は初となるが、濃密な時代を生きた男たちのダイナミズムとバイタリティーは、リアルタイムで観ていた世代はもちろんのこと、タイガーマスク世代以降のファンの心にも必ず響くはずである。

この国にプロレスというスペクテイタースポーツを根付かせたのは言うまでもなく力道山であり、その直弟子のジャイアント馬場とアントニオ猪木が継承・発展させてきたことは揺るぎない事実だ。

それにより、後に続く藤波辰爾、長州力、ジャンボ鶴田、天龍源一郎の「俺たちの時代」と呼ばれる世代、さらに闘魂三銃士（橋本真也、武藤敬司、蝶野正洋）、四天王（三沢光晴、川田利明、田上明、小橋建太）へと連なる流れが日本マット界の正統的な系譜とされる。

それを「本流」とするならば、国際プロレスは最初から最後まで「傍流」であった。

力道山門下ながら、BIの入門2日前に日本を発ち、海外マットに活路を求めたマツダ。幹部と意見が合わず、日本プロレスを飛び出した吉原氏。そんな2人が創った団体だけに、初めから「傍流」であることを運命づけられていたのかもしれない。

しかし、「本流」だけを追いかけていると、見えてこないこともある。国際プロレスを抜きに昭和のマット界の全体像は掴めないというのもまた事実であり、BIを主軸にせずに日本のプロレス史を深く掘り下げたのが本書である。

そして、それが「傍流」であろうとも、系譜を辿っていけば、平成元年に旗揚げした日本初のインディー団体『パイオニア戦志』から始祖・力道山まで、やはり一本の線で繋がっているのだ。

本編は、前半＝所属選手、後半＝関係者のインタビューが時系列に並べてある。同じ事象でも捉え方は人それぞれだが、読み進めるうちに団体の栄枯盛衰だけでなく、マット界を揺るがした諸事件の裏側も透けて見えてくるはずだ。

年号が「昭和」だった時代、日本のマット界は「世界」と密接に繋がっていた。インターネットなど存在しない中、本場アメリカだけでなく、日本のプロレスファンには未知のテリトリーだった欧州や中南米の国々を駆け巡っていたのが国際プロレスの面々だった。

一方、国内に目を向けると、国際プロレスは老舗・日本プロレスの対抗勢力、東京プロレスに続く〝第3勢力〟として誕生し、後年は新日本プロレス、全日本プロレスの後塵を拝する〝第3団体〟のポジションを強いられた。

そんな「傍流」に身を置いた選手&関係者による証言の数々は、まさに埋もれた昭和史そのものである。

目次

# 実録・国際プロレス

# 国際プロレス
## ～設立から崩壊までの軌跡～

### ■1966年（昭和41年）

9月11日　日本プロレスの吉原功・取締役営業部長が退社。
10月6日　杉山恒治（サンダー杉山）、草津正武（グレート草津）が日本プロレスを退団。
10月7日　吉原功氏が新団体設立に向けたヒロ・マツダとの話し合いのために、杉山恒治、草津正武を連れて渡米。
10月12日　豊登とアントニオ猪木が設立した東京プロレスが蔵前国技館で旗揚げ戦を開催。同団体には、後に国際プロレスに合流する田中忠治、マンモス鈴木、木村政雄（ラッシャー木村）、竹下民夫らが在籍。また、寺西勇、大磯武がデビュー。
10月15日　後に国際プロレスに合流する仙台強（大剛鉄之助）が東京プロレスでデビュー。
10月24日　吉原功氏がヒロ・マツダと共に帰国し、『インターナショナル・レスリング・エンタープライズ（国際プロレス）』の設立と役員人事を正式発表。
11月2日　ヒロ・マツダが東京プロレス勢の宿泊先である長野県松本市の『香蘭荘』を訪ね、アントニオ猪木に協力を要請。
11月29日　アントニオ猪木と吉原功氏が共同会見を開き、東京プロレスと国際プロレスの業務提携を発表。国際の旗揚げ『パイオニア・シリーズ』は両団体の合同興行として開催されることとなった。

### ■1967年（昭和42年）

1月5日　大阪府立体育会館で国際プロレス＆東京プロレスによる合同興行『パイオニア・シリーズ』が開幕。
1月8日　東京プロレス（猪木派）が会見を開き、新間寿・取締役、新間信雄・監査役、定野道春（豊登）・相談役を業務上背任横領の疑いで告訴したと発表。
1月9日　新間寿・取締役と定野道春・相談役が会見を開き、アントニオ猪木を名誉棄損と特別背任横領で告訴すると発表。
4月6日　アントニオ猪木の日本プロレス復帰が発表される。これにより、東京プロレスは崩壊。
7月27日　国際プロレスの第2弾『パイオニア・サマー・シリーズ』が開幕。旗揚げシリーズには参加しなかった豊登、田中忠治が出場し、東京プロレスの残党組は所属選手となる。また、覆面太郎（小林省三＝ストロング小林）、井上末雄（マイティ井上）がデビュー。
9月11日　TBSテレビが国際プロレスのレギュラー中継決定を発表。この後、旗揚げメンバーのヒロ・マツダ、ミスター鈴木（マティ鈴木）が離脱する。
11月20日　TBSテレビはレギュラー中継開始に伴い、国際プロレスを『TBSプロレス』に改称すると発表。

### ■1968年（昭和43年）

1月3日　『TBSプロレス』の第1戦興行が日大講堂で行われ、TBSテレビの『TWWAプロレス中継』が水曜午後7時からの1時間枠でスタート。また、竹下民夫がレフェリーに転向。小林省三が素顔で再デビュー。
1月5日　村崎昭男（デビル紫）がデビュー。
1月12日　藤井康行（ヤス・フジイ）がデビュー。

5月27日　佐野東八（佐野浅太郎）がデビュー。

10月6日　小林省三が武者修行のために渡欧。

12月19日　ビル・ロビンソンが『ワールド・チャンピオン・シリーズ』で優勝し、初代IWA世界ヘビー級王者に認定される。

## ■1969年（昭和44年）

1月2日　ビル・ロビンソンが日本陣営でファイトすることが発表される。

2月25日　マンモス鈴木がレフェリーに、竹下民夫がレフェリーからリングアナに転向。

4月27日　本郷清吉（本郷篤）がデビュー。

6月27日　ストロング小林が凱旋第1戦を行う。

8月28日　ラッシャー木村が武者修行のために渡米。

9月8日　海外を拠点にしていたシャチ横内が初参戦。

9月20日　浜口平吾（アニマル浜口）がデビュー。

9月22日　扇山がデビュー。

## ■1970年（昭和45年）

1月3日　留学生の黒潮太郎がデビュー。

1月16日　藤井三吉（ヤス・フジイ）がシャチ横内の誘いを受けて渡米（後に海外でフリー宣言をして国際プロレスを離脱）。

2月11日　豊登が引退。また、扇山がこの日の試合を最後に失踪する。

3月11日　海外を拠点にしていた清美川が初参戦。また、日本プロレスのミスター珍が国際プロレスに移籍。

5月14日　ビル・ロビンソンが『第2回IWAワールド・チャンピオン・シリーズ』で優勝。

8月28日　ストロング小林とマイティ井上が武者修行のために渡欧。

9月9日　ラッシャー木村が凱旋第1戦を行う。

10月8日　国際プロレスが日本初の金網デスマッチ（ラッシャー木村vsドクター・デス）を敢行。

## ■1971年（昭和46年）

3月24日　田中忠治が武者修行のために渡欧。

5月18日　モンスター・ロシモフ（アンドレ・ザ・ジャイアント）が『第3回IWAワールド・シリーズ』で優勝。

7月6日　ストロング小林がIWA世界ヘビー級王者として凱旋第1戦を行う。また、留学生のエティフィア・ジェラール（稲妻二郎）がデビュー。

7月10日　この日の試合を最後に佐野先風（佐野浅太郎）が長期欠場となり、そのまま引退。

7月12日　田中隆雄（鶴見五郎）がデビュー。

9月6日　第1回新人テストが行われ、八木宏（剛竜馬）が合格。

9月8日　松本勝三（大位山勝三）がデビュー。

## ■1972年（昭和47年）

1月5日　TBSテレビのレギュラー中継が水曜午後7時からの30分枠に短縮される。

2月3日　アニマル浜口が武者修行のために渡米。

3月6日　アントニオ猪木率いる新日本プロレスが大田区体育館で旗揚げ戦を開催。

4月2日　TBSテレビのレギュラー中継が日曜午後6時からの1時間枠に変更される。

5月6日 ストロング小林が『第4回IWAワールド・シリーズ』で優勝。

6月12日 松本勝三が武者修行のために渡米。

6月25日 田中忠治が凱旋第1戦を行う。また、留学生の姜成英、ヤーン・ヘルマンソンがデビュー。

6月28日 留学生の呉均銭がデビュー。

7月7日 留学生の梁鎮五がデビュー。

7月23日 大磯武が武者修行のために渡欧。

9月9日 八木宏、米村勉（米村天心）がデビュー。

9月11日 ラッシャー木村が武者修行のために渡欧。

9月20日 サンダー杉山の全日本プロレス移籍が発表される。

10月1日 TBSテレビのレギュラー中継が日曜午後6時25分からの30分枠に変更される。

10月21日 ジャイアント馬場率いる全日本プロレスが町田市体育館で旗揚げ前夜祭を開催。国際プロレスはデビル紫、鶴見五郎を貸し出し、翌年に入っても選手の派遣を続ける。

10月28日 マイティ井上が凱旋第1戦を行う。

12月12日 デビル紫が武者修行のために渡米。また、本郷篤が年末で退団し、全日本プロレスに移籍（リングネームも肥後宗典に改名）。

## ■1973年（昭和48年）

1月6日 栄勇（スネーク奄美）がデビュー。

3月17日 大剛鉄之助が武者修行のために渡加。

3月29日 鶴見五郎、八木宏が武者修行のために渡欧。

4月1日 TBSテレビのレギュラー中継が日曜午後6時からの30分枠に変更される。

4月18日 ラッシャー木村、大磯武が凱旋第1戦を行う。

4月20日 この日の興行を最後に日本プロレスが崩壊。

6月18日 アニマル浜口、松本勝三が凱旋第1戦を行う。

9月29日 若松市政（将軍KYワカマツ）がデビュー。

10月6日 TBSテレビのレギュラー中継が土曜午後2時からの30分枠に変更される。

10月10日 ラッシャー木村が『第5回IWAワールド・シリーズ』で優勝。

11月28日 国際プロレスが日本初のインディアンストラップマッチ（グレート草津vsワフー・マクダニエル）を敢行。

## ■1974年（昭和49年）

1月26日 大磯武が引退。

2月13日 小林が会見を開き、IWA世界ヘビー級王座の返上及びフリーランスとして活動していくことを表明。

3月18日（現地時間） カナダ・カルガリーで大剛鉄之助が交通事故に遭い、右足を切断。レスラー生命を絶たれる。

3月24日 ミスター珍が武者修行のために渡米。

3月30日 この日の放送を最後にTBSのレギュラー中継が打ち切りとなる。

6月5日 国際プロレスが日本初のチェーン・デスマッチ（ラッシャー木村vsセーラー・ホワイト）を敢行。

9月15日 国際プロレス女子部が発足。

9月16日 留学生のスミス・ハートがデビュー。

9月23日 東京12チャンネル（現・テレビ東京）のレギュラー中継『国際プロレスアワー』が月曜午後8時からの1時間枠でスタート。

## ■1975年（昭和50年）

1月6日 マスクマンのタイガー・チョン・リーが登場。正体は元日本プロレスの長沢秀幸。
4月下旬 稲妻二郎が武者修行のために渡加。
6月6日 ラッシャー木村が新日本プロレスのアントニオ猪木に挑戦状を送付したと発表。
7月19日 長沢秀幸が素顔で本格的に復帰。
11月2日 鶴見五郎が凱旋第1戦を行う。
12月6日 全日本プロレスの『オープン選手権大会』が開幕。国際プロレスからはラッシャー木村、グレート草津、マイティ井上が参戦。
12月11日 百田家が日本武道館で『力道山13回忌追善合同大試合』を開催し、国際プロレスも協力。

## ■1976年（昭和51年）

1月5日 ミスター珍がミスター・ヨトの名で外国人側に付き、凱旋第1戦を行う。
1月25日 海外を拠点に活動していた上田馬之助がラッシャー木村に挑戦状を送付。
2月29日 稲妻二郎が凱旋第1戦を行う。
3月28日 蔵前国技館で『全日本プロレス・国際プロレス 対抗戦』を開催。
4月12日 この日の試合を最後に女子部が廃止。
5月23日 上田馬之助が初参戦。
6月16日 アニマル浜口が武者修行のために渡加。
7月4日 剛竜馬が凱旋第1戦を行う。
8月20日 カナダ・カルガリーに国際プロレスの北米支部が開設され、大剛鉄之助が支部長に就任。
9月5日 海外を拠点に活動していたミスター・セキ（関川哲夫＝ミスター・ポーゴ）が初参戦。
10月24日 デビル紫がマスクマンとして凱旋第1戦を行う。

## ■1977年（昭和52年）

2月27日 アニマル浜口が凱旋第1戦を行う。
3月26日 ラッシャー木村が『第6回IWAワールド・シリーズ』で優勝。
6月19日 海外を拠点に活動していたミスター・ヒト（安達勝治）が初参戦。
8月7日 この日の試合を最後に田中忠治が退団。
9月4日 高杉正彦（ウルトラセブン）がデビュー。
11月19日 ラグビーの元世界選抜メンバー、原進（阿修羅・原）が入団。
11月25日 全日本プロレス&国際プロレスによる合同興行『全軍対抗戦』が開幕（全6戦）。

## ■1978年（昭和53年）

2月18日 全日本プロレス&国際プロレス&金一道場による合同興行『全軍激突戦』が開幕（全3戦）。
4月16日 剛竜馬が辞表を提出。その後、失踪する。
5月11日 剛竜馬が全日本プロレスの大阪府立体育会館大会に姿を現し、マスコミに対してフリー宣言を行う。
6月26日 原進がデビュー。
7月3日 原進が武者修行のために渡加。
9月10日 留学生の梁承揮（力抜山＝ストロング・マシン2号）がデビュー。

10月3日　吉原功氏のプロレス生活25周年記念として企画された『日本リーグ争覇戦』が開幕。
11月25日　新日本プロレスのストロング小林、小林邦昭が『日本リーグ争覇戦』に特別参加。同団体との交流がスタートする。
11月30日　ラッシャー木村が『日本リーグ争覇戦』で優勝。また、この日の試合を最後に大位山勝三が引退。
12月8日　原進が帰国。
12月16日　吉原功氏、ラッシャー木村、原進が新日本プロレスの蔵前国技館大会を訪れ、リング上から木村はアントニオ猪木、原は藤波辰巳（現・辰爾）との対戦をアピール。

## ■1979年（昭和54年）

1月5日　阿修羅・原（前年12月27日に改名）が凱旋第1戦を行う。
3月2日　留学生の金光植がデビュー。
4月9日　マサ斎藤が初参戦。
8月26日　蔵前国技館で東京プロレス新聞社主催『プロレス 夢のオールスター戦』が開催される。
9月17日　菅原伸義（アポロ菅原）がデビュー。
10月5日　大木金太郎が1試合のみ特別参戦。
11月1日　マッハ隼人が日本デビュー。また、海外を拠点に活動していたヤス・フジイがフリー参戦。

## ■1980年（昭和55年）

1月6日　大位山勝三が現役復帰し、鶴見五郎の独立愚連隊に合流。
2月18日　大木金太郎が入団。
5月4日　冬木弘道がデビュー。
5月16日　この日の試合を最後にデビル紫が引退。
7月9日　グレート草津が右アキレス腱を断裂して長期欠場となり、そのまま引退。
7月15日　ミスター珍が独立愚連隊のマネージャーとして登場。
9月25日　スネーク奄美が引退。
10月4日　東京12チャンネルのレギュラー中継が土曜午後8時からの1時間枠に変更される。
12月13日　ラッシャー木村、アニマル浜口、寺西勇が新日本プロレスの東京体育館大会に出場。
12月24日　阿修羅・原が武者修行のために渡米。

## ■1981年（昭和56年）

1月7日　ミスター珍が現役復帰。
3月19日　この日の試合を最後に大位山が2度目の引退。
3月28日　この日の放送を最後に東京12チャンネルのレギュラー中継が打ち切りとなる。
4月18日　阿修羅・原が凱旋第1戦を行う。
4月30日　スネーク奄美が脳腫瘍により死去。
7月25日　秋吉豊幸がデビュー。
8月9日　『ビッグ・サマー・シリーズ』最終戦となる羅臼町民グラウンド大会をもって国際プロレスが興行活動を停止。

# 実録・国際プロレス

# ストロング小林

1970年代前半にIWA世界ヘビー級王者として国際プロレスの顔だったストロング小林は、同団体の新弟子第1号でもある。

本名・小林省三は団体旗揚げ前にスカウトされる形で入門し、67年7月に日本人初のマスクマン『覆面太郎』としてデビュー。2度の海外武者修行を経て、完全無欠のエースとなった。

だが、74年2月に小林は突如IWA世界王座を返上して、電撃的に退団する。そして、フリーランスの立場で戦いの場を新日本プロレスに移し、アントニオ猪木と一騎打ちを行って大きな注目を集めた。

この離脱劇については、関係者などの証言から「新日本側の引き抜き」であったことは明らかになっている。また、小林の退団とほぼ同時にTBSテレビで放映されていた国際プロレスのレギュラー中継も打ち切りとなり、これが団体崩壊の遠因と見る向きも多い。

プロレスラーを目指してボディビルの練習に勤しんでいた青年は、団体の頂点に昇り詰めながらも、なぜエースの

**すとろんぐ・こばやし**
1940年12月25日、東京都青梅市出身。身長188cm、体重125kg。66年に国際プロレスに入門。67年7月27日、金山体育館における大磯武戦で、覆面太郎としてデビューした。1シリーズでマスクを脱ぎ、その後は本名の小林省三としてファイト。68年12月にストロング小林に改名し、71年夏以降は長らくIWA世界ヘビー級王座に君臨した。74年2月にフリー宣言をしてからは、主戦場を新日本プロレスに移して活躍。腰の不調により、84年8月に引退式を行った。後年はストロング金剛を名乗ったが、現在は旧名に戻している。

座を捨てて国際プロレスを去ることになったのか？

――小林さんがプロレスと出会ったのは、いつ頃ですか？

「僕は子供の頃、青梅駅のすぐ近くに住んでいたんですけど、商工会議所の広場に街頭テレビがあってね。そこで力道山の姿を初めて観て、あの逆三角形の身体に憧れたわけですよ。ああいう身体になりたいと思って、腕立て伏せとか、いろんな運動をやってたの。当時はバーベルなんて絵では見たことがあっても、どこにも売っていなくてね。そうしたら、『ファイト』（※プロレス評論家の田鶴浜弘氏が創刊した日本初のプロレス専門誌。アマレスやボディビルなども取り上げていた）という雑誌にバーベルの作り方が載っていたんですよ。さらにベンチプレスとかバーベルのやり方も載っていてね。あれは中学1年の終わり頃だったかな、セメントを買ってきて自分でバーベルを作ったの。たぶん、50キロぐらいあったんじゃないかな。まだ家の庭にありますよ、捨てきれなくて（笑）。それからは一生懸命トレーニングしましたね。だから、食糧事情が悪い時代だったけど、中学2年で体重は75キロありましたよ。自分ながらに、〝胸に肉がついた〟、〝腕が太くなった〟と自己満足しながら、夢中になってトレーニングしたね」

――でも、青梅農林高校に進んでからは野球部に入ったんですよね？

「中学時代も野球をやっていたんですよ。サードでした。中学は、野球とバーベルで過ごしましたね。高校で硬式の野球部に入ったら、〝バーベルは絶対にやっちゃダメだ！〟なんて言われてね。だから、本当はやりたかったけど、バーベルは全然イジらなかったんですよ」

――高校時代はプロレスラーよりも、むしろプロ野球選手になりたかったんですか？

「中学時代は力道山に憧れて、〝いつかはプロレスラーになりたい！〟と鍛えていたけど、高校に入ったらバーベルはやっちゃいけないというし、川上（哲治）、青田（昇）、千葉（茂）、大下（弘）の時代だったんで、〝プロ野球もいいな〟と思った時期もあったね。その頃は竹バットだったけど、芯に当たれば、よく飛んだんだわ。3年生の先輩に、〝小林は当たると凄いなあ！〟と褒め言葉をもらったこともあるしね。ウチの高校の野球場は結構広いんだけど、場外まで飛ばしたこともありますよ」

——それが再びプロレスラー志望に戻った理由は、何だったんですか？

「1年やって、〝野球では大したところまで行けないな〟と諦めて野球部を辞めたんですよ。ましてやグループの競技でしょ。それからバーベルの世界に戻ったんです。その頃、僕のクラスに横田基地で新聞配達のアルバイトをやっている奴がいたんですよ。そいつに、〝小林、基地の中に立派な体育館があって、バーベルをやってる奴がいるぞ〟と言われてね。〝兵隊で腕が太くて凄い奴がいる〟と。その新聞配達の事務所も基地の体育館にあって、彼が〝新聞配達をやるなら、バーベルを使わせてくれるように所長に言ってやるよ〟と口添えまでしてくれて、僕もバイトをやるようになったんですよ。それからは学校が終わって新聞を配った後に、基地の体育館に行ってたの」

——そこで初めて本格的な指導を受けたわけですね
「その時、初めて鉄のバーベルを握ったんですよ。兵隊が親切に教えてくれたね。当時の僕は可愛い顔をしていたもんだから（笑）。一番思い出にあるのは、腕に虎の入れ墨をした兵隊がいたんですよ。力こぶを作ると、その虎の顔が広がるの。〝ワーッ、凄い筋肉だ！〟と驚いてね。片言の英単語を並べながら、夢中になって教わりましたよ。新聞配達のバイトは集金もするんですけど、それもいい経験になりましたね。片言の英語でガイジンと話しながらバーベルをやって、集金に行ったらガイジンの奥さんたちとも会話をするわけだから。横田基地のおかげで、僕は英語の勉強もできたの」

——高校卒業後は国鉄（JRの前身）に就職されますが、その時点でプロレスラーになろうとは？

「こんな田舎にいたら、どうやったらプロレスに入れるのかもわかんないし、とにかく身体を作っていれば、いい時期なんだなと思っていましたよ。父も国鉄にいたんで、何となく僕も入ったんですけどね。その頃、僕は後楽園ジムに通ってバーベルをやっていたんですよ。まだ月謝が500円の頃です。南武線の稲城長沼駅に勤務していて、朝8時半から翌日の8時半までの勤務が終わると、若かったから寝ないで、そのまま電車でジムに行ったりしていたの。そのジムの先輩に力道山の知り合いがいて、〝紹介するから、プロレスラーになれよ〟と言われたこともあるんですよ。でも、僕が〝いつかはプロレスをやりたいと思っているんですけど、プロレスに入ってから身体を作るより、作ってから入った方が有利だと思うんです〟と言ったら、〝それもそうだな。だったら、今は一生懸命バーベルをやれ。その気になったら、いつでも紹介するから〟と。そんな話もありましたね」

――日本プロレスの若手だった大木金太郎と知り合って、力道山を紹介してもらえることになったという話も聞いたことがあります。

「それはね、渋谷のリキ・スポーツパレスでバーベルをやりたい一般人を募集しているという話を聞いて、本当かどうか確かめに行ったんです。ちょうど土曜日だったんで、若手が金曜日の試合が終わった後の片付けをしていたんですよ。その時、大木さんが出てきて、〝おお、凄い身体してんな。プロレスやれ！〟なんて言われてね。そこで大木さんとは話をしましたよ。僕が〝本当にありがたいんですけど、もうちょっと身体を作ってから、お願いできますか？〟と言ったら、大木さんは〝じゃあ一生懸命、身体を作れ〟と。あれはリキ・パレスができたすぐ後ぐらいだから、昭和36年（61年）だったかな。それでまた、ずっと後楽園ジムで練習していたんです。ジムでは、作家の三島由紀夫さんによく会いましたよ。真っ黒に日焼けしていて、太い金の鎖（ネックレス）をしているのが印象的でしたね」

黙々とボディビルに励んでいた小林に転機が訪れたのは、66年だった。

同年9月、日本プロレスの元レスラーで、引退後は同団体の取締役営業部長を務めていた吉原功氏が退社。同じく日プロの元所属レスラーで、当時はアメリカを拠点にしていたヒロ・マツダと新団体旗揚げに向けて動き出したのである。

会社登記を済ませた吉原氏は10月7日、同じく日プロを離脱した草津正武（グレート草津）、杉山恒治（サンダー杉山）を連れて渡米。2人を武者修行のために現地に残し、同月24日にマツダと共に帰国すると、羽田空港で『インターナショナル・レスリング・エンタープライズ』の設立を正式に発表した。

小林が吉原氏と初めて出会ったのは、この直後のことである。

「その年の10月に日比谷公会堂でボディビルのコンテストがあって、後楽園ジムの友達が出ることになったんです。〝小林も一緒に出ろよ〟と言われたけど、〝俺は初出場で初入賞したいんだよ〟と観客席で観ていたんですよ。その時に国際プロレスの初代リングアナウンサーで、明治大学でレスリングをやっていた長谷川泰央さんに、〝ちょっと話がある〟と呼ばれてね。付いて行ったら、吉原社長がいて、〝プロレスラーになれ。今入れば、一番弟子だぞ〟とありがたい言葉をいただいたんですよ。僕も〝じゃあ、お願いします！〟と、その場で返事をしたんです」

――即決だったんですね。

「後楽園ジムの先輩に力道山を紹介すると言われたり、大木さんにプロレスラーになれと言われたことはあっても、それは本当になれるかどうかわからない状況での言葉だったからね。でも、吉原社長からは直接言われたんで。その頃、日本ボディビル協会の事務局長が玉利（齋＝現在は日本ボディビル・フィットネス連盟名誉会長）さんで、吉原社長とは早稲田大学の先輩後輩なんですよ。だから、国際プロレスの宣伝を兼ねて、吉原社長は入賞者にトロフィーを贈呈するということで会場に来ていたんですよね」

――玉利さんは、国際プロレス設立時に取締役に名を連ねていましたよね。それにしても、当時の国鉄の職員は公務員ですし、家族の方はプロレスラーになることに反対したんじゃないですか？

「それはもう、みんな反対ですよ。説得のために、親戚も

旗揚げ当時、国際プロレスの事務所が入っていた南青山の共同ビルの屋上でファイティングポーズを取る新人時代の小林。まだ道場がなかったため、初期の若手たちはここで練習していた。

呼んだもん。でも、僕の意志が固かったからね」

――そういえば、小林さんの現役時代のプロフィールは44年1月15日生まれになっていましたが、実際は40年12月25日生まれですよね。

「その辺りの事情は僕も知らないけど、きっと吉原社長が考えたんじゃないですか。新人だから、年齢を若くしようと（笑）。そのコンテストの翌月には、もう会社に行っていましたよ」

――エースのヒロ・マツダはアメリカ在住でしたし、草津、杉山も向こうで修行していましたから、旗揚げ前の国際プロレスで日本にいた所属選手は、マツダさんに誘われる形で日プロを離脱し、合流してきたミスター鈴木（マティ鈴木）さんだけですよね？

「先ほど言ったリングアナの長谷川さんと鈴木さんしかいなかったですね。その時期は道場がないから、事務所がある青山のビルの屋上で練習してね」

――新人の頃は、若き日のマイティ井上（井上末雄）、ヤス・フジイ（藤井康行）と3人でアパート暮らしをしていたと聞きましたが。

「それは旗揚げした後の昭和42年（67年）3月です。井上と藤井が入ってきてね。吉原社長に、〝2人とも高校中退で来るんだけど、世間を何にも知らないから、小林が寮長としてアパートに一緒に住んでくれないか？〟と言われたんですよ。それまでは毎日、青梅から青山に通って鈴木さんとマンツーマンで練習していたんです。屋上のコンクリートの上に6メートルぐらいの長いマットを3枚敷いて、受け身の練習をやったりね。だから、冬でも真っ黒に日焼けしていて（笑）。天気が悪い日は宮益坂の日本ボディビル協会のジムに行って、ウェイトをやったりとかね」

――身体を作ってからの入門だったので、それなりに自信はあったんじゃないですか？

「入った時点で100キロを超えていたけど、もう無我夢中で、自信とかそういう気持ちはなかったですよ。だから、鈴木さんの言う通りに何でも練習しましたね。基礎体力、受け身とか。極めっこ（グラウンドのスパーリング）までは行かなかったかな。あとは吉原社長のルートで早稲田のレスリング部にも練習に行ったし、長谷川さんのルートで明治大学にも行って、あとは中央大学も行きました。そうやって、レスリング部の強い学生と一緒に練習していましたよ。これはもう社長の命令でね。僕は力には自信があったし、柔道でも農林高時代に二段の奴にも負けなかったんです。高校の校内の柔道大会は、僕がいつも優勝していましたから。ただ力任せで投げて、抑え込んでね。でも、レスリングはやったことがなかったから…。鈴木さんはずっとプロでやって来ているから、自分の指導法が一番だと思っていたわけ。だから、僕の感じではアマレスの練習に行くのは嫌っていたみたい」

――マティ鈴木さんもボディビル出身ですよね。

「だから、〝今日は明治に行ってきます〟とか言うと、鈴木さんはいい顔をしなかったよね。でも、そこは吉原社長の意向だから。鈴木さんは、本当はずっと傍にいて『プロの教育』をしたかったんじゃないかなと後で感じたんですけどね。でも、大学のレスリング部に行って教わった身体の使い方というのは、力任せで柔道をやっていた自分を考えれば、後々プラスになったと思いますよ。身体の使い方、重心の移し方とかのバランス…力だけでは相手を崩したり、倒したりできないですからね」

国際プロレスの旗揚げ興行は、67年1月5日に大阪府立体育会館で開催された。しかし、試合に出場した所属選手はマツダ、鈴木の2人のみ。まだ草津と杉山が海外修行中だったこともあり、このシリーズは前年秋に旗揚げしたアントニオ猪木がエース兼社長の東京プロレスとの合同興行という形になった。

東プロ側からは、猪木、斎藤昌典（マサ斎藤）、木村政雄（ラッシャー木村）らが参加。この旗揚げ『パイオニア・シリーズ』は1月31日の宮城県スポーツセンター大会まで全20戦が行われたが、興行的には赤字に終わった。

入門2ヵ月弱の小林は、新弟子として同シリーズに帯同している。

「僕はヒロ・マツダさんの鞄持ちで、巡業に付いて回ったんですよ。今でも憶えているのは、横須賀の体育館でエディ・グラハムの額から凄い血が出たことね。それを目の前で見た時は、ビックリしましたよ。もうひとつ驚いたことはね、試合が終わって猪木さんがシャワーを浴びて出てくるでしょ。そうすると、お付きの人がすぐに背中を拭いて、頭を拭いて、クシを出して、ポマードを出して…。〝ああ、プロレスラーって偉いんだなあ〟と思いましたね。あの頃は、北沢（幹之＝当時は高崎山三吉）さんがいつでも猪木さんと一緒だったの。でも、マツダさんの場合は本当に鞄持ちだけ。僕は鈴木さんから、〝一緒に風呂場まで行って背中を流せ〟と言われていたんだけど、マツダさんは背中も流させなかったしね。鈴木さんに〝じゃあ、試合で使ったタイツだけ洗っておきな〟と言われたんで、それだけはやりましたよ」

――当時、先輩のマツダ、猪木のファイトは小林さんの目にどう映りました？

「いやあ、僕はプロレスの世界に入れた、レスラーの傍にいられる、一緒に巡業できるという嬉しさだけだったんで。だから、あの最初のシリーズで印象に残っていることは、グラハムの流血と控室の猪木さんだけですね（笑）」

国際プロレスの旗揚げ第2弾『パイオニア・サマー・シリーズ』が開幕したのは、半年後の67年7月。すでに東京プロレスは分裂・崩壊しており、猪木は高崎山、永源遙らを引き連れて古巣の日本プロレスに復帰していた。

その猪木と金銭問題で袂を分かった東プロの豊登、田中忠治の他、行き場を失った残党組の木村、マンモス鈴木、竹下民夫、大磯武、仙台強（大剛鉄之助）、寺西勇らは吉原社長の要請で国際プロレスに合流。また、団体の生え抜きとしては、小林、井上、松村幸治（同シリーズで引退）がデビューした。

その中でも小林の扱いは破格で、冒頭で述べたように日本人初のマスクマン『覆面太郎』としてリングに上がることになった。しかもデビュー前から「負けたらマスクを脱ぐ！」と豪語して話題となり、新人にもかかわらずマツダや豊登と共にポスターにも写真が掲載される。

――素顔ではなく、マスクマンとしてデビューした経緯は？

「あれは社長のアイディアですね。いつ言われたのかは、憶えてないなあ。事務所に行ったら、〝覆面を作るから〟と採寸されてね。デザインも社長だったんじゃないかな」

――小林さんとしては、抵抗はなかったんですか？

「いや、試合に出られる喜びが大きかったし、ましてや日本で最初の覆面レスラーということでマスコミの人も取材に来てくれるでしょ。デビューする前から、新聞に出たりしていましたよね。ただ、覆面はちょっとズレると視野が狭くなるんで、試合がやりにくいというのはありましたけど」

――覆面太郎の時、私生活はどうされていたんですか？

「被るのは試合だけです。マスコミの人は、僕が被っているというのを知っているしね。もちろん、僕の知り合いたちも知っていたし。ただ、お客さんには顔が知られていたわけではないから、会場入りの時は素顔でしたよ（笑）」

――覆面太郎のデビュー戦は67年7月27日の金山体育館大会で、相手は大磯武でした。

「あの時はね、力道山まがいの黒のロングタイツだったの。これも吉原社長のアイディアだったんだけど、マツダさんが〝小林はいい足をしてるんだから、見せなきゃもったいない〟ってことで、ショートタイツに変えたんです。だから、ロングタイツは1回しか穿いてない。デビュー戦は…

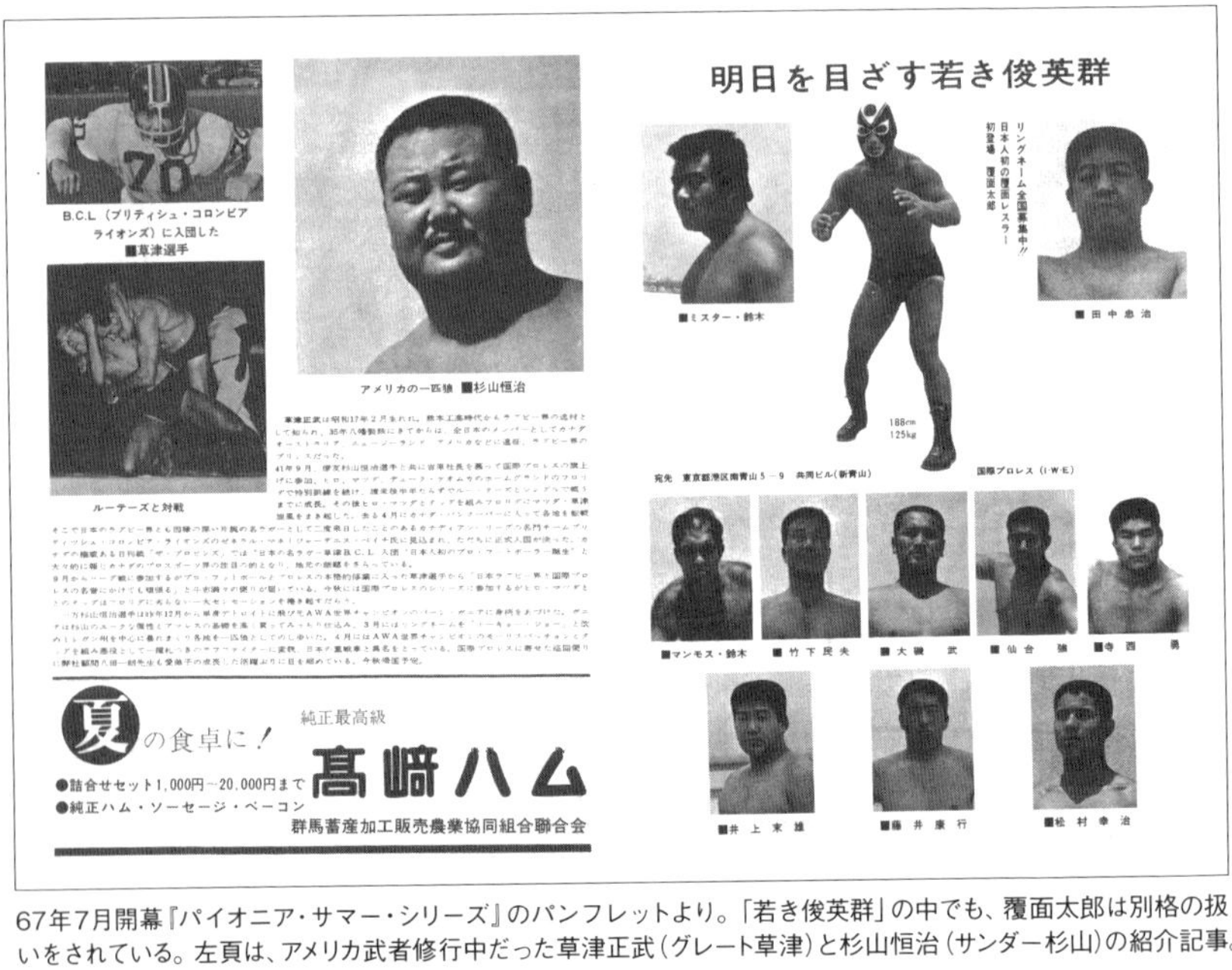


67年7月開幕『パイオニア・サマー・シリーズ』のパンフレットより。「若き俊英群」の中でも、覆面太郎は別格の扱いをされている。左頁は、アメリカ武者修行中だった草津正武（グレート草津）と杉山恒治（サンダー杉山）の紹介記事。

勝ったんだけど、試合の内容までは憶えてないですねえ。もう無我夢中だったから」

――負けたらマスクを脱ぐということでしたが、デビューしたシリーズは14勝0敗1分の記録が残っています。

「最後、マンモス鈴木さんと引き分けたんだよね。でも、1シリーズで覆面を脱いで、素顔になって。当時はまだTBSの放送が始まっていなかったですし、覆面太郎はテレビに出ていないんですよね」

――考えてみると、対戦相手は東プロから流れてきた先輩ばかりですから、凄い記録ですよね。

「みんな先輩で、しかもヨソから来た人たちだったから、精神的な悩みはあったわ。そんな中で、一番僕に良くしてくれたのは田中忠治さん。〝先輩、僕の試合を見ていてください〟とお願いして、試合後には感想を毎回聞いていましたよ。田中さんは、〝今日のアレは良かった〟、〝こういう時には、こうした方がいい〟とか、ちゃんとアドバイスしてくれましたね。だから、僕にとって試合に関するコーチは田中さん。僕はあまりレスラーの人たちに会いたいとは思わないんだけど、田中さんだけにはお会いして、〝お世話になりました〟と一言、お礼を言いたいと思ってるの」

――対戦相手が先輩ばかりだと、イジメられたりとか試合で嫌な思いをされたこともあったと思いますが。

「う〜ん、田中さんは精神的なアドバイスもしてくれたしね。〝プロの世界にいるんだし、あくまで自分の持っている力、今まで教わったことを試合で出せばいいんだから。リングに上がったら、相手は先輩だなんて思っちゃダメだぞ〟と。そういう部分まで、アドバイスしてくれたから気楽でしたよ」

この『パイオニア・サマー・シリーズ』閉幕直後の67年9月11日、TBSが「来年1月から国際プロレス中継をレギュラー番組として放映する」と正式に発表した。

通説では団体運営の主導権を握ったTBS側は、従来のマツダのルートでは日本プロレスに対抗する大物外国人選手を呼ぶのは不可能と判断し、4年前に日プロと絶縁していたグレート東郷に協力を依頼。これに態度を硬化させたマツダは、国際プロレスからの撤退を決意する。

外国人招聘ブッカーの権限を独占した東郷は、まず当時カナダの大プロモーターだったフランク・タニーと連絡を取ってTWWA（トランス・ワールド・レスリング・アソシエーション）なる新団体を設立し、〝鉄人〟ルー・テーズを初代世界ヘビー級王者に認定した。さらに同年12月には団体名を国際プロレスから『TBSプロレス』に改称すること、海外で修行中だった草津と杉山の凱旋帰国決定も発表される。

TBSプロレスは68年1月3日に日大講堂で発進し、その模様は当日の午後7時から1時間枠で全国に生中継された。同日、日本プロレスも対抗策として蔵前国技館でジャイアント馬場vsクラッシャー・リソワスキーのインターナショナル・ヘビー級戦を開催（日本テレビは午後5時30分から放映）。この興行戦争は、「隅田川決戦」と呼ばれて大きな注目を集めた。

「我々の力をもってすれば、スターは分単位、秒単位で作ってみせる」と自信満々に語っていたTBSは、この旗揚げ戦で草津をTWWA世界王者テーズに挑戦させる。だが、1本目で草津はテーズのバックドロップを食らって失神。2本目開始のゴングが鳴っても立てず、そのまま試合放棄となり、2－0のストレート負けを喫する。こうしてTBSが描いていたシンデレラストーリーは、無残な結果に終わった。

このTBS主導の新体制第1弾『オープニング・ワールド・シリーズ』では、リング外でもトラブルが発生している。かつて日プロの外国人招聘ブッカーだった東郷は力道山の急死後、「以後は日本マット界とは関わらない」という約束で団体側から手切れ金を受け取っていた。しかし、それを反故にして日本に再上陸したことから、日プロ幹部が激怒。レフェリーで監査役でもあったユセフ・トルコが若手の松岡巌鉄を引き連れて、1月18日夜に東郷の宿泊先であるホテルニューオータニを訪問し、鉄拳制裁を加えて新聞沙汰となった。

この時、東郷の付き人だったのが実は小林である。

――小林さんは、あのテーズvs草津戦を間近で観ていて、どういう感想を抱きましたか？

「僕は…これも人生かなと思いましたね。テーズからすれば、草津さんが未熟だったということになるんじゃないですか。僕はあの日、草津さんに一晩付いていたんですよ。試合が終わった後、サウナに一緒に行って、確か酒に付き合わされたのかな。最後は四谷の自宅まで送ったんです。さすがに草津さんは落ち込んでいましたよ」

——その後には、有名なグレート東郷殴打事件が起きますよね。

「あの時、すぐにホテルニューオータニに呼ばれましたよ。フレッド・アトキンスもいましたね。東郷さんの顔が腫れちゃっていたんで、氷水と熱湯に浸したバスタオルを交互に当てたり、マッサージもやりましたよ。そうそう、さっきのイジメの話だけど、このシリーズはもう半端じゃなかったの。鞄持ちをしていた関係で、東郷さんが僕を上で使ったわけですよ。それでガイジンと試合をやるでしょ。まだ新人なのに、ルー・テーズともタッグマッチでやらせてもらいましたから」

——確かにデビューして半年ぐらいでテーズとの対戦が組まれるというのは、破格の扱いですよ。要は、ジェラシーということですよね？

「それでバトルロイヤルの時、散々イジメられましたね（苦笑）。ボコボコにされて、顔がひん曲がっちゃって。でも、田中さんはやらなかったなあ。しかも、そのバトルロイヤルの後に強いガイジンとまた試合をやるわけだから、これがホントのイジメだと思って（笑）。まあ、それもいい勉強になりましたよ。僕は別にガイジンと試合をしたくてプロレスをやっているわけじゃないし、〝ヤキモチを焼かれてるんだろうけど、決められた通りにやるしかないんだから、しょうがねえな〟って。あの時はルー・テーズでしょ、ダニー・ホッジでしょ、後にＡＷＡ（アメリカン・レスリング・アソシエーション）で僕のマネージャーになるクラッシャー・コワルスキーとかね。テーズとは、昭和56年（81年）にメキシコで3ヵ月一緒だったこともあるの。その時はビル・ロビンソンもメキシコにいてね。テーズは、若い奥さんを連れて来ていたな。新人の頃は無我夢中でわからなかったけど、メキシコで試合をした感じでは、テーズは相手に遠慮されると嫌みたいだね。ロビンソンにしても国際で最初に対戦した時は大先輩だったけど、昭和46年（71年）にＡＷＡでやった時は、こっちが引っ張ってやる立場だったし、メキシコで一緒の頃には友達みたいな感覚でしたよ。アカプルコで日光浴をしていたら、ロビンソンも来て〝一杯やるか〟なんて言うんだよね。僕はビールしか飲まなかったけど、ロビンソンはテキーラを飲んで、試合があるのに酔っぱらっちゃって（笑）。そのメキシコ遠征の時は、ちょうどテーズの誕生日があって、（グラン）浜田の家でパーティーをやりましたよ」

続く、68年1月下旬に開幕した『TWWAワールド・タッグ・シリーズ』でも事件が起こった。

団体側とギャランティー問題で揉めた東郷は2月19日の浜松市体育館大会に外国人選手を出場させず、試合をボイコットしたのである。

結局、これを機に団体側は東郷と絶縁。団体名も『国際プロレス』に戻り、吉原体制が復活する。

東郷と切れたことで『TWWAワールド・タッグ・シリーズ』を途中で打ち切った吉原社長は、当時の日本レスリング協会会長・八田一朗氏のツテでイギリスに外国人選手のルートを求め、2月に『日・欧決戦シリーズ』を開催。ドロップキックの名手として知られた英国西部ヘビー級王者トニー・チャールス、リー・シャロン、ジョン・キーガン、ジョン・フォーリーを招聘した。

4月開幕の『日・欧チャンピオン決戦シリーズ』にはヨーロッパ・ヘビー級王者の〝人間風車〟ビル・ロビンソンが初来日して日本のファンに衝撃を与え、以降もアルバート・ウォール、ビリー・ジョイス、ワイルド・アンガス、ジョージ・ゴーディエンコら未知だった欧州マットの強豪が次々に来日する。これにより、NWA（ナショナル・レスリング・アソシエーション）と提携していた日本プロレスのアメリカンスタイルとは異なるカラーを打ち出すことに成功した。

そして同年秋、小林に大きなチャンスが訪れる。団体生え抜きレスラーとしては、初となる海外武者修行が実現。10月7日、小林は夢と希望を胸に秘めてイギリスへと向かった。

「東郷さんが日本を離れてアメリカに帰る時に、僕を連れて行くと言ったんですよ。〝家族のことも心配いらないから、俺と一緒にアメリカに行こう〟って。でも、僕は〝その話は嬉しいんですけど、レスラーになれて、リングにも上がれたのは吉原社長のお陰なんです。僕もいつかはアメリカに行きたいと思っていますが、社長を裏切ってまで行けません〟と答えたんです。東郷さんもわかってくれて、〝いつでも来ていいから〟と自宅の住所を教えてくれてね。だから、東郷さんにはいつかお会いしたいなとずっと思ってたの（73年12月に死去）」

——東郷さんについては〝銭ゲバ〟だったとか、あまりいい噂を聞いたことがありませんが、小林さんが接した印象は？

「いろいろな本を見ると、東郷さんの悪い面だけが書かれているんだよね。まあ、東郷さんも仕事人だから、そういうビジネスライクな部分は何かしらあったとは思うけど、人柄は…書かれているのとは別人だなと僕は思いますよ。まあ、社長に恩義も感じずに東郷さんと一緒にアメリカへ行っていたら、僕の人生もかなり変わっていたんだろうなと今になって思いますけどね」

——国際プロレスは旗揚げ当初、本格的なアメリカンスタイルを標榜していましたが、一転してヨーロッパ路線になりましたよね。

「まだ夢中で試合をしていた頃だから、そういうことは全然考えなかったね。さっきも言ったように、ロビンソンは大先輩。ゴーディエンコとは僕がまだ経験を積んでいない時期にやったから、強引さに負けたという感じだね。僕の持ち味を出せないまま終わっちゃった。アルバート・ウォールは、性格がいい人だった印象があるなあ」

——路線が切り替わったことで、小林さん自身もイギリスへ修行に行くことになります。

「イギリスではジョイント・プロモーションのプロモーター、ジョージ・レリスコウに可愛がられてね。レリスコウはヨークシャー州リーズのプロモーターで、その他にもマンチェスターとかスコットランドとか各地にプロモーターがいるの。僕はリーズを中心にして、一番北は恐竜のネッシーで有名なスコットランドのインヴァネスまで行きましたよ。リーズに住んでいるレスラーが一緒のサーキットの場合はその車に乗せてもらっていたけど、それ以外の時は列車で試合地まで行くんです。でも、英語がよくわからないから、停まる駅の名前をずっと見ているような状態でね

(笑)。月に1回、ロンドンのロイヤル・アルバート・ホールで試合があって、その時にはロンドンを中心に何試合か回るの。それが終わったら、リーズに帰るんですよ。それも午後11時過ぎの夜汽車に乗って、朝5時頃にリーズに着くんだわ」

——向こうでは、どんな選手と試合しました?

「国際にも来たイワン・キャンベルとはよく戦ったし、名前は忘れたけど、スコットランドに力自慢の男がいてね。そいつはリング上で、セメントを詰めたタイヤを持ち上げるんですよ。プロモーターが〝小林、上げられるか?〟と言うんで、僕が上げたら面白がってね。それからは2人でタイヤを上げていましたよ(笑)。いつもスコットランドでは、そいつとメインイベントでした」

——イギリスでは、誰か日本人レスラーには会いました?

「初めてのヨーロッパでは、日本人レスラーには誰とも会ってないです。清美川さんもいなかったですよ。だから、先輩のアドバイスもなく、自分ですべてやっていたわけです。プロレスというのは、自分で苦労しながら自然に身に付けるものですよ」

——向こうのレスラーとのコミュニケーションは、どうされていたんですか?

「レスラーというのは、言葉が通じなくても肌で感じちゃうんですよ。だから、僕は試合で苦労したことはないですね。何でも肌で感じて対応できるようにならなきゃ、本物にはなりませんよ」

——国や言語、スタイルに関係なく皮膚感覚で対応できないとダメだと。

「僕は昭和57年(82年)に真田広之や渡辺典子なんかと、初めて『伊賀忍法帖』という映画に出たんだけど、演技の勉強はしていなくても、人に魅せるということでは負けないと思ったの。プロレスは裏(背後)にも観客がいるでしょ? 僕はヘッドロックをやったってジッとしているんじゃなくて、後ろの観客にも背中の筋肉が動くように魅せたから。でも、テレビや映画はカメラ1台に向かって演技すればいいんで、楽だと思ったの。だから、映画に出るのは初めてでも精神的な負担はなかったしね」

——確かに、プロレスは四方八方から見られるわけですからね。そういうことを意識するようになったのは、いつ頃からですか?

「最初はわかんなかった。試合をやることだけで精一杯だったから、そんな気持ちは起きないの。これは海外で意識するようになったものだね。つまりプロモーターに気に入ってもらおうという意識からですよ。向こうでは、自己満足じゃ絶対にダメだから。いくら技が巧くても、見栄えが良くても、プロモーターが気に入ってくれなかったら試合で使ってもらえない。プロレスの苦労というのは、練習の苦労じゃないからね。選手との駆け引き、プロモーターとの駆け引きとかの苦労だから。それとね、さっきの話に戻るけど、言葉がわからなくても、リングで試合をすると相手の人間性がわかるんです。〝ああ、こいつは根性悪いな〟とか」

――それで試合がカタくなっちゃったりしたことはありますか?

「話は飛んじゃうんだけど、昭和56年(81年)の夏に3ヵ月の短期でWWF(ワールド・レスリング・フェデレーション=現WWE)に遠征した時にビンス・マクマホン・シニアが僕の扱いを疎かにしたんで、〝もう二度と来ないぞ〟と思ったの。それで最後のMSG(マディソン・スクエア・ガーデン)の試合の相手がさ、まだ子供だったカート・ヘニングだったのね。親父のラリー・ヘニングとはAWA時代に仲が良かったんだけど、カートの来る技、来る技を全部切って、あしらってやったんですよ。僕としては喧嘩になったら受けてやろうと思ったけど、来なかったね。喧嘩になったら、そこからが本当の勝負なんだけど。同じ年に、ロサンゼルスでオカマみたいなレスラー(ティモシー・フラワーズ)を売り出していてね。僕も最初はいい試合をしようと思っていたけど、実力もないのに上目線だから、〝この野郎、ナメてる。勝負だ!〟と思って、やってやったこともある。でも、やっぱり来なかったね。後でプロモーターに、〝あいつは調子に乗りすぎてる〟と言ってやったけど」

――ところで、初めての海外、しかも単身でのサーキットということでホームシックにはなりませんでした?

「僕には〝日本に帰った時には…〟と目的があったから、なりませんでしたね。ホームシックになる奴は、自覚が足りないと思いますよ。気持ちの持ち方だと思うわ、僕は」

――イギリスではヒールですか？

「いや、普通の試合だね。何ていうかな…ストロングスタイルでしたよ。この時の遠征では、モンスター・ロシモフ（後のアンドレ・ザ・ジャイアント）を見出したフランスのエンリキ・エドの娘がレリスコウと夫婦だった関係で、僕はフランスにもよく試合をしに行きましたね」

ここで国際プロレスのフラッグシップタイトルについて、少し補足しておきたい。

グレート東郷のアイディアで立ち上げられた国際プロレス用のタイトル認定団体ＴＷＷＡの世界ヘビー級王座は、ＴＢＳプロレス第１弾の『オープニング・ワールド・シリーズ』中に日本でルー・テーズからダニー・ホッジに移動したが、東郷と決別したことで、そのまま自然消滅する。

欧州路線がスタートしてからは、英国西部地区ヘビー級王座（草津がトニー・チャールスから奪取）、ヨーロッパ・ヘビー級王座（ビル・ロビンソンが保持）、英国南部地区ヘビー級王座（草津がブル・デービスから奪取）がシングルの主要タイトルとなった。

しかし、「団体の看板＝世界王座」の必要性を感じた吉原社長は、新たなタイトル認定組織の設立に着手。フランスのプロモーター、ロジャー・デラポルトを初代会長としてＩＷＡ（インターナショナル・レスリング・アライアンス）が立ち上げられ、68年12月の『ワールド・チャンピオン・シリーズ』（ＩＷＡワールド・シリーズの前身）で開催されるリーグ戦の優勝者を初代王者に認定することとなった。

これを制したのがロビンソンで、年明けから「史上初の外国人エース」として日本陣営でファイトするようになる。

また、ＩＷＡミッドヘビー級王座も新設され、69年2月に田中忠治がマリク・マリノとの決定戦に勝利し、初代王座に就いた。

タッグ戦線に目を向けると、ＴＷＷＡ世界同王座はアル・コステロ＆ドン・ケントのファビュラス・カンガルーズが初代王者に認定され、ベルトは豊登＆サンダー杉山に移動したが、東郷と決別する前だったことから、そのまま日本に定着。ＩＷＡ発足以降も封印されることなく、防衛活動は継続された。

69年4月に長期政権を築いていた豊登&杉山が返上し、新王座決定戦を制した杉山&ラッシャー木村の腰にベルトが巻かれたが、同年8月に木村が武者修行で渡米するにあたって返上。この直前に小林が「IWA世界タッグ王者」として凱旋帰国したこともあり、タイトルは役目を終えて自然消滅する。

――69年5月18日、小林さんは豊登とのコンビでロシモフ&イワン・ストロゴフを破り、初代IWA世界タッグ王座に就きました。場所は、パリのエリーゼ・モンマルトルでしたね。

「当時のロシモフは細かったよねえ。髪も七三分けで(笑)。その頃、僕はドイツを主戦場にしていたから、あのタイトルマッチの時は許可をもらって、1試合だけパリに飛んだんですよ。ドイツでは、プロモーターのグストル・カイザーに気に入られていたんです。ヨーロッパに行く前、豊登さんは雲の上の存在だから口なんか利けなかったけど、組んでタッグチャンピオンになった時には僕を立ててくれてね。パリの試合が終わってから、僕と一緒にドイツに来て、5日間ぐらい一緒だったんですよ。ホテルの部屋で、2人で一緒に生ハムを食べたりしましたね。その時に、〝ああ、こんないい人だったんだ〟って」

――ベルトを獲ったことで、〝日本に戻ったら、トップでやりたい!〟という気持ちは芽生えましたか?

「そこまでの気持ちはなかったね。帰ったら、おっかない先輩ばっかりだもん(苦笑)」

こうして初代IWA世界タッグ王座に就くと同時に、イギリス、ドイツ、フランスを渡り歩きながら「189連勝」(団体発表)という記録を作った小林は69年6月25日、新リングネーム『ストロング小林』として帰国(渡欧中に改名)。キャリア2年弱にして国際プロレスのエースへの道を本格的に歩み始めることになり、10月にはバディ・コルトを破ってUSAヘビー級王座を戴冠した。

この時期の国際プロレスは欧州路線を開拓しただけに留まらず、米国マット界ともパイプを結ぶべく、69年8月にNWAへの加盟を申請したが、日本プロレス側の妨害工作によって却下される。

そこで翌70年1月にNWAと敵対関係にあったAWAと業務提携を結び、主宰者にして同世界ヘビー級王者の〝帝王〟バーン・ガニアを招聘。日本側の挑戦者には、小林と草津が選ばれた。結果的に2人とも敗れたが、小林はこのガニアとの出会いは自身のレスラー人生の中で大きなものだったと振り返る。

その後、国際は3〜5月にかけて『第2回IWAワールド・チャンピオン・シリーズ』を開催し、小林は決勝まで進んだものの、ビル・ロビンソンの2連覇を許してしまった。しかし、そのロビンソンはシリーズ最終戦でサンダー杉山に敗れ、IWA世界ヘビー級王座からまさかの転落。この大番狂わせにより、日本側トップは事実上、小林から杉山に交代した。

そして、小林は〝真のエース〟になるべく、8月28日にマイティ井上と共に2度目の海外武者修行に出発する。

——初の欧州修行から凱旋帰国し、デビュー2年で日本側のトップ陣営に組み込まれたわけですが、実際にはどういう気持ちで試合をされていましたか？

「これはもう、あくまで観ている人たちが思うトップであってね。いざ中にいたら、僕自身は下の方だと思っていたから先輩を立てていましたよ。私生活というか、〝リング上と降りてからの控室は違うんだ〟と割り切っていたから。そういう気持ちは、いつも持っていたね」

——AWAとの提携が始まった時には、王者ガニアに挑戦されましたよね。前哨戦（ノンタイトル戦）は、30分時間切れ引き分けでした。

「あの時、ガニアは日本で5試合やったんだけど、僕は3試合もシングルをやらせてもらってね。最初に当たった時は、やっぱり無我夢中だったよ。あれほど名のある世界チャンピオンと試合ができるとは思っていなかったから」

——2月5日の大阪府立体育会館大会での初挑戦は1−1から両者リングアウト、翌日の東京体育館大会での再戦は2−1で敗れています。

「この3試合でガニアに気に入られて、その年の11月にヨーロッパにいた時、僕はAWAに呼ばれたんですよ。この時は清美川さんのツテで、まず最初にドイツのハノーバーに入ってね。これが10週間ぐらいの長いトーナメントなんです。井上も一緒でしたね。あそこでは選手に入場曲が付くんだけど、僕が別に注文をつけなかったら、プロモーターが勝手に日本の曲ということで『上を向いて歩こう』を使ったんですよ。『スキヤキ・ソング』を」

清美川は、TBS時代の国際プロレスを振り返る上で欠かせないキーパーソンである。

大相撲時代に大横綱・双葉山を降したこともある元前頭筆頭・清美川は、実業団相撲を経て、力道山が日本プロレスを旗揚げする前年（53年7月）にプロレスラーに転向。56年に元柔道家・木村政彦と共にメキシコ遠征に旅立つと、以降は14年間にわたり海外マットを放浪した。

向こうでの清美川の足取りに関しては不明な点も多いが、中南米、北米、欧州など世界各国でファイト。この間に日本では変質者が清美川の長男を誘拐して殺害、さらに切断した遺体をホルマリン着けにしていたという痛ましい事件が起きている。

69年春、視察のために渡欧した吉原社長はフランスのパリで清美川と対面した際に帰国を勧め、翌70年3月になって国際プロレスのリングに凱旋を果たした。

当時、欧州マットで顔役となっていた清美川は、これを境に若手レスラーを現地に送る世話役も請け負うようになり、小林、井上の他にも田中、木村、鶴見五郎、八木宏（剛竜馬）らをブッキングしている。

――ハノーバーのトーナメントでは、何位まで行ったんですか？

「いや、途中で抜けちゃったんです。イギリスでお世話になっていたプロモーターのジョージ・レリスコウが〝今度、アフリカのケニアで15年ぶりにプロレスをやるんだけど、行かないか？〟とハノーバーまで誘いに来てくれたの。それまでアフリカに行った日本の選手はいないし、これはニュースになると思って、清美川さんに〝プロモーターに話してもらえないでしょうか？〟とお願いしてね。それでトーナメントを途中で抜けて、70年10月に2週間ぐらいケニアへ行きましたね。ナイロビと、そこから500キロぐらい離れた港町のモンバサでの2試合だけだったんですけど、ヨーロッパ各地からいろんな選手が来ていて、後にアンドレのマネージャーになるフランク・バロアもいたのを憶えていますよ。モンバサに行った時には、プロモーターが〝日本の船が来てるよ〟と言うから連れて行ってもらったら、自衛隊の練習艦『かとり』という船だったんです。〝よく来てくれました。ここは普通は入れない場所なんですが〟と将校専用の食堂に案内してくれて、梅干しや海苔の佃煮とか日本食を出してくれてね。翌日には、他の船が〝ウチの方にも来てくれ〟って。試合の日には50人ぐらい会場に来てくれて、みんな三三七拍子で応援してくれましたよ（笑）」

――ケニアの客層というのは？

「あそこはイギリスの植民地だったでしょ。インドもイギリスの植民地だったから、ケニアで商売をやっている人たちはインド人ばっかり。だから、お客さんはインド人が多かったですね。試合はサッカー場でやったんだけど、凄い人だかりでしたよ。この時のギャラは小切手でもらって、ドイツに戻ってからフランスの清美川さんの自宅に行った時に、〝この小切手は使い道がないんで、失礼ですけど、もらってください〟と渡してね。そこからすぐに渡米して、ミネアポリス（ＡＷＡの本拠地）に入ったんです」

――先ほども名前が出ましたが、ＡＷＡではビッグＫ（クラッシャー・コワルスキー）をマネージャーにしていましたよね。

「どうして彼がマネージャーになったのか、僕もわからないんだけどね（笑）。ファンに作ってもらった青の法被があったから、それをビッグＫが羽織って。シカゴのインターナショナル・アンフィ・シアターって花道が長いんだけど、ファンが物を投げてきてね。観客に注意すると同時に、〝ああ、レスラーになって良かった！〟と思ったなあ。観客のそういう反応がね。だから、今でもシカゴの試合は忘れられないよ」

――向こうで、ガニアのＡＷＡ世界王座には何回挑戦したんですか？

「結局、7回タイトルマッチをやりましたよ。シカゴのプロモーターはディック・ザ・ブルーザーでね。アンフィ・シアターではブルーザー、ガニア、ブルーザー、ガニアの順で4回メインをやりました。ミルウォーキーは、クラッシャー・リソワスキーの地盤。僕のＡＷＡでの最後の試合は、そこでクラッシャーとセミファイナルをやったんです。AWAは1週間のギャラを小切手でくれるんですけど、その試合を最後に日本へ帰ることになっていたから、あの時はキャッシュで1試合分だけ、700ドルもらいましたよ」

――当時の700ドルといったら、凄い額ですね。

「その頃、マティ鈴木さんがオレゴンのポートランドにいたんですけど、電話で〝小林、いくらもらってんだ？〟と聞かれたんで、〝今日はガニアとタイトルマッチをやって、1000ドルでした〟とか言うとビックリしていましたよ。鈴木さんの話では、この時期はミネアポリスとニューヨークとフロリダの3ヵ所が稼げるテリトリーだったみたい」

――本拠地でのガニアは、日本で試合をした時とは違いました？

「おっかないね、ガニアは。カナダのウィニペグで試合をした時に鼻を殴られて血が止まんなくなっちゃって、医者に行きましたよ。まだ鼻がへっこんでるでしょ？」

――そこまで殴られた理由というのは？

「ガニアが思ったように僕が行かなかったからか、何なのか（苦笑）。ガニアは口であしろこうしろとは言わない人だったんで、何が悪かったのか自分でも散々考えたよ。でも、7回もタイトルマッチをしてくれたから、どこかいいところが僕にもあったのかなあって。向こうでも試合はヒールではなく、ストロングスタイルで勝負していたからね」

――当時のAWAのメンバーは？

「世界タッグチャンピオンがレッド・バスチェンとヘラクレス・コーテッツ。あとはハーリー・レイスも来たし、ミル・マスカラスもちょこっと入って来たね。それからラリー・ヘニング、僕のちょっと後にニック・ボックウィンクルとか。みんな紳士でしたよ。プロレスの苦労を知った人たちばかりだったしね。だから、ガニアと合わない人はAWAに長くいられなかったんじゃないかな。マスカラスなんかは、ホントに来てすぐに帰っちゃったから。私生活では、ラリー・ヘニングと仲が良かったですよ」

――先ほど話に出たように、AWAではビル・ロビンソンとも対戦していますよね。

「僕は昭和46年（71年）の7月に日本へ帰ることが決まっていたんだけど、その前にロビンソンがミネアポリスに入ってきて、最初の昼のＴＶマッチでは僕が相手だったんですよ。彼は定着すると聞いていたから、自分のいいところはもちろん出すけど、ロビンソンも引き立ててやろうと思ってね。彼の得意技を引き出してやったら、ガニアが〝いい試合だった！〟って。それでその日の夜、ミネアポリス・オーデトリアムのセミファイナルで僕はヘラクレス・コーテッツと対戦する予定だったんだけど、ガニアは急遽ロビンソンとの試合に変えちゃったんですよ。それから日本に帰るまでの2ヵ月間、あっちこっちでロビンソンとの対戦が組まれましたね。あとはニック・ボックウィンクルを上げてやる試合もやったし。だから、ガニアには〝日本もいいだろうけど、これからのＡＷＡはロビンソンとニックの天下になるから、お前もここに残れ。そうしたら、金が儲かるよ〟と言われてね。あの時期は、ミネアポリスで儲かったんだよねえ。僕はあまり金に執着しないけど、儲かったってことは上で試合ができたってことだから。その誇りは持って帰ってきましたよ」

このAWA滞在時の71年6月19日、小林は杉山からビル・ミラーへと移動していたIWA世界王座をミネソタ州ダルースで奪回。（※ただし、その試合記録は発見されていない）。新チャンピオンとして凱旋帰国して以降、73年11月にワフー・マクダニエルに敗れるまで2年半もの間、IWA世界王座を保持し、25回防衛という記録を樹立した。

それもビル・ロビンソン、クラッシャー・リソワスキー、バロン・フォン・ラシク、ホースト・ホフマン、マッドドッグ・バション、エドワード・カーペンティア、同門のラッシャー木村といった錚々たる挑戦者が相手の記録だけに大きな意味がある。

団体の外に目を向けると、小林帰国の翌年にはアントニオ猪木が新日本プロレス、ジャイアント馬場が全日本プロレスを旗揚げし、年が明けて73年4月には老舗・日本プロレスが経営不振により活動停止に追い込まれる。そんな激動の時代に、絶対エースとして国際プロレスを支えたのが小林だった。

――71年7月6日、東京都体育館での帰国第1戦はＩＷＡ世界王座の初防衛戦で、チャック・カルボを高角度バックドロップでKOしましたよね。

「あの時はちょっと僕も気負いすぎて。バックドロップも強烈すぎたよね。あれじゃあ、受け身が大変だっただろうなと後で思いましたよ（苦笑）」

――小林さんは国際のエースだった時代に、BIという存在は常に意識していましたか？

「僕はあまり意識しなかったね。あれは東京体育館だったかな…馬場さんが来たことあるわ」

――全日本は旗揚げ当初、日本陣営が手薄だったので、吉原社長から選手を借りていましたが、そのお返しとして72年11月に馬場さんが国際に友情参戦しましたよね（2試合に出場）。

「その時も草津さんや杉山さんは馬場さんと話をしていたけど、僕は話せる身分じゃないから、挨拶しただけで話の席には加わらなかったよ。僕が馬場さんとちゃんと話をしたのは、国際を辞めてからフリーとしてフロリダ地区（CWF＝チャンピオンシップ・レスリング・フロム・フロリダ）に行った時だったね。ちょうど馬場さんも来て、タンパ、マイアミ、ジャクソンビルで3試合したことがあったんですよ。デューク・ケオムカ（CWFの役員）さんから〝今日は馬場さんご夫妻を招待するんで、小林クンも一緒に〟と誘われて、その時に初めて馬場さんと握手しましたね。馬場さんに〝いつまでいるんだ？〟と聞かれて、〝とりあえずフロリダには3ヵ月で、その後にニューヨークに入るんで、いつ帰れるかわかりません〟と答えたら、〝いつでもいいから連絡してくれ。今、ウチには（ジャンボ）鶴

小林の自宅に飾られているIWA世界ヘビー級王者時代の写真。第2代王者・サンダー杉山の戴冠時に新調されたこの「2代目ベルト」は、小林の代名詞となった。

田しかいないから、彼を盛り上げてくれよ〟と言われて名刺をいただきました。あの時に馬場さんのところに行っていたら、こんな腰にはなっていなかったと後で思ったよ。これは冗談抜きでね。腰の方は…首から尾てい骨までの骨が微妙に狂っちゃってるんです。腰に上体の重みがかかると年齢と共に背筋力が弱っているから、狂った骨が余計に狂うんだわ。それに足に行く神経に骨が触るんで、神経麻痺なんですよね」

——ところで、国際時代の小林さんの付き人は誰だったんですか？

「最初はトリニダード・トバゴからの留学生だった黒潮太郎（テッド・ハーバート）で、次が稲妻二郎（ジェリー・モロー）。太郎は独りでいるのが好きなタイプだったけど、二郎は愛嬌があって気さくな性格だから、覚えが早かったなあ。いろんな人に可愛がられていたし、日本語も二郎の方が上手かったね」

——国際プロレスは酒豪揃いだったと言われていますが、実際にはどうでした？

「飲んだ人が多いね。杉山さんはあまり深酒をしなかったけど、草津さん、木村…大剛も強いし。寺西、大磯は、そうでもない。まあ、吉原社長も酒が好きだからね。社長はよくアンドレに飲ませたらしいわ。しかも、アンドレは底なしだし。酔っぱらうと、その辺に駐車してある軽トラックを持ち上げちゃうんだから（笑）」

小林のIWA王者時代の試合で忘れてはならないのが、73年7月9日に大阪府立体育会館で実現したラッシャー木村との防衛戦である。

この年の4月に木村は欧州武者修行から帰国し、草津とのコンビでIWA世界タッグ王者になると、小林への挑戦を表明。かくして当時は異例だった日本人同士、それも同門によるタイトルマッチが実現した。

難敵を撃破した小林は防衛記録を「24」に伸ばしたが、巻き返しに出た木村は秋に開催された『第5回IWAワールド・シリーズ』で初優勝。公式戦では小林が再び木村を降したものの、「両者が並んだ」と認識したファンも多かった。

そして、この頃から小林のスランプ説が流れ始める。前述のように同年11月にワフー・マクダニエルに敗れてIWA世界王座から転落した小林は、約1ヵ月後にベルト奪回に成功したが、それでも不振ムードを払拭することはできなかった。

——木村さんとの同門対決は、どういう経緯で実現したんですか？

「ガイジンにしても誰にしても、僕は吉原社長の決定に従うだけだから、その試合も〝社長がそう決めたんだなあ〟というだけであって。〝自分の持っているものをリングで出せばいいや〟というね。だから、ガイジンと試合をするのと同じでしたし、別にやりにくいという気持ちはなかったよ。それに〝控室では先輩でも、試合になったらそうは行かねえ〟という気持ちを僕はいつも持っていたからね」

——73年の秋頃からストロング小林はスランプに陥っているという論調になりましたが、その辺りから舞台裏で翌74年2月のフリー宣言に繋がる何かがあったんでしょうか？

「吉原社長に対しては、本当に恩人という気持ちはずっと忘れなかったです。だから、僕はグレート東郷さんとバーン・ガニアの誘いを断って、国際にいたでしょ。それが段々ね、誰かの横槍で社長が僕に冷たくなって…まあ、草津さんが僕の悪口をいろいろ吹き込んでいたと思いますよ。それで〝社長のことをこれだけ思っているけど、苦労してレスラーになれて、苦労してここまでになったストロング小林をこのままで終わらせたらもったいないし、みっともねえ〟と思ってね。ひとつの冒険に出たんです」

年が明けた74年、小林は遂に行動に出る。

1月19日に川崎市体育館でビル・ワットを相手にIWA世界王座を防衛すると、2月13日に単独記者会見を開いてフリーランスとして活動していくことを宣言し、さらに馬場と猪木に対して挑戦を表明したのだ。また、この小林の動きに連動するかのように、TBSが国際プロレスのテレビ放映打ち切りを決定する。

そして、この小林の挑戦を猪木が受諾したことで、両者の一騎打ちは3月19日に新日本プロレスの蔵前国技館大会で行われることになり、「力道山vs木村政彦以来の超大物日本人対決」として大きな話題を集めた。

しかし、これを前に国際の吉原社長は契約違反で小林を告訴すると発表。出場停止仮処分申請に動いたものの、東京スポーツ新聞社が仲裁に乗り出し、最終的に小林は「東スポ預かりの選手」という形で猪木戦を実現させる。試合は猪木のジャーマン・スープレックス・ホールドに敗れたものの、同年のプロレス大賞ベストバウトに選出される激闘をやってのけ、小林はその実力を改めて証明した。

余談だが、小林退団と同時に清美川も国際プロレスを離れ、この一戦でレフェリーを務めた。水面下で小林の引き抜き工作を進めた新日本の新間寿・取締役営業本部長（当時）によると、清美川は「その後も新日本でレフェリーとして使って欲しい」と申し出たが、猪木が「小林戦のギャラは向こうの要求する額を払っていいから、それ以降のことは絶対に約束するな」と一蹴したことで話はご破算になったという。

その後、小林は暮れの猪木との再戦を経て、翌75年1月からフリーとして新日本のシリーズに参戦し、同年4月に正式入団した。これら一連の流れを「出来レース」だったと見る人間も多いが、小林自身はそれを否定する。

——あの時、新日本プロレスに上がることになった経緯というのは？

「確か新間さんから電話がかかってきたのかな。それまで全然、面識はなかったんだけどね。それも最初は1試合だけの話だったし」

——新間さんによれば、馬場さんが小林さんの新日本行きを阻止するために水面下で動いていたそうですが。

「そういえば、馬場さんに言われて、マティ鈴木さんが僕の自宅まで来ましたよ。でも、新間さんの方の話が先だったから…僕は本当にフリーでやって行くつもりだったの。ガニアのAWAに行ってもいいし、イギリスのジョージ・レリスコウも元気な頃だったから、またヨーロッパに行ってもいいしという感じでね」

——この時に、清美川さんも国際プロレスを離れましたよね。

「ああ、それは僕の件とは無関係なんですよ。新日本とどういう話をしたのか知らないし、清美川さん自身で判断されたんじゃないですかね」

――では、初めて触れたアントニオ猪木というレスラーの印象は？

「最初の試合は、猪木さんの方がやりにくかったんじゃないかな。僕はそういうのは感じなかったね。ただ、試合中に1発（顎にパンチを）もらって全然わかんなくなった。夢を見ているような…脳震盪が起きたんじゃないかな。あのパンチの意味は、何なのかわからないけどね。2戦目（同年12月12日＝蔵前国技館、猪木が卍固めでレフェリーストップ勝ち）はビデオで観ると、僕の方が有利だったね。この試合の前にはニューヨーク（※当時はWWWF、79年にWWFに改称）でずっと上を取っていて、チャンピオンのブルーノ・サンマルチノとも試合をして金を稼いでいたし、〝俺の方が上だ！〟という気持ちだったから。試合中は、猪木さんを引っ張っているような感じだったよ」

――猪木さんとの初対決の後、WWWFへ行かれたのは、新日本の紹介だったんですか？

「そうそう、ビンス・マクマホン・シニアとは面識がなかったから。5月に、ワシントンDCの彼のオフィスへ行ったのよ。そこで〝フロリダに行ってくれ〟と言われてね」

――当時、WWWFとフロリダ地区は交流が盛んでしたからね。

「それでフロリダに行ったら、デューク・ケオムカさんが迎えに来てくれて、〝小林さんはニューヨークに入ったら、すぐにメインで使う予定になっているんで、フロリダにいる3ヵ月はTVマッチだけだから〟と説明されて」

――フロリダでは、素顔ではなくマスクマンの『コリアン・アサシン』としてファイトされましたよね。

「フロリダの試合はニューヨークのテレビに映る場合があるんで、（別人を装うために）マスクを被ったんですよ。

アントニオ猪木戦を終えると、小林は渡米してフロリダ地区に入り、マスクマンの『コリアン・アサシン』として朴松男（パク・ソン）と韓国コンビを結成した。

あの頃はフロリダのプロモーターのエディ・グラハムも元気で試合もしたけど、その時はデビュー前の新弟子時代に横須賀で見た流血を思い出しましたよ」

――当時のフロリダ地区は、NWAの黄金テリトリーでした。

「曜日によって試合する場所が決まっているから楽だし、ギャラがいいから車の運転をしないんですよ。みんなチャーター機で移動するんです。その時、僕はパク・ソン（朴松男）の弟分を名乗っていたから、マネージャーのゲーリー・ハートも加えて、いつも3人でチャーター機に乗って移動していましたね。夏場は気流で結構揺れるから、〝落ちたら大変だなあ〟と思ったよ。そうしたら、後にゲーリーは本当に飛行機事故に遭って、足を折っちゃったでしょ」

――その後、初めてのWWWFはいかがでしたか？

「さっきも言ったように、7月末にニューヨークに入ってからは、ずっと上で使ってもらっていましたよ。ニューヨークは、小切手じゃなくて日払いだったんですけど、自分の試合のクラスと入場ゲートのパーセンテージに合わせて毎晩、現金で支払われるんです。僕はホテル住まいの宿なしで毎晩寝る場所が違うから、お金をビニールにキッチリくるんで、試合中にはタイツの中に入れていましたよ。シャワー室なんかにも持って行ったし、控室には誰も金を置かないんです。もし何かあった場合に、お互いに迷惑になるから。2万ドルぐらいになると札束が厚いんで、タイツの中に入れていると、ガイジンの女は〝日本人はタ○が3つあるの？〟なんて思ったんじゃないの（笑）」

――ところで、最終的に小林さんが新日本に入団した理由というのは？

「あの時、ニューヨークに行ってプロレスラーの厳しさを初めて知ったんですよ。あそこはプエルトリカンが多くて、ジョニー・ロッズがその頭なんです。そのロッズの車に何回も乗せてもらって、代わりに御馳走したりもしていたんだけど、地元のレスラーたちは自分の車を持っているのに、どうして何人かで合流して会場に行くのか最初はわかんなかったの。そうしたら、あの頃は100マイルにつき3ドル払えば、運転する方も潤うし、乗せてもらう方もガソリン代が浮くと。ジョニーとジョンのバリアント・ブラザーズにも、よくホテルに車で迎えに来てもらっていたんですよ。それで一緒に昼飯を食べるんだけど、僕はいつもミディアムレアのステーキを頼んでいたから、弟役のジョンに〝ヘイ、ミディアムレア！〟と呼ばれるくらいに仲良くなったんです。ところが、彼らを見ていると、タッグチャンピオンのくせに、あまりいいモノを食べないんだわ。最初は家から通ってくるから栄養十分なんだなと思っていたんだけど、後で話を聞くと〝いつまでチャンピオンでいられるかわからないから〟と言うのよ。〝チャンピオンから落ちて他のテリトリーに行ったら、どの程度の稼ぎがあるかわからないし、今の稼ぎをキープしておくんだ〟って。MSGは2万人以上入る大きな会場だし、あそこでメインを取ると3000ドルぐらいになるのに、そういう危機感を持って生活しているレスラーの厳しさをニューヨークで覚えたんですよ。それまで僕はあっちこっちでプロモーターに可愛がられて、どこでも上の方で試合をさせてもらっていたから、金なんて試合をやれば入ってくるものだと思っていて、頓着していなかったんですけどね」

――将来のことを考えて、新日本に入ったと？

「先々を考えたら、前に誘いを断って帰国したわけだから、これからガニアのところに行っても上に行けるかどうかわかんない。あの頃から、もう4年も経っているわけだし。たまたま新日本から、〝猪木、坂口（征二）、小林の3本柱でやりたい〟という話があったから受けたんです。昔、テレビ朝日はネット数が少なかったんですよ。でも、僕の試合を放映していたTBSはネット数が多かったんです。だから、新日本に入った時にはテレビ朝日が映らなかった県の観客動員数が増えましたよ」

――国際と新日本の練習は、違いましたか？

「基本的には違わない。自分本位の練習か、人に見せる練習かの違いだけだね。猪木さんというのはね、人に見せる練習をやるんですよ。これから身体を作る20歳ぐらいの人間と、キャリアを積んだ40歳近い人間が試合前に同じ練習をするなんて無理なんです。腰が悪いのに、反る腕立て伏せなんて無理。足の運動（スクワット）を500回とかね。もう身体ができていて、逆に身体をいたわるような人間はそれ相応の練習をしなきゃいけないなと思いながら、僕も負けちゃいけないと無理してやっていましたよ。あの運動をしていなかったら、こんなに腰が悪くなってないね。あの頃は試合前に1時間以上練習して、身体が疲れているところで試合だから。猪木さん自身も具合が悪い時には、その練習に加わらないこともあったしね。僕は人に見せる練習は必要ないなと、ずっと思っていたよ」

――では、試合のスタイルの部分では？

「それもあまり変わらないんじゃないかね。猪木さんも試合のことまで若手にアドバイスしているのは、見たことないから。試合というのは自分で考えるもんだって、猪木さんも思ってるんじゃないの」

正式に新日本プロレス所属となった小林は、猪木、坂口に次ぐヘビー級の3番手のポジションで活躍。76年2月には、坂口と組んでNWA認定北米タッグ王座を獲得した。

そして、78年に国際プロレスが国内の提携先を全日本から新日本にスイッチすると、古巣との対抗戦に駆り出されるようになる。

翌79年8月26日に日本武道館で開催された東京スポーツ新聞社主催『プロレス 夢のオールスター戦』では、ラッシャー木村と6年ぶりにシングルで対決。さらに80年6月には永源遙と組み、マイティ井上&寺西勇との決定戦を制してIWA世界タッグ王座を奪取している。

80年12月3日、国際プロレス勢が乗り込んできた新日本の東京体育館大会では、木村の持つIWA世界王座に挑戦して惜敗。結果的に、これが両団体による最後の対抗戦となった。本人は「別に深い想いはなかったね。だから、カタくなることもないし、相手がカタく来ることもないし。与えられた試合を消化するという軽い気持ちだけだったよ。団体が崩壊した時？　やっぱり僕には吉原社長に冷たくされたという気持ちが強かったから、それほど感慨はなかった」と当時を振り返る。

その小林に黒い影が忍び寄ってきたのは81年夏、国際プロレスが活動を停止した直後のことである。8月31日、鳥取での試合後にホテルに戻って鏡を見ると、「自分の身体が曲がっていた」という。

この頃から小林は腰痛に悩まされるようになり、結果的に現役最後の試合となったのは同年10月16日、大分県立総合体育館でのアブドーラ・ザ・ブッチャー&バッドニュース・アレン戦で、パートナーは星野勘太郎だった。

この試合を終えた小林は、翌17日からドイツ遠征の予定が入っていたために帰京。しかし、遠征は急遽中止になり、24日から再びシリーズに合流することになったが、その間に腰の治療へ行ったところ遂に身体が動かなくなってしまったのである。

当時は木村、浜口、寺西の新国際軍団と共闘する流れもあったが、小林は完全に戦列を離れることになり、82年に公開された映画『伊賀忍法帖』への出演などタレント業をスタートさせる。その後も治療を続けながらリング復帰を目指していたものの、腰の状態は回復することなく、84年8月26日に福生市民体育館で引退式を行って、レスラー生活に別れを告げた。

この直前の7月2日、新日本プロレスは吉原功氏を顧問として迎え入れている。引退の件を知った吉原氏は、小林本人に「何だ、俺が来たら辞めちゃうんだなあ」と残念そうな表情を見せたそうだ。

その吉原氏は翌85年6月10日、胃がんにより他界。享年55。実は小林は国際プロレスの初代リングアナを務めた長谷川泰央氏と入院中の吉原氏を見舞い、その際に長年のわだかまりは氷解している。

「長谷川さんから、〝今、社長が川口の病院に入院しているんだよ。見舞いに行くなら、小林と一緒に行きたいと思っているんだ〟と電話が来たんで、待ち合わせして2人で病院に行ったんですよ。向かう途中で長谷川さんが〝社長はうんと具合が悪くて人嫌いになっているから、看護婦さんの詰所で名前を告げないと面会できないらしいぞ〟と言うんです。僕としたら、国際であぁいう別れ方をしているから、会ってくれるか心配だったんだけどね」

――その場では、どういう会話が交わされたんでしょうか？

「3時間くらい話をしましたよ。社長は、〝小林とは長年いろいろあったけど、本当に俺を思ってくれたのは小林が一番だな〟と言ってくれたんですよ。その時に、それまでのつかえが一気に取れました。それまでのことが全部消えましたよ。その言葉を聞いた瞬間、自然と涙がポロポロとこぼれてきて…社長が最後に僕の気持ちをわかってくれて、本当に良かったと思います」

# マイティ井上

マイティ井上は、〝和製マットの魔術師〟と呼ばれた空中殺法の使い手の先駆者である。しかも注目すべき点は、その空中殺法のベースがメキシコのルチャ・リブレではなく、世界各地を転戦した上で完成されたものであるということだ。

1970年代初頭に井上は、ヨーロッパ各国、北米、南太平洋のタヒチやニューカレドニア、さらには中東のレバノンでもファイトしている。それにより独自のスタイルを確立し、帰国後は階級の枠にとらわれずに活躍。東京12チャンネル（現・テレビ東京）時代には25歳でIWA世界ヘビー級王座に就き、短期間ながら団体のエースにもなった。

弱冠17歳で国際プロレスの門を叩いた井上には、入門の経緯から団体が崩壊するまでの約14年間を振り返ってもらったが、国外での経験も豊富なだけに外国人レスラーたちの知られざる逸話が続出。貴重な証言の数々は、井上以外には語れない「海外マット秘史」である。

若手時代に世界各地を転戦する中で、代名詞の「フライング・ショルダーアタック」、「サマーソルトドロップ」は、

**まいてぃ・いのうえ**
1949年4月12日、大阪府大阪市出身。身長175cm、体重105kg。68年に国際プロレスに入門。同年7月27日、金山体育館における仙台強戦でデビューした。74年10月、ビリー・グラハムを破ってIWA世界ヘビー級王座を獲得。団体崩壊後は、全日本プロレスに移籍し、98年6月12日に現役を引退した。以降は、レフェリーとして全日本やプロレスリング・ノアで活躍したが、2010年5月22日、ノアの後楽園ホール大会を最後にレフェリー生活に別れを告げた。

いかにして誕生したのか？　そして、団体が終焉を迎えた時、井上はなぜ吉原社長が水面下で道をつけていた新日本プロレス参戦を拒絶し、全日本プロレスに転じたのか？

——井上さんが国際プロレスに入門したのは、旗揚げ直後ですね。

「本当は野球の選手になりたかったんだけど、プロレスも好きだったから。学生の頃は体型的に柔道向きじゃないかってことで薦められて、中学からやっていたんですけどね。僕がいたのは、柔道が強い学校だったんです。練習の時はコンクリートの上に薄い畳を敷いて、受け身を取るんですよ。だから、結構キツかったですね。中学2年で初段を取って、卒業した時に日本プロレスに〝入りたい〟と行ったことがあるんですよ。芳の里さんが代表の時ね。そうしたら、〝キミ、高校を卒業してから来なさい〟とか言われて。それから大阪学院高校に進んで1年生で二段を取って、三段を取ってやろうかと思ったんだけど、プロレスラーになるには身体を作らないかんってことで、大阪のナニワボディビルジム（ナニワトレーニングセンター）に行きだして」

——そのジムには、後に一緒に国際プロレスに入るヤス・フジイ（藤井康行）さんもいたんですよね。

「いや、藤井はプロレスに入るってことで、ちょこっと通っただけですよ。そこの荻原稔会長が国際プロレスの吉原社長と知り合いだから、プロレスラーも来ていたんです。山本小鉄さんも来ていましたし、相撲時代の柴田（勝久＝柴田勝頼の父）さんもね。あの人は丁髷にタオルを巻いて、練習していたんですよ。いい身体をしていましたよ」

——井上さんが国際プロレスに入門したのは、荻原会長と吉原社長の繋がりからですか？

「それよりも新人募集というのもありましたから、自分自身で〝やってみたい！〟と話をしてね。大阪スポーツを読むと、その頃はヒロ・マツダという名前が結構出てきたんですよ。マツダさんはカッコ良かったですよね。あの人が国際プロレスの旗揚げでエースとして大阪府立体育会館に来た時、握手をしたいと思って手を出したら、ニコッと笑って握ってくれたんですよ。それで〝国際プロレスに入りたいな〟という気持ちになった時に、マティ鈴木さんがナニワジムに来てね。〝プロレスに入るなら、足の運動を

1000回できるようになって来なきゃダメだ〟と言われて。だから、毎日1000回やりましたよ。それで1000回できるようになって国際に行ったら、〝500回でいいよ〟と言われたから楽でしたよ（笑）。僕は昭和42年（67年）の2月か3月に国際に入って、鈴木さんはその年の暮れにアメリカへ行っちゃったんです。1年も一緒にいなかったけど、鈴木さんにいろいろ教えてもらってね。その間の思い出って物凄くあるんです。厳しかったけど、いい人で優しくって。今、鈴木さんはオレゴンに住んでいるんですよね」

――具体的に、鈴木さんから教わったこととは？

「鈴木さんはボディビル出身だったからウェイトもやりましたし、青山にあった事務所の屋上に薄いマットを敷いて受け身を取ったり。まあ、受け身は柔道をやっていて自信がありましたからね。吉原社長も練習をやっていましたよ。バーベルとか結構好きでね。ベンチプレス、プルオーバーとか物凄く強かったですよ。100キロぐらいは平気でやっていましたからね。まだ吉原社長も30代後半だから、元気で。吉原社長は早稲田のレスリング部出身だったから、アマレスもよくやらされましたよ」

――アマチュアの大学生に教えてもらっていたそうですが。

「あっちこっち大学巡りをして、アマレスをやりましたよ。僕は国際に入って、すぐに明治大学の汚いレスリング部の合宿所に入れられてね（苦笑）。2～3週間かな？　1年生と同じ扱いでいいという条件で、とんでもない扱いをされたから。用事は言いつけられるわ、何かあったら正座させられるわ…コンクリートの上で、3時間ぐらい正座させられましたからね。〝何で俺がこんなことをやらなければならないんだ〟と思ったけど、意地になって正座してたら、最後にはみんなが〝お前、よくやったな〟と。その時の4年生に服部さんがいたんですよ」

――レフェリーのタイガー服部さんですか⁉

「そう。その時、明治はレスリングで日本一だったんですよ。服部さんは小さかったけど、強かったんです。僕は柔道をやっていたから自信を持っていたんだけど、柔道衣を脱いでアマレスをやると全然違うんですよね。柔道家は、柔道衣を脱いだら終わりなんですよ。掴むところがないから。だから、アマレスをやって柔道をやれば、絶対に強いと思いますよ、僕は」

――井上さんのデビューは旗揚げ第2弾『パイオニア・サマー・シリーズ』開幕戦、67年7月27日の金山体育館大会における仙台強戦でした。まだ入門から半年弱ですから、早かったですね。

「名古屋の金山…暑い時でね。俺と小林さんは同日デビューで、あの人は覆面太郎としてデビューしたんだよね。藤井は水泳をかじったぐらいで格闘技の経験はなくて、デビューは翌年の1月だったかな。あいつは怒られて怒られて。ナマクラだったからね。もう、どうしようもなかったわけですよ。それで昭和44年（69年）にシャチ横内（60〜70年代に欧米で活躍した日本人レスラー）が国際に来た時に、〝誰か日本の若い奴を連れて行こう〟ってことで、藤井を引っ張って行ったわけです。藤井は日本の縦の社会がダメだから、喜んでアメリカに行きましたよ」

――フジイさんは海外に出る前に、『零戦隼人』と名乗っていましたよね。

「そうそう。その前はトヨさん（豊登）に『藤井東助』と付けられたり。俺なんか本名の井上末雄から、国定忠治の〝日光の円蔵〟を持ってこられて、『井上円蔵』って名前にされたこともありましたよ。あとは『井上トンパチ』とかね（苦笑）。昭和44年（69年）の11月にマイティにしたんだけど、リングネームに横文字を付けた若手レスラーは僕が初めてじゃないかな」

――初期の国際プロレスは、猪木さんと豊登さんが創った東京プロレスから合流した選手が多かったですよね。

「寺西さん、大磯武さん…。大磯さんはトヨさんと山下財宝を探しに行って、そのままフィリピンに住み着いちゃったんだよね」

――大磯さんはフィリピンでプロレスの興行もやるようになり、後に新日本プロレスや全日本プロレスを招聘しました。

「そうそう。山下財宝の件はね、僕もトヨさんに〝見つかったら、お前にも1億やるから〟と言われましたよ。だから、〝ごっちゃんです！〟って（笑）。トヨさんは、〝あいつには何億…〟と事前に決めていたんですよ（笑）」

――その若手時代に、井上さんが影響を受けた選手というのは？

「やっぱりビル・ロビンソンは、カッコ良かったですよね。日本人では田中忠治さんかな。トヨさんの付き人が田中さんで、その田中さんの付き人を僕はやっていましたから。巧かったですよ。あの人も身体は大きくなかったけど、受け身が巧くて、パンチ、キックはバチバチでしたからね。巧さと激しさのバランスが良かったですよ」

――井上さんが初めて対戦した外国人レスラーは、68年の『ワールド選抜シリーズ』に初来日したイギリスの伝説の強豪ビリー・ジョイスですよね。6月9日に大田区体育館で当たり、結果は井上さんが敗れています。

「見た目は細いオジサン…僕はまだ19歳だったから、〝エライ年寄りのオッサンやな〟というのが正直な印象ですよ」

――当時、ジョイスは52歳で全盛期を過ぎており、ロビンソンによると体調を崩してウェイトも落ちていたようです。しかし、ロビンソン曰く〝ベストレスラー〟であり、『蛇の穴』ことビリー・ライリー・ジムのトップクラスだった凄い選手なんですよね。

「ヨーロッパに行った時に、〝あんな強いオッサンはいない。全盛時代のカール・ゴッチをコテンパンにした〟と聞いてビックリしましたね。エドワード・カーペンティアも〝こんなジイサンに負けるか〟とビリー・ジョイスを見て笑ったらしいけど、いざ試合をしたら赤子のようにひねられたという話も聞きましたよ」

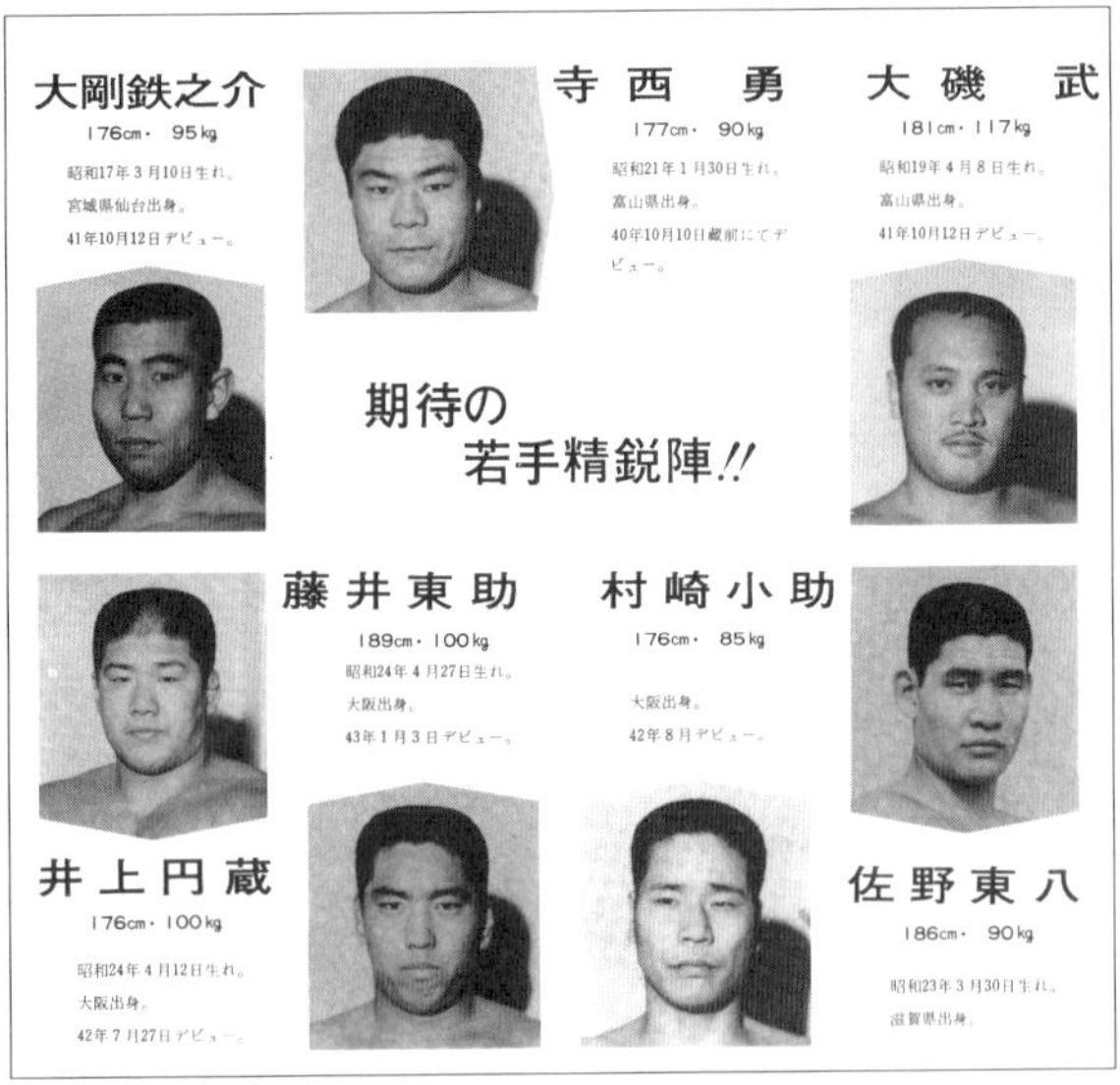
大剛鉄之介
176cm・95kg
昭和17年3月10日生れ。宮城県仙台出身。41年10月12日デビュー。
寺西 勇
177cm・90kg
昭和21年1月30日生れ。富山県出身。40年10月10日蔵前にてデビュー。
大磯 武
181cm・117kg
昭和19年4月8日生れ。富山県出身。41年10月12日デビュー。
期待の若手精鋭陣!!
藤井東助
189cm・100kg
昭和24年4月27日生れ。大阪出身。43年1月3日デビュー。
村崎小助
176cm・85kg
大阪出身。42年8月デビュー。
井上円蔵
176cm・100kg
昭和24年4月12日生れ。大阪出身。42年7月27日デビュー。
佐野東八
186cm・90kg
昭和23年3月30日生れ。滋賀県出身。

68年11月開幕『ワールド・チャンピオン・シリーズ』のパンフより。井上は、同年4月に本名の「末雄」から「円蔵」に改名。豊登が若手のリングネームを好き勝手に命名するのは、日本プロレス時代からの伝統である。

——そうした予備知識がない若手時代に対戦した率直な印象は？

「誰が見ても笑いますよ。〝あんなジイサン、強くないよ〟って。だって、力があるような身体に見えないんだもん（笑）。正直、僕も凄い人だって知らなかったから、〝イギリスのスタイルって、こんな感じなのかな？〟と。派手さはなかったですよね。腕を取ったり、バックを取ったり、地味なレスリングです。今の総合格闘技と違って打撃がない時代だったから、ジョイスは強かったんだと思いますよ」

——ジョイスと対戦して、イギリスのレスリング＝地味というのがインプットされてしまいましたか？

「いや、みんながそうではないですよね。同じイギリスでもジョー・コルネリウスというのは鏡を持って入場する伊達男で、頭をクシャクシャにすると怒る面白い選手でしたし（笑）」

——ドロップキックの名手、トニー・チャールスは派手でしたよね。

「胸にドーンとドロップキックを食って、物凄く痛かったのを憶えてます。彼のドロップキックは、天下一品でしたね。正確に胸を打ち抜くから、凄い衝撃でした。ドロップキックは、ジャマイカのドリー・ディクソンも名手でしたね」

——そして、イギリスといえば、やはりビル・ロビンソンですね。

「最初の頃は対戦するチャンスはなかったですけど、人間風車（ダブルアーム・スープレックス）、ワンハンド・バックブリーカーは誰も使っていなかったから驚きましたよ。大技もそうですけど、やっぱり技のタイミングとか足の運び、バランスなんかが凄く良かったですね」

——当時、ロビンソンは日本に残留して、若手選手を指導していましたよね。

「道場で、アマレス的な練習をやりましたね。プロレスは教えないですよ。要するに関節…極め技ばっかりです。ビリー・ライリー・ジムでやっていたことをそのまま教えていたんじゃないかと思いますよ。当時、こっちはそういう技術をあまり知らなかったけど、ロビンソンは思い切り来るんですよね。結構、やられましたよ（苦笑）。足を攻める技はそんなになかったけど、首、腕を極めるのが強かった」

――井上さんが欧州修行に発つ直前の70年5月7日、花巻市民体育館大会で、そのロビンソンとの初シングルマッチが実現しています。

「僕はそれより以前に、白浜でやった試合をよく憶えていますね」

――69年1月9日、白浜市坂田会館におけるロビンソンvs井上円蔵&大磯武の変則マッチですね。45分3本勝負で、1本目は大磯、2本目は井上さんを『岩石落とし』でフォールして、ロビンソンがストレート勝ちしました。

「今で言う投げっ放しジャーマンを食ったんですよ。意識はあったけど、首から落ちて動けなくなって東京に戻ったんです。その時、白浜空港から生まれて初めて飛行機に乗りました（笑）。まあ、こっちはキャリア1年半の若手だったのに、そんな技を使うなんて、ひどい男だなと思いましたよ（苦笑）」

――ロビンソンの人間性は、人によって評価が分かれますよね。

「天狗になっていたと言ったらアレですけど、勝手気ままでヨーロッパでも評判は良くなかったですね。関節を極めるのは巧いし、本人も自分は強いと思っていただろうけど、他のヨーロッパの選手は〝ある程度は強いけど、言うほどでもないよ〟と言っていましたから。同じビリー・ライリー・ジム出身のジョン・フォーリーなんかも、〝あんなのは大したことない〟って。まあ、フォーリーは〝俺はカール・ゴッチよりも強かったんだ〟と言ってましたけどね。京王プラザホテルでゴッチと会った時に、酔っぱらってタックルをかましたらしいですよ（笑）」

――フォーリーが強かったという話はよく聞きますが、国際のリングでは印象が薄いですね。

「彼もレスリングに派手さがないですから。僕が77年4月にカナダのカルガリーに行った時に、現地に住んでいたフォーリーとよく試合をしましたよ。その後、フォーリーと一緒に8月に帰国したんです。彼はシリーズが始まる前に、若手のコーチもやっていましたね」

――晩年にカルガリーで悪党マネージャーをやっていたイメージが強いんですが、国際に来ていた当時はまだ強かったんですか？

「腕を取ったりとかは、ある程度は巧かったですよ。でも、そういう強さと喧嘩の強さは違いますから。フォーリーは、〝俺は喧嘩になったら、逃げるよ〟といつも言っていました。カルガリーでもミスター・ヒト（安達勝治）さんに〝ジョン、サブミッションに自信があるかもしれないけど、その前にぶん殴ってやるからな。お前なんかカチ食らわせてやる〟と言われて、フォーリーは〝それはわかってるよ〟と。何か揉め事があると、一番最初に逃げてましたよ」

——デビューしてから海外武者修行に出るまでの3年間で井上さんが憧れたり、手本になった外国人レスラーは？

「いいなあと思ったのはアルバート・ウォールとかジョン・コックス。彼らのフライング・ヘッドバットを見て、〝凄い技を使うな！〟って。立っている相手に飛んで行って頭突きするというのは、珍しかったですよ。今は使う人がいないし、なかなか真似ができない技ですね。あとはレバノンのベイルートから来たエルマンソー兄弟（シーク＆エミール）は身体が柔らかくて、ジャーマン・スープレックスが巧かったですよ。それから対戦はしてないけど、ピーター・メイビアが来た時には一緒に写真を撮りました。『ワールド・チャンピオン・シリーズ』（68年11月〜12月）の時で、ジョージ・ゴーディエンコなんかもいてね。〝ゴツイ身体の錚々たるメンバーが揃っていて、純粋に〝凄いな！〟と。見た感じが〝ゴツイな！〟とか〝強そうだな！〟というのが昔のレスラーですよね。今は小さい人も多いし、ズバ抜けて凄い身体をしているという選手は少ないじゃないですか？　やっぱり最初は見た目ですからね。出てきて裸になった時、客に〝オッ！〟と言わせるプロレスラーとしての身体を作らなきゃいけないと思いますよ。今の小さな人も頑張っているとは思うけど、我々の時代はジュニアヘビー級というのがなかったから、小さかった僕も体重を増やして最終的には110キロまで行きましたからね。素人と違う身体を作るためにボディビルとか、いろんなことをやって肉体改造して」

デビューから3年後、井上は念願だった海外武者修行の切符を手に入れた。

69年夏から北米で1年間修行を続けてきたラッシャー木村は、70年8月25日に帰国。これと入れ替わるように、井上はUSAヘビー級王座を返上したストロング小林と共に同月28日に日本を発ち、清美川のブッキングによりヨーロッパへ向かう。

――いよいよ海外修行に出るわけですが、まずは小林さんと一緒にフランスのパリへ飛んでいますね。

「パリに2日ぐらいいて、すぐにドイツのハノーバーに入ったんですよね」

――有名なハノーバー・トーナメントですね。

「そこで清美川さんにいろいろお世話になってね。清美川さんには〝言葉を一生懸命覚えなさい〟と言われたし、人との付き合い方とか、いろいろ教わりましたね。もちろん、昔のプロレススタイルも教わりました。〝絶対、相手にナメられるなよ！〟というね。ヨーロッパはいろんな国の選手が来るんで言葉はわからないし、僕は身体も小さいから、ナメられたら終わりですからね」

――清美川さんは日本マット界の黎明期にメキシコへ渡って以降、海外で活躍した日本人フリーレスラーの先駆者ですよね。

武者修行先のドイツでは、海外経験の豊富な清美川（左）にプロレスビジネスのイロハを教わった。

「でも、清美川さんはドイツでは日本人ではなく、モンゴル人の『モンゴライ・キヨミガワ』というヒールだったんですよ。僕は日本人の『ミッキー・イノウエ』で、ベビーフェースだったんです」

──親子コンビで売っていたのかと思っていたんですが、違うんですね。

「ドイツはね、第二次世界大戦で日本が同盟国だったこともあって日本人のイメージがいいから、ヒールにはできないんですよ。日本人をヒールにする場合は違う国の名前を名乗ってくれってことで、清美川さんはモンゴル人。僕は、正確には『シャチ・ミッキー・イノウエ』。シャチ横内は清美川さんが試合でブラジルに行った時、ナイトクラブでボーイか何かをやっていたみたいでね。清美川さんに〝僕もプロレスラーになりたいんです〟と言ったんだけど、断られて。その後、清美川さんがスペインのマドリードに帰ったら、横内は追っかけて来たらしいですよ。さすがに帰れとは言えないから、そこでプロレスを教えたらしいです。ドイツでシャチ横内を名乗って、売り出してね。だから、そういう名前がいいんじゃないかって、名前の一番上に『シャチ』って付けられちゃった。僕は、〝嫌だ!〟と言ったんだけどね」

──初海外となるドイツのプロレスは、いかがでしたか?

「ハノーバーでは今の日本みたいに選手それぞれに入場曲が付くんだけど、清美川さんは『クワイ河マーチ』で、僕はちあきなおみの『四つのお願い』(笑)。僕は彼女のファンで、コンサートに行ったりしていてね。〝今度、ヨーロッパに行くんです〟と言って、本人からレコードをもらったんですよ。『四つのお願い』は、彼女の第4弾シングルなんです。デビュー曲が『雨に濡れた慕情』、その後が『朝がくるまえに』で…まあ、それはともかく(笑)、ドイツはそういうスタイルだと聞いていたんで、『四つのお願い』のレコードを日本から持って行ったんですよ」

──いい話ですね(笑)。

「当時のドイツはラウンド制で、やっぱりヨーロッパスタイルの腕の取り合いとかが主流でね。僕がいた頃のトップは、アクセル・ディターでした。ハノーバー・トーナメントは、1ヵ月半ぐらい同じ会場で試合をやってね。会場に歩いて行ける距離のホテルに泊まっていましたよ」

――清美川さんがいるにしても、ドイツ語は大丈夫だったんですか？

「でもね、あの頃のレスラーって英語は喋るし、スペイン語も喋るし、フランス語も喋るし。アクセル・ディターはドイツ人だけど、英語、スペイン語、フランス語がペラペラでしたからね。だから、〝こいつら、何でいろんな国の言葉を喋れるんだ!?〟と思いましたよ。まあ、ヨーロッパは陸続きと言ったら、それまでだけど。だから、最初は半分英語みたいな感じで、その後にパリへ行って本格的にフランス語を勉強しましたね。その頃、清美川さんはフランスに住んでいましたけど、スペイン語が達者でしたよ。南米で仕事をしていたことが多いし、日本人にはスペイン語がアクセント的には一番覚えやすいと思いますね。単語を並べるだけでいいし」

――ハノーバー・トーナメントの成績はどうだったんですか？　日本向けの記録かもしれないですが、準優勝という報道もありました。

「どうだったか…憶えていないけど、結構いい成績だったはずですよ。試合前のパレードの時、初日はリング上が選手でいっぱいになっちゃってね。それが段々と負けていくから、選手がいるから、少なくなるって感じで。毎日試合があるから、休みたくてしょうがなかったってことは憶えてますよ。ホントに試合が嫌な時がありましたね（苦笑）」

――ドイツの後は？

「トーナメントを終えて、またパリに戻ってきて、最初はムッシュ・シリーという人のオフィスだったんですね。ある日、ブローニュの森の横にレスラーみんなが待ち合わせして会場に行く場所があるんだけど、そこでたまたまアンドレ・ザ・ジャイアントに会ったんですよ。アンドレはモンスター・ロシモフという名前で国際に来ていたから、僕の顔を知っているわけです。彼はフランスではジャン・フェレという名前なんだけど、アンドレに〝お前、どうしたんだ？　ここで仕事してるのか？　どこでやってるんだ？〟と聞かれたから、〝ムッシュ・シリーのところだ〟と。そこでアンドレが〝そこは良くないから、ムッシュ・デラポルトのところに来いよ〟と言ってくれたの」

――ＩＷＡの会長だったフランスのプロモーター、ロジャー・デラポルトですね。

「その話を清美川さんに伝えたら、〝いいんじゃないか〟ってことで。清美川さんもたまに試合に来ましたけど、フランスではほとんど僕ひとりでしたね。小林さんはアフリカのケニアに行って、その後にアメリカのミネアポリス…バーン・ガニアのAWAに行っちゃったから。今思えば、昭和45年（70年）の暮れにパリに行って、すぐにアンドレに会って…彼はフランス語しか喋れないのに、〝こっちのオフィスに来いよ〟と言われた言葉が理解できたんだよね。これは不思議（笑）。僕はフランス語が全然わかんないのに、何で通じたのかなって」

――そこからアンドレと仲良くなったわけですね。

「同じオフィスに移って、いろんな場所に試合に行くのも一緒でしたね。彼も酒を飲むし。フランスだったら、やっぱりワインでしょ。フランス人って食前酒を飲んで、食べている時にまたワインを飲むから、〝よう酒を飲む国民だな！〟と思いましたよ。向こうでは、飲酒運転じゃ捕まらないんじゃない？　お茶代わりにワインを飲んでるんだから（笑）。アンドレとはフランス、カナダ、そして日本…よく飲んだねえ。彼が新日本に来ている時も、会って一緒に飲んでたもんね。アンドレがビールの大瓶を150本飲んだのを見たこともあるよ（笑）。あれは札幌だったかな。いい奴でね。結婚はしてないけど、子供は一人…女の子だったかな。新日本時代、アンドレは日本人嫌いのイメージがあったようだけど、彼は日本人が好きでしたよ」

――ところで、フランスのプロレスは華やかなショー的なイメージがあるんですが、実際にはどうだったんですか？

「ドイツと違って、フランスはラウンド制じゃなかったですね。フランスは、小さいレスラーが多かった。そんなに飛んだり跳ねたりはしなかったけど、今で言うジュニアクラスの動きのいいレスラーが多かったですよ。その当時、デュラントンというのがトップだったかな。確か日本にも来ているはずだけど」

――ミル・マスカラスが日本プロレスに初来日した時（71年2月）、一緒に来たボビー・デュラントンですね。筋肉隆々のレスラーでした。

「そう、胸の筋肉をピクピクさせる奴。あいつ、ずっとラスベガスのショーに出ていたんですよね。その帰りに日本に行ったのかもしれないけど、それからまたパリに戻って来て。ちょうどその頃に僕もパリにいて、よく試合をしましたよ。現地ではムッシュ・デュラントンという名前で、よく喋る男でしたね。昭和57年（82年）に、またドイツのハノーバーとパリへ行った時に再会しましたよ。もう年齢的に試合はしてなかったけど、相変わらずよく喋る男で（笑）。家にも行ったことがありますし。まあ、パリは思い出が多いですよね」

――フランスの次は？

「翌46年（71年）の夏場は、スペインにいましたね。マドリードへは、結構いい待遇で行って。清美川さんと田中忠治さんがバレンシアにいると聞いて、僕も一人じゃ嫌だったんで、そっちに行ったらギャラが下がると言われたんだけど、金より何より寂しいし、退屈だからバレンシアに行きましたよ」

――その頃、ヨーロッパ各国のプロレス界は横の繋がりがあったんでしょうか？

「う～ん、どうだろうね。やっぱりスペインはスペイン、フランスはフランス、ドイツはドイツで、それぞれにプロモーターがいたからね。スペインもラウンド制だったかなあ。でも、基本的にヨーロッパのスタイルはそんなに変わんないですよ。スペインでは、ホセ・アローヨなんかがトップでやっていてね。イギリスもラウンド制じゃなかった気がするな。イギリスでは、ロイヤル・アルバート・ホー

井上が「日本のチャンピオン」として写真入りで大々的に紹介されているスペイン時代のプログラム。カード表の中段には、清美川の名前もある。

ルのリングにも2回上がりましたよ。1回はエアプレーン・スピンの名手だったジェフ・ポーツとやってますね。彼の息子も確かレスラーになったでしょ?」

——スコット・マギーですね。新日本に来日して、アントニオ猪木とシングルでも戦っています。

「たまにスイスのチューリッヒ、ジュネーブに行きましたね。それとベルギーのアントワープ、ブリュッセル。アントワープのジムに行ったら、カール・ゴッチの写真があって、〝カール・イスターツ(ゴッチの本名)はここの出身なんだよ〟と聞かされましたよ」

——この時代に、井上さんはビーチリゾートとして有名なタヒチやニューカレドニアでも試合をしているんですよね。

「ニューカレドニア、タヒチはフランス領なんでね。パリのデラポルトのところにレスラーを送って欲しいという要請があって、何人かで行ったんです。ニューカレドニアのヌメアというところは、柔道が盛んなんですよ。大体、フランスは欧米諸国で初めて柔道を取り入れた国ですからね。僕が柔道をやっていたってことで、ニューカレドニアのプロモーターがバンバン宣伝したわけですよ。〝日本の柔道のチャンピオンがやって来る!〟みたいな。だから、僕が〝天国に一番近い島〟で日光浴をしていたら、プロモーターが来て柔道の道場に連れて行かれてね。背中が日焼けして痛いのに(笑)。凄く立派な道場で、四段、五段がゴロゴロいるの。そこでいろいろな型をしてくれとか言われたんだけど、そんなの忘れてるもんね(笑)。何とか思い出して型をちょっとやって、乱取りもやりましたけどね。タヒチでも、現地の柔道チャンピオンとやりましたよ。そいつは大したことなかったけど、ニューカレドニアの奴は強かった」

——さらにレバノンのベイルートにも遠征に行かれていますね。

「レバノンも昔はフランス統治領だった関係でフランス系の人も多いし、やっぱりデラポルトのところから派遣されたんですよ。僕が行った時は観光地で、凄くいい時で。イスラム圏だから女性はベールで顔を覆っていて、〝顔を見たら首を斬られる〟なんて冗談で言われましたけどね。いわゆるヨーロッパとは雰囲気が違いましたよ。その時は、プロモーター兼レスラーみたいな奴が試合前にホテルに来たんです。僕とフランスから来た何人かのレスラーがそこに泊まっていたんですけど、テーブルの上にいきなり拳銃を置かれてね。そいつはフランス語もちょっと知っていて、〝明日の試合は負けろ〟って。まあ、脅かしのつもりでしょう。僕はこんなところで殺されたら堪らんなあと思って、〝ビジネスで来てるから、別にいいよ〟と。試合の相手はそいつじゃなかったんだけど、いざ試合になったらプロレスどころじゃない。喧嘩腰なんですよ。レスリングじゃないんです。こっちも若かったからカーッと来て、試合がメチャメチャになったんですよ。結局はノーコンテスト。それでリングを降りようとしたら、ドドーンと銃声が聞こえてね。僕はコスチュームの柔道衣と下駄を持って控室に逃げて…3〜4時間、出られなかったですよ」

——それも凄い経験ですね！　その後、カナダに進出したのは、いつ頃ですか？

「しばらくヨーロッパのあっちこっちに行っていて、昭和47年（72年）の4月にモントリオールに入ったんですよね。それもアンドレがモントリオールのグランプリ・レスリング（GPW）というところで仕事をしていたんだけど、そこにミツ荒川がインディアナポリスから転戦してきて、〝日本人のパートナーは誰かいないか？〟ってことで、アンドレが〝パリに日本人が一人いるけど〟と言ってくれたわけ。それでモントリオールに呼ばれたんですけど、着いたら空港が吹雪でビックリしましたね」

——ミツ荒川はハワイ出身の日系アメリカ人でしたが、彼とのコンビとなるとヒールですね。

「カナダはアメリカンスタイルだから、田吾作タイツを穿

レバノン共和国に遠征した際の超貴重なポスター。まだ内戦が勃発する前で、首都のベイルートは「中東のパリ」と称される人気リゾート地だった。

いてね。ミツ荒川にエライ怒られたなあ。初対面で、いきなり〝お前、来るのが遅いよ。何でだ⁉〟って。うるさいオッサンだなあと思って（苦笑）。知らないよ、こっちもそんなこと。僕はパリでも試合が忙しかったからね。それを消化してから、モントリオールに入ったわけで。きっと荒川はパートナーがいなかったから、仕事にならなかったんでしょう。まあ、ちょっとタッグを組んだけれども、性格的に合わなくてね。ブッカーをやっていたエドワード・カーペンティアに、〝このオッサン、嫌だから〟と言ったんです。そうしたら、すぐにミツ荒川はクビですよ。向こうは、はっきりしてます。それから一人でやるようになって、カーペンティアと抗争をして。あれは勉強になりましたね。そうそう、カナダにいる時に吉原社長とグレート草津さんが来て、1週間ぐらいいてね。アンドレと食事して、最後にホテルをチェックアウトする時に彼が全部支払いを済ませていたんですよ。〝何で払ったんだ？〟と聞いたら、〝俺が日本に行った時はミスター・ヨシワラが払ってくれるだろ。こっちに来たら、俺が全部払うから〟って。そんなガイジンはいないからね。結局、そのカナダから昭和47年（72年）10月に帰国したんです」

――井上さんは71年2月に1週間だけ緊急帰国しましたが、ここまでトータルで約2年2ヵ月も海外に出ていたことになりますね。

「700試合は、やりましたかね。ホームシックにはならなかったけど、食べ物と活字…日本の文字に飢えましたね。本を読みたい、字を読みたいという。だから、向こうで日本人に会うと、〝何か本はないですか？〟みたいな感じで。時間があれば、本を読んでたなあ。食べ物はパリとかは日本食レストランがあったし、何とかなったけど、字が読めないというのは寂しいんだよね。これは海外に出なきゃわかんないですよ」

――それにしても70年代初期にこれだけ海外を回った日本人は、プロレスラーに限らず珍しいんじゃないですかね。結局、何ヵ国語をマスターしたんですか？

「フランス語は、一生懸命覚えましたよね。1日1個、単語を覚えようと。1日1個覚えるのって大変なんですよ。まあ、彼女ができれば、もっと覚えも早かったかも（笑）。でも、女性の誘惑もあったけれども、女遊びをしている暇はない。そういうことをすると、体力が衰えると思っていましたね。こっちは身体が小さいし、大きくしなきゃいけないのに、女なんてとんでもないと。真面目すぎたね（苦笑）。もうちょっと遊んでおけば良かったと、今になって思っちゃうよ（笑）。それで慣れた頃にスペインへ行って、スペイン語も好きで一生懸命勉強しました。ドイツ語は片言。あとはイギリスの変な英語ね。それが正統な英語なんでしょうけど、こっちはアメリカの英語に慣れているから。あの当時、僕は21～23歳ですからね。若くして海外に出て、広く社会を見て、文化や宗教、価値観の違いを見たというのは貴重な財産ですよ。昭和57年（82年）に10年ぶりにドイツのハノーバーとパリに試合しに行ったら、全然変わってなかったんだよね。レスラーもみんな一緒で、会場もホテルも一緒だし。10年では変わらないんだなあって。あれは楽しかったですよ」

前述のように井上はこの海外武者修行中、足を骨折して欠場に追い込まれたラッシャー木村の代役として、71年2月開幕の『AWAビッグ・ファイト・シリーズ』に緊急帰国している。

同月27日の開幕戦では草津と組んで、ビル・ミラー&ザ・？（クエッション）に勝利。ビッグマッチとなる3月2日の東京体育館大会ではミラーと一騎打ちを行い、敗れた。

1週間の滞在で再び日本を発った井上は海外修行を続け、翌72年10月開幕の『ビッグ・ウインター・シリーズ』で凱旋帰国を果たす。日本では、ちょうどジャイアント馬場が全日本プロレスを旗揚げした直後だった。

――話は前後しますが、71年2月に1週間だけ帰国した経緯というのは？

「70年8月にヨーロッパに出て、その年の暮れに吉原社長とレフェリーの阿部脩さんがパリに来たんですよ。その時に吉原社長が〝来年2月にビッグマッチをやるんだけど、取組も決まってる〟と。カードを見せてもらったら、『マイティ井上vsビル・ミラー』と書いてあるわけですよ。〝これは何ですか？〟と聞いたら、〝お前が帰って来て、やるんだよ〟って（苦笑）」

――ミラーは2メートル近いスーパーヘビー級の強豪でし

たし、その時の来日ではサンダー杉山からIWA世界王座を奪取しています。

「だから、僕としたら〝あのミスターXとやるのかよ⁉〟って。素顔のミラーよりも、AWA世界チャンピオンになった実力派覆面レスラーのミスターXというイメージが強かったですからね。試合内容はそんなに憶えていないけど、必死でしたよ」

――その後、再び海外修行を経て、井上さんの凱旋帰国第1戦は72年10月28日の佐野市民体育館大会におけるレッド・バスチェン戦でした。結果は1－1から45分時間切れ引き分けになりましたが、好試合でしたね。

「バスチェンがどういうレスリングをやるのかは、東京12チャンネルでやっていた『プロレスアワー』なんかでプロフェッサー・タナカにフライング・ヘッドシザースをやるところとかを観ていましたから。まあ、当時の僕からしたらバスチェンはビッグネームでしたけど、あの時は膝が悪くて、あまり動けなかったかな。だから、全盛期とは違う気がしましたけどね。大事な舞台なんで、向こうが動けないなら僕が動くしかない。まだ23歳で若かったから、45分やっても疲れることはなかったですよ」

――帰国した井上さんのファイトは、実に新鮮でした。今のジュニアヘビー級の選手の空中殺法はメキシコのルチャ・リブレ的な動きがベースになっていますが、井上さんはそれとは異なる空中殺法だったんですよね。

「〝帰国するからには誰も使っていない技を〟と意識していましたね。人の真似は絶対にしたくなかったし。それと僕は身体が小さいんで、いかに大きく見せる動きをするか、躍動感を出すかを考えましたよ。ヨーロッパ各国や南国のニューカレドニア、中東のレバノン、カナダのモントリオールとかを2年以上回っている中で、〝日本に帰ったら、どういうスタイルでやろうかな？〟と考えていたんですけど、最終的に影響を受けたのはモントリオールでトップベビーフェースでやっていたエドワード・カーペンティアですね。カーペンティアは、僕が海外に行く直前に来日しましたよね」

――70年7～8月の『ビッグ・サマー・シリーズ』に、外国人側のトップとして待望の初来日を果たしました。

「その時に対戦もしましたけど、彼のサンセットフリップ

（サマーソルトドロップ）は日本では誰もやっていなかったし、自分でも〝あれはやりたいし、俺にもできるな〟と思って練習して、日本に持ち帰ったんです」

――同じく凱旋帰国で初公開したフライング・ショルダーアタックは、井上さんのオリジナル技ですよね。

「あれもモントリオール時代に考えたものですよ。当時、ベビーフェースにジョーとポールのルダック兄弟がいてね。ポールはショルダータックルが巧くて、〝ああ、これは俺もできそうだな〟と自分なりにタイミングを変えたり、アレンジを加えて完成したんです」

――ストマック・クラッシャーも井上さんが日本で初公開した技だったと記憶しています。

「あれはヨーロッパの誰かが使っていたんですよ。コークスクリュー・シザースも、ヨーロッパで誰かが使っていた正面から飛びついてやるフロント・ヘッドシザースをアレンジしたんです。僕は身体が小さいから、飛んだり跳ねたりするファイトをやりたい気持ちが強かったですね」

――フロント・ヘッドシザースは、井上さんが海外に行っている時、72年3～5月の『第4回IWAワールド・シリーズ』に参加したイワン・バイテン（サッカー選手のダニエル・ファン・ブイテンの父親）が使っていましたね。

「ああ、バイテンはベルギーの人間で、よくフランスから彼の地元に行って試合しましたよ。その日本遠征の後に、彼はアンドレに呼ばれてリコ・ガルシアという名前でモントリオールに来たんです。ドイツのハノーバーでも一緒だったし、モントリオールでは同じアパートメントに住んでいて。ただ、彼のモントリオール第1戦が不運にもビッグネームのキラー・コワルスキーでね。ニードロップで病院送りになったんです。入院中にドイツから新妻が来たんだけど、泣いちゃって大変でしたよ（笑）。でも、バイテンはスピードとメリハリのあるいいレスラーで、身体が柔らかくてレスリングも巧かった。ハノーバーでも人気ありましたね」

――バイテンは、日本では寺西勇、田中忠治といい試合をしていました。

「帰国してからアンドレとバイテンとティト・コパが組んで、杉山さん、木村さん、寺西さんと戦った6人タッグのビデオを観ましたよ」

——懐かしいですね！　ティト・コパは身長が170センチもなくて、豆タンクみたいな体型でした。当時は『世界最小レスラー』がキャッチフレーズで。

「ティトはアルゼンチンの男で、70年にハノーバーでずっと一緒でしたよ。清美川さんと南米で会って、仲良くなったらしいです。ヒロ・マツダさんとも仲がいいと言っていましたね。写真を見せてもらったけど、ティトは熊とも試合をしているんですよ。熊は頭がいいから、ちゃんと試合をするらしいんです。人間がガッと組みにいくと熊もガッと組んで、人間がフワッと組むと熊もフワッと組むみたいですよ（笑）」

——やはり井上さんは、いろんな引き出しを持っていますね（笑）。その井上さんのプロレス人生を語る上で絶対に外せないのが親友だったアンドレですが、対戦相手として見た場合はいかがですか？

「モンスター・ロシモフとして国際に来ていた時にもシングルでやっているんだけど、記憶がないんですよね。僕が日本に帰って来て何年かしてから、北海道の木古内でシングルをやったのは憶えてますけど」

——79年7月19日、木古内町公民館大会のメインで対戦し、アンドレが背骨折りで勝利しています。

「気心が知れていたんで、僕の技を2つ、3つは受けてくれましたよ。まあ、受けてくれても向こうの身体が大きかったからタイミングは難しかったけど、アンドレはちゃんと相手の力量や技を見極めて試合を作れるんです。仲がいいから気持ち的にはやりにくいところがあるものの、純粋に対戦相手としては…もちろん勝てはしないけど、やりやすかったですね。そこは彼のスタートがガンガン行くアメリカンスタイルじゃなくて、相手のいろんな技を受けるヨーロッパスタイルだったというのもあるかもしれませんね」

——73年春にはホースト・ホフマンと何度となく対戦しており、通常の試合形式だけでなく、ラウンド制でも戦って引き分けていますね。以前、藤波辰爾は初めてドイツに行った時、ホフマンにオモチャにされて、手も足も出ないくらい強かったと言っていましたが、井上さんはどう感じましたか？

「あれも意地悪だからね（笑）。サイド・スープレックスは巧かったけど、そんなに派手さはないし…。その後にアメリカに行ってAWAでバロン・フォン・ラシクとタッグを組んだでしょ？　ラシクはスキンヘッドにしていたけど、ホフマンは頭を剃らなかったもんね」

――井上さんとしては、あまり買っていませんか？

「実力はあったんでしょうけど、あまり好きなオッサンじゃなかったな（苦笑）。冷たそうな顔をしているじゃないですか？　それこそナチス・ドイツのゲシュタポみたいな顔で。笑わないし、相手を小馬鹿にしたような冷たい顔をしていましたよ」

――そのホフマンとAWAで組んだラシクはどうですか？井上さんは、74年9月15日の後楽園ホール大会で凄い流血戦をやっていますが。

「彼は弁護士になれるくらい頭がいい男で、普段は物静かなんだけど、ホフマンと違ってブレーンクローに来る時の表情が迫力あって凄かったですね。昔のヒールはフリッツ・フォン・エリックとかフレッド・ブラッシーもそうだけど、表情だけでお客さんを沸かせられるんですよ。僕がヨーロッパに出る直前にカーペンティアと一緒に日本に来たジャック・デ・ラサルテス（日本では〝欧州の鉄人〟ラサルテーズを名乗る）は、ドイツのハノーバーでトップヒールとして凄かったですよ。彼の独特のテーマ曲が流れるんだけど、なかなか出てこなくて客は大ブーイングなんです。ようやく出てきたと思ったら、客席を馬鹿にしたように冷たい目で見渡して。その表情が何とも言えないわけですよ。もう試合しなくても、それだけで十分に存在感があって絵になっている。日本人にはできないことですよ。技的にはパイルドライバーとトップロープからのニードロップが巧かったですね。普段はいいオッサンで、自家用飛行機を持っていて、〝乗れ、乗れ〟って。乗ったらアクロバット飛行をやられて、参りましたけど（苦笑）」

――そのラサルテスと一緒に初来日したカーペンティアには、凱旋帰国後の73年4月30日、足立区体育館大会で勝利されています。あの時は〝井上が本家マットの魔術師に勝つ！〟と報道されました。

「モントリオールではカーペンティアがベビーフェースで僕はヒールだったんだけど、選手が多くいたから、そんなに対戦しなかったんですよ。彼は若い時に体操をやっていたのでトップロープからトンボを切ったり、ムーンサルトみたいなことをやっていましたけど、そんな動きをする人は当時いなかったですからね。他のプロレスラーにない機敏な動きは、やっぱり勉強になりましたよ」

——面白いところでは、73年6月に外国人陣営の一番格下として初来日したリック・フレアーとシングルをやっていますね。

「ポチャッと太っていて、髪型もショートカットでね。僕と年齢は一緒なんだけど、その冴えない風貌がやけに印象に残っていますよ（笑）。一緒に来たテキサス・アウトローズの子分みたいな感じでしたね。アウトローズと試合をやったのは、うっすらと憶えていて…ディック・マードックは、やっぱり巧かった印象がありますね。ダスティ・ローデスは僕との試合じゃないんだけど、ウ○チを漏らしたんだよね（笑）。それで試合どころじゃなくなっちゃって、慌てて控室に戻って、トイレに行ってからリングに戻ったんですよ（笑）。まあ、これはシモの話でもないし、試合中のアクシデントでもないんだけど…セーラー・ホワイトって憶えてます？」

——74年に国際に初来日した時に馬場さんの目に留まって、全日本のシリーズにも残留出場したり、あの時は3ヵ月ぐらいに日本にいましたよね。後にWWFでムーンドッグ・キングに変身し、ザ・ムーンドッグスとして活躍しました。

「彼と初めて会ったのはモントリオールなんだけど、いつもいばった感じで控室にいるんですよ。でも、試合はしていないんです。それで話を聞いたら、向こうでは遅刻する奴とか会場に来ない奴がいるんで、その時の代役要員としていたんですよ。そのうちにたまに試合に出るようになって、僕と年齢が一緒ってことで結構ウマが合ってね。レスリングの細かいテクニックは使わないけど、ラフ攻撃なんかは巧くて、よく酔っぱらってチンピラと喧嘩したりするんです。〝俺はストリートファイトには自信あるから〟って。彼がある時、酔っぱらってビル・ロビンソンに、〝強いらしいけど、どれぐらい強いんだ⁉〟と汚い言葉を浴びせて絡んでね。怒ったロビンソンが〝表に出ろ〟と。2人で外に出たんだけど、セーラーが簡単にロビンソンをノックアウトしちゃったんですよ。ロビンソンはサブミッションをやったら強いかもしれないけど、殴り合いは違いますからね。やっぱり喧嘩馴れしている方が強いんですよ。日本に来た時には敵同士だから、ホワイトと飲み歩いたりできないじゃないですか？　でも、1回だけ飯を食いに行った時に、酔っぱらってコップをバリバリ食っていましたよ。酔うとメチャクチャになる馬鹿な奴だけど、僕は好きでしたね」

凱旋から約2年後、74年秋に井上は大きなチャンスを手にした。

同年春にストロング小林が電撃離脱して、TBSのレギュラー中継も終了。9月から新たに東京12チャンネルで『国際プロレスアワー』がスタートしたが、番組開始に伴って井上が次期エースに指名されたのである。

この時期、団体の〝金看板〟であるIWA世界ヘビー級王座はスーパースター・ビリー・グラハムの腰に巻かれていたが、10月7日の越谷市体育館大会で、3度目の挑戦にして王座奪取に成功したのが井上だった。

王座陥落後は、IWA世界タッグ戦線の中心として活躍。75年6月に井上はグレート草津とのコンビで王座争奪トーナメントを制して初戴冠し、以降もアニマル浜口、阿修羅・原とパートナーを変えながら、同王座を6度就いている。

――東京12チャンネル時代の最初のエースは井上さんになりますが、ご自身ではどう受け止めていましたか？

「木村さん、草津さんという大きな人間がいたわけですから、〝何で俺が？〟という感じだったんですけど、チャンスをもらったからには、やるしかないと思ってね。リング上のファイトだけじゃなくて、演出のアイディアも出しましたよ。12チャンネルはレスラーに入場テーマ曲を付けていましたけど、あれは僕が言ったんです。ドイツでの演出をディレクターに話したんですよ。まだミル・マスカラスのスカイハイ・ブーム（78年）の前だから、テーマ曲は国際プロレスが最初だと思いますよ。ビリー・グラハムには3度目の挑戦で、やっと勝てたんだよね。あの時、25歳ですよ。もう必死でしたよ。グラハムは不器用な男で、そんなにレスリングの技を使うわけではないから、正直いい試合をするのは難しい相手でしたね。筋肉美が売り物だったけど、腰が細かったでしょ。やることはパンチ、キック…大技はカナディアン・バックブリーカーぐらいだから、こっちが動いて試合にメリハリを持たせて、あとは返し技をやって行くって感じでしたね」

――11月4日の後楽園ホールにおける初防衛戦の相手は、かつて〝サンフランシスコの帝王〟と呼ばれ、来日時はニック・ボックウィンクルとAWA世界タッグ王座を保持していたレイ・スティーブンスでした。この選手は、レスラー間では凄く評価が高いですよね。

「フィニッシュはコーナー最上段からのアトミック・ボムズアウェイぐらいしかないし、身体も僕よりちょっと大きいぐらいですけど、機敏に動くんですよ。機動力があって、攻める時もやられる時もエネルギッシュなんです。コーナーにぶつけられた時に逆立ちになって、そのまま場外に落ちる受け身はスティーブンスが初めてじゃないですか。複雑なことはしないけど、動きがいいから試合にメリハリがあって、受け身も巧かったですよ。それで客がワーッと沸いて、長年トップの地位にいたんでしょうね。試合後に、〝俺も動くけど、マイティ井上もいい動きをしていた〟とコメントしてくれた時は嬉しかったですね。他のレスラーに褒められるより、スティーブンスにそういう言葉をかけられたというのは」

――ノンタイトル戦でしたが、11月20日の蔵前国技館大会で井上さんはニックに勝っていますね。

「ニックは、レスラーというよりもスマートなジェントルマンという印象の方が強いですね。基本的には、オーソドックスなレスラーでしたよ。派手さはなかったけど、どんなタイプの相手にでも対応できる器量を持っていましたね。だから、ガニアの後にAWAの世界チャンピオンになって

第8第王者ビリー・グラハムの戴冠時に新調されたIWA世界ヘビー級王座の「3代目ベルト」を巻く井上。エースだった期間は短かったが、その卓越したレスリングセンスを絶賛する声は多い。

…ニックがなれて、ロビンソンがなれなかったというのは性格的な問題もあったと思いますよ。ロビンソンは国際プロレスにとっては救世主でしたけど、ガニアにしてみれば、トップを任せられない何かがあったんでしょうね」

――その翌日、11月21日には大阪府立体育会館でＡＷＡ世界王者のガニアとダブルタイトル戦を行い、引き分けました。

「その時、ガニアは48歳だったけど、まだ元気でしたね。オーソドックスな試合運びですけども、意外に短気なオッサンだから、カッとなると腕をキュッと極めてきたり、カタイことを仕掛けてくるんですよ。あの時代にずっとベルトを巻くというのは、気が強くないとできませんからね。結構、力が強かったし、握る力も強かったですね。技的にはスリーパーホールド以外にドロップキックがスクリュー式の独特なヤツで巧かった。ガニアの場合、首を攻めて最終的にスリーパーに来るという組み立てはないんですよ。何かのタイミングでパッとバックに回って、いきなり締めるような形で、いつ来るかわからない。意表を衝いたり、切り返しの妙であったりというのがガニアの持ち味でしたね。ミネアポリスでは、それで客が沸いたんでしょう」

――その後、77年にもカナダのカルガリーでガニアと対戦しているんですよね。

「プロモーターのスチュ・ハートが〝飛行機が遅れてガニアは来られないかもしれないから、そうしたらお前は休んでいいよ〟と言うんで、別にオフでもギャラをくれるならいいと思っていたんだけど、ギリギリに到着しちゃったんですよ（笑）。どこでタイツとシューズに着替えたのか、

77年4月から8月までカナダ・カルガリー地区に遠征。現地のビッグショー『カルガリー・スタンピード』で“AWAの帝王”バーン・ガニアと対戦した。

ダーッと走ってきて、僕の顔を見て〝ハーイ!〟って。〝ウワッ、このオッサン、来なくていいのに来ちゃったよ〟と(笑)。結局、その時は60分フルタイムやって、ドローでしたね」

――続く3度目の防衛戦は75年2月2日、後楽園ホールでのダニー・リンチ戦でした。リンチはイギリスのレスラーですが、〝流血王〟と言われたラフファイターだけに凄い流血戦になりましたね。

「初来日の時(69年2月)はショートカットで、イタズラ小僧みたいな可愛い顔をしていたんですけどね。それがスキンヘッドになって、しかも傷だらけになっちゃって(笑)。僕とタイトルマッチをやった時は、弟と称するブッチャー・リンチを連れてきたでしょ。ダニーは血まみれになっても平気だけど、ブッチャーの方は血が大嫌いで、見ると逃げ出すんですよね(笑)。だから、血を一滴も流したことがないはずです。まあ、イギリスはドイツなんかとスタイルがまた違いますけど、ああいうタイプはヨーロッパでは珍しいですね。僕がイギリスのロイヤル・アルバート・ホールで試合をやった時、特にヒールというわけでもないのに相手の髪の毛をちょっと持っただけで凄いブーイングが起こるんです。そういう国柄だから、血まみれになるなんて考えられないんですよ。だから、ダニーもあれは日本だけのスタイルでやっていたんでしょうけどね」

――そして4月10日、足立区体育館でIWA世界王座から陥落してしまうわけですが、その相手がマッドドッグ・バションでした。

「バションは短気な人ですから、試合中に何かちょっとでもあると、ガッと来るんですよ。力もありましたしね。ストリートファイトも強かったと思いますよ。72年にモントリオールのグランプリ・レスリングにいた時、同じヒールとして一緒に旅しましたけど、レストランで食事をしていると〝お前らのプロレスはインチキだろ!〟とか言いがかりをつけてくる奴がいるんですよ。最初は静かにコーヒーを飲んでいたバションも、とうとうテーブルを引っ繰り返してね。そいつをぶん殴って蹴飛ばして、さらにフォークで目を突こうとしたんです。だから、みんなで慌てて止めて、〝さあ、逃げるぞ!〟って。警察沙汰にならなかったから良かったですけど、バションはそういうことをやりますから。今の時代に、そんなことしたら大変ですよ」

――さすが〝喧嘩屋〟ですね！

「バションはロンドン五輪にカナダ代表として出ているけど、そんなに技があるわけでもなく、ラフファイトに徹していましたよね。普段は優しい人間ですよ。大剛さんとバションの家に遊びに行ったことがあって、彼は炊事や洗濯とか家事をすべて自分でやってました。その時は再婚していて、〝女房には一切やらせないで、俺がやってるんだ〟って（笑）。まあ、結果的にそのバションにベルトを取られましたけど、肩の荷が下りたというか。ベルトを持っていると、〝どういう試合をするのか!?〟と常に注目されるじゃないですか。それが僕には重荷でしたね。だから、あの時は〝責任は果たしたから、この先は誰かがやってくれ〟。これからはのびのびとプロレスをやりたい〟というのが正直な気持ちでしたよ」

――現実問題として、井上さんの体格でヘビー級のチャンピオンを務めるのは大変だったと思います。

「自分より小さい人間とやったことがないから、物凄く疲れるわけです。とにかく動いて、相手を翻弄するスピード感のあるプロレスを心掛けていましたね。あとは大きい人とやると、それだけ投げられる回数が多くて、人の2〜3倍受け身を取ることになりますから。僕は柔道をやっていたから受け身を取るのも嫌いじゃなかったし、絶対の自信を持っていましたけど、やっぱりダメージはダメージなんで今も腰が痛いですよ。ただ、受け身に自信があってもジャーマンやパワーボムは嫌でしたね。若手の頃にロビンソンに食らった投げっ放しジャーマンもそうだし、全日本になってから天龍（源一郎）選手のパワーボム…顎を引いて綺麗に取ったつもりでも、2回ぐらいバウンドして頭を打って、ノックアウトされたことがありますしね」

――井上さんがベルトを失った直後の75年5月から、国際の外国人レスラーはカルガリーの大剛鉄之助ルートに変わっていきましたね。

「大剛さんが送ってきたキラー・トーア・カマタは、面白いオッサンというイメージしかないんですけどね（笑）。あまり対戦した時のことを憶えてないんですよ。リングを降りると、大人しかったような気がしますね」

――大剛ルートでの一番のヒットは、やはりジプシー・ジョーですか？

「ジョーは一番思い出のある選手ですね。国際時代の忘れてはならない宿敵というか、僕のプロレス人生の中でも最高にタフな人間の一人です。頭も胸も背中も硬い…もちろん、鍛えたというのもあるんでしょうけど、やはりナチュラルな頑丈さがあったんでしょう。最初の頃なんか、フライパンを持ってリングに上がってきて、自分の頭をガンガン殴っていましたよ。あれは痛いでしょ（笑）。でも、本人はケロッとしていたから」

77年のカルガリー遠征では、親友のアンドレ・ザ・ジャイアントとも再会。その右隣は大剛鉄之助、右端は『スタンピード・レスリング』を主宰していたプロモーターのスチュ・ハート。

――ジョーはニードロップも素晴らしかったですが、やっぱり身体の頑丈さが最高でしたよね。

「ジョーだけは、遠慮なしに殴れるんですよ。パンチで顔を思い切り殴っても大丈夫だし、逆にこっちの手が痛いんです。胸にチョップを打っても、常にこっちの手が腫れていましたから。背中をイスで叩いたら、イスが簡単にバラバラになっちゃいますからね」

――井上さんとジョーは、77年3月26日に蔵前国技館で大流血戦をやっていますね。

「あの時、場外乱闘になってパッと見たら、女性客の脱げたハイヒールがあったんですよ。〝これは痛いだろ！〟と思って、そのハイヒールで頭をバカーンと殴ってやったんですけど、カカトが折れて飛んでいって。ジョーは何事もなかったような顔してましたよ（笑）。まあ、その女性客には悪いことをしましたね（笑）。木の長いテーブルに頭を叩きつければ、テーブルの方が割れちゃうし」

――テーブルに穴が開いて、そこにジョーの髪が挟まっていたのを見たことがありますよ。

「そうそう。叩きつけた時に開いた穴に、髪の毛が引っ掛かってゴソッと抜けちゃうんだよね（笑）。でも、あいつは性格のいい男だから、文句は言わなかったですよ。平気な顔をしていました。ジョーはバションの推薦で来たんだけど、当時はストリートファイトマッチなんかやると、バションより強かったですよ。実際に、ジョーが殴り勝ったという話も聞きましたしね」

――リング上では凶暴でしたが、素顔のジョーはマスコミにも飾ることなく接してくれる好人物でした。

「食事も贅沢しないでセーブ・マネーでせっせと金を貯めて、アメリカに帰って奥さんにあげて、また日本に来て…その繰り返しでしたよ。でも、ある時に〝帰ったら女房が男を作って、いなくなっていた〟と言ってたことがあって、可哀想でね。彼はコックをやっていたから、料理が物凄く上手いんですよ。アメリカに戻っている時には娘さんに食事を作って、送り迎えもしていたという話も聞きましたよ」

――国際プロレスにはいろいろ個性的な選手が来ましたが、大剛ルートの外国人でＩＷＡ世界王者になったのはアレックス・スミルノフだけでしたね。

「彼はフレンチカナディアンで、ガンガン来るいいレスラーでしたね。１９０センチ以上あるから迫力があったし、パイルドライバーが巧かった印象が強いです。大剛さんのルートで来た選手では、ビッグ・ジョン・クインも強かったですよ。パワーがあって、エルボーも思い切り身体を乗っけてきますから、衝撃が凄かったですね。パンチもキックもガンガン来るから、強かった、ホントに。僕が77年にカルガリーに行った時も現地のトップでね。クインとキラー・ブルックスが抗争していて、お互いにデカイでしょ。それがガンガン殴り合いをするから、迫力がありましたよ。82年にドイツのハノーバーに行った時にも、ちょうどクインがいましたね。それからマイク・ジョージもガンガン来るいいレスラーでしたよ」

――先ほど名前が出たキラー・ブルックスとか、国際はアクのある外国人選手が多かったですね。

「ブルックスはディック・マードックの従兄弟なんですよ。アクがあると言ったら、モンゴリアン・ストンパーとかね。靴の底に鉛を入れているとか…入れてるわけないやん、そんなの（笑）。でも、パンチ、キック、ストンピングでワンツースリー（3カウント）というのは、ある意味で凄いですよ。それで各地でトップを取ったんですから。彼の最大の武器は、あの表情なんです。顔が凶器みたいなもんですよ。モンゴル人というのもキャラですからね。そういえば、モントリオールにいた時にベルギーのイワン・ブレストンがモンゴル人のキャラで来ましたよ」

――ブレストンは井上さんが海外に出ていた71年1月に初来日し、サンダー杉山の持つIWA世界王座に挑戦しました。

「彼は悪い男じゃないけど、あまり字が読めないんですよ。だから、いつも奥さんが付いていて、会場に行くまで車をナビしてね。あいつが場外乱闘で暴れると、奥さんがスーッと来てフランス語で〝やめなさい〟と言うんです。そうすると、〝ウィ〟って大人しくなるんですよ（笑）」

――国際にはタッグチームもいろいろと来日していますが、井上さんが印象に残っているのは？

「タッグチームで強かったのは、アファとシカのザ・サモアンズ（78年1月に草津&浜口からIWA世界タッグ王座を奪取）。デカくて力強くて、大変でしたよ。コントロールできないんだから。2人のどっちかが喧嘩して、相手を殴り殺したという話を聞いたことがありますよ。あとはフロリダのペンサコーラを主戦場にしていたリップ・タイラーとエディ・サリバンのベテランコンビもバランスが取れたいいチームでしたね（76年6月に草津&井上から同王座を奪取）。いいタッグチームは、タッチワークがスムーズですよ。国際ができた頃に来たカンガルーズ（アル・コステロ&ドン・ケント）は物凄くタッチが早くて、タッチワークで試合のリズムを作っていましたね。ピエール・マーチンとマイク・マーテル（75年11月に草津&井上から同王座を奪取）にしても、マーテルがリードしながら基本的には素早いタッチワークで試合を組み立てていましたよ」

――外国人レスラーとは少しニュアンスが違いますが、80年2月には大木金太郎が国際に正式入団しましたよね。

「入団前にIWA世界タッグもやりましたし（79年10月5日＝後楽園ホール、井上&浜口vs大木&上田馬之助）、韓国遠征でもよく対戦しましたよ。大木さんは身体が硬いし、受け身も下手だったし、そんなに器用な方じゃなかったですから、パンチなんかもどこに当たるかわからなくてね。

変なところを殴っちゃって、怒ったガイジンにメチャクチャ殴り返されちゃったり（苦笑）」

――対戦相手としては、どうでしたか？

「日本でやるのと韓国でやるのとでは、また違いますから。まあ、やりにくかったですね。韓国に帰ると英雄でしたから、相手に何もやらせない（苦笑）。しかも相手が弱いと思ったら、メチャクチャやる人でしたね」

――国際プロレスはトリニダード・トバゴ出身の黒潮太郎、フランス領マルティニーク出身の稲妻二郎など留学生も積極的に受け入れていました。その名の通り、まさにインターナショナルな団体でしたよね。

「僕がパリにいる時に、二郎はジムに練習に来ていたんですよ。口ばっかり大きくて、オコゼみたいな顔をしていてね。向こうから〝ジャック・クレイボーンって知ってるか？俺の兄貴なんだ〟と話しかけてきて、彼も年齢が一緒だから、〝じゃあ今度、飯でも食いに行こうか〟なんて言ってたんだけど、いつの間にか日本に行っちゃって。72年10月に帰国した時、二郎が空港に迎えに来たんですよね。〝井上さん、どうもお疲れさまです〟とベラベラ日本語を喋っていて、ビックリしましたよ（笑）。太郎は、レイ・ゴールデン・アポロンの紹介で国際に来たんです。彼も僕と同い年だったから、随分と可愛がってやりましたよ。70年の大阪万博の時には、大阪の僕の実家に3日間ぐらい寝泊まりしていました。スラッとしていて、インド系のいい顔をしていましたよね。レスラーとして見た場合は、太郎は兵役のために2年ぐらいで帰っちゃったから、二郎の方が巧かったです。太郎はその後、アメリカに行って実業家になったと話を聞きましたよ。二郎は、物の考え方も試合のスタイルも完全に日本人レスラーでしたね。2人が日本で一緒だった時期は、〝お前の方がバカだ！〟とか日本語で喧嘩していましたよ（笑）」

――ところで、国際プロレスは81年夏に崩壊してしまいましたが、やはり最後の方は大変でしたか？

「会社がいい時というのは、そんなになかった感じでね。はっきり言って、給料の遅配とかもありましたし。最後の方は、生活ギリギリという感じでしたよ。結局もらってないギャラとかもあるけど、僕はもう吉原社長にそれまで育ててもらった恩もあったから何も思わなかったしね。あの人が一番苦労したんだから。自分の家まで担保に入れて」

――国際の最後の興行は81年8月9日、北海道の羅臼町民グラウンド大会でした。井上さんはセミでラッシャー木村と組み、ジプシー・ジョー&ジェリー・オーツに勝っています。

「その時は寂しさはもちろんあったけど、〝プロレスは、またどこかでやれるな〟という気持ちはみんな持っていたと思いますよ」


81年3月に東京12チャンネルのレギュラー中継が打ち切られて経営難に陥った国際プロレスは羅臼大会を最後に興行活動を停止したが、その裏で吉原社長は提携先である新日本プロレスの新間寿氏と手を組み、大掛かりな計画に着手していた。

8月27日、新日本の事務所で新間氏と吉原社長が共同会見を開き、両団体の全面対抗戦を発表。この時点では、10月5日に国際側が押さえていた大阪府立体育会館で第1弾、さらに11月末までに東京、福岡で計3回の対抗戦を行うというプランだった。


しかし、この3連戦計画は早々に変更となり、9月7日に改めて共同会見が開かれる。国際側からは吉原社長の他、ラッシャー木村、アニマル浜口、寺西勇、阿修羅・原が出席して、10月8日に蔵前国技館で全面対抗戦を行い、カードは猪木vs木村、藤波vs原、タイガーマスクvsマッハ隼人、長州力vs浜口、星野勘太郎&剛竜馬vs寺西&鶴見五郎に加え、スペシャルタッグマッチとしてスタン・ハンセン&ハルク・ホーガンvsアレックス・スミルノフ&バッドニュース・アレンの外国人対決も発表された。

しかし、結果的にこのプランも猪木vs木村戦以外は消滅する。当日、実際に行われたのは、他に藤波vs寺西、剛vs浜口の計3試合だった。


――崩壊後、本来なら国際の所属選手は新日本に上がって対抗戦をやることになっていましたが、結果的に新日本に行ったのは、木村、浜口、寺西の3選手だけで、井上さんは米村天心、菅原義伸（アポロ菅原）、冬木弘道を連れて全日本プロレスに行きました。その辺りの経緯は？

「僕は嫌いだったから、新日本。猪木さんのやり方が好きじゃなかったの、はっきり言って。だから、もし行き場がなかったら、僕はヨーロッパかカナダに行こうと思っていて。それまで吉原社長に歯向かったことはなかったけど、初めて逆らったというのか。僕は最後まで…解散するまで国際プロレスにいたし、あとは自由に海外に行こうかなと思っていたんですよ。でも、冬木なんかはまだ新人で、どこからも声をかけてもらえなかったしね。〝お前、プロレスやりたいんだろ？〟と聞いたら、〝やりたいです！〟と。〝じゃあ、馬場さんに話してやるよ〟ってことで。阿修羅にしてもそう。新日本に行きかけたんだけど、やっぱり嫌で我々とは別ルートで全日本に来ましたからね」

――具体的に新日本、猪木さんのどこが嫌いだったんですか？

「若い時、僕はトヨさんに付いたでしょ。東京プロレス末期のゴタゴタの頃の猪木さんのことをいろいろ聞かされたのよ。そういうのも大きかったよね。あとは吉原社長を通じて、新間さんからメキシコに行って欲しいという話もあったんですよ。でも、僕は辛いものがダメだから、まず食べ物が合わないし（笑）。向こうに行ったら、痩せると聞いていたしね。こっちは身体が小さいから、痩せるのは絶対に嫌だったんです。だから、〝メキシコには絶対に行かない！〟って。新日本とは浜口と組んでヤマハ・ブラザーズ（山本小鉄&星野勘太郎）とやったりしたけど、あれもウルサイ2人だったね（苦笑）」

――全日本では阿修羅・原と組んでアジア・タッグ王座を獲り、その後はＮＷＡインターナショナル・ジュニア王者になるなど階級に関係なく活躍しましたね。

「チャボ・ゲレロからジュニアのベルトを獲った時、それに専念するためにアジア・タッグを返上したんだよね。やっぱり、全日本ではジュニアに思い入れがあったかな。僕らが若かった時代は特別にジュニアという枠はなかったから、アンドレともシングルでやっているしね。大きい人間には負けないという気持ち…僕なんか〝デカイだけで何が強いんだよ⁉〟と思っていたからね。相撲は丸い土俵から出せばいいから大きい人が有利だろうけど、プロレスは違うから。投げられても受け身を取ればいいし、丸め込んでもいいんだから。国際時代にはジャンボとシングルで2回やったけど、〝こんな野郎に負けるか！　冗談じゃない！〟

ってバチバチ行ったよね。身体が違うから、そういう気持ちで行かないと。負けた試合は…いまだにレフェリーのカウントが速かったんじゃないかと思ってますよ」

――特筆すべきは、井上さんは身体が小さい分、衝撃を受けた時のダメージが大きいと思いますし、受け身を取る回数も多いはずなのに、大きな怪我がなかったですよね。

「身体が柔らかかったし、受け身にも自信があったから。左膝の内側靭帯を1回やっちゃったぐらいでね。よくみんなが〝靭帯やっちゃって…〟なんて話をしていたけど、信じられなかったもんね。そうしたら、場外に投げられた時にキュッと捻ったんですよ。それ1回だけです、全日本になってから。怪我をしない身体は僕の財産でしたよ。ただ、97年に内臓を壊しちゃってね、翌年6月12日の日本武道館で引退することになるわけだけど…。元々が身体が小さいから、痩せちゃったら人前で見せるもんじゃないし。やっぱり引退するというのは寂しかったですけど、決断しちゃったら楽になるんですよね。あの時は〝今までやれたことが幸せだ。一生懸命頑張ってきたし〟という感じでしたね」

# 寺西勇

国際プロレスの歴史の中で、「屈指のテクニシャン」と高く評価されているのが寺西勇である。まだ日本にルチャ・リブレが知られていない時代に華麗な空中殺法を披露していた寺西は、日本におけるジュニアヘビー級の元祖と言える存在かもしれない。

団体崩壊後には、新国際軍団の一員として新日本プロレスに参戦。ラッシャー木村、アニマル浜口と共にお茶の間をヒートアップさせ、１９８０年代前半の新日本ブームを裏から支えた。

**てらにし・いさむ**
1946年1月30日、富山県射水郡出身。身長177cm、体重100kg。大相撲を経て、66年に東京プロレスに入門。同年10月12日、蔵前国技館における竹下民夫戦でデビューした。68年春に東プロが崩壊すると、国際プロレスに合流。団体崩壊後は、ラッシャー木村、アニマル浜口と共に新日本プロレスに参戦した。84年9月、新日本プロレス興行（後のジャパンプロレス）に移籍し、全日本プロレスに参戦。ジャパン解散後は、全日本に移籍した。90年に引退したが、94年にフリーとして復帰。現在は、プロレス界から離れている。

〝和製カーペンティア〟の異名を取った軽やかなマット捌きからは微塵も感じられなかったが、寺西は大相撲出身である。三段目筆頭まで昇進したものの、66年5月場所を最後に廃業し、旗揚げに向けて準備中だったアントニオ猪木率いる東京プロレスに身を投じた。

結局、東プロは旗揚げから半年も経たずに崩壊し、選手の半数は国際プロレスへと流れたが、寺西は本書で唯一の「東プロ残党組」となる。寺西が国際プロレスの所属となるのは67年7月からだが、同団体の歴史をより詳しく知る上で切り離せない存在である東プロ時代の回想から始めよう。

――寺西さんは子供の頃から、相撲の世界に憧れていたんですか？

「もう大好きでね。千代の山（第41代横綱）のファンで、相撲中継をラジオで聞きながら、〝頑張れ！〟って（笑）。小学5年か6年の頃かな、ウチにテレビが入った時は嬉しくてさ。相撲を観るのが楽しみでね。自分でも、あっちこっちのお祭りの相撲大会に出て、賞金とか賞品をもらってたよ。そのうちに立浪部屋の元相撲取りで、新弟子を探していた人の目に留まってね。〝やってみないか？〟ということになって。あの時は嬉しかったなあ」

――それが17歳の時ですね。

「昭和38年（63年）の4月に入門して、5月の九州場所が初土俵。前相撲で四番勝って、一番出世だったね」

――その時代だと、後にプロレスラーになった力士もたくさんいましたよね。

「源ちゃん（天龍源一郎）とは、新弟子の頃にちょっと話したことがあるね。相撲も取ったことがあるのよ。バーンと突き放されて、負けちゃったけどね（苦笑）。大剛さんとはあまり話したことはなかったけど、東京プロレスに入ってから伊豆で合宿している時に二所ノ関部屋から来たし、柴田勝久さんも朝日山部屋から来たんだよ。他にも三保ヶ関部屋の大位山は、国際プロレスで一緒になって。朝日山部屋の轡田友継（サムソン・クツワダ）とは、国際と全日本の対抗戦で戦ったこともあったよ」

――僅か3年で、プロレスに転向した経緯というのは？

「隣町（富山県新湊市）出身で、同じ立浪部屋の後輩の大磯武がプロレスに行くって言うもんだから、〝じゃあ、俺も行くよ〟って（笑）」

――大磯さんは、プロレス界と繋がりがあったんですか？

「ラッシャー木村さん。木村さんは、立浪一門の宮城野部屋出身だから。俺が相撲を辞める2年前に、木村さんは日本プロレスに入ってね。俺は大磯と一緒にリキ・パレスに試合を観に行ってたの。その時に豊登さんにも会って、〝おお、立浪部屋か！〟って」

――豊登さんも力士時代は立浪部屋でしたね。

「それで豊登さんに、〝あと1年ぐらいしたら来いよ〟と言われて。詳しい事情は知らないけど、その頃から東京プロレスを旗揚げする計画があったのかもしれないね」

――子供の頃から相撲取りになるのが夢だったのに、どうしてプロレスに方向転換したんですか？

「俺ね、頭の真ん中にイボみたいな傷があったの。相撲って、頭からぶつかって行くでしょ。そうすると、潰れて血が出たりして痛くてさ。それを親方に話したら、〝手術で取ってやるから〟ってことになってね。実際に手術したんだけど…何て言うか、やっぱり金が欲しかったんだろうね。あの頃、〝プロレスは1試合で1万円だ〟と言われて。大磯と俺は年齢が一緒なんだけど、1年先輩の永源（遙）さんと3人で順番にスカした（※相撲用語で部屋から逃げ出すこと）の。朝に大磯、昼に俺、最後に永源さん（笑）。スカした後に、浅草へ行って床屋で髷を切ってね」

――意外と、あっさりしていますね。未練はなかったんですか？

「全然。もうプロレスに行くことしか頭になかったから。その時は北沢（幹之）さんに、伊豆の『亀山荘』という東京プロレスの合宿所に連れて行ってもらってね。そうしたら、親方が迎えに来たんですよ。でも、話のわかる親方だったから、〝そんなにやりたいんだったら、プロレスで頑張れ！〟と許してもらえてね。そこに3ヵ月ぐらいいたのかな。それから、葉山でも3ヵ月ぐらい合宿したんですよ。その後は新宿の『ホテル本陣』に1週間ぐらいいて、10月12日に蔵前国技館で旗揚げしたんだよ」

ここで東京プロレスについて、補足しておこう。

力道山の死後、日本プロレスの社長兼エースだった豊登は、公金横領が発覚して66年1月に追放される（当初の発表は、尿管結石の悪化による社長辞任と長期欠場）。

行き場を失った豊登は新団体設立を計画し、腹心である田中忠治、木村政雄、斎藤昌典、高崎山三吉（北沢幹之）、竹下岩夫（民夫）らも日プロを離脱して合流。さらに豊登は、アントニオ猪木の獲得へと動く。

当時、アメリカで武者修行中だった猪木は日プロの春の祭典『第8回ワールドリーグ戦』への凱旋帰国が決まっており、その直前にハワイで日本から来たジャイアント馬場、吉村道明らと合同特訓を行ったが、豊登も密かに渡布。現

神奈川県三浦郡葉山町の森戸海岸で合宿を行っていた東京プロレスの若手陣。寺西（後列右）、柴田勝久、大磯武、永源遙、中川弘らは旗揚げ戦に向けて、田中忠治の指導を受けた。

地で口説き落とされた猪木は、同年3月21日に日プロ離脱を宣言した。俗に言う『太平洋上略奪事件』である。

また、63年に日プロを解雇されていたマンモス鈴木も復帰して、東プロに合流。前述の大剛、柴田らも入門し、寺西を含む新弟子たちはデビューに向けて約半年間のトレーニングを行った。

——東プロの若手勢が旗揚げ前に伊豆や葉山で合宿をしていたことは有名ですが、資金面は大丈夫だったんですか？

「亀山荘の賄いをやっている夫婦がいい人たちでね。〝お金なんか気にしなくていいから〟って。そこの経営者が豊登さんと仲が良かったの。だから、飯を食うのは困らなかったですよ、全然」

——新弟子たちの練習は、どういう内容でした？

「最初はリングがなかったから、畳を10枚ぐらい敷いてさ。そこで受け身を取るんだけど、痛かったよ（苦笑）。教えてくれたのは、田中忠治さん。あの人の練習は、ホントに厳しかったよ。朝、起きたら柔軟体操で身体を柔らかくして、あとは畳の上でとにかく受け身の練習。そうすると、口の中から〝フウ〜ッ〟って何か熱いのが出てくるの（笑）。足の運動（スクワット）も2000回ぐらいやらされてね」

――よく相撲出身のレスラーは受け身で苦労するようですが、寺西さんはどうでしたか？

「俺は、そういうことは全然なかった。相撲でもぶつかり稽古の時は、ポーンと受け身を取るしさ。後ろ受け身にしても難しいと思わなかったし、すぐにできた。最初は息が詰まったけど、全然抵抗なく身体が覚えたよ。入って1ヵ月ぐらいしてから、リングが来てね。〝これがプロレスのリングか！〟って、もう嬉しくて嬉しくて。それでロープに走ってみたら、痛くてさ。〝こんなに痛かったら、試合中どうすんの⁉〟って（笑）」

――当然、ロープワークも覚えなきゃいけないわけですよね。

「それも全部、田中さんが教えてくれた。あとは北沢さんや竹下民夫さんも教えてくれたしね。俺、早く覚えたと思いますよ」

――順応性があったんでしょうね。

「俺、身体が柔らかかったから、相撲でも苦労しなかったし。150キロもある力士が上に乗っかって股割りをやるんだけど、身体が硬い人は股の筋がブチブチッと切れて血が出たり、痙攣を起こしちゃうんだ。でも、俺は柔らかくてピタッと着くから、〝コンニャクみたいな奴だな〟と言われていたよ」

――初体験の極めっこは、いかがでした？

「それが一番キツかった。口を封じられて、ラッパかまされちゃってさ（※胸や腹などで相手の口を塞ぎ、呼吸ができないようにすること）。北沢さん、強かったよね。でも、そんな練習に明け暮れていたから、デビューする頃には、わりと仕上がっていたと思いますよ、俺らは」

――東プロは、弱冠23歳の猪木さんが社長兼エースでしたね。

「旗揚げ直前にYMCA体育館のジムで公開練習をやった時に、みんな一列に並ばされて、〝踏ん張れ！〟って言われてさ。みぞおちにズドーンと一発パンチを入れられて。まともに、みぞおちだもん。腰から落ちちゃって、声も出なかったよ。あれは忘れられない。何で猪木さんは、あんなことしたんだろうねぇ（苦笑）。日プロの若手時代の猪木さんは知らないんだけど、とにかくカッコ良かったというのを憶えてる。新間（寿＝当時は東プロの取締役営業部長）さんに、〝寺西、ちょっと来い。ウチの社長だから〟と言われて初めて会った時は、まず身体が大きいのにビックリしたよ。それで、いかにもアメリカ帰りという雰囲気を持っていてカッコいいの。その時は倍賞美津子さんも一緒にいたんだよ。当時のアイドルでしょ。ホントに綺麗でねえ（笑）」

――猪木さんとは、スパーリングもされました？

「強かったですよ。何回もやったけど、上になったからって安心していたら、下から極められちゃうの。アマチュア（サブミッションレスリングの意味）は強かったですよ」

――そして、旗揚げ戦を迎えるわけですが、かつて相撲を取っていた蔵前国技館にプロレスラーとして上がった感想は？

「憶えているのは、マットが柔らかかったこと。合宿所で使っていたマットなんだけどさ、柔らかくて沈むから、膝に来ちゃって5分も持たない感じだった。どんな技で負けたかは忘れちゃったな。俺は竹下さんと試合をしたんですよ。何人か、後輩の相撲取りも観に来ていてね」

――竹下さんは、後に国際プロレスのリングアナになりましたね。

「竹下さんは、相手に呼吸をさせないような試合の運びをやるんだよね。俺は胸の真ん中を蹴られちゃって、血を吐いて。あの人は殴るのも凄いのよ。ドシーンと入ると、息をするだけで痛くてさ。しかも、それが1年ぐらい治らなくてね。血を吐いたりするから、どこか身体の具合が悪いんじゃないかと思ったぐらいで。だから、その後も竹下さんと試合するのは怖かったよね」

――記録では旗揚げ戦の観客動員数が1万1000人になっていますが、実際にお客さんは入ったんですか？

「まあ、旗揚げにしては入ったのかな。猪木さんはまだ無名で、知られていたのは豊登さんだけだったからねえ。ジョニー・バレンタインもまだあまり知られていなかったけど、試合は最高だったよ」

――メインに組まれた猪木vsバレンタインのUSヘビー級戦は映像も残っておらず伝説化していますが、どんな試合でした？

「それは凄かったですよ。〝こんな試合をやっていれば、お客さんが来るな！〟と思ってね。実際にお客さんも満足して帰ったと思うし。日プロの試合とは全然違う。バレンタインは、ただ殴るだけ。あとはエルボーぐらいで技はほとんどないんだけど、それがまた迫力あるんだよ。金髪が血で真っ赤に染まっちゃってさ。表情がこれまたいいしね。猪木さんもただ技を掛けるんじゃなくて、闘志が溢れていて、試合に感情が出せるのよ。ああいうところが巧いよね。とにかく迫力があったよ」

——ただ、旗揚げ戦以降は興行的に苦戦を強いられたようですね。

「客が入らなかったねえ。俺たちは新宿や渋谷とか、あっちこっちの駅を回ってビラを配ったんだから。板橋では猪木さんとプロモーターが揉めちゃってさ。試合をボイコットして、お客さんが暴動を起こすなんていう事件もあったしね」

——そんな状態で、ちゃんとファイトマネーはもらえていたんですか？

「全然。2〜3回もらったかな。1シリーズで1万円ぐらい。最初に聞いていた1試合＝1万円なんて、とんでもないよ（苦笑）」

東京プロレスはこの年に2シリーズ＝計25戦を行ったが、興行成績は惨憺たるもので、単独での興行活動が不可能な状態に追い込まれる。

そんな中、社長の猪木は団体を存続させるべく、翌年1月の旗揚げを目指していた国際プロレスから持ち掛けられた業務提携を受諾。67年1月開幕の『パイオニア・シリーズ』は両団体の合同興行として開催されることになったが、厳密には主催は国際側で、東プロ側は選手を貸し出すだけというスタンスだった。ただし、豊登は「体調不良」によりシリーズ参加を見送る。

しかし、それは表向きの理由で、東プロは内部分裂を起こしており、その亀裂は修復不可能な状況に陥っていた。国際の旗揚げシリーズ中となる67年1月8日、猪木側は会見を開き、「東京プロレスの興行収益（約3700万円）を横領」、「使途不明の手形を乱発」、「帳簿もつけずに乱脈な経営」を理由に、豊登（相談役）、新間信雄氏（監査役）、新間寿氏を業務上背任横領で告訴したことを公けにする。
その翌日、豊登と新間寿氏も会見を開き、猪木側の主張に反論すると共に、「猪木は生活費やアメリカから呼んだ奥さんの買い物も会社の経費で落としていた」として名誉棄損と特別背任横領で逆告訴すると発表。この泥仕合によって東プロは真っ二つに割れ、事実上の終焉を迎えた。
だが、金銭トラブルはこれだけで終わらず、旗揚げシリーズ終了後にはギャランティー問題で猪木と国際の吉原社長が決裂し、これをもって自力で興行を打つ体力を失っていた東プロは完全に崩壊する。
日本プロレスと話し合いを持った猪木は、北沢、永源の2選手を引き連れて4月に古巣に復帰（その後に柴田勝久も合流）。一方、寺西ら残された東プロ勢は、7月開幕の『パイオニア・サマー・シリーズ』から国際プロレス所属となった。

――東プロでは、誰に付いたんですか？

「俺は豊登さんの付き人をやっていて、〝お前、国際プロレスに行くことになったから〟と言われたのは憶えているけど…最初は豊登さんと田中さんが上がらなかったんだっけ？　俺は国際には旗揚げシリーズから参加しているでしょ？」

――寺西さんは出場されましたが、金銭問題を巡って猪木さんと告訴合戦になったために、豊登、田中忠治は不参加でした。2人は猪木さんが日プロに復帰後、入れ違いで国際に上がるようになったんですよ。

「まだ若手だったから、その辺の事情は俺もよくわからないんだよ。上から〝行け！〟と言われたら、行くだけでね。猪木さんが3人を連れて日本プロレスに戻っちゃったけど、彼らは一緒に行動していたから。俺は豊登さんの付き人だったから、話がなかったんだよ。一言も聞いていなかった。いきなり日プロに行っちゃったから、俺らにしてみれば、裏切られちゃったわけですよ」

――寺西さんは、豊登派と見られていたわけですね。

「俺は21歳で結婚したんだけど、豊登さんに7万円の自転車を買ってもらいましたよ（笑）。豊登さんは、力道山からもらった自転車にずっと乗っていてね。引退した後も、よくウチに来て飯を食っていたの。そういえば、大磯は豊登さんとフィリピンに山下財宝を探しに行って、そのまま向こうに住みついちゃったんだよね（笑）」

――豊登さんというと、無類のギャンブル好きだったという面ばかりがクローズアップされますが。

「だって俺、競馬場に連れて行かれたもん（笑）。買うのも半端じゃないから。その当時のお金で30万、50万だからね。〝買ってこい！〟って50万を渡された時には、手が震えちゃってさ（苦笑）。人間としては気さくな人で、俺は大好きだったね。〝あんまり気を使うなよ。練習さえすれば、あとはノンビリしていていいんだから〟って。俺はよく練習していたからさ。国際の最初の頃は、青山の事務所の屋上にマットを敷いて練習していてね」

――ストロング小林さんやマイティ井上さんは、夏の炎天下に屋上で練習させられてキツかったと言っていました。

「俺は結婚して世田谷区の若林にアパートを借りていたから、自転車で青山まで通っていましたよ。新人の小林さん、マイティ、藤井は会社が借りたアパートを合宿所にしていてね。その近くにある焼肉屋に毎晩のように行ってたな。当時はマイティや藤井、村崎（昭男＝デビル紫）なんかと試合をしていたね。吉原社長がアイディアマンだったから、国際プロレスは面白かったよ。巡業用の大型移動バスを作って、北海道から九州まで走ったこともあったな。あのバスは最高だった。2段ベッドでさ。俺なんか自分の布団を持ち込んだもん。そうしたら、中継に来たTBSの連中が俺の布団で寝やがるんだよ。あれが嫌でさ。神経質なんですよ、俺（苦笑）」

――寺西さんは綺麗好きですからね（笑）。

「だから、布団を洗濯して、畳んで縄で縛って、他人が寝られないようにしたよ（笑）。吉原社長の最大のアイディアは、ヨーロッパ路線にしたことだよね。俺にとっては、勉強になることが多かった。俺がやるショルダースルーで投げられた時にパッと立つのは、トニー・チャールスがやっていたんですよ。チャールスがそこからドロップキックに行くのがカッコ良くてね。〝これはいいな！〟と思って、練習してマスターしたの。彼のドロップキックも素晴らしくてねえ。打点が高いし、ビシッと来るもん。他にもジョン・ダ・シルバー、ジョージ・ゴーディエンコとか素晴らしいレスラーが来たよね。ゴーディエンコはガッチリして

東京プロレス崩壊後、寺西は国際プロレスに合流する。右は同じく東プロ残党組のマンモス鈴木。日本プロレス時代、ジャイアント馬場、アントニオ猪木、大木金太郎と共に「力道山道場の若手四天王」と呼ばれた鈴木だが、国際時代は前座に出場することが多かった。

いて、力強くてさ。アルバート・ウォールのフライング・ヘッドバットも凄かったよ。まともに胸に入ったからね。ヨーロッパのレスラーはアメリカのレスラーが使わない技を持っているから、凄く勉強になりましたよ」

――アメリカの選手とヨーロッパの選手では、試合の組み立ても違いましたか？

「違います。アメリカのレスラーってポーンと投げたら相手との距離を空けるんだけど、ヨーロッパのレスラーは距離を空けずに密着してきて、そこから寝技に入って何回も何回もしつこく来るから。ホースト・ホフマンと試合をすると、他の選手とやるより倍疲れる。ホフマンは強かったですよ。あとは、やっぱりビル・ロビンソンが強かったよね。ロビンソンはヨーロッパ式なんだけど、アメリカでファイトしていたこともあるから、大きな技を掛けた後にちょっと間を空けたりするの。でも、ホノマンやジョン・ダ・シルバーはネチネチ、ネチネチ（笑）」

――初期の国際プロレスといえば、やはりビル・ロビンソンですよね。若手レスラーの指導もしていましたし。

「ロビンソンは最高だったね。丁寧な指導で、あとはあの人の試合を観て勉強すればいいわけだから。ロビンソンと試合をして、〝お前、凄く良くなった。イギリスに来いよ〟と言われた時は嬉しかったな。国際時代の一番の思い出は、ロビンソンと戦ったことになるかな」

――ロビンソンは、通常の試合では使わないような技術も教えてくれました？

「うん、関節の極めね。試合で〝いざ！〟という時に使える技術を持っているのが俺らにとっては一番大事でしょ。他の団体に行ったりとかした時にね。新日本プロレスに上がった時もそうだし、ジャパンプロレスとして全日本プロレスに上がった時もそうだしさ。実際、〝もうセメントでやっちゃえ！〟って話になったこともあるしね。だから、相手を極める関節技を知っているのは大事ですよ」

――寺西さんは、日本人初のサンビストとして知られるビクトル古賀さん直伝のサンボの技術も試合に取り入れていましたよね。

「古賀さんには、大久保のスポーツ会館で教わったんだよね。試合でビクトル投げを何回か使ったことがあるよ」

――71年には1度だけカール・ゴッチが国際プロレスに参戦していますが、印象は？

「ロビンソンは柔らかいけど、ゴッチはカタイ（笑）。ロビンソンは流れるような試合展開で、テクニシャンだったでしょ。でも、ゴッチは自分本位だから、自分の思い通りにやらないと気が済まない。強引というか、無理やり自分の流れに持っていっちゃうの。それにロビンソンと比べると、不器用だった。俺の中では、ガイジンのベストはロビンソンになるね」

――ルチャ・リブレとは異なるヨーロッパテイストの立体技を中心とした独自のスタイルを確立する上で、寺西さんが影響を受けたレスラーは具体的に誰でしょうか？

「トニー・チャールス、あとはエルマンソー兄弟（シーク&エミール）だね。あいつらの動きは面白かったし、参考になったな。身体が柔軟でね。身体を反らして相手の攻撃をかわしたり、ジャーマン・スープレックスを決めた後にブリッジの形からそのまま立ち上がったり。俺が使っていたコーナーに飛ばされて相手が突っ込んで来た時に、ロープを掴んでジャンプして相手の後方に立つのは、エルマンソー兄弟の動きを参考にしたんだよ」

――ベルギー出身のイワン・バイテンは、いかがでしたか？　バイテンはコークスクリュー・シザースなども使っていたので、寺西さんとのヨーロッパ流の空中戦は見応えがありましたよ。

「バイテンはキビキビしていたから、手が合って俺の好きなタイプだったよ。飛び技だけじゃなくて、グラウンドも巧かったしね。ヨーロッパといえば、モンスター・ロシモフともやったよね。若い頃のアンドレ＆バイテンのコンビとは、バッチリ手が合った。あいつらと試合するのは楽しいんだ。アンドレにコーナーに押し込まれたら、股の間をくぐって逃げたりしてさ。トリッキーな動きをして小林さんとか大きい人にタッチして、バイテンが出てくれれば、今度はキッチリと攻防をやってね」

――それにしても、寺西さんのファイトは相撲出身者の匂いがまったくしませんでしたね。

「俺は、とにかく人と違うことをやりたかったの。だから、来日するヨーロッパの選手の動きを見ながら、〝そのままやったら真似になっちゃうから、こうしたらいいんじゃないか？〟って常にあれこれ考えていたね。そういうことを考えて、夜眠れないこともありましたよ」

――寺西さんは〝和製カーペンティア〟と呼ばれていましたが、本家のエドワード・カーペンティアから学んだものはありました？

「全然なかったねえ（笑）。噂のサマーソルトキックも実際にはトンボを切って立つだけだったし。試合そのものも…素晴らしいレスラーだとは思わなかった。体操の選手だったわりには、不器用だったね。もっと飛んだり跳ねたりするのかなと思っていたんだけど」

――寺西さんはフライング・クロスアタックも使っていましたが、あの技を使うヨーロッパのレスラーはいませんでしたよね？

「うん、いなかった。木村さんがクロスチョップをやっていたから、〝俺は飛んでやればいいかな〟って自分で考えてね。だから、ミル・マスカラスは関係ない。あの頃は、プロレスをやっていて楽しくてね。試合が終わった後さ、控室に帰って来た時に汗が流れるのがいいんだよ。それでシャワーを浴びて、飲みに行くのが楽しみで（笑）」

――やはり国際プロレスは酒ですか（笑）。

72年2月4日、国際プロレスの面々は神奈川県の茅ヶ崎海岸で合同特訓を敢行。この時期の寺西は前座で若手の壁になりつつ、メインイベントに出場する機会も増えた。

「よく飲みに行ったのは、木村さん、草津さん、マイティ、浜口。飲む時、木村さんと草津さんは別々なんだけど、俺は両方に呼ばれてたよ」

この時代は海外修行を経て団体内のポジションを上げるのが常だったが、出世欲のなかった寺西は日本を出ることなく、「軽量級のテクニシャン」として黙々とバイプレイヤーを務めた。

デビュー以来、ベルトにも無縁だったが、75年3月13日に堺町民体育館で稲妻二郎との新王座決定戦に勝利し、IWAミッドヘビー級王座を獲得。これが国際プロレス時代の唯一の戴冠で、ホセ・ベンチュラ、リック・マーテル、デビル紫を相手に3度の防衛に成功している（タイトルは団体崩壊と共に自然消滅）。

この時期のキャリアを振り返ると、やはり「地味」という言葉が思い浮かぶが、それは寺西自身が選んだ「個性」だったのかもしれない。

――寺西さんは、当時としては珍しく白のタイツ&シューズを着用していましたよね。

「俺、小さかったでしょ。だから、田中さんに〝寺西、身体を大きく見せるには白を穿けよ〟と言われたの。元々、白が好きだったしね」

——だから、田中さん自身もコスチュームが白だったんですね。

「俺、太るのに苦労したんだよ。東プロに入った時が78キロだったからね。俺自身は入れないと思っていたけど、旗揚げ前でレスラーがいなかったから運良く入れたんだろうな。葉山で合宿した時には飯を食った後に、ヘソのところにお灸をしていたんですよ。そうすると、お腹が空くってことでね。でも、あんまり我慢したもんだから、ヘソを火傷しちゃって（笑）。それを毎日やってたな。国際プロレスになってからは、合宿の時に吉原さんにバターを食べさせられてさ（苦笑）。〝90キロになったら、ギャラを1万円上げてやる〟と言われて、毎日飯を食った後にバターを丸ごと1個。10日間の合宿が終わった頃には、89キロになったのかな。実際は1キロ足りなかったんだけど、吉原さんが〝ここまでやったか！〟と本当に1万円上げてくれたの。あの頃は少しでも大きく見せたくて、試合直前まで練習をやっていてね。だから、みんなと練習するのは嫌いなんですよ。話したりすると、気が抜けちゃうから。みんなと離れて、自分で決めたセットをやらないと気が済まなかった。腕立ても1000回はやっていたしね」

——国際プロレスはリングネームに横文字を入れる選手が多かったんですが、寺西さんがそうしなかったのは何か理由があるんですか？

「一度、リングネームの公募というのをやったことがあるんだけど、一番多かったのは牛若丸だったかな。でも、『牛若丸・寺西』は何かピンとこなかったしね（笑）。別にリングネームには、こだわっていなかったよ。豊登さんは、変なリングネームを付けるのが好きだったよね。バスの中でマイティに〝お前は円蔵だからな。藤井は東助だ〟って（笑）。村崎も『紫鬼吉』になったりとかね（笑）。俺は付き人だったからかもしれないけど、〝お前は勇でいいよ〟って。それで俺は本名は等（ひとし）だから、息子に勇という名前を付けたの」

——ところで、寺西さんは海外武者修行を経験されていませんよね。

「ガイジンも連れた国際の海外遠征で、香港、台湾、フィリピン、シンガポール、マレーシアには行ってるんだけどね。実は俺、オーストラリアに行くことになっていたんだよ。全日本の高千穂（明久＝ザ・グレート・カブキ）さんが行く予定だったんだけど、何かの事情で行けなくなって、馬場さんから吉原さんに話があってさ。その時、俺に白羽の矢が立ったの。でも、行きたくなくてね。身体が細かったし、海外に行ったら痩せちゃうという考えもあって。最初は断ったんだけど、どうしても行けというから最後は諦めて行くことになったの。でも、何日かしたら中止になってね（笑）。ホッとしたよ」

――実際には結構、海外から引きがあったんじゃないですか？

「でも、俺は行きたくなかった。覚えたり勉強するのは日本に来たレスラーの試合を観たり、直接試合をすればできるわけだから。別に外国に行かなくてもいいでしょ」

――でも、あの時代は海外修行を経てメインイベンターになるというのが出世コースでしたよね。

「そうやって上に行こうという意識はなかったね。とにかくプロレスをやっているのが楽しかったし、あとはいろんな技を覚えたいという気持ちしかなかったよ」

――下から団体を支える役目でもいいという感じですか？

「俺はわきまえているから。タッグでも木村さん、草津さん、小林さんと組んだ時には、自分の『死に方』というのがわかっていたからね。それによって、パートナーを光らせるという。そういう意味では、日本プロレスの吉村道明さんは巧かったよね。自分を殺してパートナーを光らせるんだけど、最後にローリング・クラッチホールドをビシッと決めて自分も光る。あの吉村さんのファイトは最高だったね」

――タッグを組んでいて、試合がやりやすかった選手は誰でしょうか？

「草津さんは外国を経験していて、いろいろ試合の持って行き方を知っていたんだけど…どうしても技に走っちゃうから、そこで止まっちゃって、一旦バーッと上がったものが沈んじゃうの。その点では、小林さんが巧くて、やりやすかったよ。小林さんはちょっと大人しいところがあったから、タッグを組む時に〝俺が死ぬから、小林さんは闘志全開で行ってよ！〟と。実際にタッチした時にパワーでガンガン行ってくれるから、俺にしてみれば死に応えがあったよ。そういうところは、すぐに呑み込んでやってくれたからね」

――寺西さんの中で、試合をしていく上で一番大切なことは何でしょうか？

「やっぱりお客さんの反応を見て、リズムを作っていくことだよね。反応によって、お客さんの気持ちをどう上げて行くか。それは教わるもんじゃなくて、自分で自然に覚えていくものなの。最初は技というよりも、試合で受け身を取って行く中で自然に覚えるものなんだけど、ある程度、試合ができるようになったら、相手の技に対処しながら自分の技を出していく。若い時から、そういうことをよく考えていましたよ」

――ぶっちゃけ、試合中にガチンコになってしまったことはありましたか？

「ありましたよ。日本人じゃなくて、ガイジンとね。流れの中で何か一発入ると、ガイジンはすぐカーッとなっちゃうから。それでガガッと極めてくるからね。そうしたら、こっちもやり返す。相手がロビンソンだったら、とんでもないけどね（笑）。でも、そうすると相手もわかって普通の試合に戻っていくの。俺の場合、身体が小さいから、相手にナメられたら終わりだからさ。まあ、俺は逃げるのも速いけど（笑）」

――あの時代はテクニシャンで鳴らしたとはいえ、寺西さんも金網デスマッチをやっていましたよね。

「よくやりましたよ。金網は、俺、浜口、木村さん、草津さん、後年は阿修羅（・原＝原進）が多かったね。まあ、組まれたら組まれたで、金網デスマッチなりの試合をしないといけないから。最初から最後まで金網に叩きつけていたら試合が単調になっちゃうんで、最初はちょこっと技を見せてね。そこから金網を利用していくの。ロープを外して使うとかバリエーションを加えたりして。そうやって、お客さんが飽きないように試合を転がしていくんですよ」

――当時、国際プロレスでは基本的に草津さんがマッチメークをしていたと思いますが。

「うん、ずっと草津さん。最後の1年はアキレス腱を切っちゃって試合に出ていなかったけど、それでもマッチメークはやってたよ。草津さんは、次期社長だったからね。あとは、木村さんもちょこっとマッチメークをやってたかな。初期には、田中さんもやっていたと思うな。田中さんは、吉原さんと合わなくなってね。居づらくなっちゃって、突然辞めたんだよ（77年8月）。俺は可愛がってもらっていたんだけどね」

——国際プロレスは途中から海外修行を終えて帰国したレスラーは必ずどこかで寺西さんとのシングルマッチが組まれて、会社に査定されるという仕組みだったんですよね？

「そうだったね。よく吉原さんから、〝今度、誰々が帰ってくるからシングルでやって、どういう風に伸びているか見てくれ。ダメだったら、練習させなきゃいけない〟と言われていたから」

——それだけ吉原社長に信頼されていたんですね。

「信頼されていたというよりも、俺自身がわりと教えるのが好きだったからね。コーチとしては阿修羅はもちろんだけど、黒潮太郎とか稲妻二郎も教えたし。東南アジアに行った時にジャック・クレイボーンと会って、〝弟がいるんだけど、日本に連れて行ってくれよ〟と言われてね。それが二郎。あいつは、黒潮太郎よりも日本語を覚えるのが早くてさ。2ヵ月ぐらいで喋ってたから。片仮名まで書くんだもん。ちゃんこでも何でも食うし、ラーメンにニンニクをバカバカ入れて〝バッチリだね、これは！〟って。変なガイジンだと思ったよ（笑）。でも、優しいから女にはモテてたね」

——寺西さんは、次代のエース候補として鳴り物入りで入団した原進のデビュー戦の相手も務めましたよね。

「阿修羅は、やっぱり筋が良かったよね。あの試合は、テレビ中継も入っていたから失敗できない。でも、甘やかしてもいけないし、潰してもいけないという大事な試合だったよ。だから、デビュー戦の前に阿修羅にデビル紫のマスクを被せて、どこか地方で1回テストで試合をさせたはずだよ（笑）」

——ところで、寺西さんは全日本プロレスとの対抗戦にも投入され、77年の『全軍対抗戦』では草津さんと組んで、ジャンボ鶴田&天龍源一郎と対戦しています（11月30日＝静岡駿府会館、両軍リングアウト）。

76年9月開幕『創立10周年記念 ゴールデン・シリーズ』のパンフレットより。寺西は「海外に出ず横文字のリング・ネームも嫌って、ゴーイング・マイウエイでスターの座を獲得した異色の存在」と紹介されている。

「その鶴龍との試合というのは憶えてないな。全日本と試合するとね、全日本と同じ試合の流れになっちゃうの。だから後年、ジャパンプロレスで全日本に行ったけど、どっちかというと俺には新日本のストロングスタイルの方が合っていたね」

——国際の選手として初めて新日本のリングに上がったのも寺西さんで、78年12月16日、蔵前国技館でアニマル浜口と組み、長州力&木戸修と対戦されました（30分時間切れ引き分け）。両団体共に、何かあった時に対処できる選手を出したという感じの意味深な人選ですね。

「当然、そういうアレはあったでしょう（笑）。やっぱり他団体のマットに上がるのは緊張しますよ。相手がセメントで来たら、こっちもセメントで行かなきゃしょうがないし。だから、あの時は浜口と2人で〝向こうはセメントで来るかもしれないから、そうなったらこっちも…〟と話をしていましたよ。まあ、実際には普通の試合になったんだけどね」

そして81年、すでに活動停止を覚悟していた吉原社長は、全所属選手を新日本に引き取ってもらうべく準備を進めていた。

しかし10月8日、蔵前国技館での『新日＝国際全面対抗戦』に選手として出場したのは、木村、浜口、寺西の3人だけで、レフェリーとして若松市政（将軍KYワカマツ）も参加したが、この1大会のみに終わっている。

団体末期の内情については本書に何度も出てくるが、寺西自身はどういう認識でいるのだろうか？

――81年夏に団体が崩壊するわけですが、予兆は感じていましたよね？

「だって、お金をもらっていなかったからね。会社が潰れた時、俺は70万の未払いがあったよ。でも、ギャラのことを言ったってしょうがないよね。ないものは、ないんだから。それでも俺は家族を持っていたから、まだもらっていた方だと思う。若い奴に比べればね」

――8月9日の羅臼町民グラウンド大会の時は、これで最後の興行だとわかっていたんですか？

「あれがシリーズ最終戦で、その何日か前に〝このシリーズで終わりだよ〟と聞いていたから。最後は、マッハ隼人とやったんだよな（寺西がリングアウト勝ち）」

――あの日は、どんな心境でした？

「その時は、もう新日本に行くようになっていたから…」

――その後、寺西さんたちが新日本プロレスに上がったのは、吉原社長の意向に沿ったものだったんですか？

「いや、自分の考え。マイティなんかは〝新日本は嫌だ〟と全日本に行ったんだけど、俺は全日本が嫌いだったから新日本に行ったの」

――同年9月23日、新日本の田園コロシアム大会で伝説の『こんばんは事件』が起きましたが、寺西さんはその場にいませんでしたよね。

「うん、木村さんと浜口だけ。あの時、秩父で合宿していたから、俺は〝先に行って飯を作ってるよ〟って。帰ってきたら、浜口が怒っていてね。〝木村さんがよりによって、『こんばんは』なんて言いやがって！〟と。だから、俺がフォローして（苦笑）。木村さんはあまり練習が好きじゃなかったから、浜口と2人で〝木村さんがトップなんだから！〟ってケツを叩いてねえ」

団体崩壊後、寺西は『新国際軍団』の一員として新日本プロレスに乗り込み、東京プロレス時代の社長であるアントニオ猪木と抗争。83年には、初代タイガーマスクのNWA世界ジュニアヘビー級王座に連続挑戦した。

――いざ新日本に上がったら、アントニオ猪木と1対3の変則マッチで戦わされるなど、新国際軍団は3人で一人前のような屈辱的な扱いを受けましたが、ご本人としてはどう感じていましたか？

「とにかく負けたくなかったから、新日本の選手よりも2時間前に会場入りして練習した。〝どうせ国際の連中は練習しないから〟と言っていたみたいだからね。ナメられちゃ困るから、とにかく練習だけはやっていたよ。でも、試合はやり甲斐があったし、俺としては楽しかった。お客さんが入るから楽しいのよ。〝よーし、今日もやってやろう！〟ってさ」

――東京プロレス分裂時に別れた猪木さんとは、話をされたんですか？

「1回だけかな。北沢さんが呼びに来たんだよね。その時は新聞社の人が付いてきたこともあって、〝テメエ、憶えてろよ！　コテンコテンにやってやるからな！〟と啖呵を切ったよ。パッと目が合った時に猪木さんは笑ったんだけど、こっちは一切笑わなかった。それで一瞬、猪木さんの表情が変わったから。たぶん、猪木さんは〝こいつら、本気だな〞って感じたんじゃない？　それは新聞社の人がいたのもあるんだけど、こっちの言葉は確かに本音だったのよ。とにかく燃えていたもん。だから、俺らはイキイキしていたと思うよ」

——当時、新日本のファンには相当憎まれましたよね。

「俺らはヒールで上がっているから、技を使う必要がなかったよ。その後、浜口が国際軍団を抜けて、長州の維新軍（当時の名称は革命軍）に入る流れになったんだけど、坂口さんから〝今度、お前はタイガーマスクとやることになったから〟と言われてね。〝だったら、技で行こう〟と俺は試合を変えたよ。そういうのは心得ているから」

——タイガーマスクは83年8月10日に電撃引退しましたが、寺西さんが最後の相手でした。

「タイガーマスクとは大阪府立体育会館（7月7日）、蔵前国技館（8月4日）とシングルを2回やったけど、同じような試合をやってもしょうがないから、大阪ではプランチャ、蔵前ではジャーマンとか使う技も変えてさ」

——その辺が職人たる所以ですね。

「やっぱり自分の置かれている状況を考えて試合をするのがレスラーの基本ですよ。でも、新日本のマットって国際に比べると柔らかいのよ。だから、足首が疲れちゃってさ。あれが一番困ったよね。全日本も柔らかかったな。ジャパンプロレスの練習用のリングは固かったんだけど、固い方がやりやすいんだよ。受け身には自信があったしね。俺、国際では旗揚げから最後の羅臼まで1回も欠場したことがないんだよ」

——84年7月になると、吉原さんが新日本の顧問に就任しましたよね。

「でも、特に話はしなかったな。俺たちは、ただ選手としてリング上でガンガンやっていただけだったからね。国際時代は、吉原さんによく飲みに連れて行ってもらったよ。2人とも飲んべえだから（笑）。高田馬場の事務所の近くに、『浜力』というちゃんこ屋があったでしょ。そこによく吉原さんと行っていてね。地方の試合に行ってもプロモーターの招待の時には、俺とか浜口、マイティなんかが必ず連れて行かれたし」

——その2ヵ月後の84年9月、寺西さんは新日本を離脱してジャパンプロレスに移籍し、全日本のリングで元国際プロレスのメンバーたちと再会することになりました。

「木村さんや鶴見たちの『国際血盟軍』と戦うことには、抵抗なかったよ。それぞれの生きる道だからね。その翌年だよね、吉原さんが亡くなったのは。あの時、俺は浜口と一緒に通夜と葬式に行ってね。社長の顔を見たら、2人で泣いちゃったよ。木村さんも俺らの目の前でワンワン泣いていた。俺、東京プロレスから国際プロレスに行って、旗揚げから最後までずっといて、社長には良くしてもらったし、俺も社長のことは好きだったしさ。社長は、金銭面で一苦労したよね。俺はいろいろなリングに上がって、それぞれやり甲斐もあったし、楽しかったけど…本音としては、やっぱり続けられるものなら、あのまま国際プロレスを続けてもらいたかったよ」

# デビル紫

デビル紫こと村崎昭男は1968年1月に国際プロレスでデビューし、海外武者修行中は十数ヵ国を転戦。凱旋帰国と同時にマスクを被り、日本人覆面レスラーの先駆けとなった。

12年に及ぶキャリアの中でトップに立つことはなかったが、覆面太郎（ストロング小林）に次ぐ本格的な日本人マスクマンであり、長期にわたりマスクを被ったという意味では日本マット界初のレスラーである。

団体の生え抜きとしては、小林、マイティ井上、ヤス・フジイに次ぐ古参として活躍したが、80年5月の試合を最後に病気欠場が発表され、引退試合を行わないまま現役生活に幕を下ろした。

残念ながら、村崎は本書制作中の2017年10月23日に食道がんにより死去。ここに掲載する本人の証言は、非常に貴重なものとなった。

国内の話はもちろん、海外武者修行時代の回想でも興味深いエピソードが次々と飛び出すが、何よりも村崎は大剛鉄之助のレスラー生命を奪った〝あの事故〟の当事者でも

**でびる・むらさき**
1942年4月30日、大阪府八尾市出身。身長176cm、体重97kg。67年に国際プロレスに入門。68年1月5日、村崎昭男として小倉区三萩野体育館における仙台剛戦でデビューした。72年5月、デビル紫に改名。北米、メキシコ、ヨーロッパ各国で武者修行後、76年10月の凱旋帰国と同時にマスクマンに変身した。80年5月16日、厚木市青果地方卸売市場におけるマイティ井上戦を最後に、内臓疾患により引退。その後は、営業部に所属した。2017年10月23日、食道がんにより死去。享年75。

ある。74年3月18日、カナダ・アルバータ州ハイリバーのハイウェイで一体何が起きたのか――。

――村崎さんは42年生まれですから、力道山世代ですよね。

「家は八百屋とか乾物屋をやっていたんだけど、その後に大衆食堂になったんだよ。だから、小さい頃からテレビがあってね。親父が大ファンだったのもあって、俺も力道山が大好きだった。近所の人たち30人くらいと、みんなで一緒にプロレス中継を観てたよ」

――では、テレビ中継のあった金曜の夜8時は開店休業状態ですね。

「そうそう、商売どころじゃない。物心が付く頃にはプロレスラーになりたかったから、中学と高校では柔道をやって初段を取ったんだよ。でも、パイロットにもなりたくて海上航空隊を目指したんだけど、入れなかった（苦笑）。結局、海上自衛隊に入って、俺は大阪出身だったから、舞鶴に配属されたんだよ。船は潜水艦を攻撃する450トンの駆潜艇で、小さいけど、凄く速い。だから、横揺れがひどくて、海に船体が半分くらい倒れたこともあったから」

――訓練は相当辛かったと思います。

「厳しかったよ。入隊から3ヵ月は陸で訓練して、4ヵ月目から船に乗るんだけど、船酔いがキツくてね。初めの1週間はほとんど何も食べることができなくて、1ヵ月くらいは食べても吐いてばっかりだった。でも、不思議なもので、どんなに揺れていても〝〇日後に港に着くぞ〟なんて聞かされると、ケロッと船酔いが止まるんだよ。逆に陸にいても、出港が近づくと吐いちゃってね。士長に昇格したんだけど、そんなのは続けていれば、誰でもなれるから。それよりもプロレスラーになる夢が捨てられなくてね」

――海上自衛隊に在籍されていた時に、力道山が亡くなっていますよね（63年12月15日）。

「かなりショックだった。それでも、俺にはプロレス以外の道は考えられなかったから、3年で実家に戻ったんだよ」

――そこから、大阪のナニワトレーニングセンターで身体を鍛え始めたと。

「昼まで店の手伝いをして、電車で2時間くらいかけてジムに通ったんだよ。すでに井上と藤井はいて、浜口（平吾＝アニマル浜口）は俺の1年くらい後に入って来たのかな。

みんなプロレスラーになりたくて、互いに競争しているような感じだったね。それである時、吉原社長がガイジンを連れてジムに来たんだよ」

――国際プロレスは大阪での興行の時、ここを選手の練習先にしていたそうですね。

「確かヒロ・マツダさんもいてね。これはチャンスだと思って、俺から社長にモーションをかけたんだよ。そうしたら、〝テストしてやるから、東京に来い〟と言われてね」

村崎は旗揚げから7ヵ月後、67年8月に入門を許されている。合宿先にはデビューして間もない小林と井上、デビュー戦を待つ藤井が住んでおり、彼らと寝食を共にした。当時、コーチを務めていたのは東京プロレス崩壊後に合流してきた田中忠治で、日本プロレス仕込みの厳しい指導ぶりから、「鬼の田中」と呼ばれた。

「田中さんは怖かったよ。俺は入ったばかりの素人なのに、スクワットを1000回やらされてね。できないと、ぶっ倒されるんだ。たまに社長も稽古をつけてくれたよ。社長は力道山にアマチュアを教えていたくらいだから、凄く強かったね」

――力道山が吉原さんにレスリングを極秘で教わっていたという話は、聞いたことがあります。

「若手を道場から追い出して、2人きりでね。社長がそう言ってたよ」

――村崎さんがスパーリングで得意としていた技は、何だったんですか？

「得意技というか、（肘を見せながら）コレだね。ビル・ロビンソンに教えてもらったんだよ。浜口はカール・ゴッチに付いていたけど、俺はロビンソンが好きだったから、いつもピッタリ付いていてね。ずっとお世話をしていたのもあって、かなり稽古をつけてくれたよ。ロビンソンはアマチュアも強かったし、手足の関節技とかもたくさん知っていて、プロレスにおいては尊敬できる人だったよ。ゴッチよりも強かったんじゃないかな。ロビンソンが国際プロレスを離れる時、愛用の縄跳びをくれてね。それで毎日練習してたよ。スパーリングで相手が動かない時は、嫌がるところを肘でグッと押したり、うつ伏せの相手の足首に乗っかったり、ケツの穴に指を入れたり、相手が〝あっ！〟というような技を使わないとダメ。あとは耳の穴に指を入れて、ギュッとやったりもしてね（笑）。ロビンソンは、そういうのも教えてくれたんだよ。そういうのがないと、力が同じくらいだったら、なかなか極まらないんだよ。大位山（勝三）は後輩だったんだけど、大相撲で前頭まで行ったから俺をナメてたんだよね。だから、スパーリングをやる時は必ず裏技をグッとやってやったんだよ。プロレスをやっていく上で、ここが大事なことだから」

――他の選手とのスパーリングの思い出は、ありますか？

「浜口はパワーがあったね。彼とスパーリングした時、俺の小指が逆に曲がって折れちゃったんだよ。決して指を狙ってきたわけじゃないんだけど、流れでそうなっちゃって。それからは俺も彼に一目置くようになったよ」

――入門して、すぐ巡業には付いて行ったんですか？

「行ったよ。基本的には、みんなの雑用係だね。半年くらいやったのかな。若いのが少なかったし、キツかったよ。相撲取り出身が多かったから、縦社会でね。しょっちゅう怒られてた。殴られたり、飯を食わせてもらえなかったり。デビュー前、トヨさんにセコンドの付き方がダメだという理由でバコーンと殴られて、ぶっ倒れそうになった。田中さんもピリピリしていてね。でも、俺に実力が付いてからは反対にドヤしてやった。〝うるせえ、この野郎！〟って（笑）。何があったのか、後々は優しくなって『仏の田中』なんて呼ばれていたけど。田中さんには、〝俺の妹と結婚しろ〟なんて言われたこともあったね（笑）」

――他の選手もそうですが、先輩との人間関係では苦労されたようですね。

「後で扇さん（扇山）も国際に入ったけど、幕内力士だったから特別扱いだったよ。しばらくは辛かった。でも、辞めたい気持ちはなかった。力道山に憧れていたし、早くメインイベンターになりたかったからね」

この後、国際プロレスはテレビ中継の開始に伴い、『TBSプロレス』に改称。68年1月3日、新体制による『オープニング・ワールド・シリーズ』が開幕した。

初戦の日大講堂大会でグレート草津がルー・テーズに惨敗した余韻冷めやらぬ1月5日、小倉市三萩野体育館大会で村崎は唐突にデビュー戦を迎えることとなる。

相手は仙台剛（強から改名）こと大剛鉄之助で、後の2人の関係を思うと不思議な巡り合わせである。

――入門から約5ヵ月後、本名の『村崎昭男』で遂にデビューを迎えました。

「怪我か何かで、急に欠員が出たんだよ。突然、試合に出ろと言われてね。でも、リングの上で動いたこともなければ、受け身とかアマチュアの練習しかしたことがなかったから。プロレスなんて誰も教えてくれなかったよ（苦笑）。試合の内容は…忘れちゃったねえ。そもそも相手が大剛さんだったということ自体憶えてない」

――大剛さんや大磯武さんは、当たりが強かったと聞きますが。

「ビシビシ来るからね。どちらもキツイ相手だったよ」

――68年2月13日の和歌山県営体育館大会では、藤井康行を相手に初勝利を挙げましたね。

「藤井とは、お互いにもっと上を狙おうと争っていたよ。控室でも揉めるくらいにね。ドイツでも一緒だった時期があったけど、そこでも仲は悪かったから（笑）」

――同年4月8日の岩国市体育館大会から、『村崎鬼吉』に改名されましたが、その経緯は？

「トヨさんに、〝明日から、この名前にしろ〟と言われてね。

村崎は、後輩の稲妻二郎ともバックステージで揉めたことがある。「あいつが試合のことで文句を言ってきてね。控室で殴り合ったよ」。

あの人は、清水次郎長とか国定忠治が好きでさ。若い選手に面白おかしく、そういう名前を付けるんだよ」

――リングネームに関しては、同年7月に『村崎小助』、69年6月に『村崎鬼三』、70年7月に『紫鬼三』に変わって、72年5月に『デビル紫』に辿り着きます。

「デビル紫という名前は、自分で考えた。社長に〝キャラクターを変えれば、ギャラを上げてやる〟というようなことを言われてね。若手の中で俺だけ燻っていて、同期が上に行ったり、後輩が海外に行ったりしていたから、焦りもあったよね」

――この名前になった時、髪を紫色に染められましたが、これは吉原社長のアイディアですか?

「いや、社長は〝こうしてみろ、ああしてみろ〟とは言わないから。アマチュアのことは具体的に細かく教えてもらったけれども、プロレスに関して具体的なことは何も言わない。だから、自分で考えたよ。俺、レスラーにしては気が弱い方でね。せめて見た目とか名前だけでも〝デビル〟に徹しようとして、髪を紫色に染めて荒っぽいラフファイトにしてみたんだよ」

――その頃、マウスピースもされていましたよね。

「出っ歯なんだよ。歯を打つことが多いから、付けてたんだよね。呼吸が苦しいから、何試合かでやめたけど」

――今はマウスピースを着用して試合をする選手が増えたんですよ。

「じゃあ、プロレス界だったら俺が最初だ（笑）」

――覆面太郎という1シリーズだけのマスクマンを除けば、村崎さんは長期的にマスクを被り続けた初めての日本人選手でもありますからね。

「プロレスラーというものは、自分の〝型〟を創らないといけないんだよ。俺は上手くできたとは思えないけど、それだけは常々心掛けていたからね。力道山は、絶対に自分の型を崩さなかったじゃない？」

――ラフファイターのデビル紫が誕生する前は、どういったタイプの選手を目指していたんですか？

「ロビンソンのような型を目指していたのかもしれないね。ワンハンド・バックブリーカーとか真似して使っていたし。前受け身みたいな感じで落とす独特のエルボードロップも、直接教えてもらったから。田中さんもヨーロッパスタイルで、凄く巧かった。でも、心の中で〝この野郎！〟と思っていたから、あの人の型だけは絶対に真似しなかったよ（笑）」

――ラフなスタイルが以降の村崎さんの〝型〟となりましたね。

「最後の最後は身体が付いていかなかったけど、プロレスを辞めるまで、ずっと同じスタイルだったね。やっぱりプロレスは頭を使わないとできないよ。自分の型が必要だし、アマチュアも知っていないといけないし、独りよがりの試合をしちゃいけないし、お客さんを沸かせないといけないからね」

デビューから約4年が経ち、村崎は『デビル紫』として自分の〝型〟を手に入れたものの、依然として海外へ武者修行に出るチャンスには恵まれなかった。

出世するには、世界を知ることが必須だった時代である。村崎と同時期にデビューした藤井は70年1月にシャチ横内に連れられて渡米し、井上は同年8月にヨーロッパへ出発。寮で同じ時間を過ごした小林省三は『ストロング小林』と名を改め、71年7月にIWA世界ヘビー級王者として華々しく凱旋帰国する。

さらには後輩の浜口が72年2月に、キャリア僅か1年の松本勝三（大位山）も同年6月に渡米しており、村崎は焦りを募らせていた。

村崎がようやく海外への切符を手に入れるのは72年暮れのことだったが、吉原社長からの指令は意外すぎるタイミングで告げられた。

――72年10月には、鶴見五郎と共に全日本プロレスの旗揚げシリーズに派遣されていますよね。

「百田の光っちゃん（光雄）、佐藤昭雄とか若手とは一通り当たったね。馬場さんには良くしてもらって、試合後に豪華な食事に連れて行ってもらったこともあったよ。その頃かな、奥さん（馬場元子夫人）から全日本に誘われてね。俺は結構、その気だったんだけど（笑）」

――当時の全日本は若手が少なかったこともあり、国際からは本郷篤（肥後宗典）が移籍しました。

「ちょっと定かではないんだけど、確か俺はアメリカに行くことが内定していたんだよ。馬場さんの奥さんから、〝アメリカではファイトマネーだけじゃ生活が苦しいはずだから、帰って来る時に全日本から旅費を送ってあげる〟と言われた記憶があるから。餞別ももらったような気がするなあ」

――結局、村崎さんはこの年の12月12日に日本を発っていますね。

「ハワイでの大きな大会に社長が顔を出すということで、俺と社長の妹さん、営業の鈴木利夫部長が付いて行ったんだよ」

――おそらくホノルルで開催されたAWAの興行だと思われます。

「そうかもしれないね。もしかして試合をさせてもらえるかなと思って、一応コスチューム一式と下駄や着物を持って行ったんだよ。結局、試合には出られなかったんだけど、社長から急に〝ここからテネシーに行け〟と言われて。こっちは半分旅行のつもりだったからビックリしたけれども、とりあえず言われた通りにしたよ」

――だから、村崎さんは日本での壮行試合もなく、いきなりアメリカ本土へ上陸することになったわけですね。

「当然、見送りとか小遣いもなかったよ。もちろん、会社からの仕送りもないしね（笑）。だけど、後輩に追い抜かれていたから嬉しかったよ。アメリカに着いたら、もう国際だの全日本だの考える余裕は全然なかった。毎日のことに追われて、〝次はどこへ行こう〟とかばっかりで」

――テネシー地区では『グレート・フジ』こと大位山さんと合流し、72年のクリスマス興行から試合をしていますよね。村崎さんは『タロー・ムラサキ』に名前を変えましたが、これはマネージャーを務めたトージョー・ヤマモトが命名したんですか？

「そうだね。ヤマモトのピンハネは、ひどかったよ。ある時、ヤマモトを通さないでプロモーターから直接ギャラをもらったら、いつもの倍でね。だから、いつも半分くらい持っていかれてたんだよ（苦笑）」

――テネシー地区では、後輩の大位山さんとのタッグばかりが組まれていましたよね。

「大位山はヤマモトに気に入られてたから、いばっててさ（苦笑）。このテリトリーはテネシー州だけじゃなくて、ケンタッキー州とかアラバマ州とか移動範囲が広いから、いつも誰かの車に便乗してたんだよ。ある時、大位山と〝2人で車を買おう〟ということになって、トレーラーハウス付きの新車を買ったんだけど、その直後に〝あと2～3試合したら、日本に帰るから〟と言いやがってね（笑）。〝じゃあ、ローンはどうするんだよ？〟と聞いたら、〝そんなの知るかい！〟って」

――一人で払い続けたんですか？

「テネシーの次に行ったインディアナポリスはギャラが高かったから、何とかローンは返せたけどね」

73年7月、村崎は日系レスラーのミツ荒川の口利きで、インディアナポリスのWWA（ワールド・レスリング・アソシエーション）に転戦する。荒川は帰国した浜口に代わるパートナーを求めており、村崎に白羽の矢が立ったのだ。

ここでは『グレート・サキ』と改名してサーキットし、時にはNWAデトロイト地区やAWAシカゴ地区にも遠征。ディック・ザ・ブルーザーをはじめ大物レスラーとも対戦し、充実した日々を送る。

――テネシー地区ではジェリー・ジャレットやジェリー・ローラーといった選手と戦っていましたが、ディック・ザ・ブルーザーがエース兼プロモーターのWWAでは対戦相手のグレードがグッと上がりますよね。

「どこかでTVマッチに出たんだけど、相手がブルーザーでね。ゴングが鳴ったら、グアーッと持ち上げられてリングの端から端まで、ぶん投げられたんだよ。凄い高さから落ちて、受け身は取ったんだけど、立ち上がれなかった。TVマッチだから少しは手加減してくれるかと思ったら、一切容赦なしだよ（笑）」

――当時のブルーザーは、インディアナポリスの大ヒーローですからね。

「試合は怖いものだけども、あの体験のせいで、もっと怖くなったから（笑）。ブルーザーは西海岸の方で興行を打とうとしていて、俺も誘われたんだけど、行かなかったね。それに俺を〝ジャップ〟と呼ぶんだよ。最後まで一度も名前を呼ばれたことはなかった。それに比べて、ウィルバー・スナイダー（WWAの共同プロモーター）はいい人だったよ。試合もしたし、あちこち呼んでくれてね」

――記録では、ボブ・エリス、ペッパー・ゴメッツ、クラッシャー・リソワスキー、ムース・ショーラックといった強豪と対戦し、タッグではバロン・フォン・ラシクやボビー・ヒーナンとも組んでいます。かなり豪華なメンバーですよ。

「スター選手が多いから、お客さんが入ったし、ギャラも高かったよ。誰がどうだったというのは、憶えてないけど（笑）」

――リング外で危ない目に遭ったことは？

「日本人だし、ヒールだから、石を投げられたり、パチンコみたいなものでパーンと硬い何かをぶつけられたり、そんなのはしょっちゅうだったね。ただ、お客もレスラーは怖いからさ。客席に向かって行くと、ワーッと逃げるんだよ。でもね、こっちもサッと引かないとダメ。そのタイミングが難しい。深追いして囲まれて、半殺しになった奴がいたからね。お客に背中を向けたら、危ないんだよ。〝殺してやろか！〟というくらい睨み付けながら、向かい合ってないと」

――先ほど気が弱いと仰っていましたが、素晴らしいヒールぶりじゃないですか（笑）。

「いや、カーラジオで『上を向いて歩こう』がかかると、涙を流してたよ。試合は怖いし、ホームシックにもなったし。でも、練習だけはちゃんとしようと心掛けてたね。毎日、ヒンズースクワットを1000回やっていたから、足なんかパンパンで日本にいた時より太くなっていたよ。ただ、TVショーで荒川さんに〝空手チョップで瓦を10枚割れ〟と言われた時は断ったけどね（笑）」

――日本人なら誰でもできると思ったんでしょうね（笑）。

「荒川さんには、〝お前は英語を喋らなくていいから、とにかく日本語で怒鳴りつけろ〟と言われてた。そういうタイプじゃないし、嫌だったけど、カメラに向かって〝この野郎、ぶっ殺すぞ！〟とか吠えてたよ。稼がなくちゃいけないからね」

74年に入ると、村崎はインディアナポリスを発ち、カナダのカルガリーを目指して愛車を走らせた。

同地区（スチュ・ハート主宰のスタンピード・レスリング）に定着すると、アラスカ付近にも遠征。何万人ものクリンギット族の前で試合をするなど貴重な体験をする。また、総帥スチュの知遇を得て、有名な自宅の地下道場『ダンジョン（地下牢）』で毎日のように汗を流した。

そして、この地でデビュー戦の相手でもある大剛鉄之助（トーキョー・ジョー）と再会。74年3月18日、悲劇の大事故が起きる。

「WWAにいた時、カルガリーから来ていたレスラーにプロモーターの名前と場所を教えてもらってね。インディアナポリスから何千キロも一人旅だよ。スチュ・ハートの息子たちとは結構、仲が良かったね。国際プロレスにも留学していた長男のスミスもいたし。そのせいか、スチュは優先的に試合を組んでくれたよ。行った当初、大剛さんはモントリオールにいたんだけど、俺がカルガリーにいることを何かで知って、〝試合はないか？〟と手紙をよこしてね。若手時代には随分イジメられたから、俺は嫌だったんだけど（苦笑）」

――村崎さんと大剛さんはカルガリー地区で、ニック・カーター＆スウィート・ウイリアムスのザ・キウイズから現地版インターナショナル・タッグ王座を獲っていますが、これが初のタイトルになりますね。

「大剛さんとは仲が良いとは言えなかったけど、その時は一緒に喜んだよ（笑）」

――その数日後、あの自動車事故が起きてしまいます。場所は、アルバータ州ハイリバーのハイウェイでした。

「どこの会場か忘れたけど、俺が運転する車で大剛さんと会場に行ったら、大雪のせいで大会が中止になっていたんだよ。そこからカルガリーに戻る時、アイスバーンで車が滑って路肩に落ちたんだ。スリップ事故が多い土地だから、初めから道路にはガードレールとかなくて、落ちたと言っても道路よりちょっと低い感じの路肩でね。でも、自力じゃ戻せないから、レッカー車を呼んだんだよ」

――そこに他の車が滑って突っ込んできてしまったと？

「その時、俺は車の中でジッとして待っていたんだよ。まだレッカー車は来ていなかったんだけど、大剛さんはバンパーのところに行って、レッカー車が引っ掛けるところを探していたみたいでね。俺は下を向いていたから、大剛さんがそんなところにいるなんて知らなかったんだよ。そうしたら、ドーンという凄い衝撃があって、乗用車が俺の車に突っ込んでた。でも、その時の音が鈍かったんだよ。慌てて外に出たら、大剛さんが倒れていて、足が片一方吹っ飛んでた。驚いたなんてもんじゃないよ」

——その時、大剛さんは気を失っていたんですか？

「いや、足がどうかしたことは気付いていたんだろうね。〝俺の足はあるのか⁉〟と聞いてきて。もう片方の足もくっ付いてはいたけど、かなり骨が見えていてね。俺、その後の記憶が何もないんだよ」

——救急車を呼んだのは、村崎さんなんですよね？

「それも憶えてない。俺は英語を喋れないから、近所に住んでいる人か車をぶつけた本人が呼んだのかもしれない」

——大剛さんは病院に搬送されて一命を取り留めますが、右足切断により選手生命を絶たれてしまいました。事故が3月18日で、村崎さんの次の試合は25日でしたが、その間はずっと看病をされていたんですか？

「何日間かは寝ないで看病していたね。大剛さんは気性が激しい人だから暴れるし、痛いから看護婦にも当たるんだよ。こんなことを言うのも何だけど、横にいるのはキツかった。半分は、〝ここを早く離れたい〟という気持ちもあったね。元々ウマが合わない先輩だったというのもあるし。それに俺も食っていかないといけない。他からの誘いもあったんだけど、置き去りにできないから断ってたんだよ」

——この事故の様子は何回か日本でも記事になっていまして、後に村崎さんがマスクマンになった理由のひとつとされているんですよ。要約すると、〝どの面を下げて日本に帰れるんだという気持ちでマスクを被った〟と。

「いや、事故とマスクは関係ないよ。むしろ、俺は早くカルガリーを去りたいくらいの気持ちだったんだから」

村崎は事故から3ヵ月間、カルガリーに滞在した後、次なる主戦場にメキシコのEMLL（エンプレッサ・メヒカーナ・デ・ルチャ・リブレ＝現CMLL）を選んだ。

74年7月に『アキオ・ムラサキ』を名乗り、現地で修行中だった『リキドーセン2号』こと全日本プロレスの百田光雄と合流。8月には国際プロレスの鶴見五郎（ゴロー・タナカ）もヨーロッパから転戦してきて、3人は共同でホテル暮らしを始める。

――74年8月23日、アレナ・メヒコで村崎さんが売り出し中のペロ・アグアヨとシングルで戦ったという記録があります。EMLLではピスタ・レボルシオンのメインにも、よく登場していますね。

「俺らガイジン選手は、ピスタとかアレナ・コリセオでメインを取らなきゃダメだから。そこから落ちたら、もう使い物にならないからね」

――メキシコ時代で印象に残っている選手はいますか？

「ドス・カラスとかマノ・ネグラは憶えてる。あとは忘れた（笑）。メキシコの試合は、流れが速いんだよ。みんな身体が小さいから、アメリカ人みたいにのそのそするレスリングをする奴はいなかったね。たぶん、俺はアカプルコで髪切りマッチをやってるよ。あれはギャラが良くて、負けた方が高いんだ（笑）。メキシコには1年くらいいたけど、もっといたかった。でも、だんだん試合がなくなっていったからね」

――後に日本でマスクマンになるヒントは、やはりメキシコにあったんですか？

『ルチャ・リブレ』誌74年11月11日号の裏表紙を飾った『リキドーセンⅡ（百田光雄）』と『アキオ・ムラサキ』。

「そうだね。日本に帰ったら被ってやろうと思って、マスクとリングシューズをマスク屋で作ったんだよ。誰とも同じマスクにならないように、自分でデザインしてね」

――この時期に左肩を負傷して、1ヵ月ほど休場されていますね。相手は、インディオ・ヘロニモという選手でした。

「そうそう、グアダラハラで脱臼してね。受け損ねたのかどうかは憶えてないけども、とにかく1ヵ月間、お金が入らなかったからね。外国で怪我したらダメだよ。アメリカ

No es Necesario ser Estrella Para ser Bueno

y al cual agradecemos su valiosa cooperación.

Las primeras preguntas que lanzamos fueron suficientes para que los japoneses expresaran su opinión sobre diversos luchadores.

—¿Qué luchadores les parecen que son los mejores que han visto en México?

"Para mí uno de los mejores que he visto ha sido El Tigre Colombiano —contesta Tanaka y asiente Murasaki—; es un luchador con el que me enfrenté varias veces en el extranjero, principalmente en Alemania... Lo volví a ver aquí en México, y creo que es de lo mejor que he visto aquí".

"Otro que es muy buen luchador —dice Murasaki—, es sin duda René Guajardo. Para mi gusto, es un luchador excepcional, pues domina los dos estilos, es decir el rudo y el técnico. Es muy profesional, y creo que en Europa, y hasta en Japón, sería un éxito".

"Oye, ¿y qué me dices —interrumpe Tanaka— de Alfonso Dantés?... Es un luchador muy completo y que además tiene el peso adecuado para sobresalir brillantemente tanto con los pesos semicompletos como los completos... Y también es muy listo —prosigue Murasaki— porque, como todo luchador rudo, domina ampliamente la técnica. Parece un poco confuso, pero es cierto, para ser un buen luchador rudo, hay que ser primero un magnífico técnico, y Alfonso Dantés tiene esa cualidad... Un magnífico exponente de la lucha libre mexicana".

"No es necesario ser estrella para ser bueno —continúa Tanaka—, y he visto luchar muy bien a otros como Babe Face: él destaca por su valor. Es un luchador muy bueno, pero más que nada tiene mucho entusiasmo y confianza en sí mismo. Sabe que no lo hace mal y eso lo supera... Otra cosa muy importante es que, aunque luche contra rivales muy renombrados, él no se acompleja por el nombre, y se supera cuando lucha contra ellos".

"También El Perro Aguayo —opina Murasaki— es muy buen luchador, yo lo he tenido como enemigo y es muy duro. Tiene una resistencia que ya quisieran muchos: cuando cree uno que ya está derrotado, le salen nuevas energías y aprovecha la confianza que tenía el rival de sentirlo ya en malas condiciones... Contraataca con mucho coraje y generalmente acaba por salir triunfante... Uno de los mejores luchadores que hemos visto —afirma Tanaka—".

*¿Y qué opinan del Doctor Wagner?*

"¡Uff!... Es muy malo —contesta inmediatamente Tanaka—, no sé ni cómo es campeón mundial... Lo único que tiene es que la gente lo anima mucho, pero como luchador es muy pero muy malo".

*¿Y qué nos dices de T.N.T.?*

"Ese es un suertudo —asegura Tanaka—, con ayuda de los compañeros y de los réferis, siempre anda apareciendo como muy bueno, pero yo no me iré de aquí sin antes hacerlo que pague muy caro la afrenta que me hizo, al dejarme sin pelo... ¡Lo voy a rapar y a quitarle su viborita para hacerme un guisado oriental... A mí no me espantan las víboras".

*¿Qué es lo que más les ha gustado de México?*

"Las mujeres tan bonitas —dice sonriendo Murasaki—, ellas son una de las delicias de este país"... "A mí me gusta mucho la comida mexicana —dice Tanaka—, cuando voy a luchar a Monterrey no me canso de saborear el cabrito y en Guadalajara, el menudo. ¿Qué quieres? Soy hombre de buen comer; también me gustan mucho las aguas frescas".

Y nosotros damos por terminada la entrevista que consideramos provechosa, para conocer mejor a los luchadores Goro Tanaka y Akio Murasaki, únicos luchadores en México, por ahora.

LOS DOS KAMIKAZES

Murasaki y Tanaka, los dos luchadores japoneses, practican aquí una suerte, para una llave secreta de estilo nipón y enjuician a los otros luchadores.

PAREJA IMPERIAL

Tanaka, manos en alto, parece querer abrazar, o estrangular a su compatriota Murasaki. Ambos hablaron sobre los ídolos mexicanos.

Para Murasaki, el Tigre Colombiano es el mejor luchador que he visto en México.

『ルチャ・リブレ』誌75年3月10日号に掲載された『アキオ・ムラサキ』と『ゴロー・タナカ（鶴見五郎）』の紹介記事。「神風」と「日の丸」の鉢巻＆下駄、さらに空手のポーズでオリエンタルムードを演出。

かカルガリーか忘れたけど、相手に爪先で顔面を蹴られて、前歯がポロポロと落ちてきて。だから、全部入れ歯なんだよ。その時は〝この野郎、殺してやる！〟と思って、プロモーターに〝あいつと、もう一回試合をさせろ！〟と言ったんだけど、相手に逃げられちゃってね」

――仕返ししてやろうと。

「そうそう。試合で歯を折り返してやろうと思ったんだけどね（笑）」

――話は戻りますが、75年にはメキシコから隣国グアテマラにも行かれていますね。

「そこでは日本人のアキオ・ヨシワラという選手がプロレスをやっていて、世話になったんだよ」

――村崎さんの名前が〝昭男〟、国際プロレスの社長の名字が〝吉原〟ですから、奇遇ですね（笑）。

「だから、憶えてるんだよ（笑）。グアテマラでは、インディオの前でも試合したね。あそこには日本人そっくりの顔をした小人の村があって、そこにも何日かいたなあ。その次は中米のエルサルバドル。パナマにも行ったけど、その時期は試合がなくてね。そこからメキシコに戻って、スペインに行ったんだよ」

村崎は鶴見のヨーロッパでのコネクションを頼り、大西洋を渡る。目的は、ドイツで開催されるトーナメントへの出場だった。

75年6月にスペインに入ると、各地を転戦し、そこからフランスを経由して、目的地のドイツに到着。日本を離れて、すでに2年半が経過していた。

――75年8月、村崎さんは鶴見さんと一緒にドイツ・ハンブルグのトーナメントに出場されていますね。

「会場の近くに下宿してね。会場まで歩いて5～6分だから、昼は練習しに行って、夜は試合して。ガブリエル・カルデロンとか何人か強い選手がいて、よく練習の時にスパーリングしたよ」

――鶴見さんは、〝村崎さんはスパーリングが強かった〟と言っていましたが。

「いや、鶴見は強かったけど、俺は強くなかったよ。ただ、ロビンソンから教わっていたおかげで、いろいろと助かったけどね」

――シュートができるとわかれば、試合でナメられないですからね。

「プロレスには、絶対にそういうものが必要だよ。試合の序盤、相手にそれを見せなきゃいけない。〝こいつはできる〟と一目置かれれば、絶対に変なことはされないよ」

――その後、ハンブルグからベルリンに行かれますが、ハノーバーに向かう鶴見さんと別れ、ここから単独行動になりました。

「ドイツ語なんて喋れないから、とりあえずベルリンの日本レストランを探したんだよ。ちょうど駅の近くに『レストラン京都』というのがあって、食事も寝るところも、だいぶ面倒をかけてね。俺は海上自衛隊の料理コンクールで一番になったりしたから、手伝ったり」

――ご実家も食堂ですしね。

「それに国際にも来ていたレネ・ラサルテス（ジャック・デ・ラサルテス）がプロモーターもやっていて、良くしてくれたんだよ。彼が日本に来た時に世話をしたのを憶えていてくれてね。風邪薬を買ってあげたり、蕁麻疹の薬をあげたり、その程度だったんだけど」

――ベルリンでは、私生活もリング上も不自由はなかったと。

「同じ場所で15日から20日間は興行をやるから移動の心配もないし、気楽だったよ。ただ、トーナメントで早く負けるとクビになるから。開幕の時は30名くらいのレスラーがいるけど、10日くらい経つと半分くらいになっちゃう。でも、プロモーターが良くしてくれたし、最後まで残れたこともあった。でも、2~3回目にはもう残れなかったね」

――ドイツのスタイル自体は、どうでした?

「あそこは寝技がないんだよ。フランスとかスペインとは違って、ドイツは立ち技がほとんど。相手が寝ると、立つのを待ってなくちゃいけない。寝ている相手に攻撃すると、すぐ反則になっちゃうんだよ。アメリカの奴らは、すぐ寝ている相手を蹴っちゃうからね。まあ、俺も攻撃することはあったけど(笑)」

その後、村崎はスイスやオーストリアを転戦したが、再びドイツへ戻り、ベルリンをベースにした生活は約1年半続いた。本人は厳しくも自由な生活が気に入っていたが、そこに突如、帰国命令が下る。

村崎は日本に戻るとメキシコで作ったマスクを着用し、76年10月24日、『勇猛シリーズ』開幕戦となる後楽園ホール大会に登場。34歳にして、〝マスクマン〟という新たな道を歩み始めることになった。

凱旋第1戦の相手は、『ミスター・セキ』の名でフリー参戦していた元新日本プロレスの関川哲夫(ミスター・ポーゴ)。結果は5分27秒、デビル紫の反則負けだった。

――どのような経緯で凱旋帰国することになったんですか?

「社長から帰って来いとは言われていないんだよ。向こうにいる時、営業の貫井(成男)さんにだけは連絡していたんだけど、彼が社長に〝4年も海外にいるんだから、もう帰らせた方がいい〟と言ったみたいなんだよね」

――当時の記事には、〝メキシコを出てスペイン入りした紫は、そこでマスクマンに変身した〟という記述があるんですが、プロモーターは日本人であることを売りにしたいわけですから、これは不自然ですよね。

「ヨーロッパでマスクを被って試合をした記憶はないけどなあ」

――日本に帰って、いきなりマスク姿だと唐突すぎるので、吉原社長が〝デビル紫は、ヨーロッパで大人気のマスクマンだった〟というストーリーを創り上げたといったところでしょうか。大剛さんの事故に関する〝日本のファンに顔向けできないから〟というのも、吉原社長の創作かもしれません。

「きっと、そんなところだね。俺の海外での状況なんて誰も知らないんだから、そういうストーリーは作りやすかっただろうし。俺がマスクを被った理由は、単にインパクトを狙ったからなんだよ。百田の光っちゃんだってメキシコでマスクを作って、帰国と同時に被ろうとしていたんだから。血筋が血筋だけに馬場さんに却下されたみたいだけど、俺は何の問題もなかったよ（笑）」

――ただ、表情を見せずにヒールをやる方が難しい気がするんですが。

「最初はね。でも、それはやっているうちに慣れてきた。元々、俺は〝この野郎！〟という表情を作れないんだよ。それもマスクを被った理由のひとつだね。はっきり言って、実力さえあれば、マスクを被ってたっていいんだよ。まあ、大した実力じゃなかったけども」

――村崎さんは77年1月20日、岩瀬町体育館で寺西勇の持つIWA世界ミッドヘビー級王座に挑戦して敗れたものの、この辺りまでは会社側もプッシュしていたような気がするんですよ。

修行先のドイツで撮影された凱旋帰国用の宣材写真。現地では素顔でファイトしていたが、マスクマンとして活躍していたように見せるための創作である。

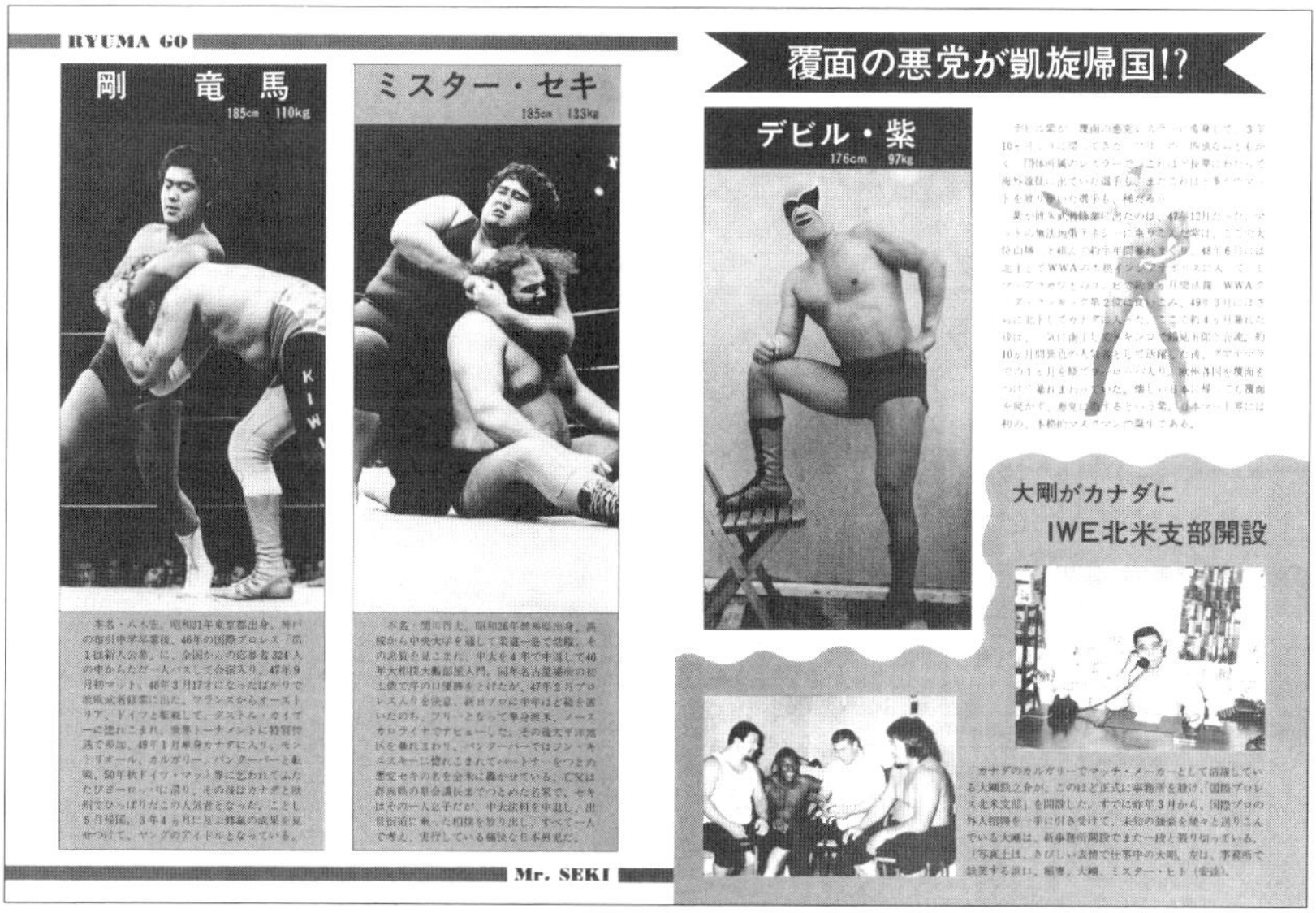


76年10月開幕『勇猛シリーズ』のパンフレットでは、デビル紫の凱旋帰国が大きく取り上げられた。紹介文には、「欧州各国を覆面をつけて暴れまわっていた」とある。なお、リングネームは翌77年9月から「デビル・ムラサキ」とカタカナ表記に変更された。

「でも、段々そういうのもなくなっていったよね。俺の体力が落ちてきたというのもあるし。まだ30代だったけど、自分の体力は自分が一番わかるから」

――同年11月から全日本と国際の対抗戦が始まりましたが、村崎さんはサムソン・クツワダ、天龍源一郎、百田光雄、伊藤正男、ミスター林と戦い、全敗という結果でした。

「天龍はいい選手だったね。相撲出身なんだけど、綺麗なレスリングをやるんだよ。もちろん、力も強いしね。不器用に見えるけど、実は器用なレスラーで手が合った。俺、この人の試合だけはよく観てたから。とても勉強になるんだよ」

――日本で再会した百田さんは、いかがでした？

「光っちゃん？　お父さんと比較しちゃ可哀相だよね。どっちかと言ったら不器用だけど、器用にやりたがるんだよ。メキシコでヌンチャクとか使っていたけど、自分の頭にカーンと当ててたもんね（笑）。しかも、向こうで売っているヤツはオモチャだけど、光っちゃんのは日本から持って行った木製だったから（笑）」

――79年8月26日、『プロレス 夢のオールスター戦』では第1試合のバトルロイヤルに出場していますね。

「ああ、一番初めに負けたような気がするな。俺、集中的にやられたからね（苦笑）。誰とやったとか、新日本の戦い方がどうとか、まったく印象にないもの。新日本が全日本を意識してピリピリしていたみたいだけど、俺らは他の団体がどうだとかないから。自分たちは、自分たちのことをやるだけでね。メインはリングサイドに付いていたと思うよ。馬場さんが猪木さんに気を遣って試合をしていたのだけは憶えてるから」

――他団体で仲が良い選手はいました？

「会えば話すのは、光っちゃんくらいだったね。同じ団体でも、レスラー同士で仲がいいのはあまりいないよ。俺は誰とも仲良くなかったもん。レスラー同士が仲が良いというのは、あまりないよ」

――国際プロレスでは79年11月に鶴見五郎がヒールに転向して『独立愚連隊』を立ち上げましたが、なぜ村崎さんは入らなかったんですか？

「俺が大位山を嫌いだったからじゃないの？　たぶん、自分の気性からして、それだけの理由だと思うよ（笑）」


80年5月16日、『ビッグ・チャレンジ・シリーズ』最終戦となる厚木市青果地方卸売市場大会でのマイティ井上戦を最後に、デビル紫はリングから姿を消す。身体を大きくするための食生活や過度のトレーニング、長かった海外生活などが祟り、内臓疾患に蝕まれていたのだ。

そして、スターでもメインイベンターでもない日陰のレスラーは、ひっそりとマスクとリングシューズを脱ぐことを決める。まだ38歳という若さだった。

「そりゃあ未練はあったよ。でも、身体が付いていかなかったし、もう復帰は無理だったね。俺は諦めが早いから」

その結果、村崎はレスラーではなく、営業部員として団体の最期を見届けることになった。

「海外でも太ろうとして、相当無理してたんだよ。血圧もかなり高くなっていて、最後の試合の頃には200以上だったから。プロレスを辞めた後、痛風にもなったし、脳に血が溜まって脳神経をやられかけたしね。半分麻痺していたけど、何とか助かった。それと若手の頃なんだけど、サンダー杉山さんの付き人みたいなことをやっていた時に、身体を壊してね。しょっちゅう生の焼肉を食わされたのが原因で。その辺りから、なかなか太れなくなっちゃって。まあ、杉山さんはコキ使うけど、草津さんと違って小遣いはくれたから（笑）」

――営業部でのお仕事は、いかがでしたか？

「元レスラーがリングを作るのは嫌だったから営業にしてもらったんだけど、その頃はチケットが売れないし、そもそも向いていなかったね。当時の興行って、表の営業とヤクザを相手にする裏の営業があるじゃない？　興行的にはお客さんが入ったんだけど、売上を半分ヤクザに取られてね。〝ああ、この世界はこういうのがあるんだ〟と思って。だから、国際プロレスがなくなった後、この業界と関わらなかったんだよ」

――選手が手薄だったことから、村崎さんは81年7月に現役復帰が予定されていたんですよね？　その頃、会社はすでに瀕死の状態だったと思いますが。

「そんな話もあったね。実際はカムバックしなかったけど、スクワットと受け身はやっていたから。ちょうど今のかあちゃんを引っ掛けるくらいの時だね。うまく向こうも乗ってきたから（笑）」

――81年8月で国際プロレスは活動を停止しましたが、村崎さんはどの段階で潰れることを知ったんですか？

「俺らのような東京にいた営業は数字をだいたい知っていたから、選手たちより早い時点でわかってたよ。凄い赤字だったからね。社長とはそんなに話はしなかったけど、貫井さんからはいろいろ聞いていたし、梅野（則夫）営業部長とも仲が良かったから、〝どこそこの大会は赤字だ〟と

後期はマスクの目と口の部分を「網なし」タイプに変更。村崎は妹にこのマスクの見本を渡して大量に作らせ、会場で販売していた。「売上の一部を恵まれない施設に寄付したこともあるよ」。

か、お金の話は耳に入ってきた。それにお客さんが入らないから、売り興行も減っていってね」

――団体崩壊後、選手や社員の多くは他の団体に流れましたが、村崎さんはプロレス業界と訣別する道を選びましたね。

「国際がなくなったら、キッパリ辞めようと思っていたから。レスラーとも裏の世界とも、もう関わりたくなかったしね。ただ何となくいるというのは、嫌なんだよ。行き当たりばったりじゃなく、自分の進む道というのは自分で決めたいからね。俺のレスラーとしてのピークはドイツかな。その次はメキシコ。辛かったけど、いろいろ楽しいこともあったよ。インディアナポリスでは、時代が良かったのもあって随分稼げたし。旅費の借金を返しても、手元に数百万は残ったからね」

――その後は、どういった生活を送られていたんですか？

「新聞で綜合警備保障の求人案内を見て面接に行ったら、すぐに合格してね。毎日、横浜の日本銀行まで現金を輸送する仕事をしていたよ。危険な目にも遭わず、定年まで全うすることができたね。海上自衛隊とかプロレスラーとか、そういう過去の経歴が役に立ったのかも。病気をしたこともあったけど、仕事には恵まれたし、結婚もできたし、子供も産まれて成人したし」

――レスラー仲間と交流も持たず、公の場に姿も見せずにいた理由というのは？

「誰とも会いたくなかったんだよ。社長の葬式にも、レスラー連中と会うのが嫌だったから行かなかったし。社長への義理はあったけど、どうしてもね。昔から、俺はリングを降りたらレスラーとは顔を合わせたくなかったんだ。試合が終わって、みんなでワイワイするよりは、営業の人間とかと飲みに行ったり、一人で飲みに行ったりしていたから。プロレスの話もそんなにしたくなかったし。綜合警備保障に勤めていた時、どこかの大学から講演の依頼があったんだけど、それも断ったよ。俺はプロレスから足を洗った人間だから、話すことなんてない。決まりが悪いよ」

――率直にお伺いしますが、プロレスラーになって良かったと思いますか？

「うーん、その後の人生に役に立ったかといえば、どっちとも言えないね。考えたこともない。一般の人にしてみれば、いい商売に見えるかも知れないけど、全然そんなことないし。まあ、人ができないことをやれたのは良かったんじゃないかな。十何ヵ国も旅できたし。あとは女にモテたことだね（笑）」

――レスラーはモテますからね。

「そうなんだよ。正直、レスラーになるまで女の人と話したこともなかったけど、そんな俺ですら多少はモテたからね。レスラーのことは忘れたのに、（小指を立てて）コレのことはよく憶えてるんだよなあ」

# 佐野浅太郎

プロレスファンの中でも、『佐野東八』、『佐野浅太郎』、『佐野先風』という名前を聞いてピンと来る方はどれだけいるだろうか。

　本名・佐野実は国際プロレス創生期の所属選手だが、在籍していたのは約3年間で、しかも前座レスラーだったためにに残されている資料は極めて乏しい。だが、実際には将来を嘱望され、ある大物外国人レスラーが「未来のエースになる」と太鼓判を押した逸材であった。

「現役を引退してから、一度もマスコミの取材を受けたことがない」という佐野は、1948年3月30日、滋賀県栗太郡栗東町（現・栗東市）の米農家の次男として生まれた。そして、17歳の時にプロレスではなく、大相撲の世界に足を踏み入れる。

　当時の兄弟子の中には後にプロレスラーになった者もいたが、同じ道を進んだ弟弟子もいた。ジャンボ鶴田こと鶴田友美である。

——佐野さんは、少年時代からプロレスファンだったんで

**さの・あさたろう**
1948年3月30日、滋賀県栗太郡栗東町出身。身長186cm、体重90kg。大相撲を経て、68年に国際プロレスに入門。同年5月27日、佐野東八として稚内市体育館における大磯武戦でデビューした。69年9月にリングネームを佐野浅太郎に改名し、71年1月からは佐野先風を名乗る。71年7月10日、宮城県営球場でのエティフィア・ジェラール戦を最後に、肺の負傷により引退。現在は、有限会社クロッシングの代表取締役を務めている。

すか？

「親は相撲よりも、大のプロレスファンでした。金曜日は早く田んぼの仕事を切り上げて、テレビで力道山の試合を観ていましたから。私も毎週、夢中になって観ていましたね。でも、プロレスラーになるなんて考えてもいなかったですよ」

――角界に入ったキッカケは？

「17歳の時にたまたま用事があって大阪へ行った際、朝日山部屋の元力士の人に会って、〝お兄さん、大きいね。相撲をやらないか？〟と声をかけられたんです。スポーツは、中学の時にバスケットボールをやっていたくらいでした。その頃の栗東なんて信号もない山と田んぼだけの田舎ですから、私は〝東京へ行けるなら〟と思ったんですよ。両親に話したら猛反対されたんですけど、2000円をポケットに入れて、大阪場所の朝日山部屋の宿舎になっていたお寺へ行ったんです。そのまま東京へ連れて行かれました」

――ということは、家出同然ですね。

「そうですね。母は、ずっと泣いていたらしいです。1年後に田舎へ帰った時に、母は眼帯をしていましたよ。聞いたら、泣きすぎて目を悪くしたと。私は何て親不孝なことをしたのかと思いましたけど、もう部屋に入っちゃったんでね」

――初土俵は65年の5月場所で、四股名は本名の『佐野』でした。やはり相撲の世界は厳しかったですか？

「それはキツかったですよ。昼間、布団の中で泣いていました。部屋は40名くらいの所帯でね。その頃の稽古は、いわゆる〝かわいがり〟というヤツですよ。ぶつかり稽古を集中的に嫌というほどやらされました。それをやると、心臓の鼓動が脳天まで響きますから（笑）」

――その頃の朝日山部屋には、東京プロレスでデビューする中川弘や柴田勝久、日本プロレスに入った轡田友継がいませんでしたか？

「中川さんは私の入った頃にはもういなかったんですけど、柴田さんと轡田さんは兄弟子で、一緒に稽古しましたよ。轡田さんとは結構、仲が良かったんです」

――天龍源一郎と面識は？

「彼は、大鵬さんの二所ノ関部屋でしたよね。年齢は私が2つ年上ですが、相撲では向こうがちょうど1年先輩です。

私は嶋田（当時の天龍の四股名）を知っていましたが、向こうは私を知らないでしょうね。そうそう、私が何場所か出た頃、ウチの部屋にジャンボ鶴田が入門してきましたよ」

——中学2年の夏に、親戚に連れられて朝日山部屋に入ったんですよね。

「はい。彼は丸坊主でね。私みたいなソップ型で…まだ新弟子扱いだったから、みんなにコキ使われていましたよ」

——当時の鶴田少年に、光る部分はありましたか？

「いやあ、まだ田舎から出てきたばかりの少年ですから、光るようなものは…」

——鶴田さんが辞めた原因は？

「両親が見学に来たんですよね。その時に激しい朝稽古を見て、〝こんなところに置いておけない〟と山梨に連れて帰っちゃったんですよ」

——中2の少年にも、かわいがりをするんですか？

「やりますよ。竹刀はもちろん、厚い板で殴るんですから。私なんか、〝オラッ、佐野、頭持って来い！〟と言われてね。殴られて、厚い板が真っ二つになったこともあります（笑）」

——今なら大問題ですね（笑）。鶴田さんとは、それっきりですか？

「ずっと経って、彼がプロレスラーになってから再会した時に、〝佐野さんがプロレスをやっているのを観ていましたよ〟と言われました。彼が住んでいた甲府での試合を観に来てくれたのかな」

——ところで、佐野さんは初土俵から1年後に四股名を『日吉山（ひよしやま）』に変えましたね。

「別に意味はないんですけどね（笑）。辞める頃には、『琴湖（ことみずうみ）』になりました。私は、大関になった貴ノ花（若貴の父）と同期なんですよ。相撲教習所時代は勝ったり負けたりしていましたけど、私が辞める時にはまったく勝てなかったですね（笑）」

——記録では、4勝3敗で初めて勝ち越した66年11月場所での身長は184センチ、体重は79キロと発表されています。国際プロレス時代もそうだったようですが、食べても太れなくて苦労されたとか。

「それは苦労しましたね。食べて、寝て、稽古しての繰り返しなんですけど、全然太らなくて。まあ、これは体質ですからね。私は四つ相撲が得意なんですが、朝日山は押し相撲の部屋なんですよ。私は軽いから、押されれば飛ばされてしまいます。足が短くて腰が低いのが相撲体型ですけど、私は足が長くて腰高で軽いから、組んでも投げられてしまいますね」

――逆にプロレス向きの体型だったのではないでしょうか。

「そうなのかな。今は足の長い力士が多いですが、昔は重心が高いのはダメ。体型的に相撲が向いてないと思って、自分で髷を切りましたよ」

相撲時代の最高位となる西序二段62枚目で迎えた67年初場所を2勝5敗で終えると、佐野は「廃業」という道を選択する。通算10場所に出場し、生涯戦績は22勝34敗だった。

前年夏に廃業した兄弟子の柴田勝久は、この年の10月に東京プロレスでデビュー。轡田友継は佐野が辞めた後も力士を続けていたが、同年夏に日本プロレスに入門した。

佐野が国際プロレスに入門したのは翌68年2月開幕の『日・欧決戦シリーズ』で、ちょうど吉原社長がブッカーのグレート東郷と決別し、欧州路線をスタートさせた時である。

佐野が在籍していた以降の3年間は、団体が最も輝いていた時期にあたる。彼が入門した時の所属選手は豊登、グレート草津、サンダー杉山、木村政雄、小林省三、田中忠治、マンモス鈴木、大磯武、仙台剛、寺西勇、井上末雄、藤井康行、村崎昭男の13名だった。

――朝日山部屋にいた頃、柴田さんが東プロに入団しましたが、一緒に行こうとは思わなかったんですか？

「元々プロレスが大好きでしたから、〝ああ、いいな〟とは思いました。でも、私にはツテがなかったので。私の場合は廃業してから、しばらくバイトをして食い繋いでいた時に、相撲関係の知り会いからラッシャー木村さんを紹介してもらったんです。浅草でお会いした時、木村さんが赤いセーターを着ていたから、67年の暮れ頃だったと思いますね。その後、青山の事務所に連れて行かれて、草津さんとレフェリーの竹下民夫さんに面接してもらいました」

――吉原社長とは？

「その後で会いましたけど、吉原社長からはＯＫの返事をもらえず、〝とりあえず自分で練習でもしろ〟くらいしか言われなかったんですよ。だから、私は杉並の方南町の友達の家に転がり込んで、青山の事務所まで毎日走りましたよ」

――片道10キロくらいありますよね。

「ええ、青山まで走って事務所の稔子さん（吉原社長の妹）にお弁当をもらって、それを御馳走になって、また走って杉並に帰ったんです。それを数ヵ月続けていたら、社長が〝入って練習しろ〟と入団を許可してくれたんですよ。それが嬉しくてねえ。〝お金はいらないから、3食さえ食べさせてくれればいい〟と心から思いました。入門後は世田谷区の弦巻にストロング小林さんの家があって、そこを合宿所代わりにしていました。田中さん、村崎さん、藤井さんがいて共同生活でしたね。その頃は決まった練習場がなくて、いろんな場所でやりましたよ。青山の事務所の屋上、都内のボクシングジム、あとは代々木にあったレスリング会館みたいなところにはマットが敷いてあって、そこでもやったなあ」

――教えるのは誰ですか？

「田中さんかな。といっても、受け身、ブリッジ、スクワットとか基礎体力のトレーニングだけで、プロレスの技は誰も教えてくれませんでした。巡業にも同行しましたよ。オフには、よくみんなで自転車を漕いで鎌倉まで行きましたね。世田谷の合宿所から、鎌倉の材木座海岸や由比ヶ浜まで毎日往復しました。片道60キロくらいあるから、足腰にはいいトレーニングですよ。その時は寺さんがリーダーでね。着いたら長い海岸線を走って、砂浜でスパーリングをしました」

――佐野さんのデビューは『ワールド選抜シリーズ』第5戦となる68年5月27日、稚内市体育館大会での大磯武戦ですね。これはあらかじめ通達されていたんですか？

「いや、急に言われたような気がします。タイツとシューズは誰かのを借りたんだと思いますよ」

――大磯さんは、若手に対して厳しい人だったと聞きます。結果は、3分40秒で佐野さんが敗れていますね。

「当たりどころが悪くて、鼻血が出たように記憶しています。でも、別に殴られたんじゃないと思いますよ。まあ、血が出たし、負けましたけど、相撲よりもプロレスの方が自分に合っていると思いましたね」

佐野がデビューした68年5～6月『ワールド選抜シリーズ』終了後、国際プロレスの選手たちは合宿を張るために神津島に渡った。左から佐野、井上円蔵（マイティ井上）、一人置いて藤井東助（ヤス・フジイ）。

――入門した頃、誰かの付き人をされていたんですか？

「デビューする前から豊登さんに付いたんです。私も相撲で付き人は慣れているし、決して苦じゃなかったですよ。ただ、私はトヨさんを見て、絶対にギャンブルだけはやらないと心に誓いましたね（笑）。今はパチンコ店の設備工事の会社をやっているんですが、そのパチンコですらやらないですから。〝ああはなりたくない〟と、トヨさんの姿が反面教師というか人生の教訓になりました（笑）。あの頃、トヨさんには競輪や競馬によく連れて行かれましたよ。掛け金は半端じゃなかったですね」

――よくそう聞きますけど、たまには勝つこともあるんですよね？

「どうですかねえ（笑）。急に羽振りが良くなって、お小遣いをくれたりすることはなかったですね（笑）」

――デビュー時のリングネームは、『佐野東八（とうはち）』でした。これはやはり豊登さんが付けたんですか？

「そうです。前のシリーズ中に井上さんは円蔵、村崎さんは鬼吉、藤井クンは東助に改名して。よくわからないけど、トヨさんの好きな仁侠映画か何かのキャラクターだったんでしょうかね。村崎さんは、次のシリーズにはもう鬼吉から小助になりました（笑）。私の場合も、トヨさんのその場の思い付きですよ」

――東八というのは、トンパチ（※相撲用語で〝トンボに鉢巻〟を略した目先が見えないで無鉄砲な人間のこと）の意味ですかね？

「たぶん、そうだと思います（笑）。試合後には、トヨさんによく怒られましたね。いろいろ技を使うと、〝プロレスはサーカスじゃないんだぞ〟と。あの人は、通路の奥でよく他の選手の試合を観ていましたよ」

――国際プロレスに入って対戦回数が一番多いのは、少し上の先輩となる村崎さんでした。

「選手としては少し身体が硬くて、動きにも柔らか味がなかったですね。寺さんや井上さんとは違って、正直やりづらかったです」

――藤井さんも対戦回数が多く、初期はこの2人ばかりに当てられていた感じでしたね。

「藤井クンの方がやりやすかったかな。といっても、お互いに未熟者でしたから、私がどうこう言う立場じゃないですけどね」

――記録ではデビューから8戦目、68年6月5日に秋田市体育館で寺西勇を相手に初勝利していますね。

「えっ、私が寺さんにですか⁉　記憶がないですね…」

――この記録を見た時に、おかしいとは感じたんですが。

「寺さんは、村崎さんや藤井くんより格上ですからね。記録の付け間違いじゃないでしょうか」

――やっぱり！　かなり不自然な勝利ですからね。

「寺さんに勝っていたら、さすがに憶えていますよ（笑）」

――シリーズ終了後、6月16日から21日まで選手たちは神津島で合宿をしました。当時の人間関係というのは？

「みんな和気あいあいで、うまくやっていましたよ。こういう合宿でもトヨさんがリーダーでしたし、まとまっていたと思います。強いて言えば、杉山さんと草津さんはあまり仲良くなかったかなあ。お互いにアマレスの五輪代表とラグビー界の雄だったというプライドがありますから」

――8月16日には、大分市体育館で竹下民夫がレスラーとしてカムバックしました。佐野さんは翌日、翌々日にその竹下さんと連戦した後、12日間も休場しています。これは何かあったんでしょうか？
「いやあ、怪我でもさせられたのかな。そこは記憶がないですね。竹下さんはレフェリーをされていた時も練習を続けていたんですよ。たぶん、前座が不足していたから、駆り出されたんじゃないかな。2～3ヵ月しか試合はしてないはずですよ」

この68年の11～12月に開催された『ワールド・チャンピオン・シリーズ』は、〝人間風車〟ビル・ロビンソンが優勝し、初代IWA世界ヘビー級王座を手にした。その後、彼は帰国せず、日本に残って「ロビンソン教室」を開講する。それはプロレスラー1年生の佐野にとって、この上ない学び舎となった。

翌年5月まで半年間、日本にいたロビンソンから貪欲にレスリング技術を吸収した佐野は、デビューから2年目に初勝利を挙げる。

だが、ここから次なるステップへ向かおうとしていた矢先、思いもよらぬアクシデントに襲われた。

――佐野さんもロビンソンのレスリング教室に参加されていますよね。
「私は、そこで初めてプロレスの技術的なことを学びました。それまでは見様見真似で、誰もレスリングは教えてくれませんでしたから。私が入門したシリーズには、トニー・チャールス、コーリン・ジョイソンなど、いい選手が来ていましたね。私はそういう選手たちの受け身とかをよく観察しましたよ。次のシリーズに初来日したロビンソンは、別格でした。その後もアルバート・ウォール、ジョージ・ゴーディエンコとか毎シリーズ、来日するガイジン選手の動きを研究するのが楽しみでしたね」
――ロビンソンからは、具体的にどういうことを学んだんですか？
「ロビンソンは、〝レスリングの技はコンビネーションだ〟と言うんですよ。たとえば、相手を殴るなら、拳を当てて、次にエルボー、さらに返しのエルボーを入れるとかね。関節技にしても、膝を極められて、それを離すと、次にパッと足首を極めてくる。そして、次の関節へと移行する。それをロビンソン自身が極めながら教えるんです。彼はすべての関節の仕組みから、ちゃんと解説してくれました。参加していたのは若手ばかりで、ほぼ毎日でしたね。手取り足取り、わかりやすい英語で丁寧に教えてくれるんですよ。やっていて面白いと思いましたね」

——それは試合で使えたんですか？

「いや、草津さんにこう言われたんです。〝練習で完全にマスターしたものならいいけど、変にちょっと覚えたくらいの技は試合で使うな〟と。中途半端な技を使うと、相手に怪我をさせたりすることもあるし、未熟な技をお客さんに見せるなということだと思います。あの人はお酒を飲んでいるだけじゃなくて、たまにはいいことを言うんですよ（笑）。ただ、そうしたロビンソンの教えは一つの技としてではなく、試合の流れの中で自然と活かされていたと思います。前に一度、高円寺（UWFスネークピットジャパン）にロビンソンを訪ねて行ったら、〝オーッ、ヤングボーイ！〟と喜んでくれましたよ。私は、彼をティーチャーと呼んでいました。私にとっての大先生です」

——年が明けて69年4月21日、木更津市見淵埋立地特設リングでの藤井戦で勝利されていますが、先ほどの寺西さんの件が記録の付け間違いだとすると、これが初勝利でしょうかね。

「おそらく、それだと思いますよ。決め技は…たぶん、ドロップキックだと思います」

——佐野さんのドロップキックは、定評があったようですね。

「ジャンプ力には自信がありましたから。走って片足踏み切りで足を揃えて蹴ってから、捻って受け身を取るタイプが主でした。相手を起こして、その場でジャンプして蹴ることもありましたし、その2種類をコンビネーションで決めていましたね。吉原社長は、あまり人を褒めないんですよ。私は直接言われなかったですけど、周囲には〝佐野のドロップキックは一番綺麗だな〟と褒めていたそうです」

——4月27日、宮古市小学校体育館では本郷清吉（篤）のデビュー戦の相手をしていますね。今まで公式とされてきた本郷さんのデビュー戦は6月16日、六日町国体体育館での大剛戦でしたが、こちらが正しいのかなと思います。

「ああ、本郷のデビュー戦の相手は間違いなく私ですよ。彼は熊本出身で、鎮西高校野球部のエースをやっていたんじゃないかな。それを同郷の草津さんがスカウトして連れて来て、付き人をやらされていました」

――そのデビュー戦で上からダメ出しが出て、本郷さんはしばらく試合に出られなかったんですかね？

「たぶん、そうでしょう。でも、彼は運動神経が良かったですよ。その後、扇山も入って来ましたよ」

――68年に大相撲を廃業後、飲食店を経営していたところを誰かにスカウトされたようですね。デビューは、69年9月でした。

「スカウトしたのは、トヨさんかな。国際が修善寺の日本競輪学校で合同トレーニングをやった時に、扇山も来ていましたよ。ベテランで来たのは木村さんと寺さんで、あとは若手が全員参加しました。競輪の教官が講師として来て、軍隊みたいに厳しく鍛えられましたよ（笑）」

――ところで、『ダイナマイト・シリーズ』第7戦となる69年6月15日の秋田県中仙町中学校体育館大会で佐野さんは寺西勇と対戦しましたが、それ以降はシリーズを全休していますよね。続く『ビッグ・サマー・シリーズ』も開幕から13大会欠場していますし、ここで肺を負傷されたんですか？

「肺が潰れたんですよ。寺さんのカンガルーキックを不意に食った時、それが息を抜いた瞬間だったのか、まさかのタイミングで胸にドーンと入ってね。左側の肋骨が折れて、肺に刺さったんです」

――確かに、寺西さんはカンガルーキックを使っていましたね。あの技は相手を見ずに蹴るので、危険だと言われています。

「そうなんです。ドロップキックと違って調節が利きませんよ。私は胸が痛いのを我慢して、バスで次の日の試合地だった新潟県の六日町まで移動したんですよ。次の日も試合しようとしたんですけど、トヨさんに〝バカ野郎、自分の身体をもっと大事にしろ。病院に行って来い！〟と怒鳴られて、町内の病院に行ったんです。そこでレントゲンを撮ってもらったら、左肺が完全に潰れていたんですよね」

――肺の中の空気が抜けている状態ですね。

「即入院だと言われて。〝今夜、試合があるので、その後じゃダメですか？〟と言ったら、医者に〝全治3ヵ月だ。お前、死にたいのか！〟と怒られました（笑）」

――話は戻りますが、その6月16日の六日町国民体育館大会で佐野さんの代わりに本郷さんが出場して大剛さんと対戦し、そこから連日使われるようになったんですね。

「だから、本郷はその日がデビュー戦と間違えられたんでしょうね。私は、それどころの騒ぎじゃなかったです。翌日、太い注射針を胸に刺して、肋骨と肋膜の間に入った空気を十何本分も抜くわけです。それを抜かないと、肺に空気が入らないらしいんですね。先生に、〝せめて麻酔くらいしてくださいよ〟と頼んだんですけど」

――えっ、麻酔をしないで抜かれるんですか⁉

「〝バカ野郎、そんなデカイ身体をしていて、麻酔なんていらないだろ！〟と言われましたよ（苦笑）。その後、絶対安静なのに病院内を動き回っていたら怒られて。ベッドで練習していたら、それも見つかって、また怒られて（笑）。経過は良好で、3日目にレントゲンを撮ったら肺が膨らんでいるんですよ。後は肋骨の骨折が治るのを待つだけだから、東京に帰っていいと言われて。結局、全治3ヵ月だと言われていたのに、3日で退院しました（笑）」

――21歳だったので、快復も早かったんでしょうか。

「上越線に乗って一人で東京に帰ってから、世田谷にあった国立大蔵病院に行って精密検査をしたら、入院はしなくていいと言われたんです。それからは合宿所に戻って少し安静にしていたんですが、オフになってみんなが練習しているのを見ていると凄く焦るんですよ。だから、遅れを取っちゃいけないと思って練習を始めたんです。それがそもそもの間違いでしたね。今から思うと、過激な運動を避けて、半年くらい時間をかけて、ゆっくり完治させれば良かったのかなと」

――復帰したのは7月29日、長崎県壱岐島郷ノ浦盈科小学校校庭大会での本郷戦ですね。

「ということは、アクシデントから1ヵ月半ですね」

――でも、翌日から再び3大会欠場し、それ以降はほぼ毎日試合に出るようになりました。

「やっぱり、あまり調子が良くなかったんですかね。騙しながら、やっていたんでしょう」

佐野は続く9月8日開幕の『ロイヤル・シリーズ』から、リングネームを『佐野浅太郎』に改める。ちなみに、その日の対戦相手だった藤井東助も『藤井三吉』に改名。翌日には井上円蔵が『マイティ井上』に改名し、格付けもワンランクアップした。

佐野は同シリーズ全12戦中、2大会を欠場しており、彼が出場しなかった9月22日の広島県体育館大会では扇山がデビューしている。

10月12日開幕の『IWAワールド・タッグ挑戦シリーズ』（全30戦）でも佐野は途中で欠場していることから、やはり体調は万全ではなかったのだろう。

同シリーズ終盤にはトリニダード・トバゴから黒潮太郎が留学生第1号として鳴り物入りで入門し、若手の増員は佐野の焦りに拍車をかけた。

――新しいリングネームは、国定忠治の子分の『板割の浅太郎』からでしょうかね。

「トヨさんは、そういう仁侠ものが好きですからね（笑）。藤井クンのは、将棋士の坂田三吉（演歌歌手・村田英雄の『王将』のモデル）からかな。まあ、本当のところはトヨさんに聞いてみてください（笑）」

――69年10月からTBSの深夜枠で『ヤングファイト』という若手主体の番組が始まり、佐野さんの試合も流れましたね。

「最初の頃はテレビカメラが回っているだけで緊張しましたが、慣れてくるとカメラの角度や位置を意識しながら、どう投げれば格好良く見えるか計算できるようになりましたよ。余裕と言ったら何ですが、試合をしながら私は2階席までちゃんと確認できましたから」

――新人で、それができるのは凄いですね。入門から9ヵ月経ってやっとデビューした扇山とも何度か対戦していますが、引き分けばかりでした。

「扇山さんは、相撲の世界では大兄弟子でしたからね。私がふんどし担ぎだった頃に、この人は関取でしたから（最高位＝前頭5枚目）。相撲では月とスッポンでも、レスリングの世界では違うぞという気持ちが私にはありましたね」

――相手が佐野さんに限らず、扇山は引き分けが目立つ選手でした。会社側としても、プッシュしようとしたんでしょうかね。

「幕の内の頃は運動神経も凄かったのに、廃業後にブランクがあったからか、プロレスに転向して戦った時は大したことないなと思いましたよ。一度ね、扇山さんに頭から危ない角度で落とされたことがあるんです。受け身の取れないような怪我に繋がる落とし方だったから、〝この野郎！〟と私はキレてね。平手でメチャメチャにやっちゃったんですよ。試合じゃなくなっちゃったんです」

――扇山とのシングルマッチでは、70年1月17日、北九州市小倉区体育館で第1試合なのに『両者カウントアウト』という妙な結果の一戦があります。

「それかもしれないですね。その試合を偶然、吉原社長が観ていて、〝何て試合してんだ！〟とこっぴどく怒られましたよ。でも、首から落とされたら再起不能になっちゃいますからね」

――結局、その扇山はこのシリーズ後に失踪しました。

「彼の後に入った浜口はボディビルの準ミスター兵庫になったりして、最初から期待されていましたよ。かなりできたんで、入門から1ヵ月くらいでデビューしましたね。彼とは仲が良くて、よく飲みに行きましたよ」

――留学生の黒潮太郎は、この年の正月にデビューしました。彼も優遇されていたようですが、実際はどうだったんですか？

「社長が目をかけていましたね。彼は、凄くいい身体はしているんですよ。ただ、流れるようなレスリングができない。ちょっとナマクラだったところはあるかもしれないけど、努力すればもっと上へ行けたのにと思いました」

――佐野さんが現役の頃はＴＢＳが国際プロレスの試合を放映していましたが、ファイトマネーの支払いはどうだったんですか？

「国際が良かった時代ですから、しっかり払われていましたよ。当時の国際には、ライセンス制というシステムがあったんです。選手が特ＡからＣ４まで3階級＝11等級に区分されていて、それによって基本給が違うんですね。毎年査定があって、昇給や降級もありました。私はＣでしたけど、お金に困ったことはなかったですよ」

――ライセンスというか、お金に関する契約書があったわけですね。

「はい、階級別の違反金なども明記されていました。それとメイン、セミ、30分1本勝負とか、3つの分類で出場選手に奨励金というのも支払われていたはずです。あとは、負傷欠場の見舞い金も出るようになっていましたね」

――当時の佐野さんは公称186センチ、90キロでしたが、身長はマンモス鈴木さんの次くらいですか？

「2番目は藤井クンくんで、私は草津さんと同じくらいですかね」

――長身の上に男前で、佐野さんはかなりモテたと聞いています。しかもお洒落で、最新のファッションを取り入れた団体きってのスタイリストだったみたいですね。当時、流行していたパンタロンを選手の中で最初に穿いて先輩に怒られたりとか、いろいろ逸話が残っていますよ（笑）。

「入門当時はスポーツ刈りにしていたわけですけど、その後に髪を伸ばしたのは私が最初だったような…それで先輩に怒られた憶えがありますね（笑）。コスチュームも試合ごとに、タイツとシューズを変えていたんですよ。上下の色を揃えて、黄色、白、赤、黒の4種類あったはずです。

70年9月開幕『ダイナマイト・シリーズ』の巡業中、仲の良かった後輩の浜口兵庫（アニマル浜口）と選手バスの前で記念撮影。

70年5月に東南アジアへ遠征した際、現地のスタジオが撮影したポーズ写真。肺を負傷した後だが、この時期のコンディションは上々だった。

それを巡業で持ち歩いていました」

――まさに異色の新人ですね。先輩に、〝そんなの10年早いぞ！〟なんて言われなかったんですか？

「それはないです。そこはリングで自分を魅せるという意味でのプロ意識ですよ。私は心技体で一番大事なのは心だと思っていますが、そういう魅せるサービスもプロである以上必要だと思っていましたからね」

――その辺も新人離れしていたんですね。ところで、相撲入りを反対したご両親は、プロレスラーに転向したことをご存知だったんですか？

「いえ。でも、私は東京で会社勤めをしていることになっていたんですが、実家の近所の人が〝お宅の息子さん、プロレスをしているんでしょう〟と教えたらしいんです。それでテレビでセコンドに付いているところを見られてね。その後、大阪で試合があった時に、一度だけ両親を招待しました。試合中に両親がいる方を見たら、親父は下を向いていましたね。試合が終わったら、〝お前、受け身が上手いな〟なんて言っていましたよ（笑）」

――この年の2月には、豊登さんが愛媛県松山市の建築会

豊登が引退すると、佐野はサンダー杉山の付き人となった。写真は、杉山のスポンサーでもあった名古屋の製薬会社のCM撮影に同行した際のショット。佐野の身長の高さが際立っている。

社に就職するという理由で引退しました。その後、佐野さんはサンダー杉山さんの付き人になったようですね。

「杉山さんに言われたんです。その前は村崎さんがやっていて、スイッチしたんですよ。杉山さんはレスリングも好きですけど、いろんなビジネスをする人でした。私が付き人をやるのは、巡業の時だけでしたね。私も車の免許を取って、バスには乗らずに2人で運転を交替しながら巡業していましたよ」

——3月には、日本プロレスからミスター珍が移籍してきました。珍さんにイジメられたという話を耳にしたんですが。

「私は誰とでも上手く仲良くやっていく性格なんですけど、珍さんとは一度、大喧嘩しましたね。試合前の控室で何だか小姑みたいにグチグチ言うんで、私がキレて殴りかかったんです。杉山さんや草津さんが〝やめろ、佐野！〟と止めてきたんですけど、いいのが入ったのか私は口を切っていました。だから、私がリングに上がった時、試合前なのに血を流していたんで、お客さんはビックリしてましたよ（笑）」

——その後、珍さんとは？

「私がずっと無視していたら、向こうから〝佐野、ゴメンな〟と謝ってきましたね（笑）」

70年5月27日から佐野は田中、寺西、黒潮太郎らと東南アジア遠征に出発した。

一行はシンガポール、マレーシア、インドネシアを1週間転戦。彼にとって初の海外遠征であり、外国人レスラーと初対戦する機会も得た。

当時の国際プロレスは木村がアメリカ、小林と井上が欧州に出発したことで上位陣は薄くなったが、浜口平吾が『アニマル浜口』に改名して佐野を追い抜いて行く。

地道に試合を重ねながら、佐野は海外武者修行の許可が出る日を夢見ていたものの、そこに再び不幸が襲った。

——この時期、佐野さんとしては当然、海外武者修行を目指していたわけですよね？

「もちろんですよ。清美川さんが初めて国際プロレスに来た時（70年3月）に、〝佐野クン、フランスへ来ないか？

キミならば通用するよ〟と誘われましたが、お断りしました。吉原社長から許可が出る前に、勝手に話を受けるとマズイですからね。社長から〝お前、行ってくるか？〟という言葉がもらえる日を信じて、試合を続けていたんです」

——70年5月のシリーズオフには、中堅・若手4人で東南アジアへ短期遠征に出ていますね。

「そこでガイジンと初めて対戦しました。オセアニアから来たメンバーでしたね」

——ニュージーランドのスティーブ・リッカードがプロモートしたツアーで、ブルーノ・ベッカー、アール・ブラック、フランク・リバノビッチ、ロバート・ブルースといった選手が参加していたはずです。

「その中にジャック・クレイボーンがいて、黒潮との黒人タッグが組まれていましたね。クレイボーンはいい選手だったので、日本に帰ってから社長に伝えて、次のシリーズに参加させることにしたんです。シンガポールなんかだと、なぜか日本人がベビーフェースなんですよ。ちょっと空手の恰好をしただけで、観客が大喜びするんです。寺さんがやられると、お客さんがTシャツを脱いで汗を拭いてくれて、〝大丈夫か？〟って（笑）。あの時は田中さんがエースで、どこも超満員でしたね。この遠征で余計、単身で欧米に修行に行きたくなりましたよ」

——AWAとの提携も始まりましたから、明るい未来が見えてきたところですよね。

「はい。その年には、AWA王者のバーン・ガニアが初来日しましたから。AWAには行きたかったですね。この年には、モンスター・ロシモフとかエドワード・カーペンティアも来ました。木村さんが金網マッチを始めたのも、その年の秋でしたよね。木村さんがオックス・ベーカーに足を折られた時（12月12日＝台東体育館）、私はベーカーにイスで殴られて大流血させられましたよ（笑）」

——年が明けて、71年1月には『佐野先風（せんぷう）』に改名されました。豊登さんはすでに引退されていましたが、これはどなたがどんな意味で付けたんでしょうか？

「私の知り合いが姓名判断をしていて、字画とかを調べて命名してくれたんです。もう一つ乗り切れない部分があったので、縁起担ぎの意味もありました」

——確かに年明けに初対戦した田中忠治の他、黒潮太郎やデビル紫にも負け続け、改名前日にはずっと勝っていた後輩の浜口さんにも初黒星を喫しています。

「リングネームを変えることで流れが変わってくれれば、と思ったんですけどね」

——改名後の1月30日、水戸スポーツセンター大会での大磯戦はセミ前に組まれましたが、これが佐野さんの現役最高位でした。その翌日、川越市市民体育館での『パイオニア・シリーズ』最終戦でデビル紫と対戦した後、佐野さんは再び長期欠場に入りますね。

「その紫戦で、また左肺を潰してしまったんです。どういう状況だったかは思い出せませんが、試合中にガクッと来て、〝ああ、またやった!〟という感じでした」

——ラクダ固め（キャメルクラッチ）が決まり手でしたが、途中で何か打撃技を食らったんでしょうか?

「そうでしょう。1回目から1年半も経っていたから、自分はもう完治していると思っていたのでショックでした。その時は都内の広尾病院に入院しまして、退院後は田舎に帰って静養しながら、市役所からベンチプレスの器具を借りてきて自宅の庭で練習しましたよ。半年くらい出てないですよね?」

——2シリーズ全休でした。

「その後、私は稲妻二郎（エティフィア・ジェラール）の日本デビュー戦で復帰したんですよね」

——それが7月6日、東京体育館での『ビッグ・サマー・シリーズ』開幕戦でした。その後、7〜8日は再び欠場して9日に復帰し、翌10日の宮城県営球場大会で二郎さんと再戦して勝利しています。結果的に、これが佐野さんの現役最後の試合となりました。

「ああ、そこで3度目をやっちゃったんだ。また同じ左肺です。復帰してから3試合目で、また潰したわけですね。その仙台の次の試合場は、確か札幌ですよね?」

——ええ、次の日はオフで、12日は札幌中島スポーツセンターでした。

「私は札幌まで行ったんですよ。そこから一人で飛行機に乗って、東京に帰って来て入院したのを憶えています」

——その札幌大会で田中隆雄（鶴見五郎）がデビューしたのは、佐野さんの代打だったんでしょうね。鶴見さんは、〝理由はわからないけど、急に試合しろと命令された〟と言っていましたから。

「札幌の試合にも出ようとしたんですけど、先輩の誰かに〝東京に帰れ〟と言われて。広尾病院に再入院したんですが、入院期間は段々長くなっていきましたよ。最後は退院する時に、〝今度やったら、再起不能になる。一生、片肺のままの生活になるぞ〟とドクターストップを食らったんです。その時は悔しくて、初めて泣きましたね。私は、それでもやる気だったんです。まだ23歳でしたし、半端じゃなくプロレスに燃えていましたから」

――吉原社長にも相談されたんですか？

「はい。社長は黙って何も言いませんでしたね。〝やれ〟と言えない辛さがあったんでしょう。私もやっとレスリングがわかってきたような時期でしたから…。でも、一生は長いから本当に泣く泣く断念したんです。あれほど相撲取りやプロレスラーになるのを嫌がった父親も、その頃は私を応援してくれるようになっていたんですよ。田舎に帰っても、肺が潰れた話はさすがに言えませんでしたね。〝身体を壊したんでプロレスを辞めようと思う〟と言ったら、〝そのくらいで辞めるな！〟と怒られましたよ（苦笑）。私は親に嘘をついてプロレスに入り、嘘をついて辞めちゃったことになりますね」

――71年末にひっそりと引退する形になりましたが、その後はどういうお仕事を？

「私は高卒で相撲の世界に入ったんで俗世間を知らなくて、いろいろ大変でした。内装屋や不動産屋に勤めたり、いろいろやりましたよ。辞めた後も、都内のプロレス会場にはよく行きました。国際はもちろん、全日本や新日本にもね。プロレスは本当に好きでしたから。馬場さんに〝佐野クン、ウチでやらないかい？〟なんて誘われましたけど、事情を説明してわかっていただきました」

――引退後、左肺に後遺症は出なかったんですか？

「それはまったくなかったです。酒もタバコもやりますが、あれから病院というものに行ったことがないですから（笑）。同世代の人はみんな糖尿病や高血圧とかでいろんな薬を飲んでいるけど、私は一切飲んでないです。だから、身体がおかしくなったのは長い人生で、あの時だけだったんですよ。でも、夢は夢…結果的にこれで良かったのかなと思いますよ」

――81年夏に国際プロレスが崩壊したニュースを耳にした時は？

「その頃、高田馬場の事務所にもたまに遊びに行っていたんですよ。だから、倒産したと知って残念でなりませんでした。吉原社長は、私の恩師ですからね。今でも吉原社長の夢を見るんですよ。〝佐野、もっと練習せえ！〟と叱咤されるような夢とかね。他にも試合をしている夢、リングシューズを探している夢とか…プロレスの夢は今でも見るんです」

――息の長い選手と違って、プロレスをやりたいという強烈な思いがその3年間に凝縮していたからじゃないでしょうか。

「そうかもしれないですね。私の長い人生の中で、そこの部分が強烈な印象として忘れられずに、ずっと残っているんでしょうね。〝やり残した！〟という悔いと共にね」

――二郎さんのデビュー戦で復帰する前、入団したばかりだった鶴見さんは、ビル・ロビンソンに〝佐野は国際プロレスの未来のエースになる逸材だよ〟と言われたそうです。

「そうですか…」

――ご自身でも、プロレスを続けていたら、どうなっていただろうと考えたことはありますか？

「ありますけど…確かに〝あのまま続けていたら、随分いいポジションまで行っていたよ〟と言ってくれる関係者もいました。でも、もしあのまま続けていたら…どうだったでしょうかね。まあ、ひとつ言えることは、勝っても負けてもプロレスは楽しかったですよ」

# アニマル浜口

小兵ながら肉体をパンパンに鍛え上げ、常に闘志溢れるファイトで突進していく姿から〝闘将〟と呼ばれたアニマル浜口は、国際プロレスきってのバイプレーヤーであった。団体崩壊後は、ラッシャー木村、寺西勇と大国・新日本プロレスに殴り込み、新国際軍団の切り込み隊長として存在感をアピール。その後は〝革命戦士〟長州力の盟友として、金曜夜8時のテレビ中継に欠かせない存在となった。

1987年に引退後は、東京・浅草に『アニマル浜口トレーニングジム』をオープン。ボディビルやウェイトトレーニングを教える他、プロを養成するレスリング道場も開設し、これまで数多くの選手を輩出している。また、愛娘・京子のレスリングの試合で声援を送る姿、「気合いだ！」を連呼するパフォーマンスにより、現役時代を知らない層にも広く認知される存在となった。

言い換えれば、浜口は今や最も著名な国際プロレス出身のレスラーである。あの時代を語る熱い言葉から、浜口のプロレス観、人生観も読み取っていただきたい。

**あにまる・はまぐち**
1947年8月31日、島根県浜田市出身。身長176cm、体重103kg。69年に国際プロレスに入門。同年9月20日、浜口平吾として高梁市民会館における本郷清吉戦でデビューした。団体崩壊後は、新日本プロレスに参戦。84年からはジャパンプロレス所属として全日本プロレスに戦場を移したが、87年8月20日に引退。その後、『アニマル浜口トレーニングジム』を設立し、多くの後進を育成した。90年5月に現役復帰を果たしたが、95年以降はリングに上がっていない。

――ボディビル出身の浜口さんは吉原社長と繋がりの深い大阪のナニワトレーニングセンターに通った後、21歳でのプロレス入りでしたね。

「僕は18歳で大阪の製鋼所に勤めて、その頃に『ヘラクレス』という映画を観に行ったんです。筋肉隆々の人たちが出ていて、〝俺もこんな身体になりたい！〟と思ってね。それで北新地の飲み屋街の真ん中にあるボディビルジム、ナニワトレーニングセンターに行ったわけ。そこの荻原稔先生が吉原社長と友人だったんですよ。吉原社長は、荻原先生に〝有望な若者がいたら、私のところに送ってください〟と言っていたんです。そういう関係で国際プロレスに入ったんですね、僕は」

――筋肉隆々の身体を目指すだけでなく、最初からプロレスラーになりたいという気持ちもあったんですか？

「深層心理には、そういうのがあったね。プロレスが好きで大阪スポーツを読んでいて、そこにナニワトレーニングセンターの広告が載っていたのかな。だから、〝強い人間になりたい！〟、〝プロレスラーになりたい！〟という夢が僕にはあったんですよ。今から思うと、荻原先生のところに行っていなかったら、僕はプロレスラーになってない。ツテがなかったから。荻原先生、吉原社長、そうした先輩たちがいなかったら、身体が小さい僕はプロレスラーになれなかったですよ。当時は食って食って、とにかく身体を大きくしましたね。長方形の雪印チーズを毎日、1個食いましたよ。食事は1日に4〜5回。ホントに吐くぐらい食って。最初は66キロぐらいだったけど、105〜110キログらいにしたんですよ。そこで兵庫県のボディビル大会に出て、準ミスター兵庫になったんです。3位以内に入ると全日本の大会に出られるんですけど、僕は出ずに荻原先生に新幹線に乗せてもらって東京に行き、国際プロレスに入門したんですよ。大会に出るために身体を絞ったから、69年の夏に入門した時は84キロでしたね。それからまた食って食って大きくして、100キロ台にしたわけですよ」

――母親がプロレス入りに反対して、説得に1年かかったという話を聞いたことがあります。

「お袋としては、心配だったんでしょう。それにお袋と親父の面倒を僕が見ていましたからね。お金を全部、家に入れていましたから。でも、上京して、まず青山にあった事務所に行ったんですよ。そうしたら、カッコいい人がいたんです。それがグレート草津さんでね。ピタッとした半ズボンを穿いていて、足がパンパンに張っているんですよ。しかも背は高いし、Tシャツを着た上半身もパンパンで、頭はショートカット。いやあ、スター性があったなあ。カッコいいグレート草津さんを最初に見たんです」

――浜口さんは、その草津さんの付き人になったんですよね。

「本郷さんの後の付き人ですね。僕は車の運転ができないから、草津さんが運転して。だから、楽だった（笑）。あの人は銀座や青山、六本木に飲みに行くんですね。当時、大洋ホエールズの主砲で〝ポパイ〟と呼ばれた長田幸雄さんと仲が良くて、いつも一緒に飲みに行っていて。僕もお付きとして、飲ませてもらいましたね。草津さんのお陰ですよ、酒を飲むようになったのは。〝貴様も飲め！〟と草津さんにビールを飲まされた時に、〝こんなに美味いものが世の中にあったのか!?〟と五臓六腑に染み渡って、そこから酒飲みになったんですよ」

――プロレスに入る前は？

「親父が酒飲みだったから。親父は商売をやって裕福だったんだけど、酒を飲んで暴れる、家に金を入れない。それで貧乏生活が始まってね。普段は大人しくて、勤勉なんですよ。でも、酒を飲んだら、だらしなかった。だから、〝俺は大人になっても絶対に酒を飲まないぞ！〟と決めていたんですよ。しかし、プロレスラーになり、草津さんの付き人になって、〝飲め！〟と言われたら断るわけにいかない。そこから始まってね」

――浜口さんは、入門から僅か1ヵ月での高速デビューでしたね（69年9月20日＝高梁市民体育館、本郷清吉に反則負け）。

「早かったのは、身体ができちゃっていたからだと思いますよ。デビュー戦は、何をやっていいのかわからない状態で終わりましたね。若手時代は、本郷さん、佐野さん、村崎さんたちと試合をしていたと思いますよ。新弟子の頃はヒンズースクワットから始まって、ナチュラルトレーニング、アマチュアレスリングをやらされていました。吉原社長も裸になって教えてくれましたよ。レスリングは井上さんや大剛さんが結構好きで、強かったですね。耳がカリフラワーになるのは面倒臭いから、自分でビール瓶で叩いて。僕は格闘技の経験はありませんでしたけど、16歳の時に大阪から名古屋、豊橋、東京、横浜と転々としたんです。これがいい勉強になったんですよ」

――何をされていたんですか？

「家を飛び出して1年間、飯場生活をしていましたよ。あっちこっちから出稼ぎの人が来ていて、結局は荒くれ者の集まりというか。東京では銀座にある松屋のデパートが建て増しをしていて、そこに行きましてね。今だと外壁は網やシートを被せて見えないようにしているんですけど、昔は何もない。35キロのドリルを手に持って、30センチ幅の2メートルぐらいの板の上に乗っかって作業していましたよ。下を見たら、車がマッチ箱ぐらいの大きさでね。落ちたら、死んじゃいますよ。転々としながら、そういう仕事をやったんです。それは度胸が付くでしょ？　一歩間違えたら、死んじゃうんだから」

――何をキッカケに大阪に帰って就職したんですか？

「東京から横浜の工事現場に出張させられた時、飯場に風呂がないから、仕事が終わった後に一人で銭湯に行ったんですね。風呂に入って、果物屋に寄ってリンゴを買って、それを齧りながら歩いていたら…向こうで市電を止めて大暴れしている人がいるんですよ。何事かと思って近寄ってみたら、飯場で一緒に働いている先輩だった。真面目で大人しくて筋肉隆々のいい男なんですけど、酒を飲んだら暴れる人で。それを見た時に、〝これじゃ、いかん。俺の人生はダメになる。一から出直そう！〟と思って大阪に帰って、製鋼所に勤めたという流れですね」

――多感な時期に、凄い経験をしているんですね。

「新幹線で大阪に戻ったのは、力道山先生が亡くなった年（63年）の12月だと思うんですよ。力道山先生とは直接的な接点はないんだけど、何だか不思議な縁を感じますね。力道山先生が亡くなった頃に人生をやり直そうと思って大阪に戻り、プロレスラーになれて、今はこうしてプロレスラーを育成しているんだから。飯場の1年間というのはね、仕事は危険だし、ガラが悪いなんてもんじゃないでしょ。そこに僕は一番若い16歳でいたんだから、知らず知らずのうちに度胸を学ぶというか、役に立っていますね。〝あんな落ちたら死んでしまうような高いところにいたんだから、プロレスのリングなんて怖くない〟という気持ちになるんですよ。格闘技は知らなくても、アマチュアレスリングや柔道で鍛えられるのとは違って実社会で荒波に揉まれるという、いい経験をしました。だって、喧嘩をしていたり、花札をしていたり、荒くれ者がいる中で日々を暮らして、危険な仕事をしていたわけだから」

——そういう人生の修羅場を潜っていたら、酒癖が悪いと評判だった草津さんの付き人をやるのは、へっちゃらですね（笑）。

「そうそう、僕も一緒に飲んで酔っぱらってたもん（笑）。草津さんより先に僕が酔っぱらっちゃうんですよ。〝ハマ、このバカ！〟とか言われながら（笑）。まあ、草津さんに先に酔っぱらわれると困るから（苦笑）。ある時、大量にチケットを買ってくれたスポンサーのところに、草津さん、木村さん、井上さんと一緒に行ったんですよ。あれは酔っぱらっちゃったのか…僕が〝こんな酒、飲めるか！〟とやっちゃって（苦笑）。そうしたら、草津さんは〝テメエ、このバカ野郎！〟と僕をボコボコにやっつけて。あれは草津さんが機転を利かせたんだなあ。〝まあまあ…〟ってことで、その場が収まりましたからね。僕は先に酔っぱらっちゃったり、好きなことを言うんで、逆に可愛がられたのかもしれない。草津さんのことをよく言わない人も多いと思いますけど（苦笑）、僕は兄弟のような付き合いをさせていただきました。もちろん、先輩として立てていましたよ。でも、僕も言いたいことを言っていました。草津さんは言いやすいんですね。だから、心が通じていましたよ」

——草津さんに限らず、国際プロレスは酒豪揃いのイメージが強いです。

「いやあ、ホントに酒好きが多いんですよ。吉原社長、草津さん、木村さん、寺西さん、井上さん、大剛さん、米村、大位山。みんな強かったねえ。僕は酔うと、大声を出して騒いじゃうんですよ。吉原社長は、〝お前はすぐに陽気になっていいね〟と（苦笑）」

——確かに、浜口さんのお酒は陽気ですからね（笑）。

「こういう性格をしているから、全部さらけ出しちゃう。大位山とか阿修羅・原はさらけ出さないんですよ。何かこう…カッコ良く飲んでるんだよね（笑）。僕みたいにさらけ出しちゃうのは、モテないの。わかるでしょ？　だって、

〝バカ野郎、この野郎！〟と大声を出して飲んでたら、モテるわけないがないよ（笑）。モテたのは、やっぱり井上さん。僕が大声で馬鹿を言っている隣で、大位山なんかは静かに飲んでてね。女の子の横で、フランク永井さんの『おまえに』なんか歌いやがって（笑）。原なんかもそうでしょ。どちらかというと、木村さんもそういうタイプなんだよ（笑）」

――木村さんは、本当に静かに飲む人でしたね。

「木村さんは、ゆっくり飲んでいて酔わないの。強かったねえ。ウイスキーのダルマ（サントリーオールド）を1～2本飲んでも変わらない。黙々と飲んでいるんですよ。吉原社長も木村さんも黙って飲む方だった。たまには歌ってましたけどね。吉原社長は、森繁久弥さんの『銀座の雀』をよく歌ってました。吉原社長が亡くなってからは、木村さんがその曲を歌っていたな…。木村さんはカルガリーで喉を潰しちゃったとかで、それからあまり歌わなくなって」

――旧UWF時代、剛竜馬とカルガリー遠征に行った際にバッドニュース・アレンのラリアットを食って、喉を潰しちゃったんですよね。

「木村さんはプロレスリング・ノアにいた頃も、女房が浅草で店をやっている間は、たまに来てくれてね」

――初枝夫人が切り盛りしていた小料理屋『香寿美』ですね。

「その頃になると、飲んでいても…気付いたら、コックリコックリ寝ていたなあ」

――ところで、浜口さんはプロレスという未知の世界に入って驚いたことはありました？

「レフェリーをしていたマンモス鈴木さんは、水をよく飲む人でね。一升瓶の水をゴクゴクと一瞬で飲み干しちゃう（笑）。糖尿病なのに、よく食べるしね。カツ丼を十字に切って、四口で食っちゃうんだよ。ミスター珍さんも糖尿病だったでしょ。ある時、旅館で珍さんと同じ部屋になったんですよ。そうしたら、朝に部屋に仕切りをして隠しちゃうんです。ちょっと覗いたら、注射器が見えるじゃないですか。僕は、〝見てはいけないものを見てしまった！〟みたいな（笑）。だから、見なかったふりをしていたんですけど、後で考えてみたら別に悪いことをしていたわけじゃなくて、治療のためにインシュリンを打っていたんですね

（笑）。まあ、酒は人生、人生は酒ですよ。僕の場合、飲み始めると長時間になっちゃうからダメなんです。だから、今は1滴も飲まない。山本小鉄さん、星野勘太郎さん、安達勝治（ミスター・ヒト）さん、柴田勝久さん、そして木村さん…みんな60代後半で亡くなっていますよ。人間は目標、志があったら、死ねませんよ。やっぱり若者の育成、プロレスラーの育成をやっていると、一から教えなきゃいけないから…危ないんですよ。若い人にスパーリングをやらせても、ムチャクチャやるでしょ？　やらんでもいいことをやったりする。僕らみたいなプロになると、関節技でも相手を怪我させないように止めるけど、そういうことがわからない。だから、ちゃんと見ていて、危ない時にはパッと入って止めなきゃいけない。こっちが疲れていたら、できないですよ。基礎トレーニングの時から、ヒヤヒヤし通しです。ちょっとハードにやると、顔が真っ青になったりしますからね。夏は熱中症になったら大変だし、ずっと顔色も見てなきゃいけない。気が抜けないですよ。そうなったら、酒は飲めないですね。不摂生はできない。でも、そういう緊張感の中にいるから僕は元気なんでしょうね」

――話を国際時代に戻すと、若手の頃は誰との試合が勉強になりましたか？

「やっぱり寺西さんですね。試合を通して間合いや受け身、プロレスの流れとか、いろんな面を教えてもらいました。そこは対戦するだけじゃなくて、試合も観てね。天下一品でしたよ、あの人は。プロレスというのは手解きされるものじゃなくて、リングサイドから観て盗む。試合をして教えてもらう。そうやって、寺西さんには随分とプロレスを教えてもらいました」

――寺西さんは、団体屈指のテクニシャンでしたからね。

「やっぱり巧さだったら、寺西さん、井上さん。あの2人はタイプが似ているようで、違うんですね。寺西さんは綺麗な巧さで、井上さんは破天荒な、ダイナミックな巧さというんですかね。そこが勉強になりました。井上さんの方がちょっと重みがあるのかな。丸っこいというか、ゴツかったから。井上さんはあの身体でヘビー級でやっていて、後にビリー・グラハムからIWA世界ヘビー級のベルトを獲ったり、バーン・ガニアとダブルタイトル戦をやったんだから凄いですよ。ツボを得ていて、行くところは畳みかけるし、派手だしね。受け身も動きも派手で巧い。タイツも派手だったし。井上さんは、国際プロレスで完全に開花しましたよ。それは寺西さんも。でも、僕は違うんですね。国際プロレスの時代は、まだ〝蕾〟ぐらいですね。その後、新日本プロレスに殴り込んで行って、開花しちゃったの。でも、基礎からいろんなものを作ってくれたのは国際プロレスなんです。僕は、ちょっと変わっていますよ」

――リングネームは本名の『浜口平吾』でデビューし、『ミスター浜口』、『浜口兵庫』と変え、70年11月になって『アニマル浜口』に改名していますね。

「アニマルと名付けてくれたのは、吉原社長ですね。〝強くあれ!〟ということで。野性の強さ、野獣というかね。東京オリンピックのレスリングで金メダル(フリースタイル・フェザー級)を獲った渡辺長武さんも〝アニマル〟と呼ばれていましたよね。そういったいろんなものを加味したんじゃないですか。だから、フランスのレスリング世界選手権(97年=女子75キロ級で娘の京子が初の金メダルを獲得)の決勝戦の時に、体育館の端からマットに向かって〝野獣になれ!〟と叫んで。自然にそうなっちゃいましたね。野獣、アニマルという言葉を口に出すようになった。いつの間にかこの名前が板に付いてきたというか、僕は段々と『アニマル浜口』になっていったような感覚ですよ」

――若手時代には、ビル・ロビンソンやカール・ゴッチに教わっていますよね。

「カール・ゴッチが来た時(71年3月開幕の『第3回IWAワールド・シリーズ』)には、吉原社長に〝付き人をやれ〟と言われましたよ。でも、僕は草津さんの付き人もやらなきゃいけない。吉原社長にしてみれば、〝近くで見て学べ〟ということだったんでしょうけどね。ロビンソン教室には、僕も参加しています。バックを取ったり、関節はどう極めるとか教えてくれましたね。憶えているのは、ロビンソンがゴッチにドロップキックを教えていたんですよ(笑)。面白いなあと思ってね。やっぱり人には得手不得手があるんだなと。あの2人は、所作が似ていますよ。でも、スムーズなのはロビンソンですね。ゴッチをまろやかにしたのがロビンソンという感じ。ロビンソンの方が華麗というか軽快というかね。やはりイギリスのレスラーでゴッチ、ロビンソンと同じ流れを汲むジョン・フォーリーも、国際プロレスの若者にレスリングの技術を指導していましたね。身体が小さいから、プロレスの試合になったら叩きつけられていたけど（苦笑）」

——では、浜口さんが実際に影響を受けた外国人レスラーは？

「ロビンソン、ゴッチに出会えたのは良かったですけど、後になって彼らとは正反対にいるジプシー・ジョーなんかにも教えられましたね、試合を観て。頑丈さとか、プロレスラーとしての個性。国際に来ていた頃は、強くて頑丈だった。頭や背中をイスで叩かれてもビクともしない。頑丈さでいえば、あとは木村さんね。顔面を殴ると、こっちの手が痛かったもん。吉原社長が言っていましたよ、〝木村の上半身と草津の下半身をくっ付けたら、これはとんでもない〟と。木村さんは、ベンチプレスで200キロをポンポン上げていましたよ。それから井上さんも。バーベル・ベンチは、木村さんと井上さんが強かった。あとは米村もね」

——デビューから約2年半月後の72年2月3日には、待望のアメリカ武者修行に旅立ちました。先輩を追い抜いての抜擢でしたね。

「いい思い出があって、僕が初めてアメリカに行くということで、大剛さんが〝これを着ていけ！〟と、わざわざ背広を作ってくれたんです。大剛さんにも、若手の頃から随分と可愛がってもらいましたよ」

——草津さんといい、大剛さんといい、浜口さんは癖の強い人に可愛がられていたんですね（笑）。

「大剛さんは酒癖は悪いし、喧嘩っ早いし、何をやりだすかわからない危険性もあるし（苦笑）。だから、プロレスラーとして、いいモノを持っているんですよ。ある種の魅力があったね、プロレスラーとしての。戦国時代の武将というか、ヤワじゃなかった。こんな話があるんですよ。その当時の力技の記録を全部持っている伝説のボディビルダー、若木竹丸さんと大剛さんは共通の知り合いがいて、おでんを食べながら一緒に飲んだんですよ。そうしたら、若木さんがおでんの大鍋の縁を掴んで、いきなり立て膝になったと。大剛さんが〝先生、何をしてるんですか？〟と聞いたら、〝キミの眼は危険だ。いつ君が俺に襲いかかってくるかわからないから〟と。つまり、いつでも戦える体勢を作っていたんですね（笑）。あの若木さんをそうさせた大

72年2月3日、24歳の浜口はラッシャー木村、大剛鉄之助、鶴見五郎らに見送られ、海外武者修行のためにアメリカのオマハ地区へ向かった。

剛さんというのは、大変な人ですよ。僕も世界を回って、いろんなレスラーや格闘家を見てきましたけど、確かにあの目ん玉はいないですよ。狂気がありますよ。あとは足を切断してしまった時の事故ね」

――凱旋帰国する直前の74年3月18日、カナダ・アルバータ州ハイリバーのハイウェイで交通事故に遭った時のことですね。

「身体は大きくないけど、大剛さんは相撲をやっていたから立ち技が強かったし、グラウンドはカナダでジョージ・ゴーディエンコにガンガン指導してもらっていたみたいで、吉原社長も帰ってくるのを楽しみにしていたんですよ。だけど、その寸前であの事故でしょ。右足を切断して、左足もグチャグチャになったのに、〝テメエ、この野郎!〟と衝突してきた車の運転手を殴りに行こうとしたらしいですよ。その後に気絶したと聞いていますから。その気迫というか、痛みを超越した大剛さんの〝気〟はちょっと信じられない。大剛さんが偉いのは、練習が好きだったんですよ。若木さんと飲んでいた時に〝先生、どういうトレーニングがいいですか？〟と聞いたら、〝半カールをしなさい〟と言われたそうで、毎日120キロのバーベル・カールをやっていましたから。あの人には〝強くなりたい！〟という向上心、欲望があった。そういうところに魅力を感じますよ」

――初めてのアメリカ修行に話を戻しますが、草津さんの帰国と入れ替わるような形で、まずはネブラスカ州オマハに入ったんですよね。

「行ってすぐに草津さんとバーン・ガニアがビッグショーで一騎打ちをやったんですね。僕は試合がなくて私服のまま草津さんのセコンドに付いていていたんだけど、試合が荒れて乱闘になっちゃって、お客さんも暴れて。気付いたら、僕は革靴を脱ぎ捨てて裸足でリングに上がっていたね。それから草津さんが帰国するまで少しの期間、タッグを組んでいましたよ」

――短期間ながら、オマハ地区で師弟コンビが復活したわけですね。

「2人でダウンタウンのホテルのスイートルームに住んでいたんです。草津さんが先にオマハを開拓してくれていましたから、不自由しませんでしたね。ジャパニーズレストランもあったし、豚足というものを初めて食べたのもオマハでしたよ（笑）。当時は、AWAのトップスターが来ていました。バーン・ガニア、ニック・ボックウィンクル、地元の選手としてはグレッグ・バレンタインが前座で出ていましたね。お客さんが盛り上がるから、やりやすかったです。僕はそんなに背がないから、ナメられないように上半身をパンパンにしてね。意地悪されたり、事故に遭ったり、食えないとか怪我したとか、そういう問題は一切なかった。それに自分の勘で、会場の雰囲気の作り方もすぐにわかりましたから。英語も3ヵ月で言っていることがわかってきて、半年で喧嘩できるぐらいになりましたよ」

――オマハ地区の後は、AWA、WWAですか？

「オマハからミネアポリスのAWA、シカゴのアンフィ・シアターでウィルバー・スナイダーとシングルマッチをやったことを憶えていますね。それからミツ荒川さんと組んで、インディアナポリスのWWAを回りました。そこではディック・ザ・ブルーザー、スナイダー…ちょっと歳を取っていたけど、やっぱりその2人はカッコ良かったなあ。他にはカウボーイ・ボブ・エリス、ムース・ショーラックなんかとやってね。僕のリングネームは、オマハの時代からずっと『ヒゴ・ハマグチ』でした」

――ミツ荒川さんから学ぶ点は、ありましたか？

「荒川さんは、スネーキー（卑劣の意）というかね（苦笑）」

――昔の日系＆日本人レスラーが得意とした真珠湾攻撃を想起させる狡猾なスタイルですね。

「間を取るのが巧いというか。僕なんかはボンボン受け身を取って、ガンガン行っていましたよ。インディアナポリスに行った頃は、もうアメリカのプロレスに慣れていましたから。荒川さんと組んでビッグショーでエリス＆ショーラックとやることになったんですけど、その前日の夜ですよ。明日は大事な試合があるから早く寝ようと思ってベッドに入ったら、左手の人差し指が痛くて眠れない。僕は製鋼所で働いていた時代に、電気溶接の仕事もやっていたことがあってね。親指に黴菌が入って、疱瘡になったことがあるんです。その時と同じような痛さで、ズキンズキンしちゃって。ところが、朝になったら不思議なことにスーッと痛みが消えたんです。そうしたら、〝親父が死んだ〟という電話が日本からかかってきて。虫の知らせというか、魂が太平洋を越えて来たというか…そういうことがありましたね」

――しかし立場上、スケジュールをキャンセルして途中帰国することはできませんからね。

「こんなこともありましたよ。バーン・ガニアが『ザ・レスラー』という映画を作っていて、〝空手家の役で出てくれ〟と言われたんですよ。でも、僕はすでに付き合っていた今の女房に会いたいから、〝日本に帰らなきゃいかん〟と嘘を言って断って、ハワイに行ったんですよ。女房もハワイに来て、デートしてね（笑）。2日ぐらいで僕はインディアナポリスにトンボ返りして、女房も日本に帰りましたけど」

――武者修行中にハワイでデートですか（笑）。

「もうガンガン試合していたわけだからね。武者修行って感じじゃないから（苦笑）。女房とは電話代を物凄く使ったね。それに手紙、美空ひばりさんや石原裕次郎さんとか演歌のカセットテープ、ボンカレー、インスタントラーメン…いろんなものを送ってくれましたよ」

――木村さんを介して、奥さんと知り合ったんですよね？

「そうそう、木村さんがオックス・ベーカーと金網デスマッチをやって右足を骨折したでしょ。その時、浅草界隈の病院に入院して、若い衆は渋谷の合宿所から交代で通って、お世話したんですよ。ある日、清美川さんに〝日本酒を持っていけ！〟と言われてね。でも、僕が酔っぱらっちゃって、木村さんのベッドでイビキをかいて寝ちゃったことがあるんですね（苦笑）。その時、木村さんが〝ハマ、食事に行こう〟と杖をつきながら連れて行ってくれたのが、女房のお袋さんが経営していた『香寿美』という店で。女房は看板娘でね。木村さんに〝ちょっと覗いてみろよ〟と言われて、ガラガラッと開けたら、割烹着を着た女房がいたわけです。向こうは、〝ヤクザ者が来た！〟と思ったらしいですよ（苦笑）」

――第一印象は悪かったと（笑）。

「でも、木村さんが顔を出したら安心したみたいで。木村さんのお相撲時代の兄弟子が、そこで板前をやっていて知り合いだったんですね。それから毎晩、僕は一人で渋谷から浅草まで通いましたよ。それで付き合うようになって。だから、木村さんが女房との仲を取り持ってくれたんです。女房は僕のことも子供たちのことも大切にしてくれますから、幸せですよ。アメリカに行く時も、羽田に見送りに来てくれましたね。だから、行く前から吉原社長も女房のことは知っていましたよ」

アメリカでヒール修行を重ねた浜口は73年6月、約1年4ヵ月ぶりに凱旋帰国し、豪快なエアプレーン・スピンを武器に大きく成長した姿を示す。

その翌年、国際プロレスは大きな転機を迎えた。ストロング小林の電撃離脱、6年間続いたTBSのテレビ中継の打ち切りにより、エースと多額の放映権料を失って存亡の危機に陥ったが、さらなる不幸が襲う。小林が抜けた直後の3月開幕『チャレンジ・シリーズ』はカナダで修行中だった大剛鉄之助の凱旋帰国が大きな売りだったものの、前述のように帰国直前に交通事故に遭って右足を失い、引退に追い込まれたのである。

この時、吉原社長に助け舟を出したのが提携関係にあった全日本プロレスだった。大剛の帰国がキャンセルされた同シリーズに、ジャイアント馬場、高千穂明久、大熊元司、サムソン・クツワダの4選手が友情参戦。浜口は思わぬ形で、他団体との対抗戦を初体験する。

――今では使い手がほとんどいませんが、初の海外修行から凱旋帰国した時、浜口さんはエアプレーン・スピンをフィニッシュ技にしましたよね。

「いつから使い出したかは憶えてないけど、あれは吉原社長がやれと言ったんですよ。〝お前はそんなに大きくないけど、力が強いから〟と。完全に自分のモノにするには、3年かかりましたね。あの技は簡単に見えて、難しいんですよ。後年はその体勢からバックフリップで投げる形にしたんですけど、難しいのはやっぱりタイミングです。相手をロープに投げて、戻ってきたところをキャッチして担ぎ、グルグル回してポーンと落とす。重い相手でも、股に入ってスッと持ち上げなきゃいけない。ただ、汗をビッショリかいてるでしょ？　だから、滑るんだけど、それをタイミング良く持ち上げて、マットの一点を見てグルグル回す。そうしないと、目が回っちゃうから」

――重さもそうですが、体型によっては仕掛けにくい相手もいますよね。

「そうなんですよ。相手の股に入って、ガチッと首っ玉のところを持つ。肩を持っちゃうと、回せないんですね。首っ玉を持って、ちゃんと肩の上でバランスを取って担がないと回せないです。相手がもたれかかっちゃったら、回せない。相手の身体が肩の上でピーンしならないと。プロレスの技は突き詰めると、どんな技でも難しい。タイミング、正確さ、見栄え、そして威力。すべてが揃ってこそプロの技なんですよ」

――ところで、浜口さんが帰国した翌年には、エースのストロング小林が離脱するという大事件が起きましたね。

「僕は複雑な事情は知らないけど、小林さんが新日本に行ってしまって、国際はガタガタッと落ちちゃった。思い出すと、それは大変でしたよ。やっぱりTBSが付いていた頃が一番いい時代でしたから。小林さんがいなくなった後、レスラーみんなが結束して〝さあ、やろう！〟と頑張りましたよ」

――その後、浜口さんにとって初の団体対抗戦が実現しました。74年3月26日、宮城県スポーツセンターで寺西勇と組み、高千穂&クツワダと対戦していますよね（20分時間切れ引き分け)。

「その時は、団体の看板を背負った対抗戦という気持ちではなかったですね。国際が崩壊した後、崖っぷちに立たされて新日本に殴り込んだ時は〝そうは行かん!〟という気持ちでしたけど、全日本とやった時は友好関係で選手に来てもらっているような雰囲気でね。親近感があったというか。特に高千穂さんは僕よりひとつ年下だと思うんですけど、中学を卒業して入っているはずですから、プロレスでは5年先輩ですよ。だから、僕は尊敬の念を持っていましたし、学ぼうという姿勢で試合をしたと思います。実際、高千穂さんは受け身が巧くて軽快でね。クツワダ選手は同年代だから、こちらもバンバン行く形ですけど、身体が大きくて力も強かったですよ」

——76年6月16日、浜口さんは2度目の長期海外遠征に出発されましたが、行先はカナダのカルガリーでしたね。

「大剛さんにブッキングしてもらったんですよ。僕が行った頃は、プロモーターのスチュ・ハートも元気でね。ハート家の地下室には固いマットがあって、銀色のダンベルが置いてあったのを憶えてますね。でも、僕らは毎日試合があったから、なかなかそこで練習する時間がなかったんですよ。だから、向こうでは会場に着いてから練習して、コンディションを整える感じでした。そうそう、大剛さんとスパーリングもしたなあ」

——右足を失った後の大剛さんとですか⁉

カナダ・カルガリー時代にはミスター・ヒトと組み、同地区版インターナショナル・タッグ王座を獲得した。マネージャーのリッパー・コリンズ(中央)は、翌77年1月にレスラーとして国際プロレスに来日している。

「大剛さんが酒を飲んで酔っ払って、〝ハマ、ちょっとスパーリングしよう！〟と言い出したんです。膝から下がないんだから、グラウンドなんかできないですよ。その時、大剛さんに後ろからガッとキン○マを掴まれてね。血だらけになりましたよ」

――それは災難でしたね（苦笑）。

「あの人のことだから、〝この野郎、一瞬でも気を抜いたら外国じゃ生きていけないよ〟と、後輩の僕に教えてくれたんだと思うんですよね。僕はキン○マが血だらけになって、血尿も出たのに、翌日は普通に試合に出ましたよ（笑）。やっぱり大剛さんは、ヤワじゃなかったですね。さっきも言ったけど、何をやりだすかわからない危険性がありました。だから、はっきり言って嫌う人も少なくなかったけど（苦笑）、僕にとってはそこが魅力的で、男として好きでしたね。足を失っても強さを探求して、練習していましたから。〝ナメられちゃいかん〟、〝何かあった時には、やらなきゃいかん〟という気持ちを常に持っていたんでしょうね」

――カルガリー入りしてすぐにミスター・ヒトとのコンビで、ジェリー・モロー（稲妻二郎）＆ガマ・シンから同地区認定のインターナショナル・タッグ王座を奪取するなど現地で浜口さんはトップ扱いでした。

「リッパー・コリンズがマネージャーに付いてね。当時、シングルのトップはアーチ・ゴルディー（モンゴリアン・ストンパー）。ビッグマッチの時には、2人合わせて600キロのマクガイヤー・ブラザーズも来ていました。安達さんは、ナチュラルな力の強さがある人でね。ビールのケースを右腕だけで持ち上げていましたよ。相撲時代も、力の強さは有名だったらしくて。サーキットは安達さんが車を運転してくれましたし、奥さんはお弁当を作ってくれて、本当に良くしてもらいました。安達さんは英語がそんなに達者なわけじゃなくてブロークンなんだけど、話術に長けているんですね。あの話術でガイジン相手に対等…いや、それ以上の態度で接していましたよ。ガイジンに冗談を言って、馬鹿にしちゃうんだから。もう手玉に取っちゃうというかね」

――当時、大剛さんと安達さんの関係はどうだったんですか？

「相反するものがあったにせよ、お互いに尊敬する部分もあるという感じで、うまく距離を取っていたと思いますよ。僕は、両方とお付き合いさせてもらいました。それに2人ともスチュ・ハートに信頼されていましたよ。人間のタイプは対称的なんだけど、不思議と似ているところもあってね。大剛さんもガイジンの前で堂々としていて、馬鹿も言うし。喧嘩っ早さで世界一が大剛さんなら、ブロークンイングリッシュの話術でまとめる世界一が安達さん（笑）。2人とも違う部分で飛び抜けたものを持っているんですよ」

――カルガリーにいたのは3ヵ月半ほどで、9月下旬にはカリブ海のプエルトリコへ転戦されましたね。

「それも大剛さんのブッキングですね。カナダのアルバータ州は、夏場にかけてがシーズンなんですよ。冬は寒いですからね。それでトロント、バッファロー、ニューヨークを経由して、プエルトリコのサンファンに行ったんです。あの国は治安が悪いんですけど、サンファンはそんなに危なくはなかったですね。週3回試合をして、残りの4日は休みというサイクルで、移動もそんなに大変じゃないから快適に暮らせましたよ。街道沿いでチキンの丸焼きが売っていてね。試合が終わると、ビールを買って、それを食いながら車をぶっ飛ばして帰っていましたね」

――当時のプロモーターは、カルロス・コロンですよね。

「そう、コロンがトップで、ビクター・ジョビカが現場監督的な立場でしたね。その頃は、お客さんも入っていましたよ。僕は大金を儲けたわけじゃないけど、外国に行って大怪我をしなかったし、食って行けたし、運が強かったと思います」

――リング上のメンバーは？

「もちろんコロンがトップで、カウボーイ・ボブ・エリス、それに骨を持ったデカイ奴…エリック・ザ・レッドがいましたね。あとはブルーザー・ブロディを刺したホセ・ゴンザレスとか。結構、ゴンザレスとは試合をやりましたよ」

――10月16日にはバイヤモンでゴードン・ネルソンと組み、アントニオ・ロッカ&ミゲル・ペレスからWWCノースアメリカン・タッグ王座を奪取しましたね。

「ロッカのことは、よく憶えてないですねぇ。パートナーのゴードン・ネルソンはカルガリーにいた頃、ルター・レンジ、ジョージ・ゴーディエンコ、スチュ・ハートというメンバーで、よくハート家の地下で練習していたそうですよ。僕と組んだ頃は40歳ぐらいだったと思うけど、毎日練習していて凄い身体でしたね。家も近くて、僕のマンションから50メートルぐらいのところに住んでいた。僕とネルソンのコンビは、日本の普通のスタイルと変わらなかったですね。もうガンガン行って」

――プエルトリコは、観客が危険というイメージがありますが。

「お客さんが石を放ってくるから。ナイフも持っているしね。だから、体育館の真ん中にリングがあって、そこから50メートルぐらい離れたところに客席を作っていましたね」

プエルトリコでは国際プロレスに来日経験のあるゴードン・ネルソンと組み、WWCノースアメリカン・タッグ王座を獲得した。

77年2月に帰国するや、浜口はいよいよタイトル戦線に躍り出る。

凱旋シリーズ中の3月26日、蔵前国技館において草津と組み、ジョニー・クイン（ビッグ・ジョン・クイン）&クルト・フォン・ヘスからIWA世界タッグ王座を奪取。この草津との師弟コンビは長期政権を築き、78年1月にザ・サモアンズに敗れるも、すぐに奪回し、79年1月に新日本プロレスの山本小鉄&星野勘太郎に敗れるまで通算1年10ヵ月もベルトを保持した。

だが、浜口のパートナーといえば、やはりマイティ井上の名前を思い浮かべるファンが多いだろう。2人にとって初めての勲章は、77年11月に全日本プロレスとの対抗戦でグレート小鹿&大熊元司の極道コンビから奪取したアジア・タッグ王座である。その後、79年2月にはヤマハ・ブラザーズからIWA世界タッグ王座を奪回し、〝和製ハイフライヤーズ〟と呼ばれて団体の看板タッグチームとなった。

――正直な話、入門した時から付き人をやっていた草津さんとのタッグは、やりにくくなかったですか？

「いや、やりやすかったですよ。人間には相性があるんです。やっぱり本音で話せる人と話せない人がいるじゃないですか？　たとえば、ストロング小林さんとかサンダー杉山さんには、ちょっと言えないというか。でも、草津さんと酒を飲んだら、付き人なのに僕も気を遣わないで酔っぱらっちゃうし、2人で馬鹿をやっていたんで、お互いに肚の中までわかっちゃっていたんですね。そうなると、遠慮しないで言えるわけです。その頃、〝もっと練習してくださいよ〟と、よく言っていたんですよ」

――面と向かってですか⁉

「僕は平気で言っちゃいますから。それは草津さんが怠けているということではなく、上半身のウェイトトレーニングをもっとやったら、カッコ良くなるという意味でね。僕から見て、草津さんはアスリートとして凄いですね。身長は190センチ以上あったでしょ。馬場さん、ジャンボ鶴田選手、ガイジンと試合をやっても引けを取らないわけですよ。誰とやっても恥ずかしくない体格をしていた上に、ラグビーをやっていたから走るのが速いし、タフでスタミナもありましたし、センスもありましたから。そこで上半身がもっとガッチリしたら完璧だろうと思って、〝もっと練習してくださいよ〟と。そんなことを先輩に対して平気で言えたわけだから、草津さんとはホントに親しく付き合わせていただきましたね」

――浜口さんが帰国した77年の暮れから翌年春にかけて、国際プロレスは全日本プロレスとの対抗戦路線を打ち出しました。77年11月29日に大田区体育館で、浜口さんはこの年の6月に日本デビューしたばかりの天龍源一郎とシングルで対戦しましたよね（両者リングアウト）。

「当時の天龍さんはまだプロレスラーになったばかりで、二枚目の色男。垢抜けていたよね。相撲の匂いを意識的に消しているというか、どこかファンクス（ドリー・ファンク・ジュニア＆テリー・ファンク）を意識したような感じだったなあ。後々のゴツさとは違った感じでしたよね」

――全日本と対抗戦で、根っこの違いは感じました？

「まず身体の大きさの違いがありますよ。全日本の選手は、みんな大きかったですよね。サムソン・クツワダ、ロッキー羽田。グレート小鹿さんだって、あの全日本の中ではそうは見えなかったけど、実は大きいんですよ。小鹿さんはタッパ（背丈）があったから、アメリカでも活躍できたんだと思います。あとはやっぱり全日本の選手の方がアメリカナイズされていましたよね。国際の選手は地味というか、吉原社長の流れを汲むレスリング主体で、どちらかというとヨーロッパ的な感じだったんじゃないかと。個人的に印象に残っているのは、石川（孝志）選手が相撲から転向して、アメリカ修行から凱旋した時に後楽園ホールでやった試合ですね（78年11月5日、国際の『日本リーグ争覇戦』）。30分フルタイムでしたけど、僕は先輩として、いい試合がやれたんじゃないかなと思いますね」

――その後、新日本プロレスとの対抗戦がスタートしてからは、井上さんとのコンビで前面に立ちましたね。

「井上さんはプロレスラーとしての素質、巧さ…どこに出しても恥ずかしくない超一流のモノを持っていたと思いますよ。その巧さは勉強になりました。あの人は僕と身長はどっこいどっこいでしたけど、食って食って身体を大きくして、ダイナミックさや重みを試合に出していましたよ」

――和製ハイフライヤーズの初戴冠は、極道コンビから奪取したアジア・タッグ王座でした。

「極道コンビは、物凄くやりやすかったですよ。小鹿さんも大熊さんもアクがありそうで、ないんですね。選手としても人間的にも、やりやすかったという印象です。やりやすいというのは、思い切って行けたという意味で。特に大熊さんは淡泊で、あっけらかんとした人だったな」

――では、ヤマハ・ブラザーズはいかがでした？

“和製ハイフライヤーズ”はIWA世界タッグ王座を２度獲得。国際プロレスの看板チームとして、他団体との対抗戦でも切り札的な存在だった。

「巧いタッグチームでしたよ。僕の中では、山本さんも星野さんも『先輩』という感じでしたね」

――井上さんは、ヤマハはやりにくかったようですね。それもあって新日本は自分に合わないと思い、国際崩壊後に全日本行きを選択した部分もあるようです。

「それはわかりますね。そこが難しいところで…。その後、僕は星野さんと何度も試合をしましたけど、そうしたことを乗り越えて手を合わせていくというか。最初はいい試合じゃなくても、思い切って行けない試合でも、やっていくうちに〝この野郎は凄いじゃないか！〟と相手の見方を変えさせる。試合をしていれば、実力の差、気の強さ、先輩後輩の関係とかいろいろあるだろうし、確かに手が合う相手、合わない相手はいますよ。でも、僕は新日本に乗り込んで行った時も潰されずに認めさせたというか、ちゃんと成り立たせましたからね。なぜ成立したかといったら、お客さんが入って盛り上がったということなんですよ。プロとしては、そこが大切ですからね」

80年になると、国際プロレスに翳りが見え始める。

3月31日、後楽園ホールで和製ハイフライヤーズは新日本の木村健吾（現・健悟）&永源遙を相手にIWA世界タッグの防衛戦を行った。この一戦において浜口は場外で木村のプランチャを受けた際に、観客がこぼしたビールに足を滑らせて床に後頭部を強打。さらに右足首を捻挫して、欠場に追い込まれる。

7月にカムバックし、同月15日には井上とのコンビでストロング小林&永源遙の腰に巻かれていたIWA世界タッグ王座を奪回したものの、その6日前には草津が試合中にアキレス腱を断裂。さらに同月26日には埼玉県大宮市の道場兼合宿所にハイヤーが突っ込み、プロパンガスが爆発して家屋が全焼した。9月にはスネーク奄美が脳腫瘍で引退するなど、「負の連鎖」としか思えない出来事が続発する。

翌81年3月に東京12チャンネルのレギュラー中継が打ち切られ、4月になると浜口はウイルス性肝炎で入院。同月30日には、奄美が29歳の若さでこの世を去った。

そして、浜口のリング復帰を待つことなく、8月9日の羅臼大会を最後に団体は興行活動を停止する。

――木村&永源戦でのアクシデントについては、ご記憶はありますか？

「ビールに足を滑らせてスコーンと足払いをやられたような状態のところに、木村の健ちゃんが飛んで来て、後頭部をまともに打ったんですよ。それで何もわからなくなって…。控室で目が覚めた時に、〝ここはどこですか？〟、〝私は誰ですか？〟と僕が言ったらしいですよ。そのまま警察病院に運ばれて。やっぱり頭をやられちゃったらダメですね。気を失っちゃったらダメ。あの事故があってから、リングの周りにマットを敷くようになったんですよ」

――最後の1～2年は事故や選手の怪我が多く、浜口さんも最後の羅臼大会の時は欠場されていましたね。

「僕は何もできずに申し訳なかったと、しみじみ思いますよ。吉原社長はお金の工面で苦しんで…結局、それで胃がんになってしまったと思うんですね。草津さんも手助けしたでしょうですけど、上の人たちは本当に大変だったと思います。最後の方は金銭的に苦しかったけれども、社長の心情もわかっていましたから、僕は感謝しかないです」

――団体が崩壊した後、鶴見五郎や高杉正彦は海外に活路

大宮の合宿所でちゃんこ鍋を囲む国際プロレスの面々。後に浜口はジャパンプロレスの一員として、全日本プロレスのリングで阿修羅・原、鶴見五郎、マイティ井上らと再会することになる。

を見出しましたし、全日本を選択した井上さんたちは〝義理は果たしたから、今後の人生は自分で決める〟というニュアンスでしたよね。

「ちょっと待って…。なるほど、それぞれに決めていたんだ。自分たちの道ということでね。僕は、そこのところの事情をいまだに自分自身でもわかっていないんですよ。何で選手が分かれてしまったのか。国際がいろいろあった時に、休んでいたというのもあって。僕は吉原社長が発表したように、新日本に乗り込むのがごく自然だと思っていましたね。それに吉原社長が好きでしたから。よく可愛がってもらったし」

――そういう思いで81年9月23日、新日本に宣戦布告するために、木村さんと2人だけで田園コロシアムに乗り込んだわけですね。

「僕は自分で〝こんな幸せな男はいない！〟と思うんですよ。だって、あれは大変な舞台だったでしょ。テレビ録りで、お客さんも超満員。スタン・ハンセンとアンドレ・ザ・ジャイアントがセミファイナルで世紀の一騎打ちをやってね。その試合後、アントニオ猪木がいきり立っているリングに僕と木村さんがいる。そういう舞台にいた僕は、ラッキーな男ですよ」

――今でも語り草になっていますが、その時の木村さんの第一声が〝こんばんは〟で（笑）。

「ある人間は、〝敵もファンもズッコケさせたわけだから、戦法としては最高だ〟と言うわけですよ。本来なら、木村さんが猪木さんに殴りかかって、蹴っ飛ばして、〝ぶっ殺してやる！〟とやっても良かったんです。でも、木村さんは

国際プロレス崩壊後、浜口はラッシャー木村と共に新日本プロレスの田園コロシアム大会に乗り込み、アントニオ猪木に宣戦布告。手前は、猪木の対戦相手として開始のゴングを待つタイガー戸口（キム・ドク）。

そういう人じゃないんですね。あれは礼儀正しい挨拶。普通のことなんですよ。まあ、お客さんに笑われたりするのはいいとしても、新日本の選手にナメられたら終わりだなと思ったから、僕は〝木村さん、ダメですよ。もっと行ってください！〟と後ろから突っついたんですけどね。空気を変えなきゃいかんと思って、すぐに僕はマイクを取って吠えましたよ（苦笑）」

――とはいえ、発した言葉が〝こんばんは〟だったからこそ、今でも人々の記憶に残っているとも言えますよね。

「吉原社長が亡くなる前、プロレス評論家の菊池孝さんに宛てた手紙があって、その中に〝レスリングは不細工でも、国際プロレスのレスラーだけが持つ心温かい人間性〟、〝愚かな小生を今もって社長として立ててくれる義理人情と言いますか、昔気質で…〟という言葉があってジーンと来たんですけど、それはまさに木村さんなんですね。〝こんばんは〟というのは、素の木村さんがそのまんま出たんですよ。木村さんはそこで裏をかいてやろうとか、インパクトを取ってやろうとかなかったんです。それは不細工だったかもしれないけど、その裏にあるのは心温かい人間性ですよ。木村さんは我（が）がまったくない人でしたね」

――木村さんがそういう性格だったこともあり、新国際軍団時代は浜口さんが斬り込み隊長として常に前に出て行きましたね。

「あの状況では、そうならざるを得なかったですね。木村さん、寺西さんと3人だけで国際プロレスの看板を背負ったわけだから、肚を括りましたよ。猪木さんとの1対3がマッチメークされようが何だろうが、〝燃えさせてやろう！〟、〝成立させてやろう！〟と思ってやりました。誰が来ても、どんな試合でも成立させるのが本物のプロレスラーだと。あとは僕らの戦う姿を見て、辛い境遇にある人たちが発奮できればという気持ちもありましたね。国際プロレスは潰れたけれども、僕らは巨大な新日本プロレス、アントニオ猪木に立ち向かっていった。あれは僕の人生勝負でもありましたよ。人間は、やればできるんです。でも…正直言ったら、3人だけだから心細いもんでしたけどね」

――それこそ新日本という大国に利用され、ポイ捨てされる可能性もあったわけですから。

「生易しいものじゃないですよ。盛り上がらなかったら、お客さんが入らなかったら、恥をかいて、首を切られて、終わりでしょ？　まず言えるのは、リーダーが木村さんだったのが良かった。変に機転を利かすことなく、ラッシャー木村のままだから良かったんです。器用な選手だったら、猪木さんがジェラシーを起こしちゃうでしょ。不細工かもしれないけど、重厚なファイトをする木村さんがいて、僕が吠えてチョロチョロして、寺西さんが華麗なレスリングをやったから良かったんです。自分で言うのも何だけど、3人ともよく頑張った。周りからは馬鹿にされていたかもしれないけど、そこから這い上がっていったわけですよ。猪木さんや坂口さん、新間さんにいろいろ使われましたけど、新日本に呑み込まれたり、ポイされることはなかったですからね」

——あの当時、新日本や猪木さんに対する〝今に見てろよ！〟という浜口さんの気迫は凄かったですよ。

「とにかく新日本の選手にナメられちゃいけないから、会場に早く行っていましたよ。僕が動ける身体を作ったのは、あの時なんですよ。コンディションさえ良ければ、動けさえすれば、どうにかなると。タクシーで2時頃には体育館に行って、とにかく走った。あとはジャンピングスクワット、縄跳びをしながら、大声を出しっ放し。そうやってプレッシャーとか雑念、邪念を焼き尽くして、脳を興奮させるんですよ。そして、息を上げるんです。声を出す、息を上げる、汗をかく、力をちょっと出す。この4つをやると、スッキリする。そうやって一度上げておいてから、ストレッチをして、試合をシミュレーションして、呼吸を整えて、リングシューズを履いて、冷静になった自分でリングに上がっていくんですね。それで僕は動けるようになったんですよ」

——浜口さんがやっていた大声を出しながらの練習には、そういう意味があったんですね。

「あとはね、新日本を見て僕はあることに気付いたんですよ。〝ああ、プロレスは眼だな〟と。大剛さんの目ん玉じゃないけど、眼に力がないとダメなんですよね。猪木さんも眼ですよ。見栄を切るというか。相撲の朝青龍も塩を撒く前にグッと眼に力を入れていたじゃないですか。歌舞伎役者の見栄もそうですよね。その眼力の大切さに、あの崖っぷちの時に気付いたんですよ。まあ、僕は国際軍団の時が最高のプロレス人生だったんじゃないかと思いますね」

——新日本ファンには、物凄く憎まれていましたけどね（笑）。

「いや、お客さんにワーワー言われることにエクスタシーを感じていましたよ（笑）。帰れコールをされて、〝バカ野郎、テメエらが帰れ！〟って。もうノリにノッていましたね（笑）。でも、乗っかるまでは不安でしたよ。最初に田コロに殴り込んだ時は、〝どうなるのかな？〟と（苦笑）。国際プロレスでやってきたことが肥やしになって、ちょうど国際軍団で花開いた。アニマル浜口というプロレスラーは国際軍団で暴れていた時、長州力とタッグを組んでいた時、その頃が一番世の中に出ていたというか、売ってもらっていたというか、自分がわかったというか。〝ああ、これがプロレスなんだ！〟と」

——あの時代に、浜口スタイルというものが完成しましたからね。

「〝芸術は爆発だ！〟という言葉がありましたけど、そこから僕は〝燃えて燃焼、爆発だ！〟とランニング・エルボーを作ったんですよ。僕の場合は身体が小さいから、アブドーラ・ザ・ブッチャーのようなやり方だと迫力もないし、威力もないから、ロープにダーッと走って勢い良く落とす形でね。あとはリキちゃんとのコンビでやっていたハイジャック・パイルドライバーは、天下一品だったんじゃないかな。リキちゃんがパイルドライバーの体勢になって、僕がトップロープから相手の両足を持って叩きつけるんだけど、ダイナミックさが出るように足をガーッと広げて、雷電ドロップをするような形でトップロープからジャンプする。その後に、フワッと空中で一瞬止まるんですね。そこでリキちゃんがパイルドライバーを仕掛けるタイミングに合わせる。あれはなかなか難しいんですよ」

——長州力と組むようになった後、国際軍団の木村さんと敵対した時はどういう気持ちでした？

「プロレスラーとしてリングに上がったら気持ちを切り替えて、ただぶつかって行く。木村さんとの試合になると思い切り叩いて、蹴っ飛ばして、担いで。逆に木村さんにチョップをバンバンやられて…快感を得ていましたよ。楽しかったですね。木村さんというのは我慢強くて、決して〝痛い〟と言わない人でしたよ。だから、僕は遠慮なく行ったし、木村さんはガンガンやっているようで、実は遠慮したようなレスリングというか（苦笑）。それがまた木村さんらしいんです。木村さんはすべて抑え気味というか、耐えるプロレス人生でしたよね。木村さんはベンチプレスで200キロをポンポン挙げるぐらい力が強かったし、〝この人が暴れたらどうなるんだろう？〟と思いましたけど、結局は暴れないで良かったんですね。晩年は、誰からも愛されるプロレス人生でしたから」

浜口が長州の参謀として維新軍で活躍していた84年7月、吉原氏が新日本プロレスの顧問に就任する。それから2ヵ月後の9月21日、浜口は長州、谷津嘉章、寺西勇、小林邦昭らと共に新日本離脱を表明。『新日本プロレス興行（後のジャパンプロレス）』に電撃移籍し、主戦場を全日本プロレスに移した。

翌85年6月10日に吉原氏が死去して以降も長い歳月の中で、ヒロ・マツダ、豊登、サンダー杉山、グレート草津、ラッシャー木村といった歴代の主力選手たちもこの世を去り、国際プロレスの記憶は風化しつつある。

しかし、浜口は自ら主宰するジムでプロレスラーを育成することによって、「国際プロレス」も「吉原功」も永遠のものになると信じているという。

83年春に浜口は“革命戦士”長州力と合体。新日本プロレスの正規軍だけでなく、ラッシャー木村&寺西勇とも対戦することになった。その後、寺西も維新軍に合流したことで、新国際軍団は解散となる。

——新日本時代に短い期間ではありましたが、吉原社長と再び接点が生まれましたね。

「ジャパンプロレスに移籍する前に、吉原社長が女房の店に来たんですよ。何かを察していたんでしょう。店に来たのを女房から聞いたんだけど、僕は会えないわけですよ。

心情がわかりますから。僕は店の3階の自宅にいたんですけど、降りられなかったですね。だから、社長にはお会いしなかったんです。その方がいいと思って…」

——その後、浜口さんはウイスキーを持って、木村さん、菊池孝さんと一緒に吉原社長のお見舞いに行ったそうですね。

「最初に行った頃は、〝俺も練習しなきゃいかん！〟と言っていましたし、帰る時には歩いて見送ってくれるぐらいお元気だったんですよ。でも、2回目に行った時にはもう…。奥さんが〝もう見せられない状況なんですけど〟と言いながら、僕と木村さんだけ病室に入れてくれたんです。亡くなった時、まだ55歳だったんですね…」

——離れ離れになっていたことは、悔やまれますか？

「いや、吉原社長と僕の間には、魂と魂の交流があったと思うんですよ。だから、僕にとって国際プロレスは故郷です。日本全国に行けて、いろんな物を食べて、いろんな風景を見て、いろんな人と出会って本当に勉強になりましたし、自信にもなりましたから。今後、僕がやることは感謝報恩。若者たちを育成することで、社長に恩返しするというかね。吉原社長は力道山門下の中で、初のレスリング出身者ですよね。僕は、その吉原社長の国際プロレスに入った。そして、レスリングで娘の京子を育てたというのは、何か吉原社長にやらされているような気がするんですよ。それを吉原社長は喜んでくれていると思うんですよね」

——それにアニマル浜口、浜口京子の名前が世間に出れば、国際プロレスや吉原社長のことを思い出す人もいるでしょうからね。

「それから、プロレスラーの人材育成ですね。僕が今、指導者として生きているというのは、やっぱり吉原社長との縁だと感じるし、神様仏様が僕に〝やりなさい〟と言っている気もしますね」

——今の人生は天命だと。

「ウチのジムは、一般の会員さんもプロレスラーを目指す道場生も会費が一緒なんです。道場生はボディビルもバンバン教えてもらえるし、プロレスに必要なものを全部教えてもらえるわけですよ。地方から出てきた若者もいるんだから、お金を取りすぎたら可哀想ですよ」

——ビジネスとして考えたら、割に合わないですよね。

吉原功社長、グレート草津と宴席を共にする国際プロレス時代の浜口。これまで自身のジムで何人ものプロレスラーを育成してきたが、それは吉原氏への恩返しでもあるという。

「でも、現役のレスラーが若い選手を教えるのは大変ですよ。自分の練習をして、コンディションを整えて試合をやっていたら、他人を指導するどころじゃないでしょう。だから結局、ある程度の知識とノウハウがある引退した選手が教えることになるんだけど、そんなに儲かるものではないからビジネスとして考えたら教えられない。でも、僕は微力ながらプロレス界が永遠に続くために、こうして指導者として生きていくことが吉原社長、ボディビルを始めるキッカケを作ってくれた荻原稔先生への恩返しになると思っているんですよ。プロレスを愛している人、プロレスを尊敬している人、プロレスに感謝している人じゃないと無理なんです。もし『ビジネス』として教えたら、教わった人間はそういうプロレスをしますよ。わかりますよね？　その辺のところはね、僕はごまかしが利かないと思うんですよ」

――プロレスは肉体はもちろんですが、心の部分も鍛えないとファンを感動させるレスラーにはなれないですからね。

「僕にとって大きいのは、プロレスが人気絶頂の時代に自分でそれを経験しているし、見ているということなんですよ。そういう時代を知っている人間じゃなければ、プロレスラーの本当の魂は伝えられないと思うんです。だから、僕はまだ死ねないんですよ。昔はね、100キロというのがプロレスラーのひとつの基準だったから、僕も無理して食って必死に身体を作った。今の人には〝無理して食べて、内臓を壊したらどうするんですか?〟と言われるかもしれないけど、そうじゃないんですよ。山本小鉄さんは、亡くなる直前でも身体をパンパンに張らせていたじゃないですか。プロレスラーはゴツくて、強くて、人がやれないことをやるんだ、というプロレスラー像を貫いた心意気は素晴らしいと思います。プロレスラーというのは不思議でね、徹底して馬鹿になることも必要だし、狂うことも必要。その一方ではピエロというかね…華やかなんだけど、一抹の寂しさを帯びているというか。そういうところも必要なんですね。スターなんだけど、背中に哀愁を帯びている。それがプロレスラーだと僕は思うんですよ」

# 鶴見五郎

今やどの団体でも日本人ヒールユニットが悪事を重ねて会場をヒートアップさせているが、その元祖と言えるのが国際プロレスで結成された鶴見五郎率いる『独立愚連隊』である。

国際のリングではシャチ横内や上田馬之助らが日本人ヒールとしてファイトしたものの、軍団結成はこの独立愚連隊が初。しかも所属選手が会社の体制に反旗を翻し、ヒールに転向したのは、かなり画期的なことだった。この時、コスチュームの胸に描かれた「日の丸」を「ドクロ」に代えた鶴見は、団体崩壊後も全日本プロレスやSWSでヒールを貫き通すことになる。

本名・田中隆雄は、ビル・ロビンソンがエースだった時代の71年に国際プロレスに入門。万年新人不足だった同団体において、『昭和46年組＝鶴見、大位山勝三、稲妻二郎』は唯一の豊作と言われる。

しかし、彼らは団体側のマッチメークに翻弄され、ポジションが定まらない世代でもあった。新人がなかなか育たず、前座で燻り続ける中で、鶴見がヒールに転向した本当

**つるみ・ごろう**
1948年11月12日、神奈川県横浜市出身。身長181cm、体重135kg。71年に国際プロレスに入門。同年7月12日、田中隆雄として札幌中島スポーツセンターにおける大磯武戦でデビューした。79年11月にはヒールに転向して『独立愚連隊』を立ち上げ、同期の大位山勝三と合体。団体崩壊後は海外遠征を経て、全日本プロレスにフリーランスとして参戦した。90年にSWSに移籍し、93年には自らIWA格闘志塾（後の国際プロレスプロモーション）を旗揚げ。2013年8月22日、新宿FACEで引退興行を行った。

の理由とは？

――鶴見さんは、元々ヒール志向だったんですか？

「違いますよ。ヨーロッパの正統派志向です。学生時代から、ずっと国際プロレスに入りたくてね。ビル・ロビンソン、コーリン・ジョイソン、トニー・チャールスといった欧州のテクニシャンが来ていたじゃないですか。ああいうレスリングをしたいと思っていたんですよ。そのためにアマレスをやった方がいいなと」

――鶴見さんは、東海大学の理工学部でしたよね。でも、アマレス部はなかったそうですが。

「だから、法政大学の先生に横浜のジムでアマレスを教えてもらったんですよ。そこのジムには、全日本チャンピオンクラスの人が教えに来ることもあったしね。その中の一人がサンダー杉山さんの先輩で、〝プロレスをやるなら、いつでも紹介してやるぞ〟ってことで渡りに舟でした」

――大会にも出場されているんですよね？

「学生選手権は出られなかったけど、フリースタイルの神奈川県大会と関東大会に100キロ級の個人で出て、県大会は1位、関東大会は2位。このクラスは手薄でね。確か出たのは4人かな。1回勝てば、入賞するんですよ。でも、強いのばっかりでね。高校総体で優勝した人、陸上自衛隊の猛者とか人数は少なくても手強いメンバーでしたよ」

――当時は日本プロレスもありましたが、そちらを選ばなかった理由というのは？

「国際は華があって、好きでしたから。日プロはテクニックを使わないで身体の大きい怪物みたいなレスラーばっかりだったんで、おそらく俺じゃ小さくて入れなかったでしょうね。国際に入りたいと思ったのは、それもあったからです。大学は71年3月で卒業なんだけど、2月頃から〝通って来い〟と言われて、自宅（横浜市鶴見区）から国際の事務所とジムがある渋谷まで毎朝行きましたよ」

――新弟子ではなく、通いの練習生という形ですよね。その頃は、誰に教えてもらったんですか？

「アニマル浜口さんに時々。他には、練習をつけてくれる人はいなかったですよ。とにかく〝朝早く練習に来い〟というだけで。事務所が開く10時頃に鍵を借りて自分でジムを開けて、11時ぐらいに先輩たちが来るまで一人で練習してましたね」

――結局、プロレスは誰にも教わらないままデビューしたんですか？

「先輩に〝受け身だけは取れ〟と言われていましたね。あとは杉山さんの練習台です。プロレスの技なんて、誰からも教えてもらってないですよ」

――同期の大位山さんは、厳密にはちょっと後輩になるんですよね？

「俺の2ヵ月後くらいに大位さんも来たんですけど、相撲で前頭まで行った人なのに、すぐには入門を許してもらえなかったんですよ。年齢は大位さんが3つ上で、初印象は幕内まで行っただけあって大きくて強そうって感じかな。人柄も良かったし。その後、先輩から〝布団を持って来い〟と言われて、俺は渋谷の三貴ビルの合宿所に入寮できたんですけど、大位さんはまだでしたね。事務所の人に〝何で大位山さんは入寮できないんですか？〟って聞いたら、〝練習に毎日来ないから〟と言われて。それを大位さんに伝えたら、毎日来るようになって」

――大位山さんが入る時は、マスコミを呼んで公開の入門テストをやりましたよね。

「俺が大位さんとスパーリングをやらされたんですよ（笑）。ボクシング、アマレスみたいなグウランド、それから相撲もやらされたな。相撲では、すぐに俺がぶん投げられましたけどね（笑）。吉原社長は、〝元幕内力士でも簡単にウチには入れないぞ〟という厳しさを見せたかったみたい。この時、八木（宏＝剛竜馬）も見学に来てたな。あいつは日本プロレスに練習生で入ったけど、逃げ出してね。まだ国際に入る前で、大位さんのテストを覗きに来たんですよ。俺より前にスウェーデン人のヤーン・ヘルマンソンが練習生でいて、彼は渋谷のホストクラブの厨房で働きながら通いで練習していたんですけど、入門が認められたのはその年の暮れだったな。二郎が来たのは、大位さんのテストの後だったと思います。それで二郎と3人で共同の記者会見をしましたよね」

『昭和46年組』で最初にデビューしたのは、外国人留学生第2号のエティファア・ジェラール（稲妻二郎）だった（71年7月6日＝東京体育館、佐野先風戦）。

71年6月23日、国際プロレスは3名の新人選手の入団を発表した。左から留学生第2号のエティフィア・ジェラール（稲妻二郎）、田中隆雄（鶴見五郎）、松本勝三（大位山勝三）。

続いて、7月12日に札幌中島スポーツセンターで田中隆雄が大磯武を相手にデビュー。これは負傷欠場となった佐野の代打として、急遽駆り出された形だった。

大位山は四股名を名乗れず、松本勝三として9月8日、矢板市体育館で本郷清吉の胸を借りてデビューする。前日は『ダイナマイト・シリーズ』開幕戦（大田区体育館）でテレビ中継の収録があったが、敢えてそこを外しての初陣だった。

「そのシリーズの前に新人テストがあって、申し合わせたように八木が合格したんですよ（笑）。300人くらい応募があって、そこから選ばれて…まあ、八木のことは、いいや（笑）」

――このシリーズには、早くも大位山さんとの同期対決が組まれましたよね。

「大位さんがデビューした1週間後（9月14日）の大阪府立体育会館、小林さんがレッド・バスチェンとIWA世界戦をやった日ですよ。その頃、前座で平手打ちが流行っていたんですよね。社長が平手打ち合戦が好きだったの。俺

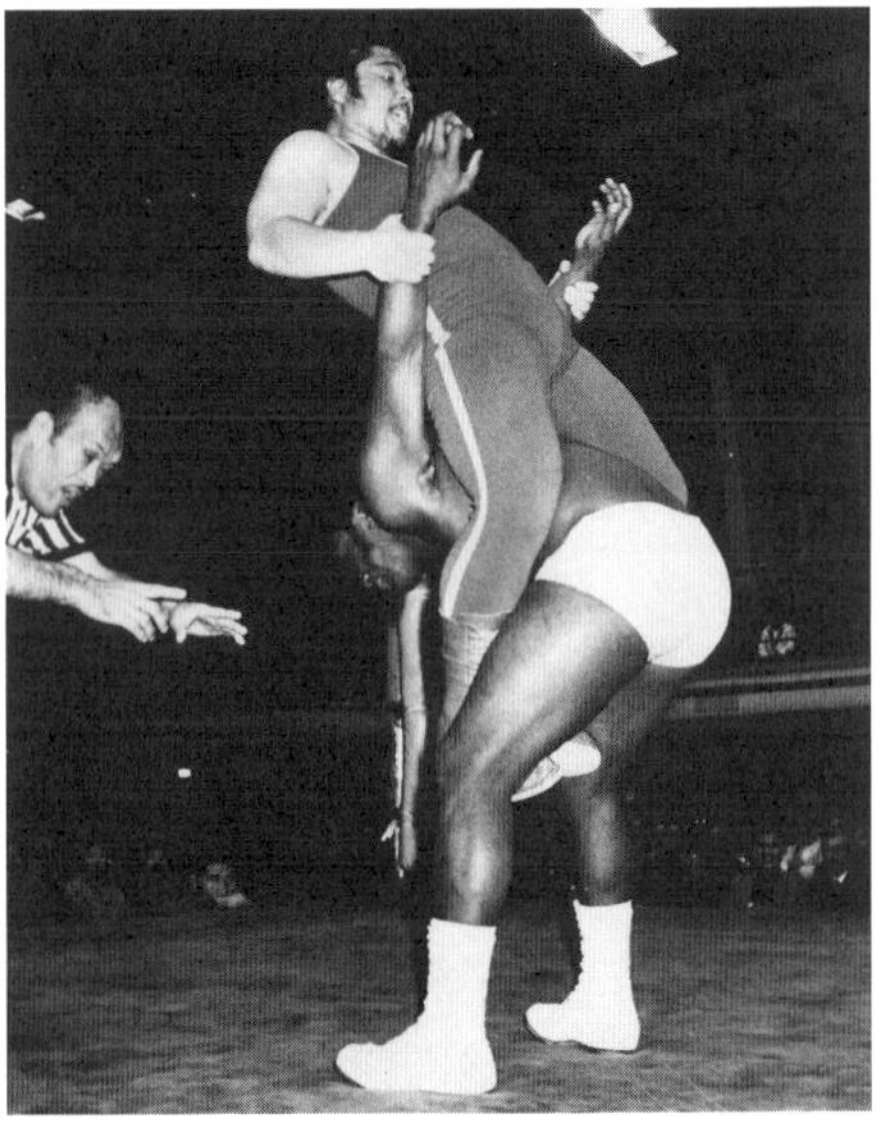

欧州の正統派プロレスに憧れて国際プロレスの門を叩いた鶴見は、若手時代にイギリスのトップレスラー、ジャッキー・パロのオリジナル技「パロ・スペシャル」を得意としていた。

は、大位さんのを食って吹っ飛んだ（笑）。確か、結果は10分時間切れ引き分けでしょ。初白星は、俺も大位さんも二郎から取っているんですよね。」

——デビューして約半年後、72年春の『第4回IWAワールド・シリーズ』では大位山さんと少し格差が生まれますね。

「大位さんは6月に渡米が内定していたから、経験を積ませるために上の方のガイジンとたくさん当ててくれたんじゃないかな。俺も初ガイジンはそのシリーズだったけど、1試合だけ。相手は格下で、ザ・シークもどきのアリババ・マルスターニでしたから（苦笑）。俺はそのシリーズから、『鶴見五郎』に改名していますよね」

——このリングネームは、誰が付けたんですか？

「俺ですよ。先輩の田中忠治さんが海外修行から帰って来るんで、〝お前は同じ田中だから、名前を変えろ〟と社長に言われて。でも、グレート草津さんや他の先輩たちがとんでもない名前を考え始めたからヤバイと思ってね。鶴見は、住んでいたところ。五郎は、日活映画の渡哲也が出ていた『無頼 人斬り五郎』から取ったんです。ちゃんと社長のお墨つきをもらいましたよ。先輩たちに決められる前だったから、セーフでした」

——ところで、大位山さんのアメリカ武者修行が決まったことに嫉妬して、大剛鉄之助さんが殴りかかってきたみたいですね。

「ホントに性格が悪いんですよ。ミスター珍さんは我々の大先輩だけど、そういう人もプライベートで殴ったりしますからね。大磯武さんもひどかった。デビューしたての頃に試合で当たった時、俺はタックルで足を取りに行ったんですよ。道場でプロレスの技なんか誰も教えてくれなかったから。そうしたら、試合後に〝お前、何で足を掴んで離さないんだ！〟って殴られて。訳がわかんない（苦笑）」

鶴見がヒールに目覚めるのは、念願だったヨーロッパ武者修行に出てからである。

73年3月29日、鶴見と八木は清美川（当時はレフェリー）に連れられて日本を出発し、まずはフランスのパリに入った。ここから2年8ヵ月、鶴見は欧州各国とメキシコで数多くの経験を積む。

「あの海外修行が人生を変えたと思います。フランスから清美川さんが帰ってきた時、〝若いのを連れて行きたい〟と言っていて、最初は米村と南海山（国際プロレスに留学していた韓国の姜成英）、それに八木の名前が挙がっていたんですよ。その頃、国際の若手は旗揚げしたばかりの全日本プロレスに助っ人として出場していてね。俺も全日本の旗揚げ戦に出ていますけど、米村が全日本での試合で肘を壊したんですよ。そこで米村の代理として、俺が海外に行くことになったんです。これは嬉しかったですよ。憧れのヨーロッパですから。俺が24歳で、八木はまだ17歳でしたね。パリに着いた時、すでにラッシャー木村さんと大磯さんがいたんですけど、急遽日本に帰ることになって。トゥールーズの大会で俺が木村さん、八木が大磯さんの代わりに試合をしたのが最初ですよ。そうしたら、今度はシャピトー・シリーズが始まったんです」

――シャピトー・シリーズというのは、4月から9月までフランスの各都市を回るツアーですよね。

「サーカスみたいなテントの会場でね。フランスの凄い田舎まで行きましたよ」

――鶴見さんは『神風』と書かれた鉢巻に袴と空手着という最初からヒールを意識した純日本スタイルで試合をしていましたね。

「先輩に言われたんですよ。〝外国に行くなら、鉢巻と法被を持って行け〟と。それに向こうでは、日本人は誰でも空手家というイメージがあったんです」

——フランスで初めてヒールをやってみて、お客さんの反応はどうだったんですか？

「結構、いいんですよ。ただ、〝悪は必ず滅びる〟という意味の妙な節回しの歌を合唱されるんです。老人から子供まで一斉にね。あれは嫌でした。向こうでのリングネームは、『ゴロー・タナカ』。ゴローはいいんだけど、ツルミは呼びにくいというんで。この時は全国をサーキットしたのは清美川さんと俺だけで、八木はパリに居残りでした。八木は、近場の会場だけ出ていましたよ。その留守中、パリの清美川さんの自宅にドイツのプロモーターのグストル・カイザーから、〝誰か一人、日本人はいないか？〟と連絡があってね。〝じゃあ、八木を行かせたらいいんじゃないか〟となったんです」

——それで剛竜馬は鶴見さんたちと別れて、西ドイツやオーストリアのトーナメントに出るようになったんですね。

「八木はラッキーでしたよ。カイザーのところへ行けたんですから。フランスよりメジャーですからね」

——その当時、大先輩の清美川さんから教わったことはありますか？

「毎晩、安宿でビールを飲みながら、ヒールとしての心得を教えてもらいましたね。毎日、試合後に清美川さんのチェックが入りますから。〝あれは違うよ〟、〝お前、ここはこうするんだよ〟とか細かく。清美川さんは、〝日本でやっているような試合は、ヨーロッパでもアメリカでも通用しない。カメレオンみたいに、その場所に順応しないとダメだよ〟と。国だけじゃなく、地方でも土地それぞれでファンの気性も違いますから。落語と同じで、〝今日のファンは何がウケるんだろう？〟と、まず前座をよく観ておくんです。勝負も大事だけど、客が満足して帰ってくれることが一番ですから。そうすれば、プロモーターもまた呼んでくれる。〝ここはテクニックじゃダメ。思いっ切り悪いことをした方がいい〟とか、他の試合もちゃんと観て自分で判断するんですよ。でも、それをしないのが新日本プロレスの連中なんです。どこの国へ行っても、新日本スタイルを頑なに通そうとするから。やっぱり客を見ないとダメなんですよね。イギリスも違うし、フランスも違う。ドイツなんか、ただ悪いことをやったってウケないですよ」

——その当時、フランスのマット界はどういう状況だった

73年3月29日に日本を発ち、フランスのパリに到着した鶴見と八木宏（剛竜馬）。鶴見は清美川とフランス国内を回りながら、初めてヒールを経験する。

んですか？

「俺がいた頃、フランスはプロレス人気が落ちていたんですよ。それでメキシコと同じように小さい選手が多くてね。もう70キロぐらいの人間とか出ていて、ビックリしました。サーカスみたいなというか…今みたいな飛んだり跳ねたりするプロレスでしたね。昔はイワン・ブレストン、モンスター・ロシモフとかデカくて、いい選手がいたらしいけど、みんな海外に出ちゃったから。それはイギリスも言えることですよ」

――フランスの後はドイツに行かれて、73年8月29日からスタートしたエドモント・ショーバー主催の有名なハノーバー・トーナメントに出場されていますね。

「南海山の代打で出たんです。清美川さんに突然、呼ばれてね。パリから夜汽車でハノーバーまで行きましたよ。清美川さんは、ドイツではモンゴル人ということでヒールでした。それで本当のモンゴル人のイスカ・カーン・ティキという選手が日本人ということで試合してるんですよ（笑）。俺は日本人のままでしたね。ドイツは日本の同盟国だったんで、ここだけ俺はベビーフェースでした。逆に敵国のイギリス人は、軟弱だって嫌われていましたね」

――この年のハノーバー・トーナメントは、64日間で計10万6000人の観客を動員したという記録が残っています。当時のドイツのスタイルは？

「客もプロモーターもガチガチの試合を好むんです。小手先のテクニックとかは好きじゃない。だから、イギリスの技術系のレスラーがドイツではウケないんですよ。イギリスなら最初に軽く握手して始まりますけど、そういうのもプロモーターが認めない。ただ、ドイツは倒れた相手に攻撃しちゃいけないんです。倒れた相手を蹴ったら反則になるし、ボディスラムでも投げ捨ててからカバーしたらダメ。投げ捨てた勢いで乗っからないと。投げて手を離しちゃいけないんですよ。厄介なルールなんで、アメリカ人選手が困っていましたね」

――ドイツの時、鶴見さんのリングネームは変な名前でしたよね。

「『ヒロ・ヤクチ』でしょ。当初、清美川さんは南海山の欠場の穴を反対勢力のグストル・カイザーのところにいた八木を呼んで埋めようとしたんです。でも、カイザーに断

73年夏には、ドイツのハノーバー・トーナメントに出場。この時は清美川（後列左から4人目）が優勝した。後列中央の巨漢がモンゴル人ながら、「日本人」を名乗っていたイスカ・カーン・ティキ。

われたんですよ。そこで俺が代打の代打でパリから呼ばれて。でも、もう八木の出場が発表されてしまっていたようで、俺はそんな変なリングネームでやらされたんですよ。『ヒロシ・ヤギ』がどこでどう変化したのか（笑）」

——昔はドイツへ遠征した新日本の若手レスラーは向こうでハノーバー・トーナメントに出場したということになっていましたが、これは間違いですよね。70年代の記録を見ても、吉田光雄（長州力）、藤波辰巳、木戸修、小沢正志（キラー・カーン）、藤原喜明といった当時の新日本の若手選手の名前は見当たりません。

「そう、あれは嘘です。ドイツ遠征は何でもハノーバーというのは違うんですよ。新日本勢はみんなカイザー派のトーナメントに出ていたんです。カイザー派は各都市で3週間弱ずつのトーナメントをやるツアーで、ハノーバーに比べると規模は小さいんですよ。新日本でハノーバーに出たのは、81年の木村健吾が最初。その時はもう国際が潰れていて、向こうで俺も木村と一緒になったから」

——そのハノーバー・トーナメントで、鶴見さんは31人中、6位入賞でした。

「8位以内が入賞でしたけど、言葉がわからなくて自分が何位だったか憶えてなかった（笑）。その時は、清美川さんの優勝でした。確か3度目の優勝じゃなかったかな」

——清美川さんは、66年と69年にも優勝していますね。

「清美川さんはフランスだけでなく、ドイツでも英雄でしたよ。あの人は、ヨーロッパ中で顔が利きましたね」

——ハノーバーの次は、どこへ？

「デュッセルドルフ。そこで1年間のドイツのスケジュールがおしまいになるんです。清美川さんが11月に日本へ一旦帰ったんで、今度は自分で次に行く場所を探さなきゃならない。それでコーリン・ジョイソンに頼んで、イギリスに行ったんです。でも、イギリスって昔はガイジン選手を入れたがらない国だったんですよ。ガイジンは、1年に40試合だけという決まりがあったんです。だから、年内に40試合やって、年を越せば、また40試合やれるんです。八木も誘ったけど、彼はカルガリーへ行って」

——この頃に、鶴見さんは中東のクウェートにも行っていますよね。

「その年の年末にね。イギリスのジョージ・レリスコウ派のメンバーが毎年行くらしくて、それに同行したんです。国際や新日本に来たシーク・アドナン・アル・ケイシーが現地のプロモーター兼エースでしたね。石油の国だから、金があるんですよ。だから、ギャラもいい」

――クウェートの会場の雰囲気は？

「中近東ってアマレスも盛んだから、格闘技好きなんでしょうね。観に来るのは、ほとんどが金持ちや王族。会場はサッカー場で、警備も凄かった。イギリスの選手がベールで顔を隠した女性客に〝顔を見せろ〟とからかったら、プロモーターから〝殺されるぞ！〟と注意されていましたよ（笑）。問題を起こしたら、すぐに退国させられますからね。さすがにヒールの俺もここでは控えめにしましたよ（笑）」

――年明けの74年にまたイギリスへ戻りますが、この頃の鶴見さんのフィニッシュホールドは何だったんですか？

「向こうはアメリカとか日本みたいに大技を使って決めるわけじゃないから、軽い抑え込みの技でしたね。イギリスでは、あまりガチガチのヒールはやらなかったんです。あそこは、首を絞めたりするのを嫌がるんですよ。殴ったり蹴ったりはいいけど、小賢しい反則技はダメ。イギリスで俺がリング下に落ちた時に客が突然、蹴ってきたことがあるんですよね。だから、俺がそいつの足を取って蹴り返したら、怒った他の客が十数人ぐらいで襲いかかってきて。イスを振り回して回避しましたけど、暴動みたいになって危なかったな、あれは。それ以来、客席には絶対に行かないようにしましたけどね」

――ヨーロッパでは、ベルギーにも行っていますよね？

「ベルギーは、フランス時代に行ったり来たりしていただけですよ。パリから高速道路で日帰りでした。行ったのは、アントワープ、ブリュッセル、リエージュの3都市かな。南アフリカやユーゴスラビアからも営業の人が誘いに来たけど、都合がつかないんで断わりましたよ。74年のオーストリアのトーナメントが始まるまでの間に、スペインにも行きましたね。ドイツのトーナメントにはスペインの選手が結構出ていましたから、彼らに頼んで。やっぱり交流があるから、スペインはメキシコとスタイルが似ていましたよ。メキシコほどルールの規制はないですけどね。お客もそれほど熱狂的じゃなかったな」

――鶴見さんは74年8月にウィーン・トーナメントを終え

てから、ルクセンブルグ経由でメキシコ入りします。なぜそこで突然、メキシコに行こうと?

「やっぱり八木に影響されたんですよ。あいつはカナダからアメリカへというのを狙っていましたから。ヨーロッパのプロレスはどうしても陽が当たらないんで、俺も次はメキシコ、そしてアメリカという気持ちがあって。メキシコに遠征経験のあるスペイン人レスラーのマヌエル・ロペスに頼んで、EMLL宛に手紙を書いてもらったんです」

74年夏にメキシコのEMLLに入り、『アキオ・ムラサキ』の名でファイトしていたデビル紫と再会。鶴見は欧州時代と同様に、『ゴロー・タナカ』を名乗った。

——鶴見さんが着く1ヵ月くらい前に、国際プロレスの先輩であるデビル紫（アキオ・ムラサキ）もメキシコ入りしていますね。その時点で、すでに全日本プロレスの百田光雄（リキドーセンⅡ）もいました。

「俺が事務所にいたら、光ちゃんが迎えに来てくれてね。みんなが泊まっているホテルに行ったんですよ。リッキー・スターやマーティ・ジョーンズもそこにいました。その頃が一番楽しかったかもしれないですね。みんなでビールを買ってきて、自炊して。それから太ってきたんですよ（笑）。外でタコスを食って、下痢になったりしなくなったから」

——メキシコへ遠征に行った日本人レスラーはみんな体重が落ちるのに、鶴見さんだけが太ったというのは有名な話ですよ（笑）。

「日本を出る時が100キロ。それがメキシコでは105キロを超えましたから」

——74年8月16日にアレナ・メヒコで現地デビューしていますが、その時は裸足で試合されたんですよね。

「田吾作スタイルでね。裸足はキツイですよ。客が投げたビールのフタが逆さまになっているのを踏んで、怪我しました。足の裏に刺さって、あれは痛かったな。まあ、メキシコの客が一番ガラが悪かったですね。地方の試合で、蛇を投げてきましたから。さすがにレスラーたちもみんな逃げましたよ（笑）。小便を入れた紙コップなんか何回も投げられたし。控室へ戻る時も、ゆっくり客を牽制しながら歩くんです。急いで帰ると逃げていると思われて、客にナメられるんで。そういうのもあって、メキシコでは度胸がつきましたよ」

――メキシコに入って2ヵ月後には、アレナ・メヒコでTNT（アナコンダ）と敗者髪切りマッチ（カベジェラ・コントラ・カベジェラ）をやっていますね。

「負けたけど、アレナ・メヒコでカベジェラをやると、ギャラが半端じゃないんですよ。あの時で何千ドルもらったかなあ。2度目にグアダラハラでシエン・カラスとやって坊主にされた時は、そこまでのギャラじゃなかったですけどね」

――メキシコに着いた直後には、TNT、アルフォンソ・ダンテス、そして鶴見さんが月間最優秀トリオに選ばれています。ということは、TNTと仲間割れしたんですよね？

「そうです。TNTは、本物のアナコンダを持ってリングに上がるんですよ。あれが苦手でねえ。パートナーの俺が彼の後ろを歩くでしょ。蛇がペロペロ舌を出しながら、俺の方を見てるんですよ。もう、気持ち悪くて。しかも、地方巡業の車の中でも蛇が鳴くんですよ。〝キィイイ、キィイ〟って何とも言えない声でね（苦笑）。ダンテスとはずっと一緒だったなあ、移動も食事も宿泊も。82年に彼が全日本に来た時も俺がパートナーで、マスカラス兄弟と何試合もしましたよ。マスカラスとはメキシコでは試合をしていないけど、後にプエルトリコでやってます。マスカラスは、俺の試合を好んでいるみたいでしたね。俺も試合がしやすかったし。他の選手はみんなマスカラスを敬遠するけど、ヒールは相手の好き嫌いを作っちゃダメですよ」

――メキシコのルチャ・リブレはヨーロッパとスタイルが違いますが、すぐに馴染めました？

「1週間ぐらいで馴れましたよ。タッチなしのタッグマッチも最初は戸惑ったけど、すぐに馴れましたね」

――鶴見さんはルード（ヒール）でしたが、当時のメキシコは反則に対して、かなり厳しかったですよね。

「特にアレナ・メヒコがうるさくてね。〝場外乱闘はダメ〟と注意されていたんですよ。でも、試合の流れで場外に出て乱闘したら案の定、試合後にコミッショナーから呼び出されて1週間出場停止（笑）。当時はボクシングとコミッションナーが一緒だったから、厳しかった。地方のコミッショナーは、まだ規制が緩いんですけどね」

このメキシコ時代、75年5月8日にクエルナバカで鶴見がドクトル・ワグナーに勝利し、NWA世界ライトヘビー級王座を奪取したものの、剥奪されるという事件が起きた。

確かにワグナーがこの日に防衛した記録は残っているが、公式の歴代チャンピオンの中に『ゴロー・タナカ』の名前は記されていない。

――鶴見さんがベルトを手にしている写真は残っていますが、真相は？

「ウェートオーバーで剥奪ですよ。最初から体重が違うのにタイトルマッチをやらせるんだから、地方はいい加減ですよね（笑）」

――メキシコシティだったら、試合当日の午前中に計量しますよね。

「その時は、試合前はしなかった。試合が終わってから、控室で計量したんです。それで〝オーバーだよ〟と言われても、〝それはないんじゃないの!?〟って（笑）」

――ライトヘビー級の上限は97キロですから、鶴見さんは問題外ですよ（笑）。

「8キロ以上オーバーしていましたよ。だから、タイトルマッチを組むこと自体がおかしいんです。タイトルマッチはルードも反則技は禁止だから、ちゃんとテクニックだけで2フォール取って、ベルトはリング上で移動しているんですけどね。だから、計量後に〝証拠写真だから、早く撮ってくれ！〟とカメラマンを急かして、ベルト姿を撮影してもらって。その直後に、プロモーターがベルトを取り返しにきましたよ（笑）」

――もし剥奪されていなければ、日本人初のNWA世界ライトヘビー級王者だったんですけどね。この3年後に、木村健吾（パク・チュー）がそのベルトを獲りました。

「97キロまで減量するのは無理ですよ、俺は（笑）」

"殺人医師"ドクトル・ワグナーを破り、「幻のNWA世界ライトヘビー級王者」となったゴロー・タナカ。これがその証拠写真である。

――この当時、ヘビー級のタイトルはメキシコ人の間だけで争われるナショナル王座しかなかったので、最初から鶴見さんが挑戦できるベルトは現地になかったんですよ。でも、いい時期にルチャを体験して、プラスになった部分もあるんじゃないですか？

「いろいろ規制はあったけど、自由に暴れられる部分もありましたからね。だから、ヒールはメキシコで覚えたという感じですよ。ヨーロッパでは、それほど本格的なヒールじゃなかったから。メキシコは客が騒ぐんで、相手をどうイジメるかよりも、どうやったら客を怒らせることができるかが大事なんです。騒げば騒ぐほど、俺らは売れる。だから、姑息な反則よりも思いっきり残酷なことをするんですよ。そうすると、客が怒ってベビーフェースに声援を送るんです。地方でピストルらしきものを突きつけられた時はさすがに逃げたけど、卵をぶつけられればぶつけられるほど、〝俺は売れてるな〟という気持ちになりましたから。そうじゃないと、プロモーターにも好かれないです。それは日本でも一緒ですよ。憎まれなかったら、ヒールはおしまい」

――それが海外修行で学んだ鶴見さんのヒール哲学ですね。

「最近のヒールは客に好かれようとするけど、あれは違う。憎まれて嫌われて、それでも手を抜かないで暴れるのが本当のヒールなんですよ」

――鶴見さんはメキシコに約1年間いた後、75年6月に再びスペインへ行っていますね。

「そろそろ日本に戻ろうと思ったんで、その仕上げでスペインからドイツに入ったんです」

――またエドモント・ショーバーのハノーバーへ行ったん

ですか？

「いや、ポール・バーガー主宰のハンブルグ。そうしたら、ショーバーがえらい剣幕で怒ってね。八木が出ていたからハノーバーへ遊びに行ったんだけど、ショーバーに無視されました。ショーバーは、〝来年は誰か日本人を連れてきてくれ。タナカ以外な〟と八木に言っていたらしいです（笑）。だから、次の年から安達さんがハノーバーに出るようになったんですよ」

――2年8ヵ月の海外修行を終えて帰国されるわけですが、すぐに日本でもヒールをやろうという気持ちはなかったんですか？

「そんなことができたのは、上田（馬之助）さんぐらいですよ。それに俺は会社の人間でしたから。でも、帰国直後に後楽園ホールで足首を怪我してね。その影響で、試合内容もどんどん悪くなって…」

この鶴見の海外武者修行中に、国際プロレスはTBS時代から東京12チャンネル時代に移行した。

75年11月に帰国した時点での団体内の図式は、IWA世界ヘビー級王者＝ラッシャー木村、IWA世界タッグ王者＝グレート草津&マイティ井上という布陣。デビル紫、八木宏、稲妻二郎、ミスター珍は海外におり、人員不足もあってか同年7月に本格的に現役復帰した大ベテランの長沢秀幸が前座を温めていた。

鶴見が海外にいた2年8ヵ月の間にデビューした新人は、資材部出身の若松市政（将軍KYワカマツ）のみ。しかし、その若松もこの時期は新設された女子部のレフェリーに専念していた。

――鶴見さんの帰国第1戦となる75年11月2日の『ビッグ・ウィンター・シリーズ』開幕戦は、テレビ中継のない地方興行でしたよね。

「茨城県の鉾田青果市場で試運転したんですよ。翌日に後楽園ホール大会があって、国際では珍しい生中継だったから、そこで俺を売り出そうということで。どちらの試合も、相手はキング・タイガーでしたね」

――日の丸が付いた深緑のコスチュームを着用し、リストバンドやタイツには〝GT〟と記してあり、爽やかなスタイルが印象的でした。

「あの衣裳は、メキシコで作ってきたんですよ。色違いで3着。まあ、そのくらい気合いが入っていたんですよね。吉原社長に〝いい対戦相手はいないか？〟と聞かれていたから、前から目星を付けていたキング・タイガーをドイツで誘ったんですよ」

――彼はメキシコやドイツで、ティグレ・コロンビアーノと名乗っていましたよね。

「技が多彩でね。アレナ・メヒコでもハノーバー・トーナメントでも戦って、いい選手だと思ったんです。マスクを獲られて素顔でやっていたけど、日本に来る時にまたマスクを被らせて。その方がインパクトがありますからね」

――対戦相手のチョイスも計画的ですし、テレビ中継前に前哨マッチもあったということは、吉原社長も期待していたんでしょうね。

「そうだったんじゃないかな？　俺はメキシコやヨーロッパから、社長や日本のマスコミに〝こういう試合をしました〟、〝誰々とタッグを組みました〟といったニュースを送っていたんですよ。そこで社長が〝鶴見はまあまあ行けるんじゃないか？〟という気持ちになって、帰国のゴーサインを出してくれたんでしょうね」

――鶴見さんは、その重要な後楽園ホール大会で怪我をしてしまいましたね。

「ヨーロッパスタイルのムーブをやったんですよ。相手をコーナーに追い詰めて、セカンドロープに乗ってパンパンパンと張って飛び降りるという。そこからモンキーフリップ、もしくはメキシコ流のホイップで投げるんですけど、コーナーから降りた時に右足首をグキッとやっちゃって。痛いけど、我慢して、ちゃんとフィニッシュもしたんですよね。でも、控室へ戻る階段を降りる時は、壁に掴まらないと歩けないくらいでした。シューズを脱いだら、足首が真っ黒に膨れ上がっていて」

――折れたんですか？

「いや、重度の捻挫かな。とても試合なんかできないんですけど、やっと日本に帰れたし、休んだらポジションを落とされるから、誰にも怪我のことは言わなかったんです。あの時はキツかった。そのシリーズは休まずに試合をしたけど、ガッチリとテーピングして騙し騙しでしたよ。そう

凱旋第2戦となる75年11月3日、後楽園ホールでのキング・タイガー戦で鶴見は足首を負傷。その2日後、加須市民体育館で寺西勇との「査定試合」が組まれた（20分時間切れ引き分け）。

いう時に限って、寺西さんとのシングルマッチがあってね。社長の指示ですけど、実はテストマッチなんですよ（苦笑）」

――寺西さんが若手の査定係だったんですよね？

「あの人は、テストドライバーみたいな役割でね。試合後、社長が〝鶴見はどうだった？〟と聞くわけですよ。おそらく、寺西さんは〝う～ん〟と首を捻ったでしょうね」

――凱旋したシリーズで不運に見舞われた影響か、4年後の独立愚連隊結成まで不遇が続きましたよね。

「上の方で使ってくれないのは当然で、セミにも出してもらえない状況でしたね。もう腐りかかる寸前でした（苦笑）。それに新人もなかなか育たなかったですから、国際は。俺が帰ってきた時もそうだし、前座の人員不足という問題はずっと続きましたからね。俺としては、本当はメキシコでやっていたままのヒールで行きたかったんですよ。でも当初、社長は俺をベビーフェースで売ろうとしたみたいでね。ただ、俺は海外でずっとヒールをやっていたから、いくら器用にやろうとしても井上さんみたいなテクニックを見せるのは無理なんですよ。実際、俺は帰って来てすぐに、いろいろ反則技を取り入れたりしていましたからね。だから、反則裁定が多かったはず。フォールの勝ち負けにこだわらなければ、プロレスは気が楽になりますよ」

――確かに、寺西さんや浜口さんを相手に反則で勝ったり負けたりしていますね。75年12月4日、後楽園ホールでは先に凱旋帰国していた大位山さんとのシングル対決が組まれました。

「それも3分くらいで終わるラフな試合をしたはずですよ（2分55秒、両者リングアウト）。そんなこと、海外に行く前なら怒られましたけどね。その頃、アメリカから帰って来たミスター珍さんが『ミスター・ヨト』としてガイジン側で試合していましたよね。俺や大位さんもあれができれば良かったんだけど…そうなったら、日本側が人不足になるか（笑）。結局、珍さんはガイジンに嫌がられて、こっち側に来たんですよ（笑）。春には糖尿で入院しちゃったし。まあ、その頃の俺はヒール云々よりも、日本にいてもしょうがないから、またヨーロッパに行きたいという気持ちが強かったですね」

――77年11月には鳴り物入りで原進が入団しましたが、ジェラシーはありましたか？

「俺はなかったけど、他の選手はあったでしょうね。〝何で俺らを差し置いてトップ扱いなんだよ〟という気持ちだったんじゃないですか。原の入団は、派手だったもんねえ。リングネームを作家の野坂昭如に付けてもらったし、大々的なパーティーも開いたし。シリーズのポスターにも、原の全身写真がありましたから」

――鶴見さんは、元々そういうジェラシーは抱かなかないタイプなんですか？

「俺のネームバリューは、そこまで行ってないもん（苦笑）。それに俺は社長に言われて、大宮の道場で原にプロレスを教えていましたからね。非常に真面目な男で、コーチとして〝頑張れよ。応援してるぞ〟という気持ちでした。体力的に優れているし、ルックスもいい。社長にしてみたら、原は救世主という気持ちだったと思いますよ。言っちゃ悪いけど、木村さんとか国際はみんなイケメンじゃないから（苦笑）。そりゃ社長も、〝原なら行ける！〟と思いますよね。社長は、時代を先取りするところがあるから」


**スタートから躓いた鶴見は、海外修行の成果が発揮でき**

ないジレンマの中でもがき続ける。
ただし、鶴見が上のポジションで試合が組まれなかった理由は、単にファイト内容の問題だけではなく、国際プロレス特有のマッチメーク事情があったようだ。

「帰国してから井上さんや木村さんと組んで何回かメインもやったんですけど、やっぱり翌日は前座。あれが上の人が考えるバランスなんですよね。メインに出れば手当が出るから、たまに飴を与えて、翌日にまた鞭で叩くという（笑）。毎日、飴はあげないよと。結局、誰かに突出されると困るんです。〝ちょっと出た杭はすぐ打つ〟ですよ（笑）」

――当時のマッチメーカーは、草津さんですよね？

「草津さんが多かったな。あとは木村さんやレフェリーの阿部脩さんも時々やっていたと思います。みんなマッチメーカーにゴマを擦るんですよ。いいところに入れてもらおうと思って。なぜかというと、国際はアメリカのスタイルで、試合順によってプラスアルファの手当があったからなんです。メインイベントなら何万円、休憩前なら何千円という。シングルなら総取りで、タッグなら半分ずつ、6人タッグなら3分の1という感じ。だから、セミファイナルでタッグより、セミ前のシングルの方がお金がもらえたりとか。だから、みんなどうしてもいい試合順に入れてもらいたいわけです。そういう手当があるから、俺は怪我しても休めなかったというのもあって（笑）。金網マッチなんかはメインでシングルだから、手当は大きかったんですよ」

――〝金網手当〟みたいなものは、なかったんですか？

「それはないけど、金網だと必然的にメインだから金額は大きいんです。でも、途中で不公平だということになって、その制度はやめたんですよ。草津さんは、それまでは金網の試合が結構あってね。でも、制度がなくなった途端、金網の試合に出なくなっちゃったから（笑）」

――さすがマッチメーカーですね（笑）。

「それまでメインにバンバン出ていたのに、急に1シリーズで1〜2回だけになって（笑）。それからはローテーションが組まれるようになって、若手や中堅も金網をやらされ始めて。現金だよなあ、ホント」

――当初は目玉商品だった金網マッチも、その時期には乱発していましたよね。

「俺が帰ってきた頃には、単に金網マッチをやっているだけで、ドロドロの因縁とか遺恨というのはなくなっていたんですよ。そういえば、70年12月に木村さんがオックス・ベーカーと金網マッチで戦った時、足の骨を折っちゃったでしょ。その直後に俺が国際に入ったんですけど、木村さんのリハビリを手伝わされたんですよね。9階まで階段を昇り降りするんですけど、付き添いで10往復やらされて。でも、木村さんは降りる時はエレベーターなんですよ（笑）」

――ヨーロッパ路線に憧れて入門した鶴見さんは、金網マッチ路線をどのように捉えていたんですか？

「しょうがないですよ。地方のプロモーターに、〝どうしても金網でやってくれ〟と要請されるんですから。買った興行だから、〝金網じゃないと切符が売れない。やってくれないと困る〟という気持ちもわかるんですよね。そうすると、シリーズのうち3分の2くらいは金網になっちゃう」

――当時は事前の発表もなしに、地方で金網マッチが行われていましたよね。

「とにかく金網ばっかり。〝ああ、今日は俺の番か。嫌だなあ〟って（笑）。〝木村さん一人じゃ大変だ〟ということで、俺は1シリーズで6回ほど金網マッチをやったこともありましたから。金網マッチの持つ本来の意味なんて、もう全然なかったですね。ガイジンがいない時には、二郎にマスクを被らせて『ザ・ワイルド・ヌウ』と名乗らせたり、ジョン・フォーリーも『マスクド・アタッカー』というマスクマンにして金網に入れたりしましたし」

――金網マッチなら、どうしても流血試合にならざるを得ませんよね。

「もちろん。客は血を観に来ているわけですから。流血の試合じゃないと、お客さんは〝金返せ！〟となりますよ。だから、アブドーラ・ザ・ブッチャーじゃないけど、1シリーズに6回もやったら傷口が塞がらない。普通の試合でも血が出ちゃうから、それが嫌でね。一応は絆創膏を貼るけど、全然効かないんですよ。プラスアルファの手当がもらえれば、それでも良かったんですけど（笑）」

――当時の金網マッチは、ルールが複雑でしたよね。

「3カウントを取って30秒経過、さらに10カウントを数えて、立てなければ終わり。完全ノックアウトを見せたいんでしょうけど、ルールを理解していない客が多いから、〝フォールしたんだから、終わりじゃねえか！〟という野次もあって」

——ところで、その時期の道場では誰が教えていたんですか？

「教えていた人はいないですね。練習していたのは、合宿所に住んでいた俺と村崎さん、若松さん、田中さんで、たまに木村さんが東京から車とかタクシーで来てたな。草津さんは顔も出さない。浜口さんも地元のジムで練習していたのか、あまり来なかった。やっぱり道場が都心から離れすぎていたんですよね。でも、社長が道場に来るとなると、みんな慌てて来る（笑）。社長の自宅は道場の近くだったから、自転車で練習しに来てね。みんなが練習している様子を喜んで見ていましたよ」

——その頃は、もう田中忠治さんはコーチをされていなかったんですね。

「田中さんは渋谷の合宿所時代は鬼コーチで、物凄く厳しかったんですよ。ヨーロッパで覚えてきた練習の仕方なんだろうけど、基礎トレーニングが半端じゃないんですよね。一番キツかったのは、受け身の練習。100発投げられて、終わったら今度は100発投げて。それから、足の運動を3000回。〟ひとり100回ずつ数えていけ！〟って。それで2700回になったら、残り300回はジャンピングスクワットですから（苦笑）。おかげで、みんな膝を痛めちゃって。でも、俺が日本に帰って来た時には何があったのか〟仏の田中〟になっていて、すっかり優しい人に変わってた（笑）」

——その田中さんは、どうして77年に姿を消してしまったんでしょうか？

「誰かが田中さんに〟辞めちまえ！〟と言っちゃったらしいんですよ。それで会社に辞表を出して。全日本プロレスに入れてもらおうと思って、パンフレットを作っていた田中護さんや上の方の人に頼んだらしいけど、ダメだったみたいですね。馬場さんが吉原社長に気を遣ったのかもしれない。その後、誰かが郡山で見かけたとか言ってたけど…」

——鶴見さんは79年8月26日、日本武道館での『プロレス夢のオールスター戦』では第1試合のバトルロイヤルに出ましたよね。

「前田（日明）もいたんですよね？　全然気が付かなかっ

たけど。会場全体が凄く盛り上がっていたし、選手それぞれが〝一番のインパクトを残さなきゃいけない〟と必死でしたよ」

――この時に初めて新日本の選手と対戦していますが、感触はいかがでした?

「大仁田(厚)が〝鶴見さん、あいつらガチガチで来ますよ!〟と言ってきてね(笑)。俺は言ってやったんですよ、〝まずパンチを受けてやれ。最初に向こうの気分を良くしてあげれば、こっちもやっていいんだよ〟って。新日本の選手は〝自分が自分が〟という試合をして、相手に何もさせないじゃないですか。だから、〝最初は相手にいいカッコさせてやるんだよ〟と。それから反撃すると、相手も受けざるを得ないんです。だから、あのバトルロイヤルもうまく行ったんだと思いますよ。それでも大仁田は、〝あいつら、ひどいですよ〟って、こぼしてましたけどね(笑)。新日本はガチガチで、受けの全日本とは両極端でしょ。国際は、どっちもできるような選手が多かったから」

――後にドイツで一緒になった木村健吾さんもそうだったらしいですね。

「木村とはタッグを組んだりしたけど、向こうでも新日本のスタイルでやろうとするんですよ。それじゃ外国では通用しないから。お客の反応もイマイチなんですよね。だから、俺は〝自分が自分がで試合しようとするからダメなんだ。まず相手の技を受けてやれ。それからなら、いくらでも行ける〟とアドバイスしたんですけど」

――その頃、団体間はギクシャクしていましたが、若い選手たちは一緒に飲んだりしていたそうですね。

「昔、国際の合宿所が渋谷にあった時に俺らに良くしてくれる店があって、そこによく行ってたんですよ。その店に時々、大仁田とか薗田(一治=マジック・ドラゴン)とか全日本の奴らも来てたんです。新日本からは荒川(真=ドン荒川)が来ていたかな。小さいスナックなんですけど、経営しているのが鹿児島出身の方でスネーク奄美の先輩でね。最初に行ったのは大剛さんらしいけど、その店にみんな行くようになったんですよ」

――そこで、みんな仲良く飲んでいたと。

「う~ん、それほど仲がいいってわけじゃないですけどね。全日本は、六本木に若手たちが住んでいるアパートがあったんですよ。飲んでいて電車がなくなった時とか、八木と一緒に何回か泊まらせてもらったこともあって。その時は、まだ鶴田とか佐藤昭雄もそこにいたんですよ」

――鶴見さんは全日本の旗揚げシリーズにも出ていますし、顔馴染みではあったんですよね。

「旗揚げシリーズは一応、客という立場だったから馬場さんが大事にしてくれたし、試合でも重宝されて。試合が終わると、元子さんが〝馬場さんがステーキハウスに行くから、用意しておいてね〟と俺を呼びに来るんですよ。飲み食いさせてもらって、〝全日本って、こんなにしてくれるんだ！〟とビックリしたのを憶えてます。それがシリーズ中、しょっちゅうあって。馬場さんにはホント良くしてもらいましたね」

――話は前後しますが、78年の全日本・国際・金一道場による『全軍激突戦』の際、鶴見さんは馬場さんの対戦相手に抜擢されましたね（2月22日＝岐阜市民センター）。

「俺と大位さんに馬場さんからご指名があって、社長に〝大したもんだよ〟と褒められましたよ。馬場さんのパートナーは、ロッキー羽田でしたよね」

――国際プロレス育ちの鶴見さんから見たジャイアント馬場というレスラーは？

「馬場さんは、信用しない人間とは絶対に試合をしないですからね。試合に関しては、戦いやすかったですよ。柔らかいし、懐が深いし。馬場さんはいろんなガイジンの試合

78年2月の『全軍激突戦』ではタッグマッチながら、ジャイアント馬場と対戦。“伝家の宝刀”16文キックの威力を知る。

も観ているから、凄く目が厳しいんです。それと16文キック。あれは凄いですよ。あのデカイ足が顔面にボコンと当たったら、ホント痛い。俺の顔よりデカイんだから（苦笑）。当たる直前に受け身を取らないと、凄いダメージになるんですよ。そのタイミングが難しかった。当たってから倒れたんじゃ、痛いわ、頭を打つわで、もう大変。それから馬場さんのサッカーボールキックね。足がデカイから、痛いんですよ。背骨を蹴られてるのに、ビビビーッと足が痺れるんですから」

――その当時、戦った他の全日本の選手の印象は？

「全日本は組み立てが違うというわけでもないんだけど、独特のカラーでしたね。国際じゃ絶対使っちゃいけない技とかも結構、使わせていたんですよ。旗揚げした頃に全日本に出た時は、光ちゃん、佐藤昭雄、急遽呼ばれた藤井（誠之）さん辺りと戦ったんですけど、〝そんな技を使ってもいいの？〟って聞いたもん。今思えば、選手も少なかったし、技を使っても怒られなかったのかもしれないですね」

――ところで、『夢のオールスター戦』の頃の鶴見さんの日記を見せていただいたら、〝つまらない〟、〝練習をしていても気が入らない〟と綴られていました。

「その年の5月にカナダのバンクーバー地区に遠征して戻ってきたら、また同じ生活が始まってウンザリしていたんだと思います。ギャラも遅配ばかりだし。俺がまた海外に出たがっていたのを耳にしてか、草津さんが〝社長が心配しているぞ〟と擦り寄ってきましたよ。海外に逃げられるのが嫌だったんでしょうね。それで『独立愚連隊』をやることになるわけですけど、それは全部、社長が俺のために考えてくれたことですから。それにガイジンの費用の節約にもなりますしね」

鶴見の帰国から4年目、79年に国際プロレスは新たな仕掛けを試みた。それが独立愚連隊誕生の引き金となった吉原社長と鶴見の乱闘事件である。

11月3日の越谷市民会館大会で鶴見は「会場入りが遅れる」と団体側に伝えていたが、第1試合終了後に到着すると、当日の対戦カード表に自分の名前が入っていないことを知って激怒。吉原社長に突っかかると、そこに稲妻二郎が割って入り、乱闘に発展する。

これを受けて選手会は鶴見の除名を発表したが、最終的に同月7日に弘前市民体育館で二郎と敗者髪切りマッチを行うことになった。この一戦に敗れた鶴見は丸坊主となったが、以降は『独立愚連隊』を名乗り、ヒールとして試合に出場するようになる。

年明けの80年1月には、引退していた大位山が復帰し、独立愚連隊に合流。元々ヒールをやりたかった鶴見は念願が叶ったわけだが、やはり「マッチメーク」の壁に阻まれ、思い通りに事は進まなかった。

「こう言っちゃ何ですけど、国際の中では俺が一番練習していたんですよ。そういうのを社長は見てくれていたんでしょうね。社長は地方にも来ていて選手たちと同じホテルに泊まっていたんですけど、俺はホテルの廊下でも練習していましたから。〝こいつを何とかしてあげたいな〟と思ってくれたんじゃないかな。ある時、〝お前を売り出したいけど、今のままじゃ無理だから、ヒールで行こうと思う。お前、やる気はあるか？〟と聞かれて」

――その吉原社長を襲って、ヒールに転向したわけですが。

「いや、俺は社長を叩いてないんですよ。逆に叩かれたんですから。社長はよくセコンドに付いていて、俺がリングサイドに行ったら、バチーンとやられたんだもん（笑）。そこに二郎が入ってきて、〝お父さんに何するんだ！〟となってね。それで二郎と髪切りマッチをやって、その後に俺が声をかけたという形で大位さんも愚連隊に入って」

――それが80年1月6日の後楽園ホール大会ですね。当日は、鶴見さんとアニマル浜口のシングルでした。

「そこに大位さんが乱入して、スリッパで浜口さんを叩いて（笑）。乱闘になって、同士打ちで俺が浜口さんにフォールを取られたんですよね。ただ、せっかくここで独立愚連隊の勢力拡大をアピールしたのに、そのシリーズで俺たちはたった3回しか組ませてくれなかったんですよ（苦笑）」

――2人ともシングルマッチの方が多いんですよね（笑）。

「草津さんのマッチメークには呆れたな。俺は〝もっと我々のタッグを組ませて欲しい〟と社長に直訴したぐらいだから。それで次のシリーズから大位さんとのコンビが急増しましたけど、対戦相手が寺西さん、村崎さん、マッハ隼人ばかりで、たまに浜口さんが入るだけでしたからね。しかも前座ばかりで、ガイジンの経費を節約するようなカードじゃなかった。草津さんは、明らかに我々を売ろうという気はなかったですよ」

当初、独立愚連隊は扱いが良くなかったが、80年4月4日に新日本プロレスの川崎市体育館大会で行われた『山本小鉄引退試合』の相手に抜擢されたことにより、その存在は全国区となり、以降は団体内での対戦相手の質も向上していく。

「あの時は山本さんの方からご指名があったんですけど、いまだに理由がよくわからないんですよね。それまでの接点は、『夢のオールスター戦』のバトルロイヤルで当たっただけですから。おそらく新日本の千葉公園体育館大会でIWA世界タッグ戦をやった時（79年2月23日）、試合後に控室前の中庭で星野さんと井上さんが凄い剣幕で怒鳴り合いをしていたから、山本さんは危なっかしいと思ったんじゃないかな。ただ、新日本はリング上でも平気で裏切るから、山本さんの指名とはいっても最後まで油断はできなかったですよ」

——出場した鶴見さんと大位山さんに、特別手当というのはあったんですか？

「いや、会社からのギャラだけ。しかも遅配。いや、その頃は遅れるどころか出なかったな。あの日、川崎の体育館から大宮の合宿所にみんなでバンに乗って帰ろうとしたら、後ろから高級車が来て、クラクションを鳴らしてきたんですよ。〝誰だ？　ヤクザじゃねえか!?〟なんて言っていたら、山本さんで。〝今日はどうもありがとう〟と、10万円をポンとくれましたよ。ホント太っ腹で、いい人でした」

——小鉄さんの引退試合はテレビ朝日で放映されましたから、これは効果的でしたね。

「新日本は全国放送ですからね（笑）。あの後、草津さんが急に自分と俺たちが当たるカードを組み始めたんです。次のシリーズはガイジンが4人しか来なかったのもあるけど、草津さん、井上さん、浜口さん、阿修羅・原とかが我々とバンバン当たるようになって」

——翌81年1月には、ミスター珍さんが現役復帰しますね。

「さすがに、もう戦力にはならなかったですけどね（笑）。

だから、マネージャーとして愚連隊に入れて。珍さんは海外から帰ってきたところだったんですけど、糖尿で身体が細くなっていたから、〝珍さんを活かすにはどうすればいいか？〟となった時に、アメリカ風にマネージャーを付けたヒール軍団にしようと」

――団体が潰れてしまったせいもありますが、結果的に独立愚連隊は大きなムーブメントを起こせませんでしたね。

「まあ、社長は俺を活かすためにやってくれたんですけど、上の人たちはジェラシーがあったみたいですから。〝こんな奴らとメインで戦いたくないよ〟という気持ちがあって、結局カードも基本的には下の方でしたからね。だから、どうやっても独立愚連隊を大きくしていくというのは無理だったんですよ」

――外国人選手の人件費カットも独立愚連隊の存在意義でしたよね。

「俺らをガイジン側にしておけば、向こうから呼ぶガイジンのギャラを節約できるし、同じ日本人だから試合もうまくできるだろうという。社長は、もう少し期待していたんじゃないかな。もっと暴れ回って、盛り上げてくれるんじゃないかって。でも、暴れ回ろうにも暴れさせてくれないマッチメークでしたからね（苦笑）。その頃、給料はほとんど遅配ですよ。それも家族持ちが優先で払われていきますからね。俺らは事務所に行って〝給料ください〟と直談判すると、〝とりあえず5万円だけ〟という感じ。珍さんとかは家族がいたから、ガッチリもらってましたね」

マネージャーのミスター珍（左）も加わり、3人組となった独立愚連隊。吉原功社長の仕掛けは斬新だったが、不可解なマッチメークでブレイクには至らなかった。

——その頃も、まだ合宿所に住んでいたんですか？

「そう。だから、まだ良かったんです。でも、試合に対するモチベーションは上がらないですよ。いつも〝バトルロイヤルはないかなあ〟と。あれはスポンサーが付くから、賞金が入ってくるんですよね。他の団体は賞金を会社が総取りして、打ち上げとかに使っちゃうんですけど、国際は出場した選手みんなで山分けしていましたから。たとえば、賞金が3万円だったら、1人当たり2500円とかね。大きいと5000円だったり。試合のギャラが出ないから、助かるんですよ。仙台に行った時、マンモス鈴木さんが切符を売っていて、〝今日はバトルロイヤルがあるぞ。俺が頼んで入れてもらったから〟と言うんです。でも、試合が終わったら、〝俺が持ってきたバトルロイヤルなんだから、賞金を半分ちょうだい〟って持って行っちゃって（笑）」

——そして81年8月9日、羅臼大会で国際プロレスは終焉を迎えますが、メインは鶴見五郎vsテリー・ギブスの金網マッチでした。

「小学校の校庭で試合をして、近くの民宿に4つくらいに分かれて泊まりましたね。メインが終わって控室に戻ったら、俺の荷物しかなくて、みんな先に帰っちゃってたんですよ（笑）。とぼとぼ歩いて帰ったら、先にシャワー浴びて、みんなでビールを飲んでいて（笑）」

——いつ頃、羅臼が最後の興行だとわかったんですか？

「シリーズの途中、釧路かどこかで木村さんが言ったんですよ。〝羅臼で最後になるから〟って。もう、みんな薄々わかっていたから、大きなショックはなかったですね」

——鶴見さんが国際プロレスの大トリを務めたというのは、偶然なんですか？

「単に金網のローテーションで決められていたから（笑）」

——その頃の団体内の結束は、どんな感じだったんでしょうか？

「もう、みんな気持ちがバラバラですよ。〝これからどうしようかな？〟という感じですよね。俺は海外に行くことも頭に入れていたし。東京に戻ったら事務所の電話がまだ使えたから、いろんなところにコールしましたよ。二郎のところ（カルガリー地区）とかね」

——当初は、新日本プロレスと対抗戦をする予定で話が進んでいましたよね。

「新日本がウン千万円の契約金を出すなら、国際の選手を何人出すという交渉を吉原社長がしていて、その金を社員の給料として分けようと。そうしたら、新日本は一本釣りに出たんですよ」

――鶴見さんの日記を見ると、新日本と国際の全面対抗戦が発表された5日後、9月12日に〝裏切り者がいるみたいだぞ〟と書いてありました。新聞さんによれば、個人的に浅草で浜口さんに会って、話をしたようです。

「それが発覚したんですよ。新間さんは策士だから、〝国際を通さずに来い。その代わり新日本でずっと使うから〟って。それで木村さんや浜口さんは行っちゃった。だから、会社に契約金は入らない。社長はその晩、飲みながら新間さんのやり方に激怒していたな。もし新日本との対抗戦に出たとしても、一本釣り以外の人は保障もないわけですよ。それに今まで敵対していた寺西さんたちと組むという部分も俺は納得がいかなかったし。だから、ドイツに電話したんです」

――そこにもヒールとしてのこだわりがあったわけですね。

「まあ、俺は外で食えるから、日本を出たんですよ。あの時は勢いで〝裏切り者〟と書いたけど、みんな生きていくのに必死だったから。他意はないですよ。俺もドイツから帰ってきて、すぐに浜口さんや吉原社長と飲みに行きましたしね（笑）」

国際プロレス崩壊後、鶴見はドイツに渡り、ハノーバー・トーナメントに参加。この時、遠い異国の地から、全日本プロレスのオフィスで働いていた飯山和雄氏に親書を送る。飯山氏はかつて東京スポーツの記者で、73年にフランスに取材に来た頃からの知り合いだった。

鶴見は全日本へのコンタクトに成功すると、81年12月13日、蔵前国技館で開催されていた『世界最強タッグ決定リーグ戦』最終戦に乱入という形で登場し、翌82年の新春シリーズにフリー参戦。上田馬之助と合体して、全日本勢だけでなくマイティ井上や阿修羅・原とも再び肌を合わせた。

その後、カルガリー遠征を経て、83年1月から正式にレギュラーの座を射止める。その間には、メキシコ武者修行に出ていた高杉正彦が『ウルトラセブン』として全日本マットに凱旋し、鶴見がプエルトリコ遠征に出ていた83年7

月にはジェリー・モロー（稲妻二郎）も全日本マットに乗り込んできた。

――82年1月に参戦後、翌83年の新春シリーズから全日本にレギュラー出場するようになりましたが、最終戦となる1月22日、後楽園ホール大会での阿修羅・原戦は鶴見さんのベストバウトの呼び声も高い試合内容になりましたね。

「俺としてはインパクトを残さなきゃいけないし、テストマッチみたいなものですからね。気合いを入れて、バックドロップも使ったりして。元国際同士というのもあって、ヒールとして自分のいいところを全部出せましたよ。みんなね、〝凱旋〟となると勘違いするんですよね。〝日本に帰ったら、ベビーフェースでカッコ良く行こう〟って。安達さんですら、そうでしたからね。ミスター・ヒトで帰ってきた時、白いコスチュームにして失敗したんですから。誰もがいいカッコして、いい試合をして、一気にステップアップしようという夢を見るんですよ」

――全日本とは、外国人選手と同様のシリーズ契約だったんですよね。

「そうです。でも、82年の正月に初めて出た時は、そのシリーズだけなのか、その後もずっと使ってくれるのか何も聞かされてなかったんですよ。だから、お客さんもそうだけど、馬場さんが〝おおっ！〟という試合をしないと。一応、カルガリーとも連絡を取っていたんですよね。安達さんに〝いつでも来いよ〟と言われていましたから。その最初のシリーズが終わった後、馬場さんのところにギャラの精算に行った時に、前もって額は提示されていなくて馬場さんの胸ひとつなんですけど、〝また外国に行く飛行機代が必要なので、よろしくお願いします〟と言ったら、一番下のガイジン扱いだったのに凄くギャラが良かったんですよね。たぶん、馬場さんは俺が日本に残ると思っていたんじゃないかな。でも、俺からは言えないし、馬場さんからも言われないし。それで終わった後に、カルガリーに行ったんですよ。あの頃、確か新日本のガイジンは最低で1週間＝1000ドルぐらいかな。全日本は1500ドル。だから、結構いい額をもらったんです。」

――中堅の日本人選手より、いいですよね。

「事務所がドル払いしてくれましたから。1ドル＝200

円以上の時代ですからね。試合が少なくても、1週間＝1500ドルだったから…でも、それが誰かにバレて抗議されたのか、ある時に馬場さんから〝1試合あたりいくらのギャラにせんか？〟と言われたんですよ。そこから週給じゃなくて、試合給になったんです。日本人の中堅クラスで、だいたい1試合＝5万円くらいだったと思うんですけど、俺はドル計算すると7万円くらいだったから、誰かが〝おかしいじゃないか。俺らより、あいつは高いじゃないか〟となって、馬場さんに告げ口したんだと思いますよ」

84年に入ると、マッハ隼人が全日本マットに参戦し、以降も国際プロレス残党組の流入は止まらなかった。

同年暮れには、旧UWFを離脱したラッシャー木村が馬場の「ミステリアスパートナー」として『世界最強タッグ決定リーグ戦』にサプライズ参戦。全日本&国際のエースコンビが実現したわけだが、12月8日の愛知県体育館大会において木村が試合中に裏切る形で空中分解し、さらに鶴見、菅原伸義、同じく旧UWFを抜けた剛竜馬がリングに上がって全日本勢と乱闘を繰り広げた。こうして、新たなヒールユニット『国際血盟軍』が誕生する。

この日は長州力らジャパンプロレスの面々も来場して、全日本勢を挑発。翌85年から全日本マットでは、正規軍、ジャパン軍、国際血盟軍、外国人選手が入り乱れてバトルが展開されていくことになった。

この年はジャパン軍として浜口と寺西が来ただけでなく、前年秋に失踪していた阿修羅・原も「ヒットマン」として4月に復帰。その後、ウルトラセブンとしてファイトしていた高杉正彦がマスクを脱ぎ捨て、国際血盟軍に合流する。

かつての仲間たちは敵味方に分かれて戦うことになったが、ひとつの団体に日本人3派が同居する飽和状態が長続きするはずもなく、全日本内にあった『国際プロレス』は2度目の崩壊に向かって進んでいく。

――国際血盟軍がスタートした時、鶴見さんの本音は？

「う〜ん、あれは俺が考えていた方向のものではなかったですね。それにインパクトがあったはずなのに、同じ日にジャパンプロレスの連中も来たから、こっちが霞んじゃって（笑）。正直、俺はタイガー・ジェット・シンや上田さんと組んでいる方が良かったんです。それが単に国際プロレスということで一緒くたにされちゃうと、面倒になるんですよ」

――上下関係とかですか？

「いや、そうじゃなくて、お客さんが感じるインパクトとして独立愚連隊と同じようになっちゃうだろうなって。シン&上田と一緒にやっていたら本当のヒールスタイルを見せられるし、他のガイジンとも組めますから。血盟軍は木村さんを盛り立てる軍団で、本当のヒール軍団じゃないんですよ。それに血盟軍の扱いの悪さったら、なかったですよ。自分の日記を見ると、〝ランクが落ちて、練習に身が入らない〟、〝カードが落ちる〟、〝試合がなくて、ムッとした〟とか、仕事上のグチが書いてありますから」

――その頃の全日本は明らかに人員過剰で、馬場さんは86年3月に剛、高杉、菅原の3人を解雇しました。鶴見さんが残留できた理由は、何だったんでしょうか？

「剛と菅原は、スタイルに関して馬場さんの言うことを聞かないから。高杉は、そんなことないけどね。彼らは、レフェリーからも〝いいカッコしすぎる〟と結構、文句を言われていたんですよ。俺らの使命は全日本の選手を盛り立てて光らせることなんだけど、あいつらは目立ちたくてね。それで馬場さんが気を悪くしちゃって」

――あの頃のプロレス界には、〝それぞれのポジション〟というものがありましたよね。

「特に馬場さんは、それを見てるんですよね。レスラーは、

85年から全日本プロレスのリング上で本格始動した『国際血盟軍』だったが、長州力率いるジャパンプロレス勢ほどの存在感は示せず、解体に追い込まれた。

自分がどういうポジションかどうかをちゃんと理解しないとダメですから。その時期に、シンのブッキングで剛と菅原が海外のどこかに行ったことがあるんですよ。それで日本を発つ前に、馬場さんとその2人が仙台のホテルで一緒に食事したんですね。その時、馬場さんが〝お前ら、プロレスの試合というのは、こういう風にするんだ〟という感じでアドバイスしてくれたらしいんです。そうしたら、菅原が〝いや、私は…〟と反論したみたいで。しかも食事の帰りに2人で〝馬場さんの言ってたのはプロレスじゃねえよ〟とか言ってたらしくて、その話を聞いた時はビックリした。〝お前ら、馬場さんに何言ってんだよ！〟って注意したもん。2人とも全日本じゃ長く持たないと思いましたよ」

——その結果、全日本をリリースされたと。

「俺からすると、よく馬場さんに口答えできるなって。馬場さんは見る目があるんだし、選手はプロモーターの言うことを聞くのが当たり前なんですよ。お金を生むため、お客さんを呼ぶためにブッキングされてるんですから。この世界は、プロモーターの意図に沿う試合をしなきゃ生き残れないですよ。もちろん、自分なりの主張がなかったら、ただやらされているだけになっちゃいますけど、全日本に上げてもらうからには、それを極限まで削って相手を光らせることが大事ですからね。だから、木村さんは全日本に定着できたんじゃないですか」

剛、高杉、菅原の解雇を受けて血盟軍は解散となり、『国際』の名称は日本マット界から姿を消した。

全日本に残留した木村と鶴見はコンビを組み、86～87年の『世界最強タッグ決定リーグ戦』に連続出場。その後、木村は馬場と義兄弟コンビを結成し、ファミリー軍団として悪役商会との抗争を開始する。

さらに従来の日本人vs外国人ではなく、鶴龍対決がメインストリームとなったことで立ち位置が定まらなくなってきた鶴見は、90年春にメガネスーパー主導の新団体ＳＷＳの旗揚げが決まると、旧知の将軍ＫＹワカマツに連絡を入れ、入団を直訴した。

92年にＳＷＳが解散後、鶴見は分派のＮＯＷを経て、93年に国際プロレスのフラッグシップタイトル名を冠した

『IWA格闘志塾』を自ら旗揚げし、独自のプロレス観でインディー路線を突き進む。

さらに97年から団体名を『国際プロレスプロモーション』に改称し、地元・神奈川県茅ケ崎市を中心に細々と活動を続けた。

――鶴見さんは、吉原社長の功績をどう捉えていますか？

「社長こそ、『ミスター国際プロレス』だから。草津さんでも、木村さんでもなくね。社長が亡くなった時、本当の意味で国際プロレスという団体は消滅したと思いますよ。あの人は本当にプロレスに夢を見ていて、理想を追求するために団体を興したんだよね。商売としては考えていなかったから」

――そこがBIとは違っていたところですよね。

「馬場さんと猪木さんは、悪い意味じゃなく金を儲けるためにやっていたわけですけど、社長は〝いいプロレスを見せたい〟という考えだったから。ただ、商売っ気がないから失敗しちゃう（苦笑）。でも、アイディアは凄かったよ。いち早く移動バスを買ったのも国際が最初でしたから。バスはベッド付きで、ホテルに泊まらないで済むんですよ。寝台車みたいなものですよね。試合が終わってバスで寝ると、朝には会場に着いてるんだもん」

――選手たちは、体育館の前の水道で歯を磨いていたと聞きます（笑）。

「体育館の横に泊まると、トイレもあるし、一番楽なんですよ（笑）。岐阜に行った時は長良川の川辺に泊まって…川の水で身体を洗いましたね（笑）」

――国際プロレスが潰れた理由はいろいろあると思うんですが、鶴見さんはどう見ていますか？

「吉原社長が理想としたプロレスに、お客さんが付いて来なかったんですよね。社長はすべてが先に先に行っていて、何もかもが早すぎましたよ。若いファン向けに阿修羅・原を売り出しましたけど、上の人たちがそれを盛り立てないんですよね。草津さんは、いい人なんです。でも、〝ラグビーでも俺の方が上なんだ。原は世界選抜で海外に行ったけど、俺は八幡製鉄所時代からずっと花形選手だったんだから〟とか言うわけです（笑）。草津さんは吉原社長の懐刀だったのに、〝原を盛り立てたい〟という社長の意図を汲み取らないんですよね」

——97年になって、鶴見さんが自分の団体に『国際プロレス』という名称を使ったキッカケは？

「ユニオンプロレスの武井（正＝代表）が『国際プロレス〜AGAIN』という名前で、後楽園ホールで興行をやったんですよ（94年10月16日）。草津さんもトークショーに出て、俺、寺西さん、米村、高杉、剛、菅原なんかが試合をしてね。超満員になったし、ビデオも売れたんです。それでウチもやらなきゃダメだってことで、横浜市鶴見区にあった『屋台村ヨンドン』で興行をやったんですよ。大位さんを復活させて、二郎も呼んで。こじんまりとした会場だけど、結構お客さんは入ったんですよね。元々、俺は国際プロレスという名前を消したくなかったし、〝これならやっていける〟と思ったから、社長の奥さんに連絡して〝国際プロレスの名前を使っていいですか？〟とちゃんと許可を取ったんですよ」

——そこまで国際プロレスに愛着があったわけですね。

「だって、俺は国際プロレスに育ててもらったんですからね。馬場さんに使ってもらって、毎週のようにテレビに出られたのも国際での基礎があったからこそですよ。俺のレスラー人生にハイライトなんてないですし、いつも馬場さんにやられてばっかりでしたけど、今でも『鶴見五郎』の名前は通りますからね。ガイジンの超一流とも戦えたし、組むことができた。吉原社長と馬場さんには、本当に感謝していますよ。国際プロレスがどんどん忘れられていくから、寂しいねえ。選手や関係者も亡くなって、〝今度は俺の番かな？〟とか考えちゃいますよ」

——では、最後に鶴見さんにとって国際プロレスとは何だったんでしょうか？

「俺の青春のすべて。ファンの頃から国際が大好きで、プロレスラーになることを夢見て、幸運にも入ることができた。辛いことはいろいろあったし、団体は潰れたけど、何があろうと国際プロレスは俺の原点ですよ。国際からプロレスラーになったことは、一生の誇りですから。俺の中で、国際プロレスは消えていないんですよ。だから、今でもずっと青春時代の夢が続いている気がするんですよね」

# 大位山勝三

国際プロレスはアマレスとボディビルの人脈に支えられた団体というイメージが強いが、ラッシャー木村を筆頭に角界出身者も少なくない。大位山勝三もその一人である。

本名・松本勝蔵は1945年3月5日、兵庫県姫路市から山間部へ入った宍粟郡山崎町（現・宍粟市）で生を受けた。三男一女の次男で、母親が3歳の時に亡くなったために、兄弟は親戚に引き取られて離散したという。

勝蔵少年はプロ野球選手に憧れていたが、入学した中学には野球部がなく、仕方なく陸上部に所属して砲丸投げを選択。その腕前は郡の選抜大会で優勝し、県大会に出場するほどだった。中学卒業後は野球部のある会社への就職が内定していたが、知人の紹介で大相撲の三保ヶ関部屋に入門。一転して、格闘技の道を歩み始める。

この相撲時代の繋がりから、大位山は国際プロレス入団後、ある力士からレスラー転向について相談されたという。入団話は幻に終わったが、もし実現していれば、大相撲界もプロレス界もその後の歴史は大きく変わっていたかもしれない――。

**おおいやま・かつぞう**

1945年3月5日、兵庫県宍粟郡山崎町出身。身長180cm、体重115kg。60年に大相撲の三保ヶ関部屋に入門。最高位は前頭12枚目。70年に廃業し、翌71年6月に国際プロレスに入門。同年9月8日、松本勝三として矢坂市体育館における本郷清吉戦でデビューした。72年6月に海外武者修行に出て、テネシー地区で活躍。凱旋帰国後、78年11月に一旦は引退するも、鶴見五郎の『独立愚連隊』に加入し、80年1月6日、後楽園ホールにおける米村天心戦で復帰した。現在は、リングを離れている。

――増位山（初代）として活躍した先代の三保ヶ関親方は、大位山さんと同じ兵庫県の出身ですよね。

「そう、増位山というのは姫路市にある山の名前なんです。中学の先輩が2人、三保ヶ関部屋に行っていたし、僕の周りにも親方を知っている人がいて、入門を勧められたんですよ。でも、一発では受からなかったんです。中学を卒業する前に、大阪で新弟子検査を受けたんですけど」

――体重が足りなかったんですか？

「体重は2キロばかり。背もちょっと足りなかった。17 3センチなかったぐらいだから。結局、少し遅れて昭和35年（60年）に入門してね。前相撲を2場所取って、序ノ口、序二段まで取ってから、実は家庭の事情で一度辞めたんですよ。そこまでの四股名が『三保ノ松』です。1年ぐらいで田舎に帰ったんですよね。小さい時に母親を亡くして、父親だけだったから。その時は叔父がやっていた会社を手伝ったりしていました。でも、こんなことをしていてもしょうがないかなと思って、また三保ヶ関部屋に頼んで再入門させてもらったんです。それが昭和37年（62年）の3月でした」

――そこから『大位山』という四股名になったんですね。

「増位山に似せた名です。結構、トントン拍子で上がったんですよ。序ノ口で全勝して、優勝決定戦では負けたけど、三段目まで2場所で行ったからね。でも、幕下の時に盲腸を切ったりして少し躓いて。やっぱり相撲は十両に入らなきゃ、どうしようもないもんね」

――厳しい世界というのは理解していますが、やはり十両に入る前まではキツかったですか？

「もう大変です。兄弟子にイジメられて。僕が十両に入るとなった時、辞めた兄弟子がいましたけどね。今度は僕の付き人にならなきゃいけないから（笑）。もちろん、かわいがりもありましたよ。親方はあまりにも厳しくするのはダメだという方針でしたから、三保ヶ関部屋は少ない方なんですけど、それでもやっぱりイジメられる時はあるから」

――相撲時代は、身体はどんどん大きくなっていったんですか？

「親方は、毎日のように計らせるんです。幕下の上位になった頃は、もう毎日2〜3キロずつ太っていったんですよ」

――毎日ですか!?

「どんどん太っていきました。絶好調の時は、毎日そのぐらい太るような感じがして。十両に入った時で、115キロ前後あったんですかね。最終的に128キロぐらいになりましたから」

――この大相撲時代に、後にプロレスラーになる力士でご一緒だった方は？

「柴田も安達も同期入門の同級生ですね。安達は生意気だから、大嫌い（笑）。ラッシャー木村さんは宮城野部屋で、僕が幕下上位に行った時もまだいましたけど、相撲は取ってないんですよ。寺西、大磯、大剛、永源もいましたね。でも、みんな本場所の土俵では会わなかったです」

――力士時代の戦績を見ると、番付に並んでいる名前も凄いですし、大位山さんも後の大物力士から白星を挙げていますね。

「十両の時に勝っているのは、花田（後の大関・貴ノ花）。富士錦（六代目・高砂親方＝WARでデビューした一宮章一の父）さんには、幕内の時に勝ってるんだよね。魁傑はまだ花錦という四股名で、十両に入ってきた時に勝っています。後の放駒理事長ね。花田とは一番仲が良かったんですよ。本当に兄弟みたいな感じでした。仲良くなった理由？　それはここでは書けないような話で（笑）」

――大横綱の北の湖は、大位山さんの付き人をされていたそうですね。

「少しの間ね。彼は中学1年で入ってきて、その翌年ぐらいに僕は十両になっていたから、その頃でしょう。親方の長男で、後に大関になった二代目の増位山（現在の三保ヶ関親方）も僕の付き人をしていた時期があるんですよ」

――千代の富士とも仲が良かったと聞いています。

「それは僕がプロレスラーになってからですね。はっきり言って、千代の富士が横綱になれたのは僕のお陰なんです（笑）」

――どういうことですか？

「僕はアメリカ遠征から帰ってきて、向島にアニマル浜口と一緒に住んでいたんですけど、千代の富士がよく遊びに来ていたんですよ。彼は、十両時代に脱臼ばっかりしていてね。その頃、吉原社長に会わせたんです。彼があまりに〝プロレスラーにさせてくれ〟と言うもんだから」

――国際プロレスに入団しようとしたんですか⁉

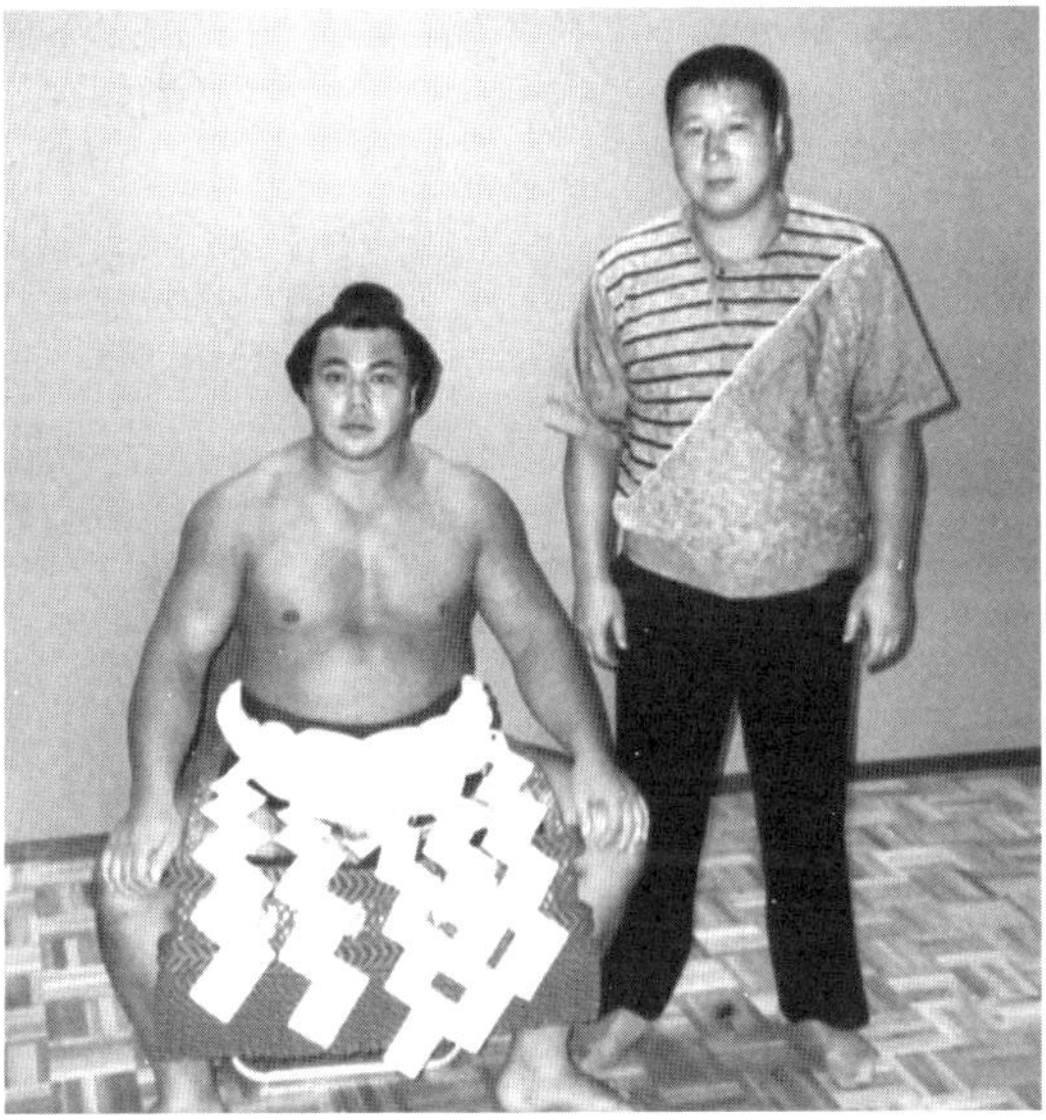

国際プロレスへの入団を熱望していたという第58代横綱・千代の富士。若い頃から脱臼癖があったことは有名だが、大位山の助言がなければ、“昭和の大横綱”は誕生しなかった!?

「本人は脱臼ばかりするんで、相撲を辞めてプロレスに入りたかったんです。吉原社長は〝親方の承諾をちゃんともらってきたら、入れるから〟と言っていたんですけど、草津さんとか木村さんがいたら、なかなか上には行けないじゃないですか。だから、僕は〝プロレスなんて給料が安いから、やめておきなよ〟と説得して諦めさせたんです」

——吉原社長も了承済みだったんですね。

「お相撲さんは本場所の後、休みが1週間あるから、その時に彼を草津温泉に連れて行って一緒に練習したりもしたんです。もう〝プロレスに入る〟と言い張ってさ（笑）。本人は、その気になって練習していましたよ。木村さんにもらったプッシュアップ用の板で筋トレをやったりね。あの筋トレも、その後の相撲に良かったみたいです。それからは、国際プロレスの選手たちも千代の富士を応援するようになってね。彼が関脇で優勝した時、〝私はあるプロレスラーのお陰で優勝できました〟と言って、それが雑誌にも載ったんですよ。確かに僕がいなければ、無理にでもプロレスラーになっていただろうし、あの大横綱は誕生していなかったでしょうね」

大位山が国際プロレスに身を投じた71年は、団体にとって大きな転換期であった。

6月にストロング小林がIWA世界ヘビー級王者となり、日本人エース路線が本格的にスタートする。前年10月にはラッシャー木村が日本初の金網デスマッチを敢行して、独自の路線を確立。IWA世界タッグ王座もその2人にグレート草津、サンダー杉山を加えた4強がパートナーを変えながら巻くようになる。

外国人勢は既存の欧州ルートの他、業務提携を結んだAWAからも続々とスター選手が来日。大位山の若手時代は、国際のリング上が最も華やかだった時期にあたる。

――まだ25歳でしたし、これからだったと思うんですが、70年5月に廃業された理由というのは？

「ちょっと親方と嫌なことがあって。僕が短気を起こしちゃって、辞めたんだよね。親方は、僕がプロレスへ行くと思ったんでしょう。辞めた直後、日本プロレスに自分から電話したんですよ。〝もし大位山が行ったら、絶対に入れないでくれ！〟って。親方は、昔から九州山（日プロの監査役兼レフェリー）と仲が良かったからね」

――そういう妨害があったから、国際を選択したんですね。昔からプロレスには興味があったんですか？

「いや、力道山もあまり観ていなかった。でも、相撲を廃業して、『プロの格闘技』の道を考えると、当時はプロレスしかなかったから」

――すぐにプロレスの世界へは行かずに、北千住でちゃんこ店『大位山』を開いていますよね。

「あの店は、知人との共同経営です。北千住の北口の広い店でね。北の湖も増位山も来てくれましたよ」

――プロレスラーになった直後は『大位山』を名乗れなかったのに、店名はOKだったんですか？

「この時は、特に妨害はなかったんですよ。親方も様子を見に来てくれたし。でも、プロレスラーになって最初の頃は名乗らせてくれなくてね。料理も我流で自信があったんですけど、まだ若くて動けるのに、こんなことをしていてもしょうがないからと国際プロレスに行ったんです。相撲を辞めた翌年に試合を観に行って、吉原社長に直接頼んだんですよ。あれは昭和46年（71年）の3月頃かな。そうしたら、〝まず練習生としてやりなさい〟と言われてね。だから、最初は給料もなしですよ。その頃は、『ナポレオン』という飲み屋に勤めていてね。錦糸町にある店の寮から渋谷の道場に通ったんですよね」

71年7月28日、板橋区体育館のリング上で入団の挨拶をする「昭和46年組」。この時点で大位山以外の2人は、すでにデビューしていた。左端は阿部脩レフェリー。

――正式入門は、71年6月でしたよね。

「鶴見五郎、稲妻二郎と一緒に3人で記者会見をしましたよね。入ったのは、五郎ちゃんが少し早いんじゃないかな。新宿で寒い中、僕が『IWAワールド・シリーズ』のビラを配っていたのを社長が見て、〝元幕内なのによくやってる〟と。それで正式入門ということになったんです。僕が入る時は、マスコミを呼んで公開の入門テストをやったんだよね。吉原社長も来たし、グレート草津さんとか選手全員が来ましたよ。そこでなぜかグローブを着けて、五郎ちゃんと殴り合いをさせられて（笑）」

――そこに国際プロレス入門前の剛竜馬が見学に来ていたんですよね？

「吉原社長があいつのことを〝金の卵だ〟とか言っていたけど、日本プロレスで少し受け身を取らされていたから、できるように見えただけなんですよ（笑）。入門が許されて、会社から1ヵ月に5万円が手渡されたのかな。それが食事代なんだよね。だから、その金で外食したりして」

――プロレスの初稽古は、どうでした？

「80キロのベンチプレスが上がらなかったんですよ。阿部脩レフェリーに、〝お前、幕内まで行って、そんなもん？寺西とか井上なんか130キロぐらいボンボン上げるんだから〟と嫌味を言われてね。五郎ちゃんはベンチプレスをスイスイ挙げていたから、〝凄いな！〟と思って。僕は最初、全然挙らなかった。コツを知らないものだから。でも、覚えたら、1ヵ月も経たないうちに130キロぐらい上げましたよ」

――当時、プロレスのイロハを教えてくれた人は、どなたですか？

「そんなには誰も教えてくれないんですよ。練習するといったら、受け身ばっかり。井上さんや小林さんが教えてくれる時もあったけど、自主的な感じが多いですね。冬はロープワークも痛かった。ロープの中はワイヤーだから」

――大位山さんにとって、グラウンドも未知の世界ですよね。

「草津さんが〝ちょっとマットでやってみないか〟と言ってきて、杉山さんとスパーリングみたいことをやらされたんです。〝お前、寝転べ！〟と言われたんで、その通りにしたら、杉山さんに上から抑えられて。そんなの僕が起こ

移動中の国際プロレス若手陣。留学生第1号の黒潮太郎（右端）は大位山らが入門して約半年後、71年12月に母国トリニダード・トバゴに戻った。

せっこないじゃないですか？　向こうはアマレスのチャンピオンなんだから。でも、草津さんに〝今度は用意ドンでやってみなよ〟と言われて、ハンデなしで抑えっこしたら、僕はどうやっても負けなかったですよ」

――スタンドの状態から始めれば、相撲の技術も活きますからね。

「まだ26歳でバリバリの時だから、自信はありましたよ」

――大位山さんが入った頃は、まだ道場でロビンソン教室をやっていましたよね。

「あの人と本気のスパーリングをやったら、1分で腕を折られちゃうからね（笑）。カール・ゴッチやロビンソンとシュートでやれば、猪木さんだって1分でやられちゃいますよ。いろいろ裏技を知っているから。でも、普段はいい人でしたよ」

――入門後は、誰の付き人をされたんですか？

「僕は小林さんの付き人を1年間してね。靴を磨いて、靴の紐を結んで、タイツを洗ったりしたんです」

――相撲時代は付き人がいた身でしたが、逆に先輩の世話をするのは辛かったんじゃないですか？

「別に苦しくもなかったですよ。自分で、この世界に入ったんだから。ここで頑張ろうと思っていたんで。五郎ちゃんは最初は杉山さんで、その後は木村さんに付いてね。相撲では、関取はちゃんと付き人代という小遣いを渡すんですよ。国際でそれをしていたのは、木村さんだけでしたね。ただ、小林さんは怒ったりもしないし、手間はかからなかったですよ。1回だけ、1万円もらったことがあるな（笑）」


71年当時の国際プロレスは選手が不足していたためか、新人のデビューは意外と早かった。

同期の2人に遅れること約2ヵ月、大位山は『松本勝三』として9月8日に矢板市体育館でデビュー。元幕内力士（最高位は前頭12枚目）でありながら、四股名を名乗れないことはプロとして明らかにマイナスだったものの、いきなり先輩の本郷清吉と引き分けていることは特筆しておきたい。

さらに早いうちから外国人レスラーとの対戦が組まれ、僅かキャリア1年で海外武者修行の切符を手にする。

——72年春の『第4回IWAワールド・シリーズ』では公式戦が多く組まれるので、そこからあぶれた外国人レスラーとキャリア半年の大位山さんが当たるようになり、ジョージ・ゴーディエンコ、バロン・フォン・ラシク、レイ・ゴールデン・アポロン、ティト・コパらと対戦しています。

「ラシクやコパとやったのは、憶えてますよ。まあ、僕の身体が大きいから当てられたんでしょう」

——デビューして1年で海外に出たわけですが、先を越されてしまった先輩もいましたし、そこには元幕内の威光があったような気がします。

「出雲市体育館（72年4月20日）でゴーディエンコと試合をして控室に帰ってきたら、いきなり大剛さんが〝お前はタコになっているのか！〟と訳のわからないことを言いながら殴ってきて、口を切りましたよ。その日は島根の知り合いが来ていて、〝どうしたの？〟と聞かれたから、よく憶えてる。あの人は、おかしいですよ」

——それは完全にジェラシーですよね？

「まあ、1年で海外へ出るって早かったみたいですね。同期の中でも最初だったし、そこは運も良かったんですよ」

——大位山さんは72年6月12日に単身で渡米し、同月26日から米国南部のテネシー地区に入りました。このテネシー行きは、ミスター珍さんが同地区でレスラー兼ブッカーをしていたトージョー・ヤマモトと全日本プロレス協会時代から親友だったことで決まったそうですね。

「トージョーさんが〝誰か日本人を紹介してくれ〟と珍さんに頼んできたみたいで、僕を吉原社長に推薦してくれたんです。アメリカに行く時は、ハワイに寄って吉原社長と草津さんに会いましたよ。社長は、オマハに草津さんを迎えに行った帰りでした。現地で草津さんがジン・キニスキーと戦うのを観ましたね。この時、トージョーさんが夫婦でわざわざ僕をハワイまで迎えに来てくれたんですよ。聞いた話では、僕が行く前に上田馬之助さんと松岡巌鉄さんがテネシーに行ったけど、トージョーさんとはソリが合わなかったみたいで」

——ファイトマネーの問題で揉めて、怒った上田さんがトージョーさんの腕を折ったという逸話は有名です。

「喧嘩した話は向こうで実際に聞いたけど、腕を折られたなんてトージョーさんはそこまで言っていなかったですよ。

でも、トージョーさんは彼らを恨んではいましたね」

――その事件がキッカケでトージョーさんは日本プロレスと縁を切り、国際プロレスに乗り換えたわけですが、その第1号でしたから大位山さんは優遇されたんじゃないですか？

「本当にトージョーさんには良くしてもらいましたから。僕の言うことも何でも聞いてくれたし、結構大きい会場での試合を入れてくれるんです。だから、月に100万円くらいは稼ぎましたし。向こうでは運転免許も取ってね。僕は真面目に1人で車を運転していましたよ。遠いところだと、往復で1日1500キロくらい走りましたから。メンフィスにあるエルヴィス・プレスリーの家の前もよく通りましたよ」

――トージョーさんは日本人レスラーの間で評判が良くなく、テネシー地区へ行った選手の誰もがピンハネされたと言いますが。

「僕はピンハネされたことなんてないですよ。僕の場合は試合が終わったら、トージョーさんじゃなく、プロモーターから現金をもらっていたから。逆に〝金はあるのか？〟とトージョーさんに言われたこともあるぐらいで。トレーラーハウスもトージョーさんの隣に借りていたんですけど、怒られた時もあってね。試合内容のこととか。でも、僕は素直にアドバイスを聞いて、決して歯向かわなかった。それが良かったんじゃないかと思うんですけどね。『グレート・フジ』という僕のリングネームも、トージョーさんのアイディアですし。トージョーさんは自殺したんでしょ？可哀相に」

――最初の頃はタッグを組んでいたんですが、10月からはトージョーさんと戦っていますね。

「よく憶えてないけど、トージョーさんがベビーフェースに転向したからかも。トージョーさんがベビーフェースになったら、会場は超満員でしたよ。ミスター珍さんも僕の後にテネシーに行ったでしょ（74年3月）。僕よりもっと良い扱いをしてくれると思って行ったみたいだけど、正直言って珍さんじゃ無理だよね。あの身体じゃ、アメリカでは通じないから」

――テネシーは第二次世界大戦の時にたくさんの志願兵が出た土地で特に反日感情が強いと聞きますが、大位山さんは田吾作スタイルのヒールをされていたわけですよね。

「そうです。下駄を履いて、たまに塩も使ったしね。確かに怖い目に遭ったこともありますよ。向こうは、みんな銃を持っているでしょ。飲み屋のカウンターの下に、散弾銃が置いてあったりするんです。だから、持ち歩きはしなかったけど、僕も1万円ぐらいで銃を買いましたよ。家の前で缶を撃ってみたけど、なかなか当たらなくてね（笑）」

――アメリカは日本と違って、観客の興奮の仕方も異常じゃないですか。

「黒人の多いミシシッピなんかで試合をすると、僕が相手の髪の毛を触るだけでワーッと沸くから何にもしなくてもいいんです。だから、楽ですよ（笑）。でも、相手が本気で仕掛けてきたこともあってね。名前は忘れたけど、ちょっと嫌な奴がいて、カタイんですよ。パンチが顔にまともに来たから、僕もガチーンと思いっ切り頭突きを顔面に入れて。そいつは、試合後も控室で向かってきたからね。そうやって仕掛けてくる人がいるんですよ。大したレスラーじゃないんだけど（笑）」

――テネシー時代のライバルは、誰だったんですか？

「ジェリー・ローラーとは、よく戦いましたよ。まだトップじゃなかったけど、いい選手だったな。あとはジャッキー・ファーゴ、トミー・ギルバート、ケビン・サリバンなんかと試合をしたね。まあ、テネシーにはそれほど有名な選手は来なかったから。やっぱりテネシーの選手はレベルが低くて、日本に行っても通用しなかったですよね。試合は下手。だから、僕には良かったかもしれない（苦笑）」

――この時代のテネシー地区は、ユニークな形式の試合がたくさんありましたよね。

「僕は1回、熊とやらされそうになりました。怖いから、断わりましたけど。3カウントを数えても終わらない試合もありましたね。3時間ぐらい試合しているんですよ。どうやれば決着が付くのか、僕も最後までわからなかった（笑）。向こうではテレビに出演して、試し割りをやったりもしましたよ。トージョーさんが厚い板を持ってきて、バシーンと僕が頭で割って」

――大位山さんは、頭突きが得意技でしたよね。

「これは日本での話ですけど、後楽園ホールで僕がバーンと鉄柱に頭を打ちつけたら、その鉄柱が揺れたことがあり

米国テネシー地区で大位山は『グレート・フジ』を名乗り、ヒール修行を積んだ。左は、後から合流してきた『タロー・ムラサキ』ことデビル紫。

ましてね。それを観たお客さんもビックリしていましたよ。その時、実はマジで頭が割れたかと思うぐらい痛くて、手足も痺れていたんですけど」

――相撲出身の人じゃないと、できない芸当ですよね（笑）。

「今考えると、凄いムチャなことをやっていたんだなと思います。テネシーでは、竜巻も怖かったなあ。前の週に試合をした小さい会場が、次に行ってみたら跡形もなくて」

――72年12月末にデビル紫もテネシー地区に入ってきて、そこから半年ぐらいタッグを組むことになりますね。

「村崎さんは、国際プロレスで僕の先輩じゃないですか。でも、プロモーターのニック・グラスは村崎さんを買ってなかったんですよね。だから、タッグを組んでも僕の方が格上なわけ。そりゃ、そうだよね。僕の方が半年前に来ていて実績はあるし、身体だって大きいから」

――海外に行ったら、日本での序列はまったく関係ないですからね。

「でも、それで村崎さんは機嫌を悪くしていたよ。〝どうして後輩のお前が上の扱いなんだ〟って。村崎さんはちょっと変わっている人だったな」

——そして翌73年、大位山さんに帰国命令が出るわけですが。

「〝浜口と一緒に帰って来い〟という指令でね。テネシーでの最後の試合が終わってから、8時間ぐらいかけて浜口のいるインディアナポリスまで車で走りましたよ。浜口が抜けるから、ミツ荒川さんは後釜の日本人パートナーを欲しかったみたいで、村崎さんを引き渡したんです。僕は浜口と一緒にオマハへ行ってね。そこに日本から草津さんが来ていて、3日ぐらい遊んでからハワイ経由で日本に戻ったんです」

——大位山さん自身は、帰りたかったんですか？

「いや、僕は帰りたくなかった。テネシーは儲かったし、居心地が良かったし、あと2～3年はいたかったな。まあ、向こうに彼女もいたからね。それで英語も多少は覚えられたし。だから、本当は帰りたくなかったの。彼女はメキシコ系でね。テネシーに行って、4ヵ月目くらいに知り合ったんですよ。トージョーさんもニック・グラスも〝結婚して、帰化すればいいじゃないか〟と言っていて、稼ぎの方も心配なかったんだけどね。でも、会社からの命令で仕方なく…。81年に、全日本の大仁田厚と渕正信がテネシーに行ったでしょ。彼らは現地で僕の子供を見ているんですよ。女の子でね」

——それは、テネシーに残してきた女性が産んだ娘さんですか？

「そう。お腹にいる時に日本に帰ってきたから、僕は子供の顔を見られなかったんですよ。大仁田が帰ってきて後楽園ホールで会った時、〝大位山さんにそっくりですよ。ナターシャ・マツモトという名前でしたよ〟と教えてくれたんです。その前に百田光雄さんがテネシーに行った時（75年）は、まだヨチヨチ歩きだったみたいですね。電話番号はもらっていたけど、会話するほど僕は英語ができなかったから…。でも、写真はずっとアメリカから送ってきていたんですよ」

——身重の彼女を置いてきたのは、辛かったでしょうね。

「結局、その母親は結婚したんです。しかも元新日本のプロレスラーと。笹崎って人です」

——笹崎伸司ですか⁉

「そうそう。彼女が笹崎と一緒に日本に来たこともあってね。横浜から僕が住んでいる千葉までタクシーで来て、ビックリしましたよ。7～8年前には、あの子も母親と一緒に日本へ来ました。浜口の奥さんから、〝お母さんと娘さんがウチに来たわよ。何で会ってやらないの〟と連絡があったんです。それで泊まっているホテルに行こうと思ったんだけど、僕もこっちで結婚していたから…。会いたかったけど、結局は会えなかったんです」

大位山と浜口が帰国したのは、73年6月8日。前述のように、2人は墨田区向島にアパートを借りて一緒に暮らすことになった。

そして、同月18日に市原市臨海体育館で開幕した『ビッグ・サマー・シリーズ』で、それぞれ凱旋試合を行う。

大位山は再び松本勝三として初来日のリック・フレアーを相手に反則負けを喫したが、第2戦の笠間市体育館大会では浜口と組み、ディック・マードック&スカンドル・アクバに快勝。さらに第3戦の秩父市体育館大会では先輩の寺西勇を相手に時間切れで引き分けるなど順調な滑り出しだったが、以降はなかなかチャンスが巡ってこなかった。

――帰国第1戦のことは、憶えていますか?

「ええ、よく憶えていますよ。フレアーはまだグリーンボーイで、身体も太っていてね。お互いに必死で、技なんか出ませんでしたよ。場外で、ずっと殴り合いでした」

――記録を見ると、7月7日の七尾市体育館大会でフレアーにフォール負けを喫しましたが、その2日後の大阪府立体育会館大会ではフォール勝ちでリベンジしています。

「ほう、僕があのリック・フレアーに勝っていますか? 憶えてないけど、改めて聞くと嬉しいですね(笑)。その帰ってきたシリーズの後、夏休みに陸中海岸で合宿しながら興行したことがあったんだよね。吉原社長も試合したんですよ」

大位山が凱旋帰国した『ビッグ・リマー・シリーズ』の最終戦(7月15日)から、続く『第5回IWAワールド・シリーズ』開幕戦(9月8日)まで、54日間の長いオフがあった。この時に行われたのがマスコミに日程も試合結果も発表されなかった幻の通称『合宿シリーズ』である。

当初、国際プロレスは8月17日～23日に合宿を計画しており、候補地は前年と同じ朝霧高原、信州、そして陸中海岸だったが、それとは別に進行していたのが7月18日～23日の神津島での選手&社員旅行で、こちらにはマスコミも同行した。

ただし、これはカモフラージュ（?）で、マスコミに練習風景を撮影させて毎年恒例の合宿のように見せかけ、その裏で陸中海岸での『合宿シリーズ』の準備を進めていたと思われる。

「僕は、その神津島の旅行には行かなかったなあ。陸中海岸で興行をやった時は、吉原社長もレフェリーの阿部脩さんも試合をしましたから。僕もマスクを被って毎日、メイン（笑）。でも、会社は発表してないからマスコミは誰も来てない（笑）。まあ、全部売り興行とはいえ、営業サイドの下準備はあったと思いますね。社長に聞いたら、1興行＝100万円くらいで売ったらしいですよ。泊まっていたのは、陸中山田（岩手県下閉伊郡山田町）の民宿。島育ちの二郎なんか海に潜って、捕っちゃいけないアワビを勝手に獲って食ってました（笑）」

――具体的には、どこを回ったんですか?

「宮古、陸中山田、あとは大槌町か田老町だったかなあ。陸中は3ヵ所くらい…あの津波で被害があったところばかりですよ。全部、野外だった」

――陸中の海岸線の町で国際プロレスが興行を打ったのは71年の夏以来で、それ以降は他団体も寄り付かない営業未開地でした。

「じゃあ、目の付けどころが良かったわけだ。最後は盛岡の岩手県営体育館でやりましたよ。あそこは4000人くらい入ったな。このシリーズは凄い儲かったんです（笑）。どこも2000人以上入って、プロモーターもウハウハで、僕は毎日メインだから、ギャラの他に5万円くらいの手当がもらえて（笑）」

――外国人選手なしの日本人だけの興行ですよね?

「二郎がガイジンだから（笑）。僕も大きいから、マスクを被ってガイジン役。『ミスターX』って名前でね（笑）。その時は毎日メインで、小林さんや木村さんと試合したんですよ。名前は忘れたけど、阿部さんもガイジン役のマスクマン（笑）。他に井上さん、寺西さん、浜口、米村、スネークに珍さん…長沢秀幸さんもいたよ。レフェリーは前溝隆男さん。ガイジンがいなくても、いいメンバーでした（笑）」

――シリーズ前に吉原社長は人間ドックに入って異常なしだったものの、医師に〝運動不足です〟と注意されたのがショックだったようですね。それで選手とボウリング大会を開いたり、積極的に身体を動かそうとしていたみたいです。

「社長は毎回は出ていなかったかもしれないけど、リングネームは吉原功のままでしたからね。いつも珍さんが相手でした。〝おい、珍、かかって来い！〟って社長が挑発するわけですよ。それで珍さんが得意のゴム攻撃をやると、バチバチ張って、ゴムを奪って仕返しして（笑）。結構、客にウケてましたよ（笑）」

この『合宿シリーズ』の直後、秋の『第5回ＩＷＡワールド・シリーズ』で大位山の扱いに異変が起きる。

開幕戦でメインに登場したものの、翌日はいきなり第1試合に降格され、連敗の嵐。ここから〝前座物語パート2〟が始まる。

――ところで、凱旋帰国に際して吉原社長から特別な指示はあったんですか？

「名前を『大位山』にしろとけ言われましたね。もう三保ヶ関部屋から何にも言ってこなかったから。でも、名前を大位山にしたからといって別に何も変わらなくてね。僕が勝手に相撲を辞めたんで、地元の後援会の人たちは怒っていたし。親方がデマを流したから、僕は田舎で評判が良くなかったんですよ。もう二度と帰れないと思ったもんね。やっと帰ったのは、僕が国際プロレスを辞める前に田舎で興行をやった時ですよ。大して入らなかったんですけど」

――73年9月8日に日大講堂で行われた『第5回ＩＷＡワールド・シリーズ』開幕戦で、大位山さんは初めて正式なメインを務めました。カードは小林、木村とトリオを組み、相手はラーズ・アンダーソン＆ムース・ショーラック＆フリッキー・アルバーツでしたね。

「その日から、大位山勝三を名乗ったんですよね」

――でも、日大講堂大会の翌日も翌々日も第1試合で、年内はずっとそんな感じでした。凱旋帰国から2シリーズ目で、こういう扱いをされるのは珍しいですよね。

「せっかく大位山の名でやれたのに…俺、日大講堂でしょっぱい仕事したかなあ」

――鶴見さん曰く、天狗にならないように、そうするのが草津さん流のマッチメークだと。凱旋帰国したシリーズはそれなりの扱いだったんですが、小林、木村といった当時の上位勢の中に割って入るというのは難しい状況でしたね。

「ちょっと無理でしょうね。自分でも無理だと思ったもの。国際プロレスの場合は、マッチメークが下手だった。結局、チャンピオンの小林さんもそんなに人気はなかったし、木村さんも金網デスマッチをやって少し人気が出たけど、普段通りの試合をしていたら、そんなに人気は出ていなかっただろうしね。それは杉山さん、草津さんも同じで、あのメンバーじゃ、お客さんは入らないんだから。若いマイティ井上さんとか浜口なんかをどんどん上げればいいのに、自分たちが追い越されたら困るから、それをやらないわけです。マズイよね」

――要因として、慢性的な新人不足というのもありますよね。

「あの頃、前座は米村、スネーク、珍さん…誰かが上から降りて来ないと、第1試合と第2試合が組めなかったから」

――大位山さんが凱旋したシリーズの最終戦で、鶴見五郎に敗れているのも解せないです。いくら同期でも鶴見さんはまだ海外にも出ていませんでしたし、大位山さんを売り出そうとしているのか、よくわかりませんでした。

「マッチメーカーは草津さんでしたけど、僕を売り出そうとか、そういう配慮はまったくなかったですね。草津さんはたまに木村さんに相談していたけど、吉原社長はマッチメークには口出ししなかったみたいです」

――ところで、凱旋帰国から最初に辞めるまで5年ぐらいありますが、この間で印象に残るような試合や選手は？

「ドン・レオ・ジョナサン。あの人のドロップキックを受けた時は、たまげたね。あの2メートル近い身体でドロップキックが来るんだから、凄いです。あの時分はバーン・ガニアのところから、いい選手が来ていましたよね。アンドレ・ザ・ジャイアントとも試合しましたよ」

76年の『スーパー・ファイト・シリーズ』開幕戦ではラッシャー木村と“相撲コンビ”を組んでメインイベントに登場し、キラー・トーア・カマタ＆ジーン・マリノと対戦（2月29日＝後楽園ホール）。しかし、第2戦以降はやはり前座に回されることが多かった。

――74年2月にはストロング小林がフリー宣言をしました。元付き人の大位山さんは、本人から何か聞いたりしていませんでしたか？

「いや、小林さんは物静かな人だったから、何かを漏らしたりするようなことはないですよ。あの件は、僕も発表されるまで知らなかったから。ただ、草津さんとの関係がうまく行っていなかったのは事実ですよ。あれは八戸から苫小牧へ行くフェリーの船中だったな。草津さんが酔っぱらって、〝お前、誰のお陰で上を取れてると思ってんだ！〟って小林さんに絡み出してね。その後、草津さんがあまりにもひどいことを言い出して…。でも、井上さんに言わせると、〝小林はみんなを置いて逃げたから、あいつが悪い〟ってなるわけですよ」

東京12チャンネル時代に入っても、大位山のポジションに変化はなかった。

前半戦で上から降りてきた田中、寺西、浜口、後輩の米村勉やスネーク奄美らと対戦する日々が続き、75年11月に同期の鶴見が海外修行から凱旋帰国しても、同じような状況が続く。

――翌76年3月6日、刈谷市体育館では鶴見さんと初タッグを組んでいますね。第3試合で、相手は寺西&奄美でした。

「五郎ちゃんも本当はヒールでやりたかったみたいですけどね。僕もテネシーで、ずっとヒールだったし。でも、日本に帰ってきても、それを活かす場がないんですよ。だから、またアメリカへ行きたかった。もし行っていたら、日本に帰る気はなかったですね。その年の5月に、上田馬之助さんが国際に来ましたよね？　上田さんを見て、そう思ったもの。ただ、その時期は木村さんとたまに組ませてもらってね。気が合ったし、年末の納会で『グッドパートナー賞』というのをもらいましたよ（笑）。だから、次の年にやった『第1回IWAタッグ・トーナメント』も木村さんと組ませてもらったしね」

――その77年には、全日本プロレスとの対抗戦がありましたね。

「対抗戦をいろいろやったけど、特別のギャラは出なかったよね。僕が印象に残っているのは、岐阜での馬場さんとのタッグマッチ」

――78年2月22日、岐阜市民センターで組まれた鶴見&大位山vs馬場&ロッキー羽田の一戦ですね。

「あれは良かった。後で馬場さんに褒められたから。でも、せっかく馬場さんからいい評価をされたのに、それを国際は活かそうとしないんだよね。あれから僕が最初に辞めるまで、五郎ちゃんと一度も組ませてくれなかったよ（苦笑）」

――全日本の選手と当たった感想は？

「試合のスタイル自体、国際も全日本も変わりないですね。鶴田以外に、技をたくさん出す人はいないし。馬場さんとは1回、青森かどこかの旅館で麻雀を一緒にやったのを憶えています。僕のことを〝大位くん〟と呼ぶんですよ（笑）。馬場さんは優しかったけど、プロとしての厳しい面も見ましたね」

――何かあったんですか？

「知り合いの建設会社の社長が全日本と国際の交流戦を地方でプロモートした時です。東北で試合をしたんですけど、雪が降っていて、お客さんは100人ぐらいしかいなかったんですよ。それで、あまりに寒いから逆取り（※試合順を変更し、メインイベントから先に行うこと）したわけです。そうしたら、草津さんがシャツを着て試合をしようとして、馬場さんが怒ったんですよ。〝お前、プロだろ。裸になれ。これくらい我慢できないのか。俺たちは金をもらっているんだぞ〟って。その日、僕は最後にやる第1試合でした。相手はスネーク奄美だったんですけど、リングサイドから〝早くやめろ！　お客さんが3人しかいないぞ〟と声がして。気付いたら、リングにも雪が積もっていて、ほとんどの客も帰っていましたね（笑）」

――同じ相撲出身の天龍源一郎とは、交流はあったんですか？

「天龍はたまたま交流戦の時、名古屋で食事をしたんです。僕の後輩で付き人をしていて、幕内まで行った吉王山というのが天龍の同級生でね。天龍が〝大位山さん、吉王山が名古屋で店をやっているから、連れて行ってください〟と言ってきて。全日本は、みんないい人ばかりでしたね。僕が一度プロレスを辞めて浅草で店をやっていた頃、鶴田がファンクスやマスカラスを連れて店に来てくれたこともありますよ」

――全日本との対抗戦の記録を見ると、サムソン・クツワダ、グレート小鹿にシングルで敗れていますが、伊藤正男、肥後宗典には勝利し、ロッキー羽田とは両者リングアウトでした。当時、売り出し中だった羽田とドローですから、かなりいい扱いですね。

「全日本は、ちゃんと見てくれたんです。国際が倒産して、みんな全日本と新日本とにバラけたじゃないですか？　もし辞めてなかったら、僕はたぶん全日本に行ってたでしょうね」

――78年4月26日、岡山武道館ではジプシー・ジョーと金網デスマッチをやりましたよね。金網最上段からのニードロップを食らい、大位山さんの肋骨を折れたという有名な一戦です。

「身体にグッと力を入れて堪えてたんだけど、それでもヒビが入っちゃったからね」

――退団したのは、この怪我が理由だったんですか？

「いや、怪我で休んでいたのは確かですけど、それが原因じゃなくて、マッチメークに頭に来て辞めたんです。蔵前国技館で興行をやった時ですよ。僕も元幕内だから、蔵前は晴れの舞台ですよね。だから、ちょっといいポジションでやらせてくれると思ったの。それが第3試合ですよ。それはないですよね。もうこんなマッチメークをされるようじゃ辞めようと」

――『日本リーグ争覇戦』第17戦となる78年11月25日の蔵前大会ですね。大位山さんは米村天心と組み、デビル紫&スネーク奄美と時間切れ引き分けでした。これ以降、試合に出ていませんね。

「つまらない試合でしたよ。何もメインイベントじゃなくてもいいんです。蔵前を最後にしようと思って、吉原社長に自分の意志は伝えてありましたから。吉原社長も世話になった僕のタニマチがいて、その人と浅草に店を出そうと動いてたんですよね」

だが、1年のブランクを経て、大位山は現役復帰する。

鶴見五郎と合体し、ヒールユニット『独立愚連隊』の一員として最後の火を燃やすことになるも、会社はこの時点ですでに多額の負債を抱えており、崩壊に向けてカウントダウンに入っていた。

そして、81年8月9日の羅臼大会を最後に国際プロレスは活動を停止したが、大位山は団体の終焉を見届けていない。大位山の国際でのラストマッチは、同年3月19日、和歌山県御坊市体育館でのマイク・ボエッティ戦。シリーズの途中、しかも地方で離脱するという不可解な最後だった。

――80年1月に復帰された経緯というのは？

「その頃、僕はちゃんこ屋を畳んで、知り合いがやっていた魚の加工会社で働いていたんですけど、そこの社長が国際プロレスを贔屓にしてくれたんです。それで前の年の暮れに、国際プロレスの納会へ一緒に行ったんですよ。その時、井上さんが〝カムバック、カムバック！〟って騒ぎ出して、僕も飲まされて、もう次の日の朝には戻ることになっちゃって。そう決まったら、その社長も応援してくれましたけどね。独立愚連隊に入ったのは、吉原社長の命令です。これも売り出そうと思えば、もうちょっと売れたのにね」

――上の方で使おう、メンバーを増殖させて軍団を大きくしようという雰囲気ではなかったですよね。

「やっぱりマッチメーク自体は変わってないですよ。地方に行くと、いつも第1試合で2人とも負けてる。〝売り出す気があるのか!?〟と思いましたよ。しかも、五郎ちゃんとのタッグじゃなく、シングルで前座をやらされ続けたし(苦笑)。ずっと練習していたからブランクは感じなかったんですけど、草津さんは僕のことを1年抜けて、また戻ってきた前座要員としか思っていなかったんでしょうね」

――独立愚連隊が最も光ったのは、80年4月に山本小鉄さんの引退試合に抜擢されて、ヤマハ・ブラザーズと対戦した時ですよね。

「あれは一番の思い出として残っていますね。本当は浜口と井上さんが行く予定だったんですけど、それが僕と五郎ちゃんに変わったの」

――鶴見さんの話によれば、向こうからのリクエストだったそうです。

"独立愚連隊"結成!!

鶴見五郎 178cm 115kg

大位山勝三 180cm 120kg

昨年11月のデビリッシュ・ファイト・シリーズ中に造反を起こし、ヘア・ベンド・マッチの結果坊主になって選手会を除名された鶴見五郎が、大位山勝三を誘って悪党コンビを結成した。大位山は53年末にいったん引退したのだが、入門同期の鶴見に力を貸そうと、カムバックしたものだ。

鶴見は本名・田中隆雄。昭和23年横浜市出身。東海大学ではアマレスで活躍して46年6月国際プロ入り。48年3月海外武者修業に出て、イギリスからヨーロッパ大陸諸国、中近東地区からさらにメキシコに転戦。50年5月にはNWA世界ライト・ヘビー級選手権を奪取したがウエイト・オーバーで返上。同11月約2年8ヵ月におよぶ遠征から帰国した。

大位山は本名・松本勝三。昭和20年兵庫県出身。35年大相撲三保ヶ関部屋に入門して43年11月前頭13枚目まですすんだが、45年廃業。46年6月国際プロ入り。47年6月から1年間は、悪の巣と言われるテネシー・マット界で、大型悪党ファイターとして暴れまくった。まる1年のブランクはあるが、パワーには定評あるところ。カムバックぶりが注目される。

◎通信販売◎

★国際プロレス「シリーズ」パンフレット

★夢のオールスター戦ポスター

★阿修羅・原のテーマ〈レコードポスター〉

★デビル・ムラサキ〈マスク〉

★Mr.珍 似顔絵入りランニング・シャツ

◎送り先は最終ページに同じ◎

80年1月開幕『新春パイオニア・シリーズ』のパンフレットでは、大位山の1年ぶりの復帰と独立愚連隊の勢力拡大が大きく紹介された。

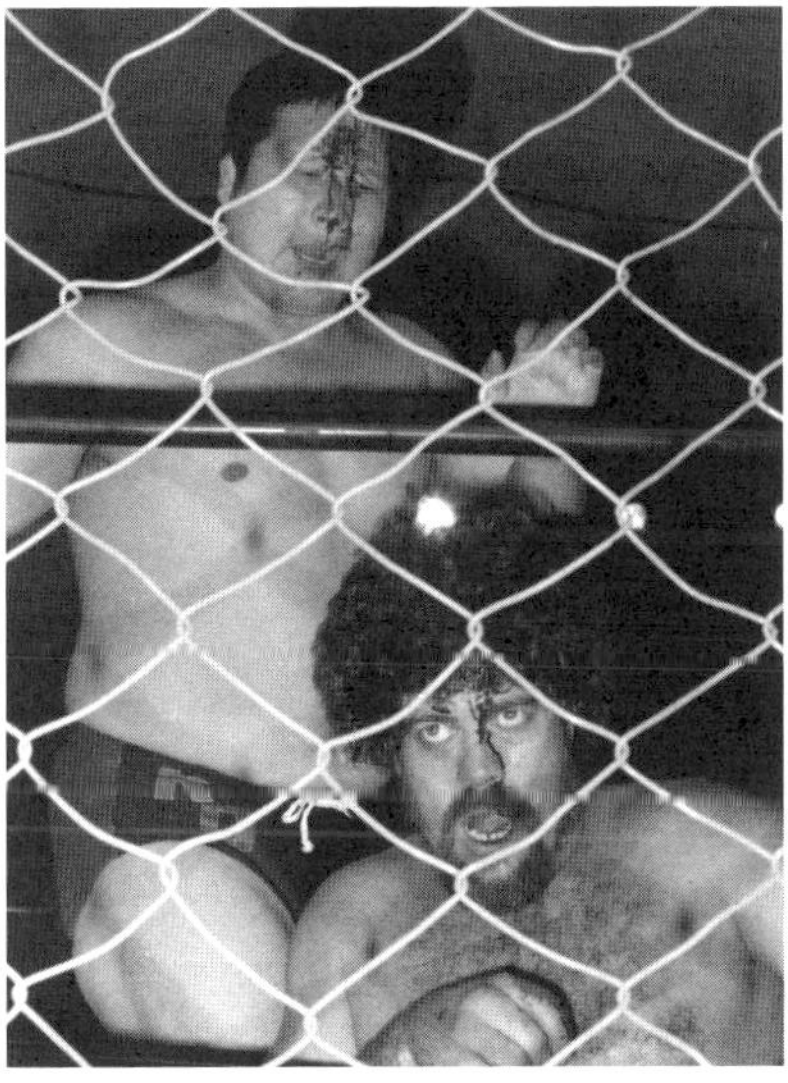

81年3月12日、広島県府中市商工会議所大ホールで行われたマイク・ボエッティとの金網デスマッチ。この1週間後、大位山はシリーズの途中で国際プロレスを離脱する。

「ああ、そうなんだ。超満員だもんね、川崎体育館が。あの時は星野勘太郎さんのパンチを食って、本当に口を切っちゃったよ」

——試合後に小鉄さんが車で追いかけてきて、ファイトマネーとは別にお礼をくれたと鶴見さんが言っていました。

「それね、剛竜馬が全部取っちゃったんだよ。僕は山本さんがくれたことを知らなかったんだから。剛も死んじゃったよね。五郎ちゃんから電話が来て、ビックリしたなあ。さっきも言いましたけど、吉原社長は剛のことを〝若いのに凄いバンプを取るし、ベンチプレスは持ち上げるし、これは力道山二世になる〟なんて言ってたんですよ。僕が一番悲しかったのは、スネーク奄美が死んだ時。引退興行を鹿児島でやって結構入ったけど、可哀相に半身不随でさ。彼も相撲界に何年かいたんですよね、井筒部屋に。僕はその年の暮れ頃から辞めようと思っていたんです。ギャラがもらえないから。1週間に、1万円しかもらえなかった。今日はお米（※相撲用語で、お金のこと）が出ると聞いて、事務所へ行ったら1万円。家族を養っている人は、大変ですよね。僕は彼女に食べさせてもらっていました。草津さんは国際プロレスを助けるために、いろいろ金を工面していて…あの人が一番苦労してるんですよ、お金の面では。でも、最後の方は客入りもひどくて」

——大位山さんは、団体崩壊の5ヵ月前に抜けましたよね。

「最後は和歌山ね。憶えてます。確か翌日が埼玉の越谷で。木村さんに〝もう明日、越谷に行けないから。僕はもう辞めます〟と、はっきり言ったんです」

——経済的な問題でギブアップしたという感じですか？

「そうですね。それで国際プロレスの地方プロモーターをやっていた建設会社の社長さんにお世話になったんですよ。その後は田舎に帰って、それからは千葉でパチンコの両替の会社に勤めたり、再びちゃんこ屋をやっていました。この店は結構、繁盛したんですよ」

——国際プロレスが活動停止に追い込まれたというニュースを聞いた時は？

「夏でしょ。少し経って、自然と耳に入ったんじゃないかな。寂しい気持ちになったけど、しょうがないなと思ったよ。もう潰れるのは時間の問題だったからね。でも、プロレスでやり残したことを最後に独立愚連隊でできて良かったよ。あそこでやっていなかったら、後で後悔したかもしれない。テネシーでやったような悪党ファイトを五郎ちゃんと一緒にできたからね。やらせてくれた吉原社長にも感謝していますよ」

——団体がなくなってから4年後、残念ながら吉原社長も亡くなられました。

「ちょうど社長が亡くなった時、僕は草津温泉にいたんだけど、レフェリーの前溝さんから電話があって、何とかお通夜に間に合いました。ワンワン泣きましたよ。吉原社長には本当に面倒を見てもらいましたし、決して恨んではいないです。社長に会えたからこそ、拾ってくれたからこそ、僕は今こうして生きていられるわけですから」

——後年、鶴見さん主宰のIWA格闘志塾に上がられましたりもしましたが、それ以外に復帰の話はなかったんですか？

「タイガー・ジェット・シンが僕のちゃんこ屋まで来て、〝カムバックして南アフリカに行かないか？〟と頼まれたことはありましたね。結局、断わったんですけど」

——87年11月にシンのブッキングでハル薗田夫妻が南アフリカ遠征へ行く途中、飛行機事故で亡くなりましたが、もしかして…。

「その時分ですよ。だから、僕がその飛行機に乗っていたかもしれないんですよね」

# 稲妻二郎

2011年3月11日——。東日本大震災の直後、鶴見五郎の自宅に一本の国際電話が入った。

「ツルミサン、大丈夫？　そっちの被害はどうなの？　コクサイの選手たちは無事？」

電話の主は、稲妻二郎だった。カナダのアルバータ州カルガリーで暮らしている二郎は、テレビのニュースで映し出される地震と津波の被害状況を目にし、たまらず連絡してきたのだ。

「ずっとカナダに住んでいるけど、私は日本を決して忘れたことはないよ。私は、今も日本で学んだ日本人の心を持ち続けているのよ。私が愛した日本と日本人が大変なことになっているので、胸が痛んだよ」

それは、「日本人より日本人らしい」と称された二郎らしい言葉であった。

国際プロレスは、その歴史の中で9人の外国人留学生を受け入れている。第1号は、1969年12月に来日したトリニダード・トバゴ出身の黒潮太郎。そして、71年6月に第2号として来日したのがジャック・クレイボーンの実弟

**いなずま・じろう**
1949年9月10日、フランス領マルティニーク島出身。身長180cm、体重107kg。71年に兄ジャック・クレイボーンの仲介により、国際プロレスの留学生となる。同年7月6日、エティフィア・ジェラールとして東京体育館における佐野先風戦でデビュー。同年9月、リングネームを稲妻二郎に改名した。団体崩壊後はカナダを主戦場にしながら、全日本プロレスや新日本プロレスにも参戦。後年はSWS、PWC、SPWF、オリエンタルプロレス、新東京プロレス、IWA格闘志塾などにも上がった。

で、フランスから来たジェラルド・エティフィア（本人の発音ではエティファー）、後の稲妻二郎である。

その後、ヤーン・ヘルマンソン、姜成英（カン・スンヤン＝南海山）、呉均銭（オー・キュンイク＝呉大均）、梁鎮五（ヤン・ジンオー）、スミス・ハート（スチュ・ハートの長男）、梁承揮（ヤン・スンヒー＝力抜山）、金光植（キム・クワンシク＝大木金太郎の弟）らが留学生になったが、最も選手＆関係者やファンに愛されたのは間違いなく二郎であった。

——二郎さんが生まれたのは、カリブ海に浮かぶフランス領のマルティニーク島ですね。

「大昔に、あのコロンブスが発見した島国だよ。北はドミニカ、南は英国領のセントルシアで、その間にある」

——プロレスとは、まったく無縁の島ですよね？

「当時は、誰もプロレスなんて知らないよ。バナナ、パイナップル、砂糖しか穫れない貧しい火山島なんだ。私たち家族が住んでいたのは、プーショという名の海岸線にある300人くらいの小さな町だったよ」

——昔の日本の選手名鑑で、二郎さんの父親は〝『ジャック・クレイボーン』という名のレスラーだったが、脳障害でピストル自殺し、長男がその遺志を受け継いでレスラーになった〟とされています（笑）。

「ハハハッ、そんな話、誰が作ったの（笑）。これから全部、本当のことを教えるよ。父のローランは、ただの漁師。母のマドレーヌは、父親が獲った魚を樽に詰めて売っていたよ。そのジャック・クレイボーンというレスラーと兄貴（本名＝エドワルド・エティフィア）は、血の繋がりなんてないんだ。でも、かつて有名な黒人レスラーがいて、その名前をもらったと兄貴から聞いたことがある。もう一度、兄貴に確認してみないとわからないけど、たぶん遠征先のどこかの国で初代クレイボーンと出会って、彼が死んだ後にあやかって2代目かジュニアを名乗らせてもらったんじゃないかな」

——確かに初代ジャック・クレイボーンは11年生まれのアフリカ系アメリカ人で、40〜50年代にイギリス、カナダ、オーストラリア、アメリカなどで活躍し、ケンタッキーでは黒人王者になったようですね。

「そうでしょ。人種差別の時代、黒人たちのヒーローだったみたい。でも、兄貴はクレイボーンの名をもっと世界に広めたと思うよ。兄貴はその名前で、東南アジアやオセアニアでも試合をしていたからね」

——ご兄弟は何人いたんですか？

「全部で9人いて、私は8番目。男が6人、女が3人。私は五男坊。本当は二郎ではなく、『稲妻五郎』なんだよ（笑）」

——ジャック・クレイボーンは、長男ですよね。

「そう。でも、私と兄貴は12歳も年齢が離れているんだよ。だから、私が物心ついた時に兄貴はもう島にいなかった。島に住んでいた頃は、一度も会ったことがなかったんだよ」

——へえ、そうだったんですか！　お兄さんは36年生まれ、二郎さんは49年生まれで正しいですか？

「はい、昭和24年生まれです（笑）」

——子供の頃、お兄さんがプロレスラーになったということは知っていたんですか？

「知らなかったね。兄貴がフランスのパリから送ってきた写真を見てボディビルダーをしていることは知っていたけど、プロレスラーになったなんて家族の誰も知らなかったよ」

——その頃、二郎さんの将来の夢は？

「パイロットになるのが夢だったよ。運動はサッカーをしていたけど、母親は私がプロのスポーツ選手になることを嫌がっていたからね。でも、16歳の時に私は先生と喧嘩して、高校を退学になったんだ。いつも喧嘩ばかりしていた不良だったから、パイロットなんて夢のまた夢だよ（笑）」

——二郎さんが島を出たのは、いつ頃なんですか？

「17歳の時だよ。一つ上の姉のエブリンと一緒に、パリへ行った。旅費を出してくれたのは兄貴。貧しい島で暮らすよりも、パリで働いた方がいい。だから、出稼ぎする島民も多かった。フランスはマルティニーク島に暮らす人間にとって、憧れの国だったからね」

——そこでお兄さんと初めて会うわけですね。

「いや、その時は兄貴とは会えなかった。兄貴は、擦れ違いで島に帰っていたんだよ。プロレスで貯めたお金で、兄弟、祖父母を含めて家族全員をパリに移住させようと両親を説得に行ったんだ」

——立派なお兄さんですね。

「ああ、家族をハッピーにさせようと頑張る自慢の兄貴だよ。兄貴のおかげで、みんなパリに住むことができたんだ。そこで初めて会ったんだよ」

——お兄さんの第一印象は？

「身体が大きくて、怖かった（笑）。ボディビルでミスター・パリやミスター・フランスになったりしたから、凄い身体をしていたしね。でも、兄貴はほとんどパリにはいなくて、プロレスラーとして世界を飛び回っていた。母親は、兄貴が野蛮なプロレスをやっていることを嘆き悲しんでいたよ。あれはいつだったかな…一度、パリで兄貴の試合を観に行ったんだよ。あの頃、パリ市内では金曜日と土曜日に別々の場所でプロレスの興行があったんだ。私たちが行ったのは、ロジャー・デラポルトがやっていたエリーゼ・モンマルトルでの興行だよ」

——そこにジャック・クレイボーンが出場したんですね。

「いや、兄貴のリングネームはエディ・ウイリアムスだったよ。たまたまホームのパリで試合をしたんだ。それを父と姉と一緒に観に行ってね」

——それが二郎さんにとって、初めてのプロレス観戦ですよね？

「もちろん。兄貴はベビーフェースで人気者だった。試合は勝ったから良かったけど、観ていてプロレスは怖かったよ（笑）。後で姉が教えてくれたんだけど、隣で観ていた父親は懐に包丁を忍ばせていたんだって」

——包丁を？

「そう。息子が相手に何かされたら、助けに行くつもりだったみたい（笑）。今だから笑える話だけど、父親は真剣だったらしいよ。その時、私自身はプロレスに対して、あまり興味を持たなかったんだよね。本当に怖いだけだったから（笑）」

——お兄さんが日本に初めて来たのは、その頃でしょうかね。66年11月に、エディ・モレアという名前で日本プロレスに初来日しています。

「モレアと名乗っていたの？　日本へ行った話は聞いていたよ。兄貴は世界中のいろんな国から、母親宛てに絵葉書を書いて送ってきたからね。その中に日本からのもあったよ」

——12月3日、フリッツ・フォン・エリックが初来日した日プロ初進出となる日本武道館興行のセミで、お兄さんはターザン・ゾロ（ハンス・モーティア）と組み、吉村道明&大木金太郎のアジア・タッグ王座に挑戦しているんですよ。

「ブドーカンで！　それは凄い。初めて聞いた。ハンス・モーティアはオランダ出身で、アメリカで成功した有名選手だったと聞いているよ」

——ところで、パリに移住して何の仕事をしていたんですか？

「父親は、セキュリティーの仕事。私は、車の修理工場で見習いをしていたんだ。でも、18歳になると兵隊に行かなくてはならないんだよ。1年間の兵役を終えてから、また車の修理工場で働き出したけど、その頃も街で喧嘩ばかりしていた不良だったね。あれは70年7月だったかな、新聞に『ミッション・ジム』というレスリング学校の生徒募集の広告が出ていたんだ。それを見て、なぜか衝動的に入門したんだよ。そこのミッションという名前の初老のオーナー兼コーチが兄貴の知り合いでね。私が弟だと知ると、喜んでコーチしてくれたんだ」

——それはプロレスラーの養成所なんですか？

「いや、プロの選手も練習するために出入りしていたようだけど、基本的に教えるのはアマレスだよ。実際にレスリングをやってみたら、面白くてね。プロレスもやってみたいなと、少し思い始めたんだよ。昼間は修理工場で働いて、夜はジムに通っていたんだ。父親は知っていたけど、母親には内緒だったよ。結局、バレて叱られたけどね（笑）」

——ところで、お兄さんは現在もお元気なんですか？

「オーストラリアのシドニーに近いヒルズデールという街に住んでいるよ。もう30年くらい会ってないけど、たまに電話するんだ。リタイアして、悠々自適の生活だよ」

兄のジャック・クレイボーンは、欧州諸国の他、東南アジア、オーストラリア、ニュージーランドなど世界を飛び回るジャーニーマンだった。

70年5月に田中忠治、寺西勇らが東南アジアに遠征した際、現地で一緒になった彼にオファーを出し、2ヵ月後の『ビッグ・サマー・シリーズ』で国際プロレスに初上陸。このシリーズは初来日の強豪エドワード・カーペンティアやジャック・デ・ラサルテスに注目が集まったが、クレイボーンの黒豹のようなシャープなドロップキックもファンの目を引いた。

そして、もうひとつ注目されたのが前年の『ワールド・チャンピオン・シリーズ』にベネズエラ代表として来日したレイ・ゴールデン・アポロンと血縁関係にある留学生第1号・黒潮太郎との〝褐色の英仏領カリビアンコンビ〟だった。この時、吉原社長は太郎の教育係をクレイボーンに依頼。2人はオフも道場で日本人選手たちと一緒に練習し、クレイボーンは最終的に10月下旬まで日本に留まる。

この長期滞在で、彼は国際プロレスに「留学制度」があることを知った。

――パリ時代、お兄さんはよく帰ってきていたんですか？

「本当に、たまにだけどね。あれは70年の暮れか年明けか、兄貴が帰ってきて、またパリで試合したんだ。その時にマイティ井上さんもフランスにいて、兄貴が家に連れてきたんだよ」

――ということは、井上さんが初めて会った国際プロレスの選手だったわけですね。

「初めて会った日本人だよ（笑）。とても明るくて、いい人だった。その時、初めて兄貴にレスリングのジムに通っていることを告げたんだ。まあ、特に反応はなかったけどね（苦笑）。それで…ジムに通い始めて半年経った頃、71年4月に母親が急死したんだよ。私は母の死を知らせようと、兄貴を探したんだ。どこの国で仕事をしているのかわからなくて、家族で手分けして探したよ」

――71年4月ということは、日本にいましたよ。その時は2月の『ＡＷＡビッグ・ファイト・シリーズ』に来日して、そのまま春の『第3回ＩＷＡワールド・シリーズ』にも残留したんです。

「そう、日本にいたんだよ。国際プロレスにね。プロモーターのデラポルトに聞いたら、やっと日本にいることがわかって、国際電話で母の死を伝えたんだ。でも、兄貴は帰ってこなかったよ」

――カール・ゴッチ、ビル・ロビンソン、モンスター・ロシモフらが参加した大きなリーグ戦の最中でしたからね。

「たぶん、〝シリーズに穴を開けられない〟、〝吉原社長に迷惑をかけられない〟と思ったんだろうね。母親はプロレスを嫌っていたから、私は亡くなったのを機にジムを辞めたんだ。そうしたら、父親に〝お前、母親に何を遠慮しているんだ。やりたいことがあるならば、最後までやりなさい〟と叱られたよ。そして、兄貴からも連絡があって、〝お前、本当にプロレスラーになりたいんだったら、日本へ来い。俺が吉原社長に頼んでみる。ただし、中途半端な気持ちでは来るなよ〟と言ってきたんだ」

――お兄さんはその後も帰国せずに、続く夏の『ビッグ・サマー・シリーズ』も残留しました。おそらく二郎さんの受け入れに向けて、奔走していたと思います。

「そうだろうね。こっちもビザを取得するために、ポーズ写真やプロフィールを日本に送ったり大変だったよ。その後、兄貴が航空チケットを送ってきてくれたんだ」

――いよいよ二郎さんも日本へ行くことになったわけですが、不安はなかったんですか？

「あれは71年6月だよね。家族と別れるのは辛かったけど、プロレスラーになれるという期待もあったから平気だったよ。でも、飛行機に乗ったら不安だらけになった。私はフランス語しか話せなかったからね。機内のアナウンスはフランス語じゃなかったし、入国審査の用紙も書き込めない。羽田空港に着いても、イミグレーションで私だけが取り残されたよ。周りに英語は話せても、フランス語のわかる人間がいなかった。泣きそうになって、帰りたくなったよ。兄貴が来てくれて助けてもらって、やっと入国できたんだ」

――いきなり大変だったんですね。そのまま渋谷にあった合宿所に入ったんですか？

「いや、兄貴はガイジンの宿舎の高輪ホテルに泊まってい

国際プロレスに留学するにあたって撮影されたファイティングポーズ。当時、二郎は21歳で、本人の手元に残っている唯一のパリ時代の写真である。

たんで、まずそこで一泊。その翌日に、渋谷の三貴ビルの8階にあった事務所で吉原社長と会ったんだ。いい身体をしているから、最初はレスラーかと思ったよ。社長はとても優しくて、お父さんみたいな人だった。その後、地下の道場へ行ってね。木村さん、寺西さん、大剛さん、浜口さん、大磯さん、田中忠治さん、村崎さん、本郷さん、黒潮太郎、鶴見さん、大位山がいたかなあ」

――日本流の練習には、すぐに対応できたんですか？

「初日は受け身とブリッジの練習をして、兄貴と軽いスパーリングをやった。受け身の取り方は、日本とフランスでは違ったよ。最初は練習が辛いというよりも、日本語がわからなくてパニックになった。だから、ホテルに帰って泣いたよ。初日からホームシックになって…。そうしたら、兄貴に〝お前、甘えるな！〟と凄く怒られたよ。確かにここまで全部、兄貴がいたからできたことだからね。翌日から、ビルの9階の合宿所に放り込まれた」

――鶴見さんと大位山さんが同期で、一緒に入団会見をしましたね。

「憶えてるよ。それも言葉がわからないから、緊張した。私は英語もまったくダメだったから、練習の時も言葉がわからないんで、みんなに笑われたよ。それが辛くて、悲しかった。特に大剛さん、大磯さんは意地悪で、随分イジメられたよ。大磯さんは、若手の力を試すためにリングで相撲を取るんだ。ロープにあの人をガーッと押し込んでやったら、あまりにも私の力が強いからビビってたよ（笑）」

――大剛さんは、後年にカルガリーで一緒になりますよね。

「あの人は、その頃から大嫌いな先輩だった。カルガリーでも30年以上会っていないし、どこに住んでいるのかも知らないよ」

――いろいろ辛い思いをしたんですね。

「だから、何度もパリに帰りたいと思って泣きました。でも、いい先輩もいたよ。木村さん、浜口さん、寺西さんは厳しいけれども、いい先輩。寺西さんにはキーロックを逆さまに掛けて、怒られたけどね（笑）。同期の鶴見さんは私と一生懸命に会話しようとしてくれて、いい友達になれました。でも、大位山は相撲で活躍した人だから、ちょっと態度がデカかった」

――日本の食事は、どうでした？

「国際はちゃんこがなかったから、外食ばかり。道場の近くのスナックで、焼きそばやカレーライスやピラフを食べていたから大丈夫だったよ。一人で食べに行く時は、メニューに写真がある店に行っていたね」

来日して半月後、早くもデビューの日がやってきた。リングネームは、本名をひっくり返したような『エティフィア・ジェラール』。7月6日の『ビッグ・サマー・シリーズ』開幕戦は、新IWA世界ヘビー級王者としてAWAから凱旋帰国したストロング小林が初防衛戦を行う大事な大会だったために、東京体育館という大きな舞台が用意された。その第1試合に、佐野先風とのデビュー戦が組まれたのである。

キャリアが3年先輩の佐野を相手に、エティフィアは10分時間切れ引き分けで初陣を終える。ただし、その後は最終戦まで全敗だった。

そんな彼に新しいリングネームが与えられた。遂に『稲妻二郎』の誕生である。

吉原社長から与えられたこの名前で、続く『ダイナマイト・シリーズ』から再スタート。何と3戦目に初勝利を挙げた。

――デビューは、誰から告げられたんですか?

「兄貴から、〝試合させるぞ〟って。ビックリしたよね。たぶん寺西さんがチェックしてくれていて、思ったよりも私ができると判断したからじゃないかな。それで兄貴に伝えるように言ったんだと思う。佐野さんは、大きい選手だったよ。あの人は相手のキックを食って肺を悪くして、半年休んでいたらしくてね。これが復帰戦だったみたい。でも、シリーズの途中でまた肺を痛めて、そのまま引退しちゃった。可哀想よ。私のデビュー戦？　試合内容は憶えてないよ。それよりも東京体育館は大きいでしょ。いきなりあんなにたくさんのお客さんが観ているリングに上がったんで、緊張で足が震えたのだけは憶えてるよ」

――そのシリーズは、紫鬼三、大剛鉄之助、ミスター珍、大磯武、本郷清吉といった先輩たちと戦いましたね。

「みんなキャメルクラッチ、ボストンクラブ、バックブリーカーとかギブアップさせる技を決めてくるんだ。新人は、

“褐色の豹”ジャック・クレイボーン（左）は60年代前半にフランスのパリでデビューし、世界各国をサーキット。彼が国際プロレスと接点を持ったことで、『稲妻二郎』が誕生した。

みんなそうされるのよ。村崎さんは合宿所でも誰とも一緒に行動しないで、独りでした。本郷さんは、とても心の優しい先輩。草津さんの付き人をしていて、殴られたりして可哀想でした」

――そのデビューしたシリーズは、お兄さんも残留して試合をしました。いろいろとアドバイスは、もらえたんですか？

「デビュー戦の日から毎日、兄貴は私に細かいアドバイスをしてくれたよ。兄貴は2月からずっと日本にいたけど、このシリーズを終えたら別のテリトリーに移動することになっていたから、私に教えられるだけのテクニック、戦うためのスピリット…何でも教え込もうとしたよ。本当にありがたい兄貴だよ」

――鶴見さんは、〝二郎は日本に来たばかりの頃、人相が凄く怖かった。あの草津さんも『あいつ、怖いよ』とビビっていた〟と言っていましたよ（笑）。

「パリで不良だったんで、顔は傷だらけだし、目つきも悪くて、今にも噛みつきそうな口元をしていたから、そう思ったらしいよ（笑）」

――次のシリーズから『稲妻二郎』というリングネームが与えられましたが、この名前は気に入りましたか？

「吉原社長に、これで行けと言われました。私には名前の意味がわからなくて、良いとも悪いとも言えなかったなあ。そうしたら、鶴見さんが〝日本では昔から兄弟にタロウ、ジロウ、サブロウ、シロウ、ゴロウ…って名前を付けるんだ〟と指を折りながら教えてくれたんだよ。それと移動中のバスで空を指して、〝ほら、あれが稲妻だよ〟と教えてくれたのも鶴見さんでした。それから急に〝とてもいい名前だなあ〟と感じ出したんだよね（笑）。兄貴がいなくなって最初のシリーズでしょ。一人で頑張るためには、この名前はいいチャンスだったよ」

――9月10日、『ダイナマイト・シリーズ』第3戦の刈谷市体育館大会で、その鶴見さんを相手に初勝利を挙げました。これも異例のスピードでしたね。

「鶴見さんは、私の1週間後にデビューしたんだよね。最初から器用で、巧い選手だったよ。鶴見さんと初対戦で初勝利…憶えてる。とても嬉しかったから」

――鶴見さんには勝てても、同期の大位山さんにはなかなか勝てませんでしたね。

「大位山は相撲の名前でやるとかやらないとか言っていて、結局リアルネーム（松本勝三）でやることになってね。デビューが私よりも2ヵ月遅れたよ。身体はデカイけど、不器用な人でね。でも、デビューした頃は少し特別扱いされていたから。大位山は先にアメリカへ修行に行ったけど、帰って来たら逆に私の方が良くなっていて、彼に勝てるようになったよ」

――先ほどイジメの話が出ましたが、試合中に突然、先輩からシュートを仕掛けられたりしたことは？

「突然じゃないよ。いつもだよ。大剛さんや大磯さんは、やりたい放題で仕掛けてくるんだ。だから、カール・ゴッチの弟子のシュートが強いことで有名なチャールズ・ベレッツ（ジョニー・ロンドス）が〝俺が見張っててやる〟と言ってくれてね。わざわざ私のセコンドに付いてくれて、リングサイドで睨んでいたら、あの人たちはビビって大人しい試合をしていたよ（笑）」

――同じ留学生の黒潮太郎は、どうでしたか？

「太郎はウェイトトレーニングばかりやって、スクワットやプッシュアップをやろうとしないんだ。怠け者で、この年の暮れにトリニダード・トバゴに帰ったよ。次の年の秋に、太郎は凱旋帰国ということで国際のシリーズに合流したけど、田中忠治さんに対して〝ワタシは、もうヤングボーイじゃないよ〟と練習するのを拒否したわけ。私はその後、2日連続で太郎と組んでね。2日目（9月25日＝柳川市営公園）は、珍さんを入れた初めての6人タッグ。相手は韓国の3人の留学生たちよ。そこで南海山が太郎にシュートを仕掛けて、ボコボコにしちゃったんだ。たぶん、南海山は田中さんにけしかけられて、やったんじゃないかな。太郎は、その2試合で帰っちゃったよ」

――ところで、日本語はどうやって覚えたんですか？

「兄貴から選手同士のコミュニケーションが大事だと言われていたから、事務所にタヒチに住んだことのあるフランス語が上手い女性が通訳としていたんで、彼女と日本語の特訓をしたよ。それとね、最初の年のクリスマスにみんなが自宅や実家に帰ってしまって、合宿所で私一人で年越ししたんだよ。寂しかったけど、テレビを観て日本語を覚えようとしたわけ。年末になると、歌番組ばかりやるでしょ？コンクールとかいろいろ」

――日本レコード大賞や紅白歌合戦ですね。

「そうそう！　この年は小柳ルミ子が『私の城下町』で新人賞を獲ったでしょ。大晦日の歌合戦でも歌っていたよ。あの歌が気に入ってね。年が明けて、選手たちが合宿所に来た時に私が3番までフルコーラスを歌ったら、みんなビックリしていたよ（笑）。私は半年で、ほとんど日本語が喋れるようになった」

――この時期、八木宏が15歳で入門してきましたよね。

「八木は、とにかく身体が硬いんだよ。正座もダメだし、アグラもちゃんとかけない。だから、腰を浮かして正座するわけ。すると、その足の上に先輩たちが乗るんだよね。八木は悲鳴を上げてたよ」

――そんなに硬かったんですか？

「私はプロレスラーの良い悪いは、まず身体が柔らかいかどうかを見るようにしている。硬い選手がすべて悪いかといえば、決してそうではないけど、正しい運動をするためには、怪我をしないためには必要な条件だと思うよ。ただ、ムチャな運動は身体を壊す。田中忠治さんがフランスから帰ってきてからは、八木と私があの人に無意味にシゴかれたよ。足の運動を500回、1500回、2500回と増やして、途中でジャンプも入れろとかムチャクチャなことを言うんだ。あれじゃ、膝を壊すよ。韓国から来た留学生たちも同じで、キツく当たられていたなあ。ヤーン・ヘルマンソン？　彼は日本酒を飲んで、日本の新聞も読めた。でも、プロレスは全然ダメで、すぐに辞めたよ」

——その後に入ってきた米村勉は、どうでした？

「あの人は凄い力持ちなんだよ。身体が硬くても、それを補うパワーと強い足腰があればいいわけ。米村さんと大位山の作るちゃんこは、美味いのよ。米村さんは、ハートがいいよね」

——国際時代は、スネーク奄美さんともよく対戦していますね。

「あの人は巧い選手。スネークという名前通り、身体も柔らかいしね（笑）。私はスネーク、鶴見さん、寺西さんと戦うのが大好きだったよ。カードが貼り出されて、この3人が相手だったら本当に嬉しかった。勝ち負けは関係ない。寺西さんと大阪府立体育会館で最初に戦った時のことは、よく憶えてるよ（72年2月1日）。初めて戦ったメインイベンターだから。本当に戦っていて巧いと思ったし、プロレスが初めて楽しいと思ったね」

——若松市政さんは、やっとデビューできた感じでした。この人とは、カルガリー時代を含めて長い付き合いになりますよね。

「若松さんは人間的に最高なんだけど、プロレスが下手だよ。身体の硬さ以前に、運動センスがない。国際時代もそうだけど、カルガリー時代だって下手だったから、マネージャーになったんだよ。ミスター珍さんも同じ。よくタッグを組まされたけど、あの人は体力がないから、私一人で試合をして大変だったよ（笑）」

——この時期の国際プロレスはヨーロッパ路線からゆっくりとAWA路線に方向転換した頃で、二郎さんも欧米の超一流レスラーと接することができました。その中で、モンスター・ロシモフことアンドレ・ザ・ジャイアントは同じフランス人ですよね。

「アンドレは私に〝ポンピドゥー〟というフランス大統領の名を付けて、どこでもそう呼んでいたよ。親友のイワン・

バイテンと一緒に日本人宿舎まで来て、大声で〝ポンピドゥー!〟と呼び出すの。それから一緒に飲みに行くんだよ。だから、私はツアー中、彼の世話役みたいな感じだった。アンドレだけじゃないよ。私が着替えるのはいつもガイジン側の控室だったから、いろんなことを選手たちに頼まれる。だから、英語だって結構喋れるようになったもん。ドン・レオ・ジョナサンやレッド・バスチェンなんかと仲良くしていたよ」

——国際に来た外国人選手では、マッドドッグ・バションやエドワード・カーペンティアもフレンチですよね。

「そうだよ。バションは、とても優しいオジサン。確か大剛さんを気に入って、カナダへ連れて行ってしまったよね。私は嫌な先輩が一人いなくなって、嬉しかったよ(笑)。カーペンティアは、頭が固い人だったな」

——その頃、ビル・ロビンソンの教室にも参加していますよね?

「ロビンソンとはスパーリングもしたけど、凄く強い人だよ。でも、私がスパーリングした中で一番はジョージ・ゴーディエンコ。あの人の腕の力と足腰の強さは半端じゃなかった。その時代はトップのガイジンとは試合をしなかったけど、ティト・コパとかレジー・パークスとは戦った。あとは珍さんと組んで、ハンディキャップマッチでケン・パテラとも戦ったね。パテラは大人しくて、いい人だよ。彼らは最高の教科書だったよね。道場で先輩に教わることよりも、アメリカやヨーロッパの選手の試合を観て学ぶことの方が多かったかもしれない(笑)。そういえば、ディック・ザ・ブルーザーとクラッシャー・リソワスキーが名古屋で金網マッチをやって暴動になったでしょ(72年11月27日=愛知県体育館、小林&草津しのWWA世界タッグ防衛戦)。私、あの時に一人のお客さんと揉めたんだけど、それがヤクザだったのよ。社長が謝ってくれたんだけど、大変な騒ぎになっちゃってね。あれは忘れられないよ(笑)」

73年夏、順調にキャリアを積んでいた二郎は思わぬアクシデントに見舞われる。交通事故に遭って膝を骨折し、入院を余儀なくされたのだ。

さらに翌74年春にはストロング小林の離脱とTBSのテレビ中継打ち切りにより、団体は経営危機に直面。再建に向かう中で二郎は地道にポジションを上げていったものの、同時に留学生としての「限界」を感じるようになった。

その打開策として本人はアメリカ武者修行を切望していたが、吉原社長から突然、予想外の命令が下される。

「マスクを被って試合しろ」

こうして〝黒い稲妻〟はリングから姿を消し、〝恐怖の暗黒仮面〟が国際マットに来襲（?）。木村、草津ら日本陣営の主力たちと血みどろの戦いを繰り広げることになる。


――交通事故に遭った時は、どういう状況だったんですか？

「夜に大宮でポスター貼りをしていたら、酔っぱらった水商売の女性の車にハネられたんだ。相手はヤクザの女だったから、金は取れなかったみたい（笑）。それよりも私は試合ができなかったのが辛かった。松葉杖姿で会場に行ったら、ブラックジャック・マリガンやグレッグ・ガニアが気を遣ってくれたよ」

――約2ヵ月欠場して、73年10月末の『ビッグ・ウィンター・シリーズ』で復帰しましたが、いきなり寺西、井上、浜口といったメインイベンターと3連戦しましたよね。

「寺西さんを相手にカムバックしたのは、よく憶えてる。井上さん、浜口さんとは初対戦だった。厳しい人たちだけど、みんないい先輩。私の膝を攻めずに、別の方法でいい試合を作ろうとしてくれたから。〝怪我から復帰した人間とは、こういう風に戦うんだよ〟と手本を見せるようにね。そういう先輩たちの気持ちが嬉しかったよ」

――年が明けてから、国際プロレスはゴタゴタが続いて厳しい状況に追い込まれましたよね。

「でも、みんな明るくポジティブだったよ。小林さんが抜けた後は、ジャイアント馬場さんたちがヘルプに来たよね。全日本の選手は、みんないい人だった」

――その時、二郎さんは浜口さんと組んで、大熊元司＆高千穂明久、サムソン・クツワダ＆高千穂と戦っています。

「大熊さんはデカくて、力があって、本当のクマみたいな選手。でも、心の優しい人だよ。同じシリーズに来ていたセーラー・ホワイトも大酒飲みだったけど、大熊さんはもっと飲んだ（笑）。高千穂って、カブキさんのことでしょ？この人のレスリングは巧いよ。観ていても戦っても勉強になる。クツワダさんも大きいわりに器用な選手だったような…あまり記憶に残ってないなあ」

――その頃の二郎さんは、前座にしておくのがもったいない新人の域を超えた巧さがありましたよ。

「ガイジンのトップの選手たちも、そういう目で私を見てくれていたみたいだね。〝ここで留学生として試合をやっていても、ずっと前座のままだぞ。それよりもアメリカへ来いよ。キミならば、必ず稼げるぞ〟と声をかけてくれた。レッド・バスチェン、ビリー・グラハム、ラリー・ヘニング、ビル・ワット…いろんな人に誘われたよ。決して試合で手を抜いたことはないけど、珍さん、米村さん、大位山、若松さん…毎日、同じ人たちと前座でやっていたから、進歩がなくなっていた。当時、マッチメーカーは草津さんで、あの人は小林さんと自分まで。どういうことかというと、それより下の選手をアメリカの大きいテリトリーへ出そうとしなかった。特に提携していたAWAにはね。理由は、自分よりビッグになられると困るからだよ。オファーがあっても、草津さんが握り潰していたんじゃないかな」

――二郎さんもAWAに行けていれば、また別の人生があったかもしれないですね。

「そうだろうね。大位山はテネシー、鶴見さんや八木も前の年にヨーロッパに行ってるでしょ。私はAWAじゃなくてもいいから、国際プロレスの選手としてピュアな気持ちで外国へ修行に出たいと思っていたよ」

――でも、74年6月の『ビッグ・サマー・シリーズ』で、二郎さんは『ザ・ワイルド・ヌウ』というマスクマンに変身しますよね。

「ハハハッ、何で知ってるの?」

――正体はバレバレでしたよ(笑)。

「あれは突然、〝次のシリーズは、これを被って試合しろ〟と社長が言うもんで…」

――ちょうどテレビ中継がない時期で、外国人選手を呼ぶ資金が不足していたからでしょうね。

「マスクを被るのも初めてだけど、ヒールをやるのが難しくてね。木村さんとは福岡でシングルをやったよ(7月1日＝九電記念体育館)。どこかで木村さんと金網マッチもやったな。う〜ん、ケセンヌマ…」

――7月13日、気仙沼スターレーン・ボウリング場横大会

74年6月開幕『ビッグ・サマー・シリーズ』に出現した『ザ・ワイルド・ヌウ』（正体は二郎）。恐怖のブレーンクローで寺西勇を血だるまに！

ですね。記録ではセミファイナルですが、金網を設置する問題で実際はメインイベントだったはずです。

「金網の中にいる木村さんは、凄く怖かった（苦笑）。それからチェーンマッチも何回かやったよ」

——田中忠治、アニマル浜口、グレート草津とやっていますね。いずれもメインでした。

「そのシリーズの前半にアンドレ・ザ・ジャイアントが来ていたけど、彼が帰ったら急にデスマッチばかり出されたんだ（笑）。あれはチェーンの使い方が難しいのよ。しかも、夏だからマスクは臭くなるし、流血して汚れるし、大変だった（笑）。本音を言えば、日本人になろうと努力してきたのに、ガイジン扱いされるのはちょっぴり抵抗があったよ。ただ、普段は戦えない上の人たちとメインで戦う経験ができたから、かなりビッグハートになれたかな。そこは社長に感謝している。まあ、次のシリーズから何事もなかったように、前座の稲妻二郎に戻されたけどね（笑）」

——その年の6月にはスチュ・ハートの長男スミス・ハートが留学生としてカルガリーから来日し、9月にデビューしていますね。

「大剛さんから送られてきたんだ。戦ったけど、この人はダメよ。練習しないし、すぐカルガリーに帰ったでしょ。他のハート兄弟とは出来が違う。カルガリーでもドラッグをやったり、父親に頼まれて地方会場で集金した売上金を持ち逃げしてプエルトリコに高飛びしたり、とにかく問題だらけの長男だったよ」

——二郎さんの試合として特筆すべきは、東京12チャンネルの中継が開始後、74年9月28日の宮崎ヘルスセンター大会で草津さんと組み、ビリー・グラハム&バロン・フォン・ラシクと戦いました。セミ出場だけでも驚きなのに、反則絡みながらも勝利したのは快挙でしたよ。

「それ、よく憶えているよ。どうしても海外に行きたいという気持ちになった大きなキッカケの試合だからね。後でグラハムに聞いたら、彼が草津さんに私をもっと上で使えと言ってくれたみたい。さっきも名前を出したけど、グラハムはしきりに私をアメリカに誘ってくれた人なんだよ。でも、その翌日はセミから前座に一気に落とされた。それが草津さんのマッチメーク（笑）」

——74年11月開幕の『ワールド・チャンピオン・シリーズ』にはバーン・ガニア、ニック・ボックウィンクル、レイ・スティーブンスらAWAのトップ勢が特別参加しましたが、彼らが帰国すると二郎さんはまたマスクを被らされ、今度は『ザ・キラー』として外国人側で試合をしていますね。

「ザ・キラーって、ワイルド・メウをやっていた時のパートナーのキャラクターなんだけどね（笑）。初代の中身は、ベンジー・ラミレス（ザ・マミー）。草津さんは味をしめて、〝ガイジン不足だから、これを被ってザ・キラーでやれ〟って。なぜか2代目を私がやらされた（笑）。確か金網で井上さん、寺西さんと戦ったよ。金網マッチは、いつも流血戦。だから、草津さんはやらないの（笑）。ヌウの時は金網が怖かったけど、キラーの時は慣れたから楽しくなった（笑）。何事も経験だけど、死んだ母親が観たら失神するよ（笑）」

——75年3月には、お兄さんのジャック・クレイボーンが久々に来日しました。テレビ放映も2度あって、兄弟タッグは話題になりましたね。

「メインで、初めて兄貴と組んだ試合はよく憶えているよ（3月10日＝後楽園ホール）。相手は草津さんと寺西さん。嬉しかったけど、凄く緊張した。それとテレビ撮りで、木村さんと浜口さんのチームとも戦った（4月10日＝足立区体育館）。素顔の稲妻二郎として、こんないいカードに出られて、いい試合ができてハッピーだったよ。でも、兄貴は私を決して褒めたりしないんだよね。厳しくアドバイスはされたけど…。このシリーズにマッドドッグ・バションが来ていたでしょ？　この何年か前から兄貴はバションがプロモートするモントリオール地区でも試合をしていて、〝今度、大きなタッグのトーナメントをやるから、兄弟で参加しないか？〟とオファーされていたんだ。バションは73年に2度来日していて、私のことも良く知っているのよ。だから、この時に兄貴と一緒に来日して、私をモントリオールへ送ってくれと吉原社長に頼んだんだ。さすがに草津さんも兄貴とバションの頼みだし、吉原社長もOKしたから、文句は言えなかったみたい（笑）」

――そういう経緯で約4年間続いた留学生生活を一段落させ、カナダに出発したわけですね。

「ただ、この頃の私はあくまでも日本をホームにしようと思っていたからね。離れるのは寂しかったし、〝必ず日本に帰って来る！〟という気持ちで旅立ったんだよ」

――団体側は、〝稲妻二郎をカナダのモントリオール地区に武者修行に出す〟と発表しました。つまり二郎さんを完全な所属選手として扱っていたことになります。

「それって、ありがたいことよ。だから、外国からの留学生としてではなく、国際プロレスの正式メンバーとして日本に戻って来るつもりだった。カナダは初めて行く国だから不安もあったけど、希望も大きかったよ。兄貴が一緒だったのも心強かったね。でも、それが予想外の長い旅になったんだ」

75年4月末、二郎が向かった遠征先はバションがボスのGPW（グランプリ・レスリング）。前述通り、兄弟は現地のタッグ・トーナメントに参加した。

そして、2人は5月25日にオンタリオ州スカボローで、クルト・フォン・ヘス＆フライング・コッツマンからGPWタッグ王座を奪取する。だが、ベルトを巻いたことで同地区滞在は予定に反して長引いてしまった。

11月になると、兄弟はカナダ中西部のスチュ・ハートがプロモートするカルガリー地区に転戦。以降、ここは二郎の海外における主戦場となった。

――GPWに入った時のリングネームは、本名でしたね。

「向こうはフランス系が多いから、本名のジェラルド・エティフィアだった。でも、英国系の土地もあって、そこではジェラルドがジェリーになる。兄貴はエドワルド・エティフィアだけど、現地に長くいたエドワード・カーペンティアが〝名前が被るから、改名しろ〟と文句を言ってきたみたい。神経質なオジサンだよね（笑）。兄貴は数年前からこの地区に来ていたから人気者だったし、〝今度、俺の弟を連れて来る〟と宣伝してくれていたんで、私はベビーフェースとしてすぐに受け入れられたよ。でも、カナダは移動が大変だった。しかも兄貴が練習で厳しくするから、遊ぶ時間がなかったよ（笑）。当時、あそこのマッチメーカーはキラー・コワルスキーで、その時期はバロン・フォン・ラシクやセーラー・ホワイトがいたよ。ラシクは国際でも戦ったけど、コワルスキーなんて超ビッグネームでしょ？　試合をした時は、足が震えたよ（笑）」

――5月にはお兄さんと組んで現地でタッグ王者になり、3ヵ月間保持しました。

「私にとって最初のタイトルだから、嬉しかったよ。吉原社長との約束は1ヵ月だったけど、ベルトを獲ったことで延びてしまったんだ。でも、日本ではセコンドとして観ていただけのスター選手たちと試合ができたのは、いい経験になったね」

――ベルトを失ったのは8月26日、モントリオールでのセーラー・ホワイト&プリティボーイ・アンソニー戦でした。9月2日がモントリオール地区での最終戦ですね。

「その日に兄貴、バションとトリオを組んで、コワルスキー&ホワイト&アンソニーと戦ったのが最後。私は、これで日本に帰れると思ったの。そうしたら、兄貴はスチュ・ハートにすでに連絡していて、11月からカルガリーにブッキングされていたんだよ。〝帰れなくて、ゴメンナサイ〟と吉原社長に連絡したら、怒ってた（苦笑）。でも、その時の私は兄貴の命令が絶対だったから。カルガリーは、三男のキース・ハートがマッチメーカー。スチュの家の地下の道場では、セメントのスパーリングをやったよ。彼はセメント好きだからね。私がキースとギル・ヘイズをセメントでやっつけたら、スチュに気に入られた。ただ、スチュは凄くいい人だけど、奥さんは怖かったよ（笑）」

――ここでミスター・ヒトと出会うことになりますね。

「私が〝お疲れ様です！〟と日本語で声をかけたら、ビックリしてた（笑）。ヒトさんも、とてもいい人。身体がデカくてセメントも強いから、他の選手たちは一目置いていたよ。私たちが仲良く日本語で話すのを遠くから見て、みんな不思議がっていた（笑）。その頃、ヒトさんはヒールだから、私の対戦相手。試合の駆け引きが凄く巧い人だし、やり甲斐があったよ」

――お兄さんとは、カルガリーのホテルで同居していたんですか？

「最初の1週間だけね。それからは別々に部屋を借りたから、仲間たちと遊びに行く時間もできた（笑）」

――結局、カルガリーが永住の地になるわけですが、どこが魅力だったんでしょうか？

「まずレスリングが体質に合ったんだよ。モントリオールもいいけど、あそこはアマレス重視みたいなところがあってね。カルガリーは日本のプロレスに似ていた。時々、セメントが混じるんだ。ファンの気質もモントリオールよりカルガリーの方が合っていたし、私がヒールにやられて、兄貴もやられて、そこから逆襲する時のお客さんの爆発の仕方は半端じゃなかったよ（笑）。土地柄も気候も私に合ったんだろうね。でも、その頃は日本がホームタウンだという意識が強かったよ。ただ、日本は団体行動だし、上下関係が厳しい世界だけど、ここは個人の世界。先輩として接するのはヒトさんだけで、あとはすべて自己管理。ベビーフェースとヒールが一緒に食事に行けないぐらいで、それ以外は自由なんだ」

――ところで、カルガリーでお兄さんが『エディ・モロー』、二郎さんが『ジェリー・モロー』と名乗ったのは、どういう理由からなんですか？

「兄貴が勝手にその名前にしたから、私もそうしただけ。どういう意味があるのか今も知らないよ（笑）」

――12月26日には、お兄さんと組んでヒト&ギル・ヘイズからカルガリー地区版インターナショナル・タッグ王座を奪っていますね。

「これで正月に日本に帰るわけにはいかなくなったんだ。ベルトを落としたのは、次の年（76年2月20日）。相手はリッパー・コリンズとドン・ガニア（ピエール・マーチン）だったよ」

二郎が凱旋帰国したのは日本を発ってから10ヵ月後、76年2月開幕の『スーパー・ファイト・シリーズ』だった。しかし、本人の意に反し、外国人側として試合をさせられる。

その後は再び日本側として前座・中堅のポジションでファイトしていたが、続く『ダイナマイト・シリーズ』で大きな変化が起きた。突然、団体側の扱いが一変したのである。

――凱旋帰国のつもりで帰って来たら、いきなり外国人側に組み込まれましたよね。初戦はカルロス・コーラン（コロン）と組んで、相手は井上&浜口でした。

「ビックリしたよ。何かのペナルティーかと思った（笑）。でも、ガイジンと組んだのは開幕戦だけ。単にガイジン不足だったみたい」

――3月13日の堺町体育館大会では、寺西さんとのIWA世界ミッドヘビー級王座決定戦が組まれました。これが二郎さんにとって初のシングル王座獲得のチャンスであり、日本では唯一のタイトルマッチです。

「カナダで頑張った成果を見せられたと思ったけど、あれは悔しかったなあ。私、どうしてもチャンピオンになりたかったよ」

――注目は次のシリーズなんですが、今まで負けっぱなしだった浜口さんに3度続けて引き分けていますよね。さらに寺西さんとも2度引き分け、エースの木村さんとタッグを組むなど二郎さんの扱いが明らかに変わりました。

「確かにカナダに行く前と行ってからでは、みんなの私を見る目が違ったよね。向こうで多くの経験をしてきたことが活きたんだろうし、吉原社長も草津さんもそういうところを評価してくれたんだと思う」

――5月に開幕した『ビッグ・チャレンジ・シリーズ』では、アメリカから逆上陸してきた上田馬之助とも戦っていますね。

「おおっ、上田さん！　あの人もセメントが強いよ。それに試合も上手だった」

――7月になると、剛竜馬が海外修行を終えて凱旋帰国しました。同月4日、『ビッグ・サマー・シリーズ』開幕戦となる後楽園ホール大会で二郎さんは剛と特別試合を行い、結果は20分ドローでしたね。

「彼は全然ダメだよ。元々身体が硬いんだけど、大剛さんにイジメられたせいで、怖いからか身体が強張るようになってね。しかも練習は嫌いだし、試合も下手。外国から帰って来たら、余計に悪くなった。そんな人を持ち上げるのが嫌だったよ」

――同シリーズで23戦中、11試合も剛とタッグを組んでいますから、まるで二郎さんは教育係でした。

「吉原社長は、八木に期待をかけていたんだろうけどね。私だってカナダから帰って来て自分のために試合をやりたいのに、何でこのダメな人を教えなければならないのかと思ったよ」

――二郎さんは8月からまたカルガリーに行きましたが、よく吉原社長は送り出してくれましたね。

「社長は〝好きな時に戻って来い〟と、私を自由にしてくれました。その頃、カルガリーに遠征していた浜口さんのことも気になっていたみたいだけど」

――二郎さんが日本にいる間、ヒト&浜口が同地区版インター・タッグ王者になりましたが、8月27日にカルガリーで彼らを破ってベルトを奪ったのがエディ&ジェリーのモロー兄弟でした。

「いい試合だったよ。私のベストバウトかもしれない。キース・ハートをはじめ、選手全員が観ていたよ。我々4人が完全な日本流の試合をしたものだから、みんなビックリしてた。ベルトは9月にリッパー・コリンズ&ラリー・シャープに獲られたけど、10月にすぐ獲り返したよ」

――12月になってキューバン・アサシンズにベルトを奪われていますが、彼らのセコンドにはシューターとして有名なジョン・フォーリーが付いていたはずです。

「ビル・ロビンソンやカール・ゴッチにセメントで負けなかったと聞いてるよ。彼のカルガリーでのデビュー戦は、私との試合だったの。私もセメントが好きだから、選手たちが注目していたよ。確かにこの人は強いけど、大酒飲みだったね（笑）」

この後、兄弟は翌77年2月開幕の『第6回IWAワールド・シリーズ』に揃って参加。16人参加のリーグ戦で兄は

Aブロック、弟はBブロックに分かれて戦った。

しかし、兄はキューバン・アサシン2号に勝利し、鶴見と引き分けた以外はまったく振るわず、弟もアサシン1号に勝利し、剛と引き分けた以外は全敗に終わる。

さらにこのシリーズでは草津&井上が返上して空位になっていたIWA世界タッグ王座の決定トーナメントも並行して開催されたが、兄弟コンビは1回戦で杉山&剛に敗れ、あっさりと夢を断たれている。

そして、これが兄弟コンビとして最後の国際プロレス出場となった。失意のまま日本を経った2人は、方向性の違いにより海の向こうで〝分裂〟する。


――『第6回IWAワールド・シリーズ』は、兄弟にとってかなり厳しい結果になりましたね。

「私と兄貴の目標は、兄弟でIWA世界タッグ王者になることだったんだよ。モントリオールやカルガリーでベルトを獲ったけど、私たちはカナダよりも国際プロレスの方が思い入れは深かったから、あのベルトを巻きたかったんだ。でも、そのチャンスは開幕戦で打ち砕かれたよ。しかも、兄貴が八木にフォールを取られたのはショックだったね。私が腐っていると、菊池孝さんに〝ここ（国際）を出ないと、チャンピオンにはなれないよ〟と言われたし、兄貴も〝こんな扱いをされるなら、もう国際にこだわることはない〟と言いたげだった。実際、そうやって兄貴は長年、世界中を渡り歩いてきたんだ。私は兄貴が〝こっちに来い〟と言えば、それに従わなければならない。この世界に導いてくれた恩人だからね。でも、実際に選手として育ててくれたのは国際プロレスなんだ。私は、その狭間で悩んだよ」

――結局、4月から兄弟でカナダ西海岸のバンクーバー地区に向かいましたね。

「兄貴は以前、ハワイでジン・キニスキーを破ってノースアメリカン王座を奪ったことがあるんだ。2週間で奪回されたらしいけどね（笑）。そういう縁もあって、キニスキーが仕切っていたバンクーバー地区へ行くことになったんだよ。彼は、ビザを取るのも手助けしてくれたね」

――2人は7月11日、テキサス・アウトロー（ボビー・バス）&ジョー・ポラルディーからブリティッシュ・カナディアン・タッグ王座を奪っています。これがカナダで3つ目のタッグ王座でした。

「5月に王座決定トーナメントの決勝で敗れて、そのリベンジをしたんだよ。ここでも受け入れられて嬉しかった。移動はキツかったけど、キニスキーやドン・レオ・ジョナサンが一緒の楽しいサーキットだったよ」

――8月22日に王座から転落しましたが、相手はテキサス・アウトロー&ブラック・アベンジャー（ムース・モロウスキー）でしたね。

「その日が兄貴との最後のタッグになったんだ。次に行くテリトリーのことで大喧嘩したんだよ。兄貴は私をニュージーランドへ連れて行きたかったんだけど、私にはドイツへ行く話があってね。お互い譲らなくて、衝突したんだよ。それ以来、兄貴としばらく会うことはなかった。どこにいるかも、ずっと知らなかったしね」

――和解されたのは？

「私は83年にニュージーランドに遠征したんだけど、その時にプロモーターのスティーブ・リッカードが仲介してくれて久々に会った。その頃から、兄貴はシドニー近郊に住んでいてね。私はシンガポールへ移動する時に給油でシドニーに3時間だけ寄ったんだけど、空港で兄貴に6年ぶりに再会して…私から謝ったよ」

――そんなことがあったんですね。話を77年に戻すと、ドイツでは有名なハノーバー・トーナメントに参加しましたよね。

「カズウェル・マーチン、アクセル・ディター、コーリン・ジョイソン…それにヒトさんも出ていたよ。ディターがマッチメーカーだったけど、人気だけで試合はしょっぱい。その後、デュッセルドルフのトーナメントに参加して、それが終わってから前に家族で住んでいたパリに寄ったよ。父はもう死んでしまっていたけど、姉や兄たちに会えたのは嬉しかった。プロレスラーになるために日本へ旅立ったのが71年6月だから、6年ぶりのパリだったよ」

パリからカルガリーに戻った二郎は、78年2月にジョージ・ウェルズと組んでミッシェル・マーテル&ミスター・ヒトから同地区版インター・タッグ王座を奪取（4度目の戴冠）。兄以外のパートナーと組んで、初めてのタッグタイトルを手にする。

元日本プロレスのミスター・ヒト（安達勝治＝左端）は、77年6月にフリーとして国際プロレスに初参戦。78年4月開幕『スーパー・パワー・シリーズ』に参加した際は、二郎とのタッグ対決がメインやセミで何度も組まれた。

続いて4月から7月末まで国際プロレスに参戦し、2シリーズに出場した。その間のオフには東南アジアと韓国へ遠征に行き、8月2日にはソウル文化体育館でキム・イル（大木金太郎）の持つインターナショナル・ヘビー級王座に挑戦するというビッグチャンスを得る。

――78年3月10日には、カルガリーでミスター・ヒト&ミスター・サクラダ（桜田一男＝ケンドー・ナガサキ）を相手にインター・タッグ王座の防衛戦をしていますね。

「あれは、いい試合だったよ。桜田さんは初対面だったけど、とてもいい人で試合も巧い。その後、ヒトさんと一緒に国際に戻ってね。今でも憶えているのは、ヒトさんと最初に日本でシングルをやった時のこと（4月8日＝分水町総合体育館、両者リングアウト）。私たちは、カルガリーでやっているそのままの試合をしたのよ。木村さんや草津さんとか、みんな観ていてね。凄くいい試合をしたから、その後は私とヒトさんのカードがたくさん組まれるようになったよ」

――シリーズのオフには、東南アジアに遠征していますよね。全日本プロレスの天龍源一郎やキム・ドク（タイガー戸口）も一緒でした。

「その旅行中に天龍さん、ヒトさんとオイチョカブをやってね。私が勝って、2人からお金を巻き上げちゃったのよ。それをカナダのフィアンセに送金しようとしたら、〝俺の金を！〟と天龍さんが怒っちゃって大変だった（笑）。このツアーはスティーブ・リッカードのプロモートで、マーク・ルーインやキング・イヤウケアもいたよ。あれはインドネシアだったかな…私がイアウケアとヒトさんにイスでボコボコにされたら、観客がビンやイスを投げたりしてアリーナ中が大騒ぎになってね。お客さんが大興奮しちゃって、身の危険を感じたよ（笑）」

――帰国後もヒトさんとの抗争が続き、金網マッチに発展します（7月6日＝鹿角市大湯体育館）。結果は、両者KOでした。

「その試合もメインだったよ。お互いに信頼していたから、ヒトさんとはガンガンやれた。もう、その頃は金網は怖くなかったね」

――2日後の岩手県営体育館大会も、二郎さんとマスクド・アタッカー（ジョン・フォーリー）の金網マッチがメインでした。

「私は勝ってるでしょ？　その頃、みんな順番で金網をやっていたよ。流血するから嫌がる選手もいたけど、私は嬉しかった。お客さんが私を日本人と認めてくれて、〝二郎、二郎！〟と応援してくれたからね。国際プロレスの代表として戦っている気持ちになれた」

――その後、国際の主力勢は韓国へ遠征しましたよね。

「その最終日にソウルで、大木さんのインターナショナル・ヘビー級タイトルに挑戦したよ。お客さんはみんな敵で、完全なアウェイだった。まあ、韓国のお客さんは単に黒人の挑戦者だと思っていただろうし、大木さんもその方が絵になるから私を選んだんだろうけどね。草津さんも井上さんも浜口さんも寺西さんもいたのに、私だよ。だから、私は国際プロレスの代表として戦った。あれは最高の思い出だね。大木さんが向こうで大英雄なのは知ってるよね？　本人も興奮しちゃってるから、試合がカタかった（笑）。ヘッドバットもナマで来たよ。でも、あの大木さんのタイトルって、ルー・テーズや力道山さんや馬場さんが長く持

78年夏に国際プロレス勢は韓国に遠征し、吉原功社長も同行。最終戦となる8月2日のソウル文化体育館大会で二郎はメインに登場し、大木金太郎の持つインターナショナル・ヘビー級王座に挑戦して敗れた。

っていた凄く歴史のあるものなんでしょ。試合前にそれを誰かに教えられて、足がすくんだよ」

――その後、再びカルガリーに戻られましたが、英国からダイナマイト・キッドが来たり、ブレット・ハートがデビューするなど顔ぶれが変わっていきましたよね。

「ブレットは最初、全然ダメだったよ。攻めている時もやられている時も、同じ顔をしているの。だから、〝もっと表情を作れ〟とアドバイスした。キッドとは、9月にドイツに行った時にハノーバー・トーナメントでも戦ったよ。彼は小さいけど、動きがシャープで私とリズムが合った。その年のハノーバーではヒトさんや桜田さんも一緒だったし、阿修羅・原（ススム・ハラ）さんも来ていたね」

――ドイツからカルガリーに戻ってからは、その原（ファイティング・ハラ）とタッグを組むことが多くなりました。あの時期は、彼の教育係みたいな感じでしたね。

「吉原社長に〝原を頼む〟と言われていたから、ヒトさんと一緒に鍛えたよ。原さんとは、先輩後輩の関係なしに付き合えた。この人、覚えが早いのよ」

――79年は正月から国際プロレスに参戦しましたが、この時も原のパートナーを務めることが多かったです。

「八木と違って、原さんは最初からセンスがあった。一度教えたら、すぐに飲みこめるんだよね」

——二郎さんは3シリーズに参加してカルガリーに戻りましたが、8月17日には新日本プロレスの主力が現地に乗り込んで来ましたよね。

「憶えてるよ。控室で猪木さんに挨拶したし、藤波さんとも記念撮影をしたから（笑）。猪木さんはスタン・ハンセン、藤波さんはキッドと試合をしたけど、カルガリーの観客は彼らをよく知らないから、あまりウケなかった。ヒトさんと桜田さんがハート兄弟（キース＆ブレット）と戦った試合の方が何倍もヒートしたよ（笑）」

——プライベートでは、9月8日にポーリン・マリー・オーネットさんと結婚されました。三つ子を生んだ最初の奥さんですよね。

「そう。彼女とはバンクーバーで知り合って結婚した。お腹に子供ができたから。結婚式には、ドン・レオ・ジョナサンも来てくれたよ」

——この年の11月に再び国際に来た時は、鶴見さんと遺恨が生まれ、同月7日に弘前市民体育館で敗者髪切りマッチをやって勝利しましたよね。

「そうそう。鶴見さんが吉原社長に襲いかかったのを私が助けたんだよね。鶴見さんはメキシコでヘアーマッチをやって坊主になった経験があるから、平気だったみたい（笑）」

翌80年の二郎の足取りは、調べても不明瞭な部分が多い。約半年間、試合記録が飛んでいるのだ。

国際プロレスへの参戦はこの年の春が最後となり、81年8月に団体は活動を停止するが、その知らせを彼はいつどこで誰から聞いたのだろうか？

——80年の最初の試合は2月11日のバンクーバーですが、1月は何をしていたんですか？

「確か子供が生まれるから、その準備で休んでいたんだと思うよ。4月には、国際へ行っているよね」

——ええ、春の『ビッグ・チャレンジ・シリーズ』が国際での最後のファイトとなりましたね。

「この時は、マッハ隼人さんとか高杉さんとか新しい選手とも試合をしたよ。どちらもいい選手だった。それと鶴見さん&大位山のグレンタイ（独立愚連隊）と対戦することが多かったね」

――この頃、団体は経営面でかなり深刻な状況だったと思いますが、二郎さんにはちゃんとファイトマネーは支払われていたんでしょうか？

「お金は、ちゃんともらっていたよ。あの頃、井上さんが〝会社がケチって、ガイジンの質がしょっぱくなってきた〟と嘆いてた。カルガリーにいた大剛さんが安いガイジンを送るからだよ」

――シリーズ最終戦の80年5月16日、厚木青果地方卸売市場大会で阿修羅・原と組み、鶴見&大位山と対戦していますが、これが二郎さんの国際最後の試合になってしまいました。シリーズ終了後の韓国遠征には参加せず、カナダに戻っていますよね。そこから約半年間、二郎さんの記録が見つからないんですが、何をしていたんですか？

「トラブルがあって、試合をしていなかったんだよ。そのシリーズに出るためにカナダから日本へ向かう時に、機内で隣の席に座った日本人女性と仲良くなって、日本語でいろいろ話をしたんだ。でも、それだけ。成田空港で別れてそれっきりだったんだけど、バンクーバーの家にその女性から手紙が来たのよ。私の試合をテレビで観た彼女は、国際の事務所へ行って若松さんに私の住所を聞いたらしいの。私の奥さんがその手紙を日本の領事館に持って行って訳させたら、変なことばかり書いてあるラブレターだったわけ。それで奥さんは怒ってね。子育てもあったし、精神的に病んでしまったのよ。だから、彼女のケアをするために半年間、試合をしていなかったんだ。でも、蓄えがなくなってきたから、11月に自宅のあるバンクーバーで復帰したの。この年はカルガリーには一度も行けなかったよ。奥さんから離れられないからバンクーバーだけで試合をしていたけど、同じテリトリーにずっといると、このビジネスは煮詰まるでしょ。しかもプロモーターのアル・トムコはケチでギャラが悪いから、経済的に苦しくなってきてね。奥さんから日本に行ってもいいと許可が出たんで、私は何回か国際の事務所に電話したのよ。使って欲しいと思って電話したけど、誰も出ないの。おかしいと思ったよ」

――国際のラスト興行は81年8月9日ですが、二郎さんは

8月10日（現地時間）にバンクーバーでティニー・アンダーソンと戦っていますね。

「日本から連絡はなかったよ。みんな自分のことで精一杯だったんだろうね。だから、私は国際が潰れたなんて全然知らなかった」

――いつ、どこで知ったんですか？

「9月になってカルガリーに入った時、大剛さんから聞いたと思う。あの人とは仲良くなかったから、バンクーバーにいる私に知らせてこなかったんだよ。国際が潰れたと知った時は、ハンマーで頭を殴られたみたいにショックだった。その日は夜、一人で泣いたよ」

――国際プロレスには、二郎さんの青春の思い出がたくさん詰まっていますからね。

「国際プロレスは、私の故郷だよ。私をプロレスラーに育ててくれた。その事実は一生変わらない。思い出がいっぱいありすぎて…みんなどうしているのか心配だったしね。日本に行けばいつでも会えると思っていたから、個人の電話番号は聞いていなかったんだ。選手たちは必死に次の就職先を探していたんだろうし、おそらく国際がフィニッシュして、いつまでも悲しい気持ちのままでいたのは私だけかもしれないね」

――二郎さんは国際プロレスを所属団体と捉えていたと思いますが、今後はどうしようと考えていたんですか？

「帰る家を失った気持ちだったよ。本当に寂しかったね。日本のこと、国際のその後が気になって仕方なかった。でも、連絡を取りたくても高田馬場の事務所はもうないんだから、電話しても仕方がない。あの時は〝私はもう二度と日本に行くことはないのかな…〟と思った。そんな気持ちを理解してくれる人が周りにいなかったから、ひたすらカルガリーで仕事をして寂しさを紛らわすしかなかったよ」

――二郎さんは翌82年1月半ばまでカルガリーで活動していましたが、4月にバンクーバーで試合を再開するまで数ヵ月間、また空白がありますね。

「奥さんが〝プロレスを辞めて欲しい〟と言ってきて、揉めたんだ。だから、パリ時代にもやっていた自動車の修理工をしていたんだけど、プロレスより儲からなかった。だから、また試合をするようになって、6月に再びカルガリーへ行ったんだ」

――その時期に鶴見五郎、若松市政、マッハ隼人ら元国際プロレス勢がカルガリーに集結しましたよね。

「そうそう、鶴見さんは『ホー・チー・ラウ』というベトナム人のキャラでね。この時、鶴見さんから国際が潰れた時の話を初めて詳細に教えてもらった。マッハさんはフィリピン人ってことで、最初はヒールだったよ。若松さんは『ショーグン・ワカマツ』という日本人役で、最初はよく私と試合をした。でも、若松さんは誰とやってもしょっぱくてね。マッチメーカーのブルース・ハートがダメ出しして、マネージャーに転向させたんだ。最初は鶴見さんのマネージャーで、ヒトさんと敵対しているというシチュエーションだったかな」

――久々に昔の仲間たちと一緒に行動できたので、嬉しかったんじゃないですか？

「ハッピーだったね。ただ、移動中や控室でみんなが日本語でペラペラ喋るから、他のレスラーたちがイライラしていたよ（笑）。現地にいる日本人の知人が経営していた牛丼屋さんの地下に何部屋かあって、私たちはそこで寝泊まりしていたんだ。よくヒトさんを呼んで、ちゃんこをやったよ。国際の合宿所が復活したような錯覚に陥ったね（笑）。私とヒトさんが鶴見さんやマッハさんと国際プロレス流の試合をしたら、お客さんはエキサイトしていたよ。その後、マッハさんはベビーフェースに転向させられて、今度は私とタッグを組むようになった。特に私と鶴見さんの試合は、大ウケだったよ。だって、デビュー当時からいつもぶつかってきた仲だからね（笑）」

――でも、この国際残党組も11月になって解散しましたね。

「5ヵ月の契約だったからね。若松さんは残って、マッハさんはロスに帰って、鶴見さんは私とバンクーバーに行ったのかな。またみんなバラバラになって、寂しかったね」

この時期、二郎はカナダ国籍を取得し、バンクーバーとカルガリーをほぼ半年のスパンで行ったり来たりする生活を送っていたが、刺激不足で「また日本で仕事をしたい」という気持ちが湧き上がってきたという。

そして、全日本プロレスの83年7月開幕『グランド・チャンピオン・カーニバルⅢ』にジェリー・モローとして参戦。本人は再び日本で試合ができたこともそうだが、雑草の如く逞しく生きる元国際プロレスの選手たちと再会できたことが何よりも嬉しかったようだ。

――全日本参戦は、誰のブッキングだったんですか？

「自分で馬場さんに手紙を書いたんだよ。カタカナでね（笑）。住所は鶴見さんに聞いたのかもしれない。たぶん、鶴見さんも馬場さんに口添えしてくれたんだと思うよ。全日本は以前から交流があったんで、何のプレッシャーもなかったね。雰囲気が国際に似ているけど、中身はもっとゴージャスだった。後楽園ホールでの初戦はジプシー・ジョーと組んで、相手が井上さんと原さんでしょ。これって国際プロレスだよ（笑）。ジョーさんは国際でトップのガイジンだったから、組めるのが嬉しかった。この時はジョーさんとのコンビで、井上さんと原さんが持っていたアジア・タッグにも挑戦しているよ。ＩＷＡ世界タッグには挑戦できなかったけど、この時はまるで国際のような雰囲気のカードだったから、負けても大満足だった（笑）。このシリーズでは、テリー・ファンクと試合ができたのもハッピーだったよ。確か、あれは彼の引退ツアーだったよね」

――よく憶えていますね。『テリー・ファンクさよならシリーズ』というサブタイトルが付いていました。

「テリーとシングルをやったけど、こんなに試合の巧い人はいないね。私の戦った選手の中で、ベストに近いレスラーだよ。まだできるのに、何で引退しちゃうのかなと思った」

――このシリーズには、国際の常連だったアレックス・スミルノフも来ていました。

「そうそう、スミルノフとタッグを組めたのも良かった。この人は、凄くハートがいいんだよ。そうだ、あの時は高杉さんがマスクを被っていたね（笑）。ウルトラセブンだっけ？　菅原も冬木もいたし、みんな成長しているのが嬉しかった。こんな楽しかったツアーは何年ぶりだったかな」

――その後、カナダに一度戻ってから、続く『スーパー・パワー・シリーズ』後半戦にも連続出場となりましたが、全日本のスタイル自体はどうでしたか？

「みんなアメリカンスタイルで、攻守が絶妙のバランスなんだ。試合運びのテンポもいい。まだ学ぶべき点は多いと思ったよ」

――二郎さんが留守にしていた8月に、新日本の主力勢がカルガリーに大集結しましたね。

「ヒトさんが窓口になってブッキングしたのかな。あの頃から、新日本の選手が何人もカルガリーに定着するようになった。コブラ（ジョージ高野）は凄くバネがあったけど、不器用だったなあ（笑）。その逆がヒロ斉藤。彼は、小回りが利くグッドワーカーだったね。高野俊二（現・拳磁）はデカくて才能もあるのに、自分を使い切れていなかった。彼は英語が上手くて、女の穴ばかり追いかけていたよ（笑）。コブラのバネにヒロの巧さ、俊二の身体があれば、無敵だっただろうね」

――11月には平田淳二（スーパー・ストロング・マシン）がカルガリー入りして、ソニー・ツー・リバースなるインディアンレスラーに変身しました。

「彼は真面目で、私ともよくタッグを組んだ。モヒカン刈りにして、先住民キャラになり切って頑張っていたね。年末にも猪木さんたちがカルガリーで試合をしたらしいけど、その時も私はいなかった。年明けの84年1月にはキラー・カーンがバンクーバーに来たよ。ワンマッチでカルガリーに行っちゃったから、会話をした記憶はないけどね」

その後も二郎の全日本プロレス参戦は続き、84年春の『エキサイト・シリーズ』に出場したものの、夏になると新日本プロレスに鞍替えして、8月開幕の『ブラディ・ファイト・シリーズ』に参加する。

1年の間に両メジャー団体の主力日本人選手と肌を合わせたことになるが、言い換えれば、ポジションはいずれも外国人サイドだったということだ。本人は、団体側が『稲妻二郎』として日本陣営で使ってくれないことに一抹の寂しさを感じたという。

――84年春、3度目の全日本参戦ではブルーザー・ブロディとタッグを組んでいますね。

「この人は頭がいいよ。あんなに大きくてワイルドなスタイルなのに、緻密に計算された試合をする。試合中に吠えながら、相手を威嚇したり、間合いを計ったり、パートナーに危険を知らせたりするんだ。マッハさんとは、カルガリー以来の再会だったよ。高杉さん、菅原、冬木は…試合が組まれない日もあってね。どこか居心地が良くなさそうだったなあ」

——その後、カルガリーに戻ると、5月にラッシャー木村さんが顔を見せて1試合だけしたはずです。

「木村さんが来て、ティモシー・フラワーズと試合をしたのを憶えてる。一緒に焼肉を食べていたら、新日本を辞めて新しい団体（旧UWF）に移ったと話していたな。マッハさんや八木もその新団体へ行ったと木村さんから聞いたよ。あの時、木村さんはその新団体に呼ぶガイジンを探していたみたい。でも、カルガリーは新日本に押さえられていたから、カナダの東部へ行ってしまった」

——8月には新日本プロレスからお呼びがかかって、初参戦しました。7月8日付で吉原さんが新日本の顧問になりましたが、そのルートでのオファーですか？

「そうなんだけど、実は全日本に来た2月の時に吉原社長と菊池孝さんが一緒にホテルに来て誘われたんだよ。馬場さんには恩義がある。でも、社長は私の〝お父さん〟だからね。あの時は、菊池さんが馬場さんに筋を通してくれたみたいだよ」

新日本プロレスの顧問に就任した吉原功氏は、84年10月に視察のためにカナダ・カルガリーを訪問。現地で出迎えたのが二郎だった。

——この時、タッグでアントニオ猪木と何度も戦っていますね。

「猪木さんは身体が柔軟。攻撃はソフトで、受け身も巧い。藤波さんもそう。でも、坂口さん、木村健吾、長州力…みんな何を勘違いしているのか、やたらと試合がカタイ。それで技を受けないの。攻めてばっかり。毎日、猪木さんや藤波さんと戦えないかと思ったよ（笑）。全日本の試合と大違いで、私には合わないと思った。星野勘太郎さんもカタイね。しかも、何でも上の人に言いつけに行くんだよ

（苦笑）」

――新日本では、このシリーズからストロング・マシン1号＆2号が参戦しました。

「1号は平田さんでしょ。彼はいい。でも、2号の力抜山はしょっぱいよ（笑）。若松さんが彼らのマネージャーをやっていたよね。カルガリーで悪いことをいろいろ覚えたから、様になっていたよ（笑）。浜口さんとは、シングルで何度か戦った。懐かしかったけど、少し新日本スタイルになっていたかな（笑）。寺西さんは、相変わらず巧かった。2人とも昔からいい先輩たちだから、ここで国際プロレスの香りが嗅げたのが嬉しかったよ」

――10月には、吉原さんが大剛さんを新日本プロレス北米支部長としてブッカーに推挙しましたね。

「それが原因で大剛さんと仲が悪いヒトさんが怒って、ダイナマイト・キッドとデイビーボーイ・スミスを連れて全日本にジャンプ（移籍）したでしょ」

――二郎さんは、年末の『第5回MSGタッグ・リーグ戦』に再来日していますね。

「でも、吉原社長は身体を壊していたのか、その時は会えなかったと思う。リーグ戦では、アンドレ・ザ・ジャイアントがパートナーだったよね。アンドレとは国際に来た時以来、10年ぶりに会ったよ。彼も喜んでた（笑）。このチームは強かったよね。私が掻き回して、アンドレが最後にトドメを刺せばいいんだから（笑）」

――公式戦ではディック・マードック＆アドリアン・アドニスと引き分けて、猪木＆藤波には勝利しています。でも、よく仲間割れをしていたという印象がありますが。

「あれはチームバランスの問題。私とアンドレじゃバランスが良くないでしょ。だから、私がヘマをして、アンドレがイライラしているように見せかけたんだよね（笑）」

――それにより、〝アンドレは黒人嫌い〟という説まで出ました。実際に、アンドレはバッドニュース・アレンと揉めたことがありますし。

「いや、私たちはフランス人だから。国際時代から大の友達だよ。あれは72年に国際でアンドレの親友のイワン・バイテンがやっていたパフォーマンスを思い出して、やってみたの。強すぎるアンドレにイジメられる少し頼りないパートナーという設定でね（笑）。そうでもしないと、アンドレとはチームのバランスが取れないわけよ。それより本当に黒人が嫌いなのはマードック。アドニスはいい選手だけど、マードックは差別するんだ」

二郎は翌85年夏に3度目の新日本参戦を果たしたが、それ以降はSWSに招聘されるまでの約5年間、日本のリングにレスラーとして上がっていない。その理由は、やはり吉原氏が来日直前に亡くなったことが大きく影響しているようだ。

また、この間にプライベートではポーリンさんとの離婚も経験する。

――吉原さんが亡くなった時、二郎さんはカルガリーにいましたよね。

「そのニュースは、ヒトさんから聞いたのかな。悪いことは重なるよね。あの時は、猪木さん宛てにお悔やみの手紙を書いたよ。その後、新日本に出たけど、話が来なくなった。理由は、私と大剛さんの仲が悪かったからじゃないかな。大剛さんと仲がいい坂口さんにも嫌われていたかもしれない」

――86年1月には、全日本プロレスの川田利明がブラック・メフィストのリングネームでカルガリーに入りますね。

「彼は私の家に住んでいたよ（笑）。川田さんには、その2年前に全日本で会っているからね。ヒトさんが馬場さんに頼まれてブッキングしたんじゃないかな。真面目で口数の少ないシャイなコだったね。でも、カネックなんかとホットな試合をしていた。後で『キオ・カワダ』と名前に変えたはずだよ」

――その頃、カネックがカルガリーにしばらく滞在していましたね。

「バッドニュース・アレンが自分の防衛戦の相手として、メキシコからブッキングしたんでしょ。私も何度も戦ったけど、いい選手だよね。彼はモンスター・リッパーと付き合っていたよ（笑）」

――87年1月に、なぜか二郎さんは新日本プロレスにレフェリーとして呼ばれました。これは不本意だったのでは？

「いや、カナダでの仕事が少なくなっていたから、ありがたかったよ（笑）。ミスター高橋が目の手術をするということでレフェリーがいなくなったから、私に声がかかったみたい。この時はコブラ…ジョージ高野がプッシュしてくれたのかな」

――この頃、カルガリーにはベトコン・エクスプレス（1号＝新倉史裕、2号＝馳浩）がいましたよね。その後、山田恵一（獣神サンダー・ライガー）もカルガリー入りします。

「新倉さんは途中で怪我か何かで日本に帰ったみたいだけど、馳さんはずっと残っていたよ。私はその頃、ヒールに転向して、よく馳さんと組んだ。彼は若いのに、器用でセンスがあったね。山田さんは小さいけど、ガッツがあるコ。飲まないし、遊びにも行かずに練習ばかりしていた。彼とヒトさん、私と馳さんが組んで、よくタッグで戦ったよ。新日本からは、ハシフ・カーン（橋本真也）も来た。彼は器用さはないけど、パワフルでタフな国際プロレス風のお相撲さんタイプだったね。最初の頃、ブライアン・ピルマンが橋本の技を受けようとせず生意気な態度を取ったから、私は怒ってピルマンと喧嘩したことがあるよ。橋本は女たらしだったけど、プロレスラーらしいプロレスラーだった（笑）。他にも日本人がいろいろ来たなあ。リッキー・フジはカルガリーではデビューできないで、ブリティッシュコロンビアの田舎でデビューしたんじゃないのかな。女子選手もよくカルガリーに来たよ。デビル雅美、小松美加、小倉由美、長与千種…。私はミックスドマッチをしたこともあるよ。それから、ヤン・チャンって中国名の日本人がいたなあ」

――新日本からジャパンプロレスに移った笹崎伸司ですね。

「彼は橋本と組んで、バッドカンパニー（ブルース・ハート＆ブライアン・ピルマン）のインター・タッグにも挑戦してね。いい試合をしていたよ。そのバッドカンパニーからタッグ王座を奪還したのが私とキューバン・アサシンのキューバン・コマンドスだよ」

――89年には、北原辰巳（光騎＝スモウ・ハラ）と佐々木健介（ベンケイ・ササキ）がカルガリーに行っています。

「その名前の日本人は記憶がないなあ。キューバン・コマンドスはブリティッシュ・ブルドッグス（ダイナマイト・キッド＆デイビーボーイ・スミス）に敗れて、カルガリーを追放されたからね。その年、私はカルガリーにほとんどいなかったんだ」

――90年10月には久々にレスラーとして来日し、新団体SWSの旗揚げ興行に出場しましたよね。これは誰のブッキングですか？

「確か若松さん。でも、若松さんは偉そうな態度で接してきて、人が変わったみたいだったよ。メガネスーパーの社長のご機嫌だけを気にして、それ以外の時はピリピリしていた。鶴見さんは、良くしてくれたけどね」

――SWS解散後は、高野兄弟が主宰するPWCに3度も参戦しました。これはどういう経緯で？

「ヒトさん経由で連絡が来たのかな。最初のシリーズはジエリー・モローだったけど、次から『稲妻ジロー』にしてくれたのは嬉しかったね。ただ、参加している選手のレベルは低かった（笑）。その流れで八木のオリエンタルプロレスにも出て、鶴見さんや高杉さんと戦ったよね」

――95年夏には谷津嘉章のSPWFに参戦しましたが、そのまま日本に残留し、7月16日に横浜でIWA格闘志塾主催による鶴見さん、大位山さん、二郎さんのレスラー生活25周年記念大会『国際プロレス バイオレット同窓会イン屋台村』が開催されました。

「その夏のツアーの旅費を出して私を日本に呼んでくれたのは、国際プロレスのファンクラブをやっていた人だよ。飲み屋での試合だったね。確か寺西さんや八木、高杉さん、菅原さんが来ていた。あれは凄く嬉しい大会だった。その時は茅ヶ崎の鶴見さんの自宅で寝泊まりしていたよ（笑）」

――その後、二郎さんは97年10月から翌98年2月まで、石川孝志主宰の新東京プロレスにレスラー兼ブッカーとして4シリーズ招聘されていますね。

「一緒に行ったバッドニュース・アレンやガマ・シンは、私のブッキング。この時は、あのエッジ（アダム）とクリスチャン（ジェイ）もブッキングした。彼らカナディアン・ロッキーズは、ウィニペグで私がスカウトした選手だよ。こいつらは女癖が悪いんだ（笑）。でも、その直後に彼らはWWE（当時はWWF）へ行っちゃったよね。いい選手は全部、持って行かれる。カナダのプロレスが衰退したのは、それが原因だよ」

――98年2月13日、東富士体育館での月岡明則戦が二郎さんにとって日本でのラストファイトになりましたね。

「日本に行って丸20年だよ。その後、私は体調が良くなかったし、カルガリーのビジネスも縮小していたから、試合をセーブするようになった」

――どこが悪かったんですか？

「肩を2度手術して、膝も悪くなっていたよ。後に膝も手術して、今でも人工の骨と筋が入ってる。95年に再婚したシェリーとの生活を安定させるために、リタイアを決意したんだ。それが２００２年2月1日、オンタリオ州サンダーベイでのアイバン・デ・ポーリッシュ・モンスター戦だよ。この日で辞めると決めていたんだ。もう何の悔いもなかったよ」

――引退後はどんな仕事を？

「ガマ・シンやアブ・ウィザルと一緒に会社を興したんだ。家具をトラックに積んで、オンタリオとカルガリー間を運搬する仕事だよ。その後、膀胱がんになって3度も摘出手術をした。だから、身体のために暖かい土地へ行こうと思って生まれ故郷のマルティニーク島に引っ越そうとしたけど、結婚したばかりの妻には環境が合わなくてね。09年からは、『クインパーク・セメタリー』という大きな公園墓地で働いている。ここにはオーエン・ハートの墓があるんだ。彼は不慮の事故で亡くなったから、ＷＷＥが全費用を持ったよ。他にはビーフ・ウェリントンやジョン・フォーリーもここに眠っているよ。スチュ・ハートは別の墓地にいる」

――では、最後の質問になります。30年に及ぶ二郎さんのレスラー生活の中で、国際プロレスはどういう位置付けになりますか？

「やっぱり私のプロレス人生の原点であり、故郷だよ。日本でデビューできたお陰で、素晴らしい日本人たちと出会えた。国際が潰れた後、全日本や新日本に上がれたことも感謝しているし、30年の間に世界中で有名な選手とも戦えたよ。カナダマットのいい時代、悪い時代も経験できて、友達もできた。国際プロレスの仲間はもう僅かな人たちしか残っていないけど、私の夢はもう一度日本へ行って、彼らに会うことだよ。そして、美味しいちゃんこをみんなと一緒に食べたいんだ（笑）」

# 米村天心

失礼な表現になるが、「万年前座レスラー」だった米村天心は現役時代に海外武者修行の機会も与えられず、特筆されるような大勝負もなかったために、マスコミに大きく取り上げられることなくリングを離れた。

逆に言えば、触れられていない分、謎の多いレスラーでもある。また、海外修行に行っていないということは、国際プロレスの内部を途切れることなく眺めてきた稀有な存在でもあるのだ。

本名・米村勉は、16歳で角界入り。66年3月場所では、三段目で全勝優勝している。通算成績は、117勝128敗21休。最高位は、66年5月場所の幕下75枚目だった。

相撲を廃業すると、米村は丸い土俵から四角いリングに戦場を移す。そのキッカケを作ったのは、吉原社長の古くからの友人であり、横浜でボディビルジムを経営していた日本プロレス創生期のレスラー、金子武雄であった。

このインタビューは、2013年8月に米村が福島県会津若松市で経営していたちゃんこ料理店『やぐら太鼓』で収録されたものである。それから約3年後、2016年6

**よねむら・てんしん**

1946年12月26日、秋田県鹿角郡花輪町出身。身長177cm、体重100kg。69年に大相撲を廃業後、70年に国際プロレスに入門するも一旦退団。元プロレスラーの金子武雄が主宰する横浜スカイジムのインストラクターを経て、72年に国際に再入門した。同年9月9日、米村勉として藤岡市体育館における八木宏戦でデビュー。団体崩壊後は、地元・福島県限定で全日本プロレスのリングに上がった。90年代に入ってからはパイオニア戦志などに参戦。2016年6月20日に死去。享年69。

国際プロレス崩壊後、米村は福島県会津若松市でちゃんこ料理店『やぐら太鼓』を始めた。店内には、現役時代の写真などが多数展示されている。

月20日に米村は死去。本人が自らのキャリア、そして国際プロレスを詳細に語った記事は、これが最初で最後となってしまった。『やぐら太鼓』は現在もご家族が切り盛りしており、米村の「味」を提供し続けている。

――米村さんは現役時代から会津若松市在住でしたが、出身は秋田県鹿角郡（現・鹿角市）ですね。

「生まれたのは花輪町です。今は十和田町、尾去沢町、八幡平村と合併したけど、花輪が一番大きな町でした。きりたんぽと鹿角リンゴが有名なところです。5人兄弟だったんですが、みんな亡くなって残ったのは俺一人ですね。両親も亡くなりました。下に腹違いの弟と妹がいます」

――少年時代は、どんな子供だったんですか？

「親父は百姓をしながら、電気関係の仕事をしていたので出張が多かったんですよ。家にいることが少なかったから、喧嘩やイタズラばかりしていましたね（笑）。相撲が大好きだったんですけど、中学では相撲部がなかったんで柔道をやってました」

――相撲界から声がかかった経緯というのは？

「いや、声なんてかかってないですよ（笑）。自分から押しかけたんです。俺は初代の若乃花（第45代横綱）のファンでしてね。やっと町のそば屋にテレビが入った頃で、30円くらいのラーメンを食いながら、ずっと相撲を観ていたくらい好きでした。俺は長男だったから、父親は農家を継いで欲しかったみたいで、高校にだけは行かせたかったようです。でも、俺は相撲取りになろうと決めていたので、高校には行かずに自動車屋でアルバイトをしながら、淡々と相撲の巡業が来るのを待っていたんですよ」

――力道山も全盛の頃でしたが、プロレスラーになろうとは思わなかったんですか？

「いやあ、その頃は相撲の方が好きでしたね。そうそう、中学3年の時に日本プロレスが花輪に巡業に来たんですよ。ガイジンは、カール・ゴッチやミスターX（ビル・ミラー）が来ました。みんなデカかったなあ」

――その大会は61年7月10日、『プロレス夏の選抜戦』第9戦ですね。場所は、陸中花輪町第一中学校でした。

「それが自分が通っていた中学ですよ。あの時は、校庭が超満員になってね（主催者発表＝5000人）。力道山の空手チョップが出ると、ワーワー大騒ぎになって（笑）」

――記録を見ると、その日は吉原功、田中政克（忠治）、ミスター珍も出場していますし、後に国際プロレスで復帰した長沢秀幸は猪木寛至（アントニオ猪木）と対戦して時間切れで引き分けているんですよ。

「へえ、吉原社長もいたんだ？　あの時、俺は吉原さんや田中さんの試合を生で観ていたんですね。たまげたなあ（笑）。馬場さんがいなかったのは、海外修行でしょうかね」

――そうですね。馬場さんは、この10日前に日本を出発してアメリカへ武者修行に行っています。

「その翌年の夏に、今度は大相撲の巡業が来たんですよ。俺はそのチャンスを狙っていたわけですけど、有名な高砂部屋に入るつもりだったのに、間違えて高島部屋という名前も聞いたこともない部屋に入門を頼んでしまったんです。会ったのは、伊勢錦さんという部屋頭でした。親方のところへ連れて行かれて、俺はそのまま花輪を出たんですよ」

――押しかけ入門をして、巡業への帯同が許されたわけですね。ご両親は、反対されなかったんですか？

「もう、その日のうちにバアちゃんにだけ〝相撲取りになりに東京へ行くから〟と言い残して、着替えも何も持たずに、そのまま巡業列車に乗ったんです。自転車も駅に置き放しにして（笑）。すぐに東京へは行かずに、いろんな町を巡業して回ったんですよ」

――それが62年夏で、その年の9月場所には早くも初土俵を踏んでいますね。

「田舎を出る時は、83キロくらいあったかな。でも、巡業で絞られてゲッソリしていたから、新弟子検査は78キロくらいで受かったはずです。確かあの頃は身長が174センチ、体重は75キロくらいが合格ラインでしたね。その当時は規定に満たないと、朝から食っちゃ寝して体重を増やして、蔵前の検査所までリヤカーに乗せられて行くんですよ（笑）。歩くと背が縮むからね。人間って、朝と夜じゃ身長が違うんですよ」

――高島部屋の当時の親方は、大物食いで知られる元大関・三根山ですね。

「そうです。俺が入った時、部屋にはまだ土俵がなかったんですよね。だから、同じ立浪一門の友綱部屋や朝日山部屋に朝早く行って、土俵を借りて稽古してました」

――初土俵の時の四股名は本名の『米村』で、その後に何回か改名していますよね。

「63年7月場所からは『鹿角山（かづのやま）』、65年9月場所から『高昇（たかのぼり）』ですね」

――大好きだった相撲の世界は、想像とは違っていましたか？

「高島部屋って、どの部屋よりもダントツに稽古が厳しかったんです。そういう情報とか何も知らないから、入ってみてビックリですよ（笑）。北の富士（第52代横綱）さんには、今でも〝よく高島部屋で頑張れたな〟と言われますから。今の稽古なんて緩くて、遊びみたいなものですよね。昔は…それこそ今だったら、マスコミが毎日ニュースに困らない感じで（笑）。もう、何でもいいんですよ。その辺にあるもので、すぐ殴るんです（笑）。分厚い将棋板で頭を殴られたこともありましたね。そうしたら、板が割れたから、〝ああ、人間の頭って硬いんだな〟と思って（笑）。ウチの部屋は押し相撲だから、ぶちかましの稽古が凄くてね。〝石灯籠にぶちかましをやれ！〟と言われたり（笑）。それをやってると、額がタコになるんです。だから、プロレスに入ってからも頭の硬さには自信がありました。でも、稽古がキツイからといって辞めようとは思わなかったです。やっぱり自分から出て行った以上、田舎には帰れないから。ただ、俺は怪我が多かったんで、その時は落ち込みましたけどね」

――そうした厳しい稽古の賜物か、高島部屋は大関・大受、関脇・高望山を輩出しましたよね。

「2人とも後輩です。大受なんか身長が低かったから、木にぶら下がったり、タオルで首を吊ったりして背を伸ばしていましたね。相撲界で最初に頭にシリコンを入れたのは、ウチの部屋なんですよ」

――背が低い新弟子が新弟子検査の前にシリコンを頭頂部に注入して、身長を水増しするというヤツですね。

「大受も脳天がポコッと出っ張っていたでしょ？　親方のタニマチに医者がいて、その人が考え出したみたいですけどね」

――身長が簡単に伸びるいい方法があると（笑）。

「そうそう（笑）。大受は最近、シリコンを抜いたらしいね。後遺症？　その部分が禿げますよ」

――ところで、米村さんが土俵に上がっていた時期、後にプロレスラーになった相撲取りがたくさんいましたよね。ラッシャー木村さんは64年まで宮城野部屋にいましたが、接点はあったんですか？

「いえ、当時はなかったですね。後で相撲取りだったのを知ったぐらいですから。寺西は立浪部屋で同じ一門だから、よく一緒に稽古をしましたよ。相撲では俺の方が先輩だけど、プロレスでは彼の方が先輩ですよね。大磯も立浪部屋でしたから、一緒に稽古した仲間です。永源ちゃんもそう。国際プロレスで一緒だった人では、大位山ともよく一緒に稽古しました。スネーク奄美は井筒部屋にいて、相撲の時は知らなかったけど、国際の頃は彼と一番仲が良かったですよ。大剛さんとは、相撲の頃は接点がなかったですね。ああ、扇山もいましたなあ。彼は時津風部屋ですよね」

――柴田勝久さんや安達勝治さんは？

「安達ちゃんは、出羽海部屋の兄弟子です。柴田さんとは、接点はなかったなあ。何しろ、あの頃は1000人以上いたからね。とにかく下が多かったんです。天龍はよく知っていますよ。後に全日本プロレスでも一緒になったけど、彼が相撲に入って来た頃に稽古をしたこともあるから」

――米村さんは68年11月場所と69年1月場所を全休して、そのまま廃業されていますよね。角界を去った理由は？

「大受と稽古していた時に、足首を折ってね。足はね…なかなか治らないから。休めばいいんだけど、そうすると番付が落ちるし、気持ちも折れちゃうんだよね」

――国際プロレスに入団するのは72年6月ですから、そこまで3年以上の空白期間がありますね。

「廃業届を出して、すぐ名古屋に行ったんです。工務店をやっていた俺のタニマチが名古屋にいたんで。そこで自動車免許の取得から何から、いろいろ世話してもらってね。足を治した後、土建屋で働いていたんですよ。その家は子供がいなかったから、養子にならないかと言われていました。結婚した後も、入り婿入り嫁で養子の話があったんですけど…」

――いいお話ですが、断ったわけですか。

「食い物が合わなかったの（笑）。名古屋の味がね。東北とは真逆の味なんで（笑）。その後は横浜にいる相撲の兄弟子が事業を始めていたんで、その人に頼んで船の荷下ろしの仕事をしていたんです」

――ここでも相撲で培ったパワーを活かす力仕事を選んだと。

「はい。それでも身体を持て余していたから、金子さんのスカイジムへ行ったんですよ。その兄弟子が通っていたもんですから」

実は、米村は「出戻り」である。70年に一度は国際プロレスに入門したものの、短期間で退団しているのだ。

米村が後に団体内で出世レースに乗り切れなかった理由は後輩がなかなかできなかったからでもあるが、もしこの時に辞めていなければ、鶴見五郎、大位山勝三、剛竜馬らの先輩になるわけで、間違いなくその後のキャリアは変わっていただろう。

この約2年間のブランクはプロレスラーになる上でマイナスだったかもしれないが、見方を変えれば人生において大きなプラスもあった。それは金子武雄という有能な指導者と絆を深めたこと、そして後に新日本プロレスでデビューする盟友・藤原喜明との出会いである。

30年1月15日、神奈川県横浜市出身の金子は明治大学時代にボディビルに励んだ後、力道山道場に入門し、56年には観客に非公開で行われた伝説の『ウェイト別日本選手権』に出場。現役を引退すると、地元に『横浜スカイジム』をオープンした。

同ジムからは米村の他、後に高杉正彦も金子の仲介で国際プロレスに入団し、新日本プロレス入門前の鈴木みのるが通っていたことでも知られる。

この取材で、米村の口からスカイジムに関して知られざる事実が飛び出した。当時、水面下で進行していた〝第3勢力〟発足計画に関係していたというのである。

68年2月、国際プロレスの外国人招聘ブッカーだったグレート東郷は金銭問題で吉原社長と揉め、最終的に決裂。その後、ルー・テーズと組んで、『ナショナル・レスリング・エンタープライズ（仮称）』なる新団体の旗揚げを画策する。

結局、翌69年8月のNWA総会で加盟を認可されなかったことから、放映権獲得を目論んでいた東京12チャンネルも撤退を決め、この計画は頓挫したが、東郷は横浜を訪れ、旧知の金子と何を語り合っていたのか？

――金子さんは怪我で早々に引退されているので、どういう方だったのか意外と知られていないんですよ。

「親分肌の人で、若い生徒たちはみんな慕っていましたよ。基本的にはボディビルのジムなんですが、アマレスのマットがあってね。金子さんは、レスリングも教えていました。初めて会った時、会長は40歳くらいでしたかね。背は高くはないんですけど、ゴツイ身体をしていましたよ。ゴリラみたいでした（笑）」

――金子さんは、指導者としてボディビルとアマレスのどちらに比重を置いていたんですか？

「会長は、レスリングを教える方が好きだったみたいですね。でも、選手を養成するというような感じじゃなくて、今で言うエクササイズみたいなものでした。ただ、会長が元プロレスラーだということをみんな知っているわけです。だから、プロレスラーになりたいと思って習いに来ていた若者もたくさんいましたよ。そういえば、グレート東郷さんが第3勢力の旗揚げを水面下で計画していたらしくて、ジムに来て金子会長と話をしていたね」

――その新団体の設立計画は、69年1月に東郷さんが来日した時に表面化しました。米村さんが相撲を廃業したのも69年1月ですから、そうすると時間的に合わなくなるんですが…。

「その時点でまだ俺はジムへ行っていないですけど、東郷さんはそれ以前から出入りしていたのかもしれないですね。会長は、確かに第3勢力の話だと言っていましたよ」

――東郷さんはその戦力として、スカイジムの生徒に目を付けていたということですか？

「東郷さんは、いい日本人選手を探していたのかもしれません。スカイジムは、プロレスラー志望の若い人間を育てていたわけですからね」

――当初、東郷さんは東京12チャンネルをバックに付け、日本人エースには海外でファイトしていたシャチ横内（69年9月に国際プロレスに逆上陸）に白刃の矢を立てていたようです。当然、他にも日本人の若手は必要なので、それをジムの生徒たちで補おうとしていたんですかね？

「そうかもしれませんなあ。会長は昔の仲間である吉原さんとも強いパイプがありましたけど、東郷さんとも仲が良かったですから」

――東郷さんは12チャンネルが手を引いた後、フジテレビとも交渉していたようです。その後、東郷さんは12チャンネルの『プロレスアワー』に古いアメリカの映像を売り込むために70年1月に来日したのが最後になりましたが。

「その時期なら、俺はもうジムにいましたよ。東郷さんはジムだけでなく、市場にも来ていましたから」

――市場ですか!?

「横浜の中央卸売市場です。会長にインストラクターになってくれと言われたので、昼に仕事が終わる魚市場の仕事に転職したんですよ。それも会長の紹介でした。その仕事なら、午後からジムでの指導に専念できますからね。その市場に東郷さんが顔を出したんですよ」

――すでにテーズとの新団体計画は消滅していたはずですが、どういう理由でスカイジムに来たのか謎ですね。しかも魚市場まで（笑）。

「俺は第3勢力のことと聞いていたんですけどね…」

――12チャンネルと再びコネクションができましたし、東郷さんは日本進出の野望を捨て切れず、水面下でまだ動いていたのかもしれませんね。市場にまで来たということは、新団体構想に米村さんも組み込まれていて、直接スカウトに来たのかも（笑）。

「さあ、それはどうですかね（笑）。具体的な話は、俺も聞いていないので。でも、確かその後だと思うけど、練習中に会長から〝プロレスをやってみる気はないか？〟と言われたんです。それは〝国際プロレスに入門しないか？〟という話でした。たぶん、吉原社長から会長に話があったんでしょう。国際プロレスが横浜のスカイホールで試合がある時、吉原社長はよくジムに顔を出して、会長とずっと昔の話をされていましたからね。俺は会長に連れられて吉原社長に会いに事務所に行って、何か夢みたいでしたよ」

――ということは、米村さんの国際プロレス入りは72年6月とされていますが、実際はその2年前に入門されていたということですか？

「そうです。青山の合宿所に入って、練習していましたから。田中忠治さんが寮長で、マイティ井上さんやアニマル浜口さん、先ほど名前の出た大剛さんがいました。夏に井上さんがヨーロッパに遠征することになっていたので、法被とか鉢巻とか東洋風のコスチュームを一緒に買いに行ったのを憶えています。井上さんには、その時分から良くしてもらっていました。井上さんは巧いですよね。あの人はスピードもあるけど、パワーもあるんですよ。リズムがいいし、観ていても戦っても気持ちいいです。国際は井上さんがエースだった時代もあったでしょ。身体は小さかったけど、感動を与える試合も多かったし、俺は好きでしたけどね」

――当時のコーチは、寮長の田中さんですよね？

「はい。半端じゃなく、マットでの練習がキツかったです。スカイジムでアマレスを習っていたとはいえ、プロの受け身やスパーリングはやはり違いました。受け身は命に関わるから、とにかく回数をやらされて身体で覚えさせられるんですよ。まあ、田中さんも日本プロレス時代に徹底的にシゴかれてきた人ですからね。スパーリングは、先輩たちと一通りやらされました。グラウンドで延々と極めっこをするわけですよ」

――米村さんから見て、スパーリングで強かったのは誰で

左端が横浜スカイジムの金子武雄会長、中央が後に新日本プロレスに入門する藤原喜明。同ジムは、国際プロレスにとって重要な人材供給基地であった。

すか？

「サンダー杉山さんが強かったですよ。アマレスのバックボーンがありますから、極めるのも巧かったし、我々にもいろいろ教えてくれました。でも、その時は2～3ヵ月で辞めたんです。父親が倒れたので、秋田に帰ったんですよ。父親の体調が回復した頃には、身体がゲッソリしてしまってね。だから、スカイジムでもう一度、イチから身体を作り直すことにしたんです。藤原がジムに入って来たのは、その頃ですね。最初は藤原もボディビルをやっていたんですけど、彼もプロレスが好きで夜の部でレスリングをやりたいというから、市場の仕事も紹介したんですよ。藤原はマグロ専門の別の仲買のお店だったけどね。その時代、俺と藤原は会長が借りてくれたアパートに一緒に住んでいたんです。俺は藤原を〝マンモス〟、彼は俺を〝タコさん〟と呼んでいましたよ（笑）」

――藤原さんは、その頃から強かったんですか？

「まあ、グラウンドは結構ネチっこかったよ。それにレスリングを覚えるのが早かったな。そうそう、ジムには作家の三島由紀夫も来ていましたよ。隠れて、昼の部に。だから、あの人はボディビルだけです。写真を撮られるのが嫌みたいでね。会長が一緒に撮ろうと言ったら、来なくなりました。会長は、〝おかしな人だな〟って（笑）。俺も一緒に練習したけど、やっぱりどこか変わっている人でしたよ。会長は教えるのが上手い人でね。グラウンドが好きで、的確に締め方、極め方を教えてくれました。シュートは強かったですよ。ギューギュー絞められました」

――そういうところに藤原さんも惹かれたんでしょうね。

「でも、会長は交通事故に遭って足を複雑骨折してしまってね。足に金属を入れてからは、あまりマットで練習ができなくなってしまって。若い頃は、相当強かったんじゃないですかね」

――金子さんから現役時代の話を聞いたりしたことは？

「力道山と一緒に横浜で飲んでいて、開店したばかりの飲み屋のカウンターを2人でひっくり返したって（笑）。これ、横浜の飲み屋街じゃ有名な話ですよ。会長は北朝鮮の人だから、力道山と話が合ったみたいですね。他にもいろいろ聞いたけど、話が古すぎて、よくわからない（笑）」

――国際を辞めてから2年後、米村さんが再び入門することになった経緯は？

「会長が〝これならば、もう大丈夫だ〟という頃合いを見計らって、吉原社長に頼んでくれたんだと思います」

話を進める前に、米村が出戻った72年6月前後の国際プロレスの状況を整理しておこう。

エースのストロング小林がモンスター・ロシモフを破って『第4回ワールド・シリーズ』を初制覇した直後で、保持していた至宝ＩＷＡ世界ヘビー級王座もＡＷＡの強豪を相手に順調に防衛記録を伸ばしていた。

米村が再入門した6月は選手の出入りが多く、まず吉原社長がヨーロッパ視察に出発。松本勝三が武者修行のためにテネシー地区に経つ一方、グレート草津は米国オマハ地区遠征、田中忠治も欧州武者修行から帰国した。ラッシャー木村は渡欧に備えて、ＩＷＡ世界タッグ王座を返上。そのパートナーだったサンダー杉山は医薬品会社の部長に昇進し、名古屋に転居したために不定期出場となる。

さらに留学生として来日していた韓国の姜成英、梁鎮五、呉均銭、スウェーデンのヤーン・ヘルマンソンが次々にデビュー。7月に入ると、大磯武がスペインへ武者修行に出発する。ちなみに、マイティ井上はカナダ・モントリオール地区、アニマル浜口はオマハ地区で修行中のために不在だった。

こうしたメンバーの中で、すでに25歳になっていた米村はプロレスラー1年生となる。

――再び合宿所に入った時は、どういう顔ぶれでしたか？

「田中さんに、デビル紫、稲妻二郎、鶴見五郎、八木宏、あとは韓国の3人…こんなところかな」

――この時期も田中さんがコーチですか？

「はい。相変わらず厳しかったけど、田中さんは若い人間に対して普段から面倒見がいい人でした。ビル・ロビンソンがコーチをしてくれたこともありましたね。あの人も厳しかったなあ。だから、ロビンソンが来る時は、上の連中は道場に来なかったもん（笑）」

――マッチメーカーも兼ねていた草津さんが若い人間に指導したりすることは？

「いやいや、教えないよ。草津さんが教えたのは酒だけ（笑）。そういえば、夏に静岡県の朝霧高原で合宿したこともありましたね。前夜の3時まで飲んで、ベロベロのまま富士山の頂上まで登ったんですよ。しかも、半袖で。苦しいし、寒いし、死ぬかと思った（笑）」

――米村さんのデビュー戦は入門から3ヵ月目の72年9月9日、藤岡市体育館で『ラッシャー木村渡欧壮行試合』が行われた時でした。相手の八木宏も、同じくこれがデビュー戦でしたね。

「デビューが早かったのは、スカイジムで目いっぱい仕上げてあったからでしょうね。八木とやりましたなあ、第1試合で。10分やって時間切れ引き分けでしたけど、凄く疲れたことだけ憶えてます。相撲とは違って、プロレスはスタミナ勝負ですから。試合の中身は、まったく記憶にないですね」

――八木は16歳の少年とはいえ、その年の春に入門しているので先輩になりますよね。米村さんとはかなり年齢が離れていますが、やっぱり先輩風を吹かせるんですか？

「あのコはねえ、チョコチョコそういうのが出てたね（笑）。でも、相撲もそうだけど、先輩は先輩ですよ」

——その当時、若手は試合で大技を使ってはいけないという暗黙の規制がありましたが、国際プロレスはどうだったんでしょうか？

「先輩に言われましたよ。特に〝人の得意技を使ったりしたらダメだ〟と。それとガイジンの使う技もね。だから、許される範囲の技で試合をするのって大変ですよ」

——米村さんはデビュー戦の3日後に開幕した『ダイナマイト・シリーズ』から本格的なサーキットに入ったわけですが、何年も勝てない若手も多い中、このシリーズで4勝もしていますね。

「へえ、そうでしたっけ（笑）。初勝利は誰でしたかね？」

——10月7日、浜田市民会館でヤーン・ヘルマンソンに初勝利しています。

「ヘルマンソンは日本人女性と結婚して、ホストクラブで調理しながら、かなり早いうちに入門が許されて練習していたようです。背は低かったけど、身体はゴツかったですよ。彼はご祝儀で6月にやっとデビューさせてもらったのに、確か半年で辞めて年末に帰国したんじゃないかな」

——このシリーズでは、デビュー戦で引き分けた八木にも勝っていますね。八木はヘルマンソンにも負けていますから、やはり一番下の扱いだったようです。そして何よりも、10月12日の有田市箕島公園大会で先輩の本郷篤を逆エビ固めでギブアップさせているのは金星ですよ。

「本郷さんね…いい人だったなあ。俺より3つ年下だったけど、とても手が合った人でね。この世界じゃ3年も先輩ですから、よく可愛がってもらいました。でも、本郷さんはその年の暮れに全日本プロレスに移籍しちゃったんですよね」

——合宿所で一緒だったカナダからの留学生・稲妻二郎とは、1敗1分の戦績でした。

「彼はスピードもバネもあったね。ハートも日本人より日本人っぽいですよ。日本語も上手で、養子にもらいたいという話がよくありました。鶴見五郎とは…あまり交流はなかったね。彼は静かで、ボソボソ喋るんですよ。でも、アマレスをやっていたからレスリングは巧かった。村崎さんはね、もっと言葉数が少ない。元は海上自衛隊でしょ。でも、身体が細かったよね。試合は…普通ですね（笑）」

——米村さんは、相撲時代と同じく押しのパワーレスリングを身上としていましたよね。デビュー当時の決まり手の中には、『サバ折り』、『首吊り』、『絞首吊り』といった技名が並んでいます。

「絞首吊りって…ネックブリーカーみたいな形で担ぐ技だったかな?」

――鶴見さんの話では、〝フライングしないヘッドシザースみたいな技だった〟と。

「ああ、そんな技を使っていたような気がしますね(笑)。先輩から注意? いや、怒られませんでした。さっきも言ったように、人の技を使わなければいいんです。大きな技でも、それがオリジナルだったからOKなんでしょうね。まあ、それを派手にじゃなくて、地味にやればいいんですよ(笑)。俺は不器用だから、使うのはカナディアンとかアルゼンチンとか背骨折り系の力技が多かったですね」

米村がデビューした72年は、前年暮れに日本プロレスを追放されたアントニオ猪木が新日本プロレスを設立し、同じく日プロのエースだったジャイアント馬場も独立して全日本プロレスを旗揚げした激動の年だった。

馬場は外国人の招聘には自信を持っていたものの、旗揚げを前にして日本陣営の駒不足に頭を悩ませており、国際プロレスの吉原社長に協力を依頼。10月の旗揚げシリーズには鶴見五郎とデビル紫が貸し出され、続く第2弾シリーズには本郷と米村が駆り出されてフル出場した。

――米村さんは旗揚げしたばかりの全日本に助っ人参戦されましたが、国際と雰囲気は違いましたか?

「吉原社長は早稲田大学のレスリング部出身だから、やっぱりベースはアマレスでグラウンド中心に教えるんですよね。でも、馬場さんは力道山からいきなりプロレスを習った人だから、全日本はプロレスを教えるんですよ」

――国際はデビューするにあたって、プロレスの練習試合のようなものはやるんですか?

「いや、やらないね。やるのは、受け身とグラウンドのスパーリングだけです。全日本に出た時、馬場さんには試合前にリングでいろいろ教わりましたよ。ロープまでの距離感、タイミングの取り方とかプロレスの実戦的な部分ですね。特にスタンドの動きです。試合前の練習量は、国際よりも全日本の方が多かったですよ」

――この時に百田光雄さんと戦って、結果は米村さんの1勝2敗でした。この白星は自信になったと思います。

「そう、光ちゃんはこの業界では3年くらい先輩だからね。あの人はスピードもテンポも早くて、とても小気味いいレスリングをするんですよ。その後、海外遠征から帰って来て、75年暮れの力道山13回忌興行で、また俺と当たるんだよね」

――有名な日本で初めてトペ・スイシーダが出た試合ですね。それを受けたのが米村さんでした。

「いきなり飛んできたから、たまげたよ（笑）。それこそ見たこともない技だから」

――〝トペを初めて受けた男〟というのは、ちょっとした勲章ですよね。ところで、米村さんは草津さんの付き人をされていたそうですが、何年くらいやっていたんですか？

「再入門してから高杉にバトンタッチするまで、5年はやっていましたね。だから、あの人のいいところも悪いところも全部知っています。一番悪いところは、酒癖が悪いこと。飲むとワガママになって、人使いが荒くなるんだよね。朝方に酔った勢いで合宿所に来て、寝ている人間を叩き起こして引っ張りまわしたりとかメチャクチャですよ。俺も最後の方は、草津さんとよく喧嘩したもん（笑）。馬場さんが国際で巡業される時は、いつも俺が付き人みたいなことをさせてもらいました。食事を一緒にさせてもらったり、〝ヨネ、小遣いないだろ？〟と言っていただいたり、凄く可愛がってくれましたよ。馬場さんは俺が草津さんに苦労させられているのを知っているから、余計に可愛がってくれるんだよね。北海道から青森にフェリーで渡る時、俺は馬場さんと草津さんの両方の荷物を持っていたんだけど、船に乗れなくて困っていたら、馬場さんが草津さんの荷物を持ってくれたこともありました。馬場さんには、本当にいろいろとお世話になりましたね」

――73年1月には栄勇（スネーク奄美）がデビューし、米村さんが相手を務めました。奄美さんは大相撲を廃業した後にアマレスのインターハイで優勝した異色の経歴の持ち主ですが、国際プロレスには裏方のスタッフとして入社し、努力を重ねてデビューに漕ぎつけたんですよね。

「彼はプロレスをやりたくて入ってきたわけだから、ちゃんと練習もしていましたし、今のレスラーなんか問題にならないくらいのテクニシャンですよ。身体は軟っこいし、バネがあってね。亡くなったのは、29歳？　早かったよねえ…」

――相撲時代は接点がなかった大剛さんとは、73年1月にたった一度だけ対戦しています。

「憶えてますよ。この人の扱いは、不思議でしたね。俺と前座の第1試合で戦った翌日に、メインで草津さんと組んでガイジンから決勝フォールを取っちゃうんですよ。草津さんのマッチメークはメチャクチャでしょ？　大剛さんは器用そうに見えないのに、巧かった。だから、草津さんに気に入られたんでしょうし、マッドドッグ・バションにも気に入られてモントリオールに引っ張られましたよね。逆に大磯さんは、相撲取り特有の身体の硬さがありました。不器用で、俺みたいだったね（笑）。引退した後にフィリピンへ行って、向こうで結婚して道場を作ったらしいですけど、どうしてるのかなあ…」

――この時期、清美川に連れられて、鶴見、八木がヨーロッパへ修行に出ました。本当は鶴見さんではなく、米村さんが行く予定だったようですが。

「そうなんですよ。肘を怪我していて、フランス行きを棒に振っちゃったんです。残念だけど、仕方ないですね」

――外国人選手では、この年の5月にあのエドワード・カーペンティアと戦っていますね。

「ああ、やったね。懐かしいなあ。ガイジンと戦ったのは留学生たちを別にすると、二郎と組んでハンディキャップマッチであの怪力男…ケン・パテラと戦ったのが初めてですけど、シングルはカーペンティアが最初でしたから、よく憶えてますよ。この人は身体もそうですが、動きそのものが柔らかいんですよね。ヨーロッパ流がベースだから派手じゃないんだけど、ビシビシと極めてくるタイプです。あのサマーソルトキックっていうの？　あれもやられましたよ（笑）」

――相撲時代に一緒に稽古した寺西さんとも再会したものの、最初の2年間はまったく対戦していませんよね。寺西さんは団体内で若手の技量を計る査定係な立場にあったと聞きますが、米村さんとの初対戦は74年7月でした。

「なぜですかね？　寺さんは器用だから、その時期はガイジン相手や上の方で使われていたのかな。俺も寺さんと試合した記憶があまりないんですよ。その頃、若手の監視は田中さんがやっていました。試合を観ていて注意したり、自分が身を持って壁になったり。まあ、若手といったって、俺とスネークくらいですけどね（笑）。田中さんは内臓を壊しながらやっていて、試合自体が元気なくなっちゃってね。77年の夏に突然引退して、消息を絶っちゃったんですよ。どうしたんだろうね？　プロレスを辞めてから、一回も田中さんの話を聞いたことないもんなあ」

――若手といえば、73年9月には若松市政もデビューしました。

「市つぁんは元々、プロレスラーになりたくて会社に入ってきたんだけど、トラックでリングを輸送したり、営業をしながら、やっとデビューできたんですよね。でも、それ以降もポスターを貼ったり、営業の仕事も続けていて、その合間を見て練習してさ。本当に真面目で、苦労人ですよ。でも、悲しいかな、スポーツをやってきたようなタイプじゃなかったからなあ。あの頃、何人も新弟子が入ってきてはいたんですよ。でも、みんな途中でスカしちゃったんですよね」

その言葉通り、国際プロレスは毎年、新人公募を行っていたが、不作が続いた。その結果、若松から77年9月に高杉がデビューするまでの約5年間、新人がまったく育っていない。それを考えると、吉原社長が高杉を末っ子のように可愛がったのも頷ける。

三重県下で撮影された巡業中のスナップ。国際プロレスの選手の中では、スネーク奄美（左端）と特に仲が良かった。右端は前溝隆男レフェリー。

若手レスラーにとって、後輩が入らない、あるいは入っても続かない状況ほど辛いものはない。その上、海外武者修行にも出られないとなると、団体内における序列はなかなか変化せず、頭打ちの状態になってしまう。実際に、ここから数年間、米村はどう足掻いてもステップアップできない日々を過ごした。

――フランス行きは流れてしまいましたが、その後に海外武者修行へ出る話はなかったんですか？

「ありましたよ。73年末だったかな。アメリカのテネシーに行く話があったんですけど、それも延び延びになって結局は消えちゃったんです。プロモーションの写真用に、法被とかガウンを着てスタジオ撮影までしたのに。結婚するちょっと前でしたよ。村崎さんと大位山がテネシーを引き払ったんで、現地で日本人の欠員が出たからだと思います」

――現地のトージョー・ヤマモトからミスター珍さんを通じて、リクエストがあったんでしょうね。そのテネシー行きは、なぜ流れちゃったんですか？

「ちょうど会社の中がゴタゴタ揉めていた頃で、自然消滅したんです（苦笑）。小林さんが離脱したり、TBSがテレビ中継を打ち切るとか…その煽りですよ。そんな混乱していた74年3月に、女房（かよ子夫人）と結婚したんです。どうせ草津さんとか〝お前、こんな時期に！〟と文句を言うだろうから、レスラーは結婚式に一切呼ばなかったんですよ。金子会長が仲人で、呼んだのはスカイジム関連の人と相撲時代のOBだけ。その後は横浜で女房と一緒に暮らして、新しくできた大宮の道場には通っていました」

――テネシー行きが流れていなかったら、その後の米村さんのプロレス人生はまた違ったものになっていたでしょうね。

「一度は海外に行っても良かったかなとは思いますよ。その時は女房も〝行ってもいい〟と言ってくれたんですが、まあ、タイミングが悪かったですね」

――ところで、あの時にストロング小林が離脱する予兆のようなものはあったんですか？

「何かおかしいなという感じは、ありましたよね。小林さんも…よくわからない人ですけど（苦笑）」

――小林さんは押しも押されぬ大エースだったわけが、マッチメーカーだった草津さんとの確執が離脱の原因とされています。

「出て行くキッカケは、そこですから。どちらが悪いって…まあ、どっちもどっちでしょう（笑）。草津さんは厳しいからね。試合のことまでいろいろ言われて、小林さんも頭に血が昇っていたんじゃないですか」

――金看板が抜けたことで団体側は相当、動揺したと思います。

「エースが突然抜けるなんて、過去にそんなことはなかったですよね。〝これからどうなるんだろう⁉〟と不安感が漂うのは当然ですよ。その後、馬場さんが助っ人として国際のシリーズに参戦してくれて、少し気は楽になりましたけどね」

――離脱した小林さんは3月にアントニオ猪木と戦い、世間では大変な評判を呼びましたが、小林さんが敗れたことの余波は？

「それもありました。いくら小林さんがフリーとして戦ったと主張しても、世間は最近まで国際プロレスのエースだったレスラーと見るし、国際の代表として猪木さんと戦ったという見方をする人もいますよね。そうすると、〝エースが負けたから国際は弱い〟という話になるわけで、これは興行会社として大きな痛手だったと思います。ファンの見る目が変わってくるわけですから。残った人間の身になってもらえれば、わかりますよ。実際に、客足が引きましたもん。小林さんも負けてダメージはあるかもしれないけど、大金をもらっているから、まだいいですよ。残された我々の後遺症は大きかったです。結局、トップを一本釣りして潰して、海外へ行かせて時間を置いてから、再戦してまた潰す。その後に、傘下に引き込む。剛竜馬の時も同じですよね。あれが新日本のやり方ですよ」

――ＴＢＳの中継も打ち切られて、とんだダブルパンチでしたね。

「あの時は、〝これはヤバイな〟と。選手も一致団結して、この状況を何とかしようと興行的な手伝いもしたりしてね。まあ、頑張りましたよ。でも、客入りは悪くなるし、ギャラの支払いも遅れるじゃないですか」

――給料の遅配問題は、その頃からもう始まっていたんですね。

「はい。自分なんかの場合は、横浜、秋田、福島とか縁のある土地での試合の時はチケットで払われましたし。TBSが付いていた頃は、お金も良かったんです。だから、ガンガン前借りしてました（笑）。いくら前借りしても、またお金が入ってくるという頭がありましたからね。新婚だったけど、女房にはいきなり苦労させましたよ」

――米村さんが福島県会津若松市に引っ越されたのは、その後の東京12チャンネル時代ですよね？

「75年5月ですね。それからは、ここから巡業に出ていたんです」

――失礼ですが、どうしてこんな田舎に？

「まあ、都会にいるとね、いろいろと面倒なこともあるし、シリーズが終わったら静かなところでゆっくりしたかったんです。大宮の道場へ行くのはいいんだけど、そこでみんなと顔を合せると練習後にそのまま飲みに行くわけですよ。今日は家でのんびりしようと思っていても、飲みの誘いが入って誰かが迎えに来る（笑）。だから、落ち着く時間が全然ないんです。飲むのは嫌いじゃないけど、これじゃ怪我する前に肝臓を壊すなと思ったんですよ」

――聞くところによると、国際の選手は巡業中だけでなく、オフも一緒に飲み歩いていたみたいですね（笑）。

「そう、飲んでばっかりなんだよ（笑）。シリーズ中はいいけど、オフはゆっくりしたいよね」

――巡業に出ていない間は、会津で自主トレーニングをしていたわけですか？

「こっちの高校の柔道部で一緒に練習したり、その後には中学の相撲部で教えたり、常に身体は動かしていましたよ。本当は自分の地元の秋田に帰りたかったんだけど、ちょっと遠いし、その頃はまだ高速道路も通っていなかったからね。会津なら車で大宮まで3時間弱だから。秋田弁はもう忘れたけど、会津弁は上手くなったよ（笑）」

――ところで、国際に来ていた外国人レスラーで特に仲が良かったのは誰ですか？

「アンドレ・ザ・ジャイアントかな。まだ名前はモンスター・ロシモフだったけど、人が良かったよ。TBSの中継が終わって会社の経営が厳しくなった時も、律儀に来てくれたし（74年6～7月の『ビッグ・サマー・シリーズ』に特別参加）。お金はたくさんもらっていたけど、彼は奢るのが好きでね。個人的にガウンや靴をもらいましたよ。今から思うと凄く貴重なんだけど、大宮の合宿所に置いといたら火事で燃えちゃった（笑）」

——話をリング上に戻すと、74年秋から東京12チャンネル時代に入りますが、念願だった海外武者修行の話は完全に消えてしまったようですね。

「その頃になると、遠征の話が出ても中止になることが多かったですね」

——前座戦線に目を向けると、翌75年の正月にはタイガー・チョン・リーを名乗る中国系マスクマンが登場しました。正体は日本プロレスにいた長沢秀幸で、シリーズ中にレフェリーに転向したものの、6月に団体所属として本格的にプロレスラーとしてカムバックしましたよね。それにより米村さんは、長沢さんと対戦する機会が多くなりました。

「ああ、あの人とはたくさん試合しましたね。ただ、あの時点でもうかなりの歳だったはずですよ」

——長沢さんはすでに51歳で、日本プロレス時代の67年12月29日、後楽園ホールにおける高千穂明久戦以来、約7年ぶりの現役復帰でした。米村さん側から見ると、その長沢さんにしか勝てないシリーズがずっと続きます。

「まあ、あの人は歳も歳だし、危なっかしい試合をしてたなあ。そうそう、長沢さんが復帰した試合も大宮スケートセンターで俺が相手しました」

——その時は、4分ちょっとで米村さんが勝っていますね。長沢さんはシリーズ中にこの1試合しか出ていませんが、やはり体力的に厳しい部分があったのかもしれません。

「でも、長沢さんは努力家でしたから、人知れず鍛えたんでしょう。次のシリーズから、本格的に試合を再開したはずです。あの人と苫小牧で戦って、右膝の靭帯を断裂したこともありますよ。その時は欠場して、巡業を抜けました。長沢さんとはその後も毎シリーズ、10試合以上やったんじゃないかな。俺もそうだけど、あの人は身体が硬いんですよね。硬い者同士だから、そりゃ怪我しますよ（笑）。人間的には、とても優しい人でしたけどね」

——76年10月30日、大船渡市青果市場大会が長沢さんのラストマッチで、その相手も米村さんでした。

「そうでしたかね…。その後、長沢さんは資材部の裏方さんとして頑張られたんじゃないかな」

——話は前後しますが、この年の7月にはデビュー戦の相手である剛竜馬が海外武者修行から凱旋しました。海外へ行く前の戦績を見ると、米村さんは一度も負けていませんが、帰国後は彼の後塵を拝するようになったのでジレンマもあったと思います。

「確かにね。その前の年には、俺の代わりにヨーロッパに遠征した鶴見も帰って来ているでしょ。2年も海外へ行っていた者と、行けなかった者の差は出ますよ。まあ、俺が弱かったからでしょう（苦笑）」

——帰国といえば、新日本プロレスを早々に解雇されて海外を転戦していたミスター・セキ（ミスター・ポーゴ）も、この年に特別参戦という形で国際マットに凱旋しましたね。

「俺はその時、ポーゴとは何度も戦ってますよ。試合？　あまり巧くない。不器用で、大技に走るタイプだったよね。でも、人はいいよ（笑）」

——年が明けて、77年には東映映画『空手バカ一代』に鶴見さんや奄美さんと一緒に出演されました。これはどういう経緯だったんですか？

「あったねえ。正月のシリーズに参加していたリップ・タイラーとエディ・サリバンも日本に残って、撮影に参加しましたよ。俺はザ・ミステリーマンという名前で、マスクを被ってね（笑）。あれはミスター珍さんが持ってきた話ですよ。珍さんは映画に出たりしていて、千葉真一さんと仲が良かったからね。あの人は、レフェリーの役で出ていたはずです。大泉学園のスタジオにリングを組んでロケをしたんだけど、撮影で1週間ぐらい拘束されてね。待たされてばっかりだった（笑）」

——そして、この年の6月には待ちに待った新人が入門しました。後にウルトラセブンとなる高杉正彦です。

「長かったねえ（笑）。デビューまで漕ぎ着けた新人って、市つぁん以来何年ぶり？」

——5年ぶりですね（笑）。

「スネークも市つぁんも、ずっと後輩はいなかったわけだからなあ。俺よりも辛かったんじゃないの。確か高杉のデビュー戦の相手は、スネークでしょ。俺は3戦目ぐらいでやったね。高杉は子供の頃から、スカイジムによく見学に来ていたんですよ。ジムに入門したのはずっと後みたいだけど、俺がいた時代から遊びに来ていました。高杉の今の

77年1月、米村は奄美、鶴見五郎、ミスター珍らと東映映画『空手バカ一代』の撮影に参加した。後列中央は主演の千葉真一、その左隣は共演の室田日出男。

嫁さんなんか、小学生の頃から知ってるよ（笑）。彼女は、もう高杉のことが好きで好きで（笑）。高杉はスピードがあって動きも切れるし、俺と違ってレスリングセンスもありましたよ。当時はまだ体重が軽かったけど、会社が傾かずにうまく育てば、マイティ井上みたいな選手になっていただろうね」

――続けて、11月にはラグビー界から鳴り物入りで原進が入団しました。

「彼もスピードはあったけど、レスリングをやっていたわけじゃないから、先が大変だろうなと思いましたね。練習は一生懸命していましたよ。でも、私生活が派手でね」

――原さんはプロレスに対する適応能力はあったんですが、後に全日本プロレスを解雇された時も理由はプライベートな問題でしたから。

「そうでしょ。凄い素質があった選手なんですがね…」

――話を戻して、77年11月から全日本プロレスとの合同で『全軍対抗戦』シリーズが始まりました。米村さんも全日本の選手たちと当たりましたよね。

「熊さん（大熊元司）はあんな大きな身体をして、レスリングが巧いですよ。同じ相撲出身でパワータイプだから、俺は熊さんみたいなレスラーが好きでした。光っちゃんとは力道山の追悼興行でトペを受けて以来だから、1年ぶりかな。彼とは、いつもいい試合ができたと思います。あれは短いシリーズだったけど、いろんな選手と交われて楽しかったですよ」

──全日本で相撲出身といえば、78年11月の『日本リーグ争覇戦』では、花籠部屋出身の石川孝志と対戦されましたよね。

「あの人は相撲取り上がりなのに、とても器用で業師でしたよ。相撲を辞めた後、いきなりアメリカでプロレスの基礎を学べたのも良かったけど、何でもこなせるセンスの良さが元々あったんだと思いますね。本当に、いい選手でした。ここに近い東山温泉にタニマチがいて、よくこの店へも顔を出してくれましたよ」

──そのシリーズではタッグマッチながら、ロッキー羽田とも対戦しています。

「羽田も花籠部屋でしょ。彼はアメリカから帰って来て、ちょうど売り出していましたよね。残念ながら、彼は身体を壊して亡くなったんだよねぇ。会津でも試合したことがあるなあ…」

──78年4月には剛竜馬が辞表を提出してフリーとなり、アメリカへ飛び立ちましたよね。米村さんが相談に乗るようなことはあったんですか?

「いや、剛は根が暗かったでしょ。俺とは人種が違ったから、打ち解けることはなかったですよ。その離脱だって、ストロング小林さんの時と同じ。新日本の一本釣りです。まあ、藤波さんに挑戦して一時的な話題にはなるけどね。最後まで面倒見てくれるわけじゃないし」

──参考までに、米村さんは猪木さんと話をされたりしたことは?

「ないですね。話したいとも思わないです。俺のポリシーが許さないです（笑）。俺は、馬場さんにずっと可愛がられていたから。馬場さんは信用できる人です。でも、マンモス（藤原喜明）からは電話が来たりしましたよ」

──新日本の中でも、スカイジムの僚友だった藤原さんとだけは繋がっていたんですか？

「たまに連絡を取り合っていました。新日本はウチと違って景気が良かったはずなのに、藤原は〝どうして先輩は車を持てるの?〟、〝金が入ってこない〟とか、いつもボヤいていましたね。ずっと後になって82年の春頃の話だけど、タイガーマスク(佐山聡)のサイン会をこの店でしてあげたことがあるんです。その時に佐山が〝会社には内緒にしてください〟と。だから、売上は全部、彼に渡しましたよ。会社を通すと、自分のサイン会でもお金が入ってこないらしいんだよね。新日本は一番儲かっていた時期だったはずなのに」

——78年7月21日には、米村さんが入門してから6年目にして初めて会津で大会が行われました。この興行は、米村さんが買われたんですか?

「いいえ、全日本の時も含めて今まで一度も興行を買ったことはないです。その時期はちゃんと給料をもらえていなかったから、自分でチケットを売ってね。500枚から600枚ぐらい置いていかれるから、捌くのが大変ですよ(苦笑)」

——当日は第2試合で寺西勇と組み、鶴見&奄美と対戦しましたね(米村が奄美にフォール勝ち)。

「試合の方は憶えてないですけど、お客さんはいっぱい入れましたよ。夏だったから、体育館の中は異常に暑かったんじゃないかな(笑)」

——ところで、米村さんの記録を調べていたら、翌79年春の『ビッグ・チャレンジ・シリーズ』で謎の欠場があるんですよ。第3戦の4月14日に会津若松市体育館で興行があったのを憶えていますか? 米村さんはバトルロイヤルで優勝しています。

「ああ、憶えてますね。その時もたくさんチケットを売った記憶があります(笑)」

——その後、2大会には出場したものの、17日から6大会欠場されました。その後、なぜか24日の長岡市厚生会館大会だけ出場し、以降は最終戦まで全休しています。しかも、この妙な欠場に関して、理由が発表されていないんですよ。

「薬物肝炎でぶっ倒れた時でしょう。風邪薬を飲んだら、合併症を起こしてね。その間、酒も飲まずに営業の手伝いをしていたんだから」

——どんな症状が出たんですか?

「福島県の原町市で試合があったんだけど、風邪気味だったから病院で注射を打ってもらって、薬も飲んでから車で行ったんです。そうしたら、郡山辺りで汗がダラダラ出てきてね。原町に着いた時は身体がダルくて、やっと歩けるくらいでしたよ。それでも試合に出て、シャワーも浴びずに休みながら会津に帰って来たんです。あの時は黄疸が出て、死にそうになったんだから」

——その原町市体育館の試合というのは、欠場する前月の『スーパー・ファイト・シリーズ』第13戦（3月26日）ですね。米村さんはその後も試合に出ており、最終戦だけ欠場しています。

「とすると、発病したのが原町で、ギブアップしたのがその最終戦かもしれない」

——そうだと思います。問題の『ビッグ・チャレンジ・シリーズ』開幕戦で復帰していますから。

「それでもやっぱり調子が上がらないから、試合を休ませてもらって、営業の手伝いをしていたのかな。女房とまだ2歳くらいだった長女を宣伝カーに乗せて、長岡に営業に行きましたよ」

——だから、自分が担当をした4月24日の長岡大会だけ無理して出場したんでしょうね。

「チケットを捌いた関係で、どうしても試合に出なくちゃいけなかったのかもね。その後、またずっと欠場しているのは、北海道の函館市と茨城県の笠間市の営業もやっていたからでしょう。入門して以来、こんなに休んだことはなかったから、自分の中では1年ぐらい欠場していたような感覚でした（笑）」

——この欠場中、東京スポーツ主催『プロレス 夢のオールスター戦』の開催が発表されました。藤原喜明と初めて同じ会場で試合をすることになったわけですが、8月26日の大会当日は顔を合せました？

「いや、控室とかピリピリしていたし、会えなかったと思うな。ウチは全日本とずっと仲良くやってきて、この前年から新日本とも対抗戦を始めたでしょ。でも、新日本と全日本がやるのは初めてだったから、緊張した空気が流れていましたよ」

——米村さんも新日本の選手と戦ったのは、この時が初めてですよね。

「とはいっても、第1試合のバトルロイヤルですから。誰がどうだったかという印象はありません（笑）。バトルロイヤルは得意だったけど、いいところを見せる間もなかったよね」

――団体内に目を向けると、オールスター戦の翌月には菅原伸義がデビューしました。

「彼と冬木は、俺が欠場している間に入門してきたんだよね。菅原は、とても真面目な若者でしたよ。学生時代にレスリングをやっていて、遠藤ジムにいたんでしょ。だから、いい素質を持っていました。同じ秋田出身だから、俺も可愛がっていましたよ」

――その年の11月には、海外でファイトしていたマッハ隼人が入団してきますね。

「彼は、ウチにはいないタイプだったよね。試合をするのはいいけど、動きが早くて大変でした（笑）」

――米村さんは、マッハさんから風車式バックブリーカーを伝授されましたよね。

「そうそう、相手をクルッと回して膝に落とすヤツね。あの背骨折りは見た目が派手だから、〝おっ、これはいいな〟と思ってマッハに教えてもらって（笑）」

80年11月25日、岡山県体育館での菅原伸義（アポロ菅原）戦。菅原の目尻が切れて、流血戦となった。試合を裁いているのは、若松市政（将軍KYワカマツ）。

――翌80年はスネーク奄美が脳腫瘍で入院し、アニマル浜口も足首を負傷して長期欠場、さらにデビル紫が引退しました。その一方で引退していた大位山勝三が独立愚連隊で復帰し、大木金太郎が入団するなど上半期は選手の出入りが多かったですね。

「大木さんには、よく韓国に連れて行ってもらいました。確か、この年の5月のシリーズ後に行っているはずです。それが私の最初の海外での試合でした。〝ジャパニーズ・パチキ・チャンピオン〟ってことで（笑）」

——その時の遠征は、草津さん、鶴見さん、ジョー・ルダック、キューバン・アサシンらが参加して韓国国内を巡業しましたが、やはり日本人が行くと敵視されるんですか？

「というか、俺たちが子供の頃に観ていた大昔の日本のプロレスをやっていたよね。他に娯楽がないから、珍しがってドッと人が集まってくるわけ。昼間に、軍の車両で街をパレードするんですよ。沿道は人でいっぱいでね。あれは済州島だったかな？　グラウンドで夜7時くらいから試合をするんだけど、たくさん人が入っていて、何が飛んでくるかわからないから怖かったですよ」

——現地では、大木さんがいろいろ世話をしてくれるわけですよね。

「大木さんは、向こうで大英雄ですからね。その頃の韓国は戒厳令が出ていて深夜は出歩けないんで、飲みに行くのにパトカーで移動するんです（笑）。そういう影響か、4試合がキャンセルになったけどね。その後も韓国には何回か行ってますよ」

——この年の4月12日、『ビッグ・チャレンジ・シリーズ』開幕戦からリングネームを『米村天心』に改名されますね。

「自分で考えたんです。マンネリみたいなものを自分の中で感じていたんで、名前を変えようかなと。字画や占いの本を見たりして、最初は『鉄心』と付けてみたんですよ」

——鉄の心というのもいいですね。

「でも、ちょっとピンと来なかったから、『天の心』にしたわけです」

——そのシリーズ中、5月4日の紋別スポーツセンター大会で冬木弘道がデビューし、米村さんが相手を務めました。結果は米村さんが逆片エビ固めを決めて呆気なく3分半で終わっていますが、冬木さんはその後ずっと欠場します。

「菅原から8ヵ月遅れのデビューだったのは、体力的な問題でしょう。その日は長沢さんの時みたいに、テストケースで冬木に試合をさせたんだと思います」

——この直後に冬木さんは足を骨折して戦列を離脱しましたが、半年後の11月から再びリングに上がるようになった時には10分近く戦えるスタミナも付いていましたね。
「彼も負けず嫌いで努力家だから。高杉と同じで冬木も子供の頃からスカイジムに見学に来ていたんで、知っていたんですよ。彼は、自分のやりたいことを貫き通す真面目さがありましたね」

海外修行の道も断たれ、前座で黙々とファイトしてきた米村には自分なりのポリシーがあった。出しゃばらず、言われたことをしっかりやり遂げる——。そこには冬が長い東北で生まれ育った人間ならではの質素で控えめながら、粘り強い性格を垣間見ることができる。

その一方、団体の経営状態は悪化の一途を辿っていった。そして迎えた8月9日、羅臼町民グラウンドでのラスト興行。ここまで約9年間、地道に前座戦線を戦い抜いてきた米村は、この日も第3試合のリングに立った。

——81年2月には、香港へ行かれていますよね。所属選手の大半が参加した大掛かりな遠征でしたが、今から思うと最後の慰安旅行だったようにも思えます。

「あれは日本の飲食店がスポンサーだったかな。正月のシリーズが終了した後に、ボブ・スイータンとかガイジンも数人連れて行きました。香港のクイーンエリザベス・スタジアムとか九龍島のサゾーンプレイ・グラウンドで5試合くらいやりましたかね」

——その頃は、給料の遅配も当たり前の状態だったんですよね？

「遅配どころか、入って来なかったですね。だから、女房の実家が魚屋なんだけど、その前に小さな店を構えてラーメンとか駄菓子とか何でも売っていました。今で言うコンビニみたいなものですよ（笑）」

——それで何とか生計を立てていたわけですね。以前から経営は苦しくなっていたと思いますが、やはり東京12チャンネルの中継終了が決定打になったという感じですか？

「はい。何かしなきゃいけないなと思って、その頃から会津でちゃんこ屋をやろうと準備していましたよ」

——そういう状況で、奄美さんが脳腫瘍で亡くなったのは相当ショックだったと思います。

「スネークとは一番仲が良かったからね。29歳だよ…若いのにねえ。彼は茨城県の日立市でちゃんこ屋をやっていたんだけど、閉店する時にテーブルや食器とか全部、俺が買ったんです。今もこの店にはそれがたくさん残っていて、まだ使っているからね。木村さんもスネークのことを可愛がっていて…スネークは木村さん分のチケットを預かって、代わりに売っていたんですよ。だから、その日立市の店には木村さんの勝利者トロフィーがたくさん置いてあったんです。それもみんな持ってきました。でも、あまりにたくさんあったから、引っ越しの時に捨てちゃったんです（苦笑）。今思うと、もったいなかったなあ。小さいトロフィーはプレートを張り替えて、息子の相撲大会で再利用したりしてね（笑）」

——5月16日、『ビッグ・チャレンジ・シリーズ』最終戦の後楽園ホール大会では、リング上で秋吉豊幸、篠原実、金城正勝、高橋貢の入門が発表されました。米村さんの師匠の金子武雄さんも一緒にリングに上がられましたが、いつ潰れてもおかしくない時期に新人を4人も入れたので驚きましたよ。

「秋吉以外の3人は、すぐ辞めましたね。金城は金子会長の推薦だったんです。彼もスカイジム出身でね。ボディビルでミスター神奈川になって、アームレスリングは全日本2位、キックボクシングもヘビー級の全日本2位だった男ですよ。でも、あの時点で、もう30歳だったから。残った秋吉は背が高くて、いい男だったよ。結局、最後のシリーズでデビューしたのかな？」

——彼は最後の『ビッグ・サマー・シリーズ』第5戦、7月25日の音戸町山口屋音戸店前大会で冬木弘道を相手にデビューした国際プロレス最後の新人レスラーになりますね。最終戦まで、菅原、冬木を相手に全8試合を行っています。もちろん、全敗でしたが。

「秋吉は、高校で柔道をやっていてね。細かったけど、バネがあって素材的にはいいものを持っていたんですよ。あれで肉が付いてくればなあ。せっかくデビューしたのに、可哀想なことをしたよね」

——そして、羅臼大会で最後の時を迎えるわけですが、米村さんの相手は高杉正彦でしたね（米村が勝利）。

「俺は羅臼が最後になるって、当日も知らなかったな。事前に木村さんから聞いていた人もいたらしいけど、俺は翌日にバスに乗るまで知らなかった」

――それを知った時の心境は？

「遂に来たかって感じだったけど…正直、愕然としましたね」

鶴見五郎の日記によれば、羅臼大会の翌日＝8月10日に選手一行はバスで札幌に移動し、ホテルに宿泊。11日は午前中に故スネーク奄美の家を訪れて焼香を上げ、その後はバスで室蘭に移動してフェリーで津軽海峡を越え、八戸へ渡った。そして、12日に丸一日陸路を走って東京に帰還する。

この後、米村は全日本プロレスへの参戦が決まっていたが、出場が発表されていた大会に姿を見せず、地元・会津でちゃんこ屋の経営に専念するようになる。なぜ米村は34歳にしてセミリタイアの道を選択し、「会津限定レスラー」となったのだろうか？

――羅臼大会後、吉原社長から事情説明などはあったんですか？

「いえ、潰れてから社長には会ってないですよ。今から考えると、もう社長は新日本に行く選手を抜き打ちで決めていたのかな…」

――9月になって、新日本vs国際の全面対抗戦開催（10月8日＝蔵前国技館）が発表されましたが、カードに米村さんの名前はありませんでした。

「浜口さんなんて飲んだら〝俺は死ぬまで国際で…〟なんて喚いていたのに、コロっと新日本へ行っちゃうんだからさ（苦笑）。その時点で、俺はプロレスを続けるつもりでいたんですよ。ちゃんこ屋の方は、女房に任せようと思っていたんです」

――その対抗戦が発表された8日後、今度は馬場さんがマイティ井上と記者会見を開いて、米村さん、菅原伸義、冬木弘道も同席しましたよね。そこで10月2日開幕の『創立10周年ジャイアント・シリーズ』にこの4選手がフリーとして参戦すると発表されましたが、あれは井上さんと米村さんが相談して全日本に話を持っていったんですか？

「いえ、馬場さんの方から〝マイティと米村なら引き取るよ〟と言ってきたんですよ。それでこちらから、〝菅原や冬木もデビューしたばかりで可哀想なので、一緒に取ってもらえませんか？〟と頼んだんです」

――それとは別ルートで阿修羅・原も全日本参戦を決めましたが、米村さんだけが出場せずに、ちゃんこ屋を始めましたね。

「俺はそのシリーズも、それ以降も全日本に出るつもりでいたんですよ。それと並行して、ちゃんこ屋『やぐら太鼓』は10月10日の開店で準備が進んでいたんです。そうしたら、女房が妊娠していることがわかったんですよ。その上に流産しそうになって、入院しちゃったんだよね。さらに、店を手伝いに来る予定だったお相撲さん上がりのコが来られなくなって。だから、馬場さんにお断りしたんです」

――米村さん自身がお店に出なくてはならなくなり、仕方なく全日本の話を断ったと。

「そういうことです。馬場さんに断りを入れた時に、〝会津に興行で来られた時は出させてください〟と頼んだんですよ」

――なるほど、それにより〝会津限定レスラー〟米村天心が誕生したわけですね。

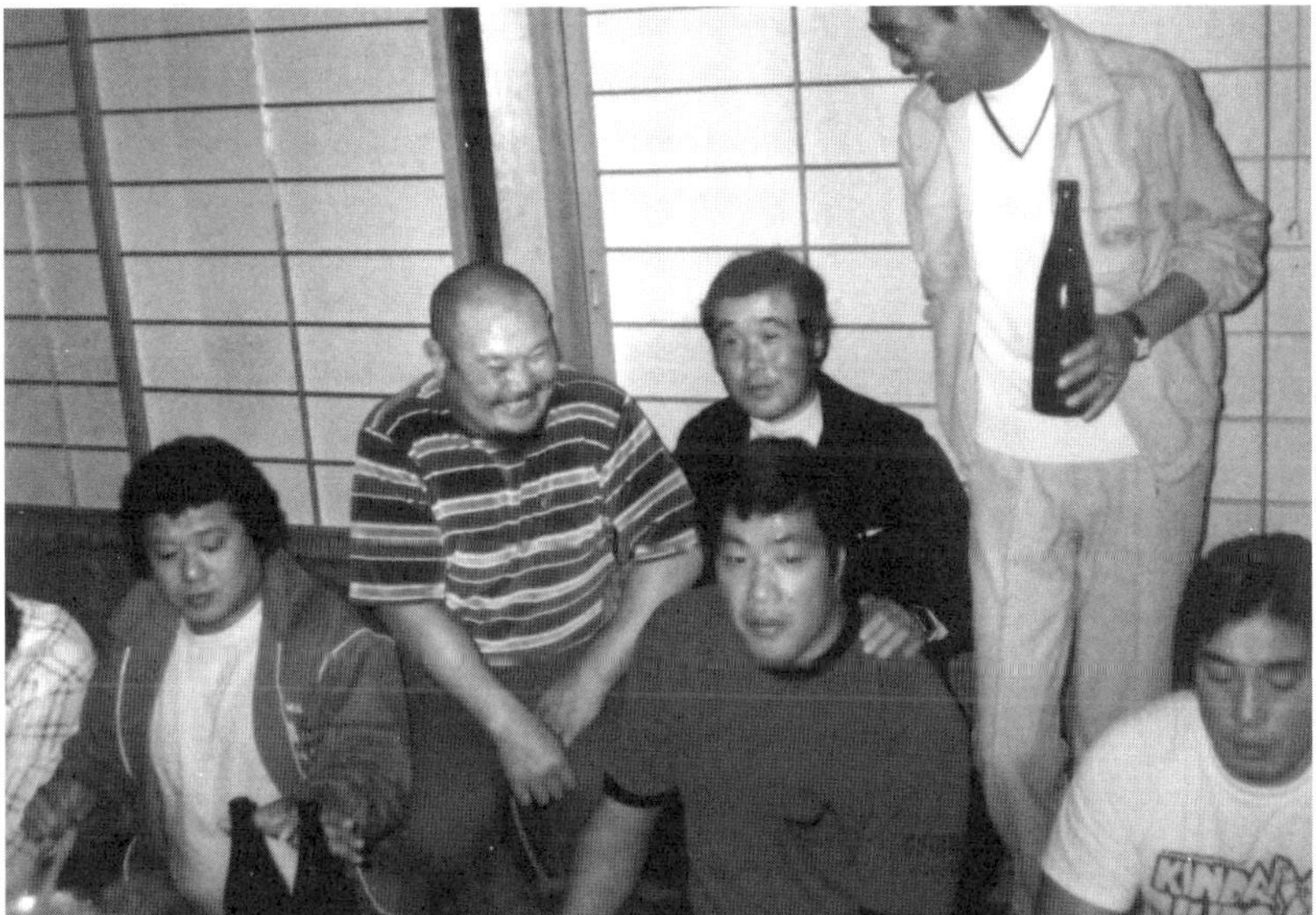

団体崩壊後、会津限定出場の「ご当地レスラー」となった米村。この地で全日本プロレスの興行があると、試合後は『やぐら太鼓』で打ち上げが行われた。

「馬場さんは約束通り毎年、会津に来てくれて、そのたびに俺をリングに上げてくれました」

――全日本の初戦は82年7月5日、会津若松市体育館で相手は冬木弘道でした。これ以降は、試合に合わせて身体を作っていたんですか？

「普段から毎日1時間はトレーニングしていましたから。でも、実戦はやってないから試合勘は鈍ってるし、スタミナもないです（笑）。この辺りは盆地で夏は暑いし、みんな畑仕事をしていて農繁期は客を集めるのが大変なんですよ。だから、それ以降の興行は農閑期の10月末になったはずです」

――確かに83年からは、ずっと10月末以降の開催です。

「そうでしょ。馬場さんがそうしてくれたんです」

――83年10月は菅原伸義と組んで百田兄弟（義浩&光雄）、84年10月はターザン後藤と組んで極道コンビ（グレート小鹿&大熊元司）と、米村さんのためにいいカードが組まれていますね。

「チケットも売れる売れる（笑）。俺一人で300枚くらい売ったもん。宣伝カーも回したし、ポスター貼りもしましたよ。その時期に会津にプロレス興行が来るのがわかっているから、東京のお客さんからもいい席が欲しいと連絡が来るんですよ。それも毎年ですから。試合後は、選手もファンもウチの店で飲むわけです。ファンの人たちは11時でお開きになりますが、木村さんたちは朝の4時頃まで飲んでいきました。こっちが〝支払いはいいから〟と断っても、木村さんはいつも店のどこかに勘定をこっそり置いて帰るんですよ。木村さんは、そういう人です」

――87年12月10日、『世界最強タッグ決定リーグ戦』でのバトルロイヤルが米村さんにとって全日本最後の試合になりました。それ以降、全日本は会津に来ていませんね。

「何で来なくなったのかな…」

その後、米村はしばらくリングから遠ざかっていたが、90年になってパイオニア戦志に登場する。

パイオニア戦志は国際プロレスの残党である剛、高杉、菅原が旗揚げした日本初のインディー団体であり、4月5日に後楽園ホールで開催された第2弾興行に友情参戦した米村は板倉広と対戦した。さらに同年6月の旗揚げ1周年記念興行にも駆り出されたが、半年後に団体は活動を停止する。

そこから3年が経ち、米村は剛が新たに立ち上げたオリエンタルプロレスに参戦。93年2月12日、後楽園ホール大会で菅原と組み、「国際プロレス・メモリアルタッグマッチ」として鶴見&高杉とメインで対戦した。

さらにこの年は、鶴見が発起人となったIWA格闘志塾のワンナイト・トーナメントにも出場。11月12日、横浜文化体育館で島田宏とコンビを組み、1回戦で谷津嘉章&鶴見に敗れている。

そして翌94年10月16日、ユニオンプロレスが主催した『国際プロレス～AGAIN～』にも参加。会場となった後楽園ホールには、懐かしのOBが多数集結した。

――全日本でのラストマッチから再びリングに上がるまで3年間のブランクがありましたが、パイオニア戦志参戦はどういう経緯で?

「確か高杉から連絡が来たのかな。まあ、みんな国際の同志だし、声がかかったんで出ましたよ」

――パイオニア戦志は、全日本を解雇された選手が立ち上げた団体でした。

「いろいろ事情があったにせよ、馬場さんに拾ってもらったんだからね…。菅原なんか、こちらから頼んで入れてもらったんだから。まあ、外様という目で見られるのは仕方ないですよ。でも、だからこそ人一倍努力しないと」

――同年6月16日、後楽園ホールで開催された1周年記念興行では星野勘太郎と対戦されました。その後も単発でリングに上がり、94年10月にはユニオン主催の国際プロレス同窓会興行にも出場していますね。

「俺は誰と試合したっけ?」

――アポロ菅原と組んで寺西&高杉と対戦し、レフェリーはミスター・ヒトでした。当日、米村さんはバトルロイヤルにも出場しています。

「国際時代にヒトさんと戦ったことがあるけど、あの人は海外経験が豊富ですから試合の駆け引きが巧かったですよ。久しぶりにみんなと会えて、懐かしかったねえ。控室では、昔話ばっかりしてたなあ(笑)。その後もどこかで似たような興行をやったみたいだけど、店が忙しくて、そうそう行けないよ」

――草津さんはトークショーをやっていましたが、顔を合せたのは久々だったんですか？

「直接、会ったのはね。電話なら、いつも酔っぱらってかかってきていたけど（笑）」

――記録に残る米村さんの最後の試合は、剛さんが主宰していた冴夢来プロジェクトの96年9月27日、会津板下町民体育館大会ですね。

「はい、板下でやりましたね。あれが最後なんだ…言われてみれば、そうかもしれない（笑）」

――『冴夢来ワールド・トーナメント』の1回戦で、マスクド・サターンを逆片エビ固めで破ったものの、2回戦は辞退して剛さんに不戦敗でした。最後にデビュー戦の相手と戦わずに、リングを降りたというのも運命的というか（笑）。

「もう、力尽きたんでしょう（笑）」

――とはいえ、引退宣言はされていないわけですよね？

「引退って口にすると、〝ああ、これで終わり…〟と思うから。あれから17年か。もうさすがに試合はできないと思うけど、気持ちだけは引退していないですよ」

――米村さんは海外武者修行に出ることもなく、前座を温める役割をずっと担ってきましたが、プロレスを続ける上で何がモチベーションだったんですか？

「俺は他の選手みたいにチャンピオンになりたいとか、そういう夢も欲もなかったですよ。でも、会場に観に来た子供たちを喜ばせたいという気持ちはありました。昔は子供がいっぱい来ていましたよね。国際の選手はできるだけサインしたり、子供のファンを大事にしました。それと前座には前座なりのプライドがあって、俺はそれをわきまえて試合をしていたつもりです。前座でショボンとした試合をすると、後に引きずるからね。不細工は不細工なりの試合の仕方があるんですよ（笑）」

――そういうポジションをわきまえたレスラーが今は少なくなったと思います。自分本位の姿勢がプロレスをおかしくしたのではないかと。

「そうかもね。国際プロレスは、控えめで古風な人が多かったかもしれません。気持ちを言葉に出さずに、黙々と試合をやるような。みんな生き方も不器用だったから（笑）」

――米村さんはあまりチャンスをもらえませんでしたし、給料の未払いもありましたが、国際プロレスの選手で良かったと？

「そうですね。まあ、泥臭い人間の集まりでしたけど、みんなハートが良かったです。相撲の時と同じで、いろんな人と繋がりができたことがプロレスラーをやっていて一番良かったんじゃないかと思いますよ」

――ちゃんこ屋『やぐら太鼓』は国際プロレス崩壊とほぼ同時期に開店したわけですが、プロレスラーが経営する飲食店で、これほど長く続いている例は他にありませんよ。

「いまだに熱狂的な国際プロレスのファンが県外からもちゃんこを食べに来てくれますからね。ありがたいことです。それを考えると、国際でプロレスラーをやっていて本当に良かったと思いますね。会津にいらっしゃった節は、ぜひウチにお越しください！」

# 将軍KYワカマツ

将軍KYワカマツは、国際プロレス崩壊から丸3年が経過した1984年9月にカナダ・カルガリーから新日本プロレスに逆上陸。マシン軍団、アンドレ・ザ・ジャイアント、ケンドー・ナガサキ&ミスター・ポーゴなどのマネージャーとして鞭を片手に拡声器で相手を罵倒し、悪の限りを尽くした。

その後、90年には田中八郎・メガネスーパー社長のブレーンとしてSWS設立に深く関わり、『道場・檄』の道場主に就任。そんな後年の姿から策士的なイメージを持つファンも少なくないかもしれないが、国際プロレス時代はレスラー、レフェリー、リングトラックの運転&設営係、営業部員などを何役も1人でこなす〝超真面目人間〟として、吉原社長が全幅の信頼を寄せていた。

また、99年には北海道芦別市議会議員選挙に出馬。実直な人柄が支持されて当選し、4期務めた政治家の顔も持っている。

42年1月1日、北海道函館市で生まれた若松は中学卒業後、電気技師の資格を取得して、技術畑でサラリーマン生

**しょうぐん・けーわい・わかまつ**
1942年1月1日、北海道函館市出身。身長181cm、体重105kg。72年に国際プロレス資材部に入社。73年9月29日、若松市政として高山市体育館における大位山勝三戦でデビューした。団体崩壊後は、カナダのカルガリー地区で活躍。84年8月に悪徳マネージャーとして新日本プロレスに逆上陸し、マシン軍団を率いてブレイクした。90年にはSWS旗揚げに参加し、道場・檄を率いる。SWS解散後は、インディー団体を中心にファイトした。

活を送っていた。しかし、夢を諦めきれず、安定した生活を捨てて国際プロレスに飛び込むことになる。

「私が国際プロレスに入社したのは、昭和47年（72年）の元旦でした。1月1日に、埼玉県浦和市にあった社長のご自宅にお伺いしました」

――ということは、30歳の誕生日に入社されたんですね。当時の感覚では、かなり高齢という印象ですが。

「はい。自分は最初、室蘭にある新日本製鉄の協力会社に勤めて、その後は転勤で名古屋にいました。名古屋での生活が長かったですね。そうしているうちに、〝このままでは自分の人生はマズイんじゃないか〟と思いましてね。東京に出てきて芝浦で沖仲仕をやりながら、休みの日にはボディビルジムに通って身体を鍛えていました。その頃、体重は80キロぐらいでしたね。それまで特に身体を鍛えていたわけでもないし、スポーツも学生時代に陸上で走っていたぐらいで、格闘技は何もやっていませんでしたから。このままだったら、お願いに行っても門前払いされてしまうだろうということで、身体を鍛えてから行こうと」

――学校を卒業した時点で、プロレスラーになろうという気持ちはなかったんですか？

「それはなかったですね。親は公務員になることを望んでいて、警察官であるとか、そちらの方に話をしてくれていたんですけど、性格が性格だから、自分で身を立てなきゃいけないだろうということで雷気技師の資格を取りましてね」

――では、社会に出て何年も経ってからプロレスラーを目指したキッカケは何だったのでしょう？

「やはり子供の頃にテレビで観た力道山先生ですよね。若い時は二度とないですから。机の上で何かを勉強することは70歳になっても80歳になってもできるんじゃないかと思って、身体が元気なうちに人生の中で自分なりに〝これだ！〟と言えるものを確認したかったということですかね」

――その時、日本プロレスではなく、国際プロレスを選んだ理由というのは？

「何かこう、〝国際がいい！〟という直感と言いますかね。まあ、結果的に私が国際に入る直前に、日本プロレスでは猪木さんが追放されて新しい団体を創ったり、入った年の夏には馬場さんも辞めて団体を創ったりと、いろいろあったじゃないですか」

――若松さんが入門に向けて行動を起こしたのは、いつ頃ですか？

「71年10月に〝年が明けたら30歳になるし、もうそろそろいいだろう〟と思って、渋谷の三喜ビルにあった事務所に行ったんですよ。その時は〝社長は不在なので、また連絡してください〟ということだったんですが、1週間も経たないうちに鈴木利夫（営業部長兼リングアナ）さんから連絡をいただいて、事務所で社長に初めて会いました。〝何でもやりますから、社長の会社に入れてください〟と言いましたら、〝そうか、いつから来るんだ？〟と。その時はまだ沖仲仕の仕事をしていて、すぐに辞めることもできないので、1ヵ月の猶予が欲しいとお願いしました。それで12月いっぱいで仕事を辞めて、元旦にご自宅にお伺いしたんです」

――正月ということで、多くのレスラーや社員の人たちが年始の挨拶に来ていたんじゃないですか？

「錚々たる人たちがいるんですね。草津さんだとか、大位山さん、鶴見さんなんかが飲んでるんですよ。〝こりゃあ、凄いな！〟と思いまして（苦笑）。私は正月明けの九州の巡業から一緒に行くことになって、最初はリング設営のトラックに乗るということでした」

――新弟子としての入門ではなく、資材部への入社だったんですよね。

「そうです。格闘技をやっていたわけでもないし、決して身体が大きいわけでもないですけど、社長が〝こうして来たんだから、入れて使ってみようじゃないか〟ということでね。自分は大型の免許も持っていましたから、トラックの運転をして、会場ではリングを設営したり、パンフレットを売ったり、いろんな雑用をこなしていましたね」

――レスラーになるための練習をする時間はあったんですか？

「巡業の際はリングを作った後にみんなが4時半ぐらいから集まってくるんですけど、その時ですね。その頃はコーチとして田中忠治さんがいまして、若い選手が足の運動（スクワット）を1000回したり、受け身をしていたんですが、その中に混じって一緒にやっていました。当時はトラックでリングを運んで、会場に着いたらリングを作って練習して、開場したらパンフレットを売って、試合後はリングを解体して、次の試合地が遠い時はハネ立ち（※宿泊しないで移動すること）するんですね。でも、その生活をキツイと思ったことはないですね。〝国際プロレスに入れてもらって、この仕事に関わっていることは素晴らしいことなんだ〟という気持ちが強かったものですから、寝なくても何ともなかったです」

——でも、練習自体はキツかったでしょう？

「巡業中はキツくないんですよ。足の運動にしても、1000回でも1500回でも慣れてしまえば。ただ、シリーズが終わった後の大宮の合宿所での稽古はキツかったですね。やはり田中さんがコーチなんですが、私はボーッとしていて、自分から率先して何かをやるような性格ではないことも知ってますから。きっと〝格闘技をやるには何かが足りないんじゃないか？〟と思って、相撲で言うかわいがりですよ。それはっかりでしたね、合宿所では。道場に鍵をかけての練習ですからね（苦笑）。しかも私は格闘技を知らないですから、上に乗っかられたり、ラッパをかまされたりして、それはもう…。しかも必死に向かって行ったら、〝100年早い！〟みたいなことを言われて（苦笑）。それでも辞めようとは思わなかったし、田中さんの身の回りの世話もして、合宿所ではちゃんこも作っていました。その頃の合宿所には、鶴見さん、亡くなったスネーク奄美さん、米村さん、二郎さん、それから村崎さんがいて、その後に高杉選手、菅原選手、冬木選手が入ってきました。自分はずっと合宿所に住んでいたんです」

——若松さんのデビュー戦は入社から1年9ヵ月後、『第5回ＩＷＡワールド・シリーズ』第15戦となる73年9月29日の高山市体育館大会で、相手は3歳下で2年先輩となる大位山勝三の胸を借りましたよね。すでに31歳になっていましたが、いつ頃に通達されたんですか？

「突然でしたね。リングの設営、稽古が終わった後の5時半ぐらいになって、〝今日、試合だぞ！〟と（笑）。やっぱり…嬉しかったですね。初志貫徹というんですか、やっぱり〝やれば、できるんだな！〟と」

——デビュー当初は大位山、師匠の田中忠治、稲妻二郎、栄勇らと当たっていますが、米村勉との対戦が特に多いで

リング運搬用トラックの前に立つ若松。正式デビューの前には、73年6～7月『ビッグ・サマー・シリーズ』中にバトルロイヤルに出場している。

すね。

「米村さんは力が強いです。あの方はプロレスの前にも相撲という勝負の世界で生きてきた人だから、やはり試合をしていて学ぶことが多かったですね。人間的にも素晴らしい人でした。国際プロレスにいた方は、みんな素晴らしいですよ。国際の頃に、人間関係で嫌な思いをしたことはないです。どこの世界でもいろいろあると思いますが、一度もなかったですよ。私は、みなさんに仲良くしていただきました。米村さんもそうですし、スネークさんにしても…。スネークさんは最初はお相撲さんで、アマレスも強かった人（フリースタイル75キロ以上級で国体、インターハイ優勝）ですけど、身体が小さかったので私と同じく資材部がスタートだったんです。1年ぐらいトラックに一緒に乗ってもらったんですよ」

——74年9月から東京12チャンネルで中継がスタートしたのを機に、前座の若松さんもイメージチェンジされましたよね。

「そうです、そうです。〝お前は優しい顔をしてるから、見た目を変えたらどうだ？〟という話になったので、髪を短くして、眉毛を剃って、口髭を生やして（苦笑）。そうしたら、そのシリーズに来ていたバロン・フォン・ラシクが〝俺より怖い顔になったな〟なんて言っていましたね（笑）」

東京12チャンネル時代になって、若松はレフェリーとしてもデビューすることになる。当時、国際プロレスには阿部脩、前溝隆男、マンモス鈴木と3人のレフェリーがいたが、若松はテレビ放映開始に伴って新設された女子部を任されたのだ。

この女子部新設は東京12チャンネル側からの条件で、かつて同局が放映していた日本女子プロレス（72年に崩壊）の小畑千代、佐倉輝美、千草京子の3選手と契約。海外からも〝女帝〟ファビュラス・ムーラなど強豪を呼んで活動したが、76年2〜3月の『スーパー・ファイト・シリーズ』を最後に事実上閉鎖された。

――女子部のレフェリーをやることになった経緯というのは？

「吉原社長から、〝お前がやれ〟と言われまして（苦笑）。女子プロの試合を裁いていたのは、自分だけです」

――レフェリングは、誰かから手解きを受けたんですか？

「いや、前溝さんとか鈴木さんのレフェリングを見ていましたから、すぐにぶっつけ本番でやりました。結構、女子のレフェリングは難しかったですよ。女性も反則をするんです。髪を掴んで振り回したりするから、反則のカウントを取るんですけど、〝うるせえ！〟とか言われて、逆にこっちが大変な目に遭うこともしばしばありました（笑）。レフェリーですから、手を出されても何もできませんよ。ましてや、相手は女性ですからね。女子プロは東京12チャンネルが力を入れていて、ヴィッキー・ウイリアムス（ムーラの弟子で、79年にメキシコで初代UWA世界女子王座を獲得）さんだとか、ガイジン選手も人勢呼んでいましたよ。やはりタイトルマッチの時は、気が引き締まりましたよね。小畑さんがベルトを持っていましたから」

選手としては前座戦線から抜け出せなかった若松だが、1人4役を務める会社への献身度、貢献度を吉原社長は高く評価していた。

当時、年末の納会では吉原社長が「大賞」、「敢闘賞」、「努力賞」の3賞を発表して選手を表彰しており、若松は74年度に努力賞、75年度には大賞を受賞。裏方でも努力した人間が大賞に選ばれるのが国際プロレスという団体だった。また、76年には東京12チャンネルから協力賞を授与されている。

レスラーとしての国際時代のハイライトは、79年8月26日に日本武道館で開催された『プロレス 夢のオールスター戦』かもしれない。若松はオープニングのバトルロイヤルに出陣し、多団体のレスラーと初めて対戦した。この19選手参加のバトルロイヤルは本書の中で何度か出てくるので、ここで出場メンバーを列記しておこう。

【新日本プロレス】
山本小鉄、魁勝司（北沢幹之）、小林邦昭、前田明（日明）、斉藤弘幸（ヒロ斉藤）、平田淳二（スーパー・ストロング・マシン）、ジョージ高野（ザ・コブラ）
【全日本プロレス】
ミスター林、百田光雄、肥後宗典（本郷篤）、伊藤正男、大仁田厚、渕正信、薗田一治（マジック・ドラゴン）
【国際プロレス】
デビル・ムラサキ、鶴見五郎、米村勉、若松市政、高杉正彦

後にマシン軍団として共闘し、新日本マットを席巻する将軍KYワカマツとストロング・マシン1号（平田）の初対面は、この時だった。

「オールスター戦の時は、確か新日本のリングを使ったと思います。だから、自分は設営の仕事はなくて、あの日はレスラーに専念できました」

――試合自体は憶えていますか？

「あれよあれよという間にやられてしまいましたけど（※1番目に退場）、確か山本小鉄さんと目が合って、ぶつかったような記憶はあります。バトルロイヤルとはいえ、団体対抗戦の意識がありましたから、自分も〝これは負けられないな！〟という気持ちで戦っていました」

――その後も、1人で何役もこなす生活は団体が崩壊するまで続きましたね。

「自分の籍は、デビューしてからもずっと資材部のままでしたから。昭和55年（80年）の春からは、営業もやるようになりました。シリーズが始まって巡業に出れば忙しかったですけど、オフになれば暇ですからね。〝どうしてチケットが売れないんだろうか？〟と不思議で吉原社長に話をしまして、バンを1台もらって、それに寝泊まりしながら自分で営業に歩きましたね。1シリーズで自分は4大会ぐらい担当していて、最後は営業部に移りました。あれは〝会社が大変なんだよ〟と社長から聞いて営業部に移った後の話ですから、昭和56年（81年）の春だったと思いますが、岩手県の陸前高田で試合後に食事をして寝ていたら、どうも調子がおかしくて、宣伝カーで消防署まで行って、そこから病院に運んでもらったんです。そうしたら、急性膵臓炎だと診断されて、何も食べちゃいけないということで、お茶ばかり飲んでいましたよ。痛みが治まって、ようやく10日ぐらいしてから退院できたんですが、会社に迷惑をかけてしまったので、宣伝カーを運転して一ノ関に寄って、ポスター張りをしてから東京に戻ってきましたね」

――若松さんがそこまで仕事に打ち込んだ理由は何でしょう？

「自分は、もう吉原社長に心酔していましたね。本当ならレスラーになれないような自分を雇ってくれて、デビューさせてくれましたから。吉原社長は、人間として大きい方でした。自分、怒られたことがないんですよ。確か昭和49年（74年）の夏だったと思うんですけど、社長、鈴木利夫部長を筆頭とする営業部の人たち、プロレス評論家の菊池孝さんと神津島に行ったことがあるんですよ。夜は宴会で

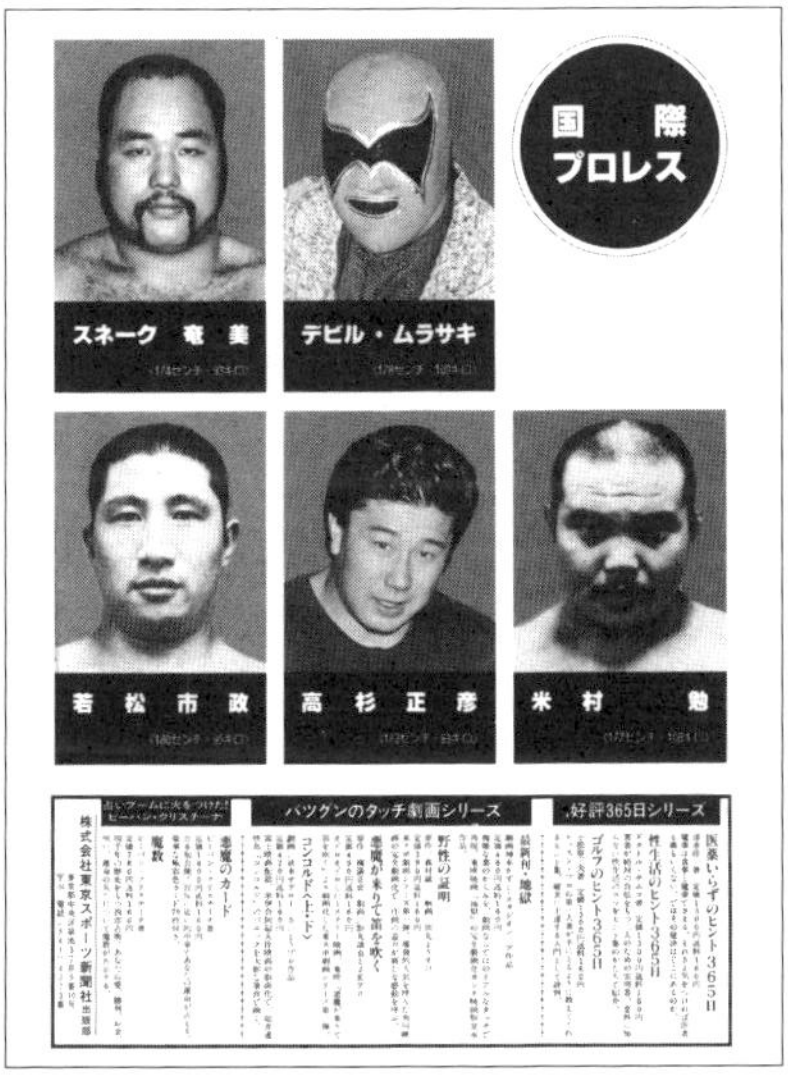


79年8月26日、日本武道館で開催された東京スポーツ新聞社創立20周年記念『プロレス 夢のオールスター戦』のパンフレットより。若松はオープニングの3団体対抗バトルロイヤルに出場した。

すけど、昼は暇だから社長も一緒になって山に登ったりしました。当時の社長は、お元気でしたね。稽古だってしていましたから。合宿所に来た時には腕立て伏せなんかをやりながら、その仕方、正確な角度とかを教えていただきました。そういう細かいところまで教えてくれる人はいませんでしたから、嬉しかったですよ」

――国際プロレス一筋、吉原社長一筋だったんですね。

「国際が全日本プロレスと交流を持つようになって、これは昭和50年（75年）頃のことだったと思うんですけど、社長に〝馬場が真面目なお前を見て、欲しいと言ってるんだけど、どうする？〟と聞かれて、〝どうすると言われましても、自分は社長の傍から離れませんよ〟と。そうしたら、社長は笑って嬉しそうな顔をしたので、ホッとしました（笑）。結局、馬場さんの話をお断りしたんですけど、2度目には〝桜田（一男＝当時は全日本所属）にお金を付けて、どうだ？〟とトレードみたいな話になったらしいですよ。それでも社長は頑として断ったそうです」

――全日本に行っていたら、それはそれでまた面白いプロレス人生になっていたと思いますよ。

「こんな話もありました。早稲田のラグビー部の学生が1ヵ月、国際に練習に来ることになったんです。ラグビーだったら、本来なら草津さんなんですよ。でも、草津さんが来ないから自分が学生たちの面倒を見ることになっちゃいまして（笑）。午前中はランニングしたり、リングでぶつかり稽古をしたり、午後はボールを持って浦和の高校のクラブに行ったりしていたんです。それで正月に明治大学との試合があったんですが、試合が終わって2～3日してから、社長が〝早稲田、明治、青学がお前のことを欲しいと言ってきてるよ〟と（笑）。コーチで来てくれということらしいですけど、それもお断りしまして」

――若松さんがトラックで移動している最中に、たまたま土砂崩れの避難作業を手伝っていたら、その姿がＮＨＫの電波に乗って、〝国際プロレスのレスラーも必死の作業を続けております〟と全国に放映されたという有名な話もありますね。

「あれは大分でしたね。あの時、国際プロレスのジャージを着ていましたから。それをテレビカメラに撮られたんですね（笑）」

78年1月開幕『新春パイオニア・シリーズ』中、バックステージで後輩の高杉正彦（ウルトラセブン）、喧嘩でビル・ロビンソンをKOしたこともあるセーラー・ホワイトと仲良く写真に収まる。

——冬木弘道は、〝新弟子の頃は若松さんと一緒にトラックに乗っていて、会場に着いてから若松さんに教わっていた〟と言っていましたよ。

「冬木選手も自分と同じで、スタートは資材部だったんです。最初、彼は後楽園ホールに来たんですよ。〝今度、入ることになった冬木って奴なんだけど、お前に預けることにしたから、ちゃんと面倒見なさい〟と社長から言われました。その頃、彼は高校を卒業したばっかりで、髪の毛を伸ばしていたんです。だから、〝まずその髪を切ってきなさい〟と。そうしたら、五分刈りにしてきましたよ。そこから1年半ぐらいですか、トラックに一緒に乗って。彼も大変だったんですよね。格闘技を何も知らなかったから。基礎の運動もできなかったんです。リングで泣いていましたよ。でも、優しい言葉をかけたら、そこで終わっちゃうと思ったから敢えて厳しくして。彼はやっとデビューできたと思ったら、すぐに足を折っちゃって実家に戻ったんです。みんなは〝戻ってこないだろうなあ〟と言っていたんですけど、ちゃんと戻ってきましたよ。やっぱりプロレスが好きだったんでしょう」

――本人は、〝新弟子の頃はとにかく辛かったし、何もできなかったら、ただじっと耐えていた〟とも言っていました（苦笑）。

「それこそ、もしも彼が足を折った時に実家に帰らず居残りをしていたら、ハイヤーが合宿所に突っ込んでプロパンガスが爆発した時に部屋で寝ていたかもしれないですからね（80年7月26日、午前0時過ぎ）。実家に帰っていて、良かったんですよ。あの火事の時、選手は巡業に出ていたから全員無事だったんです。合宿所の敷地には管理人でもあった資材部の責任者の浜崎（求）さんの家もあったんですけど、ご家族も爆発音と同時に家を飛び出して、ご無事だったんです。ただ、合宿所も浜崎さんの家も全焼してしまって…」

――翌81年2月20日、同じ土地に焼失前より大きい3階建ての道場＆合宿所が建設されましたが、その半年後に団体は活動停止に追い込まれましたね。

「一番最初に会社が危ないんじゃないかと思ったのは、昭和49年（74年）にストロング小林さんが離脱して、その直後にカナダで大剛さんが交通事故に遭って右足を切断してしまった時ですかね。むしろ本当に終わる前後は、会社が危ないということをなかなか受け止めることができなくて、〝とにかく頑張らなきゃいけない！〟という気持ちしかなかったです。営業担当役員だった草津さんも営業に出ていましたよ」

――草津さんは合宿所が全焼する前の80年7月9日にアキレス腱を切って、事実上引退していましたよね。

「でも、歩けるようになってからは営業回りをしていましたね。自分もずっと営業をしていたので、最後の方は試合をしていなかったです。ほとんど営業で地方を回っていたと思いますよ。だから、自分は最後になった羅臼の時も、その場にはいないんです。営業で東北にいましたから。その後に予定されていた興行の準備をしていたんですが、連絡を受けましてね、ええ…」

――若松さんは、どうやって東京に戻ってきたんですか？

「営業用に車を1台預かっていましたから、それに寝泊まりしながら帰ってきました。やはり寂しかったですねえ。それからですね、みなさんが合宿所からいなくなりまして…。自分は大宮の合宿所から布団を持って高田馬場まで行って、事務所でひとり寝泊まりしました」

――その頃、吉原社長はどうしていたんですか？

「国際プロレスを解散するということになってからは、あまり事務所に顔を出さなかったですね。自分は何があっても大丈夫なように、9月末の閉鎖の時点で全部、綺麗にしてから出て行きました」


団体崩壊後、所属選手たちはそれぞれの道を歩んだ。

若松は81年10月8日、蔵前国技館で行われた『新日＝国際全面対抗戦』でレフェリーを務めたが、そのまま新日本に合流することなく、一度はプロレス界から姿を消す。

「自分は、昭和55年（80年）7月20日に芦別市青年センターで壮行試合をやってもらっているんですね（菅原伸義に勝利）。本当なら年末までの間に海外修行に行くことになっていたんですが、会社が大変だということで延ばして延ばして…。最後は会社が崩壊してしまいましたけれども、芦別の後援会のみなさんに餞別までいただいていたし、自分はあの時点で他の団体に行くわけにはいかなかったんです」

――だから、新日本に合流しなかったんですね。

「国際プロレスの面倒を見ていただいていた埼玉の越谷にある建設会社の社長さんのところに行って、〝実はこういうことがありまして、自分は海外に行かないと地元に帰るわけにはいかないんです。旅費を稼がなきゃいけないので使ってください〟と頼んで、飯場に泊まりながら都内で東

団体崩壊後、81年10月8日に蔵前国技館で行われた『新日＝国際全面対抗戦』で若松は剛竜馬vsアニマル浜口戦を裁き、メインのアントニオ猪木vsラッシャー木村戦でもサブレフェリーを務めた。

京電力の仕事をしていました。旅費を貯めるのに、1年ぐらいかかったと思います。それでカナダのカルガリーにいた鶴見さんに連絡を取ったところ、〝じゃあ、こっちに来てみたら〟という話になって、自分も行ったんです。その時は、マッハ隼人さんもいました。ただ、交通事故に遭っちゃいまして…」

――向こうでですか？

「ええ、マッハ隼人さんが運転していたんですけど、スリップしてタンクローリーに突っ込んじゃいまして。幸い全員無事だったんですがね。その後、みなさんはカルガリーを離れることになったんですが、自分は試合が決まっていたので、1ヵ月ぐらい経ってから日本に帰ってきました。その後、自分はまたカルガリーに行って、最終的に昭和59年（84年）9月に戻ってきたんです」

――若松さんがカルガリーにいた時代には、ジョージ高野、平田淳二、ヒロ斉藤、高野俊二ら新日本プロレスのレスラーが集結していましたよね。

「自分が2回目に行った時ですね。その頃、自分は安達さんのハウスに住んでいました。2階が安達さんの家族、下

カナダ・カルガリー地区に入った若松は、現地で国際プロレスの仲間たちと再会。稲妻二郎（ジェリー・モロー）、鶴見五郎（ホー・チー・ラウ）と居候先で鍋を囲む。

の階に自分と今アメリカに行っている俊二さんが住んでいて、ジョージ選手、平田選手、斉藤選手は違うハウスを借りて住んでいましたよ。自分は、プレーイングマネージャーとして仕事をしていまして。バッドニュース・アレンのマネージャーが一番長かったんじゃないかと思います。なぜかマレーシア人になった斉藤選手のマネージャーもやりました（笑）。将軍KYワカマツというのは、カナダにKYという悪いジェネラル（将軍）がいたらしくて、そこからスチュ・ハートの息子が名前を付けてくれたんですね」

若松が芦別市の後援者たちとの約束を守って海外で奮闘している間、84年5月に吉原氏は新日本プロレスに顧問として迎えられた。

そして、若松は同年8月に〝超真面目人間〟ではなく、謎の怪覆面を操縦する〝悪の指揮官〟将軍KY若松（※この時代は漢字表記）として新日本マットに乗り込み、アントニオ猪木を挑発。この時期の新日本は旧UWFとその後のジャパンプロレス設立に伴う選手の大量離脱で苦境に陥ったが、そんな中で次々と増殖するマシン軍団と若松は金曜夜8時の中継に欠かせない存在となる。

だが、翌年6月に吉原氏は永眠――。若松は1年弱ではあったものの、独り立ちした姿を見せることができた。

「吉原社長が新日本の顧問になられたのは、テレビ朝日から出向する形で新日本の専務になられていた永里高平さんとの繋がりだったと思います。永里さんは、早稲田大学のレスリング部で社長の先輩でしたからね。声をかけてくださった永里さんも素晴らしいですけど、ある意味では、かつてのライバル会社の社長をそういう形で受け入れたアントニオ猪木という人も凄いんだなと思いましたね、その時に。自分はカルガリーから帰国して芦別にいたんですが、吉原社長から〝東京に出てこいや〟と電話をもらって、上京したんですよ。具体的なことは言われなかったんですけど、〝新日本で何か仕事をしないか？〟というお話で、道場を見に行ったこともあります。それからですよ、マシン軍団が始まるのは。吉原社長と永里さんに六本木のホテルに呼ばれて、そこで平田選手と再会したんです。その時は、平田選手が『キン肉マン』になるという話でしたね」

91年6月、岩手県北上市で吉原功氏の7回忌法要が執り行われ、若松も出席。他にも多くの国際プロレスOBが駆けつけ、故人を偲んだ。

――再び吉原社長と仕事をするようになるとは、夢にも思っていなかったんじゃないですか？

「これも運命なんだなあと思いました。あの頃、すでに社長はがんに侵されていましたけど、たまに2人で食事をしたりしていました」

――その時は、どんな会話をしたんですか？

「あまり話をしないというか…まったくしないというか。ただ黙っている（苦笑）。入院されてからは、試合のない時に病院に行っていたんです。奥さんが付きっきりでしたから、自分が行った時には〝ちょっと家に帰ってくるので頼むわね〟と。そういう時は自分、ずっといました。もう、社長は痛がりましてね…。社長は私の仕事については何も言いませんでしたけど、喜んでくれていたと思います。やっぱり自分は社長が拾ってくれなければ、今の人生はなかったですし、本当に感謝しています。プロレスラーになる夢を叶えることができて、海外にまで出ることができたんですから。世の中で不可能なことというのは…あると思いますけど、自分次第で可能にできるんじゃないかと。それから人間には、その時代の中でそれぞれの役目があるんですよ。やっぱり人のためにそれをやって、生きていかなきゃいけないと思うんですよ。それが『パイオニア精神』だと自分は思いますね」

# 高杉正彦

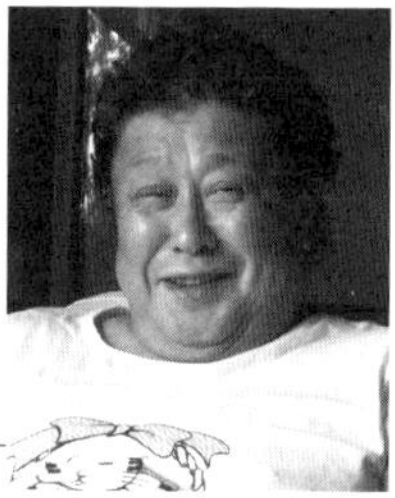

たかすぎ・まさひこ
1955年6月17日、神奈川県平塚市出身。身長175cm、体重110kg。77年に国際プロレスに入門。同年9月4日、後楽園ホールにおけるスネーク奄美戦でデビューした。団体崩壊後は、メキシコ武者修行に出発。82年7月の凱旋帰国に合わせてマスクマンのウルトラセブンに変身し、全日本プロレスに参戦した。89年4月には、国際時代の同僚である剛竜馬、アポロ菅原とパイオニア戦志を旗揚げし、以降もオリエンタルプロレス、湘南プロレス、IWAジャパンなどで活躍。現在は、再びウルトラセブンとしてリングに上がっている。

1982年夏、全日本プロレスに謎のスーパーヒーローが飛来した。その姿は、ウルトラ兄弟の三男セブン。だが、正体はモロボシ・ダンではなく、元国際プロレスの高杉正彦であった。

77年に国際プロレスの門を叩いた高杉は、アマチュアで特に実績を残したわけでもなく、年齢もまだ20代前半だったこともあり団体崩壊まで前座の日々が続いたが、なかなか新人が育たなかった同団体において吉原社長の覚えめでたい「希望の星」であった。

それと同時に、高杉は付き人として金庫番・グレート草津と近かったことから、団体の内部事情にも精通している。また、元々はプロレスマニアだけあって自身のことも含めて当時のマット界の流れを鮮明に記憶しており、先輩の鶴見五郎に薦められて入門時から日記を付けていたことも強い味方だ。

この項では、その『高杉日記』を参照しながら、80年夏に開催されたものの、試合結果が発表されなかった「幻のシリーズ」についても検証してみたい。

――国際プロレスに入る前、高杉さんは山本小鉄のファンクラブ『豆タンク』の会長だったんですよね。

「まあ、暇だったから、そんなこともやっていて（笑）。東京スポーツも毎日、買っていましたしね。要はプロレスが好きな人と喋りたかったというか、それが原点じゃないですかね。自分が機関紙を作ったら、月刊ゴングがそれを載っけてくれて（笑）。それからは、プロレスファンの人から手紙が来たりとかしてね」

――会員は何人ぐらいいたんですか？

「十何人ですかね、全国で。誰かがファンクラブをやっていて、それを雑誌で見た時、〝こんなのもあるのか、自分もやってみよう！〟という感じで始めて。それと月刊ゴングでミル・マスカラス写真展という企画があったでしょ？ 俺の写真が2位になったんですよ（笑）。秦野にマスカラスが来た時に撮ってね。あれは中学生の時かな」

――その当時から、やはり将来はプロレスラーになりたいと思っていたんですか？

「憧れましたね。俺は秦野高校というところに行っていたんですけど、陸上をやっていて、あそこは強かったんですよ。全国総合で1位でしたから。俺は400メートルリレーの補欠ですね。結構、速い奴が多かったから。高校3年ぐらいかな、最終的にプロレスラーになろうと思ったのは。足も速かったし、水泳をやっても一番速かったし、自分で言うのもなんですけど、運動能力は凄く高かったと思いますよ」

――それまで日本のプロレス界は相撲や柔道出身の人が多かったんですが、高杉さんはプロレスマニアからプロレスラーになった最初の選手じゃないかと思うんですよ。

「日本の場合は、ほとんどアマチュアで実績のある人ばっかりだったしょ。当時は狭き門でしたし、プロレスラーになるなんて、とんでもないですよ。あの頃は、今と違ってレスラーの数自体が少なかったですからね。吉村道明さんが〝プロレスラーにするには、5年かかる。15分1本勝負でやる選手だって、育てるのは何年もかかるんだ〟と言っていた時代ですもん」

――大学時代は、アメリカンフットボールをされていましたよね。

「高校を卒業する時、勉強してなかったから、担任の先生が〝日大のフットボールと東海のアマチュアレスリングだったら推薦で行けるから、どっちかにしろ〟と。で、日大を選んだんですよ。東京に憧れていましたしね。ホントはアマチュアレスリングが良かったんですけど、住んでいた秦野市からだと東海大はすぐそこだから（笑）。あの当時、日大フェニックスって一番強かったし、凄い人気でしたよね」

――その先には、やはりプロレス入りを思い描いていたんですか？

「もちろん、描いてましたよ。ザ・デストロイヤーが好きでねえ。俊敏な動きが良かったでしょ。デストロイヤーもフットボーラーだったし、あの当時はフットボール上がりって、いいレスラーが多かったですよ。我々ファンから見てね」

――確かに、アメリカマットでは多かったですよね。

「だから、基礎としてフットボールをやろうと。単純な考えです（笑）。でも、1年やってみて、自分が考えてたのと全然違うんですよね、日本は。あまりウェイトトレーニングはやらないで、フォーメーションの練習とか走ったりばっかりで。1年の時に甲子園ボウルに行ったんですけど、日本一になれなかったんですよ。先輩メンバーは良かったの。でも、このメンバーで負けたってことは、来年やっても4年やっても日本一になれないと思って。だから、フットボール部を辞めて、まず千葉真一のJAC（ジャパン・アクション・クラブ）に入ったんですよ」

――それは初耳です（笑）。

「2万人くらいの大オーディションに合格したんですから。実技審査をして、最後の20人に残ってね。当時、志穂美悦子や真田広之とも一緒にトレーニングしましたよ。でも、やっていて何か面白くないんですよね（笑）。元々、俺はプロレスラーになりたかったから。そこで米村さんや藤原喜明さんが金子さんのジムからプロレスラーになったというのは知っていたんで、横浜のスカイジムに入ったんです」

――スカイジム時代は、元プロレスラーの金子武雄さんにどういうことを教わったんですか？

「金子会長には、ガチンコのグラウンドを教えられましたね。あそこはマットがあったから。会長がシュートをやるんですよ。〝こうやるんだ〟って極めてくる。基本的な技術は、全部教えてくれましたね。米村さんも、よくジムに遊びに来ていましたよ。金子会長は力道山8人衆のひとりだから、日本プロレスの吉村さんなんかも〝選手をくれよ〟って、よく来ていたみたいですよ。俺は雑誌で見てジムに行ったんですけど、最初は迫力に押されて入れなかった。凄い雰囲気でね。ボディビルのチャンピオンとかも練習しているし、〝俺なんかが入ってもダメだな〟と。だから、半年くらい家で練習してから入りましたよ（苦笑）」

――山本小鉄のファンクラブを主宰していたのに、国際プロレスを選んだ理由というのは？

「金子会長の繋がりですよ。実は大学3年の時に、新日本プロレスに行ったんですよね。当然、山本さんは知っていたし、どうしてもレスラーになりたくて。その頃は力も付いて、自信がありましたしね。そうしたら、背（身長）がなかったからか、新間さんが〝あと1年なんだから、大学を卒業してから来なさい〟って（苦笑）」

――よく使う口実です（笑）。でも、あの頃は高杉さんより小さい選手もいましたよね？

「佐山（聡）が入ったりしてね。小林邦昭もいたし。新日本を観に行くと、佐山が北沢（幹之＝魁勝司）さんと第1試合に出てるんですよ。それで〝こいつにできるんだったら、俺だって〟と思ったんですよね（笑）。俺が新日本の事務所に行った話をジムの仲間が会長に言ったら、〝高杉、ホントにレスラーになりたいんだったら、俺が話をしてやるから少し身を入れてやれ！〟と言われて（苦笑）。その後、横浜で国際プロレスの試合があった時に一緒に会場へ行って、金子会長が吉原社長に直談判してくれたんです。ジョニー・クインとクルト・フォン・ヘスがIWA世界タッグ王座決定トーナメントの決勝で、アニマル浜口&寺西勇に勝った横浜文化体育館の大会があったんでしょ（77年3月25日）。その日です。こっちは必死でしたよ」

――その時は、すんなりと入れたんですか？

「いやあ、吉原社長はダメの一点張り。選手がいっぱいだからって。でも、金子会長が〝性格もいいんだから採れよ、この野郎！〟と押してくれてね（笑）。最終的に社長が折れて、〝しょうがねえなあ。次のシリーズが終わったら、合宿所に来い〟ということになって」

――表面上、高杉さんは〝吉原社長の自宅に日参して、入門を懇願した〟ということになっているんですよ（笑）。「それは会社が都合良く勝手に作った話で（笑）。本当は新日本に入りたかったんですけどね（笑）」

――大学の方は？

「大学に行きながら、道場に通ったんですよ。大学4年の春に、正式に入団したんです。大学は行かなくても、金さえ納めていればいいんで。合宿所に入っても、最初の半年ぐらいは学生だったんですよね」

――6月16日、後楽園ホールでの『ビッグ・チャレンジ・シリーズ』開幕戦では、リング上から挨拶されましたよね。

「まだ文理学部の4年でね。親は月謝を払い続けてくれたから、日大に籍はあって。でも、結局は単位が取れないから退学しちゃうんですけどね。大宮の合宿所に入ったのは、その前の5月23日ですね。当時は村崎さんが寮長で、田中忠治さん、鶴見さんと剛竜馬、あとは若松さんがいたかな。巡業が終わったら、所帯持ちのスネークは北海道、米村さんは会津に帰っちゃうんですよ。その2人は、シリーズ開幕の数日前になると合宿所に来て、コンディションを作っていましたね。名古屋から来た中卒の奴も、俺と同時に入門したんですよ。柔道をやっていたみたいだけど、3日くらいで逃げちゃった（笑）」

――道場では、誰が教えてくれたんですか？

「鶴見さんと剛ですよ。もう教わるもクソもないけどね。いきなり足の運動を1000回ですよ。それが終わると、腕立て伏せを500回。でも、それは2人が来る前にやっておく。鶴見さんと剛が10時ぐらいに来ると、そこからはリングに上がってセメントの練習ばっかり。そして、最後は受け身の練習をやるわけです。首投げ50回、腰投げ50回、ボディスラム…もうクタクタですよ（笑）。スパーリングは先輩全員とやりましたね。国際プロレスは、そうなんですよ。新人が来ると、まずプロレスラーの強さを叩き込む。でも、国際は汚くなかった。変なシゴキもなかったし。たまに剛とかが変なことをすると、鶴見さんが怒ったもんね。〝汚ねえこと、するんじゃねえ！〟って。汚いやり方ってあるんですよ、極めるのにも」

――裏技的なものですよね。

「そう、アバラを突いたりとかね。カール・ゴッチがやるような。それで相手が〝ギャッ！〟となった時に極めるとか。そういうのは絶対にやらなかった。剛なんか強くないから、極まらないと汚いことをやるんですよ。でも、鶴見さんが目を光らせていて、〝テメエがしちゃダメだろ！〟と怒って」

――そこは吉原社長の考えでもあるんですかね？

「社長が凄くうるさかったから。力道山時代の日本プロレスなんかは、メチャクチャでしょ？　〝折っちまえ！〟とか、ひどかったらしいじゃないですか」

――金子さんも日本プロレス時代にやられたらしいですね。

「豊登さんとかに、やられたみたいですね。草津さんも日プロにいた時、やられたと言ってましたよ。レフェリーの沖識名さんとかみんなに順番にやられて、もう動けなくなって何にもできない状態なのに、それでもやられたって。最後は、ジョー樋口さんにもやられたと言ってましたよ（笑）」

――それに耐えられないなら、辞めていいということですよね。

「そうです、そうです。最初にイジメて、嫌なら辞めろってヤツですよ。あの頃は必死だったな。でも、練習すれば、勝てると思っていたから。それだけの自信はあったから……というか、新日本はダメだったし、辞めたら後がないですからね（笑）」

――高杉さんがグレート草津さんの付き人になったキッカケは？

「入門して2週間くらい経った頃、草津さんが吉原社長の家に来て飲んでいたんですよ。〝誰か給仕しろ〟と社長から合宿所に連絡があったんですけど、草津さんは酒癖が悪いから、みんな嫌がって俺が行くことになったんです。草津さんは俺のことなんか知らないから、〝お前、誰だ？〟となったわけ。草津さんはラグビー出身でしょ。俺が日大でアメフトをやっていたと言ったものだから、〝よし、お前は明日から俺の付き人をやれ！〟って（笑）」

――米村さんの話だと、草津さんの付き人はキツイみたいですね。

「〝あの人の付き人になったら大変だぞ〟って、みんな言っていたんですよ。本郷さんなんか、それが嫌で全日本プロレスに移ったんですから（笑）。その後、米村さんがずっとやっていて、俺に回ってきたんですよ。社長は〝まだ早い〟と言うのに、リングで挨拶したシリーズから草津さんの命令で強引に巡業に連れて行かれましたからね（笑）。バトルロイヤルにも出されましたよ。北海道（7月16日＝幌延町中学校体育館）が最初で、その後も3回出てます」

――そのシリーズ終了後に、田中忠治さんが退団しましたよね。

「以前はコーチをしていたみたいですけど、俺が入った時は飲んだくれて浮いていましたよ。嫌いな大剛さんが日本に帰ってきていて、酔っぱらうと田中さんに〝早く辞めろよ〟とか平気で言うし、いつも2人で喧嘩になるわけ。社長も田中さんに〝いいギャラを出してるんだから、アパートでも借りて合宿所に住みつくな〟とか注意していて、不貞腐れていたんです。田中さんは〝高杉、俺は辞めるからさ。スペインとフランスに行って来る〟と言ってきて、鞄を持って出て行ったきり。実際は、ヨーロッパなんか行かずに馬場さんに直訴したらしいですね。でも、当時の全日本プロレスはウチと交流していたから断られて、そのまま消えてしまったんですよ」

――高杉さんは、77年9月4日にスネーク奄美を相手にデビューしました。リング上での挨拶から2ヵ月弱ですから、かなり早かったですね。会場も地方ではなく、後楽園ホールというのも破格の扱いでした。

「社長のお眼鏡に適ったんじゃないですか（笑）。デビュー戦は、ジョン・フォーリーがセコンドに付いてくれましたからね。社長も八田一朗さんもリングサイドで観ていてくれたし、俺は期待されていたと思いますよ。その年の夏に静岡県の静波海岸で合宿をやった時には、フォーリーからサブミッションを習って」

――このシリーズに参加したフォーリーは、先乗りして選手をコーチしたんですよね。イギリスのビリー・ライレー・ジム出身で、シュートが強かったと言われていますが。

「いやあ、そんなに強そうじゃなかったね（笑）。もう歳だし、酒ばっかり飲んでいたから。でも、教えるのは上手かったですよ」

――対戦相手の奄美さんの印象は？

「まだ、この頃は元気だったよねえ。動きもいいし、非常に味のある試合をしていましたよ」

――ところで、いざデビューしてみて、ファンとして観て

77年9月14日、後楽園ホールで高杉はスネーク奄美を相手にデビュー。リングシューズはデビル紫、タイツは剛竜馬のお古を着用しての初陣だった。

いた頃とは大きなギャップを感じたんじゃないですか？

「まったく違いますね。観るのと、やるのは大違い。プロは大変ですよ（苦笑）。それに俺は同期生がいなかったでしょ。先輩が7～8年もキャリアが離れていたし。だから、本音を言うと新日本に入って、前座で邦昭、佐山とか若い選手たちと一緒にやりたかったですね。そうしたら、もっといい試合ができていただろうし、後々いいギャラが出ていたと思いますよ。ウルトラセブンで全日本に行った時、いきなり大仁田厚とやれと言われても無理ですよね。若い時にやってないから」

――確かに、タイガーマスクと小林邦明は若手時代に前座で何十回も試合をしていますからね。

「若い時にやってれば、上に行った時もいい試合ができるんですよ。お互いに癖やら何やら、わかってるわけですから。俺の後がアポロ菅原、冬木弘道ですけど、入って2年後ぐらいだったかな。それまでは辛かったですね。ラッシャー木村さんの後輩の相撲で幕下まで行った奴が入ってきたことがあるんですけど、それもすぐ辞めちゃったし。猛烈なイジメで、1日で逃げちゃった（笑）」

若松市政以来、約5年ぶりにデビューを果たした新人・高杉の定位置は、当然ながら前座の第1試合である。上を見れば、年齢の離れたレスラーばかりで、ここから2年間も連戦連敗が続いた。

だが、身体は決して大きくないとはいえ、高杉は今で言う「イケメン」で運動神経も抜群。泥臭い選手が多い国際プロレスの中で、鋭いドロップキックを武器にフレッシュさは際立っていた。

――デビューした後、ファイトマネーは試合数でもらえるんですか？

「デビュー前は小遣い程度で、最初の年も相撲で言う幕下の手当みたいなものでしたね。2年目からは試合に出なくても現場に行っていれば、興行数でもらえました。本割の試合じゃなく、バトルロイヤルだけ出る日もありますし。バトルロイヤルは賞金が10万でね。それを参加した7人くらいで山分けするから、かなりの実入りになりますよ（笑）」

――新人時代、デビル紫との対戦が多かったですね。

「地味な人でしたよね。自分の仕事だけは、ちゃんとしますけど」

――最も対戦が多いのは、米村さんでした。最後の羅臼大会まで、シングルで80回以上戦っています。

「あの人は器用じゃないけど、一直線のファイトは凄いですよ（笑）。米村さんはね、横浜文化体育館で試合をやると、やたらカタイの。スカイジム出身だから、ある意味で横浜は地元でしょ？　ガチガチにカタイ、セメントのひどいのだから（笑）。試合前にスネークが〝今日の米ちゃんは別人だから、気を付けな〟と、わざわざ言いに来たくらいですからね。友人とか知人がたくさん観に来ているから、もう興奮しちゃってるんですよ。あれは参った」

――やはり地元に凱旋すると、そうなるものなんですか？

「俺もウルトラセブンで最初に平塚青果市場で試合をした時は、確かに興奮しましたね（笑）。だから、相手にガンガン行って（笑）」

――若手の頃は、大位山さんや鶴見さんとも当たることがありました。この2人の先輩は、どうでしたか？

「大位山さんも器用じゃないけど、一発一発が重かった。鶴見さんは器用だし、レスリングに関しては一番巧かった。柔らかいし、技は上手だし、ちゃんと相手のことも引き出すし、レスラーとしては最高じゃないですかね。道場では〝高杉はメキシコへ行った方がいい〟ってことで、早くからメキシコ流の試合のやり方も教わりましたよ」

――高杉さんがデビューして2ヵ月後には、将来のエース候補として原進が入団しましたね。

「本人から聞いたんですけど、実は新日本からもオファーがあって、本当はそっちに行く気でいたらしいですよ。でも、ラグビー関係からすぐに草津さんに連絡が入って、強引に落としたらしいです。それで原さんに〝吉原社長の前で、お願いしますと言え〟って（笑）」

——周囲の忠告通り、草津さんの付き人は大変でしたか？

「酒の付き合いが大変なんです。草津さんは営業の担当で、団体の金庫番でもあるんですよ。国際はシリーズの最初に大都市を回ることが多いんですけど、チケットを500枚とか1000枚も買ってくれる大会社の社長が全国のアチコチにいたんですね。草津さんは試合が終わると、サッと着替えて挨拶回りをするんです。いいタニマチもいたから、その土地の最高のクラブへ行って、その後にスナックへ行って歌って、夜中の2～3時に〝腹が減った〟と飯を食って、宿に戻るのは毎日、朝の4時ですよ（笑）。こっちはいつまでも寝てられないし、雑用もあるし、早く会場に行って練習もしなきゃならないしで、もう大変（笑）。草津さんは移動中にゆっくり寝て、会場にもゆっくり来ればいいんだから」

——付き人の仕事は、シリーズオフも続くんですか？

「いや、シリーズ中だけです。草津さんはオフになると、静岡県の三島にある自宅に帰っちゃうから。でも、夏になると奥さんが子供を連れて神戸の実家に帰っちゃうんですよね。家に誰もいないから、〝お前、ちょっと来い！〟って三島に無理やり連れて行かれて（笑）。俺は朝起きて一人でトレーニングをして、朝飯を作って待っているんです。でも、いつまで経っても草津さんは起きてこない。昼頃に〝朝飯ができました〟と言っても、まったく起きない。結局、起きてくるのは夕方の4時過ぎ」

——そこで朝食ですか。

「いや、俺の作った飯は食わずに、〝タクシーを呼べ！〟と言ってきて、そのままスナックに直行（笑）。それで夕方5時から朝まで、ずっと飲んでる。しかも、草津さんは一銭も払わない（笑）。三島にも、いいタニマチがたくさんいるんですよねえ。でも、こっちは堪らないですよ（笑）」

——草津さんの練習嫌いは有名ですが、まったくしないんですか？

「いや、そんなことはないですよ。足だって速いし。まあ、元ラグビー選手だから当たり前ですけど（笑）」

――入門した77年の暮れには全日本プロレスの『世界オープン・タッグ選手権大会』が開催され、ラッシャー木村&グレート草津、さらにマイティ井上&高千穂明久の混成チームが参加しましたよね。

「草津さんの付き人として、俺も巡業に付いて行きましたよ。この時の仙台（12月10日＝宮城県スポーツセンター）は、ギャラ代わりに馬場さんから国際が興行権をもらったんです。国際が参戦する最強タッグの仙台大会も同じでした。宣伝カーを3台回して、営業も全員来ていたし、俺と若松さんも応援に行って必死にチケットを売りましたよ。国際はＴＢＳ時代から、東北に強い地盤があったんです。ＴＢＳはネット局が多かったですからね。その影響が残っていて、草津さんの人気は凄かったですよ」

――その仙台大会のメインは、ザ・シーク&アブドーラ・ザ・ブッチャーvs大木金太郎&キム・ドク、セミは馬場&鶴田vs木村&草津で、他にもビル・ロビンソン&ホースト・ホフマンvsザ・デストロイヤー&テキサス・レッド（レッド・バスチェン）など馬場さんは結構いいカードを提供してくれましたね。

「さらにファンクスもいたでしょ。豪華ですよね。確か日本テレビの生中継があったと思う。この時は全日本の大会なのに、ウチの竹下リングアナがコールしましたよ。セミは全日本vs国際のタッグ頂上決戦だったから、俺と若松さんもセコンドに付いてね。６０００人の超満員で、会社はかなり儲かったんじゃないかな。でも、木村さんと草津さんが馬場&鶴田に負けたでしょ。ここから、ガクンとウチの興行に客が入らなくなったんですよ。対抗戦って怖いですよね。負けたのがテレビで全国に流れているわけですから。翌年から、明らかに客足が落ちました。その原因はこれ。〝仙台で儲かった〟なんて喜んでいて、実は後で損するわけですよ（苦笑）」

後に『国際血盟軍』、『パイオニア戦志』、『オリエンタルプロレス』等で行動を共にする剛竜馬は72年9月デビューなので、高杉とはキャリアの差が5年もある。だが、「年齢は剛が1歳下だけど、学年は一緒だから意外と気が合いましたよ。周りに誰もいない時は、先輩面をしないですしね」

と、この時代から2人は仲が良かったようだ。
その剛は3年間の海外武者修行を終えて76年に凱旋帰国したものの、イマイチ伸び悩んでおり、78年になって国際プロレスを突如退団し、全日本プロレスの会場でフリー宣言をする事件を起こす。その裏では、何が起きていたのだろうか？

——78年4月18日、『スーパー・ファイト・シリーズ』の途中で剛竜馬が離脱しましたよね。

「あれは長崎県の島原ですよね。吉原社長が突然、東京から来たんですよ。社長が巡業に来るなんてことは滅多になかったから、みんな〝何かあったのか⁉〟と。選手たちが旅館の大広間で夕食を食べていたら、社長が入ってきて、〝八木が辞めるみたいだな〟と言い出したんですよ。〝新日本に行くという噂が出てるぞ〟って」

——そこには剛さんも？

「いましたよ。当然、井上さんや寺西さんは〝この野郎！〟みたいになって。剛は〝いえ、自分はそんなことはしません！　会社を裏切るようなことはしません！〟と懸命に弁明するわけ。でも、社長は〝本当だろうな？〟もっぱら、そういう噂だぞ〟と」

——吉原社長は離脱を阻止するために、わざと選手全員の前で吊し上げたのかもしれませんね。

「草津さんの怒りも凄かったけど、井上さんなんか〝テメエ、新日本に行ったら、ぶっ殺すぞ！〟って（笑）」

——その前々日の試合後、剛さんは〝父親が病気のために家業を継ぐ〟という理由で選手会長の木村さんに退団を申し出たとされています。翌日はオフで、翌々日がその島原市体育館大会だったんですが、剛さんは巡業には付いてきていたんですね。

「そうです。でも、島原では剛の試合は入ってなかった。おそらく木村さんから吉原社長に連絡が行って、駆けつけてきたんでしょうね。剛が〝新日本に行くことはないです！〟と言い張るから、その場は〝まあ、飲み直そう〟とひとまず収まったんです。その翌朝ですよ。リング屋をしていた若松さんは移動が早いから、朝7時くらいに食堂で朝飯を食っていてね。俺も早く起きて一緒に食っていたら、剛が来て〝いやあ、実は…〟と言うわけ（笑）。前から剛は自分の扱いやギャラに不満を抱いていて、スネークなんかにこぼしていたんですよ。たぶん、〝剛が腐ってるよ〟というのが新日本に伝わったんじゃないのかな。それで剛は山本小鉄さんに会って、引っ張られたらしいんですよね。剛は泣きながら、俺に〝新日本へ行くけど、これからも付き合ってくれよ〟と。友達がいなくなるのが寂しかったんでしょうね。若松さんと俺は、〝わかった、頑張れよ〟と長崎空港行きのバスの停留所まで一緒に行って剛を見送ったんですよ。若松さんには、〝この恩は一生忘れませんから〟と言っていましたね。まあ、すぐに忘れただろうけど（笑）。その後、剛はすぐに新日本には行かずに、フリー宣言をしたんですよね」

――国際側は脱走されてバツが悪かったからか休場扱いにしていましたが、5月11日に剛さんが全日本の大阪府立体育会館大会に現れて、マスコミに〝国際に辞表を提出して、フリーになった〟と発言しました。

「フリー宣言を全日本の会場でやったのは、なかなか凝っているというか、巧妙なカモフラージュですよね（笑）。ストロング小林さんが離脱した時も猪木さんとやるのが裏で決まっていたのに、最初は〝馬場と猪木に挑戦する〟と言ってフリー宣言をして、〝馬場は逃げた〟という形でやったでしょ。剛の場合も全部、新日本が作ったストーリーですよ。あの時、吉原社長は法的手段を取ろうとしていましたからね」

――剛さんが離脱した78年4月には、カナダに遠征していた稲妻二郎が約2年ぶりに凱旋しましたね。

「二郎さんは試合が巧かったたし、あの人が戻ってきたことでリング上も私生活も明るくなりましたよ。国際は暗い人が多いでしょ（笑）。俺はよく原さん、二郎さんとつるんで食事や買い物に行ったりしていましたから」

――先ほど話にでましたが、翌79年5月には菅原伸義と冬木弘道が入門します。彼らの第一印象は？

「菅原は遠藤ジム出身ということで、最初からちゃんとしていましたね。だから、すぐにリングに上げてガッと極めて、プロの洗礼を浴びせましたよ（笑）。冬木は高卒のモジャモジャ頭でね。何も運動ができなくて、〝これはダメだろう〟と。普通の練習もできないから、〝そこで見ていろ〟って感じでした。だから、冬木は資材部に入れて、リング

国際プロレス勢は、79年6月に茨城県の大洗海岸で合同合宿を敢行した。「原さんはずっと後になって、“あの時に新日本に行っていれば、こんな苦労はしなかったのになあ…”と言っていましたよ」。

を運ぶトラックに乗せたんです。1年くらい若松さんの下でリング屋をやらせながら、試合前に練習をさせましたね。そういう意味では、冬木は頑張りましたよ。俺もよく〝頑張れよ〟とハッパをかけましたけど、冬木は〝はい〟と小声で言うだけで、まったく喋らないんですね。でも、ある時に麻雀の面子が足りなくて、井上さんが冬木を呼んだんですよ。麻雀が始まった途端、急に冬木がベラベラ喋り出したから、〝こいつ、ネコ被っていたのか！〟って（笑）。それが理不尽大王の正体」

――彼は、マスコミに対しても同じでしたよ（笑）。

「あいつのデビュー戦は、北海道の紋別でしょ。その日、欠員が出てね。大木金太郎さんが〝じゃあ、坊やを出そうよ〟と。そういう経緯でデビューさせたんです。ゴングが鳴ったら、あんなにおとなしかった冬木が相手の米村さんに対して、〝来い、オラ！〟、〝この野郎！〟とか喚きながら立ち向かっていくんですよ（笑）。観ていた大木さんも〝ボク、やるじゃないか！〟と驚いて（笑）。まあ、最後は米村さんの頭突きを食らって、ノビていましたけどね（笑）」

――79年8月26日の『プロレス 夢のオールスター戦』で、

高杉さんは第1試合のバトルロイヤルに出場されました。この時、3団体のトップクラスはほとんど出ているのに、どうして草津さんは試合がなかったんですか？

「最初、草津さんは坂口さんと当てられるカードが組まれたみたいなんですよ。それを草津さんが嫌がったんです」

――そういう経緯で、カードが坂口征二vsロッキー羽田になったんですかね。あの大会の中で唯一の新日本vs全日本のシングルマッチで、しかも格違いのバランスの悪いカードだったのは、そのためだったと。

「あの時、夏だから俺は三島の草津さんの家に監禁されていたんですよ（笑）。木村さんからは〝大事な大会だから、道場に練習しに来い〟と電話が来るんですけど、草津さんは〝俺がいいって言うんだから、行かなくていいんだよ〟と前日まで飲みに連れ回されて（笑）。自分が出るのを断ったから、ヘソを曲げてるんですよ。だから、オールスター戦の当日、俺は草津さんと一緒に三島から車で日本武道館へ行ったんです。草津さんは、行きたくなさそうな感じでしたね（笑）」

――高杉さん自身としては初めて新日本や全日本の若手選手たちと肌を合わせたわけですが、印象はいかがでした？

「まあ、バトルロイヤルですから。大仁田、渕、園田とか、よくプライベートで会ってましたよ。あの頃、一緒に飲みに行ったりしていて。全日本とは対抗戦もやっていたし、セコンドで一緒になりますから。福ちゃん（福ノ島＝プリンス・トンガ、後のキング・ハク）とも仲良くなりましたしね」

――あのバトルロイヤルには、新日本から前田日明も出ていましたね。

「あの頃はプロスポーツの表彰式で、野球選手やボクサーに混じってレスラーも表彰されていたんですよ。その時に代役で俺とか前田なんかが行くこともあって、いろいろと話とかしましたよ」

――上は険悪な関係でしたが、下の選手たちは交流があったんですね。

「そうそう。みんな心はいい奴ばっかりで。スネーク奄美さんの先輩でアマレス上がりの人が渋谷でスナックをやっていたんですよ。そこへ行くと、1000円とか2000円で安く飲ませてくれて。〝出世払いでいいから〟って。

そこにみんな来てたんです、国際も全日本も」

――オールスター戦後、9月10日に本庄市民体育館で高杉さんは若松さんから初勝利を挙げ、同月17日には福岡九電記念体育館で菅原伸義のデビュー戦の相手を務めました。この時期に使っていた技では、ドロップキックが印象に残っています。

「ドロップキックは自信がありましたもん。ジャンプ力があったから、フライング・ヘッドシザースとかもやっていましたしね。リープフロッグも3回くらい連続してやりましたから。あの頃、若手の試合をチェックしていたのは寺西さんと井上さんかな。ギロチンドロップを使ったら、井上さんに〝浜口の技だから使うな〟と怒られたことがありますよ。でも、殴られたりはしない。社長の方針で、国際はそういう暴力はなかったんです。まあ、剛なんかは中学生で入ってきたから、殴られることもあったみたいですけど（笑）」

――寺西さんとは、一度だけシングルで戦っていますね（80年1月20日＝水口町民体育館）。

「寺西さんは職人ですよ。海外経験がないのに、自分独自のスタイルを作った人ですよね。その年の7月に、選手会長が木村さんから寺西さんに移っていますよ」

――当時、団体内で派閥というのはあったんですか？

「木村派と草津派がありましたね。井上さんは木村派だけど、自立していたな。寺西さんも三鳥に住んでいたし、よく草津さんと組んでいたけど、やや木村さん寄り。浜口さんは前に草津さんの付き人をしていたから、中間だったかな。俺は井上さん寄りでした。草津さんの付き人をしていたけど、巡業は井上さんと同室でしたから。あの人からは、いろいろ教わりましたよ…そうだ、草津さんが試合中に怪我しましたよね。アキレス腱を切って」

――80年7月9日、熊本市体育館でカードは木村&大木&草津vsジプシー・ジョー&ランディ・タイラー&ロッキー・ブリュワーでした。どういう状況だったんですか？

「リング下の板が割れて隙間ができていて、走っていた草津さんの足がそこに入っちゃったんです。そのまま市内の病院に入院しましたよ。翌朝、みんなでお見舞いに行ったら、草津さんは〝誰の責任だ！〟って、ベッドの上で大荒れ。みんな〝大丈夫ですか？〟と心配そうにしていたけど、病室を出たら〝自業自得だよ〟って（苦笑）。吉原社長も〝毎晩、飲み歩いているから、そうなるんだ〟と言っていましたよ（笑）」

――高杉さんとしては？

「巡業があるんで、俺はその日から付き人を開放されたんですよ（笑）。それから練習量が増えて、自分は伸びたと思います。草津さんはそのまま引退して、完治した後は営業の責任者として、もう巡業には来ませんでしたね」

――その草津さんの事故があった『第一次ビッグ・サマー・シリーズ』の最終戦の翌日、7月26日に大宮の合宿所にハイヤーが突っ込んで全焼しましたが、どこで知りました？

「最終戦は札幌でしたけど、その翌日に深川市でも試合があって、そこの旅館に泊まっていたんですよ。テレビのニュースで見て、みんな絶句していましたね。冬木が道場で残り番をしていたから、〝あいつ、死んだよ…〟って。でも、冬木はサボって実家に帰ってた（笑）。〝一人でもしっかり練習しておけよ〟と言ってあったのに（笑）」

この80年、経営状態が悪化していた国際プロレスは打開策に動く。その一環が冒頭で記した「幻のシリーズ」開催である。

前述のように、草津がアキレス腱を断裂した同年夏の『第一次ビッグ・サマー・シリーズ』は、7月25日に札幌中島スポーツセンターで閉幕する。

続く、通称『第二次ビッグ・サマー・シリーズ』は8月1日に岩手県の西根町民体育館からスタートし、同月21日の千葉公園体育館まで全15戦を「無料で行う」と一部で報道された。

常連外国人レスラーの中では、特に“流血怪人”アレックス・スミルノフと親しかった。「一緒に食事に行ったら、草津さんに“ガイジンとあまり食事に行くな！”と怒られましたよ（笑）」

しかし、なぜかこのシリーズの試合結果はマスコミに一切リリースされず、公式記録も残っていない。それにより、誰が出場し、どのようなカードが組まれたのか長年、謎のままだった。

さらに不明なのは、『第一次シリーズ』最終戦から『第二次シリーズ』開幕戦までの「空白の10日間」である。

これについては鶴見五郎が付けていた日記により、その間に3大会を開催していたことが判明したが、さらにこの幻のシリーズを解明するべく、高杉日記と照合しながら事実を探ってみよう。

――『第一次ビッグ・サマー・シリーズ』最終戦の翌日に、北海道の深川市で火事のニュースをテレビで観たということですが、ここで試合をしていること自体が不可解なんですよ。それはマスコミに発表されなかったスケジュールなんです。

「えっ、そうなんですか?」

――『第二次ビッグ・サマー・シリーズ』は日程が一部の媒体に載っただけで、詳細がよくわからないんですよね。

「俺は、日本プロレスの『選抜シリーズ』みたいなものというのは聞いていましたよ。昔、日プロでも大きなシリーズの後に、ガイジンを何人か残留させて巡業するミニシリーズがあったでしょ。国際でも72年の『第4回IWAワールド・シリーズ』の後に、追撃戦みたいな形で『ワールド選抜シリーズ』をやっていますよね。80年のそれは営業のアイディアで、前のシリーズに来たガイジンを少し残して、経費を節減しながら夏に地方を回ろうというテストケースだったんです」

――通常、国際は7月にシリーズが終わると、8月は合宿以外は丸々オフで、次のシリーズは9月開幕というパターンでした。8月にシリーズを開くのは68年以来、12年ぶりだったんですよ。

「そのオフに、80年だけはテストでミニシリーズを入れたんですよ。でも、何で結果をマスコミに流さなかったのかな?」

――吉原社長が〝国際の扱いが悪いから、マスコミなんて来なくていい〟と憤慨していたとも聞きます。

「経費削減のテストパターンだったから、公表されたくなかったのかしれないですね。もちろん、無料なんてことはないですよ。このシリーズはどこの会場も客が入って、普段より儲かったんですから（笑）」

――そうなんですか（笑）。鶴見さんの日記を見たら、『第一次シリーズ』の最終戦と『第一次シリーズ』の開幕戦の間に3試合やっているんですよね。

「俺の日記にも書いてありますよ。7月26日が深川市緑町子供広場、27日が丸瀬布小学校体育館で、ここまでが北海道。31日が秋田の大館市民体育館」

――その3大会は30年以上、表に出て来なかった幻の興行です（笑）。


高杉日記では、『第一次シリーズ』最終戦の翌日、26日の深川大会からが『第二次シリーズ』になっている。

また、鶴見日記には、続く27日の丸瀬布大会の翌日に東京に戻り、外国人選手2名を成田空港からアメリカに帰したとある。そうすると、外国人の数を減らしてサーキットを再開したのは、31日の大館大会からだろう。


「確かガイジンはスパイク・ヒューバー、ランディ・タイラーを帰したんじゃないかな。残留したのはジプシー・ジョーとロッキー・ブリュワー、それとタンク・モーガンの代打で『第一次シリーズ』に途中参加したジェイク・ロバーツの3人のはずです。あとは韓国の金光植、金基坤（キム・キコン）もいましたよ」

――この『第二次シリーズ』で、吉原社長がマスクを着けて試合をしたという都市伝説がありますが。

「いやあ、それはないですよ（笑）。昔、社長と阿部脩レフェリーがお互いにマスクを着けて試合をしたという話を聞いたことありますけど、俺の知っている限りではないですね」

――日程すら発表されなかった深川大会を『第二次シリーズ』の開幕戦とすると、日記によれば、高杉さんは菅原伸義と7回、阿修羅・原と3回、米村天心と4回、金光植と4回戦っており、18大会のすべてに出場していますね。

「名古屋の野外でやった3連戦なんか客が凄く入ったし、中山駅前広場（8月17日）なんか物凄く入りましたよ。途中で雨が降って来て、慌てて逆取りにしたんですから。最後は、原さんと俺が雨の中で戦ってね。俺にとって、これが国際時代の最初で最後のメインですよ（笑）」

――ところで、80年11月の『デビリッシュ・ファイト・シリーズ』で異変がありました。高杉さんは、まだ新人だった菅原にシングルで2敗しますよね。これは会社内で菅原をプッシュしようという動きがあったんですか？

「ありましたね。菅原は、アマレスの国体で優勝したことを伏せていたんですよ。それがこの頃、発覚したの（笑）。アマレス関係から吉原社長の耳に入って、俺にも〝あいつ、国体で優勝していたらしいぞ〟と言ってきましたもん。だから、プッシュされたんだけど、この時だけ（笑）」

――確かにシリーズ最終戦では高杉さんが勝っていますし、団体崩壊まで負けていません。

「でしょ（笑）。菅原の初勝利は早くて、俺に勝つよりも前にスネークに2度も勝ってるんですよ。〝俺だってまだ勝ってないのに、マジかよ⁉〟って（笑）」

国際プロレスは途中入団したマッハ隼人のルートによって、80年11月からメキシコのＥＭＬＬとパイプが生まれた。この路線で初来日したカルロス・プラタは同団体のブッカーであり、彼が帰国すると、ＥＭＬＬのサルバドール・ルテロ・カモウ代表から高杉に来墨のオファーが来る。

しかし、この時期の吉原社長は順延されていた阿修羅・原の再修行（米国ルイジアナ地区）を実現させるだけで精一杯の状態で、会社の事情により高杉のメキシコ行きは先延ばしにされた。

――メキシコ路線が敷かれたことで、高杉さんは韓国人選手以外の外国人レスラーと対戦する機会が増えましたね。

「最初にタッグマッチでエル・ドーベルマンと当たったんですけど、やりやすかったですね。鶴見さんにルチャを教えてもらっていた成果が出ましたよ。一緒に来たカルロス・プラタには、ルテロ代表から〝若くて、いい選手を探してこい〟と命令が出ていたみたいです。そこで俺の名前が挙がって、プラタがメキシコに帰った後に向こうからワーキングビザの書類が届いたんですね。〝いつでもカードを組むから、来てくれ〟って」

――80年4月に佐山聡（サトル・サヤマ）が離れて以来、

ＥＭＬＬには日本人の長期滞在者がいなかったので、どうしても高杉さんを欲しかったんでしょうね。

「俺は吉原社長に〝行きたいです〟と、はっきり言いましたよ。宣伝材料用のポーズ写真を撮影して、プラタに渡していましたし。ルテロ代表からの親書は2回来ました。でも、社長に相談したら、結局は会社が潰れるまで待たされて（苦笑）」

――81年に入ると、正月シリーズには冬木弘道との初対戦がありましたし、現役復帰したミスター珍と当たることが多くなりましたね。

「冬木は良くなっていました。でも、いつもボコボコにしましたよ。顔以外をね（笑）。珍さんとやるのは嫌だったなあ。何もできない病人みたいだったから（笑）」

――2月には、選手のほぼ全員で香港遠征に行きましたね。

「草津さんの友達だった香港人のミュージシャンがスポンサーでした。当初、俺はメンバーに入っていなかったんですけど、打ち合わせの時に草津さんにくっ付いていったら、その人が〝連れて行こう〟と。客はまあまあ入って、俺もそこそこのギャラをもらいましたけど、香港人はプロレスがよくわからなかったみたい（笑）。その後、3月に東京12チャンネルの放映が打ち切られましたよね。その前からギャラの払いが悪かったんですけど、これが決定的でした。ただ、俺の頭の中は〝早くメキシコへ行って稼ぎたい〟でしたから（笑）」

――5月16日の後楽園ホール大会では、秋吉豊幸、金城正勝、篠原実、高橋貢の4人が入門の挨拶をしていますね。

「挨拶だけで、秋吉以外の3人はすぐに辞めていますよ。次のシリーズの後楽園ホール（6月6日）で、金城さんと高橋はカードを組んだのにビビって来なかったんです。俺と金城さんが組んで、鶴見さん&高橋とやる予定だったんですよ。金城さんは俺のスカイジム時代の先輩でボディビルやキックボクシングで鳴らしたから、やっていれば格闘技戦みたいになったんじゃないかな。高橋も金子会長が教えていたけど、やっぱりちょっと無理だったかしれないですね。篠原も金子会長の弟子で、大鵬部屋出身。身体がデカくて、幕下まで行ったんじゃないかな。でも、ちゃんとした仕事を持っていて、〝プロレスはできない〟と言っていましたよ」

――どういう理由から、こんな大変な時期に4人も新弟子を取ろうとしたんですかね？

「金子会長に頼まれたというよりも、吉原社長が見栄を張って、話題作りとしてやったんだと思いますよ」

――スカイジムの3人は辞めましたが、秋吉は最後のシリーズでデビューしましたよね。

「彼は、日本プロレス時代にマンモス鈴木さんの付き人みたいなことをやっていた人の紹介ですよ。九州で柔道をやっていたのかな。俺とは戦ってないけど、あのままやっていれば、いい選手になったと思います。身体も大きかったし、格闘センスもあって、顔もまあまあ良かったから。秋吉は国際が潰れた後、何回か飛行機に乗って俺のところに来ましたよ。〝もう一回プロレスをやりたい〟と言ってました。誰かが新日本か全日本に一緒に連れて行ってあげれば良かったのに、可哀想でしたね」

――最後の方は、選手たちがレフェリーもやっていましたよね。

「俺、米村さん、菅原なんかがね。デビル紫さんも最後のシリーズはやってたな。その中で、メインを裁いたのは俺だけですよ（笑）。レフェリーをやる日は、試合を外されました。そこはちゃんと区別していましたね。あれは人手が足りなかったというのもあるけど、国際が潰れた後、何らかの形で他の団体に使ってもらえるように吉原社長がやらせたんですよ」

――親心とはいえ、社長がそこまで考えているということは、もう会社は末期的な状態ですよね。

「段々と試合数も少なくなっていくから、シリーズが終わってもギャラが出ないわけですよ。だから、自分たちで切符を売って、ギャラの足しにして。最後の方は巡業のコースもちゃんと切れなくなっていましたし、もう終わりだなって」

――8月9日の羅臼大会で最後だと知ったのは、いつ頃ですか？

「俺は寺西さんから聞いたのかな。このシリーズで最後というのは、誰かから事前に聞いていましたよ。社長はフジテレビと交渉していて、〝8月頃に中継が始まるはずだから、それまで頑張ろう〟とかなり話が進んでいたんです。でも、その交渉が失敗して、さすがに社長は〝もうダメだ

80年7月25日、札幌中島スポーツセンターでのマッハ隼人vs菅原伸義戦を裁く高杉。「俺は結構、レフェリングが上手かったと思いますよ（笑）」。

…〟とガックリ来たみたい」

——その頃、他の再建案のようなものは出なかったんですか？

「木村さんは選手優先で経営は無理だし、草津さんはこれ以上の借金を背負うのは嫌だからやらないし、社長のなり手なんていないですよ」

——羅臼大会の試合後、いつものように旅館の大広間で宴会はあったんですか？

「その日は、高島屋旅館というところに泊まったんですよ。酒を飲んで騒いだ記憶はないなあ。ここは新鮮な魚料理を出すので有名なのに、夕飯は幕の内の弁当みたいのが出て、それを食って終わったような気がする（笑）。お通夜みたいでしたね。寺西さんが〝おい、次はどうするんだよ？〟と聞いてきたから、〝俺、メキシコに行きます〟、〝ああ、そうか〟と…。その時の俺はメキシコのことしか頭になかったから、それほど感傷的にはならなかったんですよ。最近は国際時代を思い出すと、ちょっと感傷的な気分になるんですけどね」

——社長か誰かから、状況説明などは？

「一切なかったです。帰りのバスでもなかったと思いますね。珍さんが〝マイティ井上をエースにして細々とやれば…〟という再建案を出していたのは耳にしましたけど、俺は東京に戻ってから、メキシコ領事館に行って早速ビザの手配とかしていたから（笑）。予定されていた新日本vs国際の全面対抗戦の動きからも、俺は蚊帳の外でしたよ。あれは社長が独断で決めたんじゃないですか」

——確かに、高杉さんの名前は最初からありませんでした。

「会社がヤバくなってきた時に、吉原社長は馬場さんに〝ウチの選手全員を預かって欲しい〟と頼みに行ったけど、断られたんですよ。社長は、〝全日本が旗揚げの時はあんなに選手を貸したのに恩義を忘れて、馬場の野郎！〟って怒ってましたよ（笑）」

——そこで新日本と話を進めて、全面対抗戦をやることになったと。

「新日本が全面対抗戦の条件を出してきたけど、国際の選手の中には何人も同調しない人がいて。結局、社長の意見を聞いたのが3人（新国際軍団）だけということなのかな。あとは若松さんを入れて4人。お金のこともちゃんとするという条件だったんですけど、やっぱり井上さんなんかは新日本の人間が嫌いだから、拒否したみたいですよ。それで井上さんは馬場さんと交渉したんじゃないですか。まあ、俺が井上さんだったら、菅原や冬木よりも絶対に秋吉を取りますけどね（笑）。彼が全日本に入っていたらと、今でも残念に思うなあ」

——最終的に全面対抗戦はウヤムヤになり、選手たちはバラバラになりますね。

「羅臼の後、事務所には1～2回しか行ってないし、その辺は俺もわからない部分があるんです。未払いのギャラはもらえなかったけど、社長は〝メキシコ行きの旅費は出すよ〟と言ってくれましたよ。社長は、新日本から手付金はもらっていたみたいですね。団体が崩壊して借金だらけの草津さんが三島の自宅を5000万円の抵当に入れて、〝とても返せないから、もう首を吊るしかないな〟とボヤいていたのに、社長がポンと金を出して、それをチャラにしたんですから。草津さんは〝ああ、良かった〟って胸を撫で下ろしていましたよ（笑）」

——それにしても、国際プロレスは何が原因で潰れちゃったんでしょうかね。

「草津さんから聞いたことがあるんですけど、ガイジンのギャラの税金が問題だったのかも。未払い分の追徴課税がドカッと来て、払えないと言っていましたから。お金が一番かかったのは、ガイジンのギャラと航空運賃でしょ。あの頃は、今と違って飛行機代も高かったですから」

――AWAと業務提携していた頃のツケなんですかね？

「昔から、国際はいいガイジンをたくさん呼んでいましたからね。それが首を絞めた原因のひとつなのかもしれないなあ」

この後、高杉はマッハ隼人に連れられて、メキシコのEMLLに向かった。

老舗のEMLLは同じNWA会員である全日本プロレスとも提携関係にあり、高杉はここでアメリカ武者修行中にNWAインターナショナル・ジュニアヘビー級王座を獲得し、出世街道に乗った大仁田厚と再会する。

一方、新興団体のUWA（ユニバーサル・レスリング・フェデレーション）は新日本プロレスと提携しており、若手・中堅選手が何人も定期的に送り込まれていた。

「ツイてたんですよね。向こうに着いた日、アレナ・メヒコ（EMLLの本拠地）の試合がUWAとの対抗戦だったんですよ。会場に行ったら、UWAに出ていた小林邦昭とかヒロ斉藤が控室にいるわけです。邦昭はいい奴で、〝僕のところはベッドが4つあるから、来ませんか？〟って。食事までご馳走になってね。そのまま転がり込んだんですよ。EMLLでは大仁田とも一緒になったし。あいつは藤波さんに憧れていて、〝メキシコスタイルを覚えたい〟なんて言ってましたね。大仁田は待遇が良かったですよ。メインイベンターだし、ホテル住まいだし」

――その時期、まだ維新革命を起こす前の長州力もUWAに来ましたよね？

「あとはジョージ（高野）もいましたしね。俺が行った時、ちょうど木戸修さんもいたんですよ。長州さんも同じマンションに住んでいたから、よく飲みに行ったりしましたよ。あとは長州さんが〝今日は作っておいてくれよ〟って金をくれて、俺が肉とか買ってきて飯を作ったりとか」

メキシコ武者修行中は、新日本プロレスの若手・中堅レスラーたちと親交を深めた。左からジョージ高野（ザ・コブラ）、斉藤弘幸（ヒロ斉藤）、高杉。

――その頃は、ずっとメキシコにいるつもりだったんですか？

「いや、日本に帰ってやりたいという気持ちはありましたよ。新日本か全日本のどっちかに」

――現地では新日本の選手との交流が多かったわけですから、そちらに行ってもおかしくなかったと思うんですが。

「でも、あの頃は選手が上の方でつかえていたし、中堅もいっぱいいいたじゃないですか」

――まあ、新日本も上がつかえていたから、選手を次々にメキシコへ送っていたわけですからね（笑）。

「全日本にしても中堅レスラーが凄く多かった。それで辞めないしね。馬場さん、鶴田さん、天龍さんといて、その下にいっぱいいいたじゃないですか？　よく向こうで邦昭と話していましたよ。〝第3試合ぐらいでいいから、日本でやりたいな。メキシコと同じぐらいの額でいいから〟って」

――高杉さんが全日本に凱旋帰国することになったキッカケというのは？

「一度、82年の正月に日本に帰って来たんですよ。そうしたら、スカイジムの先輩で国際の営業をやっていた根本

（武彦）さんが全日本にスライドしていて、すぐに電話が来たんです。〝馬場さんが会いたいというから、連絡を取ってくれないか？〟って。その後、後楽園ホールに行って馬場さんに会ったんですよ。馬場さんには〝今日からやってくれないか〟と言われたんですけど、そんな急にできないし、試合道具もみんな向こうに置いてあったから。最終的には、〝日本に戻って来たら、いつでもいいからウチのリングに上がってくれないか？〟と言われたんですよね。だから、その時に全日本と約束したみたいな感じで」

——ということは、日本での仕事先が決まっていた上で、またメキシコに戻ったんですね。

「そうです。時期を見て全日本に行こうと思っていたんですけど、変動相場でペソが落っこちた時があって。じゃあ、こんなところでやっていてもしょうがないし、日本に帰ろうと」

——最初からマスクマンとして凱旋する予定だったんですか？

「馬場さんには、〝素顔でやれ〟と言われたんですよね。あの当時は自分で言うのもおかしいけど、締まっていて、いい男でしたから（笑）。馬場さんが言ってくれたんですよ。〝顔がいいから、人気出るよ〟って。だけど、ちょうど佐山がタイガーマスクをやっていて、凄い人気だったじゃないですか。だから、その対抗馬で行こうと考えたら、やっぱりマスクマンがいいんじゃないかとなって（笑）。ウルトラセブンというのは、邦昭や斉藤と一緒に考えたんですよ。その前に、メキシコのウルトラマンが新日本に来ていましたよね。斉藤が〝タイガーマスクも人気があるけど、ちびっこはやっぱりウルトラマンだよ〟と。ウルトラマンが地方に行くと、黒山の人だかりができると。それを聞いて、〝これだ！〟と思ったんですね。じゃあ、俺はウルトラセブンだろうと（笑）。邦昭は、〝ライオン丸がいいですよ〟なんて言っていましたけどね（笑）。それで日本にいた弟に〝ウルトラマンの本を送ってくれ〟と頼んだんです。でも、あの頃は全然人気がなかったんですよね、ウルトラマンシリーズなんて。まったく死んでたんです。だから、平塚中の本屋を探し歩いて、やっとのことで送ってくれて。それを参考に、向こうでウルトラセブンのマスクを作ってもらったんです」

――そして、高杉さんの方から馬場さんに〝セブンでやります〟と売り込んだと。

「でも、円谷プロが大変だったみたい。許可を取るのに」

――あの頃、全日本のフロントが嘆いていましたよ。読み方も変えて、『ウルトラ7（なな）』にしようかという話も出ていましたし。

「当時は馬場さんじゃなくて、日本テレビの松根光雄さんという人が全日本の社長で、OKを取るのに何回も円谷プロに通ったと言ってましたもん。最終的には、後楽園に円谷プロの人たちが試合を観に来てくれて、〝ウルトラマンは弱かったけど、今度のセブンはいいですね〟と言ってくれたんですよ。それでOKが出たんです」

――ところで、全日本の選手と試合をしていて、国際との違いは感じました？

「そんなに差はなかったですよ。俺なんか、どこでも一緒ですけどね。外国に行ったって変わらないし、俺はそういうスタイルの違いってないと思いますね。よく剛なんて、いばって新日本はどうだとか言うけど、まったく関係ない。プロレスにスタイルなんてないんです。自分の個性を売ればいいんですから。自分の得意な技を出してね（笑）。確かに試合をやりにくい奴もいるけど、何回も何回もやっていけば、自然にタイミングとかわかりますから」

82年7月2日の『サマー・アクション・シリーズ』開幕戦から、高杉はウルトラセブンとして全日本プロレスにフリー参戦する。役割は「ジュニア王者・大仁田厚への挑戦者」だったから、出足は順調だったと言っていい。

当初、セブンは「外国人扱い」だったが、年が明けて83年の新春シリーズ後に正式入団し、晴れて全日本の一員になる。しかし、この辺りから団体側の扱いが徐々に悪くなり、4月に試合で右手首を骨折してからは、本人曰く「ノーチャンス」だった。

また、翌84年には全日本の松根社長から『キン肉マン』へのキャラクター変更を提案され、企画書まで手渡されたものの、いつの間にか話は立ち消えとなっている。

――高杉さんは85年になって素顔に戻りましたが、前年夏に三沢光晴が2代目タイガーマスクになったからマスクを

高杉はメキシコから帰国すると、『ウルトラセブン』として全日本プロレスに参戦した。若手の三沢光晴にプランチャを放つ姿を後藤政二（ターザン後藤）が見つめている。

脱いだという部分もあるんですか？

「いや、その年の11月に冬木がメキシコ修行に出た時に、行きたくなかったけど、一緒に行かされたんですよ（苦笑）。確か半年ぐらいメキシコにいて、向こうでも素顔でやっていたんです。タイツはウルトラセブンのまま（笑）。翌年の4月に日本へ帰ってきたら、馬場さんに〝何で帰ってきた！〟と怒られて…。でも、別に俺は外国なんて行きたくないし、メキシコはギャラもガンガン落ちていた時でしたからね。向こうで生活するにはいいんですけど、日本だったら若手のギャラも行かないぐらいの額でしたから。それで〝国際軍団でやりたい〟と、自分から馬場さんに言ったんですよ」

――ラッシャー木村が馬場さんに反旗を翻す形で結成された国際血盟軍ですね。

「馬場さんに〝お前はヒールができるのか？〟と言われましたけど、〝やります！〟と。そうしたら、〝じゃあ、セブンはもうないね〟と。確か、そう言われましたね。未練？あまりなかったですね、あの時は」

――その頃はジャパンプロレスとしてアニマル浜口と寺西

勇もいたので、元国際の選手が全日本に集結していたんですよね。

「井上さんもいましたし、楽しかったですよ。でも、それで選手が溢れちゃった。試合がないんです、人数が多すぎちゃって。馬場さんも言ってましたよ、〝初っ口（※相撲用語で物事の初めのこと。第1試合の意味）からタッグマッチをやるようじゃ、もうダメだな〟って。ガイジン選手だって、5人ぐらい来てたでしょ。俺と剛、菅原は、試合が組まれない日が結構ありましたよ。呼ばれるのは、関東近郊だけだったり。その年の10月に原さんも血盟軍入りして補強されたし、秋から日本テレビが中継をゴールデンタイムに戻しましたけど、我々は無用の長物みたいな扱いでしたね」

――翌86年3月になって、人員整理をしなきゃいけないということで、最後は解雇という形でしたよね。

「俺と剛と菅原がね。カルガリー・ハリケーンズ（スーパー・ストロング・マシン&ヒロ斉藤&高野俊二）が全日本に来るかどうかって時でしょ」

――その頃の全日本マットは、完全に飽和状態でしたから。

「ただ、試合に出れなくても、お金はちゃんとくれたんですよ。これはいいなと思って（笑）」

――逆に言うと、そういうところは馬場さんはしっかりしているんですよね。解雇は馬場さんから直接、通達されたんですか？

「そうですよ。他のマスコミの人も言っていましたけどね、〝馬場がそんなことするわけねえだろう!?〟って。あれはビックリした。東北巡業が終わって、リングアナの原軍治さんに〝明日、事務所に来て〟と言われたんですよ。指定の時間に行ったら、菅原が先に来ていて、泣いてるんですよね。菅原から〝高杉さん、クビだよ〟と言われて、〝えぇっ！〟って。馬場さんには、〝悪いけど、こんな状態だから、ちょっと休んでろ。ウチとしては確定じゃないけど、何シリーズかは出してあげる。でも、試合がしたかったら、新日本に行こうがどうしようが構わない〟というようなことを言われましたね。まあ、クビみたいなもんですよ」

――それからパイオニア戦志を立ち上げるまで、約2年半ぐらい空白がありますが、その間はどうされていたんですか？

「平塚でやっていたジムの経営が順調だったんですよ」
――新日本に行こうという気持ちは、なかったんですか？
「ありましたよ。でも、その頃は切羽詰まった気持ちはなかったな。剛はアメリカに行ったみたいですけど、やっぱり食っていけないから。それに俺はクビになっても、全日本の興行を買ったりしていましたから。まあ、これは失敗したけど（苦笑）。平塚でやりましたよ。10万円しか儲からなかった（笑）」

日本のプロレス界は、平成を迎える直前から多団体時代に突入する。それが良いか悪いかは別として、その遠因となったのが国際プロレスの崩壊であった。

第3団体が消滅したことで、日本国内でレスラーの受け皿は新日本プロレスと全日本プロレスしかなくなる。84年には旧UWFとジャパンプロレスが旗揚げしたものの、状況はそれほど変わらず、引退・廃業する選手が少ない一方、新人は次々とデビューし、レスラーの数は年を追うごとに増加していった。

その結果、高杉らのように解雇される者もいれば、不本意な引退を強いられた者、海外に出されたまま呼び戻されない者など「ホームリング」を失うレスラーが徐々に出るようになる。もちろん、それだけが要因ではないのだが、日本マット界に『インディー団体』という新たな形態が誕生した背景には、既存の団体に収まりきれないほどレスラーの数が増えたという理由もある。

その先陣を切ったのは、元国際プロレス勢だった。88年11月15日、剛、高杉、菅原は浅草にあるアニマル浜口トレーニングジムで記者会見を開き、「このまま死ぬわけにはいかない。吉原社長の国際魂の原点に戻って、ゼロから3人で再出発する」と宣言。吉原社長の相談相手でもあったプロレス評論家の菊池孝氏の発案により、彼らの新団体は『パイオニア戦志』と名付けられた。

「パイオニア（開拓者）」は吉原社長が好んだ言葉であり、国際プロレスのシリーズ名にも旗揚げ時から使用されている。3人は吉原社長から受け継いだ「パイオニア精神」で、翌89年4月30日に後楽園ホールで自主興行を開催。メインは剛vs大仁田、セミは高杉vs菅原のシングルマッチ、さらに国際プロレスのレフェリーだった遠藤光男氏の協力でア

全日本プロレスを解雇された高杉、剛竜馬、アポロ菅原の３人は、89年４月に『パイオニア戦志』を旗揚げした。ここから日本マット界は本格的に多団体時代を迎える。

ームレスリング大会も行われ、日本初のインディー団体は1600人の観客に見守られながら発進する。

——自分たちで団体をやろうと言い出したのは、どなたなんですか？

「俺ですね。ちょうど新生UWFが成功していて、前田の会社に電話したんですよ。〝入れてくれ〟と言ったら、〝齢だからダメ〟と。〝30歳過ぎはダメです〟と言われて、頭に来て…じゃあ、こっちでやろうと。ある人に言われたんですよ。〝お客さんが5人でも10人でも、試合をやれ。高杉は今が一番いい時だから〟って。そんな時に、たまたま剛から電話がかかってきて飲んだんですけど、あいつがみすぼらしい格好をしてたんですよ。かつては藤波さんに勝って、一世を風靡した男がヨレヨレの服を着ていて。そこで〝もう一回やろう〟となって、菅原にも連絡して」

——UWFは別にすると、日本で初めてのインディー団体でしたよね。いろいろと大変だったと思いますが。

「旗揚げ戦の時、リングは新日本から借りたんですよ。剛が藤波さんと接点があるから。リングの使用料は、ビックりするくらい取られましたね。でも、売れたんですよ、チケットが。3人で一生懸命チケットを売って、全部出ましたよ。会場費、リング代、諸経費を抜いても数百万ぐらい余りましたから。それをみんなで分けて、伊東温泉へ旅行に行きましたよ（笑）。あれは初めてだから、みんな観に来てくれたんですよね」

――パイオニア戦志という団体名は、国際プロレスの魂を引き継ぐという意味合いがあったと思いますが、当初はどういう路線を目指していたんですか？

「俺が最初にやりたかったのは、パンクラススタイル。シューティングがやりたかったんです。ああいうプロレスとはまた違う次元の戦いというか、パンクラスがやっているような形にしたかった。若い奴を育ててね。所詮、プロレスをやったって、馬場さんや猪木さんには勝てないから。それに、やっぱり向こうはいい選手がいっぱいいますしね。だったら、違う味を出していかないと生き残れないですよ。だから、俺も剛もパイオニアの若手には厳しい練習をやらせましたしね」

――最終的には若手にシュートの試合をやらせようと？

「そうです。ジムを作って、対抗戦みたいなのをやるとか。そういうスタイルをやりたかったんですよ」

――早すぎますね！

「そういう団体が1つぐらいあっても面白いんじゃないかってことを考えてましたね。佐山のところ（修斗）がグレイシーを呼んで試合をやったりする前の話ですから」

――今の総合格闘技界は、選手がジム経営をして後進を育てるという形になっていますからね。

「そうなんですよね。あの当時は馬場さんもいたし、猪木さんも元気だったから、そこに入り込む余地はなかったですよ、正直」

――旧UWFの格闘技路線にしても普通のプロレスをやったらアントニオ猪木に勝てないから、ああいうスタイルになっていった部分がありますし。

「彼らだって、そうでしょ。前田とか髙田（延彦）が新日本に残っていても、後発の武藤（敬司）、蝶野（正洋）、橋本（真也）には、やっぱり抜かれたでしょうね。完璧に彼ら3人に抜かれたと思いますよ。あの3人は優秀だもん。身体にしたって、技術にしたって、はっきり言って上ですよ。いつかは抜かれます。前田や高田の時代がちょっとはあったとしてもね」

――その後、高杉さんはオリエンタルプロレスや湘南プロレスなどインディー団体で活動を続けられましたが、今改めて、ご自身の中で国際プロレスはどういう存在ですか？

「やっぱり自分を育ててくれたところ、自分の夢を実現させてくれたところですよね。あの時に吉原社長が入れてくれなかったら、おそらくプロレスラーにはなれていませんよ」

――現在も現役を続けていらっしゃいますが、今後は？

「要請があれば、どこでも出ますよ。年に何回か自分で興行も打っていきたいですしね、規模は小さくても。だから、生涯レスラーというか…やっぱりプロレスラーになるのが夢で、国際プロレスでそれが叶って、辞めるのは寂しいですよ。今でも毎日、トレーニングはやっていますしね。もしプロレスを辞めたら、目標がなくなる。生きる上で、張り合いがなくなっちゃうでしょうね」

# マッハ隼人

まっは・はやと
1951年3月5日、鹿児島県揖宿郡山川町出身。身長176cm、体重98kg。社会人野球で活躍後、75年にメキシコへ渡ってプロレスラーになる。その後はグアテマラやパナマ、アメリカのロサンゼルス地区等でファイトし、79年11月に国際プロレスに凱旋帰国した。団体崩壊後はフリーとして全日本プロレスに出場したが、84年4月に旧UWFの旗揚げに参加。翌85年4月26日、後楽園ホールでスーパー・タイガーと組み、カズウェル・マーチン＆タルバー・シンと対戦した試合を最後に引退した。

「ロサンゼルスのオリンピック・オーデトリアムに『トーキョー・ジョー』と名乗る覆面レスラーが登場してプロフェッサー・イトウ（上田馬之助）とのタッグチームでイキのいい暴れっぷりをしている。プロレスラーとしては小柄で、メキシコシティからやって来たというが、イトウと日本語でペラペラ話していることから日本人らしいと推理できる…」

これはマッハ隼人こと本名・肥後繁久が初めて日本に紹介された『ゴング』1978年10月号の記事である。

その当時、日本の団体に一度も所属することなく、海外に渡って試合をしている日本国籍のプロレスラーなど皆無だと思われていた。古くはコンデ・コマ（前田光世）に代表される日本の格闘家が現地でプロレスの試合を行ったケースや、純粋にプロレスラーになったということならば、戦前のソラキチ・マツダ、マティ・マツダ、キラー・シクマらがいるが、70年代も後半になって突如、謎の日本人レスラーが現れたことは、ちょっとした衝撃だった。

肥後は本書に登場するレスラーの中で最も異色な経歴の

持ち主であり、75年に日本を飛び出して以降、世界各地を放浪中の足跡に関しては不明な点が多々あった。ロス地区に現れた『トーキョー・ジョー』は、どういう経緯で国際プロレスに入団することになったのか？

――肥後さんの生まれた鹿児島県の山川町（現・指宿市）は、南国の雰囲気が漂う風光明媚な港町ですね。

「はい。長崎鼻や開聞岳、鰻池とか、いろんな観光地があります」

――ご実家は履物屋をされていて、肥後さんは次男でしたよね？

「鹿児島の場合、次男坊は〝いらん子〟と言うんですよ。長男が一族の跡を継ぐのが決まりなんです。次男坊はいらない子やから、早く就職して、どっかに行けという感じですよ（笑）。祖父が漁師だったんで、私も同じ仕事をすればいいやくらいに思っとりました」

――その頃から、テレビでプロレスは観られていたんですか？

「力道山はテレビで観とったですけど、生観戦はなかったです。私はずっと野球をやっていましたから」

――野球以外にも、柔道と空手もやられていて、段位も取られたと聞いています。

「中学の頃に両方ともやっていたんですが、空手は筆記試験をやって試し割りができたら、初段は合格やったんです（笑）。柔道の場合は筆記試験と試合があって、1試合やって勝つか引き分けだと初段はもらえたんですね。どっちも二段まで取りました」

――その黒帯と柔道衣が、後にメキシコに渡った時に活きるわけですね。

「そうですね。でも、高校では硬式野球に夢中になっていましたから。3年の時に西鉄ライオンズの第3テストで約100人中、9人まで残ったけれど、そこで私は落とされました。その年にドラフトで入団したのが東尾（修＝後の西武ライオンズ監督）ですよ。テストの時に、東尾が学生服姿で監督の中西太さんに挨拶に来ていたんです。見たら、同学年なのにデカイなあと思って（笑）。私は西鉄のスカウトの人に〝何でもいいから入れてください〟と言ったんですけど、〝ノンプロ（社会人野球）に行って鍛えて来い〟

と言われましてね。それで私は広島の東洋工業に入ったんですよ。一応、入社試験を受けて、面接で〝何しに来たんか？〟と言われたから、〝野球をやりたくて来ました〟と、はっきり言ったんです（笑）」

――入社してからは、製作課に配属されたそうですね。

「はい、製作課は鉄鋼で車の模型を作る部署なんですよ。野球は最初の1年、グラウンドの整備と用具の手入れだけ。それで新入部員の大半が辞めましたね。2年目にレギュラーになってからはレフトかセカンドで、最初の頃は打席が7番でした。朝6時に会社まで走って朝練をして、昼は仕事をして、夕方から夜12時まで練習しての繰り返しでしたね。当時、『模範勤労青年』という数百人に一人の賞をもらいましたよ」

――そんな野球漬けの生活をしていたのに、どうしてプロレスをやろうと？

「その頃も野球ばっかりで、生ではプロレスを観ていないんです。でも、会社の寮で金曜の夜にはテレビで日本プロレスの中継を観ておりました。まだ馬場さんと猪木さんがタッグを組んでいた頃ですね。観ていて、凄く興奮しましたなあ」

――当時は、誰のファンだったですか？

「高千穂さん。あの人は宮崎ですけど、同じ九州人やったからね。あとは駒（厚秀＝マシオ駒）さん、それからヤマハ・ブラザーズですよ。小さくて、よく動く。星野さんは、ピョンピョン飛んだり跳ねたりしおったですからね。凄いなあと思いながら、私にもできるかなと」

――自分と同じような身体の小さい選手が好きだったんですね。星野さんは70年にメキシコに初遠征して、フライング・ヘッドバットなんかを仕入れて凱旋しましたから。

「それを見とったです。その後に、ミル・マスカラスが日本に来ましたよね。コーナーから飛ぶ空中殺法を観て、〝おおっ、凄いな！〟と（笑）。身体が熱くなりました。それでプロレスラーになろうと気持ちが傾いている時に、猪木さんが新しい団体を旗揚げしたと聞いたんですよ。だから、ボーナスをもらって退社して、そのまま新幹線に乗って東京へ行ったんです。一生懸命、住所を調べて野毛の新日本プロレスの道場に向かいましたよ」

――その入門テストを受けたのが73年6月ですね。

「はい。柴田勝久さんや山本小鉄さん、他に木戸修さん、グラン浜田さん、藤原喜明さん、荒川真さんなんかがいたと思います。そこで決められた回数のスクワットとプッシュアップを木戸さんと一緒にやったんですよ。後に旧UWFで一緒になる木戸さんは、あの頃から寡黙な人でしたね。

私はちゃんと合格の規定数をこなしたのに、小鉄さんに〝小さいからダメだ〟と言われて…。納得がいかないから詰め寄ったら、〝じゃあ、スパーリングやってみろ〟ということで小鉄さんが浜田さんをリングに上げたんですよ。四つん這いになった浜田さんが〝どっからでも掛かって来い〟と言うて、私はアマレスとか知らんもんだから、〝よし、一発行ってもいいんやな〟と思って、後ろに回ってコーナーポストに上ってね。そこから浜田さんにニードロップを落としたんですよ（笑）」

――それ、有名な逸話ですよ。見ていた選手たちは呆れたでしょうね（笑）。

「あの時は足が痛かったから、早く終わらせようかなと思って（笑）。〝素人にやられっぱなしでいいのか！〟と柴田さんが煽るもんだから、その後は浜田さんにメチャクチャやられましたよ」

――その浜田さんとも旧UWFで一緒になるわけですから、奇遇ですよね。そういえば、メキシコの雑誌に肥後さんのデビュー戦は〝アレナ・セタガヤでの対グラン浜田〟と書いてありましたよ（笑）。

「そうでしたか（笑）。私もいい加減なことをメキシコ人の記者に言っていたんですね。浜田さんにボコボコにされた後、シャワーを浴びていたら、荒川さんに〝どうする？〟、〝やるか？　やらないか？〟と優しく声をかけられましてね。〝それとも、もう一度田舎に帰って身体を鍛えてくるか？〟と言われたんで、〝じゃあ、身体を鍛えてきます〟と言っちゃったんですよね」

――その時に〝やります！〟と答えていれば、その後の人生はかなり違ったような気がするんですが（笑）。

「はい、たぶんまったく違ったと思います（笑）。でも、自分自身が納得いかなかったので。〝身体をもっと鍛えんとダメやな〟と思ったんですよね。小さいという理由でまたハネられる不安もありましたけど、もしテストを受けるんやったら、やっぱり次も新日本だなと思っていたんですよ」

――その時、国際プロレスや全日本プロレスに入ろうという選択肢は、なかったんですか?

「そういう発想は、まったくありません。団体があるのは知っていました。グレート草津さんとルー・テーズの試合は、テレビで観ましたよ。セコンドにグレート東郷さんが付いとったですね。テーズがバックドロップで草津さんを首から叩きつけて。他にもサンダー杉山さんは観た記憶はあるんですけど、ビル・ロビンソンもラッシャー木村さんも試合は観てないです」

――その後、鹿児島市内の菓子問屋『南泉堂』に就職しますよね。当時、2年間も通っていたボディビルジムが、後に国際プロレスのレフェリーになる遠藤光男さんのお弟子さんのところだったとか。

「そうです。ボディビルをやったのは、あくまで新日本の再試験を受けるための体力作りでした。その頃、あの浜田さんがメキシコへ修行に行くという記事を雑誌で読んで、〝この手があったか!〟と思ったんです。プロレス雑誌は、全部チェックしていましたから。エル・ソリタリオの存在からメキシコにはライトヘビー級があると知りましたし、他にも軽い階級があるのを知ったので、〝身体が小さくてもメキシコなら〟という考えが浮かんだんです」

――浜田さんがメキシコに向かったのは、75年6月です。肥後さんはその1週間後に日本を出発していますから、思い立ったら行動が早いですね。

「高校の同級生が〝飛行機代の半分は俺が出すから、行ってこいよ〟と言ってくれたんですよ。買ったのは、片道のチケットだけ。あの時、ロスまで片道で32万円ぐらいでしたね」

この時、肥後は24歳。長男の兄・一博さんは病気のために早世しており、次男・繁久は肥後家にとってもう〝いらん子〟ではなかったが、家族に「会社の休みがもらえたから、旅行に行ってくる」と伝えて、鹿児島を去った。

彼が再びこの地に帰ってくるのは、それから5年後の80年3月、国際プロレスの九州巡業の時である。

――日本を発ってロサンゼルスに着いた肥後さんは、オリンピック・オーデトリアムにあるマイク・ラベール(ロス地区のプロモーター）の事務所へ行き、プロレスラーにして欲しいと直訴したという逸話もあるんですが、これは本当なんですか？

「いえ、行こうと思ったけど、行かんかったです。私はメキシコに早く行きたかったんで。誰かにメキシコへの行き方を聞いて、まずリトル・トーキョーからグレイハウンドのバス乗り場まで歩いたんです。そこから深夜の特急バスに乗ってサンディエゴに向かい、国境を歩いて越えて、ティフアナのバス乗り場まで行ったんですよね。しかも、夜中に真っ暗いところを（笑）。でも、あの頃は怖いっちゅうのはなかったですね。所持金は500ドルぐらい。当たり前ですけど、100ドル札がたった5枚ですよ（笑）」

――サンディエゴから国境を越えてティフアナに入ると、恐ろしく汚くて貧しいデンジャラスな世界になりますよね。

「風景が一変しましたね。夜中にイミグレーションを出たら、〝あっちだ！〟と追い立てられて国境の塀際を歩いて行ったんですよ。狭くなった道の真ん中で、危なそうな人が焚き火をしておるんです。もう覚悟を決めて歩きましたよ。スポーツバッグ一つに柔道衣だけを入れて持っていったから、それだけは身から離さないようにしました」

――その柔道衣は、プロレスラーになった時に使うために持っていったんですか？

「そうです。コスチュームとして試合で着られるかなと思いまして。ティフアナからメキシコシティまで、長距離バスで丸2日だったかなあ。やっとメキシコシティに着いて、ソカロ広場の傍のホテルに入ったんです。日本人のバックパッカーが集まる安ホテルだしいう情報を仕入れたんで」

――格安のホテル・モンテカルロですね。

「そうそう、私はメキシコシティにいる時は、いつもあそこに泊まっとったんですよ。レスラーになってからもね。そこで大原信一クンに会ったんです」

――後に『キムラ・サトウ』のリングネームで、肥後さんのパートナーになる日本人青年ですね。

「ホテルの人に、数日前から日本人が泊まっておると言われたんですよ。会ったら、〝僕もプロレスラーになりたくてメキシコに来たんです〟と言うんでビックリしましたよ（笑）」

――そこから2年弱、大原さんと行動を共にするわけですが、彼は一度も日本で試合をしたことのない謎だらけのレスラーです。当時、何歳くらいの方だったんですか？

「私が24歳で、大原クンは20歳くらいだったと思いますよ。その時に同じホテルに泊まっていたサンフランシスコの牧師さんと知り合って、彼にメキシコ人の婚約者がいるということで結婚指輪を買いに行くのに付き合ったんです。その宝石店の人も日本人でね。〝いい身体をしてますね〟と言われて、〝柔道をやっていました〟と答えたら、〝ここにも柔道場がありますよ〟と教えてくれて、ジョージ・イトウという講道館で習って五段を取った先生の道場を紹介されたんですよ。大原クンはすでに金欠で落ち込んでいて行かなかったけど、私は地下鉄に乗って2～3日通いましたよ」

――メキシコシティに着いて、すぐにプロレスの会場へは行かなかったんですね。

「それは考えなかったですね。ホテルにいてもすることがなかったから、柔道場に通っていただけです」

――現地に着いたら、急にのんびりムードですね。

「右も左もわからないし、スペイン語もわからんかったで

75年6月、24歳の肥後繁久はプロレスラーになることを夢見てメキシコへと向かった。この写真は、その直後に定宿ホテル・モンテカルロから近いラテンアメリカ・タワーで撮影されたものである。

すから、プロレス雑誌も買いませんでした。それで私はその道場で中南米チャンピオンと試合をして引き分けて、他の選手には全部勝ったんです。稽古を終えたら、後ろから〝先生〟と日本語で声をかけられましてね。その男性は天理大学に5年通っていたから日本語がペラペラで、しかもプエブラの副市長の息子だったんですよ。彼自身もプエブラで柔道場を持っていて、私はそこの師範になってくれと頼まれましてね。大原クンも柔道は初段だし、一緒に資金作りのためにプエブラに行くことに決めたんです。シティからはバスで2時間半だと聞いたんで、それなら近いなと」

——明らかに、2人とも当初の目標とは別の方向に動き出していますね（笑）。

「州の警察学校の生徒たち、コックさん、奥さん連中、大学生から小学生まで、いろんな人を相手に朝から晩まで柔道漬けの日々でしたよ。給料も優良な会社の重役並みにもらって（笑）。当時の1万ペソは凄い金額で、食事も泊まりもタダでしたから、給料は丸々懐に入りました。その時は、確かに夢を見失っていたかもしれないですね。あっという間に、我々はプエブラで有名人になってしまったもんで、ネクタイを締めていないと入れないレストランも、私たちなら柔道衣のまま入れたんですよ。しかも支配人が出てきて地下室のワイン倉庫に連れて行かれて、高級なのを振舞ってくれたりするんです（笑）」

——随分とバブリーな生活をしていたんですね（笑）。プエブラには、どのくらいいたんですか？

「75年の6月から翌年の正月明けくらいまでだから、約半年ですかね。プエブラでは柔道のクラスが深夜まであったもので、プロレスの会場にはまったく行ってないです。ラ・フィエラ（2代目タイガーマスクのデビュー戦の相手）も私の柔道の生徒で、まだ中学生でした。彼の父のエラクレスもルチャドールで親しかったですよ。我々は地元のテレビやラジオ、新聞にも出たりしおったもんですから、名前も顔も知れ渡ってしまって。そこでアレナ・プエブラのプロモーターが声をかけてきたんです」

——あそこのプロモーターは新日本プロレスにいたブラック・キャット（クロネコ）の伯父のマヌエル・ロブレスで、まだ現役を続けていましたが、その当時はEMLL本部でもブッカー業をしていたはずです。

「彼が〝ちょっと小遣い稼ぎにルチャをやらないか？〟と言ってきたんです（笑）。我々は〝いや、バイトじゃなくて、本格的にプロレスをやるために日本から来たんだ〟と答えたら、〝それならアレナ・メヒコに行け〟と住所を教えてくれたんで、メキシコシティに戻ったんですよ」

ＥＭＬＬの総本山アレナ・メヒコは１万８０００人収容のビッグアリーナだが、巨大な建物の内部には事務所の他に大きなジムがあり、そこでルチャ学校が開かれている。当時のヘッドコーチは、現役を退いたラファエル・サラマンカ。アシスタントコーチはトニー・ロペスで、初級コースから一流選手も参加するプロコースまで細かいカリキュラムが組まれていた。

このアレナ・メヒコのジムは、地方などから将来を有望視された選手たちが送り込まれる「最終キャンプ」に位置する。ヘッドコーチのサラマンカの下には、傑出したアマレスの戦績を持つ特待生やエストレージャ（トップレスラー）の近親者もいたが、実はここには誰でも入学できるわけではなく、関係者の推薦やコネが必要だった。後年、獣神サンダー・ライガーが青年時代にメキシコに渡り、このジムで練習できたのは特例だったと言える。

肥後はライガーより７年も前に、このルチャ学校に入校していた。この先例がなければ、〝世界の獣神〟は存在しなかったかもしれない。

――ここで初めて本格的なプロレスの指導を受けるわけですね。

「リングに上がって、メキシカンとスパーリングをしたんです。それを見たサラマンカ先生から、〝デビューは、まだダメだ。でも、ここで練習して覚えればいい〟、〝お金はいらないから、朝から来て練習前に掃除しろ〟と言われました。ホテル・モンテカルロから遠いんですが、早起きしてアレナ・メヒコまで歩いて行って、毎朝リングやシャワー室、トイレを掃除しましたよ。でも、僕らはプエブラで稼いでいたんで、いくらかコーチ料を払ったと思います。払えない選手もいて、それがドーベルマンですよ。彼は遠くサカテカス州からメキシコシティに出て来て、タコス屋でバイトをしていたんで、コーチ料は毎月、店から持ってきた肉で払っていました（笑）」

――それが縁で、80年11月に国際プロレスのメキシコ路線第1弾で彼を呼んだんですね。

「はい。彼は同じクラスの生徒で、私とデビューの時期も同じなんです。当時、クロネコもいましたね。彼は父親がウロキ・シトで、伯父がロブレスだから特別推薦でしょうけど、身体が大きくて不器用で、ちょっと苦労しておりましたよ。あとはアブドーラ・タンバもおりました。彼も父や祖父がレスラーで、3代目でしたよね。サングレ・チカナは、もうアレナ・メヒコの3試合目くらいに出ておったです。彼とは親友でしたよ。そういえば、ブルー・デモンが毎日、ジムに来よったですね。最初は〝何でこんな年寄りが練習に来とるのかな？〟と思ったんですよ。他の選手がみんな頭を下げて挨拶しとるし、〝誰なのかな？〟と思って。試合の日に、あの年寄りがブルーの覆面を突然、被ったからビックリしたんです。〝ああっ、ブルー・デモンだ！〟と（笑）」

――当然、アレナ・メヒコで練習するようになってからは試合も観ていますよね？

「凄い雰囲気で圧倒されましたな。良かったのは、ペロ・アグアヨとフィッシュマンです。彼らの暴れ方は半端ないので、お客が異常にエスカレートしていました。私が目標にしたのは、マノ・ネグラですね。彼が飛んだり跳ねたりするのを見て、凄いなと思ったんです。憧れましたね。後年、私がロスに定着する直前、アレナ・メヒコの事務所に挨拶に行ったんですよ。その時、佐山聡（サトル・サヤマ）を1試合だけ観たんですよね。マノ・ネグラと組んでおって、佐山もコーナーで口を開けてビックリしとったですよ」

――へえ、そうなんですか。当時のマノ・ネグラは、エストレージャの中でも空中殺法はナンバーワンでした。彼とも後に旧UWFの旗揚げシリーズで再会しますね。

「それも奇遇ですね（笑）。あの大宮スケートセンターでの旗揚げ戦で、彼とタッグを組んだんですよ（84年4月11日）。嬉しかったですね」

――この時点で、グラン浜田はすでにメキシコに定着しており、UWAで超トップスターでした。浜田さんの1週間後に出発した肥後さんはまだデビューもしていないわけで、焦りはありましたか？

「なかなかデビューの声がかからない焦りはありましたな。我々が日本人だと知ると、選手や関係者に〝コマ（マシオ駒）はどうしてる？　ヤマモト（星野勘太郎）は？〟と、よく聞かれましたよ。みなさん、EMLLで人気があったのがわかります。でも、柴田さんたちは日本プロレスでやっていたというバックボーンがあったんですよ。浜田さんにしたって、新日本から来た選手という基礎と看板がありますよね。でも、私と大原クンには何もなかったですから。その差は大きいですよ」

――なかなかデビューできず悶々としていたところに、フロリダからヒロ・マツダさんがやって来たわけですね。

「そうなんです。それも奇遇でしたね」

そして、いよいよ肥後と大原は待望のデビュー戦を迎えることになる。そのキッカケを作ったのが国際プロレスの創設メンバーであるヒロ・マツダだったのも何かの縁だろうか。

当時、NWA世界ジュニアヘビー級王者だったマツダは、ルードとして、76年3月に2週間の予定でメキシコ国内を転戦。この期間中にアレナ・メヒコのジムで、肥後、大原と対面する。

マツダは60年4月に日本プロレスを退団してペルーへ渡り、同年8月にメキシコへ移動。この時、アレナ・メヒコのジムで1ヵ月練習した後、プロライセンスを取得している。以降、61年8月にテキサスに転戦するまでメキシコ全土をサーキットした。単身、日本を飛び出して太平洋を渡り、アレナ・メヒコのジムに行き着いたマツダの生き様は、肥後や大原と共通する部分がある。

「昔、マツダさんはサラマンカ先生とも一緒に練習しよった仲間だったんですよ。ジムに日本人が2人いると聞いて、顔を出してくれたんです。そこで私が大原クンとスパーリングをしてみせたら、マツダさんが〝キミたちは明日からプロレスで飯が食えるよ〟と太鼓判を押してくれて、その日のうちにチャボ（サルバドール・ルテロ・カモウEMLL代表の愛称）にデビューを進言してくれたんですよ。ラッキーでしたね。次の日に我々はチャボから呼ばれて、〝明日からデビューできるぞ〟と言われたんです。嬉しかった

『エル・アルコン』誌76年9月19号で大きく紹介されたカラテ・ハヤト（肥後）＆キムラ・サトウ（大原信一）。デビュー当時は、２人とも素顔でファイトしていた。

ですよ。マヌエル・ロブレスからは、〃明日、シウダ・フアレスへ行ってくれ〃と告げられました」

――シウダ・フアレスはアメリカのテキサス州と向かい合った国境の街ですから、いきなり辺境に行かされましたね。

「はい。長距離バスで、40時間くらいかかりましたよ（笑）。でも、デビューできるから苦ではありませんでした」

――デビュー時の『カラテ・ハヤト』というリングネームは、誰のアイディアなんですか？

「私です。その名前は温めていたんですよ。薩摩隼人やから。プロのライセンスはメキシコシティに戻って来てから、アレナ・メヒコで改めて取得しました。この時は急だったから、とりあえずＥＭＬＬのお墨付きで各州のコミッショナーに通達してもらったんです」

――仮免みたいなものですね。パートナーの大原さんの『キムラ・サトウ』というリングネームは？

「ロブレスが日本のプロレス専門誌をペラペラ捲って、その中からラッシャー木村さんと佐藤昭雄さんの名前を組み合わせただけですよ（笑）」

――てっきり空手に対して柔道ということで、かつてメキシコに遠征した木村政彦から取ったと思っていました。サトウはどこから取った名前なのか、よくわからなかったんですが（笑）。

「木村政彦じゃないんですよ。日本人らしくて憶えやすい名前がいいということで、苗字の合わせ技で（笑）。日本人なら絶対に付けない名前ですよね。我々はバスで行ったもんですから、検問所でパスポートを取られたんです。要するに出入国管理局みたいなところで、〝何しに来た？〟と。〝仕事だ〟と言ったけど、私たちは就労ビザをまだ持ってなかったですし（笑）」

——国境沿いとはいえ、シウダ・フアレスはメキシコ国内なのに、なぜイミグレーションが？

「アメリカに不法入国する人間が多いから、厳しかったのかもしれません。メキシコ国内なんですけど、検問所を通るんですよ。現地のプロモーターのゴリラ・ラモスには〝ここで1～2ヵ月やってくれ〟と言われたんですけど、我々としてはパスポートがないと困るし、2試合くらいやって帰ってきたんです」

——それが76年3月ですね。デビュー戦の感想は？

「3本勝負でしたが、2本とも我々の反則負けで（笑）。タッグマッチで、私たちはルードでした。相手はマスカラ・ロハと、もう一人は誰だったかな？　その日のプログラム（対戦カードが掲載されたチラシ）を持っていたんですけど、国際プロレスの合宿所が火事になった時に燃えてしまったもんで（笑）。やっとのことで辿り着いたデビュー戦ですから、嬉しかったですよ」

——その当時は、素顔だったんですよね。

「そうです。お客も滅多に東洋人なんか見ることがないわけで、興味津々なんですよ。そこで我々が〝ビバ・ハポン！〟と叫んだ瞬間、〝メヒコ！　メヒコ！〟と大コールが起きて（笑）。メチャクチャにやりましたね。用意していた塩を相手に撒いたりしたもんだから、会場が爆発しそうなぐらいに燃え上がりましたよ。楽しかったです（笑）」

——シウダ・フアレスで2試合して、次に西部のグアダラハラに行きますよね。それはEMLLからの指示ですか？

「はい。シウダ・フアレスで取り上げられたパスポートは、後でアレナ・メヒコの事務所に送られてきましたよ（笑）。関係者の紹介で、アレナ・コリセオ・デ・グアダラハラの近くに飯付きのアパートを借りて住んでいました。安いし、大家さんが食事を作ってくれるんです。私たちは、どんな辛いメキシコ料理も食べられましたから」

――グアダラハラでは、ミル・マスカラスやエル・ソリタリオなど多くの名ルチャドールを育てた名伯楽ディアブロ・ベラスコのジムで練習を始めるわけですが、ベラスコとサラマンカの教え方は違いました？

「似たようなもんやったですけど、グアダラハラはスパーリングが多かった。それもアマレス式のスパーリングを若手の選手と来る日も来る日もやらされまして、キツかったです」

――この時期、キムラ・サトウとのコンビで、西部のタッグチャンピオンになったと言われていますが。

「はい。確かリンゴとカチョーロのメンドーサ兄弟から獲ったと思います。数ヵ月、グアダラハラにいて、その後は北部のモンテレイに行かされました。ここではアパートではなく、レスラーたちの合宿所みたいなところに寄宿していましたね」

――そこはソラールなんかも泊まっていたルチャドールが集う女性オーナーの家ですよね。

「そう、そこです。国際プロレスに来たエローデス、旧UWFに来たガジョ・タパドなんかもいました。みんな一室ずつ借りて住んでいましたね。あの頃は新興団体のUWAに押されていて、モンテレイのEMLLは客がさっぱりでダメでした」

――その時期、UWAのビッグマッチはモンテレイに集中していて、グラン浜田も同世界ミドル級王者として爆発的な人気だったはずです。

「それは、こっちにも聞こえてきましたよ。新日本の橋本小助（ハシ・マサタカ）さんも人気があったみたいですね。同じ日本人の僕らは割を食いました。確かここで、後に国際プロレスのメキシカンの窓口になったスペイン人のカルロス・プラタと仲良くなったと思います」

――当時、プラタはNWA世界ライトヘビー級王者で、テコ入れのためにモンテレイにも防衛戦に来ていましたよね。

「そうです。いろんな国を渡り歩いた人で、経験豊富でしたよ。外国人同士、どこか共鳴するものを彼に感じました。モンテレイはEMLLが劣勢だったので、他にいい記憶はありませんね」

肥後と大原は、ここでやっとメキシコシティのアレナ・メヒコを中心とするＥＭＬＬの中央サーキットからお呼びがかかる。

ＥＭＬＬは前年6月にゴロー・タナカ（鶴見五郎）が去って以来、日本人選手が不在だった。実戦経験のないカラテ・ハヤトとキムラ・サトウを最初に遠方に飛ばし、グアダラハラ、モンテレイという2大地方サーキットでキャリアを積ませたのは、すべてこの中央サーキットで2人が使えるか否かを試すためである。

78年5月に新日本プロレスからＥＭＬＬに武者修行に出された佐山聡はまずグアダラハラに送られ、ここで数ヵ月鍛えられた。その理由は、ＥＭＬＬの本部がまだ若い佐山の実力に疑問が抱いたからだろう。だが、その地方サーキットで培った貯めの部分がアレナ・メヒコでの彼の驚異的な成功に結びついた。

では、肥後の場合はどうだったのか。通常のメキシカンならば、プロデビューして3年以上は地方サーキットでの修行を必要とするが、肥後たちは僅か7ヵ月でアレナ・メヒコでデビューを果たした。これを「スピード出世」と呼ぶか「促成栽培」と見るかは、以降の活躍にかかってくる。

――メキシコシティ行きは、ＥＭＬＬ本部からの指令ですよね？

「そうです。〝明日、帰れ〟とベロスに言われました。嬉しいというか、またメキシコシティかと思って（笑）。振り出しのホテル・モンテカルロですよ。その時は金があったから、1ヵ月分を前払いして借りとったです」

――記録を調べると、肥後さんのアレナ・メヒコでの初戦は76年10月15日、第1試合のトニー・ロペス戦です。残念ながら、黒星デビューでした。

「あまり憶えてないですね（笑）。それはコーチだったトニー・ロペスが、私の7ヵ月の地方修行の成果を確かめるためのカードです。アレナ・メヒコは、やっぱり他の会場とは違いました。お客の歓声があの巨大な空間に響くと、武者震いってヤツですか、ブルブルブルンと身体が震えてくるんです（笑）。それがなかなか止まらなくて（笑）。あの武者震いが出ると、身体中の神経が不思議と敏感になるんですよね。国際プロレスの頃も、トペをやる時がそうでした。震えが来たと思ったら、もう飛んでましたから（笑）。その頃も時々ブルンブルンと身体に震えが来とったんですけど、背中がヒリヒリするっちゅう感じなんですよ。それで控室に帰ってから、〝あれは何だったのかな⁉〟と思うんです（笑）」

――この時期、観光地で有名なアカプルコへサーキットで行った際、若き日のリスマルクと会っていますよね。5年後に全日本プロレスで一緒になる彼とは、この頃から仲が良かったとか。

「その頃のリスマルクは、まだローカル選手でしたよ。彼はアカプルコのヒルトンホテルでボーイをしながら、試合をしていましたね。〝プールにタダで入れてやるから、遊びに来い〟と誘うもんで、大原クンと一緒に行ったら、デザートを出してくれたりしよったですよ（笑）」

――その頃の写真を見ると、2人は桜柄の法被を着て、田吾作タイツを穿いていますね。あれは現地で作ったんですか？

「法被は大原クンが日本から持ってきたもので、田吾作タイツはクロネコの伯父さんのスギ・シトか父親のウロキ・シトからお古をもらったと思います。田吾作じゃない時は、柔道衣の下を穿いて、カラーの帯を締めて試合をしていました」

76年、メキシコのアカプルコで“青い翼”リスマルクと対戦。国際プロレス崩壊後、2人は全日本プロレスの84年1月開幕『新春ジャイアント・シリーズ』で一緒になり、シングル対決も組まれた。

――キムラ・サトウこと大原さんは下駄を履いて入場し、試合は裸足でやっていたみたいですが。

「あの下駄は、日本から送ってもらったらしいです。私は地下足袋を履いとりました。あれは動きやすいです。それと日の丸の入った鉢巻を締めて、入場していましたね。私は髭も伸ばして、素浪人風にしとったです（笑）」

――ところで、77年1月にUWAはカール・ゴッチを招聘しました。この時、EMLL所属の肥後さんがハム・リー・ジムで開かれたゴッチ教室に参加しているのは、なぜでしょうか？

「あれはアレナ・メヒコのジムに練習に行っとった時、誰かUWA側の選手が来たんです。新日本に行ったスコルピオだったかな？　彼はラファエル・サラマンカ先生の弟子なんです。そこで〝カール・ゴッチが1週間後に来る〟という話をしているのを聞いとったんですね。だから、私はハム・リー・ジムの場所を聞いて、アレナ・メヒコの練習が終わってから行っていたわけですよ。ここには、ドス・カラス、カネックとか名前のある連中ばっかり来とったです。ゴッチさんは、あまり〝あれやれ、これやれ〟と押し付けないんですよ。スクワットを1000回やったら、プッシュアップも1000回やって、みんな黙って付いていって。そのうちどんどん練習がキツくなって、選手が抜けていくんです。その後、スパーリングもやりましたよ。でも、抜けていく人がほとんどでした。いつ終わるのかわからないほど、練習が長かったです。最後にサウナに入るんですけど、そこまで残っていたのは、ゴッチさんと私、カネック、ドス・カラスだけでした。彼らは、ゴッチさんがいた何日間か参加していたはずですよ。私は、その1日だけですけど」

――旧UWFの時にゴッチとも再会しますから、これも不思議な縁ですよね。

「そうですね。そのメキシコで一緒に練習した時から、ゴッチさんは私に向かって日本語を喋っとったです。〝はい、こっちに来なさい〟、〝はい、こうやるんですよ〟と日本語で教えとったですね」

――リング上に話を戻すと、カラテ・ハヤト&キムラ・サトウの日本人コンビは、少しずつポジションが上がりました。マッハさんはそのまま行けば、憧れのマノ・ネグラの持つNWA世界ウェルター級王座に挑戦することも可能だったと思います。それなのに、メキシコを去ってしまった理由は何だったんですか？

「一番の原因は、ペソの大暴落ですよ。今まで稼いだペソが一日で価値を失ってしまったんです。ビザの書き換え時期でもあったので、メキシコを出ることにしたんですよ」

肥後が向かった先は、メキシコの南に隣接するグアテマラだった。コーヒーで有名なこの小さな国は、人口の40％弱がマヤの原住民で貧富の差が激しく、60年から始まった内戦も続いており、治安は極めて悪かった。

この当時のグアテマラで最大のスターは、ホセ・アサリである。64年に中南米最強のアマレス戦士からプロに転身したアサリは、メキシコから来たエストレージャと互角以上に渡り合うグアテマラの力道山的な存在で、75年には同国に遠征に来ていた国際プロレスのデビル紫と対戦し、サソリ固めで快勝している。77年3月に肥後が入国した時にアサリは不在だったが、彼に負けずとも劣らない未知の強豪がそこにいた。

謎に満ちたこのルチャ帝国の最盛期を語れる日本人は数少ない。肥後は、その貴重な生き証人でもあるのだ。

そして、ここで彼は初めてマスクマンになる。

——グアテマラへ行ったのは、誰かの紹介ですか？

「マヌエル・ロブレスが紹介状を書いてくれました。その効力は絶大でしたよ。確か大原クンが先に出発して、『エル・カミカセ1号』というマスクマンで試合をしとったんです。2週間後に私が現地に着くと、プロモーター兼エースのエドガール・エチェベリーアから〝これを被りなさい〟と貧相なマスクを手渡され、『エル・カミカセ2号』を名乗らされたんですよ」

——この時のマスクは、ハラキリ（80年代の中堅ルチャドール）にそっくりですね。

「あのデザインは、私の方が先ですよ。翼のついた龍に、眉毛と髭のあるデザインでね（笑）」

——向こうの人間の東洋人に対するイメージを図案化すると、こうなるんですよね（笑）。

「だから、自分からマスクを被ったわけじゃないんですよ。

ここでプロモーターに被らされたのが最初です（笑）」

――この時、大原さんの父親が病に倒れ、彼は日本に帰国しますよね？

「脳溢血か何かでお父さんが倒れて…77年の春でした。それ以来、彼とは会っていないんです。お父さんは東京で亡くなって、彼のお母さんは実家の広島に帰ったんですよ。私が国際プロレスでデビューした時に、そのお母さんから手紙が来て、〝信一もプロレスをやりたがっているんですけど〟と書いてありました。だから、吉原社長に頼んでOKをもらって、お母さんに伝えたんです。でも、大原クンはどこにいたのか、結局は来なかったですねえ」

――85年1月に突然EMLLに現れて、現地で修行中だった越中詩郎（サムライ・シロー）とタッグで対戦した『ケンドー・キムラ』という謎の日本人がいましたが、以前に肥後さんはその写真を見て、〝これ、大原クンだ！　懐かしいなあ。連絡は取れないですかね？〟と言っていましたよね。

「そうでしたねえ。でも、彼はすぐにメキシコから消えちゃったんでしたよね？」

――以後、消息を絶ち、現在も行方がわかりません。

「大原クンは、あの後も一人で世界を放浪していたんでしょうかね。また会いたいです」

――ところで、手元に77年3月27日、グアダラハラのメイン会場であるヒムナシオ・テオロド・パラシオス・フローレスのカードがありまして、セミファイナルがエル・カミカセ&エクソルシスタvsエル・ラヨ・チャピン&ホルヘ・メンドーサなんですよ。

「それが大原クンの現地デビュー戦かもしれないですね」

――その前週の興行が、この『リング・ドスミル』という新団体の旗揚げ戦だったと思われます。先ほど名前が出たエドガール・エチェベリーアがエースでした。

「これが新団体だというのは、当たっていると思いますよ。そんなことを私も聞いておりましたから。私はホセ・アサリとは会ったことがないんです」

――ホセ・アサリは前年に興行を失敗して失脚し、それを受けて、この新団体が誕生したそうです。メキシコのUWAが協力的だったようで、この77年にはルー・テーズを送り込んでいますから。

グアテマラでは、後に『第1回IWGP』中南米ゾーンの同国代表となるエドガール・エチェベリーナの豪邸に居候していた。

「ああ、そうなんですか。エース格のエチェベリーアは重量級だから、私は戦ってないです」

――肥後さんが対戦したエル・ラヨ・チャピンやホルヘ・メンドーサも、現地ではかなり著名なスター選手ですよね。

「特に凄いのがホルヘ・メンドーサ。この人はアマレスの猛者なんですよね。だから、アマレスのコスチュームで試合するんです。カウンターのフロント・スープレックスなんて凄く速い」

――彼は59年から5年連続でグレコローマンのナショナル王者になっており、61年と63年にはラテンアメリカ選手権、64年には南米選手権で優勝しましたが、オリンピックは辞退したらしいです。

「そんなアマレスの実力者なのに、彼は飛び技が半端ないんです。あの時代にトペ・コン・ヒーロをやっていましたから。たぶん、メキシコのブラックマンより先ですよ。彼の飛び技は驚異的でした」

――彼はこの時点でもう40歳でしたが、当時の写真を見ると、この時代にすでにラ・ケブラーダもやっているんですよね。

「場外へのトペ・アトミコもやっていました。あれもスペル・アストロより先でしょう。私が国際プロレス時代にあの技をやったのは、ホルヘ・メンドーサを真似したものです。彼はアタックしてくる相手をティヘラ（ヘッドシザース）で捉えてグルグル回りながら、投げるように見せて、最後は首固めを決めたりとか変幻自在なんですよ。日本に帰った時、彼の技を何とか真似しようと国際の道場で練習しましたね」

——肥後さんの飛び技は、メキシコではなくグアテマラのホルヘ・メンドーサから得たものが多かったんですね。もう一人のライバルであるラヨ・チャピンからは、南米ウェルター級王座を奪ったと言われていますが。

「私にとって最初のシングルのタイトルです。こっちもベテランでした」

——当時、チャピンは34歳で、キャリア17年の選手でした。ホルヘ・メンドーサよりもプロのキャリアは長いんですよね。

「彼も凄いトペをやるんですが、弓矢固めとか吊り天井がフィニッシュホールドでした。とにかくマスカラ戦やカベジェラ戦に強くて、名のあるマスクマンはみんな彼の犠牲者になっていますよ（笑）」

——肥後さんもこの年の8月28日、チャピンにマスカラ・コントラ・マスカラ（敗者覆面剥ぎマッチ）で敗れ、マスクを取られていますよね。

「大原クンもチャピンにマスクを取られてから、日本に帰りました。私の場合はマスクもタイトルも賭けて戦い、両方とも取られましたよ。チャピン以外にも、あの国にはいい選手がたくさんおりましたなあ。やはりメキシコの影響は大きいですが、独自に発展した技術もあるし、レベルはなかなかのものでした」

——この国のサーキットは、どういう仕組みなんですか？

「試合はほとんどグアテマラシティだけなんで、移動はありません。他の地方都市と貧困の差が大きくて、お金が首都だけに集中しているからでしょうな。週に2〜3試合ぐらいやって、お客の反応はメキシコみたいに超熱狂的です。ギャラもなかなか良かったですよ。グアテマラの通貨はケツァルなんですが、私は米ドルでもらえたんです」

——この2年前にグアテマラで試合をしていたデビル紫の

評判は、聞きましたか？

「全然、聞かなかったですなあ（笑）。たぶん、さっき言われたホセ・アサリの団体だったからでしょう」

――村崎さんがグアテマラにいた時に世話になったそうですが、現地に『アキオ・ヨシハラ』と名乗る日本人レスラーがいたと思うんです。

「ああ、ヨシハラという人がおったです。国際プロレスの社長と一緒の名ですよ」

――この選手は57年に木村政彦が遠征した際にメキシコにいたんですが、その後に世界を一周したという触れ込みで再びメキシコに現れ、66年10月にアレナ・メヒコのアンダーカードに出ていたことが確認されています。さらに68年1月にはグレート小鹿&大熊元司が修行していたアメリカのテネシー地区に姿を現し、彼らと組んでいたこともあるんですよ。どうやら70年代になって、グアテマラに定住したようです。

「私は1〜2回お会いしたんですが、試合は観ていません。かなりのご年輩で、この方もホセ・アサリの団体におられたんじゃないですかね」

――彼も日本のマットを一度も踏んだことのない謎の日本人レスラーなんですよ。村崎さんは吉原社長に彼を推薦したらしいんですが、断られたそうです。

「私は運が良かったんでしょうかね。まあ、世界にはいろんな人がおりますなあ（笑）」

このグアテマラを凌ぐ中米のプロレス王国がパナマである。肥後は、この国でグアテマラ以上の成功を収めた。

この国の史上最強の大スターは、サンドカン。46年3月生まれで、肥後が訪れた78年春は32歳、キャリアは12年で最も脂が乗っていた時期だろう。

76年5月にパナマへ遠征して、大西洋岸地区認定世界ウェルター級王座を争ったグラン浜田も、彼の実力に舌を巻いていた。その1年後、全盛期のサンドカンに肥後は勝利する。

――グアテマラの次は、どこへ行かれたんですか？

「プエルトリコやったと思うんですよ。そこでは『フヒカワ・ハヤト』という名前だったと思います。フヒカワはフジカワのことで、その頃に人身売買をやったりしていた中近東かどこかの日本人テロリストの名前らしいです。プロモーターのカルロス・コロンに勝手に付けられました」

――プエルトリコでもマスクマンだったんですか？

「はい。グアテマラ以降、どこの国へ行ってもマスクを被っておりました。同じ龍の入ったデザインのマスクを行く先々の国で作って。当時のプエルトリコには、ペドロ・モラレスも来ておりましたよ」

――現地でマサ斎藤と会っていますよね？

「ああ、会いました。斎藤さんには〝キミは身体が小さいから、またメキシコに行った方がいいよ〟と言われたんですよね。確かに、プエルトリコは大きい選手が多かったんで苦労しました。スペイン語圏ですけど、プロレスは荒くてアメリカ色が強いです。他に日本人選手が2人くらいおったんですが、誰でしたかなあ…」

――その後はパナマですか？

「パナマに1週間ほどいたんですけど、シーズンオフで試合がなかったんですよ。確か『エンプレッサ・コリセオ』という団体で、サミー（サムエル・グアウディア）という資産家がプロモーターでしたね。彼に〝オンシーズンになったら、エルサルバドルから選手を連れて来てくれ〟と言われて、紹介状を持って首都のサンサルバドルへ行ったんです」

――村崎さんもグアテマラからエルサルバドルやパナマへ行ったものの、興行がなかったそうです。向こうは、日本やメキシコと違ってオフシーズンがあるんですよね。

「エルサルバドルには、1ヵ月くらいいたんです。この国は隣のホンジュラスとサッカーの試合が原因で戦争をしたり、難民も多くて治安が凄く悪いんですよね。だから、早々に脱出しました（笑）」

――この時は、『クレナイ・ハヤト』という名前で試合をしましたね。

「少年サンデーに、『紅三四郎』という漫画が載っていたでしょ。主人公は柔術の達人でバイクに乗って世界中を回るんですが、自分の生き方がダブったもんで、その名前を付けたんですよ（笑）。ただ、エルサルバドルは危険なので、すぐにベネズエラのカラカスへ行ったんです。でも、ここもオフシーズンでした。だから、コロンビアの首都ボゴタまで足を伸ばしたんです。でも、コロンビアでは1試合しかしていません。理由？　コロンビアはペソが暴落したばかりだったようで（笑）。ギャラが安すぎたから、再び北上してオンシーズンに入った隣のパナマへ移動しました」

余談だが、年月日不明ながら、コロンビアでのフヒカワ・ハヤトの記録が2試合ほどある。

そのうちの1試合は、75年11月に国際プロレスに来日したキング・タイガーことティグレ・コロンビアーノとのマスカラ・コントラ・カベジェラなのだが、肥後は「コロンビアでコロンビアーノとは試合をしていません。彼とはプエルトリコやエルサルバドルでは一緒になりましたが、それはフヒカワを名乗った別人ですよ」と断定。どうやら肥後が去った後に、同名を名乗るマスクマンがリングに上がっていたようだ。

その2代目（?）の写真を見ると、空手衣を着てファイトしている。彼もまた我々の目に触れることなく、歴史の闇に消えた日本人レスラーなのだろうか。

——パナマでは、どこに住んでいたんですか？

「プロモーターのサミーの所有するアパートがあって、そこにおったんですよ。2年前に遠征に来た浜田さんも、その部屋におったらしいです。1階が立派なジムになっていたので、練習するには最高の環境でした。パナマもグアテマラと同じで、サーキットはないんです。パナマ運河で国が東西に分かれていて、パナマシティ以外には運河の北のコロンとクリストバルくらいしか大きな街がないんですよ。だから、試合は週1〜2回ですね」

——この国のプロレスのスタイルは、メキシコのルチャ・リブレとは違うんですか？

「メキシコと似ていますけど、アメリカ風なラフな香りもするし、ヨーロッパ風のキャッチの味付けもあります。運河の国だから、いろんな要素が混ざっているのかもしれませんな」

——大西洋と太平洋を結ぶ物流の交差点ということで、パナマのプロレスはヨーロッパからの影響が少なからずあるようですね。

「そこがメキシコやグアテマラと違いますな。パナマ人は

パナマ遠征時のオフショット。プエルトリコ同様、ここでもマスクを被り、『フヒカワ・ハヤト』を名乗った。

スペイン人やフランス人とインディオの混血が多いし、運河を作るのにアフリカから奴隷が連れて来られたんで、黒人との混血も多いんですよ。当時、運河の両岸数キロはまだアメリカの所有物でしたから、野球が盛んでしたね」

――資料によると、パナマでもフヒカワ・ハヤトを名乗りましたね。

「パナマはサンドカンとエル・イドロというBI砲みたいなスーパースターがいて、特にサンドカンは本格派の実力者でした。現地では、ボクシングのロベルト・デュランと並ぶ大英雄なんです」

――彼はこの2年前の76年7月に、アニバルとのマスカラ戦に敗れて素顔になっています。

「素顔がまた男前で、現地では凄い人気だったんです。イドロより人気も実力も上でした。グラウンドもスタンドも飛び技もできるオールマイティーな実力者ですよ」

――『サンドカン』というのは、イタリアの小説に出てくる〝マレーシアの虎〟と呼ばれた海賊の名で、ヨーロッパの船と戦った勇士らしいですね。

「本人は、〝インドの王〟だと言っておりました（笑）」

——肥後さんは78年3月31日、ヒムナシオ・ヌエボ・パナマで、そのサンドカンを破って現地版世界ミドル級王座を手にしていますね。

「この会場が日本武道館よりも大きいんです。そこに2万人くらい入って超満員でした。日の丸とパナマの国旗が掲げられて、軍隊のブラスバンドも来て両国の国歌が吹奏されたんですよ。最初に『君が代』が流れた時には、久しぶりに、それもこんな異国で聞いたものですから、また武者震いしよったですね（笑）。〝これは気合いを入れて、やらなきゃいかん！〟と。次にパナマの国歌が流れたんですけど、私が直立不動で立っていたら、それが良かったんでしょうね。こいつは礼儀正しいと思われたようです（笑）。それで正々堂々と戦って勝ったもんだから、私はルードでしたけど、敵対心は抱かれなかったです」

——タイトル奪取から3週間後、4月21日に同会場でサンドカンとマスカラ・コントラ・カベジェラで再戦していますね。この辺が肥後さんのレスラー人生のハイライトじゃないですか？

「たぶん、そうでしょうね。我々のメイン2回で、計4万人を動員したんですから（笑）。サンドカンは素顔になってから2年間、一度もカベジェラ戦で負けていなかったんですよ」

——肥後さんにとっては、グアテマラ、エルサルバドルに続いて、3度目のマスカラ戦ですね。

「この時も私はマスクとベルトの両方を賭けたんです。試合は私が先取して、2本目はサンドカンが取って、3本目は私がリング下にトペに行って両者リングアウトになったんですよ。試合後、私がコミッショナーに〝決着を付けたい。5分でいいから時間をくれ〟とマイクで言って、無制限1本勝負の延長が決まると、帰りかけていた客がワーッと戻って来たんです。私はコーナーからのプランチャを交わされて自爆してしまい、最後はグラウンド卍固めを掛けられてギブアップ負けでした」

——結構、細かく記憶されているんですね。

「2万人のファンが大騒ぎでしたよ。私は自分でマスクを脱いで、ベルトと一緒にサンドカンに渡して、彼の手を挙げてやったんです。〝凄いチャンピオンやな〟という感じで。他のルードなら客席から物を投げられたりするんですけど、みんな私の戦いを讃えてくれました。私のパナマ国歌を聴く態度が良かったからでしょうな（笑）。パナマも米ドル払いで、ギャラは良かったですよ。サミーは〝また来いよ〟と、飛行機代も出してくれました」

ここで肥後の中南米&カリブの旅は終わりを迎え、冒頭で触れたように78年7月19日、ロサンゼルスのオリンピック・オーデトリアムにトーキョー・ジョーなる日本人マスクマンが登場する。

そして、ロス地区での試合記録は翌79年6月で途絶える。この後、肥後はヨーロッパ行きを予定していたが、大西洋ではなく太平洋を越え、『マッハ隼人』として約4年10ヵ月ぶりに帰国した。

かつて彼が国際プロレスに凱旋した理由は、「メキシコで一緒にいた鶴見五郎から誘いの手紙をもらい、日本への帰国を決意した」というのが定説だったが、ここまで読んでもらえればわかる通り、2人の間に接点はなく、メキシコに同じ時期にいたこともない。手紙を交わす仲どころか、お互いに存在すら知らなかったはずだ。

では、ロス地区でファイトしていたトーキョー・ジョーは、誰の誘いを受けて国際プロレスのリングに上がることになったのか？

――78年7月からのロスマット参戦は、自ら売り込んだんですか？

「ええ、コネもなかったので自分からオリンピック・オーデトリアムの事務所に行ったんですよ。あれはミスター・モト（日本プロレスの元外国人ブッカー）さんだったのかな…片言の日本語で、いろいろとアドバイスしてくれました。『トーキョー・ジョー』というリングネームは、プロモーターのマイク・ラベールが付けた名です。猪木さんが若い頃にロスで修行していた時のリングネームですよね」

――当時の試合記録を調べると、オリンピック・オーデトリアムでトーキョー・ジョーは水曜日のTVマッチしか出ていないんですよ。それも噛ませ犬的な扱いでした。

「金曜日のビッグマッチは、出ておらんかったですかね？まあ、サンバナディーノやベーカーズフィールドとか地方都市はよく回っておったと思います」

――ロス地区では、上田馬之助と組む機会が多かったようですね。

「移動も上田さんと一緒だったし、アドバイスもいただきました。試合の組み立て方、駆け引きとか」

――その頃、国際プロレスを離脱してフリーになった剛竜馬（ミスター・ゴー）もロスに来ていました。彼はベビーフェース側にいて、ヒールの肥後さんと何回か対戦していますよね。

「人を悪く言っちゃなんですが、国際の若い人たちが大変やったのがわかるような気がしますな（笑）。剛竜馬は、私にも先輩風を吹かせていました」

――肥後さんは、ここで新日本プロレスの木村健吾（パク・チュー）ともタッグを組んでいますよね。

「はい。彼はロスに来たばかりで、最初は大人しい人でしたが、急にいばり散らされたり、結構イジメられましたよ。あれが日本のプロレス団体の仕組みなんですかね。先に入門した人間が先輩やっちゅう。そこは私、日本に戻っても納得できんかったんですよね。やっぱり年上は年上でしょ？　彼らは私に〝さん付け〟せず、呼び捨てですから」

――海外は日本と違って、封建的な先輩後輩の関係がないですからね。そういう業界の仕組みを初めて体験して、5年前に入門しようとした新日本のイメージも変わったんじゃないですか？

「だいぶ変わりましたよ。直接の後輩でもないのに、何でこんなにいばり散らすのかなし思って。木村健吾にしろ、剛竜馬にしろ、もう凄かったですよ。そういえば、木村健

米国ロサンゼルス地区に出現した『トーキョー・ジョー』の宣材写真。おそらく中南米遠征時に撮影されたものと思われる。日の丸入りのロングタイツは、グアテマラ時代から着用していた。

吾には〝新日本に対抗するヒールのチームを作るから来ないか？〟と誘われましたな」

──それは78年暮れの『プレ日本選手権』に参戦したヒロ・マツダを総帥とする狼軍団のことですよね。他に上田馬之助、マサ斎藤、サンダー杉山らがメンバーでした。メキシコ時代にデビューのキッカケを作ってくれたマツダさんから誘われたのかと思っていましたが。

「いえ、マツダさんからは連絡をもらっていませんし、上田さんからも誘われていません。マサ斎藤さんとはプエルトリコで会ったきりで、あれは木村健吾でしたよ。彼は日本と連絡を取っていたみたいですから」

──木村さんはその後にメキシコのＥＭＬＬに転戦しましたが、もしかしたら本人も狼軍団の一員として日本に逆上陸する計画があったのかもしれませんね。

「私はロスに入って間もなかったですし、その時点では日本に帰って試合をやるという気持ちが全然なかったんで、断りました。まあ、その時にもし新日本に行ったとしても、いいことはなかったでしょう」

──年が明けて、79年初頭には藤波辰巳がＷＷＷＦジュニアヘビー級王者としてロス地区をサーキットしました。マッハさんとは、1月31日にＴＶマッチで対戦していますね。

「いやあ、特に印象がないというか、あまり意識しなかったですね。日本のニュースも知らんもんで、藤波さんがどんな選手かもわからんかったです。でも、藤波さんはいばったりしなかったですなあ。やっぱり人によりけりなんでしょうか。向こうで会ったヤス・フジイ（ヒロ・オオタ）さんは、いい人でした。あの頃、サンフランシスコで天龍（テンルー・シマタ）さんとも会いましたよ。ロスはシスコとも交流していたんで、よく飛行機に乗って出張しました。私はセミでジミー・スヌーカと試合をして、確か天龍さんは第1試合でやっておったですかなあ。とてもいい人で、良くしてくれましたよ」

──この時期は、日本人レスラーと接点がいろいろあったわけですね。そして、いよいよ79年秋に帰国することになるわけですが、メキシコで一緒だった鶴見五郎から誘われたという話は、どう考えても創作ですよね。

「はい。これは私も知らんことで。帰国したら、そういう話になっていただけですよ。鶴見さんに手紙をもらったことはないし、大宮の道場で初対面したんですから（笑）」

――仲介したのは…剛竜馬ですか？

「そうです。彼が〝国際なら受け入れてもらえるかもしれないから、俺が鶴見に連絡してやろうか？〟という話を勝手にしていたので、私が生返事をしたんだと思います。それで剛が日本にいる鶴見さんに、〝こんな日本人マスクマンがロスにいて…〟なんて手紙を書いたんじゃないでしょうかね。私は、そんなに期待していませんでしたから」

――要は、国際プロレスを離脱して新日本参戦に走った剛さんが仲介したというのは体面上マズイので、吉原社長が架空のストーリーを考えたということですよね。

「そうだったようです（笑）。帰国したら、〝こういう話にしろ〟と吉原社長に言われましたから」

――ただ、手紙の件は創作にしても、鶴見さんが吉原社長に口添えしたのは事実ですよね。

「ええ、鶴見さんは私のようにルチャ・リブレができる日本人の相手が欲しかったんだと思います。私は剛の言うことだから、どうせ無理だろうと諦めていたんですけど、国際プロレスから航空チケットが日本航空のロス支店に私宛てで届いたんですよ。それも1年間オープンのビジネスクラスの往復切符でした。でも、その前に私にはトニー・ロコの紹介で、スペイン、イギリス、ドイツへ行く話が来とったんです」

――振り返ると、ここが人生の岐路でしたね。

「はい。でも、何年間も日本の友達に会っていないし、このチケットを捨てるのももったいないから、帰ることに決めたんですよ」

――そして79年10月26日、日本の土を久々に踏みましたが、その時のことは憶えていますか？

「行きは羽田発やったでしょ。帰りは成田空港やったんで、驚きました（笑）。東京への行き方もわからなくて（笑）。リングアナの飯橋（一敏）クンと若松さんが空港に迎えに来ていましたね。その足で大宮の合宿所に入りました。寮長は、デビル紫さんでしたかね」

――鶴見さんの日記を見ると、帰国翌日は『肥後に練習をつけた。まあまあ大丈夫だ。オフィスに連れて行き、社長に会わせた』と書いてありました。

「鶴見さんに道場でテストされた記憶があります。その後、高田馬場の事務所へ行ったら、吉原社長に〝リングネームは『マッハ隼人』にしろ〟と言われました。〝うわ〜、マッハか…別の名前が欲しいのになあ〟と思いましたよ。すでにマッハ文朱もいましたし（苦笑）」

――でも、マッハ隼人という名前は親しみやすかったですよ。日本デビュー戦は79年11月1日、高萩市民体育館での鶴見五郎戦で、いきなりトペ・スイシーダを出しましたが、念願の日本マットはどうでしたか？

「あの日は、試合前のスパーリングを吉原社長がじっと見ていましたね。試合の感想は、何かピンと来なかったですなあ。パナマとかでやってきたことを思うと」

――最初の1シリーズがテスト生扱いだったのは、長く海外で戦ってきた肥後さんには心外だったのでは？

「その高萩の試合がトライアウトみたいで、吉原社長も気に入ってくれたようです。数日してから、後楽園ホール（11月4日）でテレビ撮りがあったでしょ。そこも鶴見さんとの試合で、あの時にはもう正式入団だと言われていたんですよ」

――でも、マスコミには翌80年正月から正式入団と発表され、そこからパンフレットにも載るようになりました。

「そうでしたかね（笑）。マイクで〝正式に入団します〟と言って客席がワーッと沸いた時は、〝ああ、日本はこんな感じなんだ〟と感激しましたよ。ただ、最初は日々のバス移動と久しぶりの団体生活に慣れるのが大変でしたね」

――当時の鶴見さんは、ヒールに転向して独立愚連隊を発進させようとしていた時期でした。その中でルチャのできるマッハさんは、自分を売るのに恰好の相手だったと思い

国際プロレスの一員となったマッハ隼人。メキシコで仲良くなったサングレ・チカナから譲り受けたこのデザインのマスクが一番思い入れがあるという。

ます。

「そうでしょうね。私の技を一番上手く受けられるのも、やはりメキシコを経験している鶴見さんでしたから」

――ところで、肥後さんはメキシコでデビューしてから、ずっとルードでしたよね。日本で急にテクニコ（ベビーフェース）の動きを求められるようになって、戸惑いはなかったんですか？

「それは多少ありましたが、昔からやりたかったスタイルなんで。先ほども言ったように、道場ではグアテマラのホルヘ・メンドーサの技なんかを試しました。阿修羅・原さんが〝俺が受けてやるから〟と、コーナーからのトペ・コン・ヒーロや場外へのトペ・アトミコの実験台になってくれたんです。今までやったことのない技ですから躊躇していると、下から原さんに〝お前は弱虫か！〟と怒鳴られて、覚悟を決めて飛びましたな（笑）」

――肥後さんは、メキシコやグアテマラで教わったジャーベ（複合関節技）や実戦の動きがイラスト付きでビッシリ書き込まれているノートをお持ちでしたよね。

「あのノートは、こういう時に助かりましたよ。それとゴッチさんがよくメキシコに来るのがわかりましたね。卍固めや弓矢固め、サソリ固めもみんなメキシコの技です。〝ああ、ゴッチさんは教室を開きながらも、日本の弟子たちに教えるメキシコの使えそうな技を仕入れていたんだな〟と。あそこは関節技の宝庫ですから」

――その技の話なんですが、肥後さんはラッシャー木村さんに風車吊りや裏足4の字固め、大木金太郎さんにはX固め（変型コブラツイスト）を教えていますよね。2人がしからぬ技を急に使ったのを見て、〝肥後さんが教えたんだな〟とすぐに思いました。

「やっぱり、わかりますよね（笑）。稲妻二郎なんかと、ああいう技の入り方をよく練習しとったんですよ。それを見ていた大木さんが〝マッハ、その技はいいな。俺に教えてくれ〟と言ってきたんです。大先輩なので、教える時は緊張しましたよ。木村さんも〝俺にも何かいい技はないか？〟と。あんな大ベテランの人たちがとても謙虚で、貪欲なのには脱帽しました。米村さんにも頼まれて、風車式のバックブリーカーを教えましたよ」

――肥後さんの中南米修行の成果とあのノートは、団体にとって技術のレベルアップにも繋がっていたんですね。ご自身もパロ・スペシャルやリンギーナ（グラウンド卍固め）、倒立しての逆さ押さえ込みのようなジャーベの他に、トペ・デ・レベルサ（背面式トペ）やスワンダイブ式プランチャなど本邦初公開の技をたくさん使っていましたよね。

「スワンダイブって、ロープの上に飛び乗って出す技ですよね？　あれは、まだ私のいた時代のメキシコでは使われていなかったと思いますよ。あの動きもグアテマラ産です」

——当時、東京12チャンネルの中継は、マッハさんの露出度がかなり高かったんですよ。それまでの国際プロレスにはないコンテンツでしたし、派手な絵柄もテレビ的に良かったはずです。

「ディレクターの人は良くしてくれました。でも、そのやり手の人の良いディレクターさんに対して、選手や吉原社長がいばり散らすんですよね。あれが理解できませんでしたな。力道山時代からの仕来たりなんですかね」

——80年3月1日に試合をした鹿児島県の枕崎市総合体育館は、故郷の山川町に近いので帰郷されたと思います。〝旅行に行ってくる〟と言って実家を出て5年も経ったわけですが、景色は変わっていましたか？

「昔と変わっていませんでしたよ。あの日は親戚たちがバスを借りて枕崎まで来て、応援してくれました。特に伯父が興奮していましたな。その後、沖縄まで行って鹿児島市に戻って来た時にトペを失敗して、頭を15針縫いました。

相手は誰でしたか？」

——大位山勝三でした。ちなみに肥後さんがシングルで大位山さんに勝ったのは、あの試合だけです（リングアウト勝ち）。

「大位山さんは…ちょっとやりにくかったです（苦笑）」

——当時、国際プロレスは新日本プロレスと交流しており、同年3月31日の後楽園ホール大会には、ロスで一緒だった木村健吾、剛竜馬が参戦しましたよね。

「態度はロスの時と同じでしたよ。私は、〝プロレスの社会はこんなもんかな〟と思いましたね。日本の社会そのものも…。それが嫌で、私は最終的に日本に定着しなかったんです（※85年4月に旧UWFで引退して以降は、ロス在住）」

——では、国際の選手たちの印象を聞かせてください。シングルで対戦した回数が最も多いのは、高杉正彦でした。

吉原社長も彼の将来を買っていたようですね。

「高杉は前向きで、いろんなことを聞きに来ましたな。社長からも〝メキシコへ連れて行ってくれ〟と言われましたよ。私は高杉、菅原、冬木とよく一緒に練習をしましたね。彼らは試合への取り組み方も真面目で、プロレスに対して貪欲な姿勢を持っていましたよ」

――米村天心、スネーク奄美、デビル紫といった中堅どころとは五分の戦績で、これが国際で与えられたマッハさんのポジションでした。

「この中では、奄美さんが良かったですね。トペでも何でも来いという姿勢がプロでした。村崎さんは途中で営業へ行ったから、印象が薄いですね。どこか難しい人でしたよ。特にメキシコやグアテマラでルチャをやっていたような感じもなかったです。米村さんは試合よりも、他のことでいろいろとお世話になったのが印象に残っています（笑）。やっぱり試合では、鶴見さんが一番やりやすかったですね。シングルで何回やってますか？」

――意外と少なくて、9戦して肥後さんの1勝8敗です。唯一の勝ちは81年6月22日の郡山セントラルホール大会で、リングアウト勝ちでした。

「おそらく相手が鶴見さんだから、トペ・スイシーダやトペ・アトミコを連発したんでしょうね。逆に一番やりにくかったのが寺西さんです。カタイんですよ（苦笑）。毎シリーズのように当てられましたけど、嫌でしたね。木村さんや浜口さんともシングルをやりましたけど、そんなことは全然なかったです。浜口さんは戦っていて、とてもやりやすいですね。どんな技でも受けてくれますし、トペだってちゃんと受けられるし、とても器用でした。グレート草津さん、マイティ井上さんとは当たってないですよね。草津さんには、私は良くしていただいたことしか記憶にないです」

肥後は流浪の時代が長かったが、社会人を経験しているだけに団体生活もそれほど苦にせず、次第に国際プロレスに溶け込んでいった。

外様でありながらもイジメられなかったのは、温和な団体の体質もあっただろうが、彼自身の誠実な人柄も選手たちから愛されたはずである。それはマスコミやファンも同様で、この日本人初の逆輸入正統派マスクマンを慕う人間は今でも多い。

さて、肥後の国際プロレス時代における功績の一つは、メキシコ路線の開拓である。当時、全日本プロレスではマスカラス兄弟が年に1~2度飛来し、新日本では藤波や浜田の相手としてメキシカンが不定期にやって来る程度。しかし、国際は未知に近かったEMLLからルチャドールを毎シリーズ来日させ、メキシカンスタイルの試合も行った。

——80年7月26日、肥後さんも住んでいた合宿所兼道場にハイヤーが突っ込んで火事になり、全焼しましたよね。

「はい、私の持ち物も全部燃えましたよ。スーツも、家族が鹿児島で作ってくれた着物も」

——それもあって当時は日本にマスク職人がいませんでしたから、翌8月末のオフに飯橋リングアナとマスクを作りにメキシコへ行っていますよね。ただ、この旅はマスクの調達だけでなく、会社側から密命を受けていたんじゃないですか？

「はい、吉原社長から〝向こうの団体と話をしてこい〟と言われて。でも、EMLLのチャボ・ルテロ代表は通さず、エージェントにカルロス・プラタを立てたんです。彼は世界を回りながらも、メキシコに長期滞在していた顔役で、信頼できる人物でしたから」

——国際のメキシコ路線がスタートしたのは、80年11月の『デビリッシュ・ファイト・シリーズ』でした。ブッカーのプラタ、マッハさんと同級生のエル・ドーベルマンが最初の来日選手でしたね。

「プラタは今後のことがあるので、最初に一度来てもらおうと。彼は安定感がありましたよね。ドーベルマンを呼んだのは同期なのもあるけど、マスカラ戦が可能な選手だからです」

——彼は前年1月のマスカラ戦でエピプシオに敗れて、向こうでは素顔でしたからね。実現はしませんでしたが、当時は〝ドーベルマンがマッハ隼人とのマスク剥ぎ戦を要望している〟と報道されました。

「土壇場で彼に決めたから、昔の黒い猛犬風のマスクじゃなく、黄色いマスクで来日しましたよね。あれじゃ、犬でも何でもないです（笑）。シリーズに入ったら、マスカラ戦の話もいつの間にか消えていました」

――このシリーズ中の11月12日、四日市体育館大会では、日本初のキャプテン・フォールマッチ（レレボス・アウストラリアノス）が行われました。肥後さんは浜口&寺西と組み、相手は鶴見&プラタ&ドーベルマンでしたが、あれは誰のアイディアですか？

「鶴見さんかもしれないですな。メキシコのルールを知らないから、吉原社長ではないはずです。確かテレビ撮りでしたよね。だから、そこそこ評判になって、いろんな人に〝あのルールのタッグマッチは面白いね〟と言われましたよ。ルールに不慣れな浜口さんや寺西さんは、戸惑っておりましたなあ（笑）」

――この年、肥後さんは東京スポーツ制定『プロレス大賞』の努力賞を受賞しましたよね。

「努力と言っても、普通にしておっただけなんですがね（笑）」

――年が明けて、81年2月の『スーパー・ファイト・シリーズ』には、コバルデ、エローデスという強力なメンバーが来ました。

「彼らはエストレージャですからな。彼らによって、本場のルチャを見せられた気がしましたよ。プラタは、いい選手を送ってくれました。この時もキャプテン・フォールマッチをやりましたよね」

――その後には、リスマルク、アメリコ・ロッカ、サングレ・チカナ、エル・スプレモなどが来日選手としてリストアップされていたようですね。

「いい選手をブッキングして欲しいとプラタに頼んでいたんで、おそらくチカナとかには連絡が行っとったと思うんですよ。でも、EMLL代表のチャボはプラタではなく、自分を通して欲しかったのかもしれませんな。逆にチャボからは佐山が去ってEMLLに日本人がいなくなったから、早く高杉を送って欲しいとリクエストがありましたよ」

――このシリーズで東京12チャンネルのレギュラー中継は打ち切りになってしまい、4月の『ビッグ・チャレンジ・シリーズ』は開幕戦と最終戦のみの放映でした。団体崩壊の危機が近づいてきたと感じたんじゃないですか？

「経営危機は、ずっと言われていましたから。ただ、私にはどうすることもできないので、言われたことをしっかり

ブラックマンが得意とするターンバックル上での三点倒立を披露。マッハ隼人は、中米から日本に数多くの技術やパフォーマンスを直輸入した。

やろうと。『ケ・セラ・セラ（なるようになる）』ですな（笑）。確か、そのシリーズはトニー・サラサールが来る予定でした。サラサールはＮＷＡ世界ライトヘビー級チャンピオンになったばかりで、ＥＭＬＬも手離したくないし、ギャラも高くなったはずです。それでホセ・ルイス・メンディエタにスイッチしたはずですよ」

——このシリーズ中の81年4月30日には、残念ながら奄美さんが29歳の若さで亡くなりました。

「リングで10カウントをしましたよね。同じ九州人ですし、まだ若いし、いろいろ良くしていただいたので悲しかったです。国際でのベストバウトは、奄美さんとの最初の試合かな（79年11月3日＝越谷市立体育館）」

——ところで、肥後さんは金網マッチはやったことがあるんですか？

「ないです。やれと言われたこともないですね。私はやってもいいと思っていたんですけど、金網は流血が売り物だったので、マスクマンは対象外だったようです」

——この頃は、ファイトマネーの遅延や未払いも起きていたようですが。

「私はなかったですね。事務所に行くと、ちゃんと封筒に入れて払ってもらっとりました。だから、危機感なんて持っていなかったんですよ。ただ、テレビ中継が打ち切りになった時は、〝ギャラはどうなるのかな？〟と思いましたけどね」

——6月の『ダイナマイト・シリーズ』は予定されていた6大会が中止になったり、会社はもう瀕死の状態でしたね。来日したメキシカンもティエラ・ビエント・イ・フエゴ、エル・クルセロという三流選手でした。

「そこに私の意向は入っていません。彼らがあまりに動けないので、試合をしていて張り合いがなかったですな。前シリーズに来日したプラタがEMLLと衝突し、エージェントを外れてメキシコを出てしまったようです」

——最後の『ビッグ・サマー・シリーズ』のポスターにはMS1とMS2が載っていましたが、彼らもキャンセルになりました。この4人の共通点は、メキシコの『ボクス・イ・ルチャ』誌のお抱え選手ということです。おそらく同誌のリカルド・モラレス編集長にブッキングを頼んだから、こういうメンバーになったのかなと。

「リカルド・モラレス…懐かしい名前ですなあ（笑）。おそらく最後の2シリーズは、プラタが彼に委任したんだ思います。MS1は、旧UWFの『無限大記念日』に来ましたよね。結局、このシリーズが最後になりましたけど、私には全然そういう情報は入ってこなかったんですよ」

——8月9日の羅臼大会が最後の興行になりましたが、それも知らされていなかったんですか？

「ええ、当日は何も知らなかったですね。私としては寺西さんが対戦相手だったから、嫌だなと（苦笑）。終わりだというのは、次の日のバスの中で聞いたんです。だけど、潰れたからって何とも思わなかったですよ。みなさんが想像するような感傷的な気持ちはありませんでした。私はロサンゼルスに戻って、そこからメキシコへ行こうと決めていましたから」

——そこは海外生活が長いから、ドライなんですね。

「東京に戻って事務所へ行ったら、吉原社長が〝高杉をメキシコに連れて行ってくれ。頼むよ〟と私の飛行機代まで出してくれました」

——本来なら高杉さんはプラタの仲介で同年1月にメキシコへ行く予定でしたが、流れてしまったんですよね。吉原社長としては、潰れる前に秘蔵っ子を海外に出したかったのかもしれません。

「社長にそう頼まれたので、私は出発前にいろいろ準備をしとったです」

選手たちは団体が崩壊しても、感傷に浸っている暇はなかった。それぞれが身の振り方を考え、新日本プロレスとの対抗戦に動く者、全日本プロレスと話をつけた者、そして海外に職場を求める者に分かれる。

元々、海外を放浪することが好きだった肥後は迷わず日本を出ることを決め、原点の地・メキシコのEMLLに向かった。そこからロサンゼルス地区に転戦。さらに国際プロレス時代の仲間たちがいるカナダ・カルガリー地区へと足を伸ばす。

――新日本が81年10月8日に蔵前国技館で国際との全面対抗戦を企画した時、タイガーマスクvsマッハ隼人のシングルマッチも一旦は発表されましたよね。

「そんな話がありましたねえ。タイガーマスクと戦うのは、少し興味ありましたよ。私は9月中旬に日本を立つ準備をしとったんですが、この話を聞いて航空券を買うのを少し躊躇しましたから。ただ、国際の選手が全員一致で行く話じゃなかったようなので、私も断ったと思います。その後、予定通りに日本を出発しました」

――9月20日にロスに出発されていますが、高杉さんと一緒にメキシコに入るはずだったものの、肥後さんはロスで足止めを食いましたね。

「私のワーキングビザが取れなかったったんですよ。高杉の場合、国際がメキシコ人を招聘していた実績があって、メキシコ政府と繋がりがありましたから。でも、私はメキシコ大使館にビザをもらいに行ったんですけど、なかなか取れなかったんですよね」

――以前、EMLLでファイトしていた時は素顔でしたが、この時は『カブキ』という名前のマスクマンでした。

「中南米からずっとマスクマンでやっていましたから、メキシコでもマスクを被ってやろうと。でも、メキシコではマスクマン専用のライセンスがいるんですよ。それがなかなか取れなかったんです。EMLLは試合を組んでくれたんですけど、ピスタ・レボルシオンでメキシコシティのコミッショナーと揉めて、アレナ・コリセオでもコミッショナーに〝試合をさせない〟と注意されました」

――マスクマンのライセンスが取得できなかったのは、何が原因なんでしょうか？

「私もコミッショナー事務所に乗り込んだんですが、頭が固いというか…システムが違うんですよ。マスクマンとして地方で実績を積んでからならまだしも、いきなりパッと来て試合に出るというのは前例がないとか言うんです。〝日本でマスクマンでやっていた〟と言ったら、〝日本のライセンスを見せろ〟と言われて。チャボ・ルテロ代表も〝ちょっと待て〟と…」

——日本人のマスクマンは望まれていなかったということかもしれませんね。素顔に戻るという選択肢はなかったんですか？

団体崩壊後、『カブキ』としてメキシコのEMLLに入る。このマスクのデザインは、後に“東北の英雄”ザ・グレート・サスケへと引き継がれた。

「いや、なかったです。ずっとマスクマンでやってきたプライドがありましたから。そこで私はロスに戻ればいいと思って、メキシコを引き払うことにしたんですよ。高杉ともタッグで何試合か戦いましたし、彼もここで上手くやれそうな感じだったので、それを見届けたことで吉原社長には顔向けできるかなと」

——結局、メキシコにいたのは1ヵ月くらいで、81年の暮れにロスへ向かいましたが、翌82年にはラッシャー木村、剛竜馬がロスに来ましたよね。アントニオ猪木との抗争が一段落した木村さんは、この年の5月7日にベビーフェースの『ミスター・トヨ』としてロス地区に入り、剛さんとタッグを組んでいます。

「国際でお世話になったので、私が車を借りて、木村さんのホテルへ行って送り迎えをしました。相変わらず、剛は生意気な態度でしたね。木村さんと剛は仲が悪かったみたいで、別々のホテルに泊まっていましたな。私はスペインから誘いがあったんで、その日の試合を最後にロスを出ることを決めておったんです。でも、それが流れてしまいましてね。そこにちょうどカルガリーにいた鶴見さんから連絡が入ったので、行くことにしたんです」

――その時、カルガリー地区には鶴見さんの他に、ジェリー・モロー（稲妻二郎）、若松市政もいました。ここでのリングネームは、『マッハ・ハヤト』のままでしたね。

「それはミスター・ヒトさんのアイディアです。ヒトさんは、そのまま日本人選手ということで凄い人気でした。あの身体でコーナーからバック宙とかできたんですよ。鶴見さんは『ホー・チー・ラウ』というベトナム人キャラで、悪徳マネージャーの若松さんは…ありゃ、どこの国でしたか？　将軍だから、日本人なんですかなあ。私はシンガポール人だったかなと」

――カルガリー時代の試合映像を観たら、アナウンサーは〝ハヤトは韓国人だ〟と言っていました。

「そうでしたか（笑）。いい加減ですなあ。みんな日本人だけど、それじゃインターナショナルな色が出ないからテキトーな国の人間に化けていたんです。現地の人は、誰もわからないですから」

――カルガリーに行った当初は、ヒールだったんですよね。

「はい、鶴見さんと組んでヒトさん&二郎さんと試合をしたりしました。蜘蛛の巣を投げるのは良かったけど、火炎殺法をやろうとしたら、プロモーターにストップされましたな（笑）」

――その頃のヒールとして戦う肥後さんの姿は、新鮮でした。ルードのトップとして、パナマでサンドカンと渡り合ったことが納得できましたよ。

「メキシコでデビューしてから帰国する前のロスまで、ずっとヒールでやっていましたから。本当はヒールの方がやりやすいんですよ」

――国際時代のマッハ隼人は初めてのベビーフェースということで、かなり無理をしていたんじゃないかなと。

「それはありますね。でも、吉原社長がベビーフェースで行けと言うんで。日本で使われていない技を出そうと、必死だったところはありましたよ」

――正直言って、技も滑らかさがないというか、やり慣れていないから、スピード感がなかったですよね。

「そうですなあ。それまで受け手だったのが、仕掛ける立場になるわけですから、タイミングを合わせるのに苦労したのは確かです」

――カルガリーでは、ヒールでもトペだけは必ず出していましたよね。それが珍しくて、ファンにウケてしまったというのも理解できます。

「悪いことをやっていても、派手なラメのマスクで飛ぶわけですから、自然と人気が出ちゃって（笑）。マッチメーカーのブルース・ハートに言われて結局、鶴見さんと仲間割れしてベビーフェースに転向したんです。それからは、よくヒトさんと組んで、鶴見さんなんかと戦いました。やっぱりマスクマンなので、子供たちが〝サインして！〟と来よったですから。カルガリーでは、子供に人気があったんですよ」

――日本人マスクマンが珍しい時代でしたから、それは国際プロレスでも同じでした。マネージャーの若松さんはリング下で竹刀を持って、ヒールの手助けをする役目ですよね。

「あの人は癖がありますよ。国際時代からずっと…。プロレス自体がダメやったですね。運動神経がないから、回転エビ固めを教えても相手にしがみついて、できないんですよ。だから、大剛さんが悪党マネージャーを勧めたんじゃないですか。大剛さんは郊外に住んでいて、ヒトさんと仲が悪いから会場へ来たりは一切なかったです」

――ところで、元国際のメンバーはカルガリーで共同生活をしていたそうですね。

「ヒトさんは自宅ですが、他の全員はカルガリー市内に奄美大島出身の人の寿司屋があって、そこの地下で一緒に暮らしていました。そのお寿司屋さんの主人は牛丼屋もやっていたので、オフには肉を切る手伝いをしとったですよ。晩飯をご馳走になったりしましたなあ」

――11月2日には、乗っていた車がアイスバーンで横転する事故がありましたよね。

「私が運転していて、横にヒトさん、後ろに若松さん、鶴見さん、ハートのところのリング屋さんが乗っていたんですよね。あれは地方の試合が終わって、カルガリーに帰る途中でした。煙が出たんで爆発すると思って、みんな車から飛び出ましたよ」

――全員が病院に救急搬送されたそうですが、怪我の具合は？

「私が首と両膝、鶴見さんが頭と手首、若松さんが頭。でも、みんな軽傷でした。ヒトさんが一番ひどくて、首の骨にヒビが入って入院しました。我々はトレーラーをヒッチハイクして、6時間くらいかけてカルガリーまで戻ってきたんですよ。そうだ、ダイナマイト・キッドが真っ先に見舞いに来ました。いい奴です。私は事故の3日後には、試合をしとりました（笑）」

――同月19日の試合を最後に、肥後さん、鶴見さん、二郎さんがカルガリーを出ることになりますね。

「私はロスに戻ったんですが、その直前にこんなことがありました。鶴見さんに〝退院したヒトさんの家でお別れのパーティーをするから、買い出しに行ってくれ。金は俺とマッハと若松さんと二郎で四等分しよう〟と言われて、買い物に行ったんです」

――国際プロレス残党＝カルガリー支部の解散パーティーみたいなものですね。

「はい。みんなで楽しく食事をしたわけです。二郎さんと鶴見さんは〝いくら？〟と領収書を見て、払ってくれたんですよ。でも、若松さんは〝俺はビールを飲まんから、金は払わん〟と言うんです。〝それはないでしょう〟と、若松さんと喧嘩になったんですよ（苦笑）」

――最後の晩餐も台無しでしたね。でも、それもまた国際プロレスらしいというか（笑）。

「そうですね（笑）。でも、お世話になったヒトさんには、お礼としてみんなでお金を出し合って渡しましたよ」

――改めてお聞きしますが、約1年10ヵ月在籍した国際プロレスは肥後さんの長いレスラー生活でどういう位置づけになりますか？

「今、振り返ってみると、故郷で試合ができたし、給料は安かったけど、みんなに良くしてもらったなと思いますね。あの団体は、人間関係がとても良かったです。でも正直なところ、私は国際に在籍している最中も〝やっぱり日本よりヨーロッパに行っておけば良かったな〟と、ずっと思っていたんですよ（笑）」

――もっと世界各地でいろいろなプロレスを経験した上で、日本に帰りたかったということですか？

「そうです。この際、世界一周しようと思っとったんです。スペインやフランス、ベルギー、ドイツ、オーストリア、それにイギリスに行ったら、プロモーターが南アフリカも紹介してやるっちゅう話だったんですよ。中近東もあの頃はまだプロレス興行があったし、その後、シンガポール、マレーシアなんかも回れるし、そこからオーストラリアにも行けますよね。そんな夢をずっと見ていましたな」

——肥後さんは元来、放浪癖のある夢多き一匹狼だったんですね。でも、国際プロレスは居心地が良くて、長居してしまったのかもしれません。それまで1年以上も滞在したテリトリーは、他になかったですから。

「そうかもしれないですなあ。でも、もしあの時に国際プロレスへ行かずに、ヨーロッパに飛んでいたら、もう二度と日本のリングに上がれるチャンスはなかったでしょう。ヨーロッパを回った後でやっぱり国際プロレスに行きたいと思っても、その時にはもう団体そのものがなかったでしょうし（笑）。だから、1年10ヵ月だけでも国際にいれて良かったのかなと思いますねえ」

# 長谷川保夫

## リングアナウンサー

長谷川保夫（当時の表記は泰央）氏は旗揚げ前にストロング小林をスカウトし、ＴＢＳテレビと提携するまで国際プロレスのリングアナウンサーを務めた方である。

さらに高校生の頃には練習生として力道山道場に通っていたというから、まさに歴史の生き証人と言っていい。長谷川氏はこの時期にまだレスラーだった吉原功氏、最初の国際のエースであるヒロ・マツダと懇意になった。

力道山道場の道場開きが行われたのは、53年7月30日のことである。それと同時に日本プロ・レスリング興業株式会社（日本プロレス）も設立され、力道山は旗揚げ戦開催に向けて奔走した。

それから7ヵ月後、54年2月19日に蔵前国技館で日プロは船出を迎え、力道山&木村政彦vsシャープ兄弟（ベン&マイク）の一戦が街頭テレビに映し出されたことで、一気にプロレスブームが巻き起こる。

早稲田大学のレスリング部出身で、会社勤めをしながら力道山道場に通って身体を鍛えていた吉原氏は、力道山の誘いにより55年に日プロでデビュー。60年10月19日には台

**はせがわ・やすお**
1937年9月2日、東京都台東区出身。高校生の頃から都内・人形町にあった力道山道場に通い、明治大学入学後はレスリング部で活躍。66年に吉原功氏の誘いを受けて、国際プロレスの旗揚げに参加し、TBSテレビの中継が始まるまでの2シリーズでリングアナウンサーを務めた。

東体育館で大坪清隆を破り、第2代日本ライトヘビー級王者となった（王座決定トーナメントで優勝）。

一方、ヒロ・マツダこと本名・小島泰弘は荏原高校時代に野球部のエースとして活躍後、56年に日プロに入門。しかし、団体の体質に嫌気が差して、60年にペルーに渡る。その後、メキシコ経由でアメリカに転戦し、64年にはダニー・ホッジを破って日本人初のNWA世界ジュニアヘビー級王者となった。

力道山道場で兄弟弟子だったとはいえ、まったく異なる道を歩いていた2人は、66年に新団体設立に打って出る。その時、真っ先に声をかけられたのが長谷川氏だった。

――長谷川さんは元々、力道山道場に通われていたそうですね。

「あの道場は新田建設の社長の新田新作（日本プロレスの初代会長）さんが人形町（東京都中央区日本橋）の久松警察署の斜め前に木造の広い建物を持っていて、そこを改装したものだったんです。新田さんは二所ノ関部屋の後援者で、相撲時代から力道山の面倒を見ていましたからね。道場は新田建設のすぐ傍でしたから、よく顔を出していましたよ。ボビー・ブランズとかハロルド坂田が慰問で日本に来た時は、新田さんが力道山を会場に連れて行ったみたいですね」

――51年9月～10月に行われた在日外国人の慈善事業団体『トリイ・オアシス・シュライナーズ・クラブ』のチャリティー興行ですね。これが日本における戦後初のプロレス興行で、この時に力道山もデビュー戦を行いました。

「僕が道場に通うようになったのは高校1年の時だったから、昭和28年（53年）だと思います。僕は学校で腕相撲が強くてね。もっと強くなりたいと思っていたら、〝力道山が練習を始めた〟とニュースになりまして。鞄をほっぽりだして、自転車で人形町まで見に行きましたよ。あそこは上部が普通のガラス窓になっていたから、自転車の荷台に上がって覗いたんです。見ていたら何だか面白そうだし、『練習生募集』と書いてあったから、すぐに入ったわけですよ」

――それは新弟子として入門するという形なんですか？

「いやいや、月謝を払う通いの練習生です。レスラーになるわけじゃないから。月謝は、５００円も取らなかったんじゃないですかね。昔は、それでも大変な金額ですけど」

――その通いの練習生というのは、何を教わるんでしょうか？

「結局、僕らはボディビルですよ。身体作りですね。道場の一番奥にリングがあって、その周りにボディビルの器具が置いてあったんです。力道山道場に通い始めたのは、腕相撲が強くなりたいというだけじゃなくて、その頃は戦後で荒んでいたし、とにかく喧嘩が多かったんですよ。他校の生徒が喧嘩を売りに来たりとか。それと、あの時代は覚醒剤（ヒロポン）も流行っていましてね。僕は注射が大嫌いだし、母親を泣かすのも嫌だったから、そういう連中と付き合わなくていい方法、それでいて祭り上げられる方法はないかと考えていたんですよ。そこで力道山道場に行こうと。そうすると、一目置かれるわけです。喧嘩に行くんでも、〝今日は道場に行かなきゃいけないから〟と言うと、行かなくて済むの。みんなは訳のわからないパー券を買わされたりするんだけど、僕は全然ＯＫ。覚醒剤もやらなくて済んだんです」

――昔、ヒロポンは疲労や眠気が取れるということで、受験生などの間でも流行ったそうですね（※当初は合法だったが、51年に使用・所持が禁止された）。

「修学旅行に行ったりすると、みんな打っていましたよ。まあ、世の中が荒れていましたから。周りにいる連中は凄かったんですよ、記事にできないぐらいに（苦笑）」

――話を戻しますが、力道山道場では誰が指導してくれたんですか？

「指導も何も巡業になると誰もいなくなっちゃうわけだから、ボディビルの洋書を銀座で買って、それを見ながら自分でやっていましたね。そのうちに、いつの間にか僕が教えるようになって。練習生は5～6人しかいなかったんで

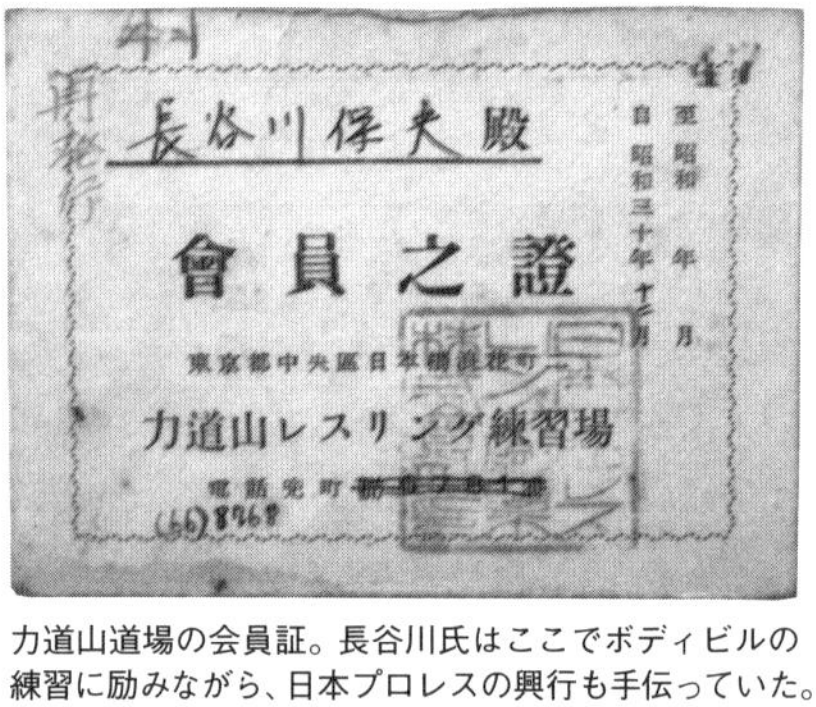


力道山道場の会員証。長谷川氏はここでボディビルの練習に励みながら、日本プロレスの興行も手伝っていた。

すよ。僕より先に入っていた人も辞めちゃったり、入れ替わりが激しかったんです。道場には浅草や銀座辺りの暴力団の親分も練習に来るんですよ。立派な外車に乗って。僕はわざと重いのをガンガンやらせてね。そうすると、ある日には〝長谷川先生！〟になっちゃうんです（笑）。〝今日は浅草のクラブに連れて行ってステーキを食わせてやるから〟なんて言うんで付いて行ったら、〝これは俺の先生だから〟と、はべらせた女の子たちに紹介されてね。僕はまだ高校生なんで酒は飲めないし、さすがに緊張しちゃって（苦笑）」

力道山道場の練習生だった頃の長谷川氏。この時代に吉原功氏、小島泰弘（ヒロ・マツダ）と出会い、後に国際プロレス旗揚げに深く関わることになる。

――凄い世界ですね（笑）。レスラーたちと一緒にトレーニングすることはなかったんですか？

「僕ら練習生がリングの上で豊登さんや芳の里さんに肩車されて、騎馬戦をやったりしましたよ。そういえば、あの頃は力道山も廻しを締めて相撲を取ったりしていましたね」

――力道山と接する機会もあったんですね。

「〝お前、いつまでも細いなあ〟と肩を叩かれたり。僕がベンチプレスをやっていると、傍に置いてあるバケツに香港から買ってきた爆竹を入れるなんていうイタズラもされましたね。僕らがビックリして声を上げると、大笑いして2階の事務所に行っちゃうの。面白い人でしたよ。気性の荒い人でしたけど、練習生には手を上げることはなかったです。そういえば一回、凄い時があってね。木村政彦さんが〝力道山に5分で勝てる〟と発言して、新聞記者が力道山に返答を聞きに来たんですよ。その記者に対しては、〝ワシはリングの上で正々堂々やるから、今日は帰ってくれ〟と全然怒らなかったんだけど、記者が帰った途端に〝許さねえ！〟と若いレスラーをリングに上げてバッカンバッカン。それで気絶しちゃうと、バケツの水をバシャーンとかけて、またリングに引っ張り上げてね。そいつがダメになったら、違うレスラーに〝お前、来い！〟と。みんな柱の陰に隠れちゃって、それはもう凄かったですよ」

――力道山道場には当時、どんな選手がいましたか？

「遠藤幸吉、豊登、芳の里、駿河海、後に国際プロレスのレフェリーになる阿部脩もいましたね。あとはユセフ・トルコ、金子武雄、渡辺貞三とか」

――渡辺貞三は柔道出身で、後に単身でメキシコに渡って名前を上げた人ですよね。

「渡辺さんと遠藤幸吉が柔道をやったら、渡辺さんの方が強いんだもん。遠藤幸吉は、力道山に怒られていましたよ。渡辺さんは強くて、真面目でね。僕は可愛がってもらいました。でも、暴力団の友達がいて、人を脅かしに行く時に〝ちょっと付き合えよ〟と言われて知らずに付いて行ったら、一緒に捕まっちゃったんです。渡辺さん自身は脅かしていないんだけど、止めないで見ていただけでも罪が重いんですよね。それで世をはかなんで、メキシコに行っちゃったんです。その後は、アラブの方の親衛隊で柔道を教えていたんですよ。王様のボディガードもやっていて、トルコかどこかに行った時、暴漢のピストルを掴んだ際に自分が撃たれてね。それで亡くなってしまって」

――いろいろ興味深い話が出てきますね。

「あとは宮島富男さんもいました。全国関税柔道チャンピオンだった人ね。それから元相撲取りの比嘉敏一さん。比嘉さんは沖縄の人です。僕は道場での練習だけでなく、巡業にも行って会場でゴングを鳴らしたりしていました。巡業を手伝いに行くと、500円もらえたんですよ。土曜は学校が昼までだし、日曜は休みだから、関東近辺の会場に行って、いろいろと手伝うわけです。高校生なのに、一人前の大人を使ってリングを運ばせたりね。昔のリングは、部品が凄く細かいんですよ。それでマットが固いの。だから、怪我が多かったですね」

――興行の手伝いもされていたということは、54年12月22日、蔵前国技館で行われた力道山vs木村政彦戦も間近で目撃していたとか？

「ええ、僕はリングサイドで観ていました。あの日の力道山は試合前から怒っていまして、レスラーが何人もぶっ飛ばされてたもんねえ。それも気絶するほど。僕らは手伝いで行っているから出入りできるんですけど、〝控室に誰も入れるな！〟とシャットアウトして猛練習ですよ。あれは、いわゆるセメントというヤツですよね。試合の後、牛島（辰熊＝50年に結成されたプロ柔道の中心人物で、木村の師匠）さんが〝卑怯だ！〟とリングに上がってきてね。そうしたら、力道山は牛島さんを掴んで持ち上げたんですよ。投げちゃうのかなと思ったら、さすがにハッと気付いて、すぐに降ろしていましたけど。あとは極真空手の大山倍達さんが木村さんと仲が良かったですから、力道山に対決を迫ったりしましたよね。ただ、大山さんは力道山と同じ朝鮮の人だし、あの当時の人間関係からしても、挑戦は多分にポーズだったと思います。まあ、大山さんはプロでしたよ。僕は田園コロシアムでやった大山さんと牛（雷電号）の対決も観に行きましたから。もうヨタヨタの牛でしたけどね。大きいんだけど、動かなくて向かって来ないから、大山さんも困っちゃって。最後は両方の角を持って、引っ繰り返して終わりでした」

――それも貴重な証言です！

「あの日の木村さんの控室には、大山さんの他にも空手の剛柔流や松濤館の先生とか、いろんな武道家が来ていましたよ。ただ、セコンドがいないわけです。力道山側には僕ら練習生が10人くらいいたから、ジャンケンして半分の人間が木村さん側を手伝うことになってね。それは力道山の指示でした。下の方の試合の時、僕は木村さん側の手伝いをしていたんですよ」

――まだまだ知られていない話があるんですねえ。

「試合後、〝力道山に面会したい〟と、ある裏の組織の偉い人が名刺を持って控室に来たんですよ。警察から〝力道山を狙っている人間がいる〟という情報が入っていたんで面会させなかったんですけど、豊登さんが〝俺が出て行ってやる！〟と始まっちゃったんで、みんなで押さえてね。力道山が会場から出て行く時も車を出口にピッタリつけて、さらに若手レスラーが囲んで、その周りに警備員がいるという状況でしたね。とにかく、あの日の試合は異常でしたよ。芳の里さんは市川登（全日本プロレス協会所属）と試合をしたんだけど、〝指1本触らせねえ〟と言うから、どうやるんだろうと思って観ていたんです。そうしたら、全部張り手。何十発だったかなあ。相撲取りの張り手って凄いじゃないですか。柔道出身の市川さんは掴んだら強いんでしょうが、掴めない。普通のプロレスだったら組んで始まるけど、芳の里さんは全部張り手で触らせないわけです。最後は市川さんの顔がブヨブヨになって、担架で運ばれましたから」

――芳の里さんは、試合前に力道山から〝殺せ！〟と言われていたそうです。

「芳の里さんは、普段はいい人なんですよ。タニマチから松茸が送られてきて、2人で道場で焼いて食べたこともありました。力道山が亡くなった後に豊登さんが日本プロレスの社長になりましたけど、金使いが荒くて追い出されて、その後に人間的にいいからと芳の里さんが社長になったわけです。ただ、経営能力がない。真面目だけど、優しすぎてね。経営能力があったのは吉原さん。だから、〝働いていない奴はクビにするべきだ〟とか吉原さんが言っても、芳の里さんは〝クビにしたら可哀相だ〟とブラブラしている奴にも給料を払っちゃう。やっぱり相撲社会の体質だから。そんなこともあって吉原さんは日プロを辞めて、国際プロレスを創ることになるんですけどね」

――56年に道場内で行われた『ウェイト別日本選手権』の予選は、ご覧になられていますか？　吉原さんも日プロ代表として出場されていますが。

「う〜ん、どうだろう？　どういう状況での試合だったか憶えてないですけど、道場で吉原さんが相手の腕を折ったのは見ましたね。5人ぐらいの選手が来て、力道山が試合をやらせたんですよ。確か朝鮮系の選手だったと思います。お客さんは入れていませんでしたね。時期はもう木造の道場じゃなくて、鉄筋の道場（日本プロレスセンター＝55年7月に完成）になっていました」

日本プロレス、山口道場（全日本プロレス協会の後身）、アジア・プロレス、東亜プロレスの4団体が参加した『ウェイト別日本選手権』は、56年10月15日に予選が道場内にて非公開で行われ、セメントマッチが続出したとされる伝説の大会である。

歴史を紐解くと、56年2月に大同山又道が大阪で在日朝鮮人レスラーによる東亜プロレスを旗揚げしたが、この『ウェイト別日本選手権』後に自然消滅している。

大会には東亜プロから、ジュニアヘビー級＝大同山、ライトヘビー級＝白頭山、東日出雄、安東一夫、梅田源治の5選手が参加。吉原功はライトヘビー級トーナメントに出場し、2回戦で東亜代表でボクシング出身の東と対戦した。

非公開だっただけに試合内容は不明な点も多いが、17分10秒に吉原が体固めで勝利したという記録が残っている。長谷川氏が目撃した「腕折り事件」がこの一戦だったかどうかは定かではないものの、時期的な食い違いはない。ちなみに同じライトヘビー級の2回戦では、日プロの大坪清隆が東亜プロの白頭山に「34分15秒、負傷放棄で勝利」という気になる記録もある。

また、同級2回戦で山口道場の樋口寛治（ジョー樋口）が日プロの金子武雄（後の横浜スカイジム会長）の腕を折り、これが原因で金子は引退に追い込まれたという説もある。

「吉原さんは、私が道場に通い始めて間もなく日本プロレスに入ってきたんですよ。あの人は早稲田のレスリング部のOBで、大学を卒業した後に人形町の農耕機械を作る会社に勤めていたんですけど、よくボディビルの練習に来ていたんです。いい身体をしていましたよ。だから、力道山が〝お前、レスラーにならないか？〟と。豊登さんも髷を付けたまま、浴衣で練習を見に来ていてね。途中で相撲を辞めて、プロレスに来たんです。豊登さんは、右腕の力が凄くてね。廻しを掴んだら、相手を持ち上げて叩きつけるような人だったの。やぐら投げね」

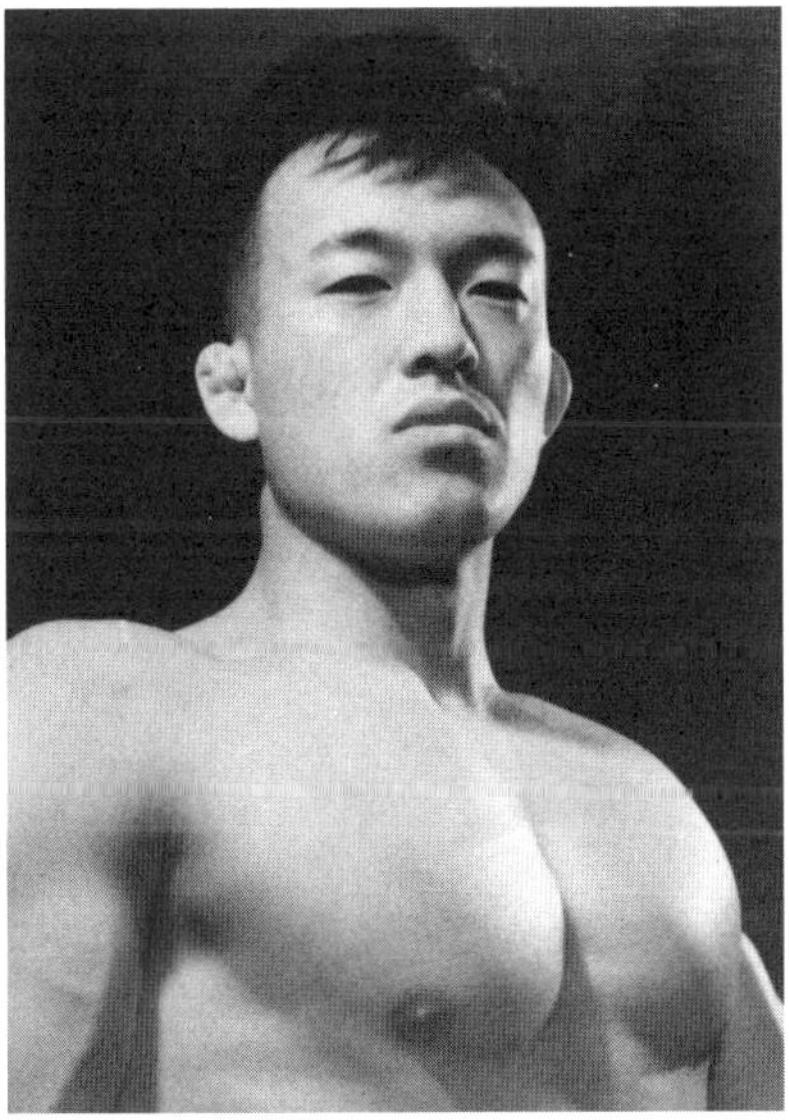
現役時代の吉原功。60年に日本ライトヘビー級王座を獲得したが、防衛戦を一度も行わないままタイトルは自然消滅した。

――2009年7月場所で朝青龍がやぐら投げで日馬富士を叩きつけた時には、〝34年ぶりの大技〟として話題になりましたね。

「そうそう。あれは力が強くないとできないんです。豊登さんは小さい時からトンカチの一番端を持って、振り回して鍛えたと言っていましたね。最後は、デカイ斧を回せるようにまでなったそうですよ。僕は豊登さんに腕相撲を教わって、3年間鍛えてもらったんです。〝お前はかなり強いから、日本腕相撲協会に行って来い〟と言われて、大会に出たら、いきなり三段をもらったんですよ。山本哲先生（日本腕相撲協会の創立者）も〝また来年も来なさい〟と喜んでくれて、次の年も行ったら四段をくれたんです。僕が五段の人を負かしたんで。豊登さんには、銀座のクラブに連れて行ってもらったりもしましたよ。高校生だったけど、僕は老けた顔をしてたから（笑）」

――56年には、ヒロ・マツダも新弟子として道場に入ってきますよね？

「小島氏は同じ昭和12年（37年）生まれなんだけど、僕の方が先に道場にいました。彼は荏原高校で左ピッチャーとして鳴らしたんだけど、僕とは違って最初からプロレスラーになるために入門してきたんです」

――マツダさんは60年4月に単身、南米のペルーへ渡りました。通説では力道山の相撲体質に馴染めなくて、日本プロレスを飛び出したと言われていますが。

「そんなこともなかったように思うんだけど、まあ、なかなか上に行けなかったのは事実ですよね。身体も僕と同じぐらいで、決して大きくなかったから。ただ、敏捷ではありましたよ。小島氏は空手もやっていたし、飛び蹴り（ドロップキック）が上手でしたね。彼が日本を飛び出す頃には、僕はもう力道山道場には通っていなかったんですけど、彼としては自分で自由にやりたかったんでしょう。ペルーに行く前の最後の夜、小島氏と一緒に銀座の10円寿司屋でテーブルの端から端まで往復食べましたよ。小島氏からは、ペルーにいた時やアメリカに渡ってからもカンザスシティのボブ・オートン（WWEで活躍するランディ・オートンの祖父）の家から手紙が来ましたよ。返事を出したいんだけど、小島氏は転戦するから、どこに出していいのかわからなくて（笑）。後に小島氏は、ドイツ系の美人と結婚しましてね。たまに日本に帰ってきた時には、小島氏と奥さんを料亭に連れて行ったこともありました。そこは日本の踊りも見せる店で、奥さんは正座して熱心に見ていましたよ」

——結局、長谷川さんは力道山道場に何年間通っていたんですか？

「4～5年いたのかな。馬場さん、猪木さんが入ってきた時（60年4月10日＝マツダが日本を発つ2日前）には、僕はもういませんから。あの2人より1年先輩の大木金太郎さんは知っていました。よく人形町の中華屋さんに連れて行ってくれましたよ。韓国から来たばかりで、まだ日本語があまり上手じゃなかったんですけど、陽気な人でしたね。その頃、僕はもう古株になっていたんで、〝月謝を払わなくていいから、受付をやってくれ〟と言われて、練習をしながら受付の仕事もやっていました。いろんな人が道場に来ましたよ。女優の岸恵子さんとか」

——力道山と付き合っていたという噂もありますよね。

「その辺は僕はよく知らないけど、力道山じゃなくて元横綱の東富士さんをよく訪ねてきていたと思います。道場では映画の撮影もあるんで、俳優さんはよく来ましたよ。そうそう、野球のホームランバッターだった森（徹＝中日ドラゴンズ）さんもよく道場に来ていたんです。森さんのお母さんは若い頃の力道山を面倒見ていた人でね。彼は柔道も強くて、力道山が遠藤幸吉と柔道をやらせたら、森さんの方が強かったんですよ。力道山は皇太子（今上天皇）が初めてハワイに行幸した時に乗ったオープンカーのキャデラックを買って、得意気に乗っていたんですけど、それを森さんにあげたりして可愛がっていましたよ」

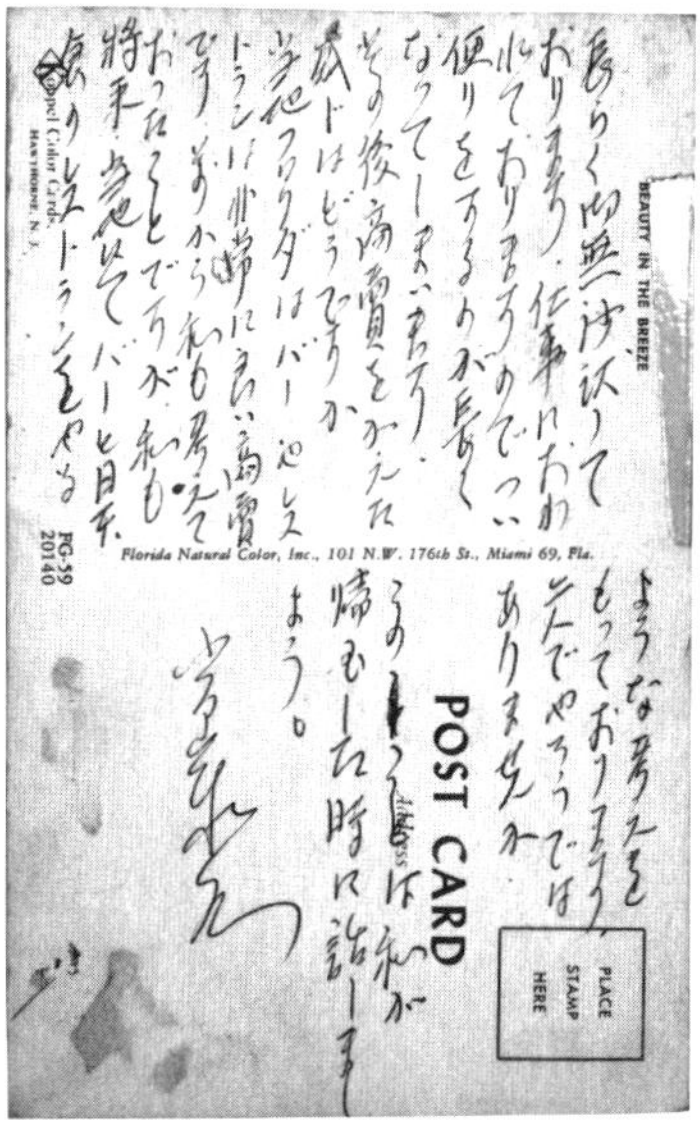

フロリダから長谷川氏宛てに送られてきたヒロ・マツダの葉書。マツダは、将来的に現地で飲食店を営む考えがあることを明かしている。

――長谷川さんは力道山道場を辞めた後、明治大学に入学してレスリング部で活躍していたそうですね。

「僕は高校を卒業した後も道場に通っていたんですけど、吉原さんに明治を紹介してもらって入学したんです。まあ、僕の兄貴2人も明治だったしね。それに新田新作さんも明治の顧問をやっていましたから、線が強かったんです」

――微妙な入学の仕方ですね（笑）。

「戦後はメチャクチャだから（苦笑）。まあ、そうやって僕は吉原さんに大学に入れてもらったんですよ」

――64年の東京オリンピックに出場した杉山恒治（サンダー杉山）と斎藤昌典（マサ斎藤）は、レスリング部の後輩になりますね。

「杉山クンは僕より3歳下で、斎藤クンは5歳下。斎藤クンは卒業後に入ってきたんだけど、僕はずっと大学に練習に行っていたし、国体にも出ていたから付き合いがありました。杉山クンは日本レスリング協会会長の八田一朗さんの鞄持ちをやっていたんです。その関係から、八田さんの紹介で日本プロレスに入ったの。斎藤クンの場合は、オリンピックが終わってから、〝プロレスラーになりたいんです〟と僕のところに来たんですよ。本当は監督の笠原（茂＝56年メルボルン五輪の銀メダリスト）さんに〝次のオリンピックを狙え！〟と言われていたらしいんだけど、僕はそれを知らなくてね。〝笠原さんがいいと言ってるなら〟と、

長谷川氏は明治大学に入学すると、レスリング部で活躍した。右隣は杉山恒治（サンダー杉山）、右端は斎藤昌典（マサ斎藤）。

豊登さんに紹介してあげたんです。そうしたら、斎藤クンは嘘をついてたんだ（苦笑）。僕は笠原さんに呼び出されて、さんざん怒られてね。しばらく明治に顔を出せなくなっちゃって。あの時は、八田さんにも電話で相談したんですよ。そうしたら、八田さんは本人の意思を尊重するというんで、斎藤クンは日本プロレスに入ったんです」

そして66年秋、運命が動き出す。日本プロレスを退社した吉原氏が同年5～7月の日プロ『ゴールデン・シリーズ』に帰国参戦していたヒロ・マツダと手を組んで、新会社を設立したのだ。

この時点におけるフロントの陣容は、代表取締役社長＝吉原功、取締役（副社長）＝小島泰弘、他に取締役は玉利齊・日本ボディビル協会事務局長、杉山正勝・東京観光社長（サンダー杉山の父）、監査役は株式会社オギ代表取締役の萩原稔氏で、長谷川氏はリングアナウンサーとして参加することになる。

——長谷川さんが国際プロレスの旗揚げに参加することになった経緯は？

「当時、僕は父親がやっている店で働いていたんだけど、大学に入れてくれた吉原さんに〝新しい団体を創るから手伝え！〟と言われたら、やっぱり断れないですから（苦笑）。あの時、吉原さんと小島氏が５００万円ずつ出し合って国際プロレスを創ったんです。僕は成功すると思っていましたよ。吉原さんは経営能力がありましたからね。頭が良かった。それに人脈もありましたから。レスリング、ボディビル、それに日プロで営業部長をやっていましたから、アッチの世界にもね」

——旗揚げする前年の10月に都内・日比谷のボディビル大会で、長谷川さんはストロング小林をスカウトしていますよね。

「僕が国際プロレスの代表として壇上に上がったんです。客席を見たら、デカイのがいたんですよ。第一印象は、〝デカイけど、真面目そうな男だな〟と。実際に小林クンは真面目だったし、ちょっとレスラーにはいないタイプだよね。休憩時間に控室に連れて行って服を脱がせたら、これが凄い身体なんです。〝僕は国際プロレスの人間なんだけど、その身体だったら世界を回って歩けるよ。やるか？〟と言ったら、小林クンはその場で〝やります！〟と。年が明けて、旗揚げシリーズが終わった後には、小林、井上、藤井をアパートに住まわせてね」

――新弟子の頃、小林さんたちは大学のレスリング部へ出稽古に行かされていましたよね。

「僕のラインで明治の笠原監督に頼んでね。早稲田は吉原さん、中央には笠原監督が話をしてくれて、この3校に連れて行ってはスイッチの仕方とかレスリングを教えたんです。小林クンはボディビル出身でレスリングを知らないから、最初は僕が転がしていたんだけど、段々と覚えましたよ。井上は教えればすぐに覚えるんだけど、ちょっと小さすぎたね」

――長谷川さんは、新弟子のコーチもされていたんですね。

「当時は腕っ節も強かったですから。小林クンは格闘技経験がなかったし、受け身を覚えるのに苦労していましたね。どうしても腰から落っこちちゃう。小林クンに両足飛び（ドロップキック）を覚えさせようと思って、僕がマットを持って〝ここを蹴ってみろ〟と言っても、なかなか上手

長谷川氏（前列左端）、ヒロ・マツダ（後列左）、吉原功氏（前列右から２人目）、吉原夫人（長谷川氏の右隣）らで船出を前に記念撮影。場所は吉原氏の自宅前で、この時に新団体設立を誓い合ったという。

く飛び上がれなかったのを憶えていますよ。藤井は泣き虫でねぇ（苦笑）。あの3人には、よくアパートで飯を食わせましたよ。小林クンは食べるのが遅いの。だから、井上と藤井にバカバカ食べられちゃって（笑）。小林クンはゆっくりゆっくり噛んで食べて…彼はきっと長生きしますよ」

――旗揚げシリーズは東京プロレスとの合同興行という形でしたが、あの時点ですでに猪木派と豊登派に分裂していましたよね。

「会社の金を使って日本プロレスから追放されちゃった豊登さんが、アメリカで修行していた猪木さんに〝お前と俺とで手を組めば、馬場なんか潰せるぞ〟と持ちかけて、東京プロレスができたわけですけど、豊登さんは〝俺はヒラでいいから、お前がなれ〟と猪木さんに社長の座を譲ったんです。いざ旗揚げすると、豊登さんは会社の金をまた博打で使っちゃうでしょ。それで債権者が猪木さんのところに行ったら、〝いや、使ったのは豊登だ〟と。今度は豊登さんのところに行くと、〝請求するなら社長の猪木のところだろ〟と。まあ、そういうことですよ（苦笑）。斎藤クンは僕が豊登さんに紹介して日プロに入ったものだから、そのまま東プロに付いて行っちゃったんですね。当時の猪木さんや斎藤クンはあまり試合もなくてブラブラしているような状態だったんですけど、それを吉原さんがうまく吸収しようと合同興行の話を持っていったわけです。僕はただ付いていっただけですが、浅草の料亭で吉原さんと猪木さんが会ってね。〝馬場の方（日プロ）に行けば、下っ端だよ。国際に来れば、メインイベンターだよ〟と話をして、猪木さんはこっちに参加することになったんです」

――実際のところ、旗揚げシリーズは順調に行ったんですか？

「リングが壊れちゃったことがありましたね（笑）。国際のリングは、サーカスで使うような簡単に組み立てられるリングだったんです。それも怪我が少ないように、ふんわかしたリングで。設計図を小島氏がアメリカから持ってきて、僕の友達に作らせたんですよ。ところが、猪木さんと小島氏、ケンタッキアンズ（ジェーク・スミス＆ルーク・ブラウン）の4人が乱闘した時に鉄杜が曲がっちゃってね。あのポールは、ちょっと細かったから。しかもロープも弛んじゃって。その頃は金がなくて、リングが1台しかないから困りましたよ。急いで太い頑丈なポールを作らせたんだけど、それまでは仕方ないからロープは2本で試合をやっていました。あの当時の国際のリングは大きくて、8メートル四方なんです。運搬するトラックもホイールベースを伸ばしてもらった特注でね。選手の顔と名前が入った看板、それにマイクとスピーカーも付けて、リングを降ろした後には宣伝カーとして町中を走るわけですよ。僕は大型免許を持っていたんで、旗揚げシリーズでは運転もしました。だけど、8メートルのロングのトラックなんて運転したことがなかったから、道を曲がる時に電柱に引っかけてね。看板の小島氏の顔の部分が壊れちゃって(苦笑)」

——裏では何役もされていたんですね。

「リングアナは吉原さんに言われてやらされたんですけど、もうアガっちゃってね。だから、初めてコールした選手が誰だったかも憶えていません(苦笑)。営業の方の仕事もあったから、旗揚げ戦のことはよく憶えてないんですよ、残念ながら。名前は忘れちゃったけど、僕以外にもタレントのリングアナを起用しました。彼は英語もできるから、新しいスタイルでやろうと吉原さんが考えて、日プロではやっていなかった英語のアナウンスもやったんです。まあ、小島氏も猪木さんもフレッシュで魅力的なレスラーでしたよね。小島氏も良かったけど、猪木さんの方が派手だった。客ウケしましたよ。やっぱり小島氏はアメリカにずっといたから、たまに日本に来ても客には馴染みが薄いんです。一方、猪木さんは新星のようにグーッと出てきたでしょ。あの頃の猪木さんはアマレス出身じゃないのに、レスリングが強い人でした。猪木さんと斎藤クンは、明治の地下のレスリング道場によく練習に来ていたんです。マットでアマレスをやるんだけど、猪木さんの方が強かったもんね、斎藤クンより。動きも速くてね。だから、猪木さんはレスリングをやっていたとしても大会で優勝できる素質はあったと思いますよ。昔のレスラーは殴る蹴るが多かったけど、猪木さんの場合はテクニックがあるから試合に華がありましたよね」

——客入りは、どうだったんですか？

「僕は岐阜の興行の担当だったんだけど、凄く入ったんですよ。最初は切符が売れていなかったから、話題作りのためにレスラーを街中で喧嘩させようということになってね。ガイジン選手と日本人選手が街中でバッタリ会って、殴り合い。そうしたら、日本人選手が流血しちゃって、若手選手が慌てて止めて。誰と誰を喧嘩させたのかは、ちょっと

青山の共同ビル屋上で一枚の写真に収まる国際プロレスの初期メンバーたち。前列左から井上末雄（マイティ井上）、長谷川氏、藤井康行（ヤス・フジイ）、後列左からミスター鈴木（マティ鈴木）、吉原功社長、小林省三（ストロング小林）。額に飾られた「闘魂」の文字は、“日本レスリング界の父”八田一朗氏の筆によるものだ。

忘れちゃいましたけど、その話がバーッと広まって満員になっちゃったんですよ。それを熊本でもやったかな。熊本もチケットが売れなくてね。プロモーターに〝タイトルマッチを付けろ〟と言われたんで、急遽カリフォルニア・チャンピオンシップか何かのタイトルマッチをやった記憶があります。おそらく公式記録には残ってないですよ（笑）。お陰で、まあまあ入りましたけどね」

――あの当時に、随分と斬新な仕掛けをしていたんですね。

「2シリーズ目には、小林クンを日本初の覆面レスラー『覆面太郎』としてデビューさせたでしょ？　僕の弟がミナミ・スポーツにいたから覆面を作る素材を持ってこさせて、友人のお針子さんに作ってもらってね。原型はガイジンの覆面です。ところが、彼は汗っかきなんだよね。それで1シリーズでやめたんですよ（笑）」

――集客のために様々なアイディアを捻り出していたわけですね。

「お風呂屋さんや床屋さんに、ポスターを貼らせてもらったりもしました。入場券を1枚あげてね。そうすると、〝チケットを2枚欲しいから、ポスターも2枚貼っていいよ〟

と言われるんですけど、あげるのは絶対に1枚だけ。なぜかというと、一人では行きたくないから、もう1枚は買ってくれるわけですよ。逆に街中では、ポスターは1枚貼るよりも10枚ぐらい貼ると目立つんです。たとえば、電柱に連続でポスターを貼っておくと、車を運転している人が〝あっ、プロレスが来るんだ〟、〝いつだ?〟、〝どこだ?〟と貼ってあるポスターをパラパラ漫画みたいに見てくれるんですよね」

——なるほど、それは効果的な宣伝方法ですね。

「営業もいろんな方法がありますよ。そういえば、岐阜の興行では満杯になって、いよいよメインイベントで僕がコールする時、雷が落っこちて体育館が真っ暗になっちゃったんです。停電でマイクも使えないから大声でコールした後、ロウソクを立てて試合をやりましたよ(笑)」

——ところで、その時期に日本プロレス側からの妨害はなかったんですか?

「僕が担当した山口の興行の時、これは日本プロレスじゃなくて豊登さんの関係でしたね。あの時は猪木さんが上がっていたというのもあって。豊登さんは全国で博打をやっていましたし、その筋を動かしましてね。会場で〝八百長だ!〟とか騒ぐ観客が数人いたんで、しょうがないから警察のマル暴関係に連絡しましたよ。その時はパトカーがすぐ来て、連れて行ってくれましたけど。あと1回は、僕らが東京で吉原さんの家にいた時に、妨害されたという連絡が入ってきたんです。そうしたら、〝この野郎、豊登だな。すぐ行く!〟と吉原さんは晒(さらし)を巻いて、ドスを1本差して…。〝国際プロレスは俺の命だ!〟と」

——男ですね!

「晒をギュッと巻いておけば、自分が刺された時も血を止められますから。だけど、うまく話がついて警察が入ってくれたみたいで、吉原さんが行くこともなく事なきを得ました」

旗揚げシリーズを無事に終了させた国際プロレスだが、早くも試練が訪れる。東京プロレスとの協調路線が1シリーズで打ち切られたのだ。

国際は東プロ側と、全選手参加で1シリーズにつき1700万円を支払うという契約を交わしていたが、シリーズ中に猪木と豊登の告訴合戦が始まり、看板選手の一人としてポスターやパンフレットに名前を連ねていた豊登が出場しなかったことで、5大会をプロモーターからキャンセルされた。

豊登の不参加に伴い、国際側は金額の変更を申し入れたが、猪木サイドは「豊登のギャラは、シリーズ開幕前に支払った。不参加は、国際側と豊登の問題として処理するべき」として、全額の支払いを要求。これにより、両団体の提携は解消される。

この後、猪木と関係が切れた国際プロレスの旗揚げ第2弾『パイオニア・サマー・シリーズ』は豊登と田中忠治、猪木に置いていかれた東プロ残党組が参加して行われることになった。

「実は旗揚げシリーズ最終戦の試合後に、鈴木（利夫）営業部長がファイトマネーを猪木さんのところに置いてきちゃったことがあるんですよ。紙っぺら1枚（借用書）をもらって。それで吉原さんにぶん殴られてね。その仙台の最終戦は猪木さんと親しい興行師がやったから、ちょうど金の受け渡しの場面に猪木さんがいたの。そこで〝その金を貸してください〟という話になって、鈴木さんは一度は断ったらしいんだけど、猪木さんに〝貸してもらえなきゃ、ここで俺は死ななきゃなんねぇ！〟みたいに強く言われてブルっちゃって、置いてきちゃったと。吉原さんは、〝こんなのタダの紙切れじゃねえか！〟と怒っちゃってねえ（苦笑）。あの頃の猪木さんは、豊登さんのせいでお金がなかったですから、返せるわけがないんですよ。猪木さんは何かと金にまつわるスキャンダルが多いですけど、あの時代に豊登さんと関わった影響が大きいんじゃないかなと僕は思うんです」

――それにしても、旗揚げシリーズでは興行を妨害したとされる豊登さんが次のシリーズに上がるようになるんですから、プロレス界は不思議なところですね。

「政界と同じですよ（笑）。どんな世界もそうなんです。食えなきゃしょうがないですから。金は魔物ですよ。金のある人のところに、みんな集まるわけですから」

――その豊登さんは、集客に貢献してくれましたか？

「レスラーとしては、もうシングルマッチは無理で、タッグマッチばっかりという状態でした。でも、名前があるから、客を呼んでくれましたね。カポーンと脇で筋肉を鳴らすとガイジン選手が怖がるというショー的な感じで、小島氏のカラーとは違っちゃいましたけどね。小島氏は、テクニック主体の正統派レスリングでしたから」

――このシリーズ中に、TBSがレギュラー中継放映が内定しましたね。

「巡業を続けていれば、TBSの会議にかけてくれるということでね。だから、本当はやりたくなかったんだけど、隠岐の島でも興行をやったりしました。あそこは、人がいないんですよ。大人はみんな出稼ぎに行っちゃって、子供と年寄りだけだから、チケットが売れないんです。車を回して〝豊登が来ます！〟と宣伝しても、〝こんなところに、あの豊登が来るわけない〟と。前に美空ひばりが来るという話があったけど、実際に来たのは『美空びばり』だったなんてこともあったらしくて（笑）。僕は担当じゃなかったんですけど、隠岐の島に先乗りして、宣伝を全部やりましたよ。『国際プロレス歓迎』という横断幕を何本も書いて、港に張ったりとかね。小学校の体育館が小さかったから、

ミスター鈴木を担ぎ上げる豊登。東京プロレス崩壊後、67年夏のシリーズから国際プロレスに合流し、エースのヒロ・マツダや日本陣営についたサム・スティムボートとタッグを組んだ。

校庭を借りてオープン（屋外）で試合をやりました。あの時はシリーズに参加していたサム・スティムボートが素潜りで貝をバンバン獲ってきて、みんなでバーベキューをやったなあ」

――スティムボートはハワイの人ですから、得意だったんでしょうね。

「漁業協会の人が〝せっかくプロレスが隠岐の島まで来てくれたんだから〟と許可してくれてね。アワビをいっぱい獲ってきて、ステーキにして食べました。あれは楽しかったですねえ」

シリーズ終了後の9月21日、国際プロレスはＴＢＳと正式に契約。だが、すでに運転資金は底をついており、解決策として三ツ矢乳業の岩田弘社長を新たに相談役として迎えた。通説では、ここから国際は吉原社長ではなく、岩田氏とテレビ放映を推進していたＴＢＳの森忠大・運動部副部長を中心に運営されていったとされる。

この新体制は、外国人レスラーの招聘窓口をフロリダ在住の副社長マツダからグレート東郷に変更。これによりマツダは吉原社長の留意を振り切り、国際プロレスから手を引いた。

そして、吉原社長の誘いで参加した長谷川氏も、この時期に退社することになる。

「岩田さんは、以前から国際を手伝ってくれていた人なんですよ。アイディアマンでね。興行をやっても、客を入れる人だったんです。その時期、団体名も『ＴＢＳプロレス』になりますよね。その名前も岩田さんが考えたんですよ。営業会議で、〝国際プロレスじゃＴＢＳがすぐ切る可能性があるから、『ＴＢＳ国際プロレス』にしましょう〟と。だから、頭がいいんです。当時は『ドラマのＴＢＳ』だったんだけど、『スポーツのＴＢＳ』にして行かないとマンネリ化するからという局側の方針で、ゴルフにも力を入れていたし、国際の中継の後には沢村忠のキックボクシングも始めたはずですよ。岩田さんはＴＢＳの利益向上委員会の委員だったんで、そういう事情も知っていたんですよね。明治大学のＯＢで、僕は可愛がってもらいました。ＴＢＳの森さんは、吉原さんと早稲田の同級生でね。吉原さんがレスリング、森さんは柔道をやっていて、昔から仲が良かったんです。旗揚げ当初から国際がTBSで放映されるようにと頑張ってくれていましたからね」

――ということは、吉原さんと新体制はそれほど関係が悪かったわけではないんですね。

「小島氏が辞めたのも、岩田さん、森さんと揉めたわけじゃないと思いますよ。僕の見解では、ミスター鈴木が小島氏にいろいろ吹き込んで、それで吉原さんと小島氏の仲がダメになっちゃったんです。鈴木は扱いがあまり良くなかったから、不満を持っていたんですよ。僕は吉原派だと思われていたんで、小島氏にいくら言っても〝俺は吉原さんに中傷されているんじゃないか!?〟と話を聞いてくれなくて。それが残念でした。まあ、結局は吉原さんに金がなくなっちゃったんです。それで岩田さんが〝ワシが保証したのに、それじゃ困るじゃないか。だったら、金はワシが持ってくる。その代わりに社長になるから〟と言い出したんですよ。そこで僕は〝悪いけど、吉原社長に世話になったので辞めさせてください〟と岩田さんに辞表を持って行ったの。ところが、岩田さんの身辺にある問題が持ち上がっちゃってね。岩田さんが社長になったら、全国の体育館が貸さないという話が入ってきて。あれは間違いなく妨害が入ったんですよ。警察が動くような事情があったわけでもないですから。でも、TBSは困っちゃってね。もうシリーズの開催を発表しちゃっていますし。結局、TBSが〝今までの借金は手形で払って、あとはウチが動くから岩田さんは降りてください〟と言い出して、直前で吉原さんが社長に返り咲いたの。あの時は本当にちょっとの差で、二転三転しましたね」

――吉原社長が返り咲いたなら、長谷川さんも辞めなくて良かったんじゃないですか？

「だけど、僕はもう岩田さんに辞表を出したわけだし、親戚縁者や友人たちからも〝興行なんか辞めろよ〟と言われていたんです。興行の世界というと、当時はどうしてもヤクザな仕事というイメージがありましたからね。だから、岩田さんに書いた辞表を今度は吉原さんに持って行って」

――68年1月3日、日大講堂でのTBSプロレス旗揚げ戦はご覧になっていないんですか？

「いや、リングサイドで観ていましたよ。テーズvs草津ね。

草津が全然、攻めないの。戦意喪失していたんだろうねえ。そうしたら、テーズが怒っちゃって。途中から一方的に攻めて、終わっちゃいましたよね。僕は辞めてからも試合はたまに観に行っていましたけど、仕事では一切絡んでいません」

――吉原社長とのお付き合いは、なくなってしまったんですか？

「やっぱり僕としたら吉原さんを裏切ったみたいになっていたから、最初の頃はなかなか会いに行けませんでしたよ。でも、羽田空港で偶然会ったことがありましてね。話を聞いたら、〝これから草津を外国に行かせるんだよ〟と。みんなで見送りに来ていたんです。それからはたまに連絡して、お会いするようになって。吉原さんは国際プロレスがヤバくなってから、毎日ウイスキーを1本飲んでいたらしいです。それで肝臓を壊して、がんになっちゃったんだと思うんですよ。亡くなる前には病院に何回か面会に行かせてもらいましたけど、〝バカ野郎、大丈夫だ！〟と言ってベッドから降りて、屈伸運動から腕立てまでやっちゃってね」

――亡くなる前に、長谷川さんがストロング小林さんを病院に連れて行かれたんですよね。

「小林クンが国際を辞めた事情を僕は聞いていましたから。それがずっと心に引っ掛かっていたんです。小林クンが最後に吉原さんと腹を割って話すことができて、本当に良かったですよ」

# 菊池 孝

## プロレス評論家

2012年9月1日に誤嚥性肺炎により永眠されたプロレス評論家の菊池孝氏は吉原社長と親友の間柄であり、国際プロレスのパンフレットも手掛けていた他、東京12チャンネル時代にはテレビ解説者も務めた。菊池氏には生前、団体旗揚げ前夜から崩壊までの流れをマスコミの立場から振り返ってもらったが、吉原社長と古くから親密な関係だっただけに、今まで明かされていなかった内部情報も含む貴重なインタビューとなった。

では、時計の針を1966年まで戻そう。国際プロレス設立の引き金になったのは当時、日本プロレスの取締役営業部長だった吉原氏と経理担当取締役だった遠藤幸吉の意見対立にあったとされてきた。

その頃、都内・渋谷区大和田町にあった〝プロレスの殿堂〟リキ・スポーツパレスの売却案が浮上。この会場は力道山が経営していた5つの会社の親会社的存在であったリキ・エンタープライズが所有しており、それを日プロに貸し出していた形だったが、力道山の借金及び遺産相続税の問題により手放すことが決定したのである。

**きくち・たかし**
1932年9月13日、神奈川県横須賀市出身。立教大学卒業後、56年に室蘭民報に入社し、社会部記者となる。その後、野球雑誌記者を経て、60年に大阪新夕刊でプロレスの取材を始め、68年からフリーとして活動した。2012年9月1日、誤嚥性肺炎により死去。享年79。

この時、吉原氏は「パレスは日プロが買い取るべきだ」と主張したが、遠藤の反対によって日プロ内の足並みが揃わないうちに近畿観光に売却され、やがてキャバレーになってしまう。憤然とした吉原氏は、66年7月に辞表を提出（9月に受理）。この時、ヒロ・マツダとの新団体設立計画は、水面下でどこまで具体化していたのだろうか？

――国際プロレス設立の直接のキッカケは、やはりリキ・パレスの売却問題になるんですか？

「遠藤は、どうしても売りたかったんだよ。『リキ』という名前が嫌いだったから。俺たちマスコミにも、〝もう力道山と書かないでくれ。今の繁栄は私たちが作ったんですから〟なんて言うような奴だからね。とにかく名前が嫌だったんだよな。吉原さんはそれを守ろうということで、5億円近い金を作ったんだよ。そうしたら、遠藤が〝吉原はリキ・パレスを買収して、日プロの乗っ取りにかかっている〟と言い出して反対したんだ。それで吉原さんは頭に来て、飛び出してしまったんだよ」

――ということは、辞めた当初、吉原さんには新団体を設立する考えはなかったと？

「いや、それもあったから辞めたのかもしれない。もうマツダとは話ができていたはずだよ。マツダが昭和35年（60年）に力道山道場を飛び出してペルーに行った時、羽田空港まで見送りに行ったのは吉原さんだけだったからな。マツダは昔から、吉原さんを兄貴として慕っていたんだ。そんなこともあるから、吉原さんが辞める直前の5月の『ゴールデン・シリーズ』にマツダが凱旋帰国したけど、その時に〝今の状況ではとてもやっていけないから、辞めたらどうしようか？〟と吉原さんから話があって、下地はある程度はできていたはず。それでマツダが〝新しい団体を創りましょうよ。ブッカーは僕がやります〟ってことで、2人で500万ずつ出して、吉原さんが代表取締役、マツダが副社長という形になったんだよ」

――マツダさんはアメリカで活躍していましたが、やはり日本に定着したいという気持ちがあったんですかね？

「戻って来たかったけど、リキさん（力道山）が生きている間は戻って来れなかったんだ。リキさんは〝俺の目が黒いうちは、あの野郎に日本の土を踏ませねえ！〟と言っていたから、やっぱり怖かったと思うよ。だから、死んでからの凱旋でしょ。アメリカで一匹狼で成功したけど、日本でも成功したいという気持ちがあったと思うな。それに彼はビジネスマンだから、日プロを見て〝こんなどんぶり勘定の甘っちょろいことをやっていたら、ダメになる〟という気持ちもあったかもしれない。契約書も何もなくてさ。金庫から金を鷲掴みにして、飲みに行くような幹部連中ばっかりだったから（笑）」

――国際プロレスの正式な社名は『インターナショナル・レスリング・エンタープライズ』ですが、これは菊池さんが命名したという説もあります。

「いや、俺じゃねえんだよ。吉原さんが考えたんじゃないかな。当初、国際プロレスの宣伝広報は、NスポーツのSがやっていたんだ。でも、あの人は仕入れたネタをNスポーツに、ジャンジャン流しちゃったんだよ。それで吉原さんが頭に来ちゃって、〝あいつは信用できねえから、キーさん（菊池氏）やってくんねえか〟ってことでね。だから、俺が国際の仕事をするようになったのは、TBSでの放映が始まってからだよ。それまでも吉原さんとは、個人的によく朝まで飲んでいたけどな」

――この時、ミスター鈴木はマツダさんの荏原高校時代の後輩ですから日プロを抜けて合流したのはわかりますが、どうして杉山と草津も追従したんですか？

「いびられてたからだよ。エリートなのにバトルロイヤルでガンガンいびられて、2人とも毎日のように鼻血を出していたんだ。杉山は東京オリンピックのレスリング代表だから、どう見てもエリートコースのはずなのに、バトルロイヤルで袋叩きにされてるんだもん。草津だって、日本ラグビー界のプリンスというエリートだったし。2人とも肩書きがあるだけに、余計いびられたんだろうな。〝エリートなんて潰しちまえ！〟という嫌味な軍曹が多かったよ」

――それにしても選手がいないのに、その2人をアメリカに置いて修行させるという吉原さんの発想は凄いですね。

「まあ、向こうにマツダがいたからな。それでデューク・ケオムカさんが預かったんだよ。結局、杉山も草津も前座選手でまだ名前がなかったし、向こうで名前が上げられたらというマツダ的な発想じゃないか？　マツダも名前がないまま向こうに行ったけど、帰ってくる時には日本のファ

東京12チャンネル『国際プロレスアワー』の放送席陣。左から解説者も務めた吉原功社長、杉浦滋男アナ、菊池氏、磯部建臣アナ。

ンから大歓迎を受けたわけだから、それを狙ったんだと思う。でも、それを草津に託したけど、ダメだったんだよ（苦笑）」

——日本側の選手はマツダ、鈴木の2人だけになってしまったわけですが、この手薄な陣容でどうやって旗揚げしようと考えていたんですかね？

「最初の設立の趣旨は、〝全選手をフリーとして、シリーズごとに出場契約を結ぶ〟というものだったんだよ。それで日プロに協力を求めたんだよな」

——その都度、選手と契約を結んで出場させるというのは当時としては斬新な発想ですし、非常にアメリカ的ですね。

「今のインディー団体がアチコチから選手を集めて、プロダクション的にやってるじゃない？　それを狙っていたんだよ。だから、国際プロレスは試合をアメリカンスタイルでやろうというんじゃなくて、契約システムなんかをアメリカンビジネスにしたいという会社だったんだ。選手を抱え込むんじゃなくて、契約によって使うと。向こうのプロモーターは、みんなそうでしょ。マツダがそういうアメリカ的なビジネスを取り入れたかったんだよ。それは吉原さんも賛成でね。まあ、レスラーがいないんだから、賛成するしかないよな」

——結局は、日本プロレスの協力を得られず、先に旗揚げしていた東京プロレスとの合同興行という形で発進しますよね。

「日プロは、〝そんなブローカー的な団体に協力はできない〟と一発で断っちゃったわけよ。そうしたら、東プロしかないから。アメリカでタッグを組んでいたマツダが松本まで行って猪木を口説いたんだけど、口説き落とせなくてね。最終的には吉原―猪木会談で、シリーズの名称は合同興行でも主催は国際だったから、東プロにギャラを払うということで話がまとまったんだよ。でも、猪木と豊登が告訴合戦になって、豊登と田中のマサ（忠治＝本名は政克）が出ないことになったろ。そこで吉原さんがギャラを値切ったら、〝それなら今後一切協力しない〟と猪木が突っぱねたんで、泣く泣く借金して払ったんだよ。それに頭に来ていたから、昭和46年（71年）の暮れに猪木が日本プロレスをクビになった時も吉原さんは一切手を伸ばさなかったんだ。〝あんな汚ねえ野郎はいない！〟って」

——その時期のマツダさんや猪木さんのファイトは、マスコミの目から見ても新鮮でしたか？

「マツダが初めて帰国して、ジャーマン・スープレックスをやった時にはビックリした。マツダは受け身がオーバーで、それが鼻についたという人もいるけど、やっぱりアメリカ的で新鮮だったよ。猪木はアントニオ・ドライバー一発でファンを魅了しちゃったし。あの頃は後ろ投げといったら、ルー・テーズのバックドロップとカール・ゴッチのジャーマンぐらいしかなかったから。それなのにジョニー・バレンタインの巨体をグーッと身体を反らして後方に叩きつけたんだから、それ一発で〝凄い奴だ！〟ってことになったんだよ。東プロの旗揚げ前にＹＭＣＡで公開練習をやった時、猪木が田中のマサをアントニオ・ドライバーで投げたんだけど、速すぎてカメラマンが撮れなくてさ。〝もう1回、やってくれ〟って。でも、それでも撮れなくて、また頼んだら、田中のマサが逃げちゃったんだもん。〝堪忍してくれ、死んじまう〟って（笑）。あの頃、あれの受け身を完全に取れる奴はいなかったよ」

——確かに、その頃はスープレックス系の技は少なかったですよね。

「ビル・ロビンソンが国際プロレスに来て、初めてスープレックスという言葉を聞いたんだから。あの頃は〝何て名前にするんだ？〟なんて言っていて、〝アントニオ猪木がやるんだから、アントニオ・ドライバーでいいだろ〟って。それで決まっちゃったんだよ（笑）」

――ところで、菊地さんは国際プロレスは成功すると思っていましたか？

「まだ俺は日プロにかぶれていたから、そんなブローカー的な団体が日本でうまく行くはずがないと思っていたけどな（苦笑）。だけど、吉原&マツダには何か新しいことをやってくれるんじゃないかという期待はしていた。とにかく日プロの1団体だけだと、殿様商売で思い上がって、どうしようもねえんだよ。俺たちにとっては、東プロがダメだったら、国際でもいいから団体は2つ以上あって欲しかった。そうすれば、競争になるから。1団体だったら、殿様商売もいいところだからね。銭の面ではいろいろ面倒見てくれたし、取材では楽な面もあったけど、態度は思い上がっていたよ、日プロは（笑）」

――結局、国際プロレスと東京プロレスは1シリーズで喧嘩別れしましたね。

「〝契約金を全部払え〟、〝いや、払わない〟という問題だよな。レスラーたちもガラが悪かったから、東プロ所属のある選手が福島かどこかで、〝前払い金を払え！〟と吉原さんを雪隠詰めにしたこともあったんだよ。東プロの選手たちは、〝国際が払ってくれるから、今度は楽だろう〟と思っていたのに、国際も資金繰りが苦しくて思うように銭が入ってこないから、苛立っていたんだろうけど。そういう奴らが結局は吉原さんに面倒を見てもらうことになるんだけどな。猪木に捨てられたから」

――なぜ猪木さんは東京プロレスが崩壊した後、北沢幹之、永源遙、柴田勝久の3人だけを日プロに連れて行ったんですかね？

「全員を連れて行くわけにはいかないし、猪木と北沢は日プロを除名になっていないんだよ。マサ斎藤、ラッシャー木村、豊登は除名になってるけど。〝猪木は豊登に騙されている〟ってことで、日プロは門戸を開いて待っていたんだ。北沢も〝豊登に付いていっただけだ〟ってことで、この2人だったら戻ってもいいということだったんだよ。でも、猪木は少しでも仲間が欲しいから、少しは使えそうな器用なレスラーということで永源と柴田を連れて行ったの。2人とも相撲取り上がりで東プロでのデビューだから、新入団ということになってね。その他に大磯、大剛とかいろいろ選手がいたけど、猪木は自分が扱いやすい人間を連れて行ったんだと思うな」

——この後、一度は国際プロレスに背を向けた豊登と田中忠治も、他の東プロ残党組と一緒に吸収されましたよね。

「吸収されなきゃ、食っていかれなかったからな。吉原さんはビジネスだと割り切っていたし、豊登はとにかく銭が欲しかったから。トヨさんは大人しかったよ、国際に来てからは。別に〝俺は日本プロレスの元社長だ！〟というような風も吹かせなかったし。それほど馬鹿じゃないから、トヨさんは。銭が自由にならないと、大人しくしている人だから。銭が自由になると、パッパッと使っちゃうけど（笑）」

当初はシリーズごとに選手と契約を結ぶフリーランスシステムを提唱した国際プロレスだったが、結局は豊登以下、東プロ勢を所属選手として抱え込み、従来の団体と同じ形態になってしまった。

そして、旗揚げシリーズから半年後の67年7月、第2弾『パイオニア・サマー・シリーズ』の開催に漕ぎ着ける。

だが、シリーズ終了後に旗揚げメンバーで取締役でもあるヒロ・マツダが離脱。さらに後輩のミスター鈴木も追従して、アメリカを拠点に活動することを決めた。

「そのシリーズで小林を覆面太郎としてデビューさせたのは、吉原さんとマツダのアイディアだろうな。アメリカンプロレスだから、マスクマンの一人ぐらいはいてもいいだろうし、小林を将来のエースとして考えていたから、しょっぱい試合を本名でやらせたくなかったというのもある。小林はボディビル上がりで、格闘技はズブの素人だったから。マツダと鈴木が仕込んだんだけど、身体が硬いじゃない？　アマレスもやらせたけど、力に頼ったレスリングでさっぱり上手くならないから、怪力の覆面太郎にしたんだよ。デビューしてからは、道場長的存在だった田中のマサがよく教えてたな」

――当時、生え抜きとして小林以外にもデビュー前の井上末雄、藤井康行がいましたが、菊池さんの目から見て誰が一番モノになると思いました？

「井上だよ、やっぱり。器用だったもん。一番モノにならないと思ったのは藤井だよな（苦笑）。あの2人は、高校中退で入ってきたんだよ。藤井は水泳部出身で、身体はデカかったけど、格闘技経験がないから、何もできなかったな」

――結局、覆面太郎は1シリーズだけで終わりましたよね。

「TBSの放送が始まったろ。あれはTBSの方針で、〝覆面なんかいらない〟ということでね」

――それにしても、よく当時の国際プロレスの状況でTBSが付いたなと。

「吉原さんは、旗揚げ前から動いていたんだよ。国際が出した企画書には、猪木や豊登の名前も入っていたからな。猪木、マツダと揃えば、まあまあ行けるんじゃないかとTBSは思ったんじゃないの？　それに、あの頃は『ドラマのTBS』だったんだけど、スポーツの看板番組が欲しかったんだよ。当時の日本プロレスの中継は、日本テレビで30％以上の視聴率を稼いでいたからな」

――その後、ヒロ・マツダが離脱してブッカーがグレート東郷に代わりましたし、日本人のスター選手が豊登だけとなったこともあり、団体側は旗揚げ前からアメリカ修行を続けていた草津と杉山を帰国させて〝新時代のスター〟にすることを決めるなど、どんどん当初の構想が崩れていきますよね。

「でも、テレビ中継が決まった後、TBSの森（忠大）と資金導入のために相談役に迎え入れられた三ツ矢乳業の岩田（弘＝同社社長）が『TBSプロレス』に看板を変えちゃってね。早い話が、吉原さんは森に邪魔者扱いされたんじゃないかな。TBSの放送発表記者会見に、吉原さんは来ていなかったし。マツダにしても、ダニー・ホッジとかケンタッキアンズとかいい選手を呼んでいたのに、ブッカーを外されたら北向く（※相撲用語でヘソを曲げること）よ。だいたいマツダはというよりも、日本のプロレス関係者はみんな東郷のことが嫌いだったし。昔の実績もあるだろうけど、ただ名前だけで東郷に飛びついたってことで嫌悪感があったんじゃないかな。TBSは、マツダの価値というものを知らなかったんだよ。だって、〝一夜にして大スターなんていうシンデレラ物語は一昔前の話。大ＴＢＳのテレビの力をもってすれば、分単位でスターは作れる！〟なんて大見栄を切っていた奴らだもん。プロレスを何もわかっちゃいないんだよ。で、草津をその気にさせちゃったわけだ」

国際プロレス改めＴＢＳプロレスの『オープニング・ワールド・シリーズ』はルー・テーズvsグレート草津のＴＷＡ世界戦をメインに、68年1月3日に日大講堂でスタートを切った。

同日、日本プロレスは防衛策として蔵前国技館でジャイアント馬場vsクラッシャー・リソワスキーのインターナショナル・ヘビー級戦を敢行。観客動員は日プロ＝1万2000人（超満員）、国際＝6300人と大差をつけられたが、テレビ視聴率では日プロ＝36・3％、国際＝32・3％と肉薄する。

だが、それは〝スター〟になるはずだった草津が惨敗する姿を数多くの人間がお茶の間で目撃したということでもある。

――あのテーズvs草津戦は映像が残っていませんが、実際の試合内容はどうだったんですか？

「これは見方によるんだけど、草津がビビっていたという意見と、草津がその気になりすぎていたという意見とに分かれるんだよな。俺は後の方だと思うけど。ＴＢＳがヨイショ、ヨイショしてたから。〝お前は、もう明日にはスターだ〟ぐらいのことを言っていたからな。本当はテレビで4週続けて、テーズvs草津のタイトルマッチの予定だったんだよ。でも、一発で草津がコケちゃったろ。ＴＢＳは最初、〝ウチは古いレスラーは使いません。豊登はテレビのブラウン管に出しません〟なんて言っていたんだけど、挑戦者がいないから、結局は豊登まで引っ張り出されて」

――当初の目論見が崩れ、中継の2週目で杉山、3週目で豊登が挑戦し、本当なら4週目では日本プロレスに辞表を出した大木金太郎が挑戦する予定だったのが、土壇場で白紙になったんですよね。

「あれは東郷が〝テーズに挑戦させるから〟と大木にチョ

ッカイをかけたんだよ。当時の大木は馬場、猪木がいて、吉村道明がいて、さらに将来のエース候補の坂口征二が入団してきて、日プロの中で微妙な立場だったからな。そこで〝お前をエースにしてやる。テーズに挑戦させてやる〟と言われたらさ。とにかく金ちゃんはテーズとやりたかったんだよ。その前にテキサスでやった時に、その気になって痛い目を見てるからな」

――アメリカ武者修行中の65年10月16日、テキサス州ヒューストンでテーズのNWA世界王座に挑戦しましたが、試合中にシュートを仕掛けて返り討ちに遭い、顔面を24針も縫う重傷を負っていますからね。

「俺と金ちゃんはしょっちゅう渋谷で飲んでいた仲なんだけど、前日の夜10時ぐらいかな、〝今から会いたいんですけど〟と言うから渋谷で会ったら、〝お兄さん（菊池氏のこと）、辞表の書き方を教えてください。実は…〟と。〝ついでに仙台で読み上げる声明書と僕の経歴も作ってくださ い〟と言ってきて、あれは全部俺が書いたんだよ（苦笑）」

――大木さんはテーズvs豊登のTWWA戦が行われた仙台まで行ったものの、結局はリングには上がりませんでした。

「もしテーズが防衛したらリングに駆け上がって挑戦を表明することになっていたんだけど、Sというスポーツ新聞の社長と（頬に手をやりながら）コレものの親分2人が脅しをかけて…。金ちゃんからは、〝お兄さん、ダメでした。顔役が3人も出てきました〟と電話があったよ」

――その翌日、日プロのユセフ・トルコと松岡巌鉄がホテルニューオータニの東郷の部屋に押し掛けて、暴行を加えるという事件も起きましたね。

「金ちゃんにチョッカイをかけたってことでね。トルコにしても松岡にしても相手がプロレスラーだから、警察沙汰にはしないと思ったんだろうな。そうしたら、警察沙汰にされちゃったんで、事件として表に出ちゃったんだよ。昔はレスラー同士の殴り合いなんて、しょっちゅうあったからな」

――大木さんの挑戦が幻に終わったために、中継の4週目＝1月24日の台東体育館大会ではダニー・ホッジがテーズに挑戦して第2代TWWA世界王者に輝きましたが、これが日本における初の外国人同士の世界戦なんですよね。

「結局、日本人でメインを張れる人間が誰もいなくなっちゃったわけだから。〝我が国初の外国人同士のタイトルマッチ！〟なんて言ったって、他にいねえからだよ（笑）」

――新体制2シリーズ目となる『TWWAワールド・タッグ・シリーズ』中には、東郷が外国人選手に試合をボイコットさせる事件が起きました。

「あの時は、東郷が〝（国際側が）約束した金を持ってこなかった〟と外国人選手を引き揚げさせちゃったんだ。猪木の時と同じだよ。東郷と喧嘩しちゃったら、TBSも素人だから、お手上げになっちゃって。それで吉原さんが国際プロレスの発起人の一人でもあった八田一朗さんのところに駆け込んで、イギリスのジョイント・プロモーションのトップだったジョージ・レリスコウを紹介してもらったんだ。最初にいいレスラーが4人（トニー・チャールス、リー・シャロン、ジョー・キーガン、ジョン・フォーリー）来たじゃない？　急のことだったから、みんな観光ビザでの来日でね。だから、『日・欧決戦シリーズ』の開幕戦は無料のチャリティー大会にしたんだよ。翌日に香港に飛んでビザを切り替えて、第2戦からは興行が打てるようになったんだけどな。あれでイギリス路線も行けるというんで、その次のシリーズにはヨーロッパ・ヘビー級王者のビル・ロビンソンが来たわけだ」

――八田さんは、イギリスのプロレス界にルートを持っていたんですか？

「あの人は、『世界の八田一朗』だから。レスリングの人脈は、『世界』だった。レスリング界で凄い顔役だったの」

――菊池さんから見て、それまで未知だったヨーロッパの選手の印象はどうでした？

「正直、地味だなと思ったよ、ロビンソンが来るまではな。まあ、地味だけど、しっかりしたレスリングをやっている、いい選手ばかりだと思った。ジョン・フォーリーは、ちょっと落ちたけど」

――そして、4月にいよいよロビンソンが初来日しましたね。

「人間風車（ダブルアーム・スープレックス）は衝撃的だったよ。〝こんな恰好で人間を投げられるの？〟と思ったもん。綺麗に決めていたからな、あの頃は。カッコ良かったよ。ただ、ロビンソンは視聴率は稼いだけど、地方の観客は集められなかったということになるんだ。地方の観客

リングサイドからTBSプロレスの試合を見つめる八田一朗氏（右端）。左隣は『TWWAプロレス中継』でプロデューサーを務めた森忠大・TBS運動部副部長。

を集めるのは、やっぱりアブドーラ・ザ・ブッチャーみたいな選手だよ（笑）」

――その後、ヨーロッパの強豪が続々と来日しましたが、菊池さんにとって一番印象に残っているのは誰ですか？

「それはもう、ジョージ・ゴーディエンコだよ。それに尽きるな。スゲェ強かった。ゴツゴツした感じのパワーファイターで、マンモス鈴木をブロックバスター一発で失神させちゃったんだよ。その後も来ているけど、初来日（68年9月）が一番凄かったな。それに礼儀正しい紳士だし。一番感心したのは通訳なしでインタビューに行った時に、〝俺はほとんど英語ができないんだけど〟と言ったら、ゴーディエンコはサッと立ち上がって、〝私も日本語を知らないで日本に来てるんだから、お互いさまです〟とお辞儀されちゃってさ（苦笑）。あんなレスラーは初めてだったよ」

――アンドレ・ザ・ジャイアントもモンスター・ロシモフの名で70年1月に初来日していますね。

「ロシモフはフランスでは使い物にならないと言われていたんだけど、吉原さんが〝デカイから、とにかく呼びたい！〟と。まともなレスリングができないかもしれないから、フ

“人間風車”ビル・ロビンソン（左）と“岩石男”ジョージ・ゴーディエンコ。国際プロレスが欧州路線を敷いたことで、日本のファンは多くの「未知の強豪」を目にすることができた。

ランスのプロモーターのロジャー・デラポルトがお目付け役にエンリケ・エドを付けてきてね。よく控室で、エドに引っ叩かれていたよ（笑）。でも、そのシリーズの後半戦に来たバーン・ガニアが目を付けてね。最初は、〝アメリカでヘビー級のボクサーになれ！〟って。ガニアは『ミネアポリス・ボクシング&レスリング・クラブ』という会社を経営していたから、ヘビー級ボクサーにしたら面白いと思ったらしいんだな。それで誘ったんだけど、アンドレは〝全然自信がありません〟ってことで、一度は話がポシャったんだよ。でも、翌年の『第3回IWAワールド・シリーズ』でカール・ゴッチ、ビル・ロビンソンを抑えて優勝しただろ。あれで自信を付けて、次にレスラーとして誘われた時、ガニアのところに行ったんだよ。当時はフランス語しかできないから、フランス系のフランク・バロアをマネージャーに付けてもらってね。あのガニアの売り出し方は、上手かったと思うな。最終的には、WWFのビンス・マクマホン・シニアに取られちゃったけど」

――日本プロレスとは異なるヨーロッパ路線は正解だったと思うんですが、あれは八田さん主導のアイディアだったたんですかね？

「あの頃のヨーロッパは全盛期だから、八田さんが〝いくらでも、いいレスラーはいるぞ〟って。イギリスのジョージ・レリスコウだけじゃなくて、ドイツのグストル・カイザーとか、いろんなプロモーターを紹介してもらってね。それで日本とヨーロッパを一体化させる組織として、『ＩＷＡ』を創ることができたんだよ。フランスのロジャー・デラポルトを会長にしてな」

――ＩＷＡが設立されたことで、国際プロレスは団体名通りにインターナショナルなイメージが付きましたよね。

「でも、あの頃はヨーロッパから来る選手は写真だけで、名前がわからない連中も多かったよ。だから、俺なんかが勝手に名前を付けたんだけどさ。オットー・ワンツを『グラン・ラパン（偉大なウサギ）』という名前にしたのは、6ヵ国語ができる通訳の比留間さんという女性。〝ウサギちゃんみたいな可愛い目をしているから、グラン・ラパンにしよう！〟って（笑）。ドイツのクラウス・カーロフは小型でよく動くって聞いたから、俺が〝じゃあ、戦闘機じゃねえか。ドイツの戦闘機は『メッサーシュミット』だろ〟ってことで、その名前にしちゃったりな（笑）」

新組織ＩＷＡは、68年10月に発足。翌11月には『ワールド・チャンピオン・シリーズ』が開催され、日本代表の豊登、杉山、草津、イギリス代表のビル・ロビンソン、カナダ代表のジョージ・ゴーディエンコ、南太平洋代表のピーター・メイビア（ザ・ロック＝ドウェイン・ジョンソンの祖父）ら世界各国から集められた11選手が初代世界ヘビー級王座を争った。

　このリーグ戦を制して初代王座に就いたロビンソンは、年が明けた69年から日本陣営に加わり、外国人ながらも国際プロレスのエースとなる。

　力道山が日本プロレスを旗揚げして以来、正義の日本人vs悪の外国人がマッチメークの基本だった日本マット界にあって、この吉原社長のアイディアは画期的な試みだった。

――当時、いくらベビーフェースとはいえ、外国人をエースにするという発想は誰にもなかったと思うんですよ。よく吉原社長は決断しましたね。

「あの頃は外国人のエースだったら、客は来ないんだよ。悪いことをしないガイジンが強くてエースになっちゃったら、〝日本組は何してるんだ？〟ってことになるし。でも、あの時はロビンソンが日本組になって、客が安心したところもあるんだよな。それより昔の昭和32年（57年）10月にテーズが初来日した時には、力道山が敵わなかったけど、力道山も敵わない強いガイジンがいるということに日本のファンは頭に来ちゃったんだよ。それでプロレス人気が落ちちゃったんだから。日本プロレスは『第1回ワールドリーグ戦』（59年5月）を開催してようやく人気が回復したんだけど、そういう例もあるから、外国人側のままエースにしておくのは、当時の観客の感情からしたらダメだったんだよ。だから、苦肉の策だよな」

——69年2月にはIWAミッドヘビー級王座を新設して、田中忠治が初代王者になりました。当時の日本のプロレス界は基本的にヘビー級だけだったのに軽量級のベルトを作ったのは、吉原さんが階級制のあるレスリング出身だったからなんでしょうか？

「ミッドヘビーはイギリスの階級で、アメリカで言えばジュニアヘビーと同じなんだよ。あの頃の国際のレスラーはヘビー級が少なかったから作ったんだと思うけど、もちろん吉原さんがアマレス出身だったからというのもあるな。たとえば、『IWAワールド・シリーズ』でも得点を加算するんじゃなくて、持ち点10点から勝敗によって減点していくアマレス式のバッドマークシステムも取り入れているし」

——国際プロレスはいろいろな面で、時代を先取りするようなことをやっているんですよね。

「巡業用の大型バスを作ったのも国際が最初だよ（69年1月）。当時の巡業は汽車で動くのが当たり前だったんだけど、吉原さんは道路事情の改善を見据えていたんだよな。すぐに日プロが真似して、〝ウチはベンツだ！〟って（笑）。国際の移動バスは良かったよ。リクライニングシートは完全にベッドになるし、畳を敷いた2階の部屋があって、そこで寝られるんだ。俺は、よくあそこで寝泊まりしたもん。動く合宿所だよ（笑）。特注だから、高かったと思うけどな。TBSがかなりの金を払っていたんじゃない？　あの頃、吉原さんは外車を乗り回して、よく飲んで歩いていたから

（笑）。一番いい時代だったはずだよ。TBSがゴールデンタイムでやっていた頃が」

――大会パンフレットとは別に、自前でPR誌も出していましたよね。

「確かタブロイド版の4ページものだったな。あのPR誌は昭和44年（69年）6月に初めて出して、無料で街で配ったんだよ。吉原さんも渋谷の駅前で配ったから。あれは会場でも配ったんだけど、そうしたらパンフレットが売れなくなっちゃったんだよな。タブロイドも俺が書いていて、パンフも同じこと書いてるから（苦笑）。それで3号で終わっちゃったんだ。団体が発行する新聞みたいなものは力道山も作りたかったんだけど、結局は作れなかったから。あの当時、頭に来る新聞が多いんで、〝チクショー、新聞社を買収してやる！〟なんて言っていたけど（笑）」

――それ以外にも画期的なものとしては、野外試合専用の移動式の会場も作っているんですよね。

「ドイツのトーナメントで使うテントをヒントにしてね。野外専用の簡易体育館みたいなものだよ。設計したのは吉原さん。折り畳み式の鉄柱を支柱にして、天幕ですっぽり覆うから雨の日でも試合ができるというのが自慢だったんだけど、初めて使った時は夏で天気が良くて、空気が抜けなかったもん。だから、中は蒸し風呂みたいに暑くてさ。もう、どうしようもなかった（笑）。確か2000万円ぐらいかけて作ったんだけど、最終的には使えなくて、レフェリーの阿部脩が買い取って北海道の巡業で使ってたよ」

――ヨーロッパ路線を軌道に乗せた国際プロレスは、さらにアメリカマットの開拓を試みて、バーン・ガニアのAWAとの業務提携に成功します。

「吉原さんが上手かったのは、ガニアに会いに行った時にTBSの猪俣修二ディレクターを一緒に連れて行ったことだよ。〝日本で最高の民放テレビ局のディレクターが付いてきているから〟と。それを聞いて、ガニアも信用できると判断したんだな。その時点では業務提携というより、内諾を取ったという形だよね。ガニアは遠征嫌いで有名だったんだけど、視察も兼ねて70年2月に初来日して、TBSがちゃんと放映しているし、全国巡業もしているし、客も入っているってことで正式契約になったの。国際は、『AWA極東支部』という看板まで掲げてね。吉原さんもガニアからもらった立派な金時計を自慢にしていたもんな」

——その頃、ガニアは日本のファンにとって〝まだ見ぬ強豪〟だったわけですが、実際に試合を見ていかがでした？

「ホントにレスリングが巧かった。ドロップキックもスリーパーホールドも凄かったし。あのスリーパーをレフェリーの阿部脩がチョークに取ったんで、ガニアは怒ってたな（笑）。ドロップキックは、スクリュー式でキュッと回るヤツ。あの技は、パット・オコーナーとガニアが最高に巧かった」

——当時の日本のファンに、スリーパーホールドという技はウケたんですか？

「ウケなかったけど、ガニアのスリーパーは誰でも知っていたから。〝いつ出るか？〟という感じで観ていたと思うよ。〝出たら終わり！〟って。テーズのバックドロップと同じだよ。UWFがアキレス腱固めで試合を決めるようになった時、あんな技で決めたら試合にならないと思われていたけど、そのうちにワッと沸くようになったでしょ。それと一緒で、ガニアがやれば沸いたんだよ」

——AWAとの提携がスタートしたことにより、マッドドッグ＆ブッチャーのバション兄弟やエドワード・カーペンティアなどが次々に初来日しましたが、菊池さんはどの選手が新鮮でした？

「やっぱりカーペンティアかな。でも、サマーソルトキックはガッカリしたよ。外国の雑誌の写真を見たら宙を舞っているから、〝どれだけ凄い技なんだろう？〟と想像していたんだけど、相手の身体に全然触らないで、トップロープからトンボを切るだけだろ。〝何じゃ、こりゃ？〟って（苦笑）。初めて見て凄い技だなと思ったのは、ゴッチのジャーマンとロビンソンの人間風車、テーズのバックドロップぐらいだよ」


こうして外国人勢の顔ぶれを充実させた国際プロレスは70年6月に、またも画期的なアイディアを実行に移す。『あなたがプロモーター』と題して、ファンから初来日させたい外国人選手を公募したのだ。

結果は1位＝スパイロス・アリオン、2位＝ミル・マスカラスとなったが、何とこの2選手をライバル団体の日本プロレスが翌71年2月に招聘してしまう。

「マスカラスは日プロの外国人供給窓口だったロサンゼルスを主戦場にしていたから、いずれにせよ呼べなかったと思うけど、アリオンはその年の9月に国際に来ることが決定していたんだよ。実際、来日するためにニューヨークからサンフランシスコに入ったんだけど、そこで日プロの意向を受けたシスコのプロモーターのロイ・シャイアーが〝日プロが国際よりもいいギャラで呼ぶから〟とストップをかけちゃったんだ」

だが、国際側はアリオンの来日がドタキャンになった『ダイナマイト・シリーズ』で、すぐさま次の手に打って出た。

71年10月8日、大阪府立体育会館で海外武者修行から凱旋帰国したばかりのラッシャー木村とドクター・デス（正体はムース・モロウスキー）の金網デスマッチを実現させたのである。それは当時、「デスマッチをやったら、プロレスは終わる」という風潮にあった中での大英断だった。

「金網を設計したのは俺と吉原さんなんだけど、出入口を作るのを忘れちゃったんだよ（苦笑）。参考にしたのは、当時のゴングの編集長だった竹ちゃん（竹内宏介）に集めてもらったアメリカの金網デスマッチの写真だけだったからな。写真から金網の高さも判断して、移動バスを作ってもらった会社に頼んだんだ。吉原さんとしては、ラッシャーを売り出したかったんだよ。当時はベビーフェースのエースは小林、ヒールは杉山、タッグのエースは杉山と草津と考えていたから、ラッシャーの割り込む余地がなかったの。まだ小林はアメリカにいたけど、あいつのエース路線は決まっていたから」

――でも、金網デスマッチは賛否両論が渦巻いたんですよね。

「吉原さんもだいぶ悩んだろうな。最初は宣伝しないで、東京じゃなく大阪でやっちゃったぐらいだから。ゴングは竹ちゃんが知っていたから取材に行っているけど、ベースボール・マガジン社（『プロレス&ボクシング』）には1枚も写真がないんだよ。やるのを知らなかったから。当然、客だってビックリしただろうな。宣伝していないんで、空席も目立ったし。でも、TBSの中継で映っちゃったから、大きな問題になってね。逆に金網デスマッチ第2戦の台東体育館（70年12月12日、木村vsオックス・ベーカー戦）は、客が入りきれないくらい満杯になったんだよ」

――TBSは、最初の金網戦しか放映していないんですよね。

「TBSの番組審査委員会で〝有害である〟という結論になって、放映禁止になっちゃったから。阿部脩なんかは、それを逆手に取って〝生でなければ絶対に観られない金網デスマッチの迫力！〟という宣伝文句で売ったんだよ」

――後期は国際プロレス＝金網デスマッチというイメージになりましたが、やって正解だったんですかね？

「もう最後はプロモーターの要請で、メインはタイトルマッチか金網デスマッチになっていたからな。でも、あれで息を繋いだし、話題も作ったし、今では普通でも、あの頃にあれだけの冒険をしてさ。成功したと言っていいんじゃないかな。金網では、ブルーザー＆クラッシャーの暴動事件もあったけど」

――73年11月27日、愛知県体育館で小林＆草津がディック・ザ・ブルーザー＆クラッシャー・リソワスキーのWWA世界タッグ王座に挑戦した初の金網タッグデスマッチですね。あの時はブルーザー＆クラッシャーが扉を蹴破って脱出して無効試合になり、怒った観客が暴動を起こしました。

「あれはブルーザーとクラッシャーがルールを勘違いしていたんだよ。アメリカ式に、相手をKOして外に出れば勝ちだって。それに日本のファンにしてみれば、金網の中で決着をつけなきゃ勝負は終わらないって感覚があったからな。あの時の暴動は2時間ぐらい収まらなくて、機動隊まで出たんだよ。名古屋のサツ回りの記者も〝何か事件があったのか？〟って来たぐらいだったんだから。最後は、〝これは次の大会を無料にしなきゃ収まらねえ〟ってことになってさ。翌年に無料で大会をやったんだよ。あの時も、俺が吉原さんに頼まれて詫び状を書かされたんだ（苦笑）」

話は前後するが、70年から71年にかけて国際プロレスのリング上は大きく様変わりした。

70年5月19日の仙台市レジャー・センター大会において、それまで外国人エースとして団体を牽引してきた〝人間風車〟ビル・ロビンソンがサンダー杉山に敗れ、ＩＷＡ世界王座から転落。これにより、団体のエースは杉山に交代する。

新王者・杉山は翌71年3月、ビル・ミラーにＩＷＡ世界王座を奪われ、在位10ヵ月の短命政権に終わったが、6月にアメリカ修行中のストロング小林が「新王者」となって翌月に凱旋帰国し、一気に新エースに浮上した。

こうしてＩＷＡ世界ヘビー級王者＝小林、ＩＷＡ世界タッグ王者＝杉山&草津、デスマッチ路線＝木村、ＩＷＡ世界ミッドヘビー級王者＝田中という日本人選手による４本の柱が確立され、国際プロレスは新時代に突入する。

――失礼ながら、なぜルックス的にアンコ型の杉山が日本陣営のトップを切ってロビンソン政権を崩し、エースになったんでしょう？

「それはヒールだからだよ。ベビーフェースじゃ、当時のロビンソンには絶対に勝てなかったから。あの時、杉山は喜んで仙台の街を夜中に走り回っていたよ（笑）」

――王座から陥落したロビンソンは、翌71年春の『第3回ＩＷＡワールド・シリーズ』でもモンスター・ロシモフに優勝を許して3連覇を逃し、完全にエースの座から退く形になりましたね。

「ロビンソンは、アメリカに行きたかったからな。吉原さんのツテでバーン・ガニアにも紹介されていたし。ガニアはビジネスマンだから、〝イギリスでは有名かもしれないけど、アメリカでは無名だから実績を作れ〟と、しばらくロビンソンはハワイマットに置いておかれたんだよな。まあ、ロビンソンにしても、すでに国際プロレスよりアメリカに目が向いていたんで、あれは自然の流れだったと思うな」

――日本側の陣営が揃ったので、お互いにとって結果的には良かったのかもしれませんね。

「あれ以上、ロビンソンを使っていたら、思い上がってどうしようもなかったよ（苦笑）」

ようやく陣容が整った国際プロレスとは対照的に、老舗の日本プロレスは71年暮れから大揺れに揺れる。

まず同年12月に「会社乗っ取りを計画した」としてアン

トニオ猪木が追放され、翌72年3月に新日本プロレスを旗揚げ。その4ヵ月後に大エースのジャイアント馬場も辞表を提出し、10月に全日本プロレスを旗揚げした。

それにより日本マット界は4団体がひしめく戦国時代に入り、当然ながら国際プロレスもこの荒波に巻き込まれていく。

「結局、日プロがガタガタしたというのは儲かりすぎたからだよ。儲かりすぎて、金の分配で揉めたんだろ。まあ、贅沢な悩みだよ（笑）」

――アントニオ猪木が日プロを追放された時に、過去の経緯から吉原さんは救いの手を差し伸べなかったわけですが、全日本の旗揚げに際しては杉山をトレードに出して、さらに若手選手を貸し出しました。そのお礼に馬場さんが国際のシリーズに出場するなど、協調ムードが生まれましたね。

「馬場と吉原さんは昔から仲が良かったというか、お互いに信用していたからな。後に全日本と国際が全面対抗戦（76年3月28日＝蔵前国技館、メインは木村vs鶴田）をやったでしょ。馬場に〝何で国際とやったの？〟と聞いたら、〝俺はいろんな人に騙されたけど、いまだに吉原さんには一度も騙されたことがないから、やったんだよ〟って」

――ストロング小林がエースだった時代が国際プロレスの全盛期というイメージがあるんですが、菊池さんはどう考えていますか？

「会社の経営面からしたら、TBSがゴールデンタイムで放映していて、団体としても軌道に乗った3年間（69年～71年）が一番いい時代だったんじゃないかな。毎週、水曜日の午後7時から1時間枠で放映されていたけど、昭和47年（72年）の1月から30分枠に縮小されちゃっただろ。日プロ末期のゴタゴタは、国際にとって一気にマット界のリーダーシップを握るチャンスだっただけに、放映時間の縮小、それによるネット局の減少は痛手だったと思うよ。放映料も当然、削減されたわけだし」

――それに対して、国際はどういう手を打ったんでしょうか？

「経費削減のために事務所と合宿所と道場が一体になった渋谷の三貴ビルを引き払って、事務所は高田馬場、合宿所&道場は埼玉県の大宮に建てたんだ。あの高田馬場のビル

72年8月に静岡県の朝霧高原で国際プロレスの強化合宿が行われた。前夜は遅くまで宴会だったが、20名が富士山登頂に成功。後列左端が菊池氏、前列左端は『プロレス＆ボクシング』の記者だった茨城清志氏である。

の持ち主は、吉原さんの同級生だったんだよ」

73年4月に老舗・日本プロレスが崩壊し、日本テレビの仲介で全日本プロレスに吸収合併されたことにより、国際プロレスは創立7年目にして日本マット界で最も古い歴史を持つ団体となった。

エースのストロング小林もＩＷＡ世界王座の連続防衛記録を順調に伸ばして政権を堅持しており、それまで日本最多記録だった馬場のインターナショナル王座＝21度を抜き、25度防衛の新記録を樹立する。

――この小林の絶対王者時代にラッシャー木村を挑戦させた件は、菊地さんはどう捉えていますか？　当時、エース格同士のシングル対決は、どの団体でもタブーとされていましたよね。

「あれを組んだのは、やっぱり客を呼びたかったからだよ。それに吉原さんの考えとしては、〝将来はガイジンなしで、日本人だけのタイトルマッチで客を呼べるようになりたい〟と。今は、それで客を呼んでるじゃない？　だから、吉原さんは時代を先取りした感覚を持っていたよな。当時、上田馬之助も同じような考えを持っていたんだよ。上田は〝悪党カンパニーを作って、ガイジン天国を消滅させたい〟と。それは上田が昭和51年（76年）5月にアメリカから国際プロレスに逆上陸した時に言っていたんだけどね。上田が本当に頭に来ていたのは馬場でも猪木でもなくて、ガイジン天国に頭に来ていたの。〝ガイジンばかりに高いギャラを払って、日本人はいい目を見ていない。こんなことじゃダメだから、日本人の悪党を育てて各団体に送り込んで、メインを取ってガイジンを追放したい〟というのが上田の理想だったんだよ」

74年に入ると、今度は国際プロレスが大激震に見舞われる。

年明けに、TBSが3月末での放映打ち切りを団体側に通達。続けて2月には、約2年半にわたってエースに君臨していた小林がフリー宣言をする。

この苦境を救ったのが、東京12チャンネルだった。退団に伴って小林が返上したIWA世界ヘビー級王座は同年6月3日、後楽園ホールにおいて木村とロビンソンの間で争われたが、この大会を同局が特別番組として生中継し、9月からはゴールデンタイムの1時間枠（月曜午後8時）でレギュラー番組がスタートする。

「TBSの放映時間はコロコロ変わって、最後は土曜の午後2時から30分になったもんな。視聴率もどんどん下がっていたし。だから、もうあの頃からプロレス自体の視聴率は下がり始めていたんだよ」

——そうした状況で起きたストロング小林の離脱は、大きな痛手でしたね。小林さんが退団した理由については、草津さんとの確執とされていますが。

「その辺の内部事情は詳しくわからないけど、小林は草津と合わなかったからな。確かに小林はリング上のスターではあったけど、経営のブレーンには入っていなかったんだよ。あの頃の経営のブレーンはレフェリーの阿部脩、草津、杉山だから。杉山は父親（正勝氏）の力が強かったんだ。東京観光ホテルの社長だったからな」

——東京12チャンネルでの放映は、どういう経緯で決まったんですか？

「あれは当時、東京12チャンネルの運動部長だった白石剛達さんの力だよ。吉原さんの仲間だもん。早稲田大学レスリング部の同期で、吉原邸に2人で合宿して国体に出場した仲だから」

――ところで、新IWA世界王座決定戦ではロビンソンが木村を破って王者になりましたが、アメリカにベルトを持ち帰って、8月にビリー・グラハムに移りますよね。そのグラハムが9月に王者として来日すると、挑戦者に選ばれたのは木村ではなくマイティ井上でした。東京12チャンネルでの放映がスタートすると同時に、エース路線が変わったのは誰の思惑だったんですか？

「それは吉原さん。それまでストロング小林、ラッシャー木村とエースはパワーファイターで来たんだけど、今度の相手は同じパワーファイターでAWAのトップに君臨しているグラハムだから、〝パワーではグラハムに勝てるわけがない。それだったら、ちょこまか動き回ってごまかせるレスラーの方がいい〟ってことで、マイティを挑戦させたんだよ。マイティは2回挑戦してダメだったから誰かに切り替えるのかなと思ったら、最後まで貫いて3回目で獲ったもんな」

――吉原さんとしては、井上政権をどのくらい続けるつもりでいたんでしょうね？

「ショートリリーフだよ、グラハム対策としての。その後、マイティはガニアなんかとも、いい内容の防衛戦をやっているけどね」

――当時の井上さんは25歳の若さでしたし、新たに始まったテレビ中継に合わせてフレッシュなエースが欲しかったのかなと思ったんですが。

「いや、12チャンネルの意向じゃなくて、吉原さんの考え。12チャンネルは、プロレスをよくわかっていないから。やっぱりエースのラッシャーが挑戦して当然だろう、という考えだったからな」

――12チャンネルの放映開始と同時に女子部が設立されて、日本女子プロレス所属だった小畑千代、千草京子、佐倉輝美も登場するようになりましたよね。男子と女子が同じリングに上がるのは、それまでの日本のプロレス界では考えられないことでした。

「あれは12チャンネルの条件だったから。昔、日本女子プロレスの放映をやっていて、白石さんが彼女たちを可愛がっていたんだ。国際側は〝女と一緒に試合してられるか!〟って、みんな嫌がってたよ。でも、女を使おうが何をしようが、とにかくテレビ放映が欲しかったということでね」

新王者・井上は75年4月10日、足立区体育館でマッドドッグ・バションに敗れてベルトを手放し、僅か半年でエースの座から陥落。同月19日、札幌中島スポーツセンターでバションから王座を奪回したのは木村だった。

以降、崩壊するまでの6年4ヵ月間、〝金網デスマッチの鬼〟が団体を牽引していく。

「それは他にいなかったというのもあるよ。杉山は全日本旗揚げと同時に移籍しちゃったし、後に草津はアキレス腱を切っちゃって営業専門になったし。やっぱり素質的に吉原さんが期待を込めていたのは、草津だけどな。結局、国際には馬場や猪木みたいな絶対エースがいなかったじゃない? それだけに、その時その時で頭を切り替えて使ってたんじゃないか。それが杉山だったり、井上だったり」

――木村政権になってから、リング上の風景が変わりましたよね。外国人の招聘ルートがそれまでのAWA路線から大剛さんが定着していたカナダに変わったことで、ラフなスタイルが中心になって。

「まあ、大剛自身が無鉄砲だったからな(苦笑)。自分と手の合う奴を送り込んできたんだよ。昭和50年(75年)5月にキラー・トーア・カマタを最初に送り込んできて、その後もジプシー・ジョーとか、いい選手をブッキングするから、最初は吉原さんもAWAと大剛ルートの両方からガイジンを呼んでいたんだ。そうしたら、ガニアが面白くなくて、〝ジョー(大剛)を取るのか、俺を取るのか!?〟と吉原さんに迫ったんだよ。吉原さんにしてみれば、大剛の顔もあるし、ギャラは安いし、いい選手を送ってくれるということで〝ジョーを取る〟と。それでAWA極東支部の看板を外しちゃったの。AWAもいいレスラーを送ってくれたけど、やっぱりギャラが高かったもん」

――菊池さんから見て、大剛ルートで一番良かった選手は誰ですか?

カラオケに興じる大剛鉄之助と菊池氏。大剛は「宮城県仙台市」出身とされているが、実際は「樺太」生まれ。2017年11月4日、居を構えていたカナダ・カルガリーで死去した。享年75。

「やっぱりジプシー・ジョーじゃねぇか。マッドドッグ・バションが大剛に全面協力したんだけど、ジョーはバションのライバルということで売っていたわけだしな」

木村エース時代を迎えた国際プロレスは外国人ルートを変更する一方で、他団体との交流を積極的に図るようになっていった。

75年6月に木村は突如、日本選手権開催を馬場に迫っていた猪木に、「選手会の総意」として挑戦状を送りつける。これに対して猪木が出した回答書は「思い上がりも甚だしい。己を知れ。日本選手権の相手には不適格だ。馬場に勝ったら資格を認めよう。単なる挑戦者として一切の条件を当方に一任するなら、胸を貸してもいい」という内容の痛烈なものだったために吉原社長は激怒し、この挑戦問題は一瞬にして終息してしまった。

――一体、あの新日本とのやりとりは何だったんですか？

「あれは何にも根回しなしでやったから。あの時、猪木が日本選手権開催を提唱していて、馬場は渋っていたけど、凄い話題になっただろ。その中で国際だけが取り残されていたから、〝日本選手権をやるなら、ウチにも資格がある〟とラッシャーが挑戦状を書いてね。まあ、実際は吉原さんが書いたんだけどな（笑）」

——試合が実現すれば、大きな話題になったと思うんですが、なぜ新日本側は冷たい反応だったんですかね？

「本音は、〝馬場を倒したいだけで、ラッシャー木村なんかに用はない〟ってことだったんじゃねえか。猪木は、とにかく馬場憎しだから」

——そこで国際プロレスは、全日本プロレスとの対抗戦に方向性をシフトしたわけですよね。先ほど話に出た木村vs鶴田をメインにした『全日本vs国際 全面対抗戦』の後も、77年11月には『全軍対抗戦』、翌78年2月には『全日本・国際・金一道場 全軍激突戦』が行われました。

「あの対抗戦は、吉原さんが馬場に持ち込んだ話なんだよ。馬場は最初、〝日本人だけでいいビジネスができるわけがない〟と渋ってたんだ。でも、〝やってみたら、おいしいビジネスなんでビックリした〟って。ガイジンのギャラがいらなくて、蔵前国技館が満杯になったんだから。それもあって最初は蔵前の1日だけだったけど、その後はシリーズ化して『全軍対抗戦』は1週間、『全軍激突戦』は3大会やったもんな」

——国際側にとっても、メリットは大きかったわけですか？

「テレビ的には、12チャンネルが反対したんだよ。国際のエースが全日本の選手に負けるシーンは撮りたくないということで。でも、対抗戦だから全日本としても馬場が負けるわけにいかないし、ジャンボだって負けるわけにいかな

全日本プロレス、国際プロレス、韓国・金一（キム・イル）道場による対抗戦シリーズ『全軍激突戦』のパンフレットの表紙。開幕戦では、ジャイアント馬場がリングアウトでラッシャー木村を降した。

いしな。確か日本テレビが撮ったろ。だから、12チャンネルは面白くないわけだよ。でも、吉原さんに言わせれば、〝12チャンネルが何と言おうと、日テレは全国区だ。全国区で国際の選手が映るのは大変なことなんだ〟と。それに対抗戦をやれば、興行的には当たるし、金になるしな」

――この時期、国際は次代のエース育成にも力を入れていて、77年11月に日本のラグビー史上で唯一、世界選抜メンバーに選出された原進を入団させましたね。

「あれは全日本との対抗戦シリーズの最中で、日本レスリング協会の八田一朗会長、野口ボクシングジムの野口恭会長、直木賞作家の野坂昭如、キックボクシング全日本ミドル級王者の田畑靖男とかがズラーッと並んで、『原進を大成させる会』も発足するという大掛かりな記者会見だったよな。サンボのビクトル古賀もいたよ。プロレスでサンボを最初に取り入れたのは、国際だから。その会見の1年前に、大久保のスポーツ会館で国際のレスラーは古賀氏からサンボの手解きを受けてね。ラッシャーも一生懸命練習していたよ。寺西なんかもサンボ流の極め技で勝ったりした試合があったしね」

――もし国際プロレスが存続していたら、原さんは期待通りにエースになっていたと思いますか？

「2度目の海外遠征からヘビー級の身体になって帰ってきた時（81年4月）、テレビのオンエアが続いていれば良かったんだけど、ちょっと遅かったよな。最初、ジュニアヘビー級として売り出す時に何を勘違いしたのか、12チャンネルが『星の王子様』みたいなコスチュームを作りやがって。あれは、みっともなかったな（笑）」

――その後、80年2月には超大物の大木金太郎が入団しましたが、どこか不自然な印象がありました。

「あれはね、12チャンネルに頼まれて俺が交渉したんだよ。吉原さんに内緒で。最初から半年契約だったのよ。視聴率のテコ入れで金ちゃんを半年使ってみたけど、あまり数字が上がらなかったから、12チャンネルが契約を延長しなかったんだ」

――どうして吉原社長には内緒だったんですか？

「吉原さんは首を縦に振らないだろうという12チャンネル側の考え。ギャラも国際ではなくて、12チャンネルが払うということでね。だから、吉原さんも最初は面白くなかったんだよ」

――大木さんと選手たちの人間関係は、どうだったんでしょうか？

「金ちゃんは別に憎まれていなかったから。ラッシャーもああいう人間だし、先輩なら全部立てる男だから、ギクシャクはしなかったはずだよ。それで半年経って、金ちゃんから〝お兄さん、12チャンネルから何とも言ってこないですけど…〟、〝じゃあ、終わったのかな〟、〝ええっ、終わりですか⁉〟って（苦笑）。あの時、金ちゃんは〝日本のリングでインターナショナル・ヘビー級王座の防衛戦をやりたい〟と言っていてね。全日本に所属していた時は一切やらせなかったから、そういう話で国際に移ったんだよ。ただ、国際側としてはタイトルマッチをやるにしても、〝ウチが主催する会場だけども、リングを貸しただけで、ウチが認定しているわけではない〟という建前を取っていたけどね」

この時期で最も不可解なのは、国際プロレスがあれだけ親密だった全日本プロレスとの交流を78年いっぱいで打ち切り、提携先を信用していなかったアントニオ猪木率いる

菊池氏は、大木金太郎とプライベートでも親交が深かった。80年2月に大木は国際プロレスに入団したが、11月に「負傷欠場」となり、そのままフェードアウトする。

新日本プロレスに乗り換えたことだ。

新日本は78年暮れ、念願の日本選手権に向けた前段階として、ヒロ・マツダ、上田馬之助、サンダー杉山、マサ斎藤ら日本人フリー選手を集結させて『プレ日本選手権』を開催する。

国際はこれにぶつけるように、全日本と新日本に参加を呼び掛ける形で『日本リーグ争覇戦』を開催。蜜月関係にあった全日本の選手がこのリーグ戦に参加するのはシナリオ通りだったが、何と新日本からも「選手を派遣するから、ウチの大会にも選手を出して欲しい」と予想外の返答が来る。

これに対して「新日本の選手が出るなら、ウチは協力しない」という馬場の圧力により、吉原社長は新日本の申し出を丁重に断ったものの、同年11月25日、新日本側は国際の蔵前国技館大会にストロング小林、小林邦昭を派遣。吉原社長はそのお返しとして12月16日、新日本の蔵前国技館大会にアニマル浜口、寺西勇を送り込んだ。

そして、その10日後の26日には新日本と国際が手を組む形で『日本選手権シリーズ』の翌年開催を発表し、馬場に出場を要請する。

79年に入ると、両団体は交流戦を本格的にスタートさせ、2月には新日本、国際を傘下とする日本プロレス・コミッションまで設立した。

この時、吉原社長はなぜ犬猿の仲だったはずの新日本と結びついたのだろうか？

「吉原さんに言わせれば、〝新日本の方が銭を出してくれた〟ということなんだけど、馬場に言わせれば、〝吉原さんも最終的には払ってくれるものを払ってくれなかった〟と。それは合同興行の話なんだけどな。どっちも本当の話かもしれない。でも、新日本はとにかく国際を潰したかったんだから。小林を引き抜いたのだって、国際潰しだったし。小林が抜けて国際がピンチの時に、馬場が高千穂、大熊、クツワダを連れて助っ人参戦したら、猪木は〝馬場の野郎、余計なことしやがって。国際なんて早いとこ潰しちまえばいいのに！〟と言ったんだもん。猪木の魂胆は、最初から国際潰しだよ」

——ということは、あの時の交流にしても最終的に国際を吸収してしまおうと？

「しばらく見せ金を使ってでも、こっちに引き寄せておいて、潰しちまおうというな」

この新日本との〝危険な交流〟にしてもそうだが、晩年の国際プロレスは生き残るためには何でもやったというのが実情だった。

結果的に最後の年となった81年、国際は〝鉄人〟ルー・テーズから寄贈された世界ベルト（本人が保有していたNWA世界ヘビー級王座）を争う『ルー・テーズ杯争奪リーグ戦』を年間の柱にして勝負に出る。

だが、もはやリーグ戦を完遂するだけの体力は残っていなかった。

「誰が仲介したかはわからないけど、テーズが売り込んだんだろ。ベルトで商売しなきゃ食えなかったから、あの頃のテーズは。ベルトで銭になれば、何でも良かったんだと思うよ。リーグ戦の途中で国際が潰れちゃって、テーズから〝ベルトを返してくれ！〟と連絡が来てな。なくなっちゃったと思ったら、鶴見が〝俺んちの押し入れにあった〟って（笑）。それを飯橋（一敏リングアナ）が預かって、送り返してね。だから、テーズはそのベルトで、またUWFインターナショナルで商売したってわけだ」

――結局、3月末で東京12チャンネルのレギュラー中継が打ち切りになったのが致命傷になってしまいましたか？

「6月まで特番を月に1～2回やって、視聴率次第では復活の可能性も残すってことだったんだけどな。でも、それも終わっちゃったから」

――菊池さんがもうダメだと思ったのは、いつ頃ですか？

「やっぱりテレビのレギュラーが打ち切られると聞いた時。テレビ局が付いていない団体は存続できないというのが、あの頃の常識だったから。客も入らなかったしな。それにグッズを売るという知恵も当時のマット界にはなかったし」

――でも、その年の春に道場を新たに建てたということは、吉原社長は前向きだったわけですよね？

「フジテレビにアプローチしていたんだよ。いい線まで行きかけたんだけど、ブッチャーの引き抜きから全日本と新日本の全面戦争が始まっちゃったことで、〝プロレスのイメージが悪い〟とフジが降りちゃったんだ。だから、あの引き抜き戦争の割を食っちゃったんだよ」

——その頃、菊池さんは吉原社長から何か相談を受けました？

「〝どうしたらいいかね？〟と言われたって、俺も何とも言いようもねえもんな。とにかく金策に悩んでいたよ」

——81年8月9日の羅臼大会で国際は終焉を迎えましたが、そこで終わるというのは事前に菊池さんもわかっていたことだったんですか？

「うん、わかってた。ギャラも、ラッシャーなんかは半年ぐらいもらってないんじゃないかな。もらっていた奴もいるけど」

——吉原社長は、最終的に選手たちを新日本に預けるつもりでいたんですよね。

「うん、全員を預けるつもりでね。だから、倒産前の時点で10月8日に蔵前国技館で新日本との全面対抗戦をやることを決めたんだよ。でも、そこで嫌だと言ったのがマイティ。〝今まで会社に尽くしたんだから、もういいだろう。これからは勝手にやらせてもらうから〟って。それに付いて行ったのが米村や冬木だよな。結局、新日本との対抗戦に出場したのは、ラッシャー、浜口、寺西の3人だけだったけど」

——菊池さんにも倒産の連絡はあったんですか？

「9月だったと思うけど、事務所を閉めるという連絡が来たよ。吉原さんは、〝敗軍の将は兵を語らず〟と。まあ、それまでだいぶ語ってきたし、〝ウチには馬場も猪木もいなかったから〟って（苦笑）。吉原さんが立派だったのは、草津なんかも自分の家を抵当に入れていたんだけど、それを綺麗にして会社を潰したこと。自分だけが全部背負って」

——その後、保険会社のセールスマンをされていたんですよね。

「俺、入らされたもん。吉原さんと芳の里さんが2人で来て、〝保険に入ってくれ〟って（苦笑）。芳の里さんが吉原さんを保険会社に誘ったんだよ。新弟子時代から、2人は仲が良かったから」

——レスラー時代は同じ釜の飯を食い、現役引退後は日プロの社長vs国際の社長という形で戦い、プロレス界を離れてからまた友人に戻るというのは、どこかドラマチックですね。

「個人的には仲が良かったから、日プロが潰れた後に吉原さんは12チャンネルの解説を芳の里さんに頼んだんだよ。何とか少しでも芳の里さんの生活を助けてあげたいということで。だから、2人とも会社を潰しちゃった後、新宿で俺も入ってよく飲んだよ（笑）。あそこは、カミさん同士も仲が良かったしな」

吉原氏は心労がたたったのか、国際崩壊から約2年半経った84年2月に胃潰瘍で入院。開腹手術の結果、胃がんと診断されたが、本人には知らされなかった。

5月に退院した吉原氏は、同年7月に新日本の顧問に就任してプロレス界に復帰を果たしたが、85年4月になって再入院。6月10日、55歳の若さで帰らぬ人となった。

「その前に旧UWFが吉原さんを誘ったから、慌てて新日本が声をかけたんだよ。UWFの浦田（昇）社長もアマレスの人間だからな。カナダには大剛がいるし、AWAにもまだ顔が利くってことで、UWFから〝ブッカーとして来てください〟と誘われたんだけど、それを新日本の専務になった早稲田のレスリング部の先輩の永里高平が聞きつけて、〝今、UWFに行かれたら大変だ！〟ってことで口説いたんだよ。UWFの噂が聞こえなかったら、新日本は声をかけなかったかもしれないな。でも、吉原さんが入ったおかげで大剛が新日本にレスラーを送り込むようになって、海外修行に出た若い選手も鍛えたわけだし、若松も乗り込んできて、それだけの価値はあったと思うよ。吉原さん本人は、最後まで胃がんとは知らなかったんだ。だから、俺に来た最後の手紙にも〝絶対に復活する〟と書いてあったよ。〝Sには『合掌』と書かれたくない〟って（笑）。最後に会ったのは、川口の病院。あの時は浜口、ラッシャーを連れて行ったんだ。浜口はウイスキーのボトルを持って行ってさ。〝社長、早く退院して乾杯しましょう！〟って。ラッシャーは相変わらず黙って、モソーッとしていてな。しまいには、吉原さんが〝ラッシャー、元気か？〟と声をかけてさ。ラッシャーは、〝はい、お陰さまで〟なんて言ってるのよ。そうしたら、吉原さんは〝お前、見舞いに来た方が『ご機嫌いかがですか?』と聞くのが普通だろ。病人に『元気か?』と聞かれて、『はい』と答えてるなんて、お前は相変わらずだな〟って(笑)。ただ、吉原さんは温厚だったけど、怒ると頑固だったよ。俺もよく喧嘩したし(苦笑)。あの人の最終的な決め文句というのは、〝やった奴じゃなきゃわかんない、プロレスは!〟って。だから、俺は〝観る方にしかわからないこともあるんだ。あんたはやったプロかもしれないけど、俺は観るプロなんだ!〟って(笑)。それは昔気質というよりも、レスラーだったら誰にでもあることだと思うよ。〝バンプ取って負ける味なんて、わかりっこねえ〟というね」

――最後に、菊池さんは日本マット史上における国際プロレスの意義をどう考えていますか?

「もし日プロだけが殿様商売をやっていたら、ヨーロッパ勢はいらない、軽量級もいらない、AWAの選手も見られなかったかもしれないよな。それに試合方式でもAWAルールのバトルロイヤルや金網デスマッチ、チェーンマッチ、インディアンストラップマッチ、メキシコ流のキャプテン・フォールマッチとか数え上げたらキリがないけど、とにかく時代を先取りしていたよ。それに末期だったけど、マッハ隼人がメキシコのいい選手も呼んだし、様々なルチャ・リブレの技術を日本に持ち込んだよな。その他にも黒潮太郎や稲妻二郎、韓国三銃士とか留学生制度もやったりさ。そう考えると、国際プロレスは〝時代の魁〟となって散っていった団体かな」

# 石川雅清

## 元デイリースポーツ運動部記者

**いしかわ・まさきよ**
1935年3月28日、東京都新宿区出身。拓殖大学を卒業後、63年からデイリースポーツ運動部記者としてプロレス、ボクシングを担当した。日本プロレスの1団体しかなった時代に、東京プロレス設立などのスクープ記事を書いて権力に反発するなどサムライ気質の記者として知られた。

1968年正月にTBSでルー・テーズvsグレート草津のTWWA世界ヘビー級戦が全国放送された時、それが新団体の旗揚げ戦だと思った一般人は少なくなかったはずだ。

実際には、1年前に旗揚げした『国際プロレス』が『TBSプロレス』と名称を変え、テレビ局のバックアップを受けて再スタートを切ったのだが、専門誌やスポーツ新聞のプロレス面を読んでいる人間以外には、あまり認知されていなかったであろう。

そんな国際プロレスを旗揚げ時から取材していたのが元デイリースポーツ運動部記者の石川雅清氏である。石川氏がプロレスとボクシングの担当になったのは、力道山急逝の前年にあたる62年。つまり、日本プロレスの現役レスラーだった吉原功の試合も観ていることになる。

デイリースポーツは67年10月に旗揚げしたアントニオ猪木率いる東京プロレスを後援したが、その担当記者を務めたのも石川氏だった。東プロの地方興行における惨状を直接取材した石川氏は、同じく大国・日本プロレスの「敵対勢力」として誕生した国際プロレスの行く末をどう見ていたのか？

——現役時代の吉原功のファイトは、ご記憶ありますか？

「僕が取材を始めた頃はもうベテランの中堅で、大坪清隆と組んで面白い試合をしていましたよ。ただ、お客さんから見て目立つような選手ではなかったですね。もう年齢も30代前半だったし、彼はアマレス出身ですけど、それほどテクニシャンでもなかったかな（笑）」

——吉原さんは力道山の死後も1年間は現役を続けていて、最後の試合は64年12月3日、横浜文化体育館でのカール・フォン・ヘス戦になります。

「その頃、日プロの営業部長は岩田（浩）でした。これが金をポッポしていて、リキさんによくぶん殴られていましたよ（笑）。彼は立ち回るのがうまくてね。児玉誉士夫（政財界の黒幕と呼ばれた右翼の大物。当時は日本プロレスリング協会会長）に〝先生、先生〟と、いつもくっ付いていたから、リキさんが死んだ後も営業部長をやっていたけど、結局は社内で浮いて辞めたんですよ。その席に現役を辞めた吉原が入ったわけです。そのままプロレスを続けていても上には行けないから、彼にとっては良かったんじゃないですか」

——力道山の死後、日本プロレスは豊登、芳の里、遠藤幸吉、吉村道明の合議制になりましたが、彼らが吉原さんを営業部長にスライドさせた理由はどこにあったんでしょうかね？

「いやあ、理由も何も、あそこはいい加減な会社だから（笑）」

フロントに入った吉原氏の初仕事は、60年に日本を発ち、当時アメリカで活躍していたヒロ・マツダの日本プロレス勧誘だったと言われている。64年12月24日、4年7ヵ月ぶりに帰国したマツダを吉原氏は羽田空港で出迎えた。

年明けには社長・豊登と会わせて、マツダは団体に入ることを合意した上で、試合はしなかったものの、新春シリーズに同行している。巡業中にはリング上で挨拶をすることもあったが、最終的に日プロ入りの話は自然消滅した。

——日本プロレスは4幹部による新体制になってからも、

お客さんは入っていたんですか？

「リキさんがいなくなって落ち込むかと思ったら、プロレスそのものの人気はそれほど落ちなかったし、結構入っていましたよ。トヨさんもいたし、ジャイアント馬場もアメリカ修行から帰ってきましたからね。決して新しく営業部長になった吉原の手腕ではないと思います（笑）。それに地方興行の客入りは日プロの営業の力というよりも、地方のプロモーターとうまく連携ができているかどうかですから」

——その新体制の中で、吉原さんはどういうポジションだったんでしょうか？

「4人の合議の中に吉原は入れなかったわけで、発言権はまったくなかったと思います。それに4人体制とはいっても、社長のトヨさんが中心になって仕切る形で、4人が平等でもないんですよ。だから、トヨさんは会社の金を使い込むことができたわけです（笑）。僕の場合は、現役時代よりも営業部長になってから吉原と親しくなったんですよ。僕は生まれも育ちも新宿で、65年に北浦和に引っ越してきたんです。吉原は、北浦和駅から歩いて数分のところに家がありましたからね。それを僕は知らなくて、ある日、偶然に道端でバッティングして、お互いに〝何で、ここにいるの？〟と。それから、一緒に飲むようになったんです（笑）」

66年1月になると、4幹部による合議制は崩れ、豊登が社長を辞職（事実上の追放）して、芳の里が日本プロレスの新社長に就任した。

行き場を失った豊登は新団体（東京プロレス）設立に向けて本格的に行動を開始するが、これとはまったく別の動きとして、デイリースポーツの同年1月30日付に注目すべきコラムが掲載される。

それは3月開幕の日本プロレス『第8回ワールドリーグ戦』への参加が予定されていたマツダについての独占記事だった（※実際には、5月開幕の『ゴールデン・シリーズ』に参戦）。

その記事には『東洋のトラはなぜ帰る　自分で興行を計画？』と見出しが打たれ、「話によると、マツダはワールド戦参加だけ、故国の土を踏むのではないという。なんでも一週間なり二週間、国内を巡業し、自分の膚と目で日本のプロレス事情をジックリ下検分し、のち、ダニー・ホッジスやエディ・グラハムら知己を帯同して日本に乗り込み、本場そっくりのプロレス興行を打ちたいとの計画を持っているという」（以降、引用文は原文ママ）と書かれている。

まさしく、これは国際プロレス旗揚げ時のマニフェストと一致する。マツダが力道山の死後にこうした計画を温めていたことが、ここで初めて明らかにされたのだ。

ヒロ・マツダ
東洋のトラはなぜ帰る
自分で興行を計画？
グラハム、ホッジスら引き連れ

66年1月30日付のデイリースポーツのコラムで、ヒロ・マツダが日本でアメリカンスタイルの興行を開催するプランを持っていることが初めて報道された。

——このマツダのアメリカ式の興行開催プランは、国際プロレスどころか東京プロレス設立の話すら表に出ていない段階で紙面に載りましたよね。ちょうど1年後、その通りに実行されるわけですが。

「これは僕の書いた原稿じゃないなぁ…。僕の記憶では、この記事が出る少し前にマツダがプライベートで極秘帰国していたような気がします。その時、僕はボクシングの試合があったからマツダに会っていなくて、ウチの別の記者が本人に取材したんじゃないかな。内容がかなり具体的ですからね。マツダが極秘帰国していることも、吉原から聞いたのかもしれない。吉原が言っていましたけど、マツダが日プロの若手だった頃から、2人は仲が良かったようですね。マツダが64年に一時帰国した後、吉原は定期的に彼と連絡を取り合っていたと思いますよ」

——マツダの日本逆上陸はかなり計画的だったようで、凱旋した日プロ『ゴールデン・シリーズ』（5月27日〜7月6日）には予告通り、ボスのエディ・グラハムやデューク・ケオムカらフロリダ地区のスタッフと共に参加しています。これはNWAが日本に進出するためのマーケティング調査

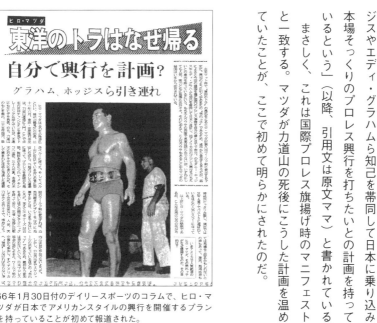

団だったことになりますね。

「あの頃、日プロはNWAのメンバーではなかったですからね。確か芳の里がNWAに加盟したいということで、マツダや彼らとゴソゴソやっていたような記憶があります。マツダの凱旋帰国に関しては、かなり期待されていましたけど、はっきり言ってマスコミがこぞって持ち上げた部分が大きいですね。僕から見たら、日本人ウケするファイトじゃなかったなあ。名前はあったけど、〝これで本当に向こうで売れたのかな?〟と(笑)。余談ですが、芳の里がアメリカ修行から帰ってきた時に、下駄の鼻緒の部分で相手を殴っていたんですよ。まあ、それがアメリカ式なんでしょうね。だから、僕は〝誰が見たっておかしいよ〟と言ったんです。それから芳の里は下駄の歯の方で殴るようになって、若手の選手には〝石川さんが余計なことを言うから堪らない〟と文句を言われましたけどね(笑)。タイプは違いますけど、マツダもそんな感じでした。アメリカナイズされているというか、当時の感覚だとオーバーアクションだし、ファイトに闘争心みたいなものが感じられなかったですね。人間的に性格は良かったけど、騒がれるほどの選手ではなかった」

——当然、このシリーズ参加の際にマツダは営業部長の吉原さんと何らかの話し合いを持ったわけですよね。

「そこで具体的なことを話したのは、間違いないでしょう。吉原が辞意を固めたのは、この頃だったはずです」

その後、デイリースポーツは9月30日付の紙面で『プロレス第三勢力誕生』と見出しを打ち、吉原氏とマツダによる新団体の設立、日本プロレスに辞表を提出した杉山恒治と草津正武の参加、さらに八田一朗・衆議院議員(日本レスリング協会会長)を顧問として迎えることを報じた。

奇しくも同日に東京プロレスのアントニオ猪木社長は、旗揚げ戦(10月12日=蔵前国技館)のカードと第1弾シリーズの日程を発表。また、日本プロレスはホテルオークラに全国のプロモーターを招集し、「東京プロレスの興行は絶対に請け負わないこと」と意思統一している。

10月6日には吉原氏、杉山、草津が渡米の挨拶のためにデイリースポーツの東京本社をはじめ都内の関係各社を訪れ、会社名が『インターナショナル・レスリング・エンタープライズ』であることを明かした。

東プロ旗揚げ直後の同月24日、マツダと共にアメリカから帰国した吉原氏は羽田空港で会見を開き、新団体の全容と新年早々の旗揚げを発表する。

取締役のマツダは「基本的に所属選手を置かずに日本プロレスと東京プロレスから選手をブッキングするというアメリカンスタイルの興行会社を目指したい」と語り、吉原社長も「第三団体ではなく、既成の団体とも相互扶助によって質的向上を図りたい」と共存共栄の姿勢を主張した。

――デイリースポーツの記事にあったように、マツダとしてはフロリダ地区のメンバーなどを呼んで日本で独自に興行を打ちたかったんでしょうが、石川さんから見て吉原さんが新団体設立に打って出た理由はどこにあったんでしょうか？

「〝何でやる気になったの？〟と吉原に聞いたら、〝弾を掴んでいるから〟と言っていましたよ。弾はマツダのことですよね。それとスポンサーも付いたんです。大阪でボディビルのジムを経営していた萩原さんとかね。萩原さんはジムだけでなく、高級うどん屋もやっていたんですよ。吉原はアメリカに行く費用とか、最初は資金をかなり萩原さんから引っ張ったと思います」

――萩原さんは国際プロレス設立時に役員に名を連ねていますし、このジムからマイティ井上、ヤス・フジイ、デビル紫、アニマル浜口らが国際に入門していますよね。

「ただ、最後は吉原と（指を交差させながら）コレになりました。それも金が問題ですよ。借りても、返せないから。そうやって、みんな離れていくんですよ」

――デイリースポーツの9月30日付の紙面では、『吉原が新団体の構想を持ったのは今年の6月。当初は猪木側の東京プロレス興業と日本プロレス興業を一本化させるためにマツダとともに精力的に動き回ったが、ついにこれは失敗。そのため吉原は7月上旬に辞意を表明し、辞表を提出していた』とあります。

「いや、その話は具体的なものじゃないはずです。僕の記憶では、吉原は芳の里か誰かに言われて東プロに接触しようとしたんですが、トヨさんは〝吉原なんかと話し合ってもしょうがないだろ〟と言っていましたから、実際には会っていないと思いますね。まあ、トヨさんにその気がなかったということです」

——吉原さんの退社の理由は、リキ・スポーツパレスの売却に賛成していた遠藤幸吉に猛反対したことで、逆に嫌がらせを受けたからとも言われてきましたが、石川さんの見解は？

「リキ・パレスはリキ・エンタープライズの所有物ですから、本来は日プロが口を出す問題じゃないんですよ。日プロ側からすれば、自分たちの常打ち会場を失うということなんです。もしリキ・パレスが売却されなかったとしても、吉原は辞めていたでしょうね。そこはあまり重要じゃないと思う。吉原は日プロ内で待遇はそれほど良くないし、営業部長で興行関係の数字は知っているから、プロレスがどのくらい儲かるのかわかるわけです。その頃の日プロは、相当儲かっていましたからね。もちろん、マツダの考えと一致した部分もあるでしょうし、トヨさんが猪木を握って東プロを立ち上げたことにも感化されたはずですよ」

——吉原さんは、力道山と共に日本にプロレスを根付かせた立役者で、浪曲の興行などを手掛けていた日新プロモーションの永田貞雄氏（日本プロレスの初代社長）と接近していたとも言われていますが。

「永田さんとは仲が良かった。あの人を巻き込めば、うまく行くと考えたんでしょう。そういう面の話をすると、日プロは山口組がバックですよね。でも、吉原にはそういうバックがいなかったんです。ただ、表には出ていなかったけど、吉原が新団体を始めようとした頃からＴＢＳとの話は水面下であったんですよ。だから、安心していたんです」

——草津と杉山の若手２名も吉原さんと行動を共にしましたが、日プロ時代の彼らはどうでしたか？

「イジメられっ放し。バトルロイヤルの時なんて、メチャクチャにされていましたね。星野勘太郎とか山本小鉄とか先輩たちに。特に田中忠治なんて徹底的にやっていましたよ（笑）。観ていて可哀想なぐらいでしたから、彼らも日プロに嫌気が差して吉原の誘いに乗ったんでしょう」

——マツダが打ち出した所属選手を抱えないアメリカ式の団体という構想については、どう思われました？

「吉原だって、端から日プロが選手を貸してくれるなんて思っていないですよ（笑）。実際、設立前にそんな話はしていませんでしたから。ただ、草津と杉山を連れてアメリカへ行く前に〝猪木は選手を貸してくれるかなあ〟と言っていて、僕は〝無理かもよ。でも、やってみたら〟と。とはいえ、個人的には東プロと提携しても難しいと思いました。まだ猪木も全然売れていませんでしたから」

――10月28日には国際プロレス側の使者としてミスター鈴木が東京プロレスの板橋区志村高校横広場大会を訪れ、猪木社長と面会していますね。

東京 猪木社長 はマツダ派に協力か

〝タッグ組んだ仲〟

選手貸し出し問題 下旬の選手会で決定

マツダが巡業先松本を訪問

難点は日程調整



66年11月3日付のデイリースポーツより。ヒロ・マツダは東京プロレス勢の宿泊先を訪問し、国際プロレス旗揚げシリーズへの協力を要請した。しかし、社長の猪木は「東京プロレスは共存共栄がスローガン」としながらも、回答を保留する。

「そこでマツダが松本大会（11月2日＝松本市体育館）の日に、猪木に会いに行くことを伝えたんでしょうね。以前、マツダは猪木とアメリカでタッグチャンピオン（テネシー版NWA世界タッグ王者）になったりしたけど、ギャラのことなのか何なのか、ちょっと揉めていたんですよ。あの時は猪木から〝マツダさんと松本で会うことになった〟と電話が来たから、僕も東プロの宿舎だった『香蘭荘』に行ったんです。でも、会うことが決まっていたものの、マツダは菊池（孝）の旦那に〝猪木と一度会わなきゃいけないなあ〟と探りを入れたみたいでね。菊池の旦那は、〝それなら猪木に付いているデイリーの石川さんという記者に話を通しておいた方がスムーズに行くかもよ〟とアドバイスしたそうですよ（笑）。僕も菊池（孝）の旦那に〝マツダが猪木に会いたがっている〟と聞かされたけど、会うのが決まっていることは知らないふりをして（苦笑）」

――マツダとしては、猪木さんが協力してくれるかどうか不安だったんですかね？

「いや、会って話をすれば大丈夫だろうという感じに見えました。猪木とマツダが『香蘭荘』の2階の部屋で会談した時、僕もその場にいたんですよ。部屋にいたのは、3人だけでした。僕は席を外そうとしたんですけど、猪木が〝いや、石川さんもいいですよ〟と言うから。この時、実際にはアメリカ時代の話なんかを2人で楽しそうに喋っていただけなんです。選手貸し出しの話は、マツダが〝ところで…〟と軽く振っただけで、それほど具体的な話にならなかった。猪木も〝いろんな人が関わっているし、一存じゃ決められないので〟と保留しましたしね。まあ、その時点で猪木は提携には、あまり乗り気ではなかったです。マツダが帰った後に、〝手を組んでも、しょうがねえよなあ〟と言っていましたから。僕は〝タッグを組んだら、いいじゃない?〟と言ったんですが、〝う〜ん…〟と言葉を濁していましたね」

——最終的には、11月29日に吉原社長が東プロの事務所を訪れて猪木社長と会談を持ち、翌年1月から始まる国際の旗揚げシリーズは合同興行という形に決定します。

「吉原は猪木と日本プロレスの先輩後輩の関係ですけど、僕の中では猪木が吉原を慕っていたという印象はないですね。この時も、あくまでもビジネスとして付き合っていたはずです。まあ、猪木も金がなかったんでしょう（笑）」

——この後、豊登は12月19日の東京体育館大会で国際&東プロ合同シリーズへの不参加を表明し、東プロ内部の亀裂が表面化しました。石川さんから見て、豊登さんと吉原さんの仲というのは？

「そこの関係もあまり良くなかったかなあ」

——この年の4月にハワイで起きた猪木略奪事件の直後に日プロは豊登除名の会見を開きましたが、デイリースポーツに載った写真を見ると、吉原さんが発表しているように見えるんですよ（笑）。それを豊登さんは根に持っていたという説もあります。

「みんな芳の里が言わせているんだけどね（笑）。その直後に猪木とトヨさんが分裂して、告訴合戦になるわけですよ」

——マツダ、猪木の2本柱ができたとはいえ、国際の旗揚げ戦がいきなり大阪府立体育会館で2連戦というのは、かなり無謀でしたね。

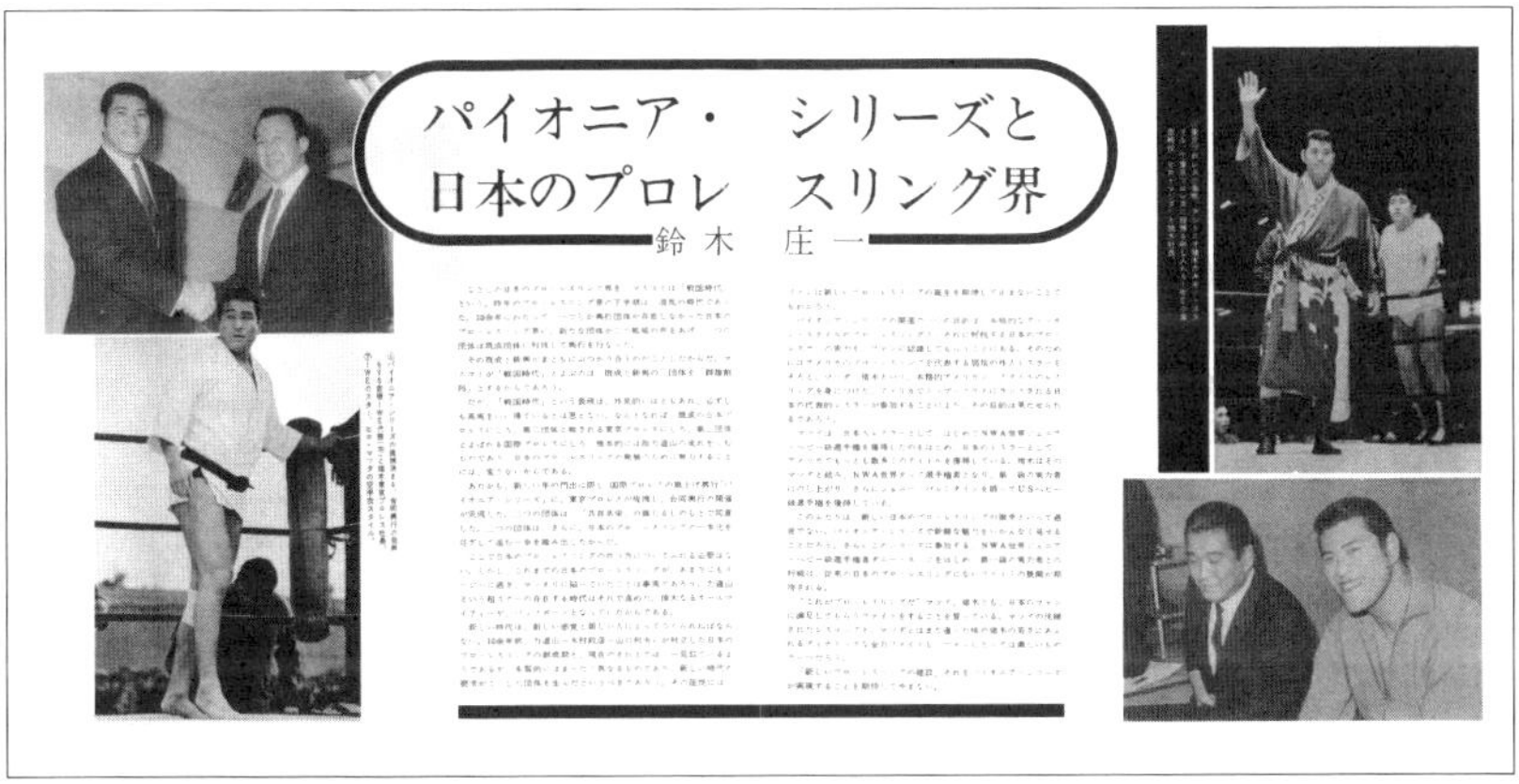

# パイオニア・シリーズと日本のプロレスリング界

鈴木庄一

国際プロレスの旗揚げ第１弾『パイオニア・シリーズ』のパンフレットより。序文には、「第二団体と称される東京プロレスにしろ、第三団体とよばれる国際プロレスにしろ、根本的には故力道山の流れをくむもの」とある。

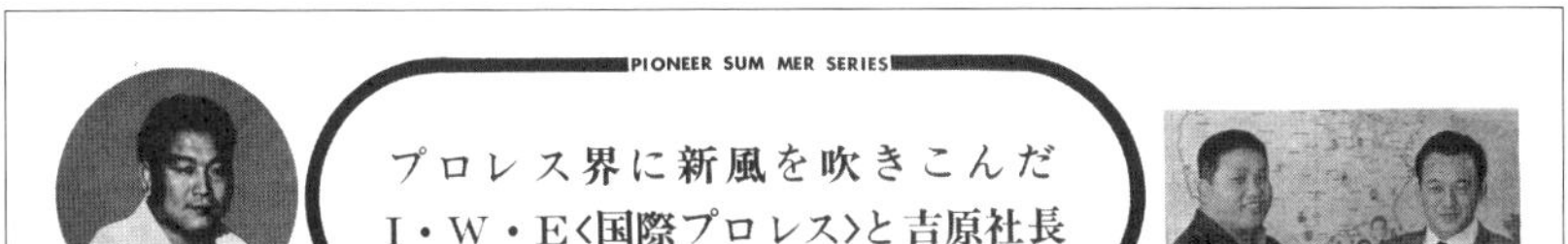

PIONEER SUM MER SERIES

# プロレス界に新風を吹きこんだ I・W・E〈国際プロレス〉と吉原社長

マット界の黄金児 ヒロ・マツダ

サマーシリーズ出場の契約に調印した豊登と吉原社長

日本人初のプロ・フットボーラー・鐵登 草津正武

レスリング練成道場Ｉ・Ｗ・Ｅジムナジアム竣写真



旗揚げ第２弾『パイオニア・サマー・シリーズ』のパンフレットより。アントニオ猪木に代わって、今度は豊登が参加。今秋着工予定として、地下１階、地上３階の「IWEジム」建設計画も明かされている。

「初日はそこそこ入ったけど、2日目は入っていませんでしたよ」

——発表では初日は7500人、2日目は4500人でした。

「実際は、そんなに入ってなかった（笑）。僕が知る限り、旗揚げシリーズは全然入りませんでしたね。東プロより、ひどかったかもしれない。当然、日プロが全国の有力プロモーターに〝国際の興行を買うな〟と発令しているわけだから、東プロと同じ状況ですよ。いや、トヨさんが出ていないから、そういう面では東プロより厳しかったでしょう。マツダも猪木も、地方では誰も知りませんからね。客からすれば、〝馬場は出ないのか？〟、〝豊登はいないのか？〟という感じですよ。しかも、既存のプロモーターも協力してくれない。それは当然ですよね。日プロとの関係だけでなく、興行を買っても赤字になるのは目に見えていますから。そこでひと山当てようと目論んだ素人が興行を買って、失敗する。そこも東プロと一緒ですよ」

——デイリースポーツは、そんな国際プロレスを旗揚げ当初から後援しましたね。

「それは吉原に、〝頼むよ〟と言われたからですよ。〝じゃあ、社に話すよ〟と。新聞社が後援すると、社会的に信用されるわけです。目的は、それだけですね。ウチは東スポと違って、お金は出しませんから（笑）。たとえば、吉原が〝ウチはデイリースポーツが後援に付いたから〟と言えば、お金を貸す人も興行を買う人も信用するし、紙面で宣伝もしてくれると思いますよね。でも、結局は客が入らなくて赤字になる。後から〝騙された〟と、よく言われましたよ（笑）。旗揚げシリーズの後、ギャラの分配で吉原と猪木が決裂しましたけど、これも金のない同士が取り合いっこをしているというだけのことです（笑）」

——猪木さんと喧嘩別れし、東プロ自体も崩壊したことで、吉原さんは身延山に山籠もりしていた豊登と田中を呼び寄せましたよね。これには石川さんも関与したんですか？

「いえ、吉原に〝トヨさんは行けるかな？〟と聞かれて、〝繋ぎにはなるよね〟という話はしましたけど、あれは吉原自身が田中に連絡して、トヨさんを引っ張ったんでしょう。トヨさんも金欠だったはずで、吉原と利害が一致したというだけですよ。寺西とか大剛といった猪木に置いていかれた東プロの若手たちには、吉原の方から声をかけて誘っていました。その2度目のシリーズの頃に、吉原とマツダの間に亀裂が入ったんじゃないかなあ。マツダの方も客入りの悪さは、予想外だったと思います」

国際プロレスは旗揚げから2シリーズを開催したが、不入りが続き、赤字は膨らむ一方だった。

10月の旗揚げ第3弾『パイオニア・オータム・シリーズ』は、アメリカから杉山と草津を呼び戻し、ターザン・タイラー、スプートニク・モンロー、ホセ・ロザリオ、ボブ・オートン、ドン・マクラリティらを参加させる青写真だったが、自力開催は無理と見て、早々に中止となっている。

その一方、TBSは9月11日に会見を開いて、鶴田全夫・運動部長が「来年1月からTBSが国際プロレスの放送を開始します」と正式発表した。また、TBSのプロレス中継を担当する森忠大・運動部副部長は、三ツ矢乳業の岩田弘社長を担ぎ出し、筆頭株主兼インターナショナル・レスリング・エンタープライズ代表に据える。

また、新ブッカーにはアメリカ在住のグレート東郷が就任。ブッカーを降ろされたマツダは国際プロレスから手を引くことを決め、渡米した森&岩田氏から選手としての参加要請を受けたものの、首を縦に振ることはなかった。

さらに森・副部長は12月23日の会見で、「団体名は『TBSプロレス』にします。国際プロレスは、我々に選手を提供する団体です」と発表する。この新体制のエースには、ラグビーの元日本代表でプロレスのキャリアは2年目の草津が選ばれた。

――一説にはTBSが中継を正式決定する頃、国際プロレスは5000万円くらいの借金があったようですが、役員のマツダが一切被ろうとしなかったのも決裂の原因とされています。

「そういうことも含めて、グレート東郷がブッカーになる前に、もう吉原とマツダの関係はすでに壊れていたはずです。結局、マツダは日本に来ても金にならないから、国際から手を引いたんですよ」

――石川さんは、TBSの森さんに〝グレート東郷をブッカーにしたらどうか〟と進言したんですよね？

「森忠大に〝国際は、いいガイジンは呼べないかのかな?〟と聞かれたから、〝東郷なら呼べると思うよ〟と答えたんです。それは間違いなく僕が言いました。それが社内で会議にかかったかどうかは、知りませんけどね」

――力道山の死後、東郷は日本プロレスからブッカーを解任されました。その時に、もう二度と日本で活動しないという約束で多額の手切れ金を渡されているはずですが。

「そのことを僕は知らなかったんですよ。だから、僕は森忠大に東郷を勧めたし、TBSだって知らなかったでしょう。僕は日プロの頃から東郷を知っていて、芳の里なんかは〝テラが高い〟と文句を言っていましたが、それほど汚いという印象はないんですよ。普段は大人しくて、真面目な性格でした。それに力道山が全面的に任せていたくらいブッカーとしての腕は確かでしたから」

――東郷がブッカーになって怒ったのは、マツダよりも日プロ幹部たちだったと思います。

「でも、森忠大が〝TBSの力を持ってすれば、3分でスターは作れる〟というようなことを記者会見で断言しましたよね。あれを聞いて、〝バカ言ってんじゃねえよ!〟と。あの一言でマスコミはみんな怒ったし、〝そんなもんじゃないよ!〟と呆れていました。それからTBSは、草津を売ろうとテレビ番組にバンバン出していましたよね。吉原に〝ルー・テーズとやらせて、草津をエースに持って行くから〟と聞かされた時は、ちょっとキツイだろうなと思いました」

――話題作りでしょうが、草津さんが馬場さんに〝自分がテーズに勝ったら、統一戦をやりましょう〟と声をかけて、呆れさせたらしいですね。そうしたTBSプロレスのやり

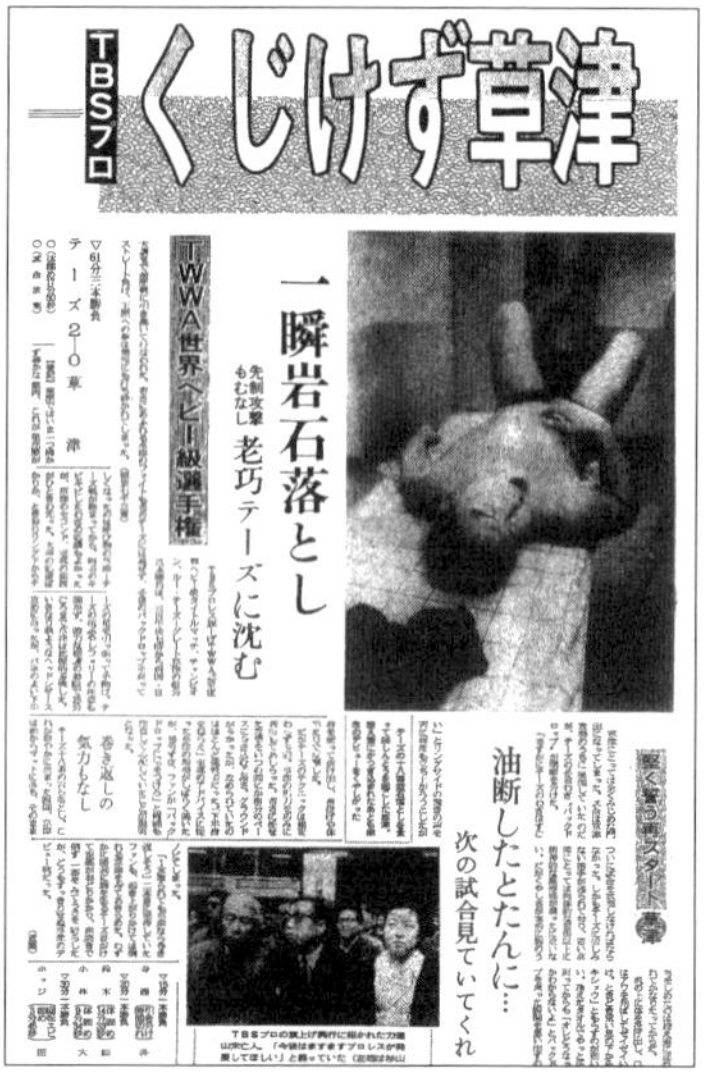
TBSプロ くじけず草津

一瞬岩石落とし

先制攻撃もむなし 老巧テーズに沈む

TWWA世界ヘビー級選手権

油断したとたんに…

次の試合見ていてくれ

ルー・テーズvsグレート草津のTWWA世界戦を報じる68年1月4日付のデイリースポーツ。当日は力道山未亡人の百田敬子さんも招待され、リングサイドで試合を観戦した。

方に怒った日プロの星野勘太郎や松岡巌鉄が〝俺たちと勝負しろ〟と草津に挑戦状を出すなど、旗揚げ前から話題には事欠かなかったです。

「まあ、TBSなんかに言わされていた部分もあるんでしょうけど、草津もちょっと天狗になっていたのかな（笑）。確かに他にいないんですよ。猪木もマツダもいなくなった。でも、杉山じゃ売れないし、消去法で草津なんです。この頃は、いろんな意味で国際プロレスは吉原の当初の考えとは別の方向へ行った感じがありましたね」

――TBSの森さんによれば、局からの放映権料で吉原社長は借金を返したそうです。

「そういうこともあってか、その頃はTBSが実権を握って、吉原は飾り物みたいでしたから。このTBSプロレスになった時に、木村が国際に入りましたよね。彼は東プロが潰れて地元の北海道に帰っていたんですけど、デイリーの東京本社まで来て、〝石川さん、どうしたらいいですかね？〟と相談されたんです。彼はトヨさんと一緒で日プロを除名されたから、猪木とは違って戻れないんですよ。だから、僕は〝吉原に連絡しておくから〟と。その後、〝木村がそっちに顔を出すと思うから、よろしく〟と吉原に電話を入れましたよ」

――68年1月3日に日大講堂で開催されたTBSプロレス第1戦のメイン、テーズvs草津のTWWA世界戦を石川さんはどう見られましたか？　記念すべき最初の生中継で、まさかの大惨敗を喫したわけですが。

「現場で取材していて、〝草津は上手くやれるかな？〟と、そればっかり気になっていましたね（笑）。途中までは〝草津も少しはやるな〟と思ったけど、あのバックドロップ一発で、それっきり（笑）。〝ああ、やっぱりダメだな〟と。なし崩し的に試合が終わっても、客席は納得していたような雰囲気でした。僕の記憶では、騒いだ客はいなかったはずですよ。まあ、相手はテーズですからね。僕らマスコミも納得しました。後に吉原が〝草津がダメなのは、歯を見せながら試合をするところだ。そんなバカなことはない。レスラーは必ず口を結ぶんだ。歯が見えていたら、力は入らない。口を閉じて顎を引いていれば、バックドロップを食っても、あんなにダメージはないんだけど〟と言っていたことがありますよ。あれは吉原もガックリ来ていたし、

TBSの目論見は大外れですよね」

――この後も事件は続いて、同月10日には大木金太郎が日プロに辞表を出して仙台に向かい、当初の手筈では宮城県スポーツセンター大会で組まれたテーズvs豊登のタイトル戦後、リングに上がって挑戦状を手渡すことになっていました。

「その件は、菊池の旦那が動いたんじゃないかな。大木の金ちゃんが来るのは、僕は知らなかったですから。金ちゃんは会場には来たけど、実行には移さなかったですよね」

――直前で大木を説得して止めたのは、スポーツニッポンの宮本義男社長と在日韓国人組織だと言われてします。そのニュースを聞いて怒った日プロ側は、〝大木を引き抜こうとしたのは東郷〟と断定して、当初はヤマハ・ブラザーズがヒットマンを名乗り出たらしいですが、最終的な実行犯はユセフ・トルコと松岡巌鉄でした。

「ああ、翌日にホテルニューオータニで東郷を襲った事件ですね。あれはトルコが義憤にかられたわけじゃなくて、日プロの幹部の誰かが行かせたんですよ。後にトルコは、〝変なクジ引かされちゃった。損しちゃった〟と言ってま

東京プロレス残党組が合流後の集合写真。石川氏が進路の相談を受けた木村政雄（ラッシャー木村）は他の選手たちに遅れてTBSプロレスの第1弾『オープニング・ワールド・シリーズ』から所属となった。

したから（笑）。僕も大木の金ちゃんとは仲が良くてね。この時は菊池の旦那に相談したんだろうけど、後に金ちゃんと猪木がやった時は僕が間に入ったんですよ」

――74年10月10日に蔵前国技館で一騎打ちした時ですか？表面上は韓国に戻っていた大木さんが日本に来て、一方的に猪木さんに挑戦したことになっていますが。

「違いますよ。あれは新日本の方から、声をかけたんです。最初、新間から僕に連絡が来たんですよ。だから、金ちゃんに電話を入れて、〝新日本の方が出ないかと言ってるけど、どうする？〟と。金ちゃんは即決でしたね。そこで僕は〝じゃあ、新間と繋ぐから、ギャラとか細かい話は直接して〟と引きましたけど、金ちゃんとしても上がるリングがなかったら、どうしようもないですから。まあ、そこは大人の話ですよ（笑）。マツダと猪木がくっ付いた時と同じです（笑）」

――続くTBSプロレス第2弾の『TWWAワールド・タッグ・シリーズ』では、吉原社長と東郷がギャラ問題で揉めますよね。高いブッキング料を吉原社長が値切ったために、東郷は2月19日の浜松市体育館大会で外国人選手たちに試合をボイコットさせました。

「確かボクシングか何かの関係で、僕はその大会には取材に行ってないんですよ。ただ、これも吉原に金がなかったんでしょう。団体名は『TBSプロレス』ですが、金に関してはTBSが吉原に放映権料を払って、吉原が東郷にギャラを払う形なんです。最初の頃、国際の中継の視聴率は良かったから、TBSとしてはそれでOKなんですよね。

TBSプロレス始動に向けて、“鉄人”ルー・テーズを初代TWWA世界ヘビー級王者に仕立て上げたグレート東郷。しかし、東郷路線はトラブルが頻出し、僅か2シリーズで終焉を迎える。

あくまでも視聴率を取れる番組をやりたいだけで、金のトラブルは避けたいし、レスラーの扱いにも慣れていないから、そういう部分は吉原に任せるわけです。でも、吉原の方からすると、テレビの視聴率は良くても、興行には客が入らないから、そっちは赤字を食らうわけですよ。もちろん、東郷の要求も高かったはずで、彼の場合はまとめていくらという形でギャラをもらって、自分の裁量で選手たちに振り分ける。当然、テラも切るし、誰も内訳はわからない（笑）。ＴＢＳの方は、東郷と吉原の金銭的なやり取りの詳細は知らなかったはずですよ」

――この時期、吉原社長は外国人のブッキングなどについて、どれだけ発言権があったんですかね？

「僕の中では、吉原と東郷の仲はそれほど悪くなかったという印象なんですよ。日プロ時代から旧知の間柄ですしね。現場のことをブッカーに完全に任せる人もいますけど、吉原は口を出すタイプでしたから、〝今度は○○を呼びたいんだけど、東郷さんと相談しなきゃ…〟とボヤいていたこともありましたね。むしろ吉原は、トヨさんの扱いに困っていたような気がします。トヨさんはワガママですからね。この頃も急に試合に出ないと言い出したり（笑）。日プロ時代、吉原はトヨさんの下だったから、そうそう強気には出られないんですよ。トヨさんに関しては、コントロールできなかったかなあ」

――でも、東郷をブッカーから降ろした後、八田一朗さんのラインから即座に欧州路線に切り替えた吉原社長の機転は見事でしたね。

「吉原は〝ビル・ロビンソンに任せちゃうから〟と言っていましたが、実際に彼は良かったですよね。このロビンソンがエースだった時代に、経営も少し持ち直したように思います。その後にはアメリカのＡＷＡと提携して、いいガイジンがたくさん来て…ただ、僕の場合は国際のベストバウトは何かと聞かれても、パッと思い浮かばないんですよね。そこがあの団体の弱いところなんじゃないかなと」

――欧州路線の時に名称を『国際プロレス』に戻し、吉原社長の主導で団体が運営されていくことになりますが、石川さんは社長としての吉原さんをどう評価しますか？

「吉原は温厚そうで、実はかなり頑固なんですよ。僕も吉原と喧嘩したことがありますから。旗揚げ当初から、いつも会場には『デイリースポーツ後援』という垂れ幕が出ているわけですよ。それがある日、取材に行ったら、東京新聞の後援になっていたんです。だから、僕は〝あれは、どういう意味だ！　もう勝手にしろ！〟と吉原に詰め寄ってね。品川公会堂での試合だったかな」

——品川公会堂といったら、カール・ゴッチがモンスター・ロシモフをジャーマン・スープレックスで投げた『第3回IWAワールド・シリーズ』（71年4月30日）ですね。

「その日ですよ。頭に来て、それ以来、デイリーは後援をやめました。74年にストロング小林が抜けた時にTBSも中継を打ち切って、今度は東京12チャンネルが付きましたよね。あれもプロデューサーの白石剛達さんがレスリングをやっていた関係からですけど、吉原はそういう人脈に助けられたと思います。でも、レスリング人脈だけでは限界がありますよね。やっぱりTBSと切れたのが一番痛かったでしょう。出す金が違いますから」

——81年8月に国際プロレスは崩壊しますが、石川さんは事前に知っていたんですか？

「ええ、吉原から借金だらけで相当厳しいという話を聞いていましたから。羅臼での最後の興行には取材に行っていませんが、そこら辺で終わりなのも知っていました。金がないんですから、しょうがないですよね。吉原は社長をやるには、人が好すぎたんですよ。やっぱり猪木くらい悪くないと、あの頃のプロレス界ではやって行けませんよ（笑）」

# 森 忠大

## 元TBSテレビ『TWWAプロレス中継』プロデューサー

**もり・ちゅうだい**
1930年8月19日、群馬県太田市出身。早稲田大学卒業後、53年にTBSテレビの前身『ラジオ東京』に入社。運動部に在籍していた時代は、ボクシング番組『東京チャンピオンスカウト』を成功させたのを皮切りに、国際プロレスやキックボクシングの中継で敏腕プロデューサーと活躍した。

約15年に及ぶ国際プロレスの歴史を振り返ると、1968年1月3日の日大講堂における『グレート草津失神事件』は大きな分岐点となった。

念願だったTBSテレビのレギュラー中継が、この大会からスタート。放映開始に伴って団体名も『TBSプロレス』に改称し、新たな路線を歩み出した船出の日に、惨敗を喫する若きエースの姿が全国のお茶の間に生中継されたことで、早くも団体側は方向転換を余儀なくされる。

これと前後して、旗揚げメンバーにして取締役副社長でもあったヒロ・マツダの離脱、大木金太郎引き抜き未遂騒動、ユセフ・トルコらによるグレート東郷殴打事件、外国人レスラーの出場ボイコットなどトラブルが続出。そのために、この時期のTBSは「ヒール」として語られることが多かった。

その一方で、TBSが支払う多額の放映権料が資金難に喘いでいた国際プロレスの経営を安定に導いたことも事実である。ビル・ロビンソン、ストロング小林がエースに君臨していた黄金時代は、TBSの存在を抜きには語れない。

このTBS『TWWAプロレス中継』でプロデューサーを務めていたのが当時、同局運動部の副部長だった森忠大氏である。吉原社長の早稲田人脈が国際プロレスを側面から支えていたことは広く知られているが、森氏もまた学生時代からの友人であり、2人の交友関係がなければ、TBSでの放映は実現していなかったかもしれない。

――森さんは、吉原社長と学生時代からの付き合いだったんですよね？

「吉原とは高校、大学と同級生です。しかも、高校の時は同じクラスにもなってね。彼は1年遅れて入学しているから、年齢は1歳上でした。そのまま大学も一緒に進んだから、長い付き合いだよね。大学時代、吉原はレスリング部で、僕は柔道部だったけど、隣同士で練習していたんです。彼はレスリングの名選手でしたよ」

――吉原さんは日本プロレスを退社する前から、新団体設立について森さんに相談されていたそうですね。

「吉原とはちょくちょく会って食事をしていたんで、いろいろと内部の話を聞いてはいたんですよ。ある時、〝日本プロレスを辞めて団体を立ち上げるから、TBSで力を貸してくれ〟と言ってきてね」

――森さんは、どう答えたんですか？

「〝お前に経営の才能はない〟と、はっきり言いました。僕はガキの頃から、吉原のことを知っているからね。〝お前ね、日本プロレスという看板を背負っていた方がいいよ〟とアドバイスしたんです。これは自分にも当てはまる話ですよ。TBSという金看板があるから、人が頭を下げるわけでね。それは放送局もプロレス団体も一緒なんです。吉原は考え込んでいたけど、〝お前は人が好すぎるから社長に向いてない。考え直せ〟と僕は忠告したんだ。早い話、我々はスポーツ馬鹿なんですよ。後年、僕が運動部から営業部に自ら異動したのも、このままスポーツ馬鹿で終わりたくないと思ったからなの。営業では頭も下げましたよ」

――力道山の死後、日プロは豊登、芳の里、遠藤幸吉、吉村道明の合議制で運営されていましたが、吉原さんは上層部のどこに不満を抱いていたんでしょうか？

「具体的なことは言わなかったけど、〝肌が合わない〟とこぼしてた。上にいた四天王は相撲や柔道出身で、学卒じゃないでしょ（※吉村のみ近畿大学卒）。これはもう基本的にカルチャーが違うんですよ。合うはずがないと僕も思う。どちらかと言えば、彼にとって尊敬すべき人物像じゃないよね。それで鬱屈していたんじゃないかな。吉原は、非常に理想主義者なんです。彼自身はアマレスを基盤とした、ショー化していない、いわゆるストロングスタイルのプロレスをやりたかったんだと思う。レスリングの王道というかね。だから、ヒロ・マツダとも気が合ったんだろうし」

――ということは、団体を立ち上げたのは純粋に理想のプロレスをやりたかったということですか？

「うん、規模は小さくても、自分の理想の団体を創ってみたいということだったんじゃないかな。吉原は、金銭には淡泊な男ですよ。逆に言えば、経営感覚はゼロ。人間的には、物凄くいいよ。気前もいいし、奢っちゃう方だから。でも、経営者というのは、ある面で非情じゃないとやれませんよ。義理人情だけじゃダメ。みんな、そうじゃない？」

――そういう点で、力道山はシビアだったと聞いています。

「力道山は素晴らしいですよ、経営者としてはね。ところが、吉原はひとつのビジョンを立てて、フローに則って物事をひとつひとつ実行していくというタイプじゃないんだ。これは学生時代から、そうなんです。だから、あいつは母性本能をくすぐるんだな（笑）。その後、あれだけ言ったのに、〝おい忠大、もう会社は辞めちゃったよ。何とかしてくれよ〟と言ってきてね。〝俺は退路を断った〟って。僕としても困ったよ。というのも、当時ＴＢＳの社長だった今道潤三さんがプロレスを嫌っていたんです。この人がダメと言えば、これはどうやっても無理なわけだから」

――ＴＢＳは力道山時代にプロレスを中継していましたが、その今道さんが打ち切りを決定したんですよね。

「力道山は、番組のスポンサーだった八欧電機（現・富士通ゼネラル）の宣伝部長と非常に親しかったんですよ。ところが、あることから関係がおかしくなってね。力道山は八欧電機の社長のところに行って、その宣伝部長のことを悪く言ったらしいんだ。力道山は、自分の恩人に対してそんなことをやるんだな。その話を今道が聞いて、〝力道山ってのは、とんでもない野郎だ！〟と。それでプロレスの中継を切っちゃったんですよ。そういう経緯があったから吉原には難しいと言ったんだけど、それでも何度も頼んでくるわけ。しかも、すでに団体としてスタートしちゃっているというし（苦笑）」

――67年1月に国際プロレスは東京プロレスとの合同興行という形で旗揚げしましたが、そこからTBSでの放映が始まるまで約1年かかりましたね。

「当時、吉原は自転車操業でやり繰りしていたんです。いいタニマチはいたんだよ。興行師の永田貞雄さんとかね。でも、経営が苦しいと言っていた。そこでどうしてもテレビが欲しい。まあ、同級生だし、僕もそう邪険にもできないなと思ってさ。だから、〝じゃあ一度、現場を観てみる〟と言ってね。だから、年明けの1月に台東体育館へ行ったんですよ」

――その1月18日の台東大会のメインは、猪木＆マツダがジョニー・バレンタイン＆エディ・グラハムを相手にNWA世界タッグ王座を防衛した一戦でした。生でご覧になったご感想は？

「なかなかいいんですよ、これが。スピードもあって、テクニックもあって、スタイリッシュでね。力道山や豊登、馬場のプロレスとは正反対のスタイル。つまり大味じゃないの。それに猪木とマツダは顔付きもいいし、〝これは人気が出そうだな〟と思ったんだ」

――森さんは、プロレスはお好きだったんですか？

「あまり興味なかったね。ボクシングは大好きだったけど。力道山の試合もそれほど観なかったし」

――ということは、テレビマンとしての勘ですか？

「そうです。僕は自慢するわけじゃないけど、チャンピオンメーカーと言われたんですよ」

当時、森氏はTBSのボクシング中継『東洋チャンピオンスカウト』のプロデューサーを務めており、視聴率は常に20％後半をキープしていたという。

同番組内で新人育成にも取り組み、その中から〝精密機械〟沼田義明がブレイク。さらに〝ハンマー・パンチ〟藤猛との専属契約にも成功する。2人は揃って67年に世界王座を獲得し、その試合中継はいずれも視聴率40％超えを果たした。

また、68年から『YKKアワー キックボクシング中継』も手掛けて沢村忠をスターに育て上げるなど、森氏は〝スポーツのTBS〟というイメージ作りに大きく貢献している。

70年代に入ってからも手腕を発揮し、〝カンムリワシ〟具志堅用高にデビュー前から注目。WBA世界ライトフライ級王者になってからもサポートを続けた。

——当時、日本テレビ＝日本プロレス側のエースはジャイアント馬場でしたが、猪木とマツダなら対抗できると？

「そうです。面白いものでね、政治家でもモノになる人間というのはオーラがある。それで人相風体が大事なんです。猿面冠者の豊臣秀吉は、例外中の例外でね（笑）。歴代のステイツマンをご覧なさいな。みんな、それぞれ風格のある顔をしていますよ。猪木やマツダにもオーラがあった。要するに、リングに上がるとパッと明るくなるのね。そして、大きく見える。僕もこの2人がいるなら行けるんじゃないかと思って、そこで初めて企画書を書いて上司に見せたんですよ」

——その時点での上層部の見解は？

「やはり難しいという話になった。僕は〝今の時代、何が当たるかわかりませんよ！〟と食い下がったよ。そうしているうちに、猪木が日本プロレスに復帰しちゃった」

——それが67年4月6日ですね。

「まあ、猪木がいなくなったことで反対の声も出たけど、その頃には社内ですでに交渉しちゃっているわけ。だから、引くに引けなくなった」

——今道社長が定例会見で国際プロレスの中継開始を初めて示唆したのは、猪木さんが日プロに復帰する3日前でし

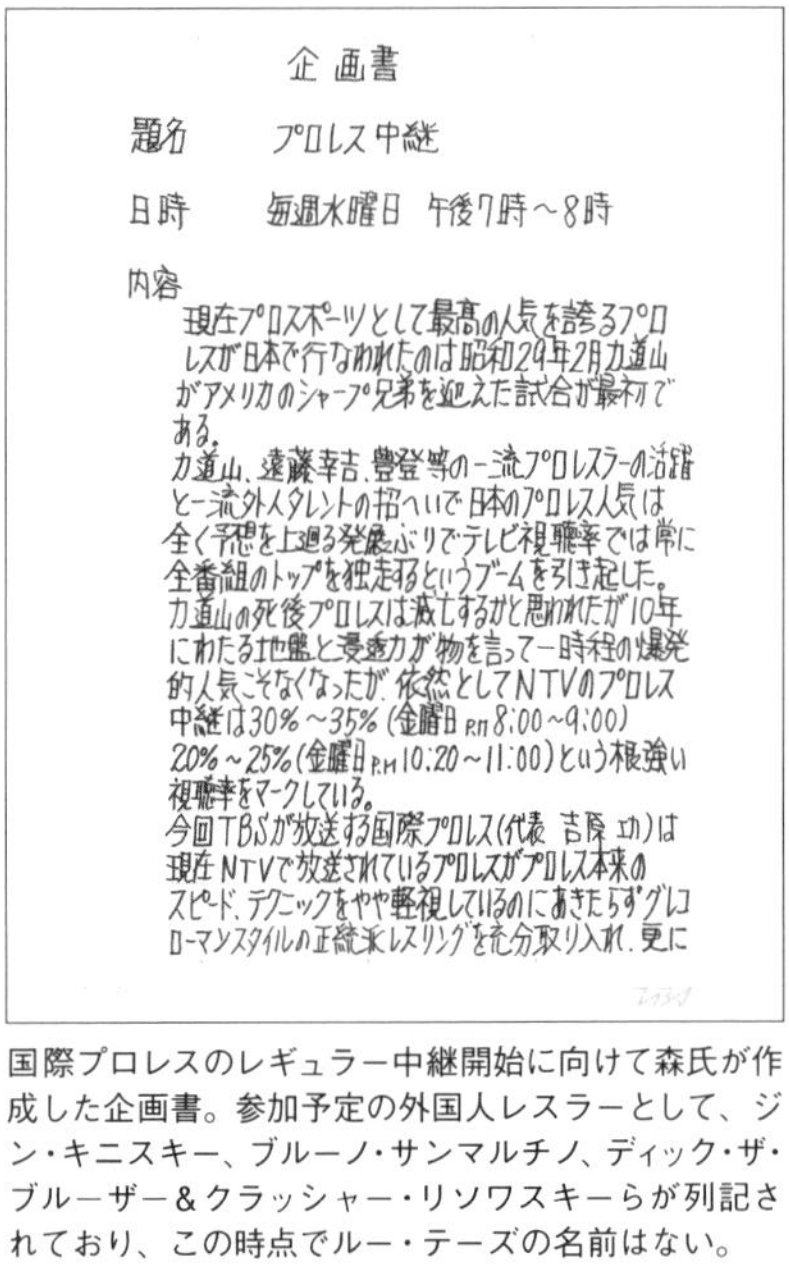

企画書

題名　プロレス中継

日時　毎週水曜日　午後7時～8時

内容

現在プロスポーツとして最高の人気を誇るプロレスが日本で行なわれたのは昭和29年2月力道山がアメリカのシャープ兄弟を迎えた試合が最初である。

力道山、遠藤幸吉、豊登等の一流プロレスラーの活躍と一流外人タレントの招へいで日本のプロレス人気は全く予想を上廻る発展ぶりでテレビ視聴率では常に全番組のトップを独走するというブームを引き起した。

力道山の死後プロレスは滅亡するかと思われたが10年にわたる地盤と浸透力が物を言って一時程の爆発的人気こそなくなったが、依然としてNTVのプロレス中継は30%～35%（金曜日P.M 8:00～9:00）20%～25%（金曜日P.M 10:20～11:00）という根強い視聴率をマークしている。

今回TBSが放送する国際プロレス（代表 吉原 功）は現在NTVで放送されているプロレスがプロレス本来のスピード、テクニックをやや軽視しているのにあきたらずグレコローマンスタイルの正統派レスリングを充分取り入れ、更に

国際プロレスのレギュラー中継開始に向けて森氏が作成した企画書。参加予定の外国人レスラーとして、ジン・キニスキー、ブルーノ・サンマルチノ、ディック・ザ・ブルーザー＆クラッシャー・リソワスキーらが列記されており、この時点でルー・テーズの名前はない。

た。

「そうでしょう。その後、社長に言われて大分でパイロット番組を作ったんです。ランスルー（架空放送）というヤツね。大分放送に協力してもらって、僕が解説者役をやって、それっぽく作ってみたの。局の上層部を呼んで、それを上映したら、みんな一転して〝いいなあ！〟なんて言うわけよ（笑）」

――今道社長も？

「もちろん。はっきり言ってね、テレビ屋というのは、何を重要視するかというと結局は視聴率なんです。それで無節操ですよ（笑）」

――この時期、日本テレビのプロレス中継は視聴率が30％前後だったと言われていますが、同じくらいの数字が取れるならOKという感じですか。

「いや、半分取れたらいいじゃないかと。15％ならOK」

――9月になって国際プロレスとTBSは正式に契約を結びましたが、時を同じくしてエースのヒロ・マツダが離脱しますよね。

「僕も最初は上司連中に黙っていたんだよね。猪木に続いて、マツダもダメになっちゃった。誤解している人も多いようだけど、マツダはTBSと揉めたわけじゃないんです。あれは吉原との金銭上のトラブルで抜けたんですよ」

結果的に、国際プロレスは旗揚げした67年に2シリーズしか開催していない。

当初、6月開催を目途に準備が進められていた第2弾シリーズは延期となり、しかも出場が予定されていたカール・ゴッチ、スプートニク・モンロー、ジャック・ブリスコら外国人レスラーのほとんどを日本プロレスに引き抜かれるという憂き目にも遭う。

7月に開幕した第2弾『パイオニア・サマー・シリーズ』の売りは、マツダと豊登の異色コンビだった。東京プロレスで猪木と喧嘩別れした豊登は、グレート東郷と手を組んで〝第4団体〟の設立に動いたという報道もあったが、ほどなくこのプランは消滅。猪木と入れ替わるように国際に助っ人参戦したものの、マツダは同シリーズが赤字に終わったことをマスコミに明かしている。

このシリーズ中の8月14日には、「大阪夏の陣」と呼ばれた興行戦争も勃発した。

日本プロレスは大阪球場でジャイアント馬場vsジン・キニスキーのインターナショナル・ヘビー級戦という黄金カードを組み、2万人の大観衆を動員。一方、国際プロレスは大阪府立体育会館で興行を打ち、観客動員は4200人と地力の差を見せつけられる結果に終わった（いずれも数字は主催者発表）。報道によれば、日プロの興行と勘違いして国際の会場に足を運んだ観客もいたという。

この時期、アメリカ在住だったマツダが外国人レスラーのブッキング、現地で武者修行中だった草津のサポート以外に、どこまで団体運営にタッチしていたのかは過去の資料を調べても判然としない。

マツダはシリーズ終了後の8月18日に帰国。その際に、続く11月シリーズの延期をほのめかし、最終的には中止となった。

また、これと前後して吉原社長は運転資金のテコ入れのために、森氏を介して三ツ矢乳業の岩田弘社長を相談役に迎える。通説では、こうして森&岩田氏の「新体制」が誕生し、独断で外国人招聘ルートをグレート東郷に変更したことにマツダが不快感を抱いて離脱、吉原社長からも実権を奪って団体をコントロールしたとされている。

当時の報道によると、吉原氏は9月24日に渡米し、マツダ、草津（タキ・ヤマグチ）、杉山（トーキョー・ジョー）と会った後、ロサンゼルスの東郷邸を訪問している。

吉原社長が帰国後、10月中旬に今度は森&岩田の両氏が渡米し、ここで改めて「新体制」が東郷と会談。全面協力を取り付けると3人で全米を行脚し、さらにカナダのトロントへと飛んで、同地区のプロモーターであるフランク・タニーの賛同を得てTWWAを設立する。

ちなみにマツダの離脱が発覚したのは11月に入ってからのことで、その時点ですでに東郷の国際プロレス参入は大きく報道されていた。

――ここがキーポイントのひとつなんですが、グレート東郷の外国人ブッカー就任とヒロ・マツダの離脱はどちらが先だったんですか？

「マツダが抜ける方が先だね。吉原が彼の住んでいるフロリダに行って話し合いをしたんだ。ただ、僕は具体的な内容は聞いてないよ。テレビ屋だから、興行面には深入りしないんです。我々はいい番組を作って、視聴率を取れば、それでいいんだから。ドライに言えばね。だから、ドロドロの部分には敢えて入らない」

――では、マツダさんと吉原さんが決裂した原因は、どこにあったと思われますか？

「これは僕の想像だけど、吉原の口ぶりから察すると、マツダが吉原に呑めないような条件を出したんじゃないかと思う。マツダというのも、なかなかクレバーな男でね。儲かっていないわけだから、日本に来て国際プロレスでやっていくのと、アメリカをサーキットするのと、どちらが得かということは当然考えたと思いますよ。それとね、マツダの奥さん（ジョディ夫人）はいかにもアメリカ的でシビアなの。それに比べて吉原はインテリではあったけど、そこはどんぶり勘定でさ。結局、そこが相容れなかったんだと思う。それに吉原は、この時点でまったく余裕がなかった。でも、会社に放映の承認は取っちゃっているし、後戻りできないところまで来ていたから、僕は〝よし、任せろ〟と腹を括ったわけ。まずは資金ですよ」

――そこで吉原さんに三ツ矢乳業の岩田社長を紹介したわけですね。

「吉原が〝すぐにでも5000万いる。誰かいい人はいないか？〟と相談してきてね。でも、高利貸しで失敗しているから、それは避けたいと。そこで僕は、前にボクシングの方で協力してもらったことがある広島の岩田一族の弘さんを紹介したんです」

――この年、国際プロレスは2シリーズしか開催していないんですが、赤字の興行も少なくなかったようですし、すでに何名もの若手レスラーも抱えていたので、普通に考えたら経営が成り立ちませんよね。

「もう自転車操業が祟って、借金をしまくって完全にアウトだったんですよ。もう吉原は青菜に塩でね。僕はこのまま行ったら、あいつが自殺するんじゃないかと思ったの。ただし、懸念もあったんだよ。岩田さんはシビアな経営者だったから、吉原とうまく行かないだろうなと思った。それは吉原にも事前に伝えたしね。そうしたら、〝もう何でもいい〟とか言うんだ（苦笑）。それくらい苦しかったんだね。二つ返事で飛びついたから。岩田さんは、気前良くポ

左から森氏、TBS運動部部長の鶴田全夫氏、三ツ矢乳業の岩田弘社長。『TWWAプロレス中継』の開始と岩田氏の参入により、赤字続きだった国際プロレスは資金難から脱出できた。

ーンと払いました。当時の５０００万だから、デカイよ。ただ、岩田さんはそれと同時に国際プロレスの株を押さえた。つまり〝経営も握るよ〟ということでね」

――それにより、岩田さんが国際プロレスのオーナーになったわけですね。

「案の定、吉原と岩田さんは喧嘩別れするんだけど、あの時に岩田さんがいなかったら、国際プロレスは潰れていますよ」

――では、グレート東郷の名前を最初に出したのは、どなたですか？

「僕ではないのは確か」

――ＴＢＳ側の意向で東郷を外国人ブッカーに据えたことをマツダ離脱の原因とする説もあるんですが。

「そんな事実はまったくないです。ＴＢＳ側ですべてを仕切っていたのは副部長の僕で、部長や局長もノータッチ。つまり国際プロレスに関しては、僕が全権を持っていたんです。その頃のＴＢＳは、レコード大賞でも何でも同じですよ」

――現場全権主義なんですね。

「だから、僕がタッチしていないものは、TBSとしてタッチしていないということです。それにTBSの中に、東郷を知っている人間なんて誰もいないしね。もちろん、名前は知っていましたよ。力道山の次ぐらいに有名なレスラーだったから。でも、連絡先なんて知らないから、接触することはできないですよ。ましてや、どういう招聘ルートを持っているとか、プロレスに詳しくない僕が知っているわけがない（笑）」

——ということは、岩田さんの発案ですか？

「岩田さんも関係ないと思うけどね。あの人も僕と同じで、プロレスに詳しいわけじゃないし。実業家だから経営は握るけど、リング上のことにはあまり口を出さない」

——そうなると、吉原さんですか？

「だって、吉原は日本プロレスにいたんですよ。東郷とは顔見知りでしょう。僕も岩田さんも、プロレスに関してはまったくの素人。吉原はプロです。東郷はプロ中のプロ。餅は餅屋でね、我々はそんなに口出しはしませんよ。どこかにストーリーメイキングする人がいるんだね（笑）。おそらく東郷以外に頼む人がいなかったんじゃないの」

——確かに既存のルートでは、東郷さんに頼るしかないんです。

「僕は吉原に〝お前は日本プロレスで営業部長をやっていたんだから、自分で外国人レスラーを呼べばいいじゃないか〟と言ったんですよ。でも、彼は〝いやあ、これが難しいんだよ〟と。蛇の道は蛇で、ちょっとそれは無理だという話でね」

——この年の10月中旬に森さんと岩田さんが渡米した際、マツダさんにお会いしていますよね？

「岩田さんは会っています。この時、岩田さんはマツダに出馬を促したんだよね。要するに、我々が全面的にバックアップするから、吉原と仲直りして一緒にやってくれないかと頼みに行ったんですよ。でも、僕は意識的にマツダとは会わなかったんだ。デメリットが多いと思ったから」

——デメリットですか？

「渦中に引き込まれるから。僕はあくまでもテレビで流すだけで、一定の距離を置いておく。だから、TBSはマツダに対してブッカーを降ろすとも、戻って来いとも直接は言ってないんです。マツダを連れてきて欲しいということは、吉原にも岩田さんにも言いましたよ。〝猪木はいなくなったし、他に誰もいないじゃないか〟と。僕は、マツダをレスラーとして高く買っていましたからね。結局、マツダの説得がうまく行かなくて、東郷に会ったわけ。その時に具体的なことを頼んだんです。それは岩田さんと東郷でやりましたね。僕の立場は、保証人ですよ」

――森さんが同行することでTBSというテレビ局が本当に付いていると相手に証明し、金銭的な部分も含めて信用を得るということですね。

「そうそう。だから、ある面では道化役かもしれないけれども、会社に約束しちゃっているから僕も後には引けないし、何としても番組をでっち上げないと（笑）。あの時は僕もプロレスを勉強しようと思って、岩田さん、東郷と3人で全米各地のテリトリーに行きましたよ」

――その後、カナダのトロントに行かれてTWWAという国際プロレス用の新団体を設立し、ルー・テーズを初代王者に認定して招聘するというのは誰のアイディアなんですか？

「東郷です。それでチャンピオンベルトも作らせてね」

テレビ中継開始の準備のために渡米した森＆岩田の両氏は、現地にいた草津正武（グレート草津）と合流し、ディズニーランドを訪れた。左端はグレート東郷夫人。

――悪評も多いんですが、森さんから見たグレート東郷という人物は？

「とにかくハングリーな人だなと。でも、約束は守る人だったよ。ハリウッドの高級住宅街に住んでいたんだけど、日系の奥さんがしっかり者でね。実際は、この奥さんが東郷をコントロールしていたんだよ。東郷自身も金銭に関してはシビアなビジネスマンだったけど、奥さんはそれ以上。

グレート東郷と飛行機で移動中の森氏。「銭ゲバ」と称される東郷だが、ブッカーとしての手腕は日本プロレス時代から定評があり、ジャイアント馬場や大木金太郎らアメリカへ武者修行に出た若手の世話役も務めた。

美人だったけど、計算もできる人でね。僕はロスにあった東郷の家に泊まったことがあって、凄いんだ、あそこは。家の中にある電話が繋がっていて、東郷にかかってきた電話を奥さんが全部聞いてチェックしているわけ。それで奥さんが後で判断するんだよ」

――本人よりも奥さんの方が〝銭ゲバ〟だったと？

「もちろん、東郷も裸一貫から成り上がった人という感じでね。僕は、人生に関して真剣な人という印象だった。だから、あまり悪い印象はないというか、むしろ尊敬したよ」

――ところで、TBSとしては、企画書に名前が入っていた猪木、マツダの2大エースがいなくなるという危機的な状況になりましたね。

「〝バカタレ、あの2人は確保しとけって言ったろ〟と吉原を責めたこともありましたよ。そこは社長にも突っ込まれたの。だから、僕は啖呵を切ったんです。〝スターがいないなら、ウチで作ります！〟と」

猪木もマツダもいなくなったことで、国際プロレスの日本陣営で全国的に名の通っている選手は豊登だけとなる。

当時の資料によると、ＴＢＳ側は、「スピード」、「テクニック」、「スリル」、「エキサイト」、「サスペンス」、「ボリューム」の6点を重視し、日本プロレスとは異なる「新しいプロレス」の確立を目指していた。そこで既成のスター選手でなく、キャリア2年の草津と杉山を前面に出すことを決める。

また、夏のシリーズに出場せず、地元・北海道に戻っていた元東京プロレスの木村政雄の参加も決定。ＴＢＳはすでに覆面太郎としてデビューしていた小林省三ら若い選手を長期にわたって育成し、最終的に16名の看板レスラーを創り上げる『9年計画』を固める。

――グレート草津を新エースにしようと最初に提案されたのは、どなたなんですか？

「それは僕です。僕はＴＢＳに入社して最初はラグビー担当だったから、草津正武というのは知っていたんだよ。熊本工業高校から八幡製鉄に行って、日本代表にもなったからね。試合のフィルムを見せてもらって、僕としては草津でいいんじゃないかと思ったの。だから、渡米した時に岩田さんと一緒にカナダのバンクーバーに飛んで、まず彼をスカウトしたんです」

――当時、草津さんはアメリカンフットボールのプロリーグ入りを目指して、ブリティッシュ・コロンビア・ライオンズのキャンプに参加していましたよね。

「草津は、もう半分プロレスを辞めていたんだ。本人は休業と言っていたけど、ニュアンスとしてはアメフトに夢をかけている感じだったな。〝ＴＢＳが付くし、またプロレスをやらないか？〟と誘ったんだけど、草津は〝社長は吉原さんですよね？〟と言うわけ。〝吉原さんに経営ができるんですか？〟って」

――草津さんも、その辺は察していたんですね。

「経営者としての吉原をそう見ていたんだろうな。草津が〝ちゃんと生活できるギャラをくれますか？〟と言うから、〝それは保証するよ。岩田さんも付いているし、心配はいらないから〟と内情を説明してね。草津はプロレス界に見切りをつけていた感じで最初は猜疑的だったけど、しばらく考えて〝やります〟と言ってくれたんだ。次は杉山ですよ。彼はテキサスのアマリロにいて、えらい田舎町で試合

森氏と岩田氏は、全米の各テリトリーを視察。当時のWWWFで絶対的な存在だった同世界ヘビー級王者ブルーノ・サンマルチノとも対面を果たした。

をやっていた。杉山は即答だったね。〝もう町から町を渡り歩くのは面倒だから、日本に帰りたい〟と。番組が盛り上がるためには、どうしても日本人のスターが必要だったんです。でも、僕らの目的はあくまでも数字。テレビ屋なんだから、当たり前だけどね」

――でも、知名度では圧倒的に豊登の方が上ですよね。当時はまだ36歳ですし、とりあえず豊登をエースにしようとは考えなかったんですか？

「それも考えました。ただね、あまりにも手垢が付きすぎてるんだよな。フレッシュさはないよね。それにトヨさんは、いろいろと問題があったでしょ。イメージも良くない。つまり長期政権が続いた自民党的なものはダメだと。あの時は、そういう感覚でね。既成のものではなく、新しいプロレスをやる。企画書にもそう書いたし、トヨさんがエースじゃ日本プロレスと変わらないもの」

――日本プロレスから誰かを引き抜くというのは？

「いや、考えなかったね。トップクラスは来るはずがないし、引っこ抜いたら僕の命はないよ。中継を始める時だって、脅しが凄かったから。当時は電話をオフにできなかったから布団を被せておいて、一切出なかった。会社の先輩からも、〝こんな番組はやめた方がいいぞ〟と忠告されたしね。日本プロレスをバックアップしているところから、嫌がらせの電話は随分と来ました。でも、僕は逆にそれで闘志を燃やしたよ。〝絶対にやってやる！〟と（笑）」

――草津エース路線に対して、吉原さんはどういう反応を示しました？

「〝草津は、ちょっとまだ無理じゃないかな〟と言っていた。でも、僕としては〝じゃあ、誰かいるの？　探してくれよ〟と。でも、他にいないんですよ。確かにいろいろと雑音はあったけど、僕は一度決めたら、そんなことは気にしないから。だって、自分を信じる以外にないもの」

11月20日、TBSは翌68年1月3日からの全国中継開始を正式に発表する。会見には鶴田全夫・運動部部長、岩田氏、森氏が出席したが、その場に吉原社長の姿はなかった。そして、これを機に団体名も『TBSプロレス』に改称する。

そして当時、「民放の雄」と謳われたTBSのマット界参入に対して、日本プロレス&日本テレビ側は静観することなく、自ら戦争を仕掛けていった。

当初、年明け最初の興行を1月4日に予定していた日プロは、1日繰り上げて3日に蔵前国技館でのビッグマッチ開催を決定（ジャイアント馬場vsクラッシャー・リソワスキーのインターナショナル・ヘビー級戦）。日本テレビも、当日の午後5時半から1時間枠での放映を決めた。

レギュラー中継のある金曜午後8時ではなく水曜の特番放映、さらに放送時間を夕方に設定したのは、ちょうど日大講堂で行われているTBSプロレス第1戦の「試合開始時間」にぶつけるためだったと言われている。

――通説では、この時期に森さんと岩田さんが吉原さんを排除して、実権を握ったとされています。だから、放映開始の記者会見場に吉原さんが現れなかったと。

「まったく違いますね。僕が吉原を排除する理由がないもの（笑）。他人の作り話って凄いものだね。生きていて良かった。話を曲げて得るものは何もないし、僕は生き証人だから真実だけを言いますよ。今だから話せるけど、あの頃の吉原は表に出たくなかったというか、出て来られなか

NO. 984 TBS／テレビニュース 42年11月20日発行

新番組紹介

新春一月三日から毎週水曜日よるTWWA『プロレス中継』

一流外人選手を迎えて見せるスピードとテクニックの新しいプロレス

皮切りはルー・テーズを招いた世界タイトルマッチ

TBSテレビは新春一月三日（水）から毎週水曜日午後7時～7時55分の新設一時間ワイド枠で、インターナショナル・レスリング・エンタープライズ（略称＝国際プロレス、筆頭株主・岩田弘）の興業するTWWA（トランス・ワールド・レスリング・アソシエーション）のプロレス試合をTWWA『プロレス中継』のタイトルで放送する。

TWWA『プロレス中継』の皮切りは「オープニング・ワールド・シリーズ」と銘打ちTWWA世界ヘビー級チャンピオンのルー・テーズら六人の一流外人レスラー（オール・チャンピオン）を迎えて、国際プロレス所属の草津正武、杉山恒治選手らが戦う四試合の中継である。

注

第一回放送＝三日・両国日大講堂

第二回放送＝十日・大分県営体育館

第三回放送＝十七日・宮城県営スポーツセンター

第四回放送＝二十四日・台東体育館

TWWA『プロレス中継』はプロレスの本質であるスピード、テクニック、スリル、エキサイト、サスペンスおよびボリュームの六点を重視し、グレコ・ローマンスタイルの正統派レスリングを充分にとり入れ、その上つねにTWWA中心の一流外人選手を招いてプロスポーツとしてのコクのあるショーマンシップをおおいに盛り込み、子どもから老人まで家族総ぐるみで茶の間でも楽しめる迫力ある試合を放送するものである。

TBSがプロレス中継をはじめるのは、藤、沼田らのプロボクシング世界タイトル戦、ゴルフのビッグ・スリー中継などで視聴者にあたえたスポーツ番組の分野におけるTBSのイメージをさらに強化し、ドラマ、音楽、報道、教養の各番組と合わせた〝幅広いテレビ〟づくりのためである。

また午後7時台で放送するのは、この時間が父親、BG、大学生は帰宅直後であり、母親は台所と茶の間を往復している時に当たるので途中からでも楽しめる番組としてプロレス中継を考え、また子どもにチャンネル主導権のあるこの時間をプロレス中継で家族全体の時間として開発しようという試みである。放送担当アナウンサーは新村尚久、山田二郎。

CHANNEL 6

関係者向けに作成された新番組案内。TBSプロレスの筆頭株主は岩田弘氏になっており、今後の参加予定外国人選手にはブルーノ・サンマルチノの他、「TWWA世界ジュニアヘビー級王者」としてエドワード・カーペンティアの名前も挙げられている。

った。要は、借金で首が回らなかったんです。当時は自己破産という言葉がなかったけど、それと同じような状態だったの。TBSにも、その筋から〝金返せ！〟と脅しの電話があったしね。当然、TBSとしては前面に出すのはマズイという方針になるでしょ。それに関しては、吉原も〝悪いなあ〟と言っていましたから」

――では、名称を『TBSプロレス』に変更した理由というのは？

「知名度ですよ。TBSという名前だと通りがいいでしょ？　それだけです。当時、TBSは民放のトップでしたから。そのTBSが本腰を入れているという意味です。これは会社に無断で僕が勝手に付けたんだよね。上司に相談はしたけど、了解は取ってないの。今考えたら、よく僕をクビにしなかったと思う（笑）。あれは単なるクレジットですよ。別に会社登記するわけじゃないし、ひとまず題目くらいは変えた方がいいなと思ったの。TBSはあくまでも放映するだけで、団体を乗っ取るというのは有り得ない。いちいち言い訳するのも馬鹿らしいから今まで言わなかったんだけど、放送局が興行を行うと放送倫理規定に抵触するんです。それに万が一、興行らしきものをやったとしても、結果的に裏社会の人間と関わらなきゃいけなくなる。当時から東大出が多い官僚的な放送局なのに、そちら方面と付き合うというのはマズイわけ」

——この頃、森さんの〝TBSの力を持ってすれば、分単位、秒単位でスターを作ってみせる〟という有名な発言がありましたよね。

「それは僕が言いましたよ、間違いなく」

——そこまでの自信があったんですか？

「ある程度はあったね。でも、半分はスポンサーや会社に向けてのハッタリ。というのは、僕がいろいろとボクシングで実績を持っているから、スポンサーも信頼してくれたわけ。それにここまで話した経緯からもわかると思うけど、これでコケたら僕自身も局内で微妙な立場になるのよ。この案件は、そもそも同級生の頼みということでスタートさせているわけだしね。だから、第1戦に向けてガンガン宣伝したし、スポットCMもバンバン流した」

——当時の資料をいろいろと調べたんですが、草津さんと杉山さんの露出が一気に増えますよね。

「TBSの番組にも、ドンドン出した。番組宣伝課というのがあって、課長と僕はツーカーだったの。そこの若い衆もみんな親しくてね、〝森さん、非常識な手段でやりますから〟と（笑）。あそこまでの露骨な売り出しは、おそらくTBSで後にも先にもないんじゃないかな。番組宣伝課にたむろしている記者たちにも、かなりゴマをすったりしたよ。その結果、スポーツ新聞から何から相当取り上げてもらったんだ。同期のディレクターに頼んで、草津と杉山を歌番組のゲストとして出演させたりね。明らかに場違いだったけど、この際もう何でもいいわけ（笑）。杉山はロス・プリモスの『ラブユー東京』とか歌っちゃってさ。案外、上手いんだよ、これが（笑）」

——両選手が本名からグレート草津、サンダー杉山に改名したのも、この時期ですね。

「あれは一般公募ということにしたけど、実際は僕が付けたんだ。その後のストロング小林とラッシャー木村もそうだし、木村に黒のロングタイツを穿かせたのも僕なんです。力道山2世にしようと思ってね（笑）。マイティ井上やアニマル浜口は僕じゃないから、おそらく吉原が付けたんじゃないかな」

――この時、ＴＢＳは『9年計画』というものを打ち出しましたよね。最初の3年でメインイベンターを3人育て、続く3年間で10人のスター選手を作って20～30％の視聴率を確保、9年後には看板選手が16人、視聴率は30％台という壮大な計画でした。

「これはハッタリじゃないですよ。それくらいＴＢＳは長期的に国際プロレスをプッシュしようと考えていたんです。それは社長から私に至るまで、みんな了承済み。実際にギャラは出しましたよ。ＴＢＳは、お金は良かったから」

――放映権料は、どのくらい払っていたんですか？

「1回の放送で、250～300万くらいだったかな」

――1年間で1億3000万円前後ですか。40年以上前の話ですから、かなりの額ですね。

「これは高いですよ。しかも、タレントのバリューを考えてみてください。猪木とマツダじゃなくて、草津と杉山なんですから」

――第1回の『ＴＷＷＡプロレス中継』のメイン、ルー・テーズvsグレート草津というカードは、どなたが考えたんですか？

「それは東郷です。吉原もＯＫしましたよ。代案がなかったから」

そして決戦当日、1本目でルー・テーズのバックドロップを食らった草津は試合続行不可能となり、2本目を放棄して2－0のストレートで完敗を喫した。この一戦の舞台裏に関しては諸説あるが、『悪役レスラーは笑う――「卑劣なジャップ」グレート東郷――』（森達也著、岩波新書）の中で、草津本人が1本目終了後、東郷に「キープ・ステイ・ダウン」と言われたことを明かしている。

当初、ＴＢＳはテーズvs草津戦を4週連続で放映する予定で、当時もそう報道されたが、2週目は杉山、3週目は豊登がテーズの持つＴＷＷＡ世界王座に挑戦し、いずれも牙城を崩せなかった。ＴＢＳ側が発案した草津エース路線はかなり早い段階で消滅したと推測されるが、それについては後述する。

第1回放送は、ビデオリサーチ＝32・3％、ニールセン＝28・8％と局側の予想を超える高視聴率を叩き出した。

しかも、2週目、3週目の視聴率はそれを上回る数字を記録するなど、内部のゴタゴタとは裏腹に、スタート直後の『TBSプロレス=TWWAプロレス中継』は局側にとって優秀なコンテンツだったことは間違いない。

――森さんは東郷に対して、テーズvs草津を〝引き分け〟にするように提案したそうですね。

「それは確かに言いました。でも、東郷はイエスもノーも言わないわけ。僕はプロレス界の仕来りを知らないから、ビックリしたよ。僕はそういう概念でいたんです。そこからスタートして、ひとつひとつ積み上げていく。そうしないと、スターを作れるわけがない。当時のボクシングの場合は、テレビのプロデューサーが全権を持っているんです。それと同じ感覚でいたから、プロレスもこちらの意向が反映されると思ったわけ。でも、後はノータッチです。その辺の絵を描いたのは東郷ですよ」

――TBSは、エース惨敗という結果はどう受けとめたんでしょうか？

「まあ、大ショックでしょう（笑）。でもね、顔を売るということでは大成功したんだよ。だって、旗揚げ戦の視聴率は30％を超えたんだから。TBSとしてはみんな大喜びだったし、僕も首が繋がった。でも、興行側の立場から考えたら、草津、杉山ではインパクトに欠けるということだったんだろうね。東郷は、草津をあまり買っていなかったんですよ」

――マッチメーカーとして、最初から草津さんを売り出す気はなかったということですか？

「東郷はね、草津に練習のスケジュールを渡していたんです。ノルマを課して、〝これを1月3日までやれ〟と。試合当日までまだ期間があるから、綿密なスケジュール表を書いて渡していた。でも、草津は全然やらないんだよ。胸筋なんていうのは、1ヵ月でグッと盛り上がるんだよね。〝ミスター森、若い時は1ヵ月で身体が変わるんだよ〟と、僕は東郷からそう聞いたよ」

――陰では、そういうトレーナー役もしていたんですね。

「僕も興味があったから、その辺は注意して見ていたんだ。草津は練習嫌いでね。僕も彼にこう言ったことがあるの。〝アメリカを回ってプロレスの試合を毎晩観たけど、みんな胸が隆々としているじゃないか。向こうのレスラーに聞いたら、腕立て伏せを1000回やると言っていたけど、草津クンはやってるの？〟と。そうしたら、〝いやあ〟って。それは東郷も同じことを草津に言ったらしい。腕立て、スクワット、腹筋、それから食事。それで身体が変わるからと。肉、野菜、牛乳…そういうことを東郷が細かく書いていたよ。草津は胸板が薄くて、見栄えが良くない。それでいて練習嫌いで、酒が大好き。東郷はそれを見て、ダメだと早い段階で見抜いていた。東郷は、〝練習しない奴はダメだ〟と言っていたから。最後まで草津の胸は、のっぺりしていたじゃない？」

――草津さんはあまり練習しなかった、と選手や関係者の誰もが言いますからね。逆に、練習せずに長年プロレスを続けられたのは凄いという意見もありますが。

「なるほどね。やっぱりラグビーで鍛えたんだよな。杉山もあまり練習をやらないんだよね。それと彼女にお店をやらせたりとか、副業をやっていたでしょ。なおかつ金にうるさかった。現役選手が副業を持つのは、僕も大反対。東郷も同じことを言っていたけど、これは僕の持論でもあって絶対にやっちゃダメです。だから後年、具志堅にもそう言ったし。キックボクシングの沢村もある時期からサイドビジネスをやったりしてね。何度もやめとけと言ったんだけど、案の定失敗したもの」

――結果的に草津エース路線は失敗に終わったわけですが、プロレスの世界でスターを作る難しさを感じましたか？

「僕がその権限を持っていれば、やれますよ。あの第1回目の放送は多くの人が観ている。そこで〝草津は強い〟という印象を与えれば、本人だって自信が出たと思う。ポストというのは、人物を作るんですよ。どこの会社でも〝あんな奴がどうして部長になるんだ！〟というような話があるでしょ。でもね、そのポストに就くとやれるんですよ。ポストに就くことで、自信が生まれる。その自信というのは、何に表れると思います？　顔ですよ。ガッツ石松なんて、まさに田吾作の顔だよね。でも、彼がチャンピオンになったら、もちろんベースは変わらないけど、それなりの風格が出てきた。これは不思議なものでね。世界チャンピオンになると、みんないい顔になるんですよ」

――では、第1戦の結果が違っていたら草津さんもスター

TBSプロレス第1弾『オープニング・ワールド・シリーズ』に来日した外国人勢。左からブルドッグ・ブラワー、ハンス・シュミット、ワルドー・フォン・エリック、ルー・テーズ、クラッシャー・コワルスキー、フレッド・アトキンス（レフェリー）、ダニー・ホッジ。

になったと？

「僕は、今でもそう確信している。エースとしての自覚が出て、練習するようになっただろうと。それにお金も違いますよ。100万円もらったら、次は200万円もらいたくなる。これは人間の性でね。杉山だって素質はあったんです。そうじゃなきゃ我々はやりません。アマレスで東京オリンピックに出ているんだから。草津はラグビーの日本代表ですよ。しかもポジションはロックだし」

——2人とも間違いなくフィジカルエリートではありますからね。

「はっきり言えば、草津と杉山がもっと頑張れば良かったんですよ。でも、練習嫌いでうまく行くわけがないよね」

——ところで、テレビ中継開始とほぼ同時期に、オーナーの岩田弘さんが撤退しますよね。

「あの時、〝こんな非近代的な商売はないな〟と岩田さんは言っていました。〝とにかくプロレスというのは凄い世界だね。これはもう実業人がやる仕事じゃない。こんな感じでやっていたら、利益は上がらないよ〟と。つまりイメージしていた世界と、あまりにも違ったということですよ。

岩田さんは乗っ取るとかじゃなくて、資金的に助けただけなんです。それで深みにハマっちゃったわけ。あの人はビジネスマンだから、もうこれ以上関わっていてもメリットがないと思ったんだろうね。岩田さんが離れた時は、僕も微妙な立場だった。岩田さんと吉原が思いっきり対立しているんだもん。板挟みにあって大変ではあったよ」

――経営方針に関して、意見が合わなかったんですか？

「岩田さんは、〝呆れたよ。みんな、ごっちゃん体質だな〟って。その言葉は、本人から何回か聞きました。だから、岩田さんは抜けるチャンスを待っていたというか、国際プロレスから離れるのは渡りに舟だったんじゃないのかな。労多くして功少なし、というヤツですよ。どんぶり勘定、ごっちゃん体質。これは金銭感覚がまったく違うということだから、絶対にうまく行くはずがないんです。ただ、後年に吉原が入院した時、僕が岩田さんに連絡して一緒に見舞いに行きました。そこで吉原は〝迷惑をかけて申し訳なかった〟というような話をしたし、岩田さんも〝ちょっと俺も強引で…〟と。その時に2人の関係は氷解しています。この事実は書いておいてください」

第1戦のインパクトがあまりにも強烈だったためにあまり語られることはないが、『オープニング・ワールド・シリーズ』第2戦（1月5日＝三萩野体育館）では、テーズvs杉山のノンタイトル戦が組まれ、反則絡みながら杉山が2－1で勝利している。レフェリーは東郷という状況下で、しかも微妙な裁定ではあったようだが、キャリアを考えれば金星と言っていい。

続く第3戦（1月7日＝長崎市公会堂）では、豊登が反則裁定なしの2－1でテーズを撃破。いずれもテレビ中継の2～3週目に行われるタイトルマッチの煽りとして組まれた試合であることは明白だが、シングルマッチでテーズに勝利していることは特筆すべき事実である。

さらに興味深いのは、第4戦（1月8日＝鹿児島県体育館）で再び草津がテーズと交え、2－0のストレートで完敗を喫していることだ。

ベルトを巻いたのも杉山が先で、2月に豊登と組んでTWWA世界タッグ王座を戴冠。4月になって草津は英国西部へビー級王者になったが、それが東郷撤退後だったことを考えると、TBS側がいくら売り出そうとも、マッチメーク権を東郷が握っている限り、草津に上がり目はなかったのかもしれない。

結局、テレビ中継の4週目（1月24日＝台東体育館）でテーズからダニー・ホッジに王座が移動するのだが、東郷は本来、日本プロレスから大木金太郎を引き抜き、テーズに挑戦させる計画だった。

この時期、大木は吉村道明とのコンビでアジア・タッグ王者になったばかりだったが、故意か偶然か、社長の芳の里と取締役の遠藤幸吉が視察のために渡米した1月16日に辞表を提出。翌日、テーズvs豊登戦が行われた宮城県スポーツセンター大会（3週目の放送）に来場し、もしテーズが防衛した場合はリングに上がって挑戦表明をするはずだった。しかし、日プロを後援している勢力が動いたことで未遂に終わる。

これによりテーズへの挑戦者は「空席」になったが、それでも東郷はエースの草津を起用することなく、次期シリーズ参戦が決まっていたダニー・ホッジを指名した、というのが事の顛末である。

――当初、TBS側は4週連続でテーズvs草津戦を放映する予定だったんですよね？

「いや、どの段階かは憶えていないけど、2週目が杉山、3週目が豊登までは聞いていたような気がするけどね。放送が始まってからは、言われたカードを流すだけでした。僕は、まったくの素人考えなんです。草津とテーズが最初に引き分ければ、盛り上がるだろうと。次は杉山とやって、これは負けてもいい。あとは豊登が勝ってもいいし、負けてもいい。だから、大木金太郎というのは僕にとって想定外でね」

――これはシリーズ開幕の前から動いていたプランだったんですか？

「僕には何も相談がなかったんです。草津でいいんじゃないかと僕は思ったんだけど、東郷は違ったということですよ。大木をチャンピオンにしたかったんじゃないかな。東郷のルーツは、朝鮮半島なんです（※出自に関しては諸説あり）。血は水よりも濃いということで、コリアンの大木を呼んだんでしょう。仙台の会場に大木が来たでしょ。僕も会場で姿を見たんだよ。〝あれっ!?〟と思ってね」

『TWWAプロレス中継』の横断幕が張られた会場内の様子。前掲の新番組案内によると、放映時間を水曜午後7時に設定した理由は「子どもにチャンネル主導権があるこの時間をプロレス中継で家族全体の時間として開発しようという試み」と説明されている。

――その翌日に、グレート東郷殴打事件が起きました。森さんも警察に事情聴取されたそうですが、社内で問題にならなかったんですか？

「あの時はニューオータニの方から電話が来て、すぐに僕も飛んで行きましたけど、TBSとしては何もないです。あれはレスラー間のトラブルですしね。僕は東郷が日本プロレスから離れる時に、もう日本で活動をしないと言って別れたという話も全然知らなかったの。吉原は知っていたかもしれないけど」

――吉原さんと東郷さんの相性は、どうだったんですか？

「東郷の口ぶりでは、吉原を買っていなかったね。別に険悪な感じではないけど、いい関係ではなかったのかな。それに、そもそもキャリアが違うでしょ」

――業界のキャリアでは、東郷さんは力道山の大先輩ですからね。

「そういうことですよ。岩田さんがいなくなったんで吉原がまた表に出てくるんだけど、放映料を借金の返済に充てたりしていたから、もう借金取りのプレッシャーはそれほどでもなくなっていてね。TBSはアドバンス（前払い）していましたから。本来は、放送が終わってから払ってもいいんですよ。ボクシングの世界タイトルマッチでもアドバンスを出すことが多いんです。プロモーター側に、興行の準備をする金がないから。それと同じ形でね」

――その後、中継の4週目でダニー・ホッジが新王者になりましたが、たった1ヵ月でＴＢＳが最初に考えていた構想とはまったく違う流れになってしまいましたね。

「要するに、駒がいなかったということでしょう。草津が最初に引き分けて、4週目でまたテーズとやらせればいいと僕は思っていたけど、あの業界はテレビ局のプロデューサーといえども、そこまでは口出しできないんだ。僕の素人考えから言えば、4戦目は逆に草津がバックドロップでテーズに勝てばいいんですよ。でも、東郷が草津を認めていなかったんでしょうね」

続く、『ＴＷＷＡワールド・タッグ・シリーズ』でもトラブルは続く。

全外国人選手とレフェリーのフレッド・アトキンスが突如、2月19日の浜松市体育館大会への出場をボイコット。原因は団体側が東郷に対してブッキング料の値下げを申し入れ、交渉が決裂したことにあった。

日本プロレス時代から東郷の要求はかなり高額であったと言われているが、契約期間中に一旦交わした条件の変更を願い出た団体側にも問題があり、この点は吉原社長も自らの否を認めるコメントを残している。

――ＴＢＳプロレスの第2弾シリーズでは、東郷率いる外国人レスラーが試合をボイコットする事件が起きましたね。

「これだって、別にＴＢＳと東郷は揉めていないんです。東郷のギャラの金額とか一切知りませんから。そこが経営者として吉原のセンスのないところなんだよなあ」

――この事件の後に、名称が『国際プロレス』に戻りましたが、その理由は？

「これは局側からの申し入れです。短期間のうちにトラブルが次々と噴き出して、イメージが悪くなるから戻してくれということでね」

――その後、国際プロレスは欧州路線に転換して、ビル・ロビンソンがエースになりました。外国人を団体の看板に

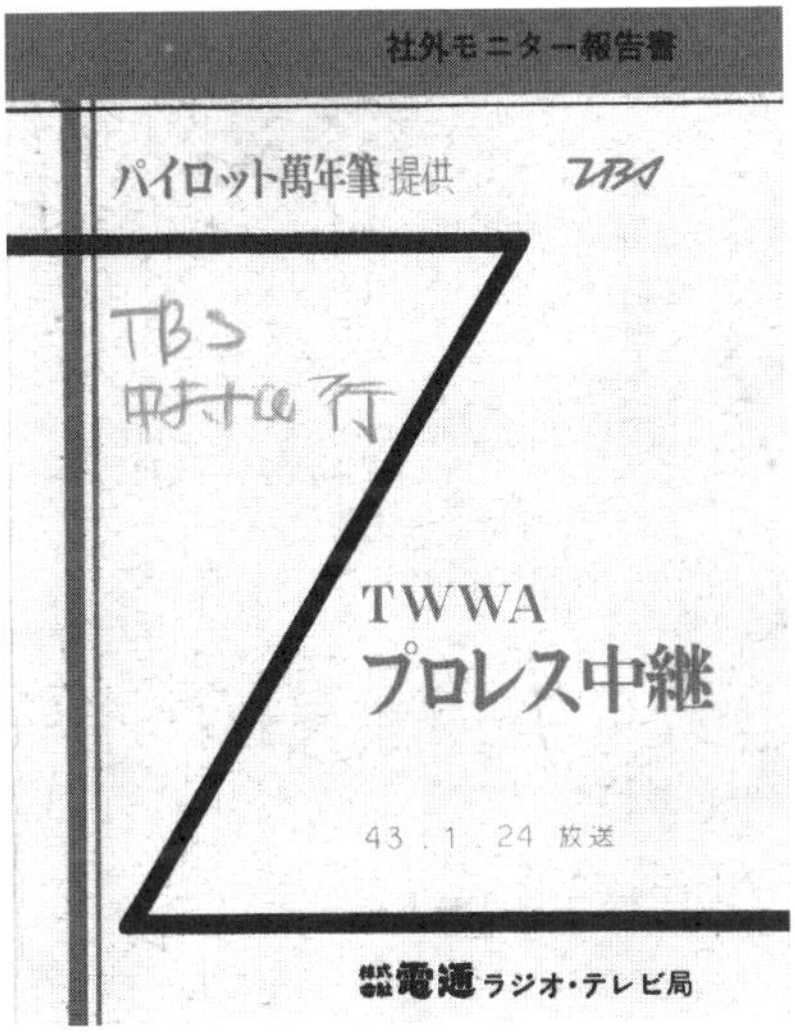

『TWWAプロレス中継』の社外モニター報告書。「ルー・テーズ、ダニー・ホッジとも、さすがに一流で、杉山、豊登、草津などのぶざまな敗け方とは違い、さすがに役者が上だと思った」（39歳、男性）など視聴者の率直な感想が列記されている。

するというのは、日本マット界で初めての試みでしたね。

「彼は人気があったし、強かったよね。視聴率も良かったよ。ある意味で僕の目論見が崩れちゃったわけだから、現場は僕の部下のディレクターが担当していました。だから、何かあれば吉原から相談というか報告を受けて、僕が形式的にOKを出すという感じでしたね」

――70年10月8日には大阪府立体育会館でラッシャー木村とドクター・デスによる日本初の金網デスマッチが行われ、物議を醸しました。凄まじい流血戦になったこともあり、クレームの電話も多かったそうですが。

「それも事前に吉原から聞いていたし、OKも出しました。当然、僕は金網デスマッチなんてものは見たことがなかったけど、これも表現のひとつかなと。何事もやってみなければ、わからないからね」

――番組審議会で〝テレビで放送するには有害である〟という結論が出たために、それ以降は金網デスマッチを電波に乗せませんでしたね。

「やっぱり金網というのは残酷に映るというか、昔のローマのコロッセオで奴隷に殺し合いをさせているようなイメージがあるんでしょうな。あの試合はテレビで観ました。僕自身はエンターテインメントとして捉えましたけど、我々の感覚が麻痺していたのかもしれない（笑）」

――TBSの放映は74年3月で終了となりましたが、やはり継続するのは難しい状況だったんですか？

「打ち切りになった時、僕はもう運動部を離れていたけど、これは単に視聴率の問題。当時のTBSはドラマも人気作のオンパレードで凄かったし、バラエティーはドリフターズが天下を獲っていた。それに報道は日本一と言われていてね。だから、相対的に視聴率が高かったんですよ。国際プロレスは今ならそれほど悪いというわけじゃないんだけど、当時のＴＢＳとすれば、物足りない数字なんだよね。まあ、最後の方は義理でやっていた部分もあったんじゃないかと思います」

――その後、レギュラー中継は東京12チャンネルに移行しましたが、これにも森さんは一枚噛んでいるんですよね。

「一枚どころじゃないよ。吉原が〝忠大、ＴＢＳの放送が終わっちゃうんだよ。何とかならんか？〟と、また頼んできた（笑）。それで僕が日経新聞の会長のところに行って話をしたんです。大軒順三という人で、僕の大学時代の恩師ですよ」

――ここでも早稲田人脈が活きたんですね。

「大軒先生は、〝12チャンネルの社長に言っておくから〟と。それであっさりと決まったんです。日経新聞は今も昔もテレビ東京の大株主だから、逆らえないよね。それに当時の運動部に早稲田のレスリング部ＯＢの白石（剛達＝後のテレビ東京専務）クンがいたから、それも吉原にとってはいいなと思ってね。そういうこともあって、吉原は〝お前は産婆から葬式屋までやってくれたな〟と僕に言いましたよ。事実、その通りだったよね。トラブルが続いた後、吉原の方から迷惑をかけて悪かったというようなことを言われて、お互いに家内を入れて4人で食事したこともありましたよ。吉原の奥さんが自分で縫ったコタツ布団を贈ってくれたりね。僕と吉原は、そういう関係です。彼を排除したとか有り得ない。それは僕の生き方に反していますから」

――ところで、選手たちとの交流はあったんですか？

「吉原が選手を大勢引き連れて、僕の自宅に遊びに来たりしていましたよ。巡業用の大きなバスで乗り付けてね（笑）。アニマル浜口は、まだ一介の若い衆だったな。みんなよく飲むし、よく食うの。ウチの家内が作りすぎじゃないかと思うほど大きな鍋を作ったんだけど、あっさり平らげたよ」

――森さんの中で特に印象に残っている選手は、どなたでしょうか？

「みんな朴訥としていていいなと思った。片や日本プロレスは、馬場と猪木でギラギラしているのにね。でも、そこがいかにも吉原の会社という感じがして良かったな。中でもラッシャー木村は、本当にいい男でね。彼は本当に歌が上手いの。ウチの自宅で宴会をやった時も酔って歌うんだけど、当時はガラガラ声じゃなくて美声だったんだ。力士やプロレスラーでレコードを出す人はいたし、僕も職業柄多くの歌手の生歌を聴いたけど、彼は相当上手い方だった」

――残念ながら、吉原社長は85年6月に55歳の若さで亡くなられました。

「うん、早かったよね。胃がんでしょ。あれはストレスだろうね。つくづく社長は向いていなかったよ。ただ、あいつの人徳で随分と応援してくれる人がいたんです。それが救いですね」

――最後に森さんにとって、国際プロレスとは？

「後悔はまったくないですよ。吉原を助けることもできたわけだし、先ほども言ったけれど、テレビ局としては大成功なんです。僕は第1回の放送で社長賞までもらっているんだから。男の勲章ですよ、これは」

# 茨城清志

## 元『プロレス&ボクシング』記者

プロレスファンが茨城清志氏の名前を耳にしたら、大半が「ああ、W★INGの代表の…」と答えるだろう。さらに「あの悪名高き…」と業界で噂される数々の前科を思い浮かべるかもしれない。

彼がFMWに対抗してW★INGを興したのは、1991年8月。「世界格闘技連合W★ING」に始まり、「W★INGプロモーション」、「新生W★ING」、「真生W★ING」、「新W★ING」などネーミングを変えながら、放漫経営による崩壊と復活を繰り返して注目を集めてきた。

しかし、それは平成の茨城氏であって、昭和の彼にはまったく別の顔があった。ベースボール・マガジン社『プロレス&ボクシング』（週刊プロレスの前身）編集部の国際プロレス担当を務め、退職後には約11年間、フリーカメラマンとして海外を中心に活動。70年代半ばの夢多きテリトリー制の時代に、担当者だった人脈を活かして国際プロレスに関係するレスラーたちを数多く取材している。

帰国後は、ジャパン女子プロレスや初期のFMWにおいて外国人ブッカーとして手腕を振るい、W★INGを自ら

**いばらぎ・きよし**
1951年3月2日、東京都品川区出身。70年3月にベースボール・マガジン社に入社し、『プロレス＆ボクシング』編集部に配属される。74年9月に退社後は、フリーの通信員として海外取材を中心に活動。86年に帰国後は、ジャパン女子プロレス、FMWのブッカーを経て、91年に自らW★INGを設立した。

興してからも北米マットから名のある選手を何人も招聘したが、それは海外での通信員生活で築いた人脈が成せる業だった。

プロレスマスコミの間では当時から「お化け」と揶揄され、正体不明だった茨城氏には、レスラー目線とも関係者目線とも異なる角度から国際プロレスや海外の提携団体などについて語ってもらった。

——茨城さんは自分の過去を語らないことで有名ですが、プロレスとの最初の接点はどこだったんですか？

「俺は大崎辺りで生まれて、川崎で育ったんですよ。親父が共同通信の記者をやっていて、長野に転勤になったわけ。転校したのは、小学校1年生の2学期かな。俺はプロレスより相撲のファンで、ちょうど栃若の時代だったから、みんな熱狂していたよね。プロレスはお婆ちゃんが好きだったから、よく一緒にテレビを観ていましたよ。やっぱり力道山のファンだった（笑）。でも、俺はガイジンが気になってさ。ダッコちゃん人形のブームに乗っかったリッキー・ワルドーとかね。それと一番インパクトがあったのが海坊主みたいなスカル・マーフィー。怖くてね。その頃、少年雑誌に梶原一騎の読み物で世界の怪奇レスラーを扱った連載があったんだよ。毎週、マーフィーやグレート・アントニオ、キング・コング、ザ・マミーとか、おどろおどろしい人物ストーリーが載っていて、それがガイジン幻想を膨らましたんだよ」

——初めてのプロレス生観戦は？

「昔は長野市内に体育館らしきものがなかったんだ。善光寺の傍の城山公園へ行って、力道山を観たのをおぼろげに憶えているね」

——一番古い長野市での大会は59年6月19日の城山公園劇場で、メインは力道山&豊登 vs ジェス・オルテガ&ミスター・アトミックですね。

「俺が8歳の時か。それに行ったような記憶があるけど…その後に力道山とバディ・オースチンがタッグで当たった試合を間違いなく観てるよ。あれはどこか街中の広場だった。その2ヵ月後に力道山が刺されたニュースを聞いて、ビックリしたもん」

——それは、63年10月4日の長野市民会館横広場大会ですね。

「そこそこ。でも、一番よく憶えているのは、64年の『第6回ワールドリーグ戦』の追撃戦。その試合は市営動物園でやったの（5月19日）。親父が務めている共同通信の長野支局は、信濃毎日新聞の中にあってね。その新聞のカメラマンから善光寺を散策するジン・キニスキーやブル・カリー、浴衣姿のザ・マミーとかカリプス・ハリケーンの生写真を親父がもらってきてくれたんだよ。それを見て、ガイシン熱が上がったのは確か。プライベートのマミーは、包帯のマスクじゃなかったよ（笑）」

――65年7月4日には、護国神社の境内で興行がありましたよね。

「そこも城山公園にある神社。この時、ザ・デストロイヤー、ビリー・レッド・ライオン、俺のお気に入りのドン・マノキャンが組んで、ジャイアント馬場と6人タッグで戦った。商店街のクーポンを溜めるとチケットと引き換えできたこともあって、ドン・レオ・ジョナサン、リップ・ホーク、スウェード・ハンセンが来た大会も観た。それも城山公園だったよ（67年6月12日）。セミはアントニオ猪木vsダッチ・サベージだったかな。松本には体育館があるのに、長野市はいつも野外なんだ。だからかもしれないけど、長野市は冬にプロレスは来ないの（笑）。でも、プロボクは毎月買い続けていたし、東スポも駅まで自転車で買いに行ったよ」

――おそらく情報量的には、都内のマニアと変わらないですね。そんな中、国際プロレスが旗揚げすることになりますが。

「66年秋に東京プロレスが旗揚げして、松本には来たけど、やっぱり長野には来なかった（笑）。東プロはジョニー・バレンタイン、ジョニー・パワーズ、サニー・マイヤースとか、いいメンバーが来ていたから、〝何でこんなにいいガイジンが呼べるんだろう？〟と。67年正月に国際プロレスが旗揚げした時も、バレンタイン、ダニー・ホッジ、エディ・グラハム、ケンタッキアンズとか豪華メンバーだったでしょ。テレビ中継がないから、〝早く観たい！〟ってイライラしたよね」

――翌68年正月から、ＴＢＳが国際プロレスの中継を始めました。長野市でも観られたんですか？

「普通に観られたよ。ルー・テーズ、ダニー・ホッジ、フレッド・カリー、カンガルーズとか良かったし、その後のヨーロッパ路線も素晴らしかった。決して日本プロレスに負けていない…いや、それ以上の豪華メンバーだったよね。豊登は、元々好きだったよ。サンダー杉山やグレート草津は日プロに鳴り物入りで入った選手ということは知っていたけど、垢抜けないというか、鈍臭かったよね（笑）。その点、ストロング小林だけは風貌が猪木似でバタ臭くて、スマートではなかったけど、スター性は感じた。その頃、パンフレットが欲しかったから、国際の事務所に切手か現金書留を送ったんだよ。そうしたら、パンフ以外にカンガルーズのブーメランも同封されてきたんだ。そういう心遣いだけでファンは舞い上がるから（笑）」

――団体が崩壊した時、あの紙製のブーメランは事務所にまだたくさん残っていましたよ（笑）。

「そうなんだ（笑）。最初に国際を生観戦したのは、『ワールド・チャンピオン・シリーズ』の長野市民会館（12月16日）」

――記録では、長野公民館になっていますが…。

「いや、実際は市民会館の方でやったの。決勝戦のひとつ前の試合で、シリーズの大詰めだったんだよ。そこでビル・ロビンソンvsジョージ・ゴーディエンコの決勝リーグ戦が観られたのは、超ラッキーだったね。あのシリーズは特にガイジンが凄かったから、興奮したよ」

――でも、茨城さんは当時、坂口征二のファンクラブ『若鷲』の会長だったんですよね。

「まだファンクラブというのも、そんなにない時代でね。それをやることが東京へ近づけるチャンスかなとか、そんなイージーな理由だったかも。特に坂口さんのファンなわけじゃなかったんだけどね（笑）。俺はガイジンでも〝未知の強豪〟が好きだったから、柔道工からプロレスに転向して、海外修行をしていた坂口さんに未知の魅力を感じていたのは確かかな。だから、日本人なら『ビッグ・サカ』だと思ってファンクラブを始めたんだよね」

高校を卒業した茨城氏は首都圏で就職することになったが、それは地方都市から抜け出してプロレス業界に接近するための第一歩だった。彼はファンクラブの活動をしながら、都内のプロレス会場に通い詰め、プロレス雑誌の編集者になる道筋を模索する。

その結果、70年3月にベースボール・マガジン社への転職が決定。希望通り『プロレス&ボクシング』編集部に配属され、与えられたのが国際プロレスの担当だった。

しかし当時、いくら団体の人気が上昇傾向にあったとはいえ、BI砲を抱える老舗・日本プロレスと比べると、その差は月とスッポンである。当時、マスコミの中で国際プロレスは、どういう位置付けだったのだろうか?

「川崎の東芝に就職が決まって、蛍光灯を作る仕事をしていたよ。『第11回ワールドリーグ戦』に凱旋帰国した坂口さんの記者会見を神宮外苑の日プロ事務所でやるという情報を仕入れたから、本人に頼んで外の公園でインタビューさせてもらったんだ。サインも、もらったよ(笑)」

——そういえば、後にメキシコで燻っていた全日本プロレスの越中詩郎をロサンゼルスに引っ張り出して、坂口さんに会わせたのは茨城さんでしたよね。その時の話し合いにより、越中さんは新日本プロレスに移籍しました。

「そう。坂口さんとは、その頃からの縁があったからね(笑)。当時、後楽園ホールへは試合をよく観に行ったし、羽田空港にも来日したガイジンのサインをもらいに行ってた(笑)。そうそう、忘れもしない70年2月にバーン・ガニアが国際プロレスに初来日するわけ。それが俺の運命を変えたと言えば、オーバーかな(笑)。当然、羽田に行って、ガニアからサインをもらったよ。俺の好きな〝未知の強豪〟の4番バッターだったからね。当時、3大世界王者の来日していない最後の超大物だったから」

——ガニアは、後に茨城さんの良き理解者となる人ですね。このガニア滞在時に、国際プロレスと日本ではまだ未知の団体だったAWAの提携が発表されました。

「だから、キーワードは〝未知〟だね(笑)。坂口さんのファンクラブの会報を作っていたから、自然とプロレスマスコミ…それも雑誌作りをしたくなるわけよ。それで当時、神保町にあった『ゴング』(日本スポーツ出版社)の編集部に遊びに行ったんだ。忙しそうなのに、竹さん(竹内宏介編集長)はちゃんと応対してくれたよ。その後にはプロボクの編集部にも遊びに行ってさ。ゴングは人を取らないとわかり、プロボクに電話で頼んだら、OKが出たの」

——そして、国際プロレス担当になったわけですね。

「当時のプロボク編集部は5人体制で、編集長は藤沢久隆さん。嘱託だけど、顧問みたいな立場の〝プロフェッサー〟森岡理右（後のジャイアント馬場のブレーン）さんもいて、どちらも日プロ派だよね。他の人は、基本的にボクシング担当。そこに俺が入って、雑用と誰もが敬遠する国際プロレス担当ですよ」

——やはり国際プロレスは、そういうポジションだったんですか？

「ページも極端に少ないし、編集部内でも大きく取り扱おうという姿勢はまったく感じられなかった。社長の吉原さんのところには、藤沢さんが連れて行ってくれて挨拶したんだけど、新人を担当にあてがわれるわけだから、いい顔はしなかったなあ。後に誕生日が俺と同じなのを吉原さんに知られた時、〝何だ、お前と一緒か！〟って嫌な顔をされたよ（笑）」

——担当者としての初取材は憶えていますか？

「たぶん、横浜スカイホールの『第2回IWAワールド・チャンピオン・シリーズ』開幕戦だったと思う（70年3月11日）。そのシリーズには清美川さんが来ていて、帰国直前に頼まれた写真を品川のホテルに届けたのが担当になってガイジン選手との最初の接点かな。あの人をガイジンと見なすならばだけど。最初は川崎から都内に通っていたんだけど、西武新宿線の久米川にあった会社の寮に引っ越してね。でも、仕事が遅くなると電車がなくなっちゃうんだ。そういう時に渋谷の三貴ビルにあった国際の合宿所によく泊まったよ。八木や気の合った大剛さんとよく飲みに行ったりしたよね。俺は酒は飲めないけど、そのまま合宿所に泊まって、そこから出社した（笑）。大剛さんは気性が荒くて、みんなから敬遠されていたみたいだね。後に大宮の合宿所で誰かと喧嘩して、包丁を振り回したと聞いてるよ」

——翌71年の第1回新人公募で合格した八木宏は、どうでした？

「当時、国際で俺より年下って八木しかいなかったよね。まだ15歳で、デビュー前だった。先輩からイジメられていたみたいだよ。朝霧高原で合宿した時には、真夜中に池に落とされていたしね。あの時、みんな酔ったまま富士山に登ったけど、草津さんだけは登らなかった（笑）。八木はマメな性格で、ヨーロッパに行った時には手紙や現地のパンフレット、入場式用のタスキなんかを送ってくれたよ。他に日本人で仲の良かったのは、マイティ井上さんかなあ。俺より2つ年上でね。俺がプロボクに入った年の秋にはヨーロッパに修行に出ちゃったけど、マイティさんも行く先々から絵葉書をくれたよ。だから、向こうでの近況を誌面に載せたりして」

——その当時、地方の大会も取材されたんですか？

「いや、出張はそんなになくて、取材は首都圏中心だね。たまにガイジン側の運転手の浜崎さんに頼んで、同乗させてもらって移動したこともあったなあ。ダニー・リンチなんて、どんな〝流血王〟なのかと思ったら、実に静かな人だった（笑）。逆にブロンド・ボンバーズ（ジェリー・ブラウン&バディ・ロバーツ）は車内でもうるさかったな。特にロバーツの方ね。リング上のままだったよ（笑）」

——日本プロレスの取材には？

「時々行きましたよ。国際はオフも長いし。ミル・マスカラスが初来日して、BIのインターナショナル・タッグ王座に挑戦した蔵前国技館の大会があったでしょ（71年3月2日）。同日に東京体育館でマッドドッグ・バションとブッチャー・バションの兄弟に草津&杉山が挑戦するAWA世界タッグ戦があって、そっちに行かされた」

——ヨーロッパで武者修行中だった井上さんが緊急帰国して、ビル・ミラーと対戦した時ですね。

「足を骨折して欠場していたラッシャーさんもギブスを着けたまま金網をやったよ（ザ・?に勝利）。寂しい入りでね…蔵前に行きたかったなあ。あの日、俺の20歳の誕生日だったんだよ（苦笑）。吉原さんは41歳のね（笑）。その日に限らず日プロに比べて、やっぱり国際は客が入らないし、場内の雰囲気も地味で、はっきり言って試合も華がなかったね（笑）。ああ、こんなことがあったよ。バロン・フォン・ラシクの初来日が1日遅れたのを知ってる？」

——71年の『ビッグ・チャレンジ・シリーズ』は10月25日の深谷市民体育館が開幕でしたが、ラシクだけは飛行機が遅れて、翌日の岩手県千厩町体育館大会が初戦になったんですよね。

「そうそう。次にラシクを観られるチャンスがあるとすれば、シリーズ終盤しかないんだ。でも、会社は岩手じゃ遠いから、カメラマンを出す気もないし。我慢できなくなった俺は仮病を使って、自費で行ったんだよ（笑）。運転手の浜崎さんに仙台でピックアップしてもらうことにして、その前に公衆電話で会社に〝ちょっと風邪で…〟と連絡してさ。ガイジンのバスで千厩まで行って、ラシクの第1戦を観たんだよ。あの人はバスの中で静かに本を読んでいて、試合とはまったく別人だったな」

――そこまでして〝未知の強豪〟だったラシクの試合を生で観た感想は？

「やっぱり観る環境もあるよね。田舎の客の少ない体育館でラシクを観ても、何かピンと来なかった（笑）。本人は普通にやっているんだろうけど、ブレーンクローをやっても相手が流血するわけじゃないし、ちょっとガッカリしたのが正直なところ。後に、この人の家庭訪問をすることになるんだけどね」

――仮病のことは会社にバレなかったんですか？

「もちろん。ラシクを観に行ったのは、ずっと内緒。さすがに、もう時効でしょ（笑）。それと同時に〝本場のアメリカへ行って取材したい〟という気持ちが芽生えたのが、その年。ラシクの件もそんな自分の焦りからの行動だったと思う。その年の夏に竹さんと東京スポーツの櫻井康雄さんが1ヵ月以上、アメリカとメキシコへ長期の取材旅行に行っているでしょ。それで後手に回ったプロボクは、追うように森岡さんを渡米させたけど…。あの2人が渡米した影響力は、計り知れなく大きかったよね。竹さんも帰ってきて自慢話をするし、羨ましくて。〝俺も行きたい〟という気持ちが沸々と湧き上がったわけ。でも、俺は新米編集員だから、そんな渡米のチャンスなんかもらえないでしょ。それで考えに考え抜いて翌年、会社に約1週間の休みをもらって自費でアメリカへ渡ったんだ。確か国際のシリーズの合間に長いオフがあったから、そこを狙って。72年の3月だったと思うな」

――最初は、どこへ行ったんですか？

「どうせ行くならば、国際のプラスになるような取材がしたいと思ったから、最初にモントリオールにいたマイティさんを訪ねたの。でも、試合日に当たらなくてね。住んでいたアパートでの風景しか撮れなかった（笑）。まあ、

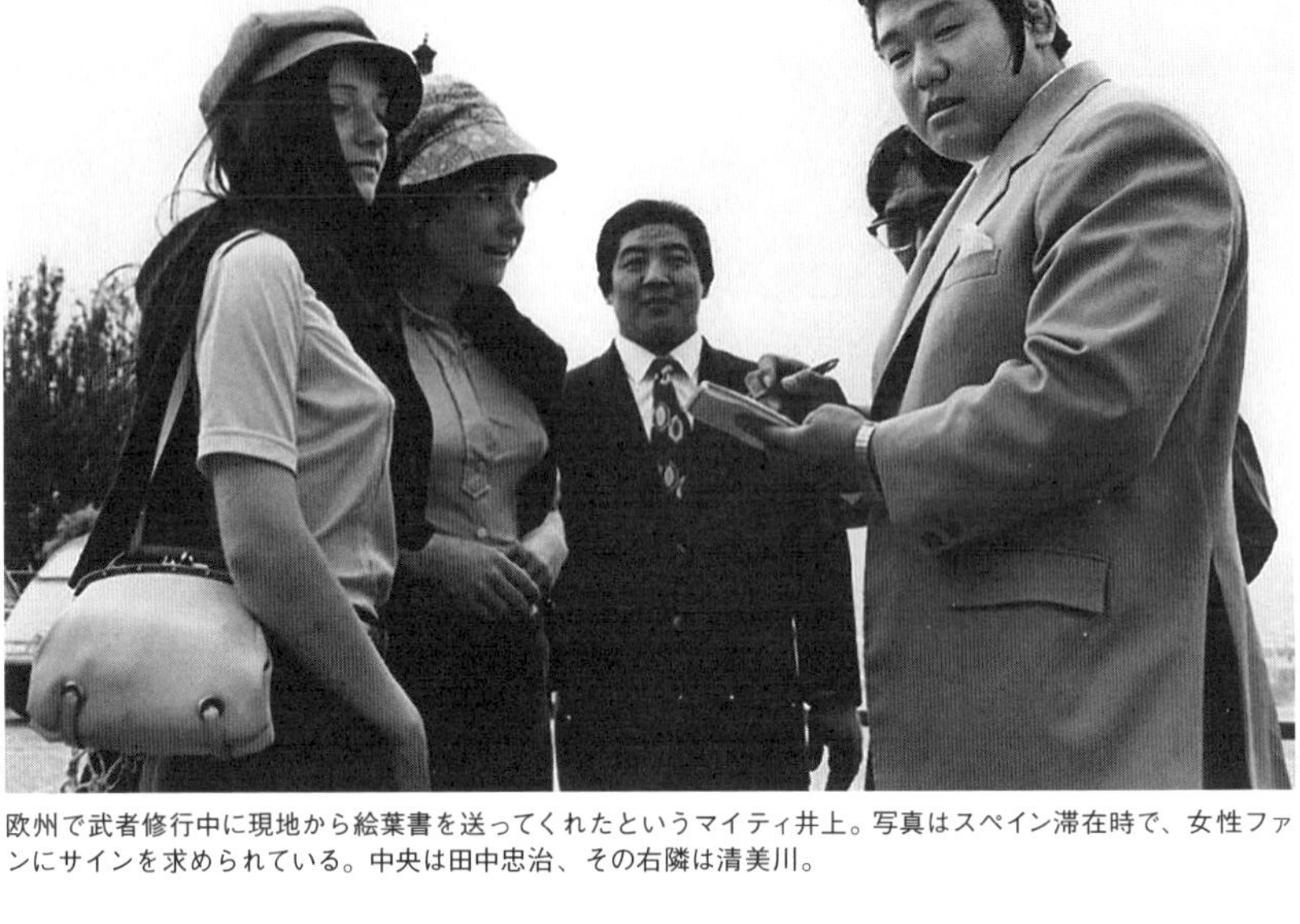

欧州で武者修行中に現地から絵葉書を送ってくれたというマイティ井上。写真はスペイン滞在時で、女性ファンにサインを求められている。中央は田中忠治、その右隣は清美川。

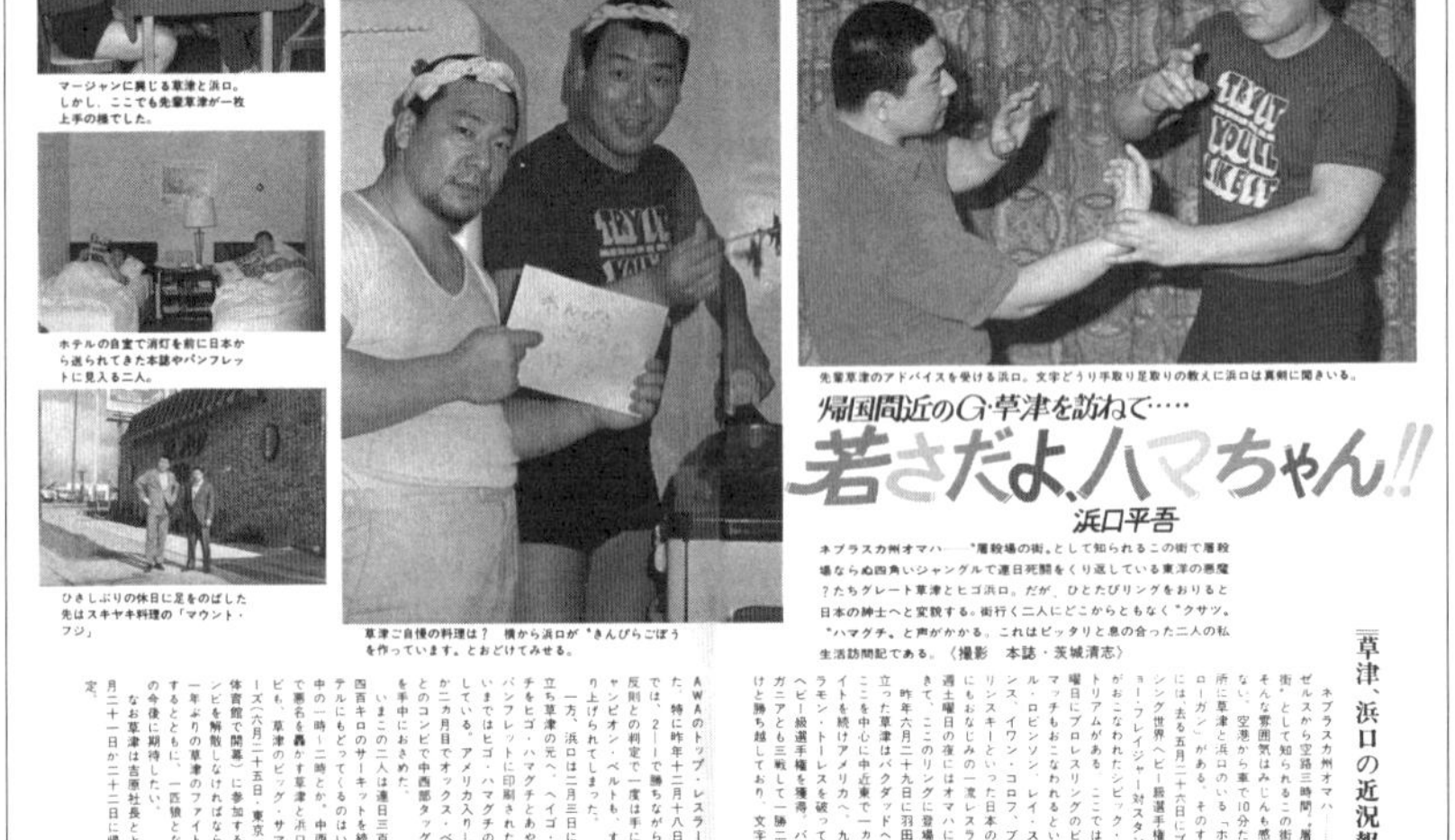

帰国間近のG・草津を訪ねて……

# 若さだよ、ハマちゃん!!

浜口平吾

ネブラスカ州オマハ――〝屠殺場の街〟として知られるこの街で屠殺場ならぬ四角いジャングルで連日死闘をくり返している東洋の悪魔?たちグレート草津とヒゴ浜口。だが、ひとたびリングをおりると日本の紳士へと変貌する。街行く二人にどこからともなく〝クサツ〟〝ハマグチ〟と声がかかる。これはピッタリと息の合った二人の私生活訪問記である。〈撮影　本誌・茨城清志〉

先輩草津のアドバイスを受ける浜口。文字どうり手取り足取りの教えに浜口は真剣に聞きいる。

マージャンに興じる草津と浜口。しかし、ここでも先輩草津が一枚上手の様でした。

ホテルの自室で消灯を前に日本から送られてきた本誌やパンフレットに見入る二人。

ひさしぶりの休日に足をのばした先はスキヤキ料理の「マウント・フジ」

草津ご自慢の料理は？　横から浜口が〝きんぴらごぼうを作っています。〟とおどけてみせる。

『草津、浜口の近況報告』

ネブラスカ州オマハ――ロサンゼルスから空路三時間、〝屠殺場の街〟として知られるこの街だが、そんな雰囲気はみじんも感じられない。空港から車で10分たらずの所に草津と浜口のいる「ホテル・ローガン」がある。そのすぐそばには、去る五月二十六日にプロボクシング世界ヘビー級選手権戦（ジョー・フレイジャー対スタンダー）がおこなわれたシビック・オーデトリアムがある。ここでは毎週土曜日にプロレスリングのビッグ・マッチもおこなわれるという。ビル・ロビンソン、レイ・スチーブンス、イワン・コロフ、ブル・ブリンスキーといった日本のファンにもおなじみの一流レスラーが毎週土曜日の夜にはオマハにやってきて、ここのリングに登場する。

昨年六月二十九日に羽田を飛び立った草津はバクダッドへ入り、ここを中心に中近東で一カ月ファイトを続けアメリカへ。九月にはラモン・トーレスを破って中西部ヘビー級選手権を獲得。バーン・ガニアとも三戦して一勝二引き分けと勝ち越しており、文字どうりAWAのトップ・レスラーとなった。特に昨年十二月十八日の一戦では、2―1で勝ちながら三本目反則との判定で一度は手にしたチャンピオン・ベルトも、すぐに取り上げられてしまった。

一方、浜口は二月三日に羽田を立ち草津の元へ。ヘイゴ・ハマグチをヒゴ・ハマグチとあやまってパンフレットに印刷されたため、いまではヒゴ・ハマグチの名で通している。アメリカ入りしてわずか二カ月目でオックス・ベーカーとのコンビで中西部タッグ選手権を手中におさめた。

いまこの二人は連日三百キロ～四百キロのサーキットを続け、ホテルにもどってくるのはいつも夜中の一時～二時とか。中西部一帯で悪名を轟かす草津と浜口のコンビも、草津のビッグ・サマーシリーズ（六月二十五日・東京・板橋区体育館で開幕）に参加するためコンビを解散しなければならない。一年ぶりの草津のファイトを期待するとともに、一匹狼となる浜口の今後に期待したい。

なお草津は吉原社長とともに六月二十一日か二十二日に帰国の予定。

ネブラスカ州オマハで共同生活をしていたグレート草津＆浜口平吾（アニマル浜口）の様子を茨城氏が『プロレス＆ボクシング』72年7月号でリポート。これが記念すべき初渡米だった。

マイティさん自身は喜んでくれたけどね。その後は草津さんと修行中の浜口さんがいるネブラスカ州オマハへ行ったら、こちらもリサーチ不足で2人は試合に行っていて不在だったの。戻って来てからホテルでのプライベートタイムを取材したけど、草津さんは自分のことだから協力的だった（笑）。浜口さんは現地入りしたばかりで、草津さんがいろいろ教えていたよ。ネブラスカからの帰りに〝まだ見ぬ最後の強豪〟のザ・シークを取材しようとロスへ寄ったら、交通事故に巻き込まれてね。全身が痛くて、ダウンタウンの安ホテルで唸ってた。もちろん、シークは観られなかったし、帰国も少し遅れたんだ。だから、アメリカへ行って1試合も観られず、怪我までして帰ってくるという悲惨な初渡米だったよ（笑）」

――そういえば、茨城さんは72年11月27日に愛知県体育館でディック・ザ・ブルーザー＆クラッシャー・リソワスキーが草津＆小林と金網デスマッチをやった末、暴動になった試合も現場取材しているんですよね。

「アメリカの金網マッチは脱出すれば勝ちだけど、日本はフォールかギブアップじゃないと決着にならないよね。ブルクラは普通に脱出して勝ったつもりが、ファンに逃げ出したと受け取られて、俺も何が何だかわからなかったもん（笑）」

――暴動が起きた時は？

「選手たちが〝出ない方がいい〟と言うんで、控室にずっと避難していた。だから、場内の状況が掴めなかったよ（笑）。こうした事件にどう対処するのか、そういう取材のノウハウも知らなかったしね」

――翌73年9月には、バーン・ガニアが再来日しますよね。今度は単なるファンではなく、取材する立場になりましたが。

「札幌中島スポーツセンターでストロング小林がガニアに挑戦したAWA世界戦があったでしょ（同月24日）。東北本線の夜行と青函連絡船を使って、丸1日かけて現地まで行ったの。その試合のフィルムを飛行機で東京に持って帰るだけの仕事なんだけどさ。その時、ホテルにいるガニアの部屋へ行ったんだ。確か初来日時に表紙になったプロボクの本誌をプレゼントしようとしたのかな。そうしたら、ガニアに喜ばれて、住所を聞かれたんだよ。それから、ガニアは俺のところにＡＷＡのいろんな宣材資料を送ってくれるようになったんだ」

――それがキッカケでガニアとのパイプができたわけですね。

「たとえば、アマレスでミュンヘン五輪の銀メダリストだったクリス・テイラーのデータや写真がガニアから送られてきたから、それを誌面で紹介したわけ。１ページだったけど、編集長の藤沢さんが未知の強豪みたいな企画を持たせてくれたんだよ。それは俺が一番やりたかったことだよね。それまでずっと原稿取りや赤入れとか地味な編集作業ばかりだったけど、それが最初に書かせてもらった記事だったと思う」

――茨城さんが担当だった頃で、良くも悪くも予想外だった外国人レスラーは誰ですか？

「ガッカリしたのは、エドワード・カーペンティアかな。テーズに勝って世界王者になった〝未知の強豪〟として幻想は膨らんでいたし、流れるような空中殺法をするのかと思っていたら、動く実物は動きが硬かった。〝この人が本当にあのカーペンティアなの？〟と思ったもんね。逆に、セーラー・ホワイトは期待していなかったのに良かったよ。俺は、ああいうラフファイターが好きなんだ。喧嘩も強かったみたいだね。初来日の時、ロビンソンと喧嘩して勝ったらしいよ」

74年は、国際プロレスにとっても、茨城氏にとっても激動の年となった。

ストロング小林のフリー宣言、TBSの中継打ち切りで、エースと資金源を失った国際は窮地に立たされたが、茨城氏も与えられるページ数がさらに減り、悶々とした日々を過ごす。そこで再び頭をもたげたのは、「アメリカへ行って取材したい」という夢。２年前に、現地で1試合も観られなかったことも心残りだった。

東京12チャンネルは秋から国際プロレスのレギュラー放送を開始するが、それを待たずに茨城は会社に辞表を提出し、ここから長い北米での旅が始まる。

――茨城さんは、ストロング小林と仲が良かったと聞きます。いつも彼の自家用車で巡業していたとか。

「いや、いつも一緒じゃないよ（笑）。その頃、ストロングは国際プロレスの大エースだから、一番の取材対象になるのは当然だよね。彼は人柄もとても良くて、気が合った。当時、東スポは国際に冷たかったし、ゴングは竹さん一人で作っていたから、自然と俺なんかが接近できたんだと思うけど」

――小林さんが離脱することは、事前に本人から聞かされていたんですか？

茨城氏にとっても衝撃的だったストロング小林の電撃離脱劇。アントニオ猪木との初対決後、フリーとして渡米した小林の後を追うように、茨城氏も会社に辞表を提出してアメリカに飛ぶ。

「いやいや、俺はまだ入社3年のグリーンボーイだよ。そんな大それた相談するまでの仲じゃなかった。あれは国際担当の俺にとって、凄くショックな事件だったんだからさ。AWAとの提携も順調で、俺は国際プロレス愛に燃えている時期だったし、彼もそれを知っていたから、事前にそういうことを漏らすことはなかったよ。マイティさんは、〝あの野郎！〟ってストロングの離脱を怒ってたな。40年以上経った今でも、マイティさんに電話すると〝あの野郎！〟って言ってるもん（笑）」

――草津さんとの確執が離脱の原因だったと言われていますが、小林さん自身の口から、そのようなことを聞いたことは？

「それはあったよ。吉原さんに関しては、恩人だから悪口は聞いたことはないね。でも、草津さんはストロングに限らず、みんなが陰で文句を言っていたから（笑）。でも、俺は草津さんに関して嫌な思いをしたことはないな。ただ、俺が国際の合宿所で寝ていると、真夜中や朝っぱらに酔っぱらった草津さんがやって来て、〝起きろ！〟と言われるのは嫌だったけど（笑）。72年の暮れに、俺はホテルニューオータニでやった草津さんの結婚式にも呼ばれたんだ。前日に飲み過ぎた草津さんは、自分の式に大遅刻したんだよ（笑）。前代未聞だよね（笑）」

――では、ファン時代も含めて茨城さんの中で国際のベストバウトは？

「ファン時代だったら、実際に長野で観たロビンソンvsゴーディエンコかな。開幕の札幌でも戦っているけど（時間切れドロー）、こっちは決着が付いたから（ロビンソンが勝利）。それと東京体育館でやったガニアvs小林のAWA世界戦（70年2月6日＝初来日時）は雰囲気が最高だったけど、俺が取材で行った札幌の方が試合は良くなっていたよ。最後はガニアのスリーパーがチョークに取られて、反則決着だったけどね。それから大阪へ行って観たストロング小林vsラッシャー木村の頂上対決（73年7月9日）。日プロはBI対決が実現しなかったけど、国際は日本人トップ対決をやっちゃうんだから吉原さんは凄いと思ったし、実際に試合も白熱して良かったよ。声援？　五分五分だった。あれはがっぷり四つの名勝負だったよ」

――ところで、猪木vs小林戦の同日にカルガリーで大剛鉄之助が交通事故に遭って右足を切断するという悲しいアクシデントがありました。茨城さんは特に仲が良かったから、ショックだったんじゃないですか？

「絶句したよ。大剛さんは1週間後に凱旋帰国が決まっていてね。しかもシリーズの開幕は地元の仙台からで、ポスターまで出来上がっていたのに…。その時期の国際はTBSの放送が終わったことで資金源がなくなって、シリーズも寂しくなったよね。ガイジンも貧弱だし、オフがいつもより長く感じた。実際にその年は7月シリーズの次は9月で、丸々2ヵ月空くんだよ。だから、またアメリカへ行こうと思うわけなんだけど、いっそのことストロングみたいに会社を辞めてフリーになれば、何にも縛られずに自由に取材ができると考えたんだ」

――せっかく希望の仕事に就けたのに、大胆ですね。国際プロレスも東京12チャンネルが付いて、9月頃には盛り返しの気運がありましたが。

「でも、もう決めちゃったんだよ。編集長の藤沢さんに事情を話したら、森岡さんと一緒に〝休職という形にしたら〟と留意されたけどね。俺も23歳で若かったから、先のこと

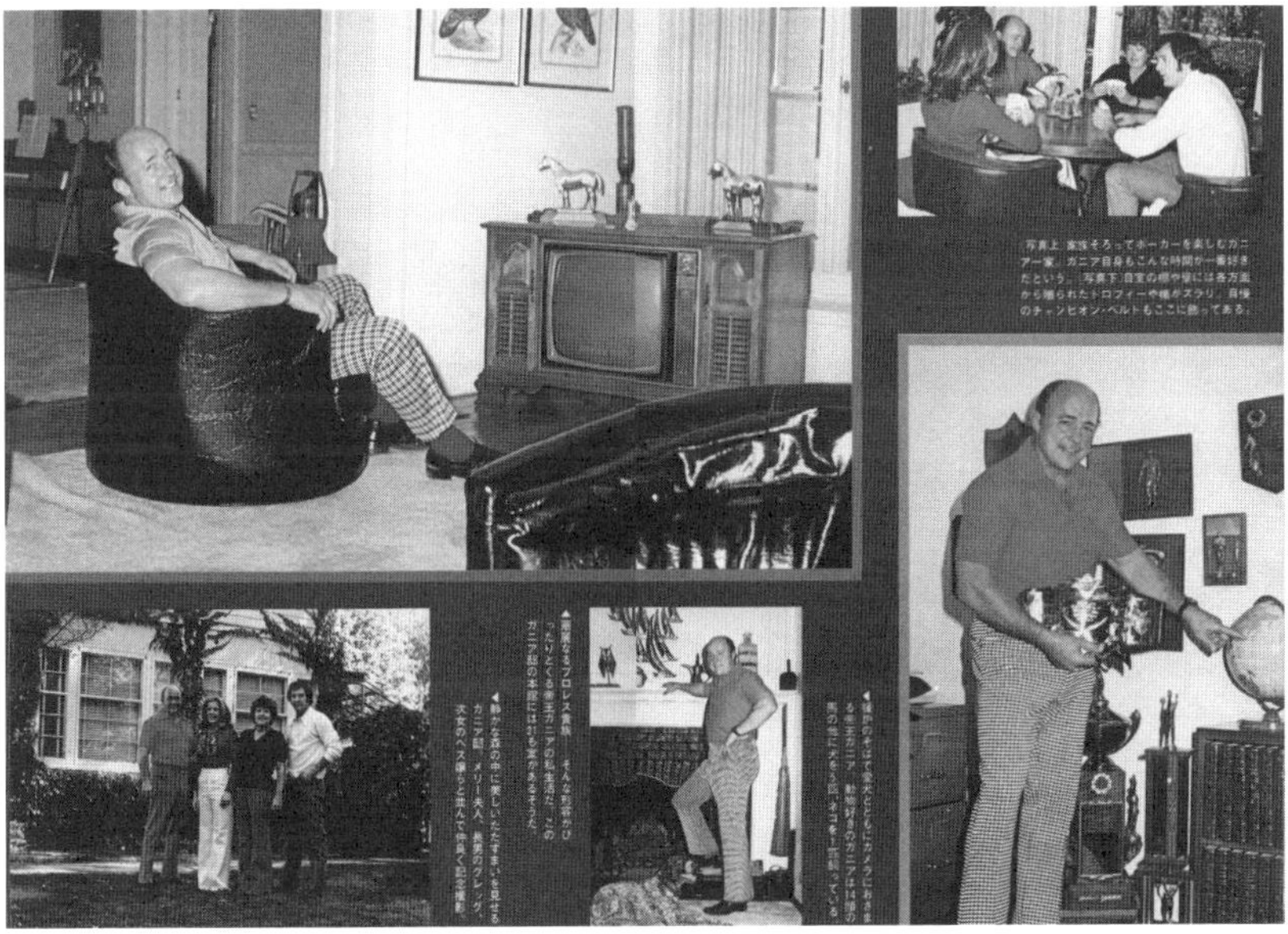

『別冊ゴング』74年12月号の巻頭を飾ったバーン・ガニアの家庭訪問記事。茨城氏は、ミネソタ州ミネアポリスの郊外にある豪邸の様子を余すことなく伝えた。

なんて考えてなかった。それに藤沢さんにはフリーになってもアメリカから写真を送る約束はしたし、竹さんにも相談してゴングでも使ってもらえるようにしたわけ」

――あの時代に両誌に写真を提供する形を取ったのも、かなり大胆ですよ。

「一社じゃ、食っていけるメドも付かなかったし。英語はそんなにできるわけじゃなかったけど、もう勢いに乗っていたから、そういう障害なんて考えていなかったよ。選手だってそうでしょ。英語ができるから海外へ武者修行に行かされるわけじゃないし。カメラだって、俺はそれまでリングサイドで撮ったことがなかったしね（笑）。出発前に、ガニアと大剛さんにだけは手紙を書いた。俺には現地でのツテは彼らしかなかったから。それで期限を決めずに出発して…あれはラシクと初来日のビリー・グラハムが来て、東京12チャンネルのレギュラー中継が始まる『スーパー・ワイド・シリーズ』の開幕戦の日だったと思う」

――国際プロレスにとって再出発の日に、茨城さんもフリーカメラマンとして再出発したんですね。

「ロスからカンザスまでグレイハウンド（長距離バス）で

2泊3日くらいかなあ。そこからミネアポリスに移動して、いきなりガニアの家庭訪問をしてね。快く取材に応じてくれたよ。その後、ミネアポリスからニューヨークへ行ったんだ。ストロングが猪木さんとの再戦に備えて、WWWFにいたからね。俺がニューヨークに突然来たから、驚いていたよ。そして、またミネアポリスに戻って…AWAは国際プロレスと提携が続いていて、しかも〝未知の強豪〟がゴロゴロしていたから、ここにしばらく定着しようと思ったの。あの竹内&櫻井コンビもAWAには足を踏み入れなかったし、まだ謎の帝国という感じがあったからさ。ミネアポリスにあるダイクマンホテルの中にAWAの事務所があるんだけど、行ったら入口でいきなり会長のウォーリー・カルボに会ってね。この人が優しい紳士で、事情を説明したら、〝しばらく事務所で寝泊まりしなさい〟と言われたんだよ」

――AWA本部が茨城さんの棲家になったんですか（笑）。

「そう（笑）。夜は事務所のソファーで寝て、朝になって女性従業員が来たら起きて。カルボはホテルの1階にあるフレンチレストランでのアルバイトも斡旋してくれたし、後に中華料理屋の皿洗いの仕事も見つけてきてくれたよ（笑）。秘書に言って、安いアパートも探してくれたしね。その頃はミネアポリス市内のミュンシパル・オーデトリアムで試合があれば近いから行ったし、隣町のセントポールにもよく行ったね。シカゴやミルウォーキーは、遠いから行かなかった。ミネアポリス市内のカルホーン湖畔にあるWTCN11チャンネルのスタジオでのTVマッチにも、よく行ったよ」

――向こうでは当然、ガニアも良くしてくれたわけですよね。

「控室の出入りは自由だし、ミネアポリスやセントポールの試合で、よく〝大入り〟をくれたよ。中を見ると、100ドルも入ってるんだ。当時、1ドルが250円換算だから、2万5000円だよ。41年前の話だからね」

――誰が最初に書いたのか、日本では〝ガニアは遠征嫌い〟というだけでなく、〝ガニアはケチ〟と報道されていましたが、どちちも間違いですね（笑）。

「嘘だよ、それ。AWAが忙しいから、遠征できないだけの話。本当は旅が好きな人なんだ。ケチでもないよ。カンザスで関川（哲夫＝ミスター・ポーゴ）が中堅で時々メインに出ている時にギャラが1試合＝40ドルだったけど、AWAでは無名の最下位の選手でも1試合＝100ドルだった。俺は事務所に住んでいて、チェックを切っている場面にも立ち会っていたから本当の話だよ（笑）」

――カンザス地区は以前からギャラが安いと聞いていましたが、それにしてもさすがAWA帝国はかなり羽振りが良かったわけですね。

「全米でも屈指だったと思うよ。それに何と言っても、AWAはタレントが凄かった。試合の取材以外には、トップスターの家庭訪問をよくしたよね。NWAのスター選手たちはいろんなテリトリーを彷徨っているから自宅がバラバラだけど、AWAは長期で定着している選手が多くて、みんな事務所のあるミネアポリス近郊に住んでいたんだよ。だから、ビル・ロビンソン、ニック・ボックウィンクル、ホースト・ホフマン、ラリー・ヘニング、バロン・フォン・ラシク、ジム・ブランゼル…いろんな選手の家に行って取材した」

――茨城さんは、ニックとも仲が良かったんですよね。

「とても良くしてくれたよ。家にお邪魔した時も、彼はカメラが趣味で、撮り方の技術をいろいろ教えてくれたりね。リング上でのヒールぶりとは一転して、素顔は物静かで真面目な紳士だから。奥様はダーリンさんといって、ハワイ生まれの韓国人とのハーフなんだ。彼女もいい人で、よく夫婦で食事に誘ってくれたよ。ニックは愛妻家で、遠征中も毎日電話でその日にあったことを報告していたからね。それとニックは日本から送られてきた雑誌や新聞もチェックしていた。東スポのエロ欄を見て、〝日本の新聞はみん

『別冊ゴング』78年11月号より。茨城氏はニック・ボックウィンクルの自宅も取材で訪問。ニック夫妻とはミネアポリス市内にある『一番』という日本料理店でよく食事をしたという。

なこうなのか？〟と言われた時は困ったよ（笑）。数年前にデストロイヤーの80歳のパーティーの時、ニックさんが日本に来るというから俺も行ったんだ。でも、ニックさんは俺に対して反応が鈍かった。ちょっと痴呆症が入っていたみたいだね。でも、今から思えば、あの時に会えて良かったよ」

茨城氏にとってAWAと並ぶ北米での重要拠点は、カナダのカルガリー地区だった。

そこには不慮のアクシデントで現役を退いた旧知の大剛鉄之助がブッカーとして定着しており、多くの国際プロレスの選手が武者修行、あるいは遠征中にワンクッション置くために出入りする場となっていた。

76年夏に大剛は国際の北米支部長となって、レスラーを本格的に日本に送り込むようになる。そうしたブッキング活動はすでに2年前から始まっており、単にカルガリー地区だけに留まらず、カナダ全土、全日本プロレスが手を付けていない米国アラバマ地区などから選手をチョイスしていた。

――茨城さんは、国際プロレスと関係が深いカルガリー地区にもよく取材に行っていましたよね。

「ブッカーとして再起した大剛さんに挨拶しておきたかったし、その頃は八木もいたからね。75年には、ミスター珍さんや稲妻二郎も集まってきたでしょ。76年には、浜口さんとも カルガリーで再会したよ。というか、その時は浜口さんと一緒のアパートに暮らしてた（笑）。今でこそ、ああいう豪快なキャラが売り物だけど、その頃は物静かな人でね。一緒にいても、会話が少なかったよ。だから、今の〝ワッハッハ！〟なんてやっている浜さんの姿は信じられない（笑）。俺は大剛さんのところに長く居候してた時期もあったけど、怪我をした後だから酒を飲んで荒れていたよね。杖で叩かれたこともあるよ（苦笑）。でも、俺がカナダ国境で足止めされた時には、身元引受人みたいな感じで来てくれたこともあった。俺の作るラーメンを美味いと言って喜んで食ってくれたり…俺は嫌いじゃないよ。よく丁寧な手紙もくれたし、いまだに大剛さんとは連絡を取り合っているから」

——77年3月には、吉原社長が大剛さんの交通事故の裁判に出席するためにカルガリーへ行っています。その直後には、マイティ井上がここに遠征していますね。

「マイティさんはカルガリー・スタンピードのアトラクションでガニアと対戦して、フルタイム戦ったんだ。3年前に日本で対戦したのが活きてか、いい試合だったよ」

——78年7月になると、原進もカルガリーに来ます。

「あの時は、吉原社長が付きっきりだったからね。凄い熱の入れようだった。でも、阿修羅はカルガリーで少し試合をして、すぐにモントリオールへ行っちゃったんだ。朝から真面目に練習するし、根っからのアスリートだと思ったよ」

——原進以降、国際プロレスからカルガリーへ行く選手は途絶えました。というか、原が3ヵ月だけルイジアナ地区へ修行に行っただけで、他の選手を海外に出せるような内情ではなかったわけですよね。

「国際の資金がなくなったのと、カルガリーではミスター・ヒトさんが現地のブッカーになって、大剛さんとの間に確執が生まれたからね。でも、AWAと切れてから、国際にいいガイジンをたくさん送り込んだのは大剛さん。ジプシー・ジョー、アレックス・スミルノフ、キラー・トーア・カマタ、キラー・ブルックス…。ジョーはテネシーで取材したし、スミルノフとはシスコのカウパレスで初来日前に会ってるんだ。カマタは、取材でハワイの海岸を走らせたよ（笑）」

——茨城さんの耳にも、国際プロレスが危機に陥っているという話は入っていたんですか？

「大剛さんとは常に連絡を取っていたからね。いい話は聞

茨城氏と縁の深い関川哲夫は、『ミスター・セキ』の名で76年9月にフリーとして国際プロレスに初参戦。これも同北米支部長に就任した大剛鉄之助のブッキングだった。

いていなかったから、〝危ないのかなあ…〟と気にはしていたんだけどさ。その時期は日本に帰国したり、またアメリカやメキシコに出かけたりを繰り返していたから、国際の選手からも直接情報を入れていたと思う」

――その頃、日本で『スポーツ・アクション・サービス』という私書箱の怪しい商売も始めましたよね（笑）。

「怪しくないよ（笑）。レスリング・アルバムやカレンダーを売っていたのかな」

――デビル紫の実戦用マスクやマッハ隼人のオリジナルマスクも売っていましたし、彼らを呼んでイベントやビデオ上映会もやっていましたよ。

「憶えてないなあ（笑）。そんなこと、やったかね（笑）」

――81年7月末日にも上映会をやっているので、国際プロレスが崩壊した時、茨城さんは日本にいたんですよね。

「俺もそのニュースは日本で聞いたような記憶がある。でも、まさか北海道の羅臼に取材に行くわけがないしね。その年の5月10日には、セントポールのシビックセンターでバーン・ガニアの引退試合を取材した。ニックとの防衛戦ね。ガニアは予告通り、現役王者のまま引退したよ。控室も他のマスコミは入れないのに、俺だけはオールパス（笑）。レオ・ノメリーニとガニア夫妻の記念写真も撮らせてくれたし、打ち上げパーティーにも出席させてくれた。いろんな選手が来たけど、あそこにニックが来なかったのは、さすがと思ったね。宿敵は決して同席するべからず…だよ。ガニアは、俺にとって父親みたいな人だから。俺もあの仕事の後、放心状態になった。どこかひとつの歴史が終わってしまったような…」

――それで乱心したと（笑）。

「傷心はしたけど、乱心はしてないよ（笑）。その3ヵ月後に国際プロレスも幕を閉じてしまって。それもまたひとつの時代の終焉だったよね。高田馬場の国際の事務所へ行ったら閑散としていて、資料関係はすべてゴングが持って行ったと言われて…。仕方なく、俺は選手の契約書とかパンフとか余りものをもらって帰ったよ」

――ハイエナですね（笑）。

「いや、何か記念になるものはないかなと（笑）」

――茨城さんはこの後に自らプロレス団体を運営することになるわけですが、国際が崩壊に追い込まれた理由をどう分析しますか？

「いろいろあるだろうけど、やっぱり日本人の絶対エースがいなかったことだろうね。それがいれば、テレビ局も離れなかったと思う。ラッシャー政権も長すぎたよ。それと阿修羅・原まで、いい素材をスカウトしようとしなかったことも大きいよね。俺が言うのも何だけどさ…国際は、その日暮らしで未来を見据えていなかったのかも。草津さんを長くマッチメーカーに据えていたのもマイナスだったように思うよ。長いと、どうしても保身に走るからさ。どこかのタイミングでマイティさんに切り替えていれば、違う局面も迎えられたんじゃないの。ラッシャーさんでは、人が良すぎるし。吉原さんを補佐できる人材は、マイティさんしかいなかったと思うよ」

その後、茨城氏は再び渡米して、各媒体の仕事を掛け持ちしながら精力的に全米を駆け回る。

ジャパン女子プロレスのブッカーに就くために帰国を決めたのは、86年春。その後、大仁田厚が立ち上げたFMWのブッカーに転身し、一悶着あって、自らW★INGを設立した。

――国際プロレス崩壊後の足取りは？

「犯人みたいに言わないでよ（笑）。82年は、『ビッグレスラー』（立風書房）の創刊に協力したよ。ニック・ボックウィンクルvsオットー・ワンツのAWA世界戦をブレーメンで取材したのが初ヨーロッパ。でも、『ビッグレスラー』とはギャラの未払いで揉めて、手を切った」

――あの茨城さんに対して、未払いですか（笑）。

「逃げてばっかりなんだ（笑）。あとは東スポの北米通信員として、またミネアポリスに住み着いて、全米各地、メキシコ、カナダ、プエルトリコを駆けずり回ったよ。途中からサンフランシスコに近いサンノゼに引っ越して、東スポの仕事を続けた。でも、WWFの全米侵攻でテリトリー制が崩壊して、アメプロの需要がなくなってしまってね。その後はハワイに半年くらいいて、ちょっと取材したくらいかな。それが85年のこと。少しプロレスと距離を置いた時期だったよ。その後、『月刊プロレス』でメキシコ通信員をしていた横井清人さんにハワイで会って、旗揚げ前の

茨城氏はフリーの記者＆カメラマンとして北米を行脚する中、“大巨人”アンドレ・ザ・ジャイアントとも親しくなった。アンドレがカナダ・モントリオールで経営していたフレンチレストランで取材をしたこともある。

ジャパン女子を紹介してもらったんだ」

――そこから紆余曲折あって、91年8月にW★INGを旗揚げしたわけですが、プロレス団体をやろうとしたのは自分を切ろうとした大仁田憎しの感情からですか？

「いや、そんなんじゃないのよ。俺はこの業界で編集者、カメラマン、通信員とマスコミ側にいたでしょ。カンザスでは、ミスター・ポーゴのプレーイングマネージャーもやらされたけど（笑）。そして、ジャパン女子やFMWでブッカーもやった。だから、やっていないのはプロレスラーとプロモーターだけ。でも、この身体じゃレスラーにはなれないから、残るはプロモーターだと思ったの。この仕事を続けてきたおかげで、俺は北米各地でいろんなプロモーターたちと知り合えて、ノウハウみたいなものも見聞きしたからね。それが活かせるチャンスだった」

――でも、FMWに張り合うようにグロテスクなデスマッチ路線に走りますよね。

「それは、あの時代がより過激なものを求めていたからというだけで。そこには国際プロレスがやっていた金網やインディアンストラップといったデスマッチが根底にあったよね。あとは俺がテネシーやプエルトリコとかで見てきたデスマッチを応用したり。でも、本当はデスマッチではなく、自分の好きなレスラーを呼んで、自分の観たい興行をしたかっただけなんだよ。昔、国際を観た時のような感動を伝えられるベーシックな北米のプロレスが俺の理想だったの。国際に来たジプシー・ジョー、ディック・マードック、ワフー・マクダニエル、イワン・コロフをW★ING

に招聘したのはそのため。自分の力で彼らを呼びたいという気持ちが強かった。ビル・ダンディみたいに国際に来て欲しかった選手も呼んだしね。あの頃は、国際プロレスのようにファンに長く支持される団体にしたいという希望に燃えていたんだけど…。いくら昭和と平成で時代が違うとはいえ、吉原さんはあの荒波の中で、あの大所帯を切り盛りしながら、いろんなアイディアを出してやっていたんだなあと。あの人は、国際プロレスを必死でメジャーに留めようと努力を続けたよね。選手たちもそういう粘りと誇りがあった。みんな肝の据わった凄い人たちだったなと、自分で団体を興してみて改めて思うんだよね」

# 田中元和

## 元東京12チャンネル『国際プロレスアワー』プロデューサー

**たなか・げんな**

1944年5月7日、秋田県秋田市生まれ。学生時代は空手に熱中し、69年4月に東京12チャンネル（現・テレビ東京）に入社。キックボクシング、国際プロレスなどの中継を担当し、ボクシングではモハメド・アリやマイク・タイソンの試合も手掛けた。現在は、株式会社ピカソ・ワールド代表。

かつてプロレス団体にとって、地上波での放送は生命線だった。

東京プロレスは大阪の毎日放送と交渉していたものの、放映が決まらずに旗揚げから約半年で崩壊。日本プロレスも73年3月にNETテレビ（現・テレビ朝日）の中継が打ち切られた直後に活動停止に追い込まれている。

国際プロレスは74年3月30日の放送を最後にTBSテレビの中継が打ち切りとなり、存続の危機に立たされたが、吉原社長を救ったのは、またもや早稲田人脈だった。

当時の東京12チャンネルの運動部長は、早大レスリング部の同期生だった白石剛達氏。その縁で、この年の9月23日から同局で『国際プロレスアワー』がスタートする。

東京12チャンネルは、以前からプロレスに理解があるテレビ局だった。68年12月から日本女子プロレスの中継を開始。68年11月には海外の貴重な試合を紹介する『プロレスアワー』（土曜午後8時から1時間枠）をスタートさせ、単発ながら72年10月には新日本プロレス（カール・ゴッチvsアントニオ猪木の世界へビー級選手権2連戦）も放送している。

田中元和氏は当時、白石運動部長の右腕としてプロレスやキックボクシングの番組制作に携わり、『国際プロレスアワー』ではプロデューサーとして手腕を発揮した。中継の現場を仕切るだけでなく、金銭面やマッチメークの面からも団体をバックアップしていた陰の功労者である。

田中氏には、新日本プロレス＝テレビ朝日、全日本プロレス＝日本テレビを相手に奮闘した〝第3団体〟の東京12チャンネル時代を局側の視点から振り返ってもらった。

——田中さんがプロレス番組に関わるようになったのは、いつ頃からですか？

「『プロレスアワー』のフィルム編集を手伝ったのが最初ですね。グレート東郷さんがフィルムの売り込みで来日された時にお会いしましたが、世間の悪評とは違って凄く紳士だったのを憶えています。それから、猪木vsゴッチ2連戦の放送にも絡みました。当時の新日本はテレビが付いていない宙ぶらりん状態でしたよね。12チャンネルは、そういうものをサッと拾っちゃうんですよ（笑）」

——あの時は2回だけの放送でしたが、新日本のレギュラー中継をやるという話は出なかったんですか？

「それはなかったと思います。国際プロレスはTBSの放送が打ち切りの方向になっている時に、吉原社長が白石さんに相談に来たんですよ。僕は、その時に初めて吉原さんとお会いしました。子供の頃、田舎では相撲とプロレスしか楽しみがなくて毎週テレビで観ていましたし、地元の秋田市立体育館にも有り金をはたいて観に行ったぐらいですから、国際プロレスを担当するのも抵抗はなかったです」

——レギュラー中継を開始する前、74年6月3日に『月曜スポーツスペシャル』としてビル・ロビンソンvsラッシャー木村の新IWA世界ヘビー級王座決定戦を放送し、関東エリアで視聴率＝6・4％という記録が残っていますが、局側としてこの数字は？

「12チャンネルは当時、ゴールデンタイムの視聴率が6％もなかったんですよ。そこで僕は〝ウチでやれるんなら、やった方がいいんじゃないですか。高い視聴率は取れないかもしれないけど、そこそこは行けると思いますよ〟と局の上の人間に話をしたはずです。TBSは視聴率が12％ぐらいになって、国際の放映をやめたんですよ。当時は『ドラマのTBS』と言われていましたけれども、視聴率3冠王になる頃だったからスポーツ番組の数字も良くて、ゴールデンは15～16％取ってないとダメ、12％だとやめる方向になってしまうんです。ウチでは他の時間帯が4％ぐらいしか取っていないから、ゴールデンタイムだけポーンと数字を上げるのは無理だけれども、ボクシングの西城正三の世界フェザー級タイトルマッチ（71年2月28日、フランキー・クロフォード戦＝34・9％）のように、いいものをやれば視聴率は取れますからね」

――ということは、6％は十分に可能性を見込める数字だったと？

「ただし、12チャンネルはお金がない。そこで当時、ウチのキックボクシング中継は『2週撮り』だったんですが、プロレスもそのやり方なら採算が取れるんじゃないかと」

――1回の興行で、2週分の映像を収録するわけですね。

「キックはTBSが沢村忠をエースに13％ぐらい取っていて、ウチは藤原敏男や島三雄で2週に分けても、6・7％ぐらい取っていたんですよ。だから、1週撮りで内容を濃くしていたら、10％ぐらいになっていたはずなんです。国際プロレスにしても1週撮りだったら、それぐらいの視聴率を取る力はあるんですが、2週撮りだと6～7％ぐらいかなと。それでも従来の番組の平均視聴率は上回るわけですからね」

6月の特番で好感触を得た東京12チャンネルは、7月8日に国際プロレスのレギュラー中継開始を正式発表する。番組は、毎週月曜の午後8時から1時間枠で放送されることになった。

さらに局側は9月の番組開始を前に特番として、7月1日にグレート草津＆マイティ井上vsアンドレ・ザ・ジャイアント＆イワン・バルコフ（6月25日＝後楽園ホール）、7月29日にラッシャー木村vsザ・キラーのチェーンデスマッチ（7月9日＝刈谷市体育館）を放映。TBSではタブー視されたデスマッチを早くも電波に乗せた。

『国際プロレスアワー』の初回放送は、9月23日の日大講堂大会。実況＝杉浦滋男アナウンサー、解説＝東京スポーツの門馬忠雄記者（現在はプロレス評論家）、芳の里（元日本プロレス社長）の布陣で、木村&草津vsスーパースター・ビリー・グラハム&バロン・フォン・ラシクのIWA世界タッグ戦を生中継した。

——TBSでは70年10月に日本初となる木村vsドクター・デスの金網マッチを放送後、番組審議会で〝テレビで放映するには有害である〟という結論が出されて以後は電波に乗らなかったんですが、12チャンネルは早々にデスマッチを流しましたよね。社内で問題にならなかったんですか？

「白石さんも忘れていると思いますが、僕は〝ウチでやるからには、ここまでエスカレートしないと視聴率は取れませんよ〟と生意気なことを言ったはずです（笑）。当時、12チャンネルは放送の組織がちゃんとしていなかったので、デスマッチについて審議されることはなかったですよ。それに〝他の局がやれないものはウチがやってしまえ！〟という風潮でしたからね」

——放送枠の月曜午後8時というのは、当時の12チャンネルの中でどういう位置付けなんでしょうか？

「月曜のゴールデンタイムに持ってきたのは、読売ジャイアンツの野球中継とぶつからない曜日を選んだからです。それは月曜か金曜だったので、力道山の時代からプロレスは金曜の夜8時でしたよね。月曜の夜8時は一番のゴールデンタイムだし、他局も強い時期でした。国際の中継が始まる前の番組の視聴率が2～3%でしたから、そこから数字を上げるというのは大変なんです。フジテレビやTBSみたいに前の番組がいい数字だと、それに上乗せして上がるんですけどね。だから、ウチで6%というのは他局が10%取るのと同じでした」

——放送席のメンバーは、どういう経緯で決まったんですか？

「当時、12チャンネルのことを書いてくれる新聞は東京スポーツとデイリースポーツくらいで、他はあまり書いてくれないんですよ。だから、ボクシングの解説はデイリーの芦沢清一さん、『プロレスアワー』では東スポの山田隆さんに解説をお願いしていたんです。ただし、山田さんは日本テレビの全日本プロレス中継で解説されていたので、国際もやってもらうわけにはいきませんよね。そこで推薦していただいたのが同じ東スポの門馬さんだったんです。芳の里さんは吉原さんと親しかったし、やはり重鎮が必要だと思いましてね。どうしても実際にプロレスをやっておられた方がいないと、解説が軽くなってしまいますから。たとえば、〝今の技は効く〟という解説も芳の里さんが言うと説得力があるわけですよ」

――そして、杉浦さんの名調子は今でもファンが多いですよね。

「実は当時、杉浦アナウンサーはスポーツの実況ではあまり評価されていなかったんです。ゆったりした喋りでしたからサッカーやバレーボールには合わなかったんですが、『プロレスアワー』のフィルムの実況をやったら格闘技に向いているということになりましてね。それからキックボクシングを途中から担当し、国際プロレスの実況もやることになったんですよ」

――76年5月から77年12月まで当時のゴング編集長の竹内宏介さんも解説を担当しましたが、田中さんからの要請だったと聞いています。

「ええ、やはりプロレスに関して竹内さんより詳しい人はいないので。喋りも明快だし、絶対にテレビの解説に合うと思ってお願いしたんです。それから菊池孝さんは国際プロレスのパンフレットを作っていましたし、吉原さんとも親しかったので解説をお願いしました。1回で2週分を撮っているんで、せめて放送席だけでも賑やかにしなきゃいけないなと。それに杉浦さんは一人で2週分をぶっ続けで喋っていますから、解説者に助けていただかないと間が持たないということもあって、放送席の顔触れが増えたんです」

東京12チャンネルでのレギュラー中継開始に合わせて、団体側はリング上の路線変更に踏み切った。

パワーファイターのラッシャー木村に代わり、躍動感溢れるフレッシュなファイトを展開していたマイティ井上を新エースに指名。井上は放送開始から間もない74年10月7日、越谷市体育館でビリー・グラハムを撃破し、IWA世界ヘビー級王座初戴冠を果たす。

――マイティ井上が新エースになったのは、局側からの要望もあったんですか？

第８代IWA世界ヘビー級王者のスーパースター・ビリー・グラハム。東京12チャンネル側が彼にテーマ曲を用意したことは、その後の日本マット界の「入場シーン」を変えたと言ってもいい。

「いえ、吉原さん自身に〝木村じゃ持たない〟という感覚があったようですね。ウチで最初に放映したロビンソン戦も相手が巧くやってくれたから何とか持ったけれども、木村より井上の方が勢いがあるし、サマーソルトドロップをやったりして動きもいいということで吉原さんは上に持ってきたんだと思います。白石さんは、〝井上だと小さいし、エースは力道山を彷彿とさせるイメージを持った木村の方がいいんじゃないか〟と言っていましたけどね。これはプロレスラーの本能的なもので、吉原さんの中では〝試合を上手く組み立てていくのは井上だろう〟という考えがあったんだと思います」

――このシリーズで外国人のトップだったビリー・グラハムの入場曲にカール・アンダーソンが歌う『ジーザス・クライスト・スーパースター』が使われましたが、ミル・マスカラスの『スカイハイ』よりも2年半近く早いんですよね。

「当時はボクシングでも何でも、すべて局のテーマ音楽でしたよね。それは〝音楽を聴けば、どこの局かわかる〟というのを視聴者に植えつけるための手法だったんです。12チャンネルのテーマ曲は『パープル・ページェント・マーチ』というアメリカの高校生の応援歌で、『国際プロレスアワー』のオープニングでも使っていました。でも、それを選手の入場でもまた流すということに僕は抵抗があったんですよ。それにウチのスポーツテーマは格闘技に合わない軽い感じのメロディでしたから、選手のイメージに合った曲を流した方がいいだろうと思いましてね。無断でしたけど、とりあえず『ジーザス・クライスト・スーパースター』をグラハムに使っちゃったんです。そうしたら、スポーツ局の上の人間に、〝何で局のスポーツテーマを使わないんだ！〟と怒られましてね（笑）。ところが、確か東スポだったと思うんですけど、〝これは斬新だ！〟と書いてくれたんです。その途端に何も言われなくなりました（笑）。他の局は、アントニオ猪木でもジャイアント馬場でもネームバリューだけで売れるんですよ。でも、国際は木村も井上もネームバリューがないですよね。それなら何かで補強しなきゃいけない。その最初がグラハムのテーマ曲でしたね。それから悪乗りして、全選手にテーマ曲を付けちゃいました」

――〝和製ハイフライヤーズ〟マイティ井上＆アニマル浜口の『フリーライド・サーファー』はいい選曲だったと思います。木村の最初のテーマ曲『スカイダイバー』は、全然イメージと違いましたけど（苦笑）。

「井上＆浜口のテーマはテンポのある曲で、2人に相応かったと思います。ラッシャーさんの『スカイダイバー』は〝速く動いて欲しい〟という願望を込めて（笑）。その後にマスカラスなどでプロレスの入場テーマ曲が爆発的人気になったことによって、局のスポーツテーマが使われることがなくなりましたよね。ボクシングでも、その選手に合った曲を使うようになりましたから」

――ビリー・グラハムといえば、放送開始当初の後楽園ホール大会で浜口とのベンチプレス・コンテストというのもありました。

「あれも僕の企画です。当時、ガイジンは麻布十番のクラークハッチ・ジムでトレーニングすることが多かったんですが、僕も通っていてブルーノ・サンマルチノがベンチプレスで250キロを挙げるところを見たりしていたんです。グラハムはカールばっかりやっていたので、ベンチだとどれくらい挙げるのか個人的に興味がありましてね。そこでボディビル出身のアニマル浜口が国際の中で一番強いと聞いていたので、お願いして。最初は〝リングは柔らかいから、やりにくいんだ〟と浜口さんは嫌がっていたんですよ。確か浜口さんが170～180キロで、グラハムは220キロでやめたのかな？　グラハムの2回目の来日の時（79年4月）には、レフェリーの遠藤光男さんと腕相撲をやってもらいました。試合以外のそうした演出は、2週続けて顔出しさせるための細工なんです。グラハムには翌週のメインで放映する草津さんのタッグマッチに乱入してもらったりとか、うまく関連付けしていました」

――1回の興行で2週分の素材を作るために、田中さんがいろいろ仕掛けていたわけですね。

「映像的な部分では天井にハンディカメラを取り付けて、草津さんに足4の字固めをやってもらったり、浜口さんにエアプレーン・スピンをやってもらったりしたこともありました。生中継ではないし、国際には大スターがいないので、あの手この手で何か視聴率にプラスになることを考えるしかなかったんですよ」

様々な工夫と斬新な企画を盛り込んだ『国際プロレスアワー』で最も画期的だったのは、女子プロレスの導入である。

今でこそ日本のプロレス界で男子と女子のコラボレーションは普通に行われているが、当時はまったくの「別物」として女子プロレスを拒絶するファンが多かった。

しかし、東京12チャンネルにとって、女子プロはかつての高視聴率番組である。68年11月21日にファビュラス・ムーラvs小畑千代の世界女子タイトルマッチを放映して、開局以来の最高視聴率＝24・4％をマークし、12月には木曜午後7時半から30分枠で日本女子プロレスのレギュラー中継を開始。高視聴率を稼いでいたものの、局側の意向により70年3月に打ち切りとなった。

それから4年後、東京12チャンネルの白石運動部長は『国際プロレスアワー』をスタートさせる際に、団体側に条件を出す。それは小畑千代、佐倉輝美、千草京子の旧・日本女子プロ勢による女子部設立だった。

女子部は毎シリーズ、海外からファビュラス・ムーラ、サンディ・パーカー、ヴィッキー・ウイリアムス、ドナ・クリスティーヌ、ジョイス・グレイブル、レイ・ラニ・カイらビッグネームを招聘。この男子&女子混合路線は76年4月12日、小畑vs佐倉のIWWA世界戦まで約1年半続いた。

「日本女子プロレスの中継は視聴率を15％も稼いでいたにもかかわらず、〝日本科学技術振興財団をバックにしたテレビ局の番組に相応しくない〟ということで一番いい時期に終わっているんです。その時、白石さんは小畑や佐倉に〝申し訳ない。いつか機会があったら…〟と言っていたらしいんですよ。白石さんは『月曜スポーツスペシャル』枠で国際プロレスを3回放送した結果を見て、〝国際だけだと5～6％しか取れないけど、15％取っていた女子を入れれば、絶対に10％を超える〟と言っていましたね。でも、吉原さんは嫌がっていましたし、選手も〝何で俺たちの試合をダイジェストにして、女子を映さなきゃいけないんだ〟と不満を漏らしていましたよ。逆に2シリーズ目にやった小畑&佐倉のIWWA太平洋岸タッグ選手権（vsヴィッキー・ウイリアムス&ドナ・クリスティーヌ）は、最初のさわりの部分だけ流して、〝放送時間がなくなりました〟と翌週送りにしたら、2人から〝録画なのに、あの作りはないだろ！〟と猛抗議されましてね（苦笑）。その折り合いが非常に難しくて…」

――吉原社長としては、海外から女子レスラーを呼ぶために、男子の外国人レスラーの数を抑えなければいけないという部分も不満だったようです。

「毎シリーズ、女子の外国人を2～3人呼んでいましたよね。小畑たちと合わせて5～6人も連れて巡業をしなきゃいけない。そうなると、宿や移動の問題が出てきますよね。男子のように大部屋でザコ寝というわけにもいかないし、移動バスに一緒に乗せるのは国際の選手が嫌がる。だから、経費もかかったと思います。当時、ウチが払っていた1週分の権利金（放映権料）が200万円だったんですよ。吉原さんは、〝なぜその金から女子に経費を割かなきゃいけないのか？〟と。でも、当時は女子部があったから客が来たという面もありましたから」

――テレビ的には、女子プロレス導入の効果はあったんですか？

「単独で女子の放送をしていた時は良かったと思いますけど、男子の中に入れると、やはり見劣りしちゃうんです。迫力が違うし、男子とミックスしてしまうと違和感がありましたね。でも、以前のレギュラー番組の頃の視聴率を引っ張ってきているので、当初はプラスの効果がありました。女子部が解散することになって、小畑たちに話をしに行く時は非常に苦しみましたね」

――内部だけでなく、あの当時の女子プロに対する拒絶反応というのは、門馬さんが試合を解説しなかったことでもわかります。本人には偏見はなくても、東スポとしては男子団体への配慮から、自社の記者である門馬さんに女子の解説は自粛して欲しいということですよね。

「その通りです。だから、女子の解説は相撲評論家で力道山時代からプロレスにも精通していた小島貞二さんにお願いしていました。それくらいプロレスというのは、男子の種目だったんです。昔は柔道でも剣道でも、日本の武道は男子だけでしたからね。今はどんなスポーツでも女子が進出していますけど、当時はそういう風潮でしたよ」

――工夫を凝らした演出や女子プロ導入でＮＥＴの『ワールドプロレスリング』とも日本テレビの『全日本プロレス中継』とも違うカラーを打ち出しましたが、当初の視聴率は？

「それほどでもないですね。とはいえ、7～8％は取っていたと思います。金網デスマッチをやると、10％まで上がりました。だから、局は嫌がりましたけど、平均視聴率を上げるために定期的に金網の試合を放映するようにしていましたね。それは吉原さんの〝テレビで見せてくれたら、地方でも金網で客が入るから〞という要望でもありました」

――レギュラー中継開始後、初のビッグマッチは74年11月20日の蔵前国技館大会で、バーン・ガニアvsビル・ロビンソンのＡＷＡ世界ヘビー級戦をアメリカから直輸入した豪華版でしたね。

「でも、会場にお客さんがいないんですよ。宣伝がゼロだから（苦笑）。1ヵ月前になって吉原さんに〝ガニアvsロビンソンをやるから〞と急に言われても、2週撮りだからテレビでは宣伝ができないんです。あの日は2000人ぐらいしか入っていなかったと思いますよ。だって、レスラーがマットに投げられる音にエコーがかかっていましたからね（笑）。宣伝が行き届いていなかったから、ガニアvsロビンソンは視聴率も稼いでいないんです。でも、あれは素晴らしい試合でした。今回の取材を受ける前に久しぶりにＶＴＲを観たんですが、得意のスリーパーホールドとバックドロップに入るためのガニアの仕掛けのプロセス、一方のロビンソンのワンハンド・バックブリーカーかスープレックスに入るための相手を痛めつけて弱らせる手法は、技は少なく非常に単純ですが、起承転結があってクラシックな重みがありましたね」

――その後、国際プロレスはAWAとの提携を打ち切り、カナダ・カルガリーの大剛鉄之助ルートで外国人レスラーを招聘するようになりました。大剛さんは国際の北米支部長にもなりましたが、やはり貢献度は大きかったですか？

「名前がなくても、安くていい選手を発掘していたと思いますよ。大剛さんは一度帰国して大宮の合宿所に泊まるようになって、外国人の招聘だけでなくマッチメークもやるようになったんです。でも、日本の選手たちは外国人選手と仲がいい大剛さんがすべてを仕切っているように感じて、ランクや使われ方に不満が出るようになってきたんですね。実は当時、僕はプロデューサーの立場から、そのシリーズの放送の全体の流れやストーリー性に関して文書で毎回、要望を提出していたんです。そんなこともあってか、放送分の大会のみ僕がマッチメークをやるようになりました」

――あの時代にレスラーではない、しかも外部の人間にマッチメークを任せるというのも凄い話ですね。

「おそらく吉原さんは、当初は要望を提出してくる僕のことを生意気だと捉えたでしょうが、最終的に放送分に関しては大剛さんや選手が仕切るより僕にやらせた方が収まりやすいと判断したんだと思います。何しろ1興行で収録したものを2週に分けて放送するのは、吉原さんも選手たちも未経験の領域でしたから。番組開始当初は2週分撮ることをまったく意識しないマッチメークでしたから、2週目には放送するカードが足りなくなってスネーク奄美や米村勉の前座の試合を入れなきゃいけなかったり、市さん（若松市政）の試合も1回ぐらい使ったと思いますよ」

――田中さんがマッチメークをする上で心掛けたことは何ですか？

「やはり2週分を撮ることと、メインの試合が放送のどれくらいの時間を占めるかを意識していましたね。1回の放送で使うのは、2～3試合。そうすると、メインの試合は20～25分必要なんです。技を持っていて時間を持たせられる選手ならいいんですが、できない選手もいるから、間を持たせようとして場外乱闘が多くなっちゃう。でも、実は場外の多い試合は編集しやすいんですけどね。あとは間延びしないように、寺西勇の動きの速い試合を挟んだりとか。

そういったことを選手たちに理解してもらうのが大変でした。テレビ的には、〝この人がこれぐらい出演すれば、ある程度の視聴率が取れる〟というのがあるんです。でも、それを僕が直接、選手に言うわけにはいかないじゃないですか？　でも、吉原さんはそれを僕にやらせたいんですよ。大剛さんがやるのは選手間の評判で厳しくなってきたし、吉原さんは給料の遅配などがあるから強く言えない。だから、テレビ局が勝手にやっているという形にしたかったんですね」

――選手には、どうやって伝えていたんですか？

「やはり僕が前面に出るのは良くないので、ラッシャーさんに間に入ってもらいました。外国人には大剛さんに伝えてもらい、ラッシャーさんは選手に直接はあまり言えなかったみたいですけど、そこはレフェリーの阿部脩さんがうまく伝達してくれていたみたいです。基本的には1週目をラッシャー木村で行ったら、2週目はマイティ井上で締めるという感じでやっていました。僕としては、エースが交代しても井上をちゃんと立てていたつもりです。だから、草津さんにはスネられちゃう（笑）」

――草津さんもマッチメークに携わっていましたよね？

「放送以外の地方の興行は、草津さんが仕切っていたと記憶しています。草津さんは身体が良くて運動神経もいいし、器用なんだけど…練習しない（苦笑）。だから、スタミナの関係からかメリハリがなかったんですよ。テレビ的にはバンバン動く井上、浜口の方がいいんです。そういえば、熱海へ合宿に行った時に草津さんが〝何で俺をメインにしないんですか！〟と言ってきたから、〝じゃあ、ラッシャーさんと相撲を取って勝ったらメインにしますよ〟という話になって。でも、草津さんは1回も勝てなかったんです（笑）。やっぱりラッシャーさんは、十両を目前にして相撲を辞めているだけに強かったですよ。まあ、僕は放送分だけとはいえ、マッチメークをする立場だったので、選手とはある程度の距離を保っていなきゃいけないという感覚がありましたね。選手では、市さんが一番信頼できました。もちろん、ラッシャーさんも信頼できましたよ。口が堅かったですから」

国際プロレスは75年12月、全日本プロレスの『オープン選手権大会』に木村、草津、井上の3選手を参加させたのを機に、他団体と積極的に対抗戦を行うようになる。

ジャイアント馬場が吉原社長に押し切られる形で、翌76年3月28日には蔵前国技館で全日本プロレスとの『全面対抗戦』が実現。木村がジャンボ鶴田とシングルで対戦して引き分け、全10試合の結果も五分に終わった。

木村は続く77年11月の『全軍対抗戦』シリーズでの再戦で鶴田に勝利したものの、78年2月の『全軍激突戦』シリーズでは馬場にリングアウト負け、鶴田には反則負けと2連敗を喫してしまう。

その後、全日本との交流は78年11月の国際プロレス主催『日本リーグ争覇戦』で打ち切りとなり、以降は新日本プロレスとの対抗戦がスタート。メインになったのはIWA世界タッグ王座を巡る抗争で、一時的にベルトは山本小鉄&星野勘太郎やストロング小林&永源遙の手に渡ったが、最終的にマイティ井上&アニマル浜口が奪回して面目を保った。

他団体との交流は契約を結んでいるテレビ局の存在が時には大きな障害となるが、東京12チャンネル側はこの対抗戦路線をどう捉えていたのか？

——木村や草津など国際のトップ選手が全日本に参戦して日本テレビの中継にも出るようになりましたが、12チャンネル側としては問題なかったんですか？

「いいえ、ありますよ。でも、吉原さんはお金がないから全日本と対抗戦をやって、その興行の上がりの半分をもらうことで何とか選手の面倒を見ていたんですよ。ウチからの権利金を全部使っちゃって、吉原さんが〝また200万を先に貸してくれないか？〟と頼んでくることもありました。当然、ウチの経理は反対するけれども、団体のお金が回らないから、僕は何とか通常の権利金の他に特別企画（別枠で放送される特番の放映権料）という形で捻出するように努力していました」

——ということは、全日本との交流も黙認するしかないと。

「黙認というか…僕は嫌でしたけどね。いいカードは全部、日本テレビに持っていかれちゃうんです。日テレは12チャンネルを下に見ていて、差別化されましたね。全日本プロレス中継のプロデューサーだった原章（当時の運動部長）

78年2月『全軍激突戦』のパンフレットより。過去の対抗戦の歴史が写真入りで紹介されている。田中氏は全日本プロレスとの対抗戦に「否」を唱えるが、団体側には背に腹は変えられない事情があった。

さんとの交渉は、本当に大変でした（苦笑）。結局、いいカードを日テレに持っていかれた上に、試合でも負けちゃうから、国際プロレスのイメージも落ちますよ。それでも吉原さんはお金が欲しかったというのが現実ですね。ただ、全日本の『オープン選手権大会』開催中に日本武道館で行われた『力道山13回忌追善特別試合』（75年12月11日）は、12チャンネルで放映しているんですよ。日本テレビも馬場と鶴田の初対決（馬場＆ザ・デストロイヤーvs鶴田＆ドリー・ファンク・ジュニア）なんかは放送しましたけどね。ウチは中継というよりも、セレモニーに試合をプラスして力道山の13回忌を強調した番組の作りでした。試合は国際の選手と全日本の選手が絡んだタッグマッチ、井上がヒロ・マツダに挑戦したNWA世界ジュニアのタイトルマッチなんかを放送したと思います」

――やはり対抗戦に関しては、吉原社長と意見が衝突することもありました？

「ええ、当時の12チャンネルは権利金が200万のものに対して、たとえ特別企画だったとしても800～1000万といった金額を出すことは有り得ないんですが、僕はうまく企画書を作って視聴率が取れそうなことをやり、取れないところは金網デスマッチで数字を稼いで何とかやっていたわけですよ。それにもかかわらず、こちらに相談も何もなく全日本との対抗戦を組んで、さらにトップの選手が負けちゃうわけです。もうガックリしちゃいますよね。吉原さんは〝勝敗じゃなくて、試合内容が良ければ…〟と言っていましたけど、僕はああいう試合は勝敗が大事だと思いますから」

――吉原社長には金銭面にプラスして、日本テレビの中継に乗せることで団体や選手の知名度を全国区にするという狙いもあったようです。

「当時の国際は、後に全日本にヘッドハンティングされるキラー・トーア・カマタ、ジプシー・ジョー、アレックス・スミルノフといった無名でもいい選手を呼んでいたわけですよ。ビッグ・ジョン・クインなんかも、いい身体をしていたじゃないですか？　そういうレスラーに国際の選手たちが勝っていけば、ファンも〝国際だって結構やるじゃないか〟という見方になると思うんですよ。全日本や新日本と比較されることのない独自の価値観でやっていく。そうすれば、僕はそれなりに保っていけると思っていたんですけどね。ところが、ある日突然、対抗戦がすでに決まっているんですよ」

――テレビ局として、策を講じることはできなかったんですか？

「ラッシャー木村が全日本のキム・ドクと試合をして勝ったんですけど、ドクがあまりにもガンガンやったから、その部分を編集で全部カットして放送したことがありましたね（笑）。その時、ドクにクレームを付けられましたよ。そうしたら、馬場さんが〝当たり前だろう。国際の中継でお前を立てると思ったら大間違いだ。自分のいいところを切られないように試合を組み立てるのが知恵じゃないか〟とドクに言っていたのを憶えています。そこをちゃんとわかっている馬場さんは、さすがだなと思いました。蔵前国技館でやったマイティ井上vsジャンボ鶴田の試合も日テレは全部流したんですけど、ウチが使える映像は3分だけということになっちゃって。だから、それを12分ぐらいに延ばして放送しましたこともありますね」

――78年11月25日、『日本リーグ争覇戦』で組まれた一騎

画期的な

日本リーグ争覇戦の

意義と　みどころ

吉原功代表がマット界生活25年を記念して企画したこの大会の開催は、同代表が国際プロを設立した当初から提唱し続けてきた統一日本選手権設定の実現へ、大きく一歩を踏み出したものと言える。この大会の趣旨に賛同して全日本プロレス、韓国・金一道場が代表選手を送りこみ、フリーの日本人選手、日系レスラーたちがこぞって参加を申し込んできたばかりか、ほぼ同時期に同趣旨の企画がぶつかって、またもや興行戦争の泥仕合かと思われた新日本プロレスとの間に、同プロ設立以来初めて話し合いの場が持たれ、吉原代表とアントニオ猪木が12年ぶりに握手。「来年こそは2団体が協力して他団体にも呼びかけ、日本選手権戦を実現しよう」と意見の一致を見たからである。日本マット界統一とは、現在3団体が合併あるいは吸収して1団体となることを意味しない。統一機構のもとに3団体が共存共栄を計ることこそ、望ましい日本マット界の姿だろう。地方のファンにとっては、ナマの試合に接する機会がそれだけ多くなるし、お茶の間のファンにとっても、それぞれ個性と特徴のあるプロレス番組を、自由に選択できるからだ。吉原代表は、全日本プロレスのジャイアント馬場代表とは、全日プロ設立以来常に話し合いの場を持ってきた。この大会開催を機に、新たに新日プロとも話し合いの場ができたことは、ゆくゆくは3団体の代表が同じテーブルにつく可能性が生じたものと解釈していい。統一日本選手権設定の機運を盛り上げたことだけでも、この大会開催の意義は十分にあったと言っていいだろう。

さてこの大会のみどころだが、まず試合方法、ルールを紹介しておこう。参加選手は18人。このうち大木と鶴田はシードされ、決勝トーナメントに無条件進出することになった。他の16選手はA・B両ブロックに分かれて総当り戦を展開。各ブロックの上位3者が決勝トーナメントに進出する。総当り戦は全56戦。シードの大木、鶴田を加えて行なわれる決勝トーナメントは7戦。夢の好カードが続出しよう。ルールは総当り戦が30分1本勝負。ブロック内に同点者が出た場合に行なわれる代表決定戦も30分1本。得点は勝ち4点、負け0点、時間切れ引き分け2点、時間内引き分け1点の得点法。準々決勝と準決勝は45分1本、決勝戦は60分1本勝負で行なわれる。特別ルールとして、場外リング・アウトは10カウントが採用された。それ以外はIWAルールである。

みどころは、多すぎて困るほどだ。Aブロックで注目されるのは、日本のマットには初登場のタナカと、2年ぶり凱旋帰国のサクラダのファイトだろう。タナカが評判通りの大物ぶりを発揮すれば、決勝進出は堅いと見なくてはなるまい。サクラダには、ライバルのヒトもいるし、先輩大熊や1年後輩だが同期の桜と言っていい羽田もいる。草津、井上の国際勢も主催団体代表の面目にかけてハッスルしよう。サクラダも、手痛い帰国歓迎を覚悟しなくてはなるまい。

Bブロックには、優勝候補にあげられている木村がいる。大木や鶴田と互角の実力と実績を持ちながらシードされなかったのは、主催団体所属ということで遠慮したのだ。裏を返せば、総当り戦から勝ち進んでも優勝してやるという気概と自信の表われでもある。だがこのブロックは、木村といえども楽観は許されない。12年前の東京プロレスで、木村がまだキャリア2年のグリーンボーイだったとき、すでにメーン・エベンターとして東プロの看板となった樋口が、ホーと改名してラフ・ファイターに変貌、一発を狙っているからだ。そのうえに、ドクがいる。鶴田に激しいライバル意識を燃やしているドクは、是が非でも決勝トーナメントに進出して鶴田と対決したいところだ。ドクの豪快な荒わざと、ラフに徹したときの悪党ぶりは、木村も手を焼かされることだろう。

木村は、寺西以外は全員がシングルでは初対決だという。特に手の内のわからないのが、ホーと石川だ。この石川も注目される存在。キャリアは1年だが、アメリカのプロモーター間で滅法評判がいいのは、やはりそれだけのものを持っているはずだ。日本デビュー戦だけに、錦を飾るべく一段と張り切っている。フレッシュなファイトを見せてくれよう。浜口と小鹿も大物食いで定評のあるレスラーで、浜口の怪力と小鹿のゲリラ殺法は要注意。Bブロックは波乱含みである。

Aブロック　☆星取表☆　Bブロック　(ABC順)

| 対戦者／選手名 | 羽田 | ヒト | 井上 | 草津 | 大熊 | サクラダ | タナカ | 梁 | 最終得点 |
|---|---|---|---|---|---|---|---|---|---|
| 羽田 | | | | | | | | | 点 |
| ヒト | | | | | | | | | 点 |
| 井上 | | | | | | | | | 点 |
| 草津 | | | | | | | | | 点 |
| 大熊 | | | | | | | | | 点 |
| サクラダ | | | | | | | | | 点 |
| タナカ | | | | | | | | | 点 |
| 梁 | | | | | | | | | 点 |

| 対戦者／選手名 | ドク | 浜口 | ホー | 石川 | 木村 | 小鹿 | セキ | 寺西 | 最終得点 |
|---|---|---|---|---|---|---|---|---|---|
| ドク | | | | | | | | | 点 |
| 浜口 | | | | | | | | | 点 |
| ホー | | | | | | | | | 点 |
| 石川 | | | | | | | | | 点 |
| 木村 | | | | | | | | | 点 |
| 小鹿 | | | | | | | | | 点 |
| セキ | | | | | | | | | 点 |
| 寺西 | | | | | | | | | 点 |

国際プロレスは78年11月に吉原功社長のプロレス生活25周年を記念して、『日本リーグ争覇戦』を開催した。ジャンボ鶴田、大木金太郎（途中棄権）らも参加したが、最後はラッシャー木村がプロフェッサー・タナカを降して優勝。

打ちですよね（回転エビ固めで鶴田が勝利）。国際プロレス主催の興行でしたが、それでも井上の試合をフルで流せないと？

「そうです。仕方ないので、控室で解説の菊池孝さんと木村、草津、寺西が井上vs鶴田の試合をモニターで観ながらコメントしている映像を合間に挟んで、時間を延ばしました。今だから明かせますけど、あれは別撮りした映像で、それをいかにも試合中に観ているかのように編集したんです。それでラッシャーさんには、〝レフェリーのカウントが早かった〟と言ってもらって。でも、そうしないと、こちらの面子が立たないでしょう。ことごとく、いいカードは日テレに持っていかれましたね。本来だったら、国際側の契約違反なんですよ。ウチからお金をもらっていながら、番組のメインになる井上の試合を他局に取られているわけですから。でも、吉原さんと白石さんの関係があるので僕も強くは言えなくて」

――79年に入ると、吉原さんはいきなり方向転換して、交流相手が全日本から新日本に変わりましたね。

「吉原さんと馬場さんは、非常に仲が良かったんです。よくホテルで一緒にお茶を飲んでいたのに、気付いたら、その相手が新日本の新間さんに代わっていて。異常事態ですよね。それもやはりお金の問題だったと思います。当時、白石さんの大学時代の先輩である永里高平さんがNETから役員として新日本に出向していて、僕も永里さんには好かれていたし、新日本中継のプロデューサーの栗山（満男）さんもうるさい人ではなかったので、国際のリングに新日本の選手が上がっても放送する際に何の問題も起きませんでした。お互いに平等な感じでやっていましたよ。向こうは視聴率が高かったから、神経質じゃなかったです（笑）」

――そうはいっても、リング上では勝ち負けやファイト内容の優劣があるわけですよね。

「でもまあ、トップ同士という形ではなく、IWA世界タッグで勝ったり負けたりはしょうがないですよ。ただ、新日本の選手は試合で危険な仕掛けをしてきましたよね。あの井上なんかでも、ちょっと腰が引けていましたから。そんな中で国際の看板を背負って、負けない闘志でガンガン向かって行ったのがアニマル浜口ですよ。浜口さんは頼もしかったし、素晴らしかった。だから、国際が潰れた後も新日本で大活躍できたんだと思います」

――経営難から対抗戦に頼らざるを得なかった国際プロレスでしたが、77年に未来を見据えて原進をスカウトしました。やはり局側も期待しましたか？

「最初に吉原さんが売り出したかったのは、前年の夏にカナダから帰国した剛竜馬だったんですよ。ところが、試合がピリッとしない。白石さんも期待していて、リングネームは国際と12チャンネルの公募で付けたんですけど、確か『剛』というのは白石さんの名前（剛達）から取ったような気がします。身体は良くなっていたんですよ。でも、ハートが弱かった。それでメインで使わなかったら、僕がそうしていると思ったんでしょうね。それまでは僕と積極的に話をしていたのに、急に口を利かなくなってしまって。以前、田中忠治も同じようなことがあったんですけど、何でも僕のせいになっちゃうんですよ（苦笑）。原を入れようということになった時は、寺西なんかも嫌がっていた感じだったなあ。でも、デビュー戦は相手が寺西だから、原は持ったんです。ラグビー仕込みのタックル攻撃なんかも使って、まあまあの内容だったと思いますよ。その後、カナダに行って半年間修行をして、凱旋帰国してから野坂昭如さんが『阿修羅・原』というリングネームを付けてくれたんですよね」

――デビュー戦から入場テーマにバリー・ホワイトの『愛の花束』を使うなど、局側も力を入れていたように見えました。

「あれは原本人に頼まれたんだと思いますよ。僕としては、〝イメージに合わないのになあ〟と（笑）。憶えているのは、一緒に飲みに行ったら、1時間も店にいなかったのに十何万円も取られたこと。要は、借金を払わせるために僕は連れていかれたんですね（笑）。今に換算したら、40～50万円ぐらいですよ」

――その当時から借金があったんですね（苦笑）。79年1月の凱旋帰国したシリーズからオリジナルテーマの『阿修羅』が使われるようになり、4月には伝説になっている星の王子様のようなコスチュームに変えるなど国際プロレスの歴史の中では異例の売り出し方でした。

「テーマ曲は『愛の花束』じゃ合わないし、ウチで作ったんです。オリジナル曲だから、結構お金がかかっているんですよ。あのコスチュームは、僕がアイススケートの衣装を作ったりして売れていたデザイナーに頼んで作りました」

――どういうコンセプトで、あんなキンキラキンのコスチュームになったんですか？

「原本人から、〝とにかく派手にしてくれ〟と言われて。あの衣装は、当時の金で60万円ぐらいかかっているんです。パンツも5枚ぐらい作って、毎回変えて。僕はもっと豪快な感じにしたかったんですけど、原は派手なのが好きで」

東京12チャンネル側が用意した阿修羅・原の入場テーマ『阿修羅』の広告（シングル盤はキングレコードから発売）。既存の曲を使用せず、オリジナル曲が制作されたことは国際プロレスで異例のことだった。

——実は本人の希望だったと。

「要するに、原が欲しかったのは飛ぶようなイメージ。あれはミル・マスカラスのイメージなんですよ。でも、デザイナーが女性だったから、それを伝えたら、ああいうコスチュームになってしまった。僕もあまり好きじゃなかったんですが、〝作っちゃったんだから、しょうがないか〟って（笑）」

——その1ヵ月後にはミレ・ツルノからWWU世界ジュニア王座を奪取するなど、期待に応える活躍をしたとは思いますが。

「あのベルトもウチが作ったんですよ。原をタイトルに挑戦させようということになって、新日本プロレスから『ヨーロッパのジュニア王者』ということでミレ・ツルノを紹介されたんです。ただ、向こうにはチャンピオンベルトというものがないらしくて、吉原さんに製作を頼まれたんですよ。僕の知っている秋田県出身のトロフィー屋さんに作ってもらって、普通は150～160万かかるところを80万で作ってもらいました」

——テレビ的に原効果というのは、ありました？

「ないとは言いませんけど…正直、それほどでもなかったです。むしろ彼は全日本に行ってから大成しましたよね。国際の選手は、みんな他局に行ってから良くなるんです。萩本欽一が12チャンネルでデビューして、他に行ってから有名になったのと同じですよ（笑）。マイク・タイソンも最初に放送していたのはウチでしたが、最終的には日テレにお金で持っていかれましたし。結局、育てたものは、みんな持っていかれちゃうんです。でも、それはそれでいいと。ウチは他局がやらない新しいものにチャレンジするという方針でやっていましたからね」

ＩＷＡ世界ヘビー級王者＝木村、ＩＷＡ世界タッグ王者＝井上＆浜口、ＷＷＵ世界ジュニアヘビー級王者＝原の3本柱が確立された79年春以降、国際プロレスは12チャンネルの特別企画によって大物外国人の招聘＆ビッグマッチ開催に打って出る。

夏の『ビッグ・サマー・シリーズ』には、かつてモンスター・ロシモフの名で国際のリングに上がっていた〝大巨人〟アンドレ・ザ・ジャイアントが特別参戦。秋の『ダイナマイト・シリーズ』には、〝鉄人〟ルー・テーズとＡＷＡ世界王者のニック・ボックウィンクルが揃い踏みを果たした。

シリーズ中の10月5日、後楽園ホール大会では木村vsニックのＡＷＡ＆ＩＷＡダブル世界戦、井上＆浜口vs大木金太郎＆上田馬之助のＩＷＡ世界タッグ戦、ネルソン・ロイヤルに原が挑戦するＮＷＡ世界ジュニアヘビー級戦の『3大タイトルマッチ』を開催。1時間半の特別番組として生中継され、11・5％の好視聴率をマークする。

新企画『3大タイトルマッチ』を成功させた12チャンネルが次に打った手は、80年2月の大木金太郎入団だった。

それを大々的にアピールする目的で3月15日に後楽園ホールで開催された『4大タイトルマッチ』では、大木がニックの持つＡＷＡ世界王座に挑戦した他、新日本の助けを借りて木村vsジョニー・パワーズのＩＷＡ世界戦、原vs剛竜馬のＷＷＵ世界ジュニア戦、井上＆浜口vs木村健吾＆永源遙のＩＷＡ世界タッグ戦がラインナップされた。

――アンドレ自身、新日本さえＯＫならば、ファイトマネーに関係なく恩返しとして国際に上がりたいという希望があったようですね。

「あの時、お金はほとんどもらっていないと思います。大巨人のアンドレ、人間空母のヘイスタック・カルホーンと大きい2人をセットで呼んだんですよね。アンドレを招聘した時の特別企画は権利金としてウチは800万を捻出しましたけど、ほぼ団体の運転資金になったんじゃないですかね。10月にも特別企画の名目で800万を用意してテーズとニックを招聘しましたし、後楽園で『3大タイトルマッチ』を組んだ際には別に200万出しているんですけど、あの2人も大してもらっていないと思います。個人的に、テーズはどうしても招聘したかったんですよ。あの時は年齢的に厳しいと思ったんですが、相手のバックを取るスピードや間合い、バックドロップはさすがでしたね。テーズとニックのタッグ結成（10月6日＝沼津市民体育館、木村＆草津と引き分け）は、僕の夢の実現でした」

――『3大タイトルマッチ』も田中さんの発案ですか？

「そうです。ウチは西城正三以外にボクシングの世界タイトルマッチができなかったので、視聴率を取るために初めてやったのが『日本3大タイトルマッチ』、次に『東洋3大タイトルマッチ』なんですね。それをプロレスに応用したんです。今はボクシングの世界戦も1試合じゃ勝負できなくなって同じようなことをしていますが、その先駆けですよ。あの生中継の後は、月曜のレギュラー番組の視聴率もアップしました」

――80年に入って大木金太郎が入団しますが、あれは団体側ではなく、局側の意向だったんですよね？

「渋谷で大木さんと焼肉を食べていた時に、〝使ってくれないか？〟と言われたんです。大木さんは新日本で猪木さんといい試合をやったし、ネームバリューは抜群でしたから、1000万円で契約しました。お金は国際経由で支払うという形で、団体側が2割を取って、800万円は大木さんに渡っているはずです」

――吉原社長には、事後報告だったんですか？

「大木さんとの交渉はこちらでやりましたけど、吉原さんには話しましたよ。最初は〝う〜ん…〟と言っていたんですが、最後は〝12チャンネルがやってくれて、お金がもらえるなら〟ということで。大木さんの入団は、実際に興行的にも効果がありましたから。大木さんの関係で上田馬之助も国際のリングに上がって、プラスをもたらしてくれましたしね」

――その一方で、『4大タイトルマッチ』では浜口がアクシデントで負傷して欠場に追い込まれたり、期待の原も新日本との対抗戦でイメージを落としたり、団体の雲行きが徐々に怪しくなっていきましたよね。

「原と剛のジュニア戦は、結果こそ原の反則勝ちだったものの、〝本当は俺が売り出されるはずだった！〟という剛

80年2月開幕『スーパー・パワー・シリーズ』のパンフレットより。東京12チャンネルの主導で、大木金太郎が国際プロレスに入団。これも田中氏の仕掛けによるレギュラー中継の視聴率アップを狙ったテコ入れだった。

の報復のような試合でした。やりたい放題やって、最後は原を本部席の上に叩きつけて…。実際に剛が国際を辞めて新日本へ行ったのは、原の売り出しが原因でしたからね。その直後に原は新日本プロレスに出て藤波辰巳に負けて、結果的にあの2連戦で潰された形になっちゃいましたね」

80年3月の『4大タイトルマッチ』は1時間半の特番として放送され、視聴率は合格点ギリギリの8・5%だった。

その後、数字はジワジワと落ち込み、8月には6%を割って、9月22日の放送を最後に月曜午後8時から撤退。『国際プロレスアワー』は、10月4日に土曜午後8時からの1時間枠に移行する。

しかし、この枠にはお化け番組と言われたザ・ドリフターズの『8時だョ！全員集合』（TBS）があり、日本テレビの『全日本プロレス中継』も前年3月に撤退している〝魔の時間帯〟だった。

翌81年1月になると、遂に視聴率が3%台になり、3月末での放送打ち切りが決定する。それでも「6月までは月1回の特番を組んで、視聴率次第では復活の可能性も残す」と発表されたのは、白石運動部長の吉原社長に対する友情の証だろう。

最後の収録（特番）は81年6月25日、清水市鈴与記念体育館で行われた『ダイナマイト・シリーズ』最終戦。メインで井上&原がジプシー・ジョー&カール・ファジーを相手にIWA世界タッグ王座を防衛後、その試合で生まれた遺恨から原vsジョーの金網デスマッチが急遽行われ、結果は両者KOの痛み分けに終わった。

テレビ局のバックアップを完全に失った国際プロレスは、続く『ビッグ・サマー・シリーズ』最終戦（8月9日＝羅臼町民グラウンド）をもって活動を停止。放映権料なしで団体を存続させるのは、1シリーズが限界だった。

――80年10月に、時間帯が月曜から土曜の午後8時に変わりましたね。

「その変わる時に、僕はスポーツ局の配置換えで担当を辞めています。実は、〝今日で終わりました〟という挨拶にも行かなかったんですよ。僕にしたら、吉原さんに切られたみたいな気持ちもあったんで。しばらくして、吉原さんから〝浜松町で飲んでるんだけど、来ないか？〟と誘われた時も行かなかったです。今振り返ると、僕はあの時点で辞めて良かったと思いますね。最後の泥沼までいたら、大変なことになっていたんじゃないかと。僕はプロレスも格闘技も好きなんで、国際の中継は仕事を超えて、のめり込んでやっていましたからね。お金が入ってこなくなると、吉原さんは僕のせいだと思っていたようだし、僕自身は局との板挟みで苦しかったです。やっぱり、あの時間帯が変わる時が限界だったでしょうね。それにキックボクシングの中継はもう終わっていたんですけど、僕はボクシングの担当もしていましたから。でも、国際の中継で学んだことは後の仕事で非常に役立ちました。２週分の流れやマッチメークを毎回考えるなんて、他のスポーツ番組では経験できませんからね。そもそもテレビ局の担当者がやることじゃないですから」

――翌81年8月に国際プロレスは活動を停止しましたが、田中さんはその知らせをどう受け止めました？

「やっぱり選手は大変だろうなと思いましたけど、井上や浜口はどこかでやれるだろうなと。結果的にラッシャーさんが晩年に全日本でマイクアピールという形でブレイクしたり、それぞれうまく散らばりましたよね。全然ダメだった冬木にしても〝理不尽大王〟になって活躍したし、若松の市さんも新日本でブレイクして。僕は国際があそこまで持ったのは、3分の1は市さんのおかげだと思いますよ。あの人の努力がなかったら、国際プロレスは続いていなかったです。本当に1人で何役やったか。ホテルに泊まらずにトラックの後ろにベッドを作って寝て、リングを作って、

81年3月に、阿修羅・原が米国修行から帰国。5月16日に後楽園ホールでマイティ井上と組み、テリー・ラザン＆ポール・エラリングからIWA世界タッグ王座を奪ったが、すでに東京12チャンネルのレギュラー中継は打ち切られており、特番枠での放映だった。

座席も作って、試合にも出たいから練習もしていて。何事も一生懸命やっていて、本当に頭が下がりましたね。90年にSWSの旗揚げ戦をウチで放送することになった時に、市さんと久々に再会したんですよ。SWSの取締役になっていて、〝あれっ、市さん偉くなっちゃったね！〟って（笑）」

# 飯橋一敏

## リングアナウンサー

維新力の実兄・飯橋一敏氏が国際プロレスに在籍していたのは、１９７６年３月から崩壊までの東京12チャンネル時代である。

参考までに飯橋氏が入社した76年当時の日本マット界を振り返ると、新日本プロレスは『格闘技世界一決定戦』と称して2月にアントニオ猪木vsウイリアム・ルスカ戦、そして6月には猪木vsモハメド・アリ戦を実現させ、大きな注目を集めた。

一方、全日本プロレスは、前年暮れに国内外の強豪レスラーを集結させた『世界オープン選手権大会』を開催。76年にはジャンボ鶴田が元ＮＷＡ世界王者のジャック・ブリスコを破ってＵＮヘビー王座を獲得し、元幕内力士・天龍源一郎の入団も話題となった。

両団体に比べると、国際プロレスは完全に水をあけられている状況で、明るい話題（？）といえば、アメリカを拠点に活動していた上田馬之助が5月に日本逆上陸を果たし、ＩＷＡ世界ヘビー級王者のラッシャー木村と抗争を繰り広げたことくらいか。

**いいはし・かずとし**
1958年2月6日、東京都豊島区出身。都立豊多摩高校卒業後、76年9月に国際プロレスに入社。総務部を経て、77年9月17日、新潟県青梅町民体育館からリングアナウンサーを務めた。団体崩壊後、83年3月に全日本プロレスに入社。2000年7月には、三沢光晴率いるプロレスリング・ノア設立に参加した。

なぜ飯橋氏は勢いに乗る新日本プロレスや全日本プロレスではなく、低空飛行を続ける〝第3団体〟を就職先に選んだのか？

――飯橋さんは元々、国際プロレスのファンだったんですか？

「いえ、アントニオ猪木さんが好きでした（苦笑）。体型も技もカッコ良かったし、当時の子供はみんな猪木さんのファンでしたよね。あとは創刊号から買っていた月刊ゴングに感化されて、ミル・マスカラスが登場してからはメキシコのプロレスにも興味を持っていました。国際は水曜日の夜7時からTBSで放映していたんだけど、その頃は塾の時間と重なって、あまり観られなかったんです。中継が土曜日の午後2時になってからも、その時間だと遊びに行っちゃうから、なかなか観られなくて」

――その頃、弟の維新力選手も一緒にプロレスを観ていたんですか？

「弟は僕に影響されて観ていたという感じですね。相撲と並行して。僕が国際に入った76年3月に、弟も大鳴戸部屋に入門したんですよ」

――アントニオ猪木とルチャ・リブレが好きだったのに、どうして国際プロレスに入社されたんですか？

「メキシコに興味があったので、高校卒業後に外国語学校のスペイン語学科に行こうと思ったんだけど、人数が集まらなくてポシャッちゃったんですよ。それで遊んでいるわけにもいかないってことで。小学校の同級生が国際プロレスのチーフレフェリーをやっていた阿部脩さんの息子で、仲が良かったんです。それで話をしてみたら、トントン拍子に決まっちゃいましたね。76年3月に見習いで入って、運転免許を取らされたりした後、9月に正式入社です」

――入社してみて、ギャップは感じました？

「巡業に行くようになってからは、辛かったなあ。国際は、ほぼ大人の世界だから。そこに小僧っこが入って…いろいろ言われても受け止められるだけの度量は当然ないわけだし、すべてがプレッシャー。あの頃は黒でも〝これは白だ〟と言われたら、〝白です〟と答えなきゃいけない時代ですからね。ただ、当時は選手になるにしてもそうだし、社員になるにしても敷居が高いというか、今とは違ってプロレスは特別な世界というイメージがあったから、そこに入れるのは凄いことだなって。だから、団体の大小はまったく考えていなかったですね」

――リングアナになるまでは総務部にいたそうですが、具体的にはどんな仕事をしていたんですか？

「若い社員は僕しかいないから、もう雑務全般（苦笑）。巡業に出るようになってからは、年間で休みが30日もなかったですね。巡業が終わったら、事務所で切符を作ったり、街にポスター貼りに行ったりという感じですよ」

――国際プロレスは社員が少なかったので、一人で何役もやっていたと。

「リングの運搬なんて、若松さん一人ですからね。試合会場では、営業の人が雇ったオジサン5人ぐらいと一緒に若松さんがリングを組んでいました。だから、国際がなくなった後、全日本プロレスに移ってから、〝おおっ、リングスタッフが専用でいるんだ！〟って（笑）」

――当時は今のインディー団体のように、レスラーがリング作りをすることはありませんでしたからね。

「冬木はやっていましたよ。入門させたけど、持つかどうかわからないというイメージがあったから、一緒にトラックに乗っけて、若松さんとリング作りをやらせて」

――冬木さんは〝俺は雑用係で入れてもらった〟と言っていましたが、本当にそうだったんですね。

「確か79年の5月だったと思うけど、社長と面接をしに後楽園ホールに来た時はチリチリ頭に学生服でね。しかも、何の格闘技歴もないし、みんなで〝あいつはすぐ辞めるだろうなあ〟と（苦笑）。高杉さん以降、若手がいない状態だったから、小間使いのために冬木を入れたんじゃないかな。同じ時期に入門したアポロ菅原さんは、国際でレフェリーをやっていた遠藤光男さんのジムから来たんで、なおさら冬木はダメな感じに見えちゃって（苦笑）。冬木は合宿所に入って、すぐに足を折っちゃったんですよね。細かったけど、足を折って休んでいたら太っちゃったという（笑）」

――飯橋さんから見て、吉原社長はどんな方でした？

「熱い気持ちは持っているんでしょうけど、感情をあまり表情に出さない寡黙な方というイメージですね。僕の立場や年齢もあって、そんなに一緒に酒を酌み交わしたことは

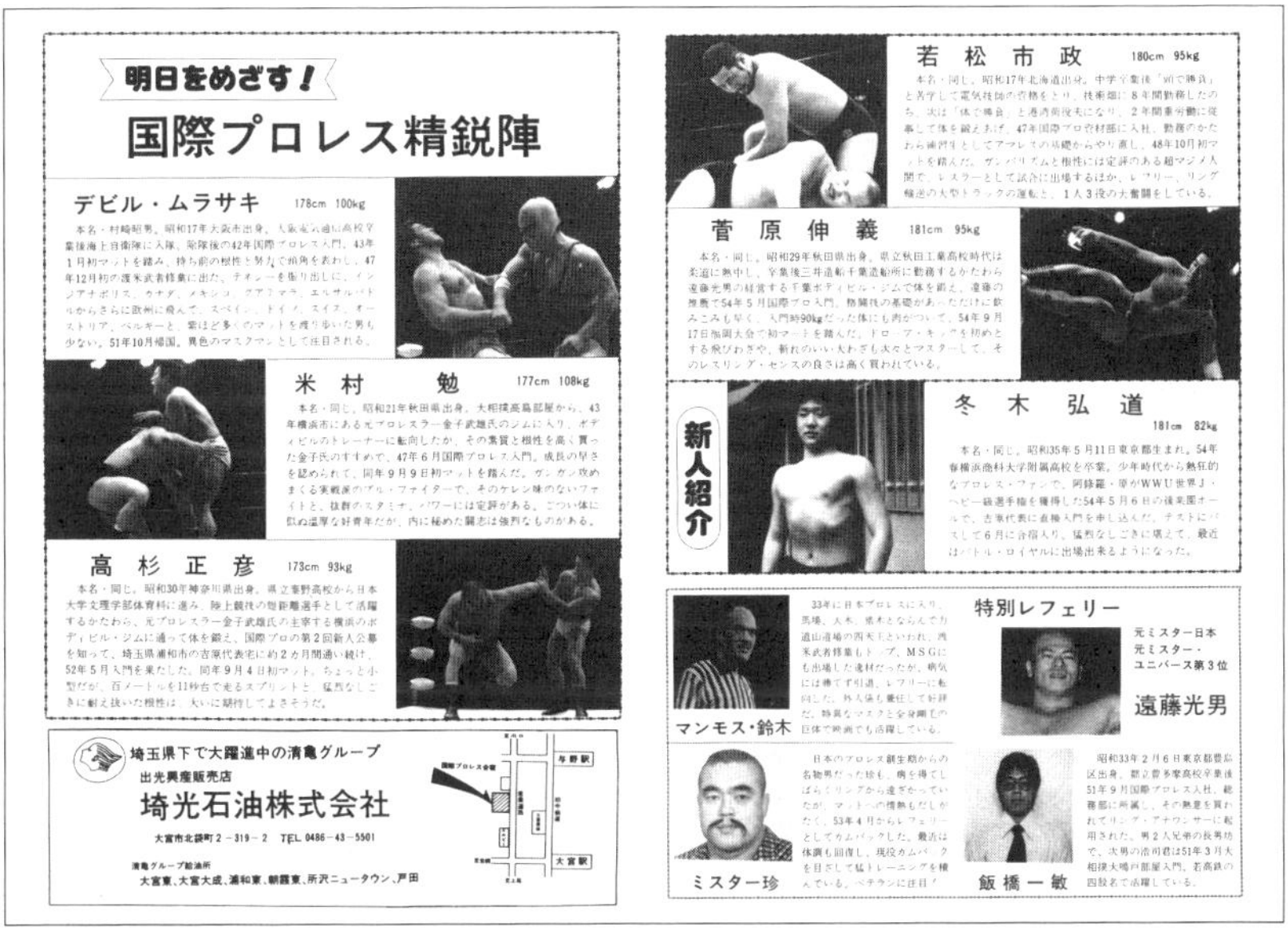

明日をめざす！

国際プロレス精鋭陣

デビル・ムラサキ　178cm　100kg

本名・村崎昭男。昭和17年大阪市出身。大阪電気通信高校卒業後海上自衛隊に入隊。除隊後の42年国際プロレス入門。43年1月初マットを踏み、持ち前の根性と努力で頭角を表わし、47年12月初の渡米武者修業に出た。テネシーを振り出しに、インジアナポリス、カナダ、メキシコ、グアテマラ、エルサルバドルからさらに欧州に飛んで、スペイン、ドイツ、スイス、オーストリア、ベルギーと、彼ほど多くのマットを渡り歩いた男も少ない。51年10月帰国。異色のマスクマンとして注目される。

米村　勉　177cm　108kg

本名・同じ。昭和21年秋田県出身。大相撲高島部屋から、43年横浜市にある元プロレスラー金子武雄氏のジムに入り、ボディビルのトレーナーに転向したが、その素質と根性を高く買った金子氏のすすめで、47年6月国際プロレス入門。成長の早さを認められて、同年9月9日初マットを踏んだ。ガンガン攻めまくる実戦派のブル・ファイターで、そのケレン味のないファイトと、抜群のスタミナ、パワーには定評がある。ごつい体に似ぬ温厚な好青年だが、内に秘めた闘志は強烈なものがある。

高杉正彦　173cm　93kg

本名・同じ。昭和30年神奈川県出身。県立秦野高校から日本大学文理学部体育科に進み、陸上競技の短距離選手として活躍するかたわら、元プロレスラー金子武雄氏の主宰する横浜のボディビル・ジムに通って体を鍛え、国際プロの第2回新人公募を知って、埼玉県浦和市の吉原代表宅に約2カ月間通い続け、52年5月入門を果たした。同年9月4日初マット。ちょっと小型だが、百メートルを11秒台で走るスプリントと、猛烈なしごきに耐え抜いた根性は、大いに期待してよさそうだ。

埼玉県下で大躍進中の清亀グループ
出光興産販売店
埼光石油株式会社
大宮市北袋町2－319－2　TEL 0486－43－5501
清亀グループ給油所
大宮東、大宮大成、浦和東、朝霞東、所沢ニュータウン、戸田

国際プロレス会館
与野駅
大宮駅

若松市政　180cm　95kg

本名・同じ。昭和17年北海道出身。中学卒業後「頭で勝負」と苦学して電気技師の資格をとり、技術畑に8年間勤務したのち、次は「体で勝負」と港湾荷役夫になり、2年間重労働に従事して体を鍛えあげ、47年国際プロ資材部に入社。勤務のかたわら練習生としてアマレスの基礎からやり直し、48年10月初マットを踏んだ。ヴァンダリズムと根性には定評のある超マジメ人間で、レスラーとして試合に出場するほか、レフリー、リング輸送の大型トラックの運転と、1人3役の大奮闘をしている。

菅原伸義　181cm　95kg

本名・同じ。昭和29年秋田県出身。県立秋田工業高校時代は柔道に熱中し、卒業後三井造船千葉造船所に勤務するかたわら遠藤光男の経営する千葉ボディビル・ジムで体を鍛え、遠藤の推薦で54年5月国際プロ入門。格闘技の基礎があっただけに飲みこみも早く、入門時90kgだった体にも肉がついて、54年9月17日福岡大会で初マットを踏んだ。ドロップ・キックを初めとする飛びわざや、斬れのいい大わざも次々とマスターして、そのレスリング・センスの良さは高く買われている。

新人紹介

冬木弘道　181cm　82kg

本名・同じ。昭和35年5月11日東京都生まれ。54年春横浜商科大学附属高校を卒業。少年時代から熱狂的なプロレス・ファンで、阿修羅・原がWWU世界J・ヘビー級選手権を獲得した54年5月6日の後楽園ホールで、吉原代表に直接入門を申し込んだ。テストにパスして6月に合宿入り、猛烈なしごきに堪えて、最近はバトル・ロイヤルに出場出来るようになった。

マンモス・鈴木

33年に日本プロレスに入り、馬場、大木、猪木とならんで力道山道場の四天王といわれ、渡米武者修業もトップ、MSGにも出場した逸材だったが、病気には勝てず引退、レフリーに転向した。外人係も兼任して好評だ。特異なマスクと全身剛毛の巨体で映画でも活躍している。

特別レフェリー

元ミスター日本
元ミスター・ユニバース第3位
遠藤光男

ミスター珍

日本のプロレス創生期からの名物男だった珍も、病を得てしばらくリングから遠ざかっていたが、マットへの情熱もだしがたく、53年4月からレフェリーとしてカムバックした。最近は体調も回復し、現役カムバックを目ざして猛トレーニングを積んでいる。ベテランに注目！

飯橋一敏

昭和33年2月6日東京都豊島区出身。都立豊多摩高校卒業後51年9月国際プロレス入社。総務部に所属し、その熱意を買われてリング・アナウンサーに転用された。男2人兄弟の長男坊で、次男の浩司君は51年3月大相撲大鳴戸部屋入門。若高鉄の四股名で活躍している。

80年2月開幕『スーパー・パワー・シリーズ』のパンフレットに掲載された飯橋氏。まだ正式デビュー前だが、すでにバトルロイヤルへの出場経験はあった冬木弘道も新人として紹介されている。

ないんですが、気心が通じるものは社員や選手との間にありましたよ。あれは全日本、国際、韓国の『全軍激突戦』の時だったと思うんだけど、吉原社長自らジャージを着て、都内のポスター貼りをしていましたからね。その姿を見て、〝ああ、社長なのに凄いな〟と素直に思いました」

——営業担当取締役でもあったグレート草津さんは、豪傑だったと聞いていますが。

「答えづらい部分もちょっとあったりして（苦笑）。お酒は確かに凄かったですよ。だから、付き人をやっていた高杉さんが苦労していたなというのはありますね。二日酔いのために、毎朝レモンを絞って持って行ったりとか。高杉さんは入門したのが僕より1年ぐらい後だし、年齢も近かったので、僕にとっては仲良く話ができる人でした。まあ、当時は全日本、新日本、国際の3団体しかなくて、プロレスラーというのは誰でもなれるものではなかったじゃないですか。草津さんに限ったことではなく、〝俺はプロレスラーなんだ！〟というプライドを誰もが強烈に持っていましたね。だから、その部分を傷つけてはいけないし、踏み込んではいけない部分もあるし。僕の場合は、そういう時

代の国際から全日本プロレス、プロレスリング・ノア…ずっとそれなりの団体でやってきたから、今でもレスラーとそうでない者の垣根というのは感じますよ」

――正式入社から1年後の77年9月に、リングアナウンサーになったそうですね。

「いろんな仕事を抱えていたんで、初めてコールしたのが誰だったかも憶えていないんですよね。僕が入社した頃は、竹下民夫さんがリングアナだったんですよ。でも、竹下さんも営業の一員として地方興行を担当することになって、巡業に全部付いて行けなくなったんです。実は当時、テレビ中継の時だけ営業部長の鈴木利夫さんがリングアナをやって、それ以外の地方会場は当日担当の営業部員がやっていたという状態だったんですよね（笑）。営業の人が忙しい時には、バスの運転手をやっていた浜崎求・資材課長もリングアナをやっていましたよ。そこで営業の人間が大変だからという理由で、僕が専任でリングアナをやることになったんじゃないかな。だから、僕はガイジンのマイクロバスを運転して、会場に着いたら宣伝カーを回して、リングアナもやって…ホント少なかったんですよ、スタッフが」

――リングアナになって間近で観たリング上のファイトは、いがかでしたか？

「国際はスタイル的に新日本と全日本の中間で、僕的にはいい感じだなと思っていましたね。やっぱり木村さんは、ここ一番の時のチョップとか気合いが入っちゃうと凄いなって。一時期は、〝相撲出身で一番強いのはラッシャー木村じゃないか〟と言われていましたもんね。巧さは、やっぱりマイティ井上さんですよ。井上さんは、世界中を回ってプロレスをやってきた人じゃないですか。身体は小さいけど、大きく見せる術を知っていたし、パンチひとつにしても、サンセットフリップに行くにしても、普通にポーンと行くんじゃなくて、〝タイミング〟と〝アクション〟があって行くという。だから、後年なら武藤（敬司）選手が無駄な動きを敢えてするというのは、プロレスにとって非常に大事だと思いますね。それは全日本系に通じているスタイルだと思います」

**飯橋氏が在籍していた時代はＡＷＡとの提携が終わり、**

カナダのカルガリーに国際プロレス北米支部を開設した大剛鉄之助が外国人選手を供給していた。この体制こそが、多くのファンがイメージする「東京12チャンネル時代」だろう。

〝放浪の殺し屋〟ジプシー・ジョー、〝流血怪人〟アレックス・スミルノフといったアクの強いヒールが大暴れし、金網デスマッチが主軸になったこの時代の国際プロレスを愛するオールドファンは今でも多い。

大剛はブッカーとして知名度はなくても日本向けのファイトができるレスラーをピックアップして送り込んでいたが、掘り出し物の選手が来日する一方、救い難い選手もいて、まさに玉石混淆。それが国際プロレスのファンには堪らない魅力でもあった。

「やっぱりジプシー・ジョーとアレックス・スミルノフの印象が強烈ですよね。ジョーはモントリオールでマッドドッグ・バションと抗争を繰り広げていたものの、アメリカで脚光を浴びた選手ではなかったんですよ。でも、ウチではトップのポジションを与えられて、それに応えてくれました。たぶん、最初に新日本や全日本に行っていたら、ああはなっていなかったと思うんですけどね。ポジションが人を作るというか、それだけの気概を持った選手だったし。後楽園ホールで金網デスマッチをやった時（76年12月3日＝ラッシャー木村戦）、ジョーが金網のてっぺんから転落したのは凄かったなあ。あの人のニードロップは独特で、前向きから捻って落とすんです。プロの見せ方として最高でしたね。まあ、ご存知のようにイスを壊すから、ジョーが来たシリーズはイス代が大変でしたけど（笑）。素顔のジョーは、ホントにいい人。人の気持ちがわかるというか、日本人的な察する気持ちとか義理人情がわかる人でしたね。マイノリティー（プエルトリコ出身）だったせいもあるんだろうけど、我を通すこともなく仕事を一生懸命やって、ギャラもそんなに高くないのに、それを残して持って帰って…。常連になってからは親分肌だったから、他のガイジンの面倒もよく見てくれましたよ」

――一方のアレックス・スミルノフは？

「最初、マイク・デュボアという名前で全日本に来た時は中堅レスラーだったと思うけど、スキンヘッドにしてロシア人キャラになって、ウチでトップでやった時には迫力を出せる選手でしたね。あれは木村さんのIWA世界ヘビーに挑戦した時だったかな。試合後に控室まで来て殴り合いをやって、凄い迫力でしたよ。まあ、僕もリングアナをやっていて、結構スミルノフには襲われましたしね（苦笑）」

——意外と国際プロレスは良質の外国人選手を呼んでいるんですよね。リック・フレアーをはじめ、後にブレイクしたレスラーも多いですし。

アレックス・スミルノフ、モンゴリアン・ストンパー、ジプシー・ジョーらが参加した79年11月開幕『デビリッシュ・ファイト・シリーズ』のポスター。この時は、国際プロレス出身のヤス・フジイも逆上陸を果たした。

「AWA世界王者になったリック・マーテルにしても、初来日は国際ですから。常連だったマイク・マーテルの弟として来て、当時はまだ20歳だったんじゃないかな？ それから、アファ&シカのサモアンズは迫力ありましたねえ。チョップ1発だけで、〝ウワーッ！〟と思いました。身体もゴツイし、あの頃はガイジンでバチーンと来るイメージの選手は少なかったですから。WWFでブレイクしたジェイク・ロバーツだってグリーンボーイで、ひょろっとしていたけど、ダイナミックなスケールの大きいファイトをしていましたよね。まだDDTを開発していない時代で、長身を活かした抱え込み式の高角度バックドロップ、それからテリー・ファンクのようなパンチが巧かったなあ」

——WWFといえば、ジ・アンダーテイカーのマネージャーとして一世を風靡したポール・ベアラーも初来日は国際プロレスでしたよね。

「ザ・モンゴリアンズのマネージャーとして来ました。パーシー・プリングル3世という名前で（笑）。あの男がメジャーになるなんて、ビックリですよねえ。ウチに来た時は、〝観光に来ているオッサンかよ⁉〟みたいな感じでしたから（笑）。彼はちょうど東京サミットの時期（79年6月）に来日したんですけど、入国の際に引っ掛かったんです。成田空港から事務所に問い合わせがあって、サミット終了までの日程と宿泊先を提出させられたんですよ。まあ、それだけ怪しい男だったということです（笑）」

――決して有名ではなくても、玄人好みの渋くていい選手も多かったですよ。

「トップではないけど、ギル・ヘイズは日本にレッグドロップを初めて紹介した渋い選手でしたね。あとはランディ・オルズ。彼もウチに来た後にテネシーでノーベル・オースチン、デニス・コンドリーと初代ミッドナイト・エキスプレスを結成してブレイクしましたよね。この人も地味だけど、巧くてねえ。どこかの小学校の体育館でやった稲妻二郎との金網デスマッチは素晴らしかったですよ。僕的にはマイク・ジョージも良かったんだけど、スミルノフと一緒でウチではトップでも、後に新日本に行った時はダメでしたよね。やっぱりポジションが人を作るというか、トップとして扱われると技量のある人はある程度できると思うんですよ」

――そして、国際プロレスといえば、ヨーロッパ系も外せません。ファンとしても新鮮でしたし、後に初代タイガーマスクのライバルたちも呼んでいました。

「ダイナマイト・キッド、初代ブラック・タイガーになるマーク・ロコもウチが初来日でしたね。ロコは池袋スケートセンターのテレビ撮りの時に乱入してきたんだけど、他のガイジン選手たちは知らなくてね。身体が小さいから、みんな素人が入って来たのかと思って身構えていましたよ（笑）」

――東京12チャンネル時代も、勝負どころではアメリカのビッグネームを呼んでいますよね。79年10月5日の後楽園ホール大会ではAWA世界ヘビー級王者のニック・ボックウィンクルを招聘して、ラッシャー木村のIWA世界ヘビー級王座とのダブルタイトルマッチ、しかもレフェリーはルー・テーズという豪華版でした。

「あれはファンにインパクトを与えて、新日本、全日本の後塵を拝しているイメージを変えていこうということでやった大会だったと思うんですよ。確か東京12チャンネルの生中継だったはずだから、テレビ局ともうまく調整がついて実現できたんでしょうね。ニックは、全日本の時よりも国際に来た時の方が良かったですね。緩急の付け方…技を決める時にはビシッと決める。後年はフレアー的な感じになったけど、当時はまだストロングな感じでしたし。普通のパイルドライバーにしても、バシッと決まって説得力がありました。ニックはその頃から地味であまり技がないように言われていたけど、実際に生で観てみたら凄い選手だなあと。あの時、テーズは東急百貨店の屋上でプロレス教室をやったんですよ。鶴見さんがバックドロップの実験台になって。もうかなりの歳で、そんなに持ち上がらないんですけど、バックを取ってヒュッと行くのは往年のものを持っていたから、鶴見さんは〝受け身が取れなくて、必ず頭を打つから怖いよ〟と言っていましたね」

——他に印象に残っている選手は？

「ビリー・グラハムはオーラがあって、カッコ良かったな。実際にはそんなに身体は大きくなかったけど、リング上では大きく見えましたよね。逆に向こうではビッグネームでも、ウチではパッとしなかったのがモンゴリアン・ストンパーかな。顔もゴツイし、身体もゴツイし、迫力もあるんだけど、結局はストンピングしかないから、試合内容が伴わなかった印象がありますね」

——正直な話、国際プロレスはダメな外国人レスラーもかなり来ていたわけで（笑）。

「チン・リーとか、ただのオッサンですよ（笑）。一度、マスクマンのスコーピオンズで来た時なんかは、売り物の蜘蛛の糸が試合中にコスチュームのお腹のところから出てきちゃって（笑）。ビリー・ハミルトンも小太りの変なオッサンだったなあ。あとはケビン・ヒューズとマイク・ボエッティ。何かラリっているみたいな感じのホントにイカれた連中でしたよ（苦笑）」

——振り返ると、国際プロレスは斬新な団体でしたよね。たとえば、今では珍しくないですが、76年10月にデビル紫をマスクマンとして帰国させたのは当時としては異例でした。

「日本人の覆面レスラーは、国際が最初ですからね。ストロング小林さんが覆面太郎としてデビューしているし、ずっとマスクを被り通した日本人レスラーは村崎さんが最初ですから。たぶん、普通に帰国したらインパクトがないと思ったんじゃないですか。考えてみれば、あの頃は売店で売っていたグッズはパンフレットとミスター珍さんのTシャツ、あとは妹さん手作りのデビル紫のマスクだけでしたね（笑）」

――他に時代を先取りしていたのは、鶴見五郎がヒールユニットの独立愚連隊を結成したことです。日本人レスラーが会社に反逆するなんて初めてでしたからね。79年11月のことですから、長州力の維新革命より3年も早いわけですよ。

「結局、鶴見さんは当時の国際に閉塞感を感じていたんでしょうね。ああいう風貌、体型だから、ベビーフェースのトップになれないと思っていたんだろうし、ヒールでやった方が道が開けると思ったのかもしれないし。当時はポジション的に厳しいところがあったから、鶴見さんにとっては良かったんじゃないですかね。引退していた大位山さんと独立愚連隊というユニットを結成して、ああいう独自のポジションを確立して」

――これも79年11月のことですが、メキシコから帰国したマッハ隼人の入団も新しい技術の導入という意味では大きかったんじゃないかと。

「リッキー・マルビンがやるローリング式のロメロ・スペシャルも当時すでにやっていたし、マッハ本人がやらないにしても当時、話で聞かされていた技が今になって流行っていたりするんですよ。ドラゴン・キッドとかミスティコ（初代）がやっている相手の首の周りをクルクル回って技を

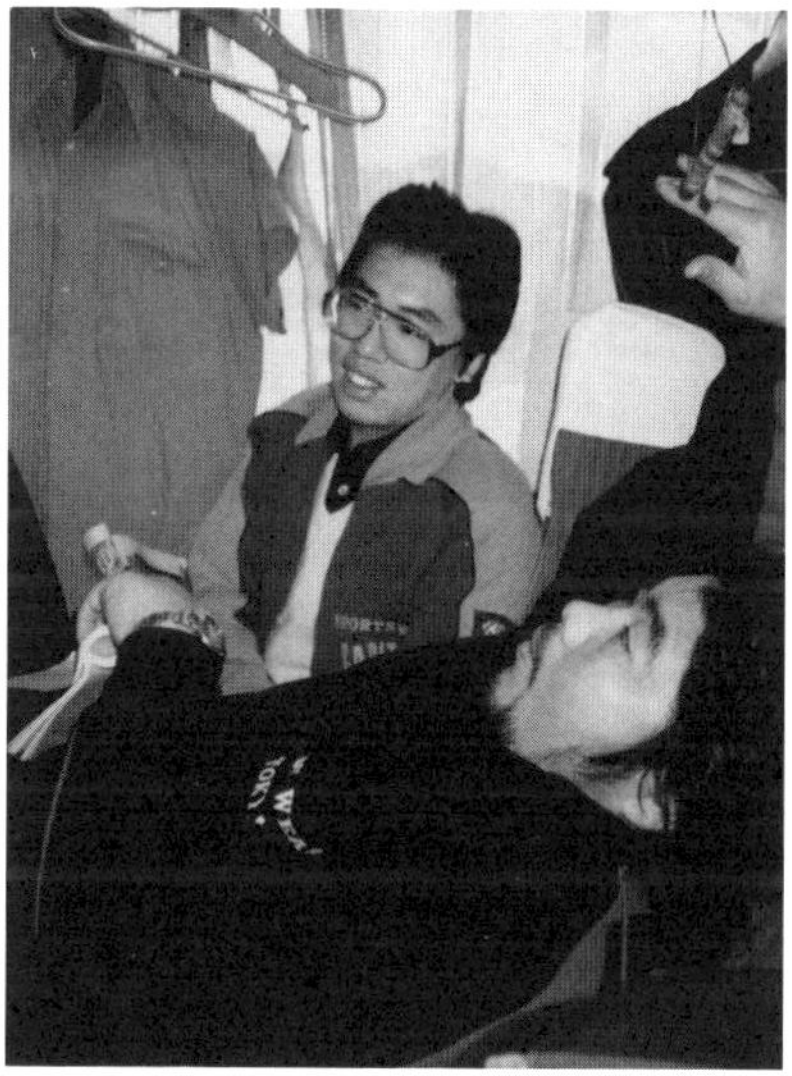

81年1月開幕『新春パイオニア・シリーズ』の巡業中、外国人側の選手バスで移動中の飯橋氏。こちらには独立愚連隊としてヒールに転向した鶴見五郎、外国人世話係のマンモス鈴木も同乗していた。

決めるというムーブも、マッハから聞かされていました。〝首の周りで2回転して、そのままスモールパッケージに行くんだよ〟と言われて、〝一体どんな技なんだよ!?〟と思ったけど、30年近く経って謎が解けた感じです。マッハはグアテマラにも行っていて、あそこにはメキシコ以上に凄い空中殺法を使う選手がいると言っていましたよ。だから、今の選手の試合を観ていても、〝ああ、これはマッハが言っていたアレのことなんだな〟という感じで特別な驚きはないんですよね」

――80年11月には、日本で初めてルチャスタイルのキャプテン・フォールマッチをやりましたよね。

「あまり浸透しませんでしたけどね。だいたい選手の人たちも、なかなかルールを理解できませんでしたから(苦笑)。鶴見さんはメキシコに行っていたから大丈夫だし、井上さんもスマートだからOKでしたけど、浜口さんや寺西さんなんかは試合中にわかんなくなっちゃって。キャプテンのレスラーをフォールするのは理解できても、問題はメキシコ流のタッチなしのルールでした。本来は選手がロープの外に出た段階で味方がリングの中に入れるんだけど、ルードは無視して入ってきたり、コンビネーションプレーもあるわけですよ。でも、その感覚が掴めていないから、選手たちもどこで中に入っていいのかなと戸惑っていましたよね。ある程度、慣れてきてからは、いい試合が多かったですよ。マッハ&寺西vs鶴見&大位山なんて、凄くいい試合でしたし。今だったらドラゴンゲートなんかの複雑な試合形式もファンは理解して楽しんでいますけど、当時は時代が追いついていかないという感じでしたよね。ちょっと早すぎましたよ」

――新日本や全日本に対抗する策として、ああいった斬新な手法が生まれたんですか?

「営業会議とかでいろいろとアイディアは出るけど、結局は良くも悪くも金網デスマッチという感じになっちゃっていましたね。昔は希少価値を付けるために、そんなにやらなかったんです。でも、晩年になると興行的にも苦しいし、新日本や全日本に比べると全国的に知名度のあるレスラーもいないし、〝じゃあ、何が売りか?〟というと金網になっちゃって」

――マスコミに発表せずに各地で金網デスマッチをやって

いたという都市伝説がありますが。

「金網のやりすぎという批判をかわすために、実際には金網デスマッチをやっていても、普通の試合として公表していたんですよ。まあ、試合結果をマスコミに知らせるのは僕の担当だったんですけどね（笑）。ウチはマスコミが誰も来ない大会も多かったんで、僕がいつも電話で東スポ、共同通信、デイリースポーツに試合結果を伝えていたんですよ」

——マスコミに未発表のシリーズもありましたし、さらに発表されていないタイトルマッチもあったとか？

「たぶん、未発表のシリーズは北海道で阿部さんが組んだ興行だと思うんですけど、タイトルマッチはあったかな…。タイトルマッチとなるとテレビ中継が多かったし、IWA戦を未発表でやることは考えられないですね。もしあったとしたら、大木さんのインターナショナル・ヘビー級のタイトルマッチかな。全日本とのトラブルを避けるために、大木さんのタイトルマッチは未発表でやったかもしれません」

——当時、噂になっていたのは、東京12チャンネルのチケットプレゼントは葉書を出せば必ず当たると（笑）。

「当然、そうですね（苦笑）。あとは優待券を出していました。お父さんと子供の抱き合わせで料金を安くして、という戦略ですね」

——ところで、78年暮れになって新日本プロレスとの対抗戦がスタートしますよね。

「全日本との対抗戦は旗揚げの時から協力しているわけだから、そんなピリピリした感じはなかったですね。でも、新日本となると、やっぱり選手たちはピリピリしていましたよ。新日本というのは、それまでのプロレスのスタイルを壊した部分があるから、選手たちは〝何かあったら！〟と身構える部分があったと思います。実際に山本小鉄さんと星野勘太郎さんはバチバチでしたね。80年3月にウチの後楽園ホールでやったIWA世界タッグのタイトルマッチでの木村健吾さんも凄かったし」

——あの時は王者がマイティ井上＆アニマル浜口、木村健悟のパートナーは永源遙でした。

「井上さんと木村さんが張り手でバシバシやり合って、挙句に木村さんのプランチャを受け止めた浜口さんがお客さんがこぼしたビールで足を滑らせたんですよ。それで後頭部を強打して、戦闘不能になったんです。あとはメチャクチャ…試合にならなくなって、木村さんが暴走しての反則負けでしたよね」

――同じ日、阿修羅・原に剛竜馬が挑戦したWWU世界ジュニア戦もありましたよね。

「剛さんは元々はウチの選手だけど、あの時は完全に新日本の選手だったから、ピリピリでした。最後は剛さんが原さんをアトミックドロップで本部席に叩きつけて、これも反則負けだったし。新日本の選手は相手との距離とかタイミングも関係なく、自分のタイミング、自分の距離でポーンと行くから、みんな新日本が来た時はピリピリしていましたよ」

――79年8月26日の『プロレス 夢のオールスター戦』の時は、どうだったんですか？ 基本的には国際&新日本の混成コンビのような形のマッチメークでしたが、ラッシャー木村vsストロング小林、スネーク奄美vs荒川真と2試合の対抗戦が組まれました。

「あの時は僕は仕事がなかったので控室にも出入りせず、全日本の営業の人と日本武道館の一番上から試合を観ていました。観ていた限りでは…普段とは違う試合でしたよ。木村さんと小林さんの試合はカタイというか、変な試合でしたよね。最後も木村さんがリングアウトで勝ちましたけど、何だかモヤモヤ感が残ったし。荒川さんが奄美さんにフィニッシュで決めたバックドロップの角度も普通じゃなかったですからね。あれはいくら巧い奄美さんでも、受身が取れないですよ」

――国際プロレスの人間としては、やはり悔しいものがありました？

「あの時代は、なかなか難しかったですよね。全日本は日本テレビ、新日本はテレビ朝日とガッチリで試合中継が全国ネットだし、金銭的なバックアップも大きかったじゃないですか。国際の場合は東京12チャンネルという関東だけのローカル局なんで、地方に行くと知られていなかったですから。よく草津さんが坂口征二さんと間違えられて怒っていたけど、それが現実だったんですよ。木村さんはある程度知られていたけど、やっぱり馬場&猪木の両巨頭には敵わないですよね。でも、僕は選手の実力はまったく劣っていないと思っていました」

――晩年の国際プロレスは、阿修羅・原の成長に社運を賭けていたように見えましたが。

「会社は賭けていましたよ。テーマ曲とアイドル風の銀色のコスチュームは、ちょっとアレでしたけど（苦笑）。本人も一生懸命、プロレスに取り組んでいました。当時からすでに金銭面の問題とかあったから、〝もう後がない！〟という感じで。原さんは普通の社会人出だから、プロレスラーっぽくない人で、僕にとってはいい兄貴分でしたね。原さんは寺西さんとのデビュー戦の前に、プレデビュー戦をやっているんですよね。村崎さんから借りたマスクを被って（笑）。地方のマスコミが来ない会場ですよ。相手は寺西さんだったか、それこそ村崎さんだったか…。やっぱりデビュー戦はマスコミも注目するし、テレビでも放映されるし、失敗は許されないですからね。お客さんの前で試合をするという感覚を掴むために、事前に試合をしたんですよ」

――最後の81年は、『ルー・テーズ杯争奪リーグ戦』を年間の柱にして勝負に出ましたよね。

「もうこれしかないという感じでしたね。後年、あのベルトをプロレスリング世界ヘビー級としてUWFインターナショナルが使っていましたけど、そのベルトケースはウチで作ったヤツでした（笑）。国際が潰れた後に、僕が阿佐ヶ谷の郵便局からテーズ宅に送り返していなかったら、あのベルトはなかったわけですよ（笑）」

81年2月開幕『スーパー・ファイト・シリーズ』のポスター。同シリーズ中、ルー・テーズ杯争奪リーグ戦の前期予選が行われたが、決勝リーグ戦開催を前に国際プロレスは力尽きる。

――飯橋さんは、いつ頃から会社が危ないと感じていました？

「81年に入って、東京12チャンネルが契約を更新してくれないんじゃないかという話が出た辺りですね。前年の9月にテレビ中継が月曜夜8時から土曜夜8時に昇格になり、それによって大物ガイジンを呼ぶこともできたと思うんですけど、あれは東京12チャンネルにしても最後のチャンスとして、いい時間帯をくれたと思うんですよ。でも、その成果が出なかったということですよね。その矢先に浜口さんが欠場（ウィルス性肝炎）になって、あれはショックでしたよ。ただ、アメリカでヘビー級に身体を作り変えて帰国した原さんが頑張ってくれたのは救いでしたね。いい試合をしていたし、団体が潰れていなければ、間違いなく原さんがエースになっていたと思います」

――飯橋さんは、給料が出ないということは？

「最後の最後でしたね、給料の遅配は。でも、遅配はあったけど、僕の場合は最終的に全部もらっているんですよ。額は少ないですけど」

――選手によっては、最後の方はギャラの代わりにチケットをもらい、それを売って、お金にしていたようですが。

「こっちは社員だから、そういう状況は知らなかったんですよ。ましてや、お金の話に立ち入るような立場でもなかったですから」

――崩壊前の81年4月30日には、脳腫瘍で引退していたスネーク奄美さんが亡くなるという不幸もありました。

「僕は、よく面倒を見てもらったんですよ。ご飯に連れて行ってもらったり。いくら仕事のためとはいえ、頭から場外に真っ逆さまに落ちるというのが得意のパフォーマンスだったんで、それで脳腫瘍になっちゃったのかなと思うと辛かったですね…」

――ラスト興行となった81年8月9日の『ビッグ・サマー・シリーズ』最終戦、羅臼町民グラウンド大会のことは憶えていますか？

「羅臼の思い出といったら…会場に着いたら、当日の宣伝カーのテープがなかったんですよ。だから、地元のスナックに行って、カラオケの機械で宣伝テープを自分で吹き込んで街を回ったという思い出しかないですね（苦笑）。あとは夕日が綺麗だった…」

——スタッフの間で、これが最後の興行になるという認識はあったんですか？

「それは当然、〝もう、これで最後なんだ〟というのは、みんなわかっていました。シリーズの最終戦だし、資金も底をついていたし」

——羅臼から東京に戻ってくるだけでも大変だったんじゃないですか？

「何しろお金がないんで、運転手の浜崎さんが自腹で高速代を払ったりして何とか帰ってきましたよ（笑）。あの時期のことって…何だか記憶がないんですよ。憶えているのは、ホントに羅臼での宣伝カーの件と夕日ぐらいで」

——実際に会社が倒産したのは、いつだったんですか？

「9月に入ってからだったかなあ。東京に戻って事務所にいた時に、銀行から電話がかかってきて。不渡りを2回出したら、もうアウトじゃないですか？ 事務所にお金がないわけだから、〝ああ、もう終わりだな〟と。事務所の机なんかは売って、お金にしました。爆発した後に新築した合宿所も売っちゃったんで、泊まるところがなくなった若松さんが何もないガラーンとした事務所に何日間かいましたね」

——飯橋さんは、約5年半務めた会社の倒産をどう受け止めました？

「もう、〝仕方がないな〟だけですよ。倒産後、吉原社長に〝新日本に口を利いてあげるから〟と言われて、ありがたかったんですけど、同時に全日木からの話もあって…。本音としては、全日本に行きたかったんです。でも、吉原社長に声をかけてもらっている以上、全日本に行くのは人の道に外れると思ったんで、結局どちらにも行かなかったんですよ。その後、テレビ局に1年半ぐらい勤めたんですけど、プロレスに戻りたいなという気持ちになって、プロレス評論家の菊池孝さんにお頼みしたら全日本に声をかけていただいて。その後に結婚したんですけど、新日本の顧問になられていた吉原社長が結婚式の時に乾杯の音頭を取ってくださったんですよ。祝福してもらって、本当に感激しましたね」

# 根本武彦

元営業部

1980年代から2000年代にかけて、全日本プロレスやプロレスリング・ノアの会場グッズ売り場で、相撲取りのような巨漢の中年スタッフが手伝っていた姿を憶えている方がいたら、かなりの通と言える。

その人物の名は、根本武彦。当時、営業を担当していたのだが、それ以前に国際プロレスに勤めていたことを知る人は少ないかもしれない。

米村天心、藤原喜明、高杉正彦らを輩出した横浜スカイジム出身の根本氏は、金子武雄会長の仲介で76年4月に国際プロレスに入社。81年8月に団体が崩壊するまでの約5年間、なかなか捌けないチケットを必死に売り続けた苦労人である。

根本氏には、背広組の視点から団体の内情、そして活動停止に追い込まれるまでの経緯を振り返ってもらった。営業マンが現場で体感した〝第3団体〟の辛さとは？

――元々、根本さんはプロレスラー志望だったんですか？

以前は、かなり立派な体格でしたよね。

**ねもと・たけひこ**
1953年5月22日、神奈川県横浜市出身。高校在学中の69年に元レスラーの金子武雄が主宰する横浜スカイジムに入門。日本大学卒業後、76年4月に国際プロレスに入社し、営業部に配属される。団体崩壊後は、全日本プロレスに入社。2000年7月には、プロレスリング・ノア設立に参加した。

「中学で柔道をやっていた時、すでに100キロくらいありましたからね。日本大学付属の高校にも柔道で入ったんですけど、練習がキツくて部活を辞めたら、130キロくらいまで太っちゃったんですよ（笑）。それでスカイジムに通っていた友達に〝練習しながら減量したら〟と言われて、金子武雄さんのところに通い出したんです。だから、僕は別にレスラー志望というわけじゃなかったんですよ。その頃、米村さんと藤原さんが金子会長に教わっていましたね。会長に〝お前はプロレスラーになるわけじゃないけど、彼らと一緒に練習してみろ〟と言われて、米村さんたちとマットで練習させられましたよ。あの人たちは普段、一人で練習しているんです。でも、僕が高校からの帰りにジムに寄ると、〝ちょうどいいのが来た〟とばかりにマットに誘ってくるんですよ。スパーリングをやらされて、こっちはヘトヘト。ベンチプレスができなくなるくらい疲れました（苦笑）」

――そういう練習をしていたなら、根本さんもプロレスラーを目指しても良かったのでは？

「いや、高校2年生の時に椎間板ヘルニアになりましたし、母親が〝血が出る仕事なんて絶対にイヤ〟と反対していましたから無理でした。その頃は米村さんたちと10分間くらいスパーリングをやると、3～4回タップを取られていたんですよ。でも、米村さんが国際プロレス、藤原さんが新日本プロレスに入った後、ジムに遊びに来た時にスパーリングをやったら、あっという間に10回くらいギブアップさせられちゃったんです。だから、プロは恐ろしいと思いましたし、全然違うんですよね」

――それ以前から、根本さんはプロレスファンだったんですよね？

「昔からテレビで観ていましたね。力道山とザ・デストロイヤーの試合、その後の豊登さんやジャイアント馬場さんの時代も見続けていました」

――国際プロレスの中継は？

「最初にやったルー・テーズvsグレート草津の日大講堂の試合は正月だったのでテレビで観ましたけど、TBSの中継は基本的に毎週水曜日の午後7時からでしたよね。その時間は塾に通っていたから、観られなかったんです。でも、中学生の時に最初に生で観戦したのは国際なんですよ。その頃は横浜市緑区に住んでいて、隣の町田市に初めて国際プロレスが来た日です。友達3人くらいと町田市体育館に行きましたね。ジョージ・ゴーディエンコが初来日したシリーズですよ」

――68年10月1日、『ダイナマイト・シリーズ』の第7戦ですね。記録を見ると、メインは豊登&サンダー杉山vsアル・ヘイズ&レイ・ハンターのTWWA世界タッグ戦で、セミはゴーディエンコvs小林省三、セミ前は草津vsジム・ハジー（初代ブラック・タイガーの父）でした。

「ああ、それです（笑）。ゴーディエンコは凄くゴツくて、強かったですね。僕も体重が100キロ近くあったけど、レスラーたちはみんな背が高くて、身体の厚みもあって、ビックリしました。その時はまさか将来、この会社で自分が働くようになるとは想像もしませんでしたけどね（笑）。確か、あの日はテレビカメラが入っていたはずですよ」

――当時、専門誌などは買っていたんですか？

「ゴングは創刊号からずっと買っていましたよ（笑）。だから、プロレスは大好きだったんです。プロレスラーになれなくても、プロレスに関する仕事に就きたいというのは次第に考えるようになりましたね。それで大学4年の秋から就職活動を開始したんです。金子会長に相談したら、〝募集しているかどうかわからんが、新日本へ行ってみるか？〟と言われて、新日本の事務所へ行って新間さんにお会いしました。そうしたら、後日に〝申し訳ないけど、来年は新入社員を取らない〟と丁重に断りの連絡が来たんですよ」

――もし新日本に入社できていたら、根本さんの人生もまったく違ったものになっていましたね。

「そうですね（笑）。その後、金子会長が〝じゃあ、文体（横浜文化体育館）で国際プロレスの試合があるから、一緒に行くか？〟と言ってくれたんです。ご存知のように、会長は吉原社長とも仲が良かったですからね。文体で吉原社長にお会いしたら、〝大学を卒業したら、すぐに来なさい〟と言ってくれまして」

――調べたら、75年12月2日に文体で試合がありました。グレート草津&マイティ井上がピエール・マーチン&マイク・マーテルのザ・コンバットからIWA世界タッグ王座を奪回した日ですね。

「そう、その日ですよ！　いきなり入社の内定をもらったのは（笑）」

日本大学を卒業後、根本氏は76年4月から国際プロレスで働き始め、営業部に配属される。

当時は、IWA世界ヘビー級王者＝ラッシャー木村、IWA世界タッグ王者＝グレート草津&マイティ井上以下、カルガリー遠征が内定していたアニマル浜口、寺西勇、田中忠治、鶴見五郎、大位山勝三、稲妻二郎、米村勉、スネーク奄美という布陣で、資材部の長沢秀幸も試合をしていた。

74年秋から続いていた女子部は、同月12日を最後に解散となり、デビル紫はスイスをサーキット中、スペインからカナダ・ノバスコシアに転戦した八木宏は6月の凱旋帰国が内定していた。また、1月に木村に挑戦状を送っていた上田馬之助の次期シリーズ参戦も決まる。

外国人に目を向けると、カナダ・カルガリーにいる大剛鉄之助のブッキングによりキラー・トーア・カマタやジプシー・ジョーが参戦するようになったが、レスラーの質は全体的に低下。その部分を全日本プロレスとの交流で補っ

白いタンクトップ姿の巨漢が国際プロレス時代の根本氏。80年8月18日、三浦市油壺京急マリンパーク駐車場大会の開場前で、留学生の金光植と談笑している。

ており、決して上向きとは言えない状況だった。

――働き始めたのは、完全に大学を卒業してからですか？

「春休みから見習いみたいな感じで、高田馬場の事務所に出社していましたよ。すでに飯橋クンがアルバイトでいましたね。その頃、蔵前国技館で全日本プロレスとの対抗戦があって、ジャンボ鶴田さんが木村さんと試練の十番勝負をやった日ですよ（76年3月28日）。あの時に宣伝カーを運転して、都内を走り回ったのが初仕事ですね。その後、4月1日から3ヵ月の契約期間を経て、正社員として採用されたんです。だから、最初が4月開幕の『ダイナマイト・シリーズ』ですよ」

――ジ・アンダーテーカー、ザ・スコーピオン1&2号、ゼブラ・キッドなど外国人側が覆面レスラーだけのシリーズでしたよね。

「そのシリーズで、いきなり大阪に行かされました。僕としては、〝えっ、大阪なんて行ったことないですよ!?　宣伝カーで？　しかも、一人で行くんですか？〟という感じでしたね。上の人には、〝いや、何とかなるから〟と言われましたよ（笑）」

――吉原社長以外、入社した時の社内スタッフは、どういうメンバーだったんですか？

「グレート草津さんは、営業担当取締役。リングアナもされていた鈴木利夫さんは、その頃は営業部長と総務部長を兼任していたのかな。その下に、僕以外に営業部員が5人いました。1年後に営業部長になる梅野則夫さんは、東北や北海道、九州が担当。ナンバー2が貫井基晴さんで、この人は後に吉原社長の妹の稔子さん（経理担当）と結婚されました。貫井さんは、東海や中国地方を担当していましたね。明里さんという方は、新潟や岐阜。この3人が主力部隊でした。他にベテランの斎藤さんという人と、元レスラーの竹下民夫さんが関東の営業をしていました。竹下さんは、リングアナをされていた時期もありますよね。資材部はバスを運転していた浜崎さん、たまに試合にも出ていた長沢秀幸さんや若松市政さん、それとトラックを運転していた清水さんという方。ガイジンの世話係は、マンモス鈴木さんだったかな」

――最初の頃の仕事は、宣伝カーに乗って街を回るだけで

青函連絡船で移動中に撮影されたスナップ。左からアレックス・スミルノフ、米村天心、アンドレ・ザ・ジャイアント、梅村則夫・営業部長、鈴木利夫・総務部長。

中央は資材部に在籍しながら、一時期は試合もこなした長沢秀幸。実業団相撲時代に知り合った清美川に誘われて、53年12月にプロレスデビュー。相手は『キラー・マイク・ユシフ』ことユセフ・トルコだった。

すか？

「ポスター貼りをするようになったのは、5月以降でしたかね。夜中に電柱に貼ったりしながら、街中を回りましたよ。あれは前科にはならないんですけど、軽犯罪なんです。だから、先輩が捕まった時は身元引受人になったりしました。始末書は、よく書きましたよ（笑）」

──選手たちに入社の挨拶をした時の反応は？

「草津さんには会社でしましたけど、いきなり大阪へ行かされたので、確か大阪府立の会場で挨拶をした記憶がありますね。竹下さんには、〝何だ、新弟子じゃないのかよ！〟と言われました（笑）。その頃、120キロくらいありましたから（笑）」

──身体を見たら、そう思いますね。〝レスラーにならないか？〟と言われたこともあったんじゃないですか？

「いや、それはさすがになかったですけど、当時は新人不足だったみたいで、選手たちから〝営業？　嘘だろ⁉〟という声が上がっていましたね（笑）。まあ、あの時代の選手たちはみんな豪快な人たちばかりで、とんでもない世界に入っちゃったと思いましたよ。夜のお酒の付き合いとか、半端じゃなかったですもん（苦笑）。入社して2シリーズ目くらいから、ひどくなりましたね。草津さんの場合、夜中の1時くらいに酔っぱらって、〝おい、今から車で店に迎えに来い！〟と電話がかかってきたりするんですよ。そこから〝一杯くらい、いいだろ！〟と延々飲まされるんです。結局、一回も飲酒運転で捕まったことはないですけど、こっちはヒヤヒヤものですよ（笑）。ただ、車の事故は一回ありました。会社に入って2年目くらいでしたかね。熊谷辺りで徹夜でポスター貼りをして、長沢さんを練馬の自宅まで送った後、首都高速で羽田のトンネルを抜けた時に…」

──居眠り運転ですか？

「そうです（苦笑）。気付いた時には中央分離帯に衝突して、車が半分潰れていました。助手席はメチャクチャ。僕は大した怪我じゃなかったけど、救急車で病院に搬送されましたよ。みんなに〝よく生きていたな〟と言われて…過酷な労働をさせていたから、僕に対して怒る人はいませんでしたね」

いざ本格的に営業活動を始めると、予想以上に難題は多かったようだ。

この時期はキー局の少ない東京12チャンネルを後ろ盾にしていたために、団体&選手の知名度は全国的に高いとは言えず、その結果、スポーツ紙や専門誌での扱いも必然的に悪くなる。

こうした苦境の中で、新日本プロレス、全日本プロレスの2大メジャー団体だけでなく、時には全日本女子プロレスも営業マンにとって脅威の存在となった。

「宣伝カーやポスター貼りの次は、先輩の後を付いて回って、いよいよ営業ですよね。担当の場所をあてがわれても、地元のプレイガイドやチケットを置いてもらえるようなスポーツ用品店は自分で調べてから行くんです。現地に入ってからは、『売り込み』ですね。地元の会社を回って、〝今度、プロレスをやるんですが、チケットを買ってもらえませんか?〟と頼むわけです。でも、国際は売れないですよ(苦笑)。熊本で一日に20件以上も会社を回って、たったの3枚…。そうしたら、草津さんが〝何をやってるんだ!〟と殴るわけですよ。それで〝俺に貸してみろ〟とチケットを持って夜の街に繰り出して、飲んで騒いで〝ほら、300枚も売れたじゃないか!〟と、また殴るんです。内心、〝熊本はアンタの地元じゃないか〟と思いましたけどね(苦笑)。でも、何で殴られなくちゃいけないのか。社長に文句を言って辞めようかなと思いましたよ。草津さんも飲まなきゃ悪い人じゃないんですけど(苦笑)」

――初めて一人で任されたのは、どこですか?

「岐阜県の恵那市ですね。77年の『ダイナマイト・シリーズ』で、キラー・ブルックスが国際に初めて来た時ですよ。前任の貫井さんに、〝ある程度の段取りは俺がつけるから、あとは一人で行って来い〟と言われて」

――その年は、11月16日に恵那市体育館で大会がありました。観衆は3000人と発表されていますが、実際は?

「いや、1000人も入ってないですよ(笑)。この世界に入って、主催者発表と実数のあまりのギャップに驚きましたね。そもそも、その体育館はサイズ的に3000人どころか1500人も入らないですよ(笑)。確かこのシリーズで竹下さんが営業に戻って、飯橋クンはもうリングアナだったかな。ある程度、お客さんが入った時間に飯橋クンが草津さんにお伺いを立てに行くわけですよ。すると、草津さんがありもしないテキトーな数字を言うわけです（笑）」

――根本さんは、他にどんな場所を担当したんですか？

「横浜、川崎、池袋のスケートセンターとか関東周辺が多かったですね。それから岐阜。愛知県体育館も1回やりました。当日の客入りを見て、草津さんに〝何だ、この入りは！　遊んでたのか！〟なんて、よく怒られましたよ」

――サーキットのコースは、誰がどのように決めていたんですか？

「梅野さんが部長になってからは、あの人ですね。たとえば、〝この次のシリーズは○月○日の後楽園ホールでスタートして、関東周辺から東北、北海道を回って裏日本へ行き、名古屋へ出て、最後はまた関東でやる。根本、お前は最初と最後を関東で2ヵ所押さえろ〟みたいな感じです。それと同じように、他の営業部員も各地を割り当てられるんですよ。それからみんな全国に散って、地元のプロモーターに根回しをしたり、会社の社長さんや会長職の人に〝ここで会場を押さえたから、協力してもらえますか？〟と頼みに行く。決まれば、それを部長に報告して空白の日程を少しずつ埋めていくわけですよ。ただ、向こうの意向もあるから一筋縄ではいかないんです。小さな町の商工会なんかも協力してくれましたけど、〝時期をズラして来てよ〟と言われることがありました。つまり同じ時期に新日本か全日本が来るから、ということですよね」

――地方では、〝馬場の方でも猪木の方でもないのか〟と言われることもあったのでは？

「それはありましたね。あとは地方のスポーツ店で女子プロレスのチケットが一枚もなくなったのに、国際はまったく動かなくてビックリしたこともありました」

――ビューティー・ペア（ジャッキー佐藤&マキ上田）の人気が爆発した頃ですね。

「そうです。そういったことに対抗するには、国際は金網マッチしかなかったですね。よく〝金網をやるんだったら協力するけど、やらないんなら協力できないよ〟なんて言われ方もされましたよ。たぶん、地方はテレビ中継やタイトルマッチでマスコミが来るような場所以外、大半は金網

後期の国際プロレスは生き残りを賭けて地方会場で金網デスマッチを乱発したが、マスコミには「通常の試合」として結果を流したために正確な記録は残っていない。

でした（笑）。渋る相手に、〝金網をやりますから、何とかそこを！〟と頼むのは当たり前でしたね」

──タイトルマッチをやって欲しいという依頼も、よくあったんですか？　国際は発表されず記録にも残っていないラッシャー木村のＩＷＡ世界ヘビー級王座防衛戦が地方で結構あったとも言われていますが。

「私が担当した場所ではなかったと思うんですけど、他の先輩のところではあったでしょうね。〝金網だけでなく、タイトルマッチもやりますから！〟という営業の仕方もあったでしょうし、宣伝カーでそれを謳うと聞こえがいいでしょ（笑）」

──金網デスマッチのリクエストは、草津さんにするんですか？

「いえ、それは事前に営業部長に伝えます。そこから草津さんに連絡が行くんだと思いますね。中にはその日に急遽、金網が入ることもあったかもしれません」

──言うなれば、国際プロレスの金網マッチは田舎芝居の横に出される化け物小屋のような切り札的アトラクションだったんですね。

「そうかもしれないですね（笑）。ただ、テレビで放映されないようなことを観られるという部分に、地方のお客さんは特別感を持ったはずですよ。おどろおどろしい金網と生の流血…怖いもの見たさですよね。金網は営業の切り札というか、殺し文句でした。でも、だからといって爆発的にチケットが売れるわけじゃないですよ。何とか買ってくれるという程度です（笑）。ただし、誰と誰の試合をやりますとは先方には絶対に言いません」

——マッチメークの領域には触れないということですね。金網マッチに出場するのは、当番制だったそうですが。

「木村さん、草津さん、井上さん、浜口さん、寺西さん、大位山さん、鶴見さん辺りが持ち回りでやっていました。たとえば、木村さん&草津さんのタッグマッチがメインとしてスポーツ新聞に結果が出ていても、実際には上から4番目くらいに書かれている寺西さんvs外国人がメインで金網をやっていたり…これは日常茶飯事（笑）。地方なら公式のタイトルマッチがあった後に、メインで誰かが金網をやることもありましたよ。金網は設営に時間がかかるから、どうしても最後になるんです」

——地方ではやりたい放題という感じですね（笑）。根本さんが選手の中で仲が良かったのは誰ですか？

「やっぱり金子さんのジム繋がりで米村さん、後から入ってきた高杉ですかね。木村さんや井上さんとは、よく横浜で飲みに行きました。でも、それだってポスターとチケットを持って、お店を7件くらい回って、2人がサインや記念撮影をしたりする営業活動でしたから。以前、鈴木利夫部長に〝キミのこの会社での夢は何だ？〟と聞かれて、〝文体を超満員にすることです〟と答えたんですよ。地元が横浜ですからね。全日本プロレスに入ってからは超満員を何度も達成しましたけど、国際では半分くらいしか入りませんでした。プレイガイドに置いても30枚くらいしか売れないですから、オフに選手を連れて営業活動をしましたよ」

——高杉さんに聞いたんですが、巡業中に地方のドライブインに寄って食事をしたら、その店に「国際プロレス　〇〇〇〇」と書かれた誰のかわからないサインが飾ってあったらしいんです。みんなで〝これ、誰だろう？〟と言っていたら、店の人が〝宣伝カーに乗った太った人が書いていきましたよ〟と。それを聞いて、マイティ井上さんが〝根本の野郎だ！　後で絞ってやる！〟と怒っていたようですが（笑）。

「いやあ、そんなことがありましたかねえ（笑）。確かに僕の場合は、太っていたので地方に営業へ行くと選手に間違われるんですよ。でも、自分がレスラーだと嘘をついて営業したことはないですよ（笑）」

――当時の国際では、外国人の名前でチケットは売れなかったですか？

「ダメですね。アブドーラ・ザ・ブッチャーみたいな知名度があって、動員も見込めるガイジンはいませんでしたから。一度、提携先の新日本がアンドレ・ザ・ジャイアントを貸してくれましたけど、出たのは北海道と東北だけで僕の担当外でした（79年7月）。それも田舎の小さな会場ばかりですよ。その時、へイスタック・カルホーンも来て、僕が車で迎えに行きました。なぜか成田空港で会えなくて、カルホーンは勝手に新日本の常宿の京王プラザホテルにチェックインしていたんですよ。あんな大きな身体をしているのに、どうやって一人で移動したのか（笑）。当時は携帯電話がないから、いろいろ大変でしたよ。途中参加のガイジンは、よく僕が空港へ迎えに行きましたね。ディック・ザ・ブルーザー、ニック・ボックウィンクル、それにルー・テーズさんとか。そういう時は宮本（厚二＝流智美）クンに来てもらって、通訳とかいろいろ助けてもらいました。吉原社長の許可をもらって、テーズさんと横浜で飲んだこともありますね。営業も兼ねて（笑）」

――77年〜78年には、全日本プロレスや韓国の金一道場と対抗戦を行うビッグマッチがありましたよね。やはり他団体が絡むと、チケットの売れ方は違いましたか？

「売れたみたいですね。でも、そういう対抗戦に僕は一切タッチしていないんです。77年の暮れの『全軍対抗戦』（全6戦）は、国際が3大会、全日本が3大会を受け持ったんですけど、先輩に〝根本はいいから、次のシリーズをやってくれ〟と言われて、おいしいところを持っていかれました（笑）。78年10月13日の『ダイナミック・シリーズ』最終戦は、自分の担当で茨城の常陸太田市民体育館のこけら落としを確保したんですよ。そこで木村さんとオックス・ベーカーのデスマッチをやろうとしたら、6日前に全日本に近場の日立市体育館でやられたんです。とんだニアミスで、向こうはブッチャーやビル・ロビンソン、ボボ・ブラジルが来ていたから、モロに影響を受けました（苦笑）」

――79年6月には、『プロレス 夢のオールスター戦』の開催が発表されました。そこから大会に向けて、3団体の営業同士の間でどういう話し合いが行われたんでしょうか？

「先輩たちから聞いた話だと、最初は東京スポーツ主導による新日本と全日本の対抗戦だったらしいんですよ。でも、後から国際も入れようという話になって、ウチはオマケ扱いだったみたいですね。最初の営業同士の話し合いに出たのは、新日本は新間さん、全日本は大峡（正男）営業部長、国際は総務部長の鈴木利夫さんだったんです。その時点で新間さんと大峡さんの間で、〝支度金としてウチは1000万円出すから…〟、〝いや、ウチはそれ以上出しますので〟とか虚々実々の駆け引きがあったようですけど、ウチは蚊帳の外だったみたいですね。国際が同格扱いされなかったから、鈴木さんは会社に戻って来て〝もういい！ 俺はもう行かない！〟と激怒していました。他の営業部員たちも、吉原社長に〝もう、そんな大会は出なくていいですよ！〟と怒りながら詰め寄っていましたね。それで次の営業会議の前に先輩たちはみんな〝俺は行かないよ〟みたいになって、〝じゃあ、根本、お前が行け！〟と」

――根本さんが代表で出席したんですか？

「渋々、東京スポーツの会議室に行きましたよ（苦笑）。新日本は新間さんや倍賞鉄夫（倍賞美津子の実弟）さん、全日本は自分の後の上司となる大峡さん、広報部長の飯山和雄さん、渉外担当の米沢良蔵さん。どちらも錚々たるメンバーが揃っているわけです。両団体の重鎮が勢揃いなのに、

3団体が集結した『プロレス 夢のオールスター戦』のポスター。掲載された国際プロレスの選手はラッシャー木村のみで、写真のサイズもBIとはかなり格差がある。

国際は営業3年目で肩書なしの僕ひとりですよ（笑）。〝国際さんの方で何か言いたいことはありますか？〟なんて言われても、何も言えない（笑）。〝国際さんは○○をやってください〟と言われれば、〝はい〟としか言えないですよ」

――あの大会のチケットは、3団体で3分割する形だったんですか？

「いえ、新日本と全日本が3分の1ずつ、残りの3分の1の中から国際とプレイガイドに振り分けられたんです。経費や売上の取り分とか最終的にどういうお金の流れになったのかは、僕も知らないですけどね。そんなことよりも、我々はもう次のシリーズの営業に入りましたから」

この79年の秋にはマッハ隼人を入団させるなど吉原社長はリング上の充実を目指して試行錯誤を続けていたが、根本氏曰く、「僕が入社してから、会社が上向きになったことは一度もないかもしれません。印象としては、最後の羅臼大会までジワジワと下っていった感じです」と経営状態は悪化する一方だったようだ。

こうした状況を打破しようと、営業サイドはそれまで毎年オフだった8月に省エネシリーズの開催を決める。

それが〝マスコミに試合結果を発表しなかった幻のシリーズ〟として、高杉正彦の項でも触れた80年の『第二次ビッグ・サマー・シリーズ』である。

――根本さんがそろそろ会社がヤバイなと感じたのは、いつ頃ですか？

「潰れる前の年に給料が遅配になった時ですかね…いや、その前に仮払いが下りなくなった時からです。営業をやっていると、ガソリン代や高速代、宿泊代がかかりますから、その仮払いを20万円申請したら、経理に〝今日は15万円で、後は来月振り込むから〟と言われるようになってきたんです。その辺りから、〝あれっ!?〟と思い始めて。仮払いが出なければ、こちらは身動きできなくなる。そうなったら、チケットの売上から充てるしかないですからね。経理の人から、社長が借り入れに必死になっているとか実情は聞いていました。営業の人間も自転車操業をしているわけで、会社の状況は自然とわかりますよね。そのうちに給料が半分になって、残りは遅れてもらうようになりましたから、

〝もう危ないな…〟というのは感じていましたよ」

――その上、チケットが売れないとなると踏んだり蹴ったりですね。

「実は自分の担当で、一度だけチケットが売れなくて大会を中止にしたことがあるんですよ。あれは忘れられませんね。岐阜県の美濃加茂市体育館でした（80年1月24日）」

――それはシリーズ中に中止になったんですか？

「そうです。大会の1週間前に、40枚しか売れていなかったんですよ。僕がどこかの社長さんに直接20枚買ってもらって、それ以外に20枚売れただけ。これはヤバイと思って、4日前に巡業で滋賀県の水口市にいた草津さんのところへ行って、〝これでは会場費も出ませんけど、どうしますか？〟と相談したら、〝そんなに売れてないのか？　だったら、中止にしよう〟ということになって。当日、会場で払い戻しをしましたよ。僕の知る限り、そんなことはこの1回だけです（苦笑）」

――この80年の夏のことですが、『第一次ビッグ・サマー・シリーズ』が終了した翌日から、マスコミに結果を発表しない『第二次ビッグ・サマー・シリーズ』（全18戦）がひっそりと開催されましたよね。

「ああ、よく憶えていますよ。あのシリーズをやる前に、梅野部長から説明されました。要は前のシリーズにガイジンが5人来ましたけど、地方向けのジプシー・ジョーは残して、2人くらいは帰すと。それによって、経費を最低限に抑えたんです。さらに地方で200〜250万円で売っていた興行を〝100万でいいから売って来い〟と命令が出たんですよ」

7月25日に札幌中島スポーツセンターで閉幕した『第一次ビッグ・サマー・シリーズ』に参加していた外国人レスラーは、ジプシー・ジョー、スパイク・ヒューバー、ランディ・タイラー、ロッキー・ブリュワー、ジェイク・ロバーツの5名。続く幻の『第二次ビッグ・サマー・シリーズ』には第2戦まで全員が参加したものの、根本氏の証言通り団体側はヒューバーとタイラーを帰国させている。

また、一部報道でこのシリーズは8月1日の岩手県の西根町民体育館から全15戦とされたが、高杉正彦の項でも触れたように、実際は第一次シリーズ閉幕後にそのまま北海道に留まり、7月26日＝深川市緑町野球場（開幕戦）、27日＝丸瀬布小学校体育館、31日＝秋田県の大館市民体育館と未発表の3大会を開催していた。

「北海道はそうで、続く東北巡業からはガイジンは3人体制でした。8月1日の西根町民体育館は、僕が担当したんですよ。小さいところでしたが、これが異常に入ってチケットがなくなりました（笑）。それから愛知県下の同系列のスーパーの駐車場で、3日連続でやったんです。名古屋の知り合いから、そのスーパーの店長会議に出てくれという話が来て、それが発端でした」

――発表された日程では、8月6日＝祖父江町センター、7日＝蟹江町カニセンター、8日＝師勝町ストアーと3連戦をしていますね。

「そこは普段は夏にお化け屋敷をやっていたんですけど、店長の一人が今年はプロレスをやりたいというんですよね。各大会を100万で売って、向こうにはテントとイス、ホテル代を持ってもらいました。スーパー側の方では、スタンプを貯めると入場券がもらえるといったこともやっていたみたいですね。3日間…これも馬鹿みたいに入ったんですよ（笑）」

――高杉さんもその愛知の3大会は客が入ったと言っていましたし、このシリーズは儲かったようですね。

「大儲けじゃないけど、実のところそれまでの国際ではあり得ないくらい儲かったんですよ（笑）。このシリーズは大半が売り興行で、合間に手打ちも入っています」

――でも、どうしてこのシリーズは大々的にマスコミに発表しなかったんですか？

「なぜですかね…これは営業サイドからの発案でした。ガイジンも少ないし、野外ばかりでみっともないと思ったのかな。そこに吉原社長なりの意地みたいなものもあったんでしょうかねえ。それまでは毎年、7月のシリーズが終わると、言われるがままに9月からのシリーズの営業をしていたんです。〝夏休みはプロレスどころじゃないんじゃないか〟みたい感じでしたよ。でも、8月にそのシリーズをやってみたら異常に儲かった（笑）」

――国際は新日本や全日本に対抗せず、等身大の興行をコツコツやっていれば、もっと続いたかもしれませんね。

「確かにガイジンを減らして、興行も規模を縮小してやれば、何とかなっていたかもしれません。でも、吉原社長にも対外的なプライドがあったはずですから」

――そして、81年を迎えるわけですが。

「その年の正月に梅野さん、貫井さん、明里さんといった事務所の人間だけで、吉原社長の家へ新年の挨拶に行ったんですよ。そこで吉原社長が〝みんなに話がある。自分は社長を辞めようと思う〟と言い出したんです。こちらは寝耳に水ですよ。当然、〝誰が社長になるんですか⁉〟と聞いたら、〝草津がなる〟と言うんですよ」

――吉原社長は、草津さんをずっと買っていたようですからね。その上、草津さんは80年7月に地元の熊本で右足を負傷して戦線を離脱し、結局そのままリタイアしましたから。

「そこで、みんなが〝ええっ！　草津さんですか⁉〟となっちゃって。〝お願いですから、草津さんを社長にするのだけはやめてください！〟と全員で懇願したんですよ。最終的に〝みんながそう言うなら…〟と吉原社長が折れて、近くの神社へ初詣に行った後、社長のご自宅にあった酒を全部飲んじゃったんです（笑）。翌日、草津さんが〝社長の家に行ったら、もう酒がなくなってる！〟と怒っていたみたいですね（笑）」

――その頃、根本さんは吉原社長と普通に話せるようになっていたんですか？

「社長には、いろいろ声をかけられましたよ。世界各国から送られてくる選手のPR写真を見て、〝根本クンは誰がいいと思うかね？〟と聞かれたこともあります。実はポール・エラリングは、僕が写真を見て社長に薦めたんですよ。そうしたら、本当に来ちゃった（笑）」

――81年8月9日の羅臼大会で団体が終わるというのは、いつ頃に知ったんですか？

「5月くらいかな。最後の『ビッグ・サマー・シリーズ』で、町田市商店街南大駐車場（7月21日＝第3戦）は僕の担当だったんです。会場は違いますけど、初めて国際を生観戦した町田ですよ。そこを5月くらいに確保した後、梅野部長に〝その次のシリーズは、どの辺りを回る予定ですか？〟と聞いたら、〝いや、町田の後はもう探さなくていいよ〟と言われたんです。確か先輩から一時的に2〜3ヵ月くらい休んで、会社を立て直してから再開すると聞いたように思いますよ。でも、7月に町田で試合をやった時は、もう羅臼で終わるというのは知っていました」

――最初に団体側が発表したシリーズ日程に羅臼大会は入っていなくて、ラス前となる8月8日の根室市青少年センター大会の次は、11日＝留萌、12日＝函館になっていましたよね。

「留萌と函館はあくまで予定で、事前に取り止めていると思いますよ。そのシリーズでは、他に宇和島市闘牛場（7月26日）も事前に中止にしたはずです。羅臼はマスコミ発表後に、追加になったんですよね。あれは梅野部長の担当で、地元の協力もあったでしょうけど、国際が自力でやった本当に最後の手打ち興行だったはずですよ」

――羅臼大会の当日、根本さんは東京にいたんですよね。その後、吉原社長から社員に事情説明はあったんですか？

「ありましたね。〝こんなことになって申し訳ない。新しい職場を探すのは大変だろうけど、何かあったら協力させてもらうよ〟みたいな…」

――根本さんはその後、全日本プロレスに行くわけですが、他の営業部員の人たちはどうしたんですか？

「誰もプロレスの世界には残らなかったですね。僕の場合は8月いっぱい会社で残務整理をしていたら、ゴングの竹内さんから全日本の営業に欠員があるという話をもらったわけですよ。リック・フレアーvsテリー・ファンクのNWA世界戦があった横浜文化体育館（10月7日）に行って大峡部長にお会いして、米村さんが会津若松でちゃんこ屋さんをオープンするのを見届けてから、全日本に正式入社しました。米村さんはお店を始めてからも試合をしたがっていたから、僕が馬場さんに頼んで『ご当地レスラー』として会津限定でリングに上がるようになったんです。今思うと、よくそんなことを馬場さんに言えたなと思いますよ。まあ、馬場さんには〝米村さんにはチケットを100万円分売ってもらいますから〟と言いましたけどね（笑）」

――100万分というのは、結構大変ですよね。

「いや、5000円席が200枚でしょ。全日本はメンバーが凄いし、米村さんは会津の顔役ですから。しかも自分が試合に出るとなれば、気合いを入れて売りますし、全日本なら売れるんです。国際ではないですから（笑）。確か

ジャパンプロレスの一員として全日本プロレスのシリーズに参加していたアニマル浜口、寺西勇が米村天心の営む『やぐら太鼓』に来店。"会津限定レスラー"が誕生した裏には、根本氏の助言があった。

最初は頑張って、400万くらい売ったはずですよ。そんな米村さんも亡くなってしまってねえ…」

――メキシコで武者修行をしていた高杉さんを全日本プロレスに誘ったのも根本さんなんですよね？　一時帰国した際に、電話が来たと高杉さんは仰っていましたが。

「僕の方から電話したって？　そうだったかな…。当時、その辺のことは渉外担当の米沢さんの管轄だったから、もしかしたら頼まれて連絡したのかもしれないですね。僕はまだ全日本に入って間もなかったので、自分の判断でそんなことはできませんよ。言われてみれば、高杉に電話したような気もしますけど…記憶が定かではないですね（笑）」

――最後に、営業担当の根本さんから見て国際プロレスが倒産してしまったのは何が原因だったと思いますか？

「我々はあくまでチケットを売る商売ですから、企業努力が足りなかったのと、いろんな面で甘かったんでしょうね。全日本に入社したら、本当にメジャーだなと思いましたよ。物凄くチケットが売れましたから。他の営業部員に負けてたまるかという気にもなりましたし、やり甲斐も出ました。リング上のことに関して言えば、タレントの差というのもあったと思いますよ。全日本で一番いい時期には1シリーズで自分が9会場を担当して、粗利が1億円ありましたからね。馬場さんが今更ながら、〝プロレスって、こんなに儲かるのか〟と言っていましたから（笑）。やっぱり国際の時は、ぬるま湯に浸かっていたように思いますよ。でも、大学卒業後に国際プロレスに入って、全日本プロレスに移って…もうノアも退社しましたけど、気付けば40年弱もこの世界にいたわけで、やりたいことができたという満足感はありますよ。その原点となったのが国際プロレスですよね。僕は最初が国際プロレスで良かったと思っています。あの大変な経験がなければ、こんなに長くプロレス業界で頑張れたかどうかわかりません。だから、今でも国際プロレスには本当に感謝していますね」

# 遠藤光男

レフェリー

1978年2月26日の『ビッグ・チャレンジ・シリーズ』第2戦、後楽園ホールのリング上でスキンヘッドのボディビルダーが紹介された。シャツを脱いで見事に鍛え上げられた筋肉美を披露したのは、66年度ミスター日本の遠藤光男氏。以降、団体が活動を停止した81年までの約3年間、遠藤氏はメインレフェリーとして活躍した。

67年、都内・錦糸町に全国初となる個人経営のトレーニングジムを開設した遠藤氏は、ボディビルの他、パワーリフティングやアームレスリングの普及にも尽力。腕相撲の審判を務める姿をテレビ番組などで目にしたことのある方も多いだろう。

初代タイガーマスクや小橋建太をはじめ、遠藤氏のジムで肉体作りに励んだレスラーや格闘家は数知れない。また、第60代横綱・双羽黒こと北尾光司がプロレスに転向する際には、後見人的な立場で彼をサポートしたことでも知られる。

国際プロレス時代、遠藤氏は試合を裁くだけでなく、トレーナー役も務めただけに、フィジカルに関する興味深い

**えんどう・みつお**

1942年9月23日、東京都千代田区出身。16歳でボディビルを始め、66年にミスター日本に輝く。同年7月、カナダのモントリオールで行われた世界選手権では3位入賞。78年4月から国際プロレスにレフェリーとして参加し、その後も旧UWF、リアルジャパンプロレス、SMASH等で試合を裁いた。現在は、日本アームレスリング連盟代表理事を務めている。

話は尽きない。「最強」と言われるレスラーたちは、一体どこが突出しているのか？

——国際プロレスでレフェリーをやることになった経緯を教えていただけますか？

「吉原社長の肝いりで、アニマル浜口と大位山がウチのジムに練習に来たんですよ。彼らは米国武者修行から帰ってきて、向島の方で一緒に住んでいたんです。特に浜ちゃんはトレーニングが大好きで、毎日のように来ていましたね。ある日、そういう関係でレフェリーをやらないかという話が来たんですよ」

——吉原社長とは、お知り合いだったんですか？

「以前から新宿のスポーツ会館で時々お会いしていたんです。あそこを創設されたのが八田一朗先生だったので、私もよく行っていたんですよ。八田さんはアマレスで有名ですけど、日本ボディビル連盟の2代目会長でもあるんです。私も途中から連盟の役員になったもんですから。レフェリーの話をいただいた時は、もう結婚して子供もいましたし、自分のジムもありますから、どうしようかなと思いましてね。女房に相談したら、〝いいんじゃないの〟という一言をもらったので上がることを決めました。でも、国際プロレスに入団したわけではなくて、あくまでも外部の人間として参加したんですよ」

——当初はレスラーとして声がかかった、という説もあるんですよ。

「身体が物凄くゴツかったんで、〝地方に行った時に覆面を被って試合をしたらどうか〟と吉原さんに言われましたよ（笑）。それはレフェリーになってからですけどね。それより自分は選手たちと一緒に身体を鍛えたり、そういう方面で役に立った方がいいかなと。だから、レスラーの話は断りました。私の入った78年当時は、新日本プロレスと全日本プロレスの両方とも凄い人気でしたよね。それに比べると国際プロレスは集客力がちょっと弱かったので、後楽園ホールなど近場で試合をする時は自分のジムでチケットを売ったり、そういう形での協力もできると思いましてね」

——ところで、遠藤さんは昔からプロレスはお好きだったんですか？

「ええ、もう大好きでした。力道山の頃から観ていますから。昔は金曜の夜にテレビでやっていましたよね。土曜日、小学校に行くでしょ。授業は午前中で終わるから、よく教室のイスを全部後ろに押しやってプロレスごっこをしましたね。他のクラスの一番強い奴を呼んできてやるんですけど、最後は喧嘩になっちゃって、プロレスごっこが学校で禁止になりましたよ（笑）」

——当時、ご自宅にテレビはあったんですか？

「いえいえ、お金持ちの家じゃないとテレビがない時代ですから。普段はイジメてる子を金曜日になると急に可愛がって（笑）。それでちゃっかり〝すみません、テレビを観せてください〟と、そいつの家に行くわけです（笑）。昔はテレビを観る時、みんな正座でしたからね。今でも、あの頃に来日したレスラーの名前を憶えていますよ。ジェス・オルテガ、ダラ・シンとか興奮しましたねえ」

——力道山vs木村政彦戦もテレビで観られたんですか？

「はい、観ましたよ。ショックでしたね。あの試合を検証した文章が後からいくつか出ましたけど、どこまでが本当なのか（笑）」

——リアルタイムで観ていて、どこがショックでした？

「かなり後味が悪い試合でね。それまでの試合はワンツースリーで決まっていたのが、あれはレフェリーストップ？それまで、ああいう試合はなかったですから。あくまでもルールの中でやる試合でしたからね。だから、大人たちもあれを観てショックだったんじゃないでしょうか。翌日、学校に行くと、みんなあの試合の話をしていましたよ。当時の小学生たちの見方としては、木村が急所を打って、力道山が頭に来てやっちゃったんだと。概ね、そういう意見でしたね。それと喧嘩になっちゃったら、力道山の方が強いという感じでした」

——レフェリーになる前に、国際プロレスの試合を観戦されたことは？

「ストロング小林は若い時、私と一緒に後楽園ジムでトレーニングしていた仲間でしたから、初期の頃の試合を何度か観に行ったことがあります。彼が退団して、蔵前国技館で猪木さんとやった試合も観に行きましたよ」

——国際プロレスとの最初の接点は、小林さんだったんですね。

「それと昔、ボディビルの指導のために行っていた田端のジムに、国際プロレスのガイジンが来て練習していましたね。ビル・ロビンソン、ジョン・リーズとか。そこのジムは広くて、マットを敷いてスパーリングもできましたから。カール・ゴッチが来たこともありました。ゴッチは胸郭、胸板が物凄く厚いんですよ」

78年から国際プロレスに「メインレフェリー」として参加した遠藤氏。ボディビルで創り上げた肉体美は、レスラーと並んでも引けを取らなかった。

――専門家の目でゴッチの身体を見た感想というのは？

「ルー・テーズもそうなんですが、この人も〝骨パワーが凄いな〟と感じました。ゴッチは左手の小指がないですよね。でも、スパーリングをやると、若い選手たちを片手であしらっていましたよ」

――そして、遠藤さん自身もそのプロレスの世界に入ることになったわけですが、あの当時はレフェリーがリングで挨拶するというケースは稀でしたし、派手な登場でしたね。

「まあ、あれは吉原さんが〝服を脱いでポージングしてください〟と言うので（苦笑）」

――それから1ヵ月半後、78年4月6日の『スーパー・ファイト・シリーズ』開幕戦、新潟市民体育館が遠藤さんのレフェリーデビュー戦で、いきなりメインのラッシャー木村vsミスター・ヒト戦を裁いています。当時のコメントを見ると、〝カウントのタイミングを取るのが難しい〟、〝大声を出すのに苦労した〟とありました。

「普段、あまり大声を出さない方なんで（笑）。でも、レフェリーはお客さんに聞こえるように声を出さないといけないわけですから。マットを叩くと、埃も吸うでしょ。だから、最初のうちは声がかれたりしましたね。結構、手も腫れました。今でも右手の方が厚いんですよ」

――遠藤さんが入った時の他のレフェリーは？

「マンモス鈴木さんとミスター珍さんですね。前溝（隆男）さんが辞めたんで、私はその欠員で呼ばれたんです。私が入った時は珍さんが初っ口（第1試合）から2～3試合やって、その後は鈴木さんがやって、私がセミファイナルやメインでしたね」


この時期、国際プロレスはレフェリー不足に悩んでいた。TBS時代から試合を裁いていた阿部脩レフェリーは前年春に参議院選挙に出馬（落選）すると同時に団体を離れており、大相撲を廃業後、プロボクサーに転身して全日本ミドル級王者となった異色の経歴で知られる前溝レフェリーも、この年の2月に退社する。

後任としてボディビル出身の温井国昭氏が入社したが、こちらも短期間で退社。それにより、遠藤氏がデビューした『スーパー・ファイト・シリーズ』では、長期欠場中だったミスター珍がレフェリーとしてカムバックした。

リング上に目を向けると、IWA世界ヘビー級王者のラッシャー木村が不動のエースとして防衛記録を更新中。前年11月に入団した大型新人・原進の海外武者修行が決定する一方、遠藤氏のデビューから10日後には剛竜馬が退団を申し出て巡業中に失踪する。


――レフェリングは、どなたに教わったんですか？

「いや、自分で憶えたんです。プロレスそのものは好きでしたから。あの当時のレフェリーは、おっとりした動きの人が多かったですよね。特に国際は。だから、自分はスピードのあるレフェリーになろうと思いました。その頃は筋力も旺盛で、肉体的に元気な頃でしたからね」

――ロサンゼルスの名物レフェリー、レッドシューズ・ドゥーガンを彷彿させるようなカバーに入った選手の上を飛び越してのカウントなど遠藤さんのスピーディーな身のこなしは、かなり目立っていました。それまでの日本人レフェリーは、誰もああいう動きをしませんでしたから。

「でも、あまりにも私の動きが激しいので、中継をやっていた東京12チャンネルのスタッフさんに〝カメラの邪魔だ〟

と言われたことがありましたけどね（笑）」

――当時の遠藤さんはレスラーよりも動きはいいし、身体の線も綺麗でカッコ良かったですよ（笑）。アンコ型や寸胴型の多い国際の選手たちの中にあって、逆三角形のスーパーボディは異彩を放っていました。

「冗談半分で、リングに上がったガイジンが自分の腕を隠すんですよ。自分よりレフェリーの方が、いい身体をしているからって（笑）」

――遠藤さんの場合は、レフェリーになってすぐにタイトルマッチも裁くようになりましたね。

「レフェリーでも下積みがあるでしょ？　でも、自分の場合はそういうのがなかったから、前からレフェリーをやっていた人たちに、ちょっと嫌がらせされたりしたこともありますよ。それは選手からもね。木村さんは人柄がいいし、浜ちゃんも仲が良かったんですけど、〝ボディビルのチャンピオンだって？　プロレスとは違うんだから。来たら、イジメてやる〟とか言っていた人がいたって…」

――グレート草津さんですか？

「そうそう（苦笑）。一度、草津さんと大喧嘩したことがあるんですよ。地方の試合後に、酔っ払って絡んできてね。私は翌日も試合があるから、11時頃に自分の部屋に帰って寝たんです。すると夜中の2時頃、ドンドンと私の部屋を叩く人がいて、ドアを開けたら草津さんなんですよ。そこで〝遠ちゃんのレフェリングはダメだ〟とかワーワー始まったんです。自分も頭に来て、吉原社長を起こして〝草津さんにそう言われたんで、もし自分が必要じゃなければ、今日で帰りますから〟と言ったんですよ。そうしたら、吉原さんが怒ってね。草津さんを思いっきりぶっ飛ばしたんです。〝この野郎、遠藤クンに代わるレフェリーを探してきてから、そういう話をしろ！　何もできないくせに生意気なことを言うな！〟って。そういうこともありましたね。普段は紳士ですけど、吉原さんは怒ると怖い人でしたから」

――では、フィジカルトレーニングの専門家という立場から見て、国際の選手たちの練習ぶりはいかがでした？

「先ほども言いましたけど、浜ちゃんは一所懸命やっていましたね。あとは米村とか。まあ、あまりやらない選手もいるんですよ。吉原さんからは〝若いレスラーたちの身体作りも見てくれ〟と言われていましたので、高杉、アポロ菅原、稲妻二郎なんかとは、よく一緒にトレーニングしました。鶴見五郎は、好きな種目をやるぐらいで。おそらく彼は体重を増やしたいという意識が強かったんじゃないかな。だから、食事面も気にしないで、量もたくさん食べていましたね」

――対抗戦の時には、他団体の選手の練習を見る機会もあったと思いますが。

「そういう時に、全日本プロレスの選手はよくチェックしました。ジャンボ鶴田さんなんかは、プッシュアップとスクワットだけでしたね。みんな好きな種目と嫌いな種目があるわけですよ。腕の運動が好きだと、そればっかりやるとか（笑）。本来、レスラーは全身を鍛えるのが一番いいんですけどね。嫌いな種目をやらないと、全身の筋肉がアンバランスになりますから。箇所を分けてやれば、毎日トレーニングできるんですよ。そういうことを国際でも何人かに教えたんですけどね」

――当時、新日本プロレスは試合前にハードな練習をすることがひとつの売りでしたよね。

「それも専門的に言うと、試合前にあまりハードにやると本番の試合で力を発揮できなくなりますね。筋肉の疲労が溜まってきますから。理想を言えば、試合が終わった後や試合のない日に徹底的にやった方がいいんですよ。ただ、あの当時は毎日、巡業があったでしょ。だから、なかなか練習ができないので、苦肉の策で試合前に少し早く会場に来て、トレーニングするというやり方を取り入れたと思うんです。まあ、それぞれ良し悪しがありますから」

――遠藤さんから見て、身体的に素晴らしいと思った日本人選手は？

「基礎体力的なものは、相撲上がりの人が一番ありましたね。相撲というのは、下半身を最優先で強化するでしょ。運動能力で優れている人は、鶴田さんですね。身体が大きい上に、敏捷さがありました。日本人の感覚で、背の高い人は運動神経がないとかスピードが遅いと言われていたのを覆したのが鶴田さんじゃないですかね」

――あの頃、鳴り物入りで入団した原進の指導もされたんですか？

「吉原さんに頼まれて彼が国際に入る時、錦糸町の私のジムでトレーニングを1～2ヵ月やらせて、身体がある程度できてから入団ということにしたんですよ。当時、原選手はまだ体重が90キロなかったんですね。彼の良さが出たのは、残念ながら全日本プロレスに行ってからだと思います。身体ができあがってから、輝きましたよね。彼は、120キロぐらいになった時が一番良かったです。それに原選手は国際プロレスの時は遠慮しながらというか、どこか気兼ねしながら試合をしていたような気がしますね」

——将来的には、団体のトップにするつもりで吉原社長は原さんをスカウトしたんですよね？

「おそらく吉原さんもそういうことを描いていたと思うんですけど、設立当時からいる草津さんとか、その辺との兼ね合いがあったのかなと。そうこうしているうちに、剛竜馬も抜けてしまって。ストロング小林も同じですよね。選手の良し悪しや将来性は、外側で観ていた人の方がちゃんと見抜けるんじゃないですか。私も国際にいた時に、新日本の若手の中で誰が上がって来るかというのはわかりましたから。でも、団体の中にいると先輩後輩の関係もあったりして、なかなか見えてこない。誰かをいきなりトップに持っていくとか、思い切った大きな手術はやり辛かったんでしょうね。原選手もジレンマがあったと思います。もし原選手が一気にトップに上がっていたら、国際プロレスはもっと続いていたかもしれないですよ」

——先ほど名前の出たアポロ菅原は入門前に遠藤さんが経営していた千葉のジムにいたそうですが、最初からプロレスラーになるつもりだったんですか？

「彼は秋田でアマレスをやっていて国体にも出場した選手で、プロレスをやりたいという話は聞いていました。まあ、若いから天狗だったんですよね。腕相撲の話になって、〝遠藤なんか簡単にやっつけられる〟と豪語していたらしいんです（笑）。でも、実際に私と腕相撲をしたらコテンコテンにやられたんで、だいぶショックだったみたいですけど（笑）。その時、菅原には〝上には上がいるってことを覚えておかなきゃダメだよ。自分が一番強いと思っていても、この中で一番なだけだから。世界が広がれば、そこにもまた一番がいるんだから〟と教えましたよ」

——菅原選手は、遠藤さんの紹介で国際プロレスに入門したんですよね。

「そうです。後楽園ホールに連れて行って、一応は入門テストのようなこともしました。その時、冬木も一緒だったんですよ。吉原さんが〝遠藤クン、キミが連れてきた菅原というのと、もうひとり冬木というのが来てるから、基礎体力だけでも見てやってくれ〟と言われましてね。菅原はウチのジムでトレーニングをしていたから、何をやってもこなせたけど、冬木は体力が全然なかったんです。ヒンズースクワットもロクにできなくてね。フォームも悪かったし。でも、自分が〝社長、彼はまだ若いし、伸びそうだから、いいんじゃないですか〟と薦めました。相撲の新弟子だって、そうでしょ？　最初から強い人はいないわけですから。入ってから、ちゃんと鍛えて強くなればいいということでね」

——若い人は、伸びしろがありますからね。実際に、冬木弘道は後年になってブレイクしましたから。

「実は、他にも自分が新弟子を一人入れたんですよ。出羽海部屋にいた元相撲取りで、幕下まで行った人間です。その頃、道場の寮長が若松さんで、この人が厳しくてね。彼は毎日、ヒンズースクワット1000回とマラソンをやらされて、1週間で脱走しちゃったんですよ」

——最初に、〝プロレスは甘くないぞ！〟ということを見せつけるわけですよね。

「そうそう、プロレスラーの凄さを知らしめるためにやるんでしょうけど、やる気がなくなっちゃったら元も子もないと思いますよ。相撲を辞めて何年か空白があって、140キロくらい体重があれば、最初は軽いのからやるでしょう（苦笑）。だから、育てる側もある程度は知識のある人じゃないと、いい選手を潰しちゃうなあと思いましたよね」

——ところで、どの団体でもレフェリーは自然と外国人レスラーの世話係をするものですが、遠藤さんは？

「係を言いつけられたわけではありませんが、よく一緒に食事に行ったりしましたね。特にアレックス・スミルノフとは、よく行きました。ガイジンの場合もトレーニングしたい選手は、まずウチのジムに連れて来るんですよ。汗を流した後に、よく飲みに行ったりしましたね。ステーキが食いたいと言われれば、美味い店を探して連れて行きましたし、そういう選手のためにお金は全部使っちゃいました。全部、国際のギャラを家に入れたことは一度もないですよ。全部、気持ち良く帰ってもらおうと思ってガイジン選手が来た時

79年4月開幕『東京12チャンネル開局15周年記念 ビッグ・チャレンジ・シリーズ』に2度目の来日を果たしたビリー・グラハムとアームレスリングで対決する遠藤氏。

に使いました。自分は国家試験に受かって免許も持っていたんで、よく指圧もしてあげましたね」

――79年4月に再来日したボディビル出身のスーパースター・ビリー・グラハムの肉体は、遠藤さんの目から見てどうでしたか？

「身体そのものは凄いですよ。確かベンチプレスで２４０キロぐらい挙げましたからね。自分は１７０キロぐらいしか挙げなかったんですけど。食事も独特でしたね。朝は卵を20個、黄身を抜いて白身のスクランブルエッグにしてくれとか。彼はピーナッツが好きで、たくさん食べていました。タンパク質をたくさん採るという食事でしたね」

――81年4月に初来日したポール・エラリングもボディビルダータイプでしたね。

「彼はパワーリフティングの方で、デッドリフトという種目の全米記録を持っていたんですよ。その後、彼がロード・ウォリアーズを連れて、全日本に来た時に再会しました。そのウォリアーズがシカゴでやっていたジムの責任者をしていたのがスコット・ノートンですね。彼をアームレスリングの大会で日本に呼んだことがあるんですよ。シルベスター・スタローンがアームレスリングの映画『オーバー・ザ・トップ』を作る時に、後楽園ホールで選考会を開いたんです。彼はまだ22歳だったかな。それ以来、彼とは付き合いがありますよ」

——遠藤さんのいた頃の国際プロレスは、やや外国人レスラーの質が落ちかけていて、ジプシー・ジョーやアレックス・スミルノフ、ジョー・ルダックらがエース格でしたが、アンドレ・ザ・ジャイアント、バーン・ガニア、ニック・ボックウィンクルといった大物が特別参加することもありましたね。

「そういうトップのガイジンといい試合ができる日本人のレスラーが2人ぐらいいたら良かったんですけど、国際のレスラーはワンランク下でしたね。華の部分でいえば、やっぱりその辺は馬場さん、猪木さんには敵わないですよ。国際プロレスそのものに、ちょっと華やかさが欠けていたような。それに新日本も全日本も早くから第2、第3のスターを育てた団体でしたよね。そうした次代の展望が国際にはなかったような気がします」

——当時、ルー・テーズもレフェリーとして何度か参加しました。

「あの人は凄かった。鋼の身体でした。あんな骨は初めて見ましたね。腕には尺骨と甲骨というのがあるんですけど、その幅が物凄く広いんです。後に北尾を新日本に入れる時に、バージニア州ノーフォークにあるテーズさんの道場に連れて行ったんですよ。その時、〝ミスター・エンドー、ジムに行こう〟と。あの頃、テーズさんは73歳かな。それなのに25キロのダンベルを持って、20回ぐらいやっていたんでビックリしましたね。25歳の北尾より強かったですよ」

——骨がテーズの強さの秘密ですか？

「あの人は骨密度が凄い。骨が太くて丈夫な人というのは、腱も強いんですよ。腱が強い人というのは、ナチュラルの力があるんです。みんなルー・テーズのことを〝鉄人〟と呼びますけど、その表現がピッタリだと思いましたね。アームレスリングの各階級の世界チャンピオンも、そういう人なんです。後から鍛えて筋力が強くなったんじゃなくて、生まれつきそういう素材の強さを持った人がほとんどですね」

——人間的には、どうでした？

「いつも穏やかでしたね。自然体に構えている人で、よほど自分に自信があったんでしょう。本当にセメントでやっても誰にも負けないという気持ちがあったんじゃないですかね。ガイジンレスラーたちにとって、ルー・テーズと試合をしたというのが一番の自慢なんですよ。それに、よく〝テーズに関節技を教わった〟とか自慢話をしていましたね。首から上だけで、極める技をいくつ教わったとか。だから、ルー・テーズという人はプロレスの世界では別格の人だったなと思いますよ」

――ところで、先ほど力道山vs木村戦の話が出ましたが、遠藤さんが裁いていた時代で不穏な展開になった試合はありました？

「実はあるんですよ。アニマル浜口とマサ斎藤の試合があったんですけど、2人とも熱くなって、グラウンドの極め合いになっちゃったんですね。そうなるとプロレスの大技が出ないので、お客さんがイライラして〝真面目にやれ！〟と声がかかったんですよ。ところが、2人は一番真面目にやっていますから（笑）。それを見て、安達さんが試合後にマサ斎藤を引っ叩いたんですよ。〝よそのリングに客として来ているのにガチンコやってどうすんだ、バカ野郎！お前はまだプロレスラーになりきってない〟と怒られていましたね。まあ、他にもハプニングはいろいろありましたよ。新日本の木村健吾が来て、アニマル浜口とやった試合があったでしょ？ 浜ちゃんが床にこぼれたビールに足を取られて」

――80年3月31日、後楽園ホールでのIWA世界タッグ戦ですね。木村さんのプランチャを受けた浜口さんが失神するというアクシデントが起きました。

「私が反則裁定にしたら、控室に苦情が来たんです。ファンが〝最後の判定はおかしいだろ、レフェリーの遠藤を出せ！〟と言っているって。これは大変なことになったなと（笑）」

――79年8月26日の『プロレス夢のオールスター戦』では、ラッシャー木村vsストロング小林の遺恨マッチを裁きましたよね。

「あの時も、ちょっと不穏な空気を感じましたよ。木村さんの方がカタかったかな。木村さんは、生き方も試合も不器用な人だから。あれは、ぎこちない試合でしたね」

——でも、性格が優しいから一線を超えることはないですし。

「木村さんは、いい人なんです。だから、レスラーとしてもう少し邪悪さみたいなものが出せるような選手だったら、良かったのかなと」

——あの頃の国際プロレスは、デスマッチが多かったですよね。

「ケージマッチね。最初は草津さんがやっていたんですよ。6チャンネル（TBS）の放映権料が入っていた頃、ケージマッチは草津さんの専業で、ギャラとは別に1試合で7万円ぐらいもらっていたそうなんです。でも、放映権料が出なくなってから、木村さんとかアニマル浜口、鶴見五郎なんかに譲ったみたいですね」

——マスコミに発表せずに、地方でタイトルマッチをやったりもしていたようですね。

「あれは、お客さんを呼ぶためのひとつの方策だったと思うんですよ。前売り券が売れてないと突然、金網デスマッチやタイトルマッチをやると宣伝カーが街を回るわけです」

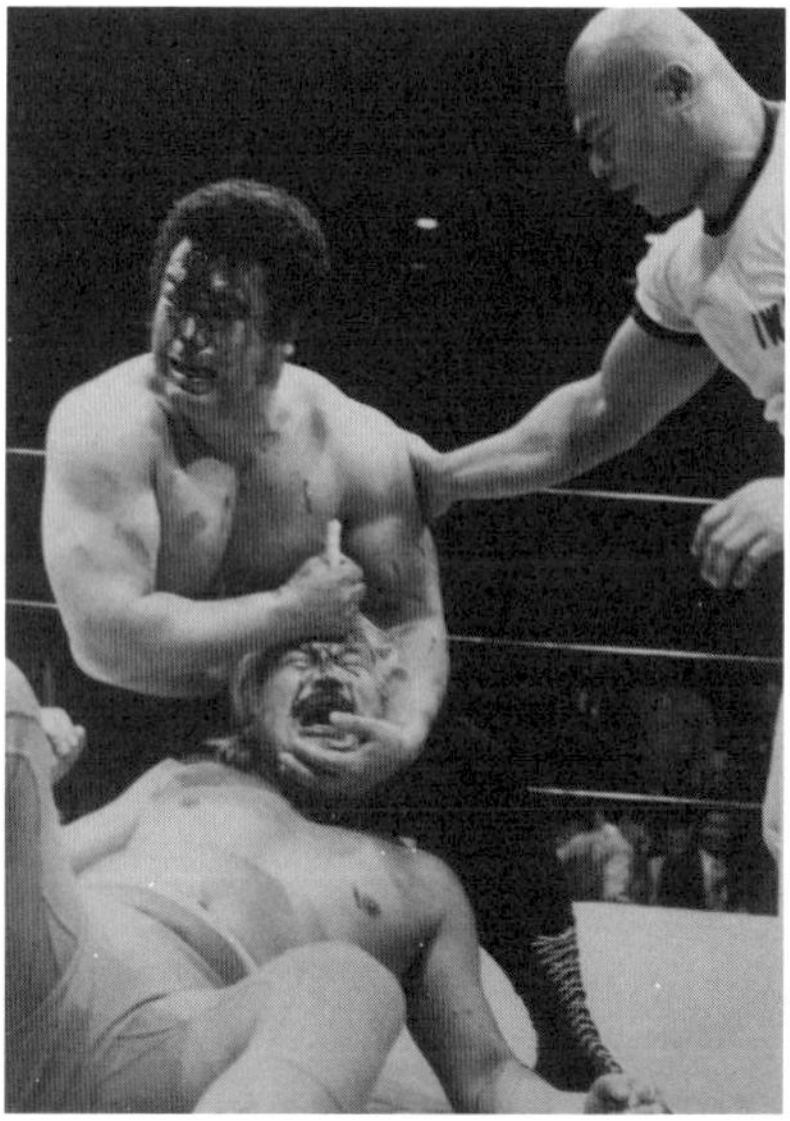
IWA世界王座防衛戦から金網デスマッチまで、東京12チャンネル時代のラッシャー木村の試合を裁いたのが遠藤氏である。写真は上田馬之助との流血戦。

——やはり記録に残っていないタイトルマッチは、かなりあるんですか？　というか、それを遠藤さんが裁いていたわけですが（笑）。

「いやあ、自分の場合はタイトルが懸かっていようがいまいが、同じ気持ちでレフェリングしていましたから（笑）。ただ、タイトルマッチの時は、お客さんをちょっとイライラさせたりとか、少しテンションを上げなきゃとか、いろいろ考えましたけどね。カウントのテンポをズラしたりとか。そうやって、レフェリングを学習していったんですよ」

——80年2月には、大木金太郎さんが入団しましたね。

「大木さんは、韓国の選手をよく国際に連れて来ましたけど、私は彼らをサポートしてあげていたんですよ。地方へ巡業に行ったらトレーニングしたい人を募って、私は日本中のジムの住所を持っていますから、電話するとそこのジムの会長がホテルまで迎えに来るんです。だから、送り迎え付きで練習ができる。日本全国どこへ行っても、これをしてあげたんですよ。それが大木さんの耳に入って、〝遠藤さん、ウチの若い者がお世話になった。今度、韓国で興行をやるからレフェリーで来てください〟と連絡が来たんです。それで2週間くらい韓国のサーキットに行ったことがあるんですよ。草津さん、鶴見五郎、キューバン・アサシンと一緒にね。大木さんは、とてもいい人でしたよ。韓国に行った時も、とても良くしてくれて。どの会場も大入りだったんで、ギャラも約束の倍くれましたからね」

——国際プロレスには、前座にも個性的な選手がいましたよね。遠藤さんがレフェリーだった頃には、マッハ隼人が凱旋帰国しました。

「肥後選手はとても鈍臭くて、非常に真面目な選手でしたね。スネーク奄美は早死にしてしまいましたが、彼も本当にいい人でした。よく試合が終わるし、旅館でポーカーをやるわけですよ。そうすると、人柄がわかりましたね。勝っていると、急に用事ができていなくなっちゃう人とか(笑)。そういう人が何人かいましたよ。若松さんも真面目な人でね。市ちゃんはリングを運ぶトラックの運転手もやってくれて、大変だったと思いますよ。あの人は本当に働き者で、この人には勝てないと思いましたもん。選手バスの運転手はレスラーと同じように休憩したり、寝泊りできますけど、市ちゃんは一人で夜に車を運転していたわけですから」


この時期、慢性的な観客動員の不振などが原因で国際プロレスの経営状態はかなり悪くなっていたが、81年の正月から起死回生の手段として『ルー・テーズ杯争奪リーグ戦』を開催する。

1〜3月の前期予選を終えて、木村、井上、浜口、寺西、外国人選手ではホセ・アローヨ、マイク・ジョージ、レイ・

キャンディが決勝リーグ進出の権利を獲得。もし国際プロレスが存続していれば、テーズ及び団体側の「推薦選手」数名を加えて、秋に覇を競う予定だった。

「前年の9月でしたか、自分と吉原さんが成田空港にレフェリーとして来日したテーズさんを迎えに行って新幹線で移動したんですよ。確か上田馬之助も一緒にいましたね。吉原さんは苦手な英語で、〝壮大なリーグ戦をやりたいから、あなたのベルトを貸して欲しい〟とテーズさんに頼んでいました。それを自分が片言の英語で伝えて、ＯＫをもらえたんです。あのリーグ戦に原選手も途中から加わって、もし優勝していたら、そこで時代が変わっていたかもしれないですね」

――しかし、国際プロレスは決勝リーグを待たずに、崩壊してしまいました。この時期、給料の遅配もあったと思うんですが、遠藤さんはどうだったんですか？

「自分は最後の1年は、一銭もお金はもらわなかったです。内情はわかっていましたので。若手のレスラーたちがお金に困っていたから、自分は最後の最後で余ったらもらおうと思って。だから、会社に請求もしませんでしたよ」

――ということは、持ち出しでレフェリーを続けていたわけですか？

「そうですね。最後の頃は、テレビ録りの時だけ行ったんですよ。自分がいない時は市ちゃんや高杉がレフェリーをやっていたんじゃないかな。会場に行くと、若手のレスラーたちが待っているんです（笑）。まずその連中に飯を食わせて、レフェリーをして一泊してから帰ってくるという

場外で暴れるジプシー・ジョーにリングインを促す遠藤氏。後方にはジムの教え子だった菅原伸義（アポロ菅原）の姿もある。

感じでしたね。だから、私は最後の羅臼の興行には行っていないんですよ。解散した後に、木村さんや浜ちゃんは他の団体に雇われましたよね。だけど、菅原とか高杉は全然お呼びがなかったんです。だから、ちょっと可哀想だなと思ってね。トップの選手たちが声をかけて、一緒に連れて行ってあげればいいのにと思いましたね」

——それから約8年後、アポロ菅原は遠藤さんの口利きで、北尾光司のコーチ役に抜擢されましたよね。

「自分が北尾を新日本に入れる時に、菅原も一緒に入れたんですね。北尾の教育係みたいな感じで給料も50万出たんですけど、自分に何も言わないで途中で辞めちゃって。恥をかきましたよ。その後に、北尾まで新日本を辞めちゃって（苦笑）。いやあ、申し訳ないなと。嫌な仕事をしちゃったなと思いました」

——最後に、遠藤さんにとって国際プロレスで過ごした3年間はどういう時間でした？

「この世界で普通の人ができないような経験をさせてもらったということを考えれば、損得勘定というのは一切ないですね。そのお陰で、選手と今でもお付き合いしていますし。とにかくいい経験をさせてもらって良かったなというのが一番の気持ちですね」

——2010年12月、ジプシー・ジョーがTAJIRI主宰のSMASHに久々に来日した際には、遠藤さんが特別レフェリーを務めましたよね。

「TAJIRIは若い頃、ウチのジムに来ていたんですよ。彼に1試合だけレフェリーをやって欲しいと言われましてね。〝俺も歳で、もうそんなに動けないから〟と言ったら、〝リングにいるだけでいい〟と（笑）。じゃあ、引き受けようということでね。ジョーに〝今、どこに住んでるの？〟と聞いたら、〝1週間ごとに違う女のところに住んでる〟って（笑）。〝本当にジプシーだ！〟と大笑いしましたよ」

# 門馬忠雄

## 元東京スポーツ運動部記者

東京スポーツの記者時代に東京12チャンネル『国際プロレスアワー』で解説者を務めた〝ぼやき評論の第一人者〟門馬忠雄氏は、今なお第一線で取材・執筆活動を続けている現役最古参のプロレスマスコミである。

国際プロレスが旗揚げした67年当時、東スポ運動部のプロレス取材班は、山田隆氏（後の『全日本プロレス中継』解説者）、櫻井康雄氏（後の『ワールドプロレスリング』解説者）、飯山和雄氏（後の全日本プロレス広報）、そして門馬氏の4名だったが、紙面における扱いは良かったとは言えず、それは団体が活動を停止する81年まで続いた。

門馬氏曰く「言葉は悪いけど、最初から継子扱い」だった国際プロレスは、メジャー団体が大手を振って闊歩する中、マスコミの中でどういう位置付けだったのか？　東スポとの関係を紐解きながら、〝悲劇の第3団体〟の15年間を総括してみたい。

――吉原社長とヒロ・マツダが国際プロレスの設立を発表した時、東京スポーツのスタンスというのは？

**もんま・ただお**

1938年6月27日、福島県相馬市出身。日本大学藝術学部卒業後、62年に東京スポーツ新聞社に入社。後に運動部長、編集委員を歴任した。記者時代には東京12チャンネルの『国際プロレスアワー』、『世界のプロレス』の解説者としても活躍。86年に退社してフリーとなり、現在もプロレス評論家として様々なメディアに寄稿している。

※このインタビューは、本書用の録り下ろしです。

「さすがに無視はしないけど、ちょこっと取材で顔を出せばいいという程度の認識。その頃、山田さん、櫻井さんは日本プロレスにベッタリだったからね。それとやっぱりマスコミは、日本プロレスを辞めた豊登をマークしていたから。そのトヨさんが猪木と東京プロレスを創って、ちょうど旗揚げする頃だったでしょ。だから、言い方は語弊があるけど、国際プロレスに関しては、どうなろうと良かったという部分はあったよ。しかも、あの団体は発足自体が判然としないものがあったでしょ。吉原さんの方からすれば、最初から状況が不利だったのは間違いない」

――日本プロレス側から東スポに対して、〝国際プロレスを扱うな〟というような圧力はあったんですか？

「いや、俺自身はそこまでは聞いていないけど、遠藤幸吉が妨害したのは知ってる。〝後楽園ホールを貸すな〟と。だから、国際プロレスは横浜のスカイホールでよく試合をやっていたでしょ」

――国際プロレスの後楽園ホール初使用は、旗揚げから約3年後の70年4月でした。それまで都内の小規模の会場では、足立区体育館や葛飾区体育館などを多用していましたね。

「地方のプロモーターにも圧力をかけていたし、日本プロレスのイジメは強烈だったよ。だから、国際プロレスにとって一番のネックだったのは、マスコミの扱いよりも日本プロレス。時代は下るけど、スパイロス・アリオンの時が一番強烈」

――70年9月に国際プロレスへの初来日が決まったものの、日プロ側が妨害した件ですね。

「来日がキャンセルになったから、苦肉の策で金網デスマッチを初めてやってね。さすがに、これはないよ。話を戻すと、確かに東スポの扱いは良くなかったけど、取材はちゃんと行ってるんだ。俺は旗揚げシリーズは巡業に全部付いていったからね」

――旗揚げの大阪府立体育会館2連戦を現場で取材されて、この団体はやって行けると思いましたか？

「う〜ん、半信半疑だな。その旗揚げ戦は、6分くらいの入りでね。ただ、マツダと猪木は〝洒落た感じだな〟と受け取った。はっきり言って、日本プロレスの選手とはスピードが違ったから。特に猪木はロープワークをよく使うし、スピードが他の連中とは全然違う。でも、俺はプロレスを真面目に観るタイプじゃないからね。酒を飲みたいだけだから（笑）。会場で試合を観ていても、〝早く終わらないかな〟と（笑）。あのシリーズでビックリしたのは、ガイジンの大きさ。ケンタッキアンズのジェイク・スミスはタクシーに乗ったら、デカすぎて降りられないんだから。ケツがドアから出ないもんで、タクシーの運転手も壊されると思って泣くしさ。俺は試合よりも、そっちの方が面白かったよ（笑）。最初のシリーズは巡業が進むにつれて、どんどん観客が少なくなっていってね。正直、この団体は先細りするかなと。その年の夏に開催した第2弾シリーズも入らなかったよ」

――アントニオ猪木と入れ替わるようにビッグネームの豊登が参加しても、客入りは悪かったようですね。

「すでに日本プロレス時代にジャイアント馬場が出てきたことによって、豊登という存在は色褪せたんじゃないかな。観客には、そう映ったと思うよ。それに地方の興行を買っていたプロモーターも半分素人みたいな人たちだったしね。そのシリーズで観客がいっぱい入ったのは、大分だけだったよ（66年8月11日＝大分県立荷揚町体育館）。この興行は、大分放送が試験的に放映したでしょ」

――TBSがレギュラー中継開始を見据えて、パイロット番組を制作した時ですね。それは見栄えを良くするために、局側が観客を集めたんでしょうかね？

「いやあ、そこまではわかんないけど、あの大会だけは入ったな。この第2弾シリーズで、『大阪夏の陣』と呼ばれた興行戦争があったでしょ。俺は国際プロレスの方に行かされてね。俺だって、大阪球場でやったジン・キニスキーと馬場の試合を観に行きたかったよ（笑）。そのシリーズは隠岐の島に行った時にイカそうめんを食ったんだけど、翌日は選手もみんな下痢になってさ（笑）。そういう思い出しかないな」

――この第2弾シリーズ終了後、旗揚げメンバーのヒロ・マツダとミスター鈴木が離脱してしまいますね。

「真面目な話をすると、国際プロレスはミスター鈴木の功績が一番大きいよ。事務所が入っていた青山のビルの屋上で、小林、井上、藤井の3人を教えてね。マイティなんて、頭のてっぺんから血を流してたよ。コンクリートの上でブ

国際プロレス第2弾『パイオニア・サマー・シリーズ』の巡業中に外国人勢と記念撮影。左からビル・ドロモ、サム・スティムボート、ロジャー・カービー。

リッジするから。その頃から、マイティは負けず嫌いだったな（笑）。一番メソメソ泣いたのは、藤井康行。でも、俺はこいつは伸びると思ったな。身体が柔らかいんだよ。身長も189センチぐらいか。元々は水泳の選手でしょ。高校のレベルで全国のランキングに入っていたからね。藤井は性格が優しいコなんだよ。でも、あの世界は優しいコは生き延びられない。小林は恐ろしいほど、ぶきっちょ（笑）。正直、〝これは絶対にプロレスは務まらない〟と思っていたけど、努力すれば、ああなるんだろうな。そんな3人を鈴木は根気よく、イジメないで教えたんだよ。それから、リングアナを務めた明治のレスリング部出身の長谷川さん。それだよ、国際プロレスの基礎は。マツダはアメリカにいて、下の人間に何も教えてないじゃん」

――この後、国際プロレスは『TBSプロレス』に名称が変わり、68年1月3日の隅田川決戦を迎えるわけですが、門馬さんも両方取材されたんですか？

「俺も他のマスコミと一緒に昼に日本プロレスの蔵前大会を取材してから日大講堂に移動したけど、みんなで寒い中、蔵前橋を歩いたよ。菊池（孝）さんなんかと、〝熱燗が欲しいなあ〟とか言いながら（笑）」

──門馬さんは、新エースに抜擢されたグレート草津をどう見ていましたか？

「俺は馬場さんから吹き込まれていたから、先入観があったんだよね。この興行戦争の前に草津から〝お互いに頑張りましょう〟みたいに対等のような口を利かれたから、馬場さんは頭に来ていたんだよな。〝こいつに、そんなことを言われることねえだろ〟と。草津は日プロ時代に一時期、馬場さんの付き人だったからね。滅多に人のことを言わない馬場さんが草津のことを悪く言うのを聞いて、ビックリしたのを憶えてる。しかも、〝あいつはダメだ！〟という感じの口調だったしね。だから、俺としても草津のことを真面目に見ようとしなかった。話は飛ぶけど、草津が亡くなった時に、俺はお通夜に行ったんだ。でも、その場にプロレスの写真は一枚もなかったよ。ラグビーのボールとラグビー時代の写真だけ」

──そこは生前の本人の意向なのか、それともご遺族の意向なのか。

「ラグビーのお山の大将がそのまま日プロに入って、草津は最初からプロレスというものを馬鹿にしていたんじゃないのかな。俺は草津のネックハンギングツリーを食らったことがあってね。あれは上田馬之助が国際プロレスに初めて来た時（76年5月）。俺は上田、リップ・タイラー、エディ・サリバンとホテルで飲んでいたんだよ。そこに草津が酔っ払って帰って来たんだけど、坂口征二に間違えられたとか何とかグダグダ言うんだ。だから、〝ラグビーなんか捨てて、プロレスラーらしくしてりゃいいじゃないか〟と言ったら、首を掴まれて吊るし上げられてね。上田が〝お前、やめろ！〟って、止めてくれたから良かったものの（笑）。やっぱり草津はプロレスに愛着がなかったよ」

──ファンは、そこを敏感に察知しますからね。ＢＩにしても、プロレスにプライドを持っているということが言動などから伝わるから支持された部分もあったと思います。

「一番の問題はそこだよ。本郷篤っていたでしょ。彼は鎮西学院高校の野球の選手で、プロにスカウトされるぐらいの力はあったと思うよ。でも、国際プロレスに入って草津に付いていたために、毎晩飲まされて、小突き回されてね。それが嫌になって、自分から全日本プロレスに行ったんだから。本郷は〝草津さんから解放されたかった〟と、はっきり言っていたよ。彼はいい奴なんだけど、心がちょっと弱いところもあってね」

——では、門馬さんから見てサンダー杉山はどういう方でしたか？

「俺はね、あまり付き合いがなかったんだよ。あの人は単独行動が多いし、マスコミと親しく付き合う方じゃなかったから。それに余計なサイドビジネスばっかりやっていたしね。杉山と海外修行から帰って来た後の小林は、巡業の時も選手バスに乗らずに単独行動。小林が団体の中で浮き上がる部分は、そこなんだ。小林自身が車好きだというのもあるんだけどね。彼は腰が曲がってからも、自分で運転してたよ。ただ、あまり他の選手とベタベタしたくなかったというのもあったのかな。彼は現役時代に年齢をごまかしていたでしょ。下の選手たちと年が離れているし、感覚的にズレる部分もあったんじゃないかな」

——門馬さんが期待していた藤井康行は、シャチ横内に誘われて70年1月に渡米し、そのまま海外に定着してしまいました。小林、井上に出遅れた感もありましたが、やはり自分の扱いに不満を持っていたんですかね？

「いや、彼の場合は人が好くて、騙されやすいんじゃないの。人を信用しちゃうというか。シャチ横内のことを言うと、俺が今まで付き合った全レスラーの中で、ぶっ飛ばしたくなるほど腹が立ったのはあいつ。俺が横内と同じ体格で、同じ年齢だったら、ぶっ飛ばしてるよ。〝ふざけんな、何様だ！〟って。あいつは馬鹿にするんだよ」

——マスコミを？

「いや、日本人も何も全部。日本という国自体を馬鹿にしたりするから、〝この野郎！〟と思ってさ。あんなしょっぱいレスラー、見たことない。言動が大人じゃなかったね。子供が駄々をこねているような論理的に合わないことばっかりで。彼の味方をした奴は、国際プロレスで誰もいないよ。藤井だけじゃん。上田馬之助もアメリカで利用されたと思うよ」

——上田さんは日本プロレス時代に米国アマリロ地区で修行していた際、シャチ横内とコンビを組んでいましたね。

「上田が一緒にいれば、自分の身に危険がないじゃん。ガチンコになっても。横内は、ガチンコができる奴じゃないから。コンニャクみたいな訳のわかんないレスリングをして。口だけは十人前。こいつは、今でも思い出しただけで腹が立つ。人間として価値がない。藤井は横内に騙されたんだと思うよ」

――シャチ横内は69年に初参戦して以降、国際プロレスに呼ばれませんでしたね

「当たり前だよ。人間的に欠陥がある。トヨさんの欠陥とは、また種類が違うんだけどね（笑）。そういえば、話は戻るけど、TBSプロレスの最初のシリーズでトヨさんがマスクを被って試合をしたことがあったな。俺が東スポで記事にしているはずだよ」

――68年1月28日、福島市体育館大会に『ミスター・ゼロ』として登場した時ですね。このシリーズは、その前にも田中忠治さんがマスクを被って試合に出ましたが、あれは何だったんですか？

「単なるイタズラ（笑）。特に意味はなかったと思うよ（笑）。俺がここで国際プロレスにおける重要人物として名前を挙げておきたいのは、その田中。若い奴らは煙たがっただろうけど、彼がいたことで国際プロレスの試合のクオリティーは高くなったから。試合がちゃんとできた人だった。俺、彼のドロップキックは大好きだもん」

――田中さんに関しては、試合巧者ぶりを誰もが絶賛しますよね。

「でも、人間的にはルーズでね（笑）。鈴木の次のコーチでもあるし、彼の位置付けは非常に大事だと思うよ。ただ、プライベートがだらしない。トヨさんにベッタリだったしね。あの2人は腐れ縁。よく言われるけど、日本のプロレス界特有の付き人制度は、いいのか悪いのか。しがらみが全部付いて回るんじゃないかな」

――田中さんが団体内で居づらくなったのは、豊登さんが引退したことも影響しているんでしょうね。後ろ盾を失ったというか。

「当然よ。トヨさんが辞めた時、そのうちに田中もいなくなるだろうなという推測はしてたから。田中が辞めた後、エジプトから葉書が来たんだよ。ビックリしてね。文面は〝元気かい？〟って、それだけ。でも、住所も何も書いてないんだよ。その後、誰に聞いても彼は消息不明なんだ」

――田中さんは国際プロレスを辞めた後、全日本プロレス

の興行に姿を見せたことは判明しているんですが、それ以降は行方がまったくわからないんですよね。

「とにかく正体不明の人だよ。プロレス界で正体不明なのは、田中忠治とミスター林（笑）」

——ところで、門馬さんはストロング小林のIWA世界ヘビー級王者時代をどう評価していますか？

「俺はスタートの練習生時代から見てるじゃん。だから、不思議だったな、その現象が。ヨーロッパやアメリカを回って、魅せる要素を創り上げたのはわかる。相手をバックブリーカーで担ぎ上げたりとかね。スピードがないだけに、〝ああ、こういう道か〟と。吉原さんが不器用を不器用なりに、うまく使ったなと。昔、筑波大学で小林の運動神経の測定をしたことがあってね。モグラ叩きみたいなことをやったんだけど、運動神経はそれほど良くなかった。だから、ボディビル出身でプロレスで大成した人は、あまりいないでしょ。必要ないよ、ボディビルの筋肉は。ああいう体型のレスラーを見た時に、俺は小林を思い出しちゃう。黒潮太郎も身体は凄かったんだよ。小林の2代目かなと推測したけど、よくわからないまま消えていったよね。彼は日本に溶け込まなかったし」

——厳しいことを言えば、この時代にTBS中継の時間帯がどんどん悪くなっていったんですよね。

「小林に限らず、国際プロレスで猪木、馬場の領域のものを求めるというのは難しいよ。そういう中で東スポで国際プロレスを扱うのは、かなりキツかった。その頃に東スポのプロレス大賞が始まったでしょ」


東京スポーツ新聞社制定『プロレス大賞』は、ストロング小林が国際プロレスを離脱した74年にスタートした。第1回のMVP（最優秀選手賞）はこの年に大物日本人対決を次々と実現させたアントニオ猪木で、ベストバウト（年間最高試合賞）には猪木vs小林の初対決が選ばれ、小林は敢闘賞も獲得している。

国際プロレス勢ではIWA世界ミッドヘビー級王者だった寺西勇が努力賞、IWA世界ヘビー級王座を獲得して団体のエースとなったマイティ井上が特別賞を受賞した。

以降、団体が崩壊する81年まで国際プロレスの選手がMVPに輝くことはなく、馬場と猪木の両巨頭が独占。82年に初代タイガーマスクがBI以外で初めてMVPを受賞し、日本マット界は新たな時代に突入していく。

「あの頃は、国際プロレスのバランスを取るのが大変。選考会で、どうしてもMVPやベストバウトからは除外されるわけじゃん。受賞の対象にならないの。敢闘賞、技能賞の他に努力賞というのがあったのは、国際プロレスのためなんだよ（現在は廃止）。プロレス大賞は部数を伸ばすために始めた部分も大きいんだけど、井上（博）社長も表面上は〝3団体を公平に〟と言っていたしね」

——選考会の時に、門馬さんはやはり国際プロレスの選手をプッシュしたんですか？

「俺は正式に国際プロレスの担当になったわけじゃなくて、3団体を公平に取材していたんだよ。でも、何となく担当みたいな立場になって。まあ、俺も国際プロレスには思い入れがあるし、応援演説をするわけ。でも、喋りながら〝苦しいな…〟と自分で思っちゃうぐらいだから、無理があるよね（苦笑）」

——ところで、門馬さんはストロング小林の離脱をどの時点で知ったんですか？

「小林が高田馬場の喫茶店でフリーになるという会見をやったでしょ。俺も取材に行って、そこで初めて知った感じ。あの下工作は、櫻井さん、新間さん、竹内宏介…あの辺でしょ。まあ、いいか悪いかは別にして、竹ちゃんのフットワークは素晴らしいものがあったと思う（笑）」

——櫻井さんは、〝その頃はプロレス人気が低迷していたので、起爆剤として猪木vs小林戦を実現させたかった〟と

ストロング小林が「東京スポーツ預り」となったことで、アントニオ猪木との大一番が実現。この1週間後、国際プロレスの『チャレンジ・シリーズ』がスタートし、開幕戦にはジャイアント馬場が助っ人参戦した。

仰っていました。

「実際に、猪木と小林がやったことで東スポは売れたから」

――東スポの売上のためとはいえ、櫻井さんは社内にも情報が漏れないように水面下で動いていたということですね。

「その通り。実際、あの3人が集まると入り込む隙がないし、何を画策しているかわからなかった（苦笑）」

――絶対的なエースが抜けて、TBSの中継も打ち切りになりましたが、ここで国際プロレスが潰れなかったことは評価されてもいいですよね。

「根本にあるのは、吉原さんの嘘をつかない誠実さじゃないかな。だから、この時は馬場さんも吉原さんに協力したしね。やっぱり国際プロレスは、最初から資金源がネックだったよ。これは宿命といえば、そうなんだろうけど、ゼロから始まってるからね。初めから先細りするのが見えていた。だから、15年もよく続いたなというのが本心。この小林の一件はね、ずっと尾を引いたんだ。俺が担当というものを一番意識したのは、ブラック・ロッキードの時だよ」

小林の電撃離脱劇から約2年後、76年7月の『ビッグ・サマー・シリーズ』に謎のマスクマンが飛来した。

同年2月、アメリカのロッキード社による旅客機受注に絡む日米を股にかけた汚職事件が発覚し、捜査の過程で東京スポーツ新聞社のオーナーでもある児玉誉士夫氏が深く関与していたとする疑惑が浮上。このロッキード事件が世間を騒がせる中、国際プロレスに「初来日」したのがブラック・ロッキードであった。

シリーズ中には田中角栄・前総理が逮捕されるという前代未聞の展開を迎え、事件に関する報道は過熱していったが、吉原社長がブラック・ロッキードを再登場させなかったのは「大人の判断」からだろう。

「だいぶ後になって、菊池さんがポツッと〝いやあ、門ちゃん、迷惑したろうな。あのブラック・ロッキードは〟と漏らすんだよ（笑）。〝何で今頃、そんなことを言うんだよ〟って（笑）。あれは菊池さんと吉原さんの合作。要は、東スポをイジメようということでね。吉原さんの東スポに対する恨みは、小林の件のみ。小林がフリー宣言をした後、取材に行ったら、〝何しに来た！〟と吉原さんに言われたもんね。そうした中で取材するんだから、辛かったよ。だけど、俺は吉原さんを嫌いじゃないしね。選手たちも好きだし。酒飲みばっかりだから（笑）」

――ブラック・ロッキードの正体は国際プロレスに来日経験もあるレン・シェリーという選手で、団体側が日本向けに急造したマスクマンでしたが、試合を観られた印象は？

「しょっぱかったよ（笑）。あの時、俺は社長室に呼ばれたんだ。何事かと思ったら、井上社長が〝門馬クン、これを何とかしろ！　東スポには一行も載せるな。抹殺しろ！〟と。でも、俺が吉原さんにそんなことを言いに行ける？　泣きたかったよ。会社を辞めようと思ったぐらいだから」

――ところで、門馬さんはこの時期に東京12チャンネルの『国際プロレスアワー』で解説もされましたよね。実際には、嫌々引き受けたそうですが。

「いきなり運動部長の白石剛達さんが〝やれるよね？〟って。俺は〝できませんよ、東北弁が出るし〟と断ったんだけど、会社にも連絡が行っていてね。社に戻ったら、井上社長に呼ばれて、〝これは社命だ。全日本は山田、新日本は櫻井、ウチで3団体を独占するんだ。わかるか、この意味が。やれ！〟と。その日は、引っ繰り返るくらい飲んだよ（笑）。〝俺が喋れるわけねえだろう〟って。引き受けるにあたって、俺は白石さんに条件を出したんだ。〝酒を飲んでもいいですか？〟って。普通に〝いいよ〟と言われたから、収録前に芳の里さんと一緒にビールを飲んでさ。そうしたら、解説中に小便がしたくなってね（笑）。それからは絶対に飲まなかった。まあ、最高に愉快な放送席だったよ。誰だったかは忘れたけど、杉浦アナに聞かれて、俺はマスクマンの正体を言っちゃったこともあってね。叱られた、叱られた（笑）」

――74年9月から東京12チャンネルのゴールデンタイム枠でレギュラー中継が始まったとはいえ、現実的にはTBS時代よりも新日本プロレスや全日本プロレスとの格差は広がったと言えますよね。

「12チャンネル側が女子プロレスを押しつけた時点で、〝ああ、この団体はヤバイな〟と感じたよ。男子プロレスがどういう風潮かというのは、東スポも知っているわけだよね。会社から〝お前は女子プロレスから外れろ〟と言われて。それは命令だから」

## BLACK LOCKHEED

### ブラック・ロッキード

185cm　115kg

なんとも、日本人の感情を逆なでするような、嫌味なリング・ネームである。覆面レスラーは、遠征先で勝手にリング・ネームを変えることをよくやるから、これは来日用のネーミングだろう。正体も、初来日かどうかも、まったく不明な謎の男である。

覆面からのぞく顔は、あまりハンサムではなく、ちょっと老けた感じだが、体つきは若々しく、いかにも油の乗り盛りらしい。推定年令32～33才というところか、マスクをつけたのはいまから4年ほど前、テキサス地区で暴れていたときで、マネジャーのすすめだったというから、素顔でも相当に鳴らしていた男の変身だろうと思われる。覆面レスラーとしては、バック・ドロップ、パイル・ドライバーといった大わざを駆使する大変なテクニシャンだが、いったん怒り出すと手のつけられない兇暴性を発揮するという。

76年7月開幕『ビッグ・サマー・シリーズ』のパンフレットより。ブラック・ロッキードはメインやセミに登場する機会も多く、最終戦ではザ・UFOと組んでグレート草津＆マイティ井上の持つIWA世界タッグ王座にも挑戦した。

東京12チャンネル『国際プロレスアワー』で解説中の門馬氏。ラッシャー木村とジプシー・ジョーの場外乱闘に巻き込まれ、同じく解説者の芳の里（左端）も渋い顔。

——それにより、女子部の試合は評論家の小島貞二さんが解説を担当することになりました。レフェリーも若松さんが専任になって、男子とは完全に一線を引く形が取られましたね。

「あの時は、星野勘太郎が面と向かって俺にクレームを入れてきてね。レスラーというのは素人を相手にする時は直接手を出さずに、肩で身体を押してくるんだよ。俺は壁に押し付けられて、星野に〝あれをやめさせろよ。吉原さんに言ってくれよ〟と言われたんだ。要は、女子の試合を中継で映すのをやめろと。それが当時の風潮。全然関係ない新日本プロレスの人間まで言ってくるぐらいだったから。でも、何で外部の人間の俺がそんなことを吉原さんに言わなきゃいけないんだよ（笑）。草津も言ってきたからね。身体を押しつけてきて。192センチだから、圧迫感あるよ（笑）。〝選手会の総意だから、吉原さんに女子の試合をやめるように言ってくれ〟と。それが彼の性格。草津は現場の責任者なんだから、自分で吉原さんに直接言えばいいだろって（笑）」

——この東京12チャンネル時代はラッシャー木村がIWA世界王者としてエースを務めましたが、門馬さんはどう評価していますか？

「そうねえ、生きる道が…金網というのがひとつの媒体になっちゃったでしょ。そこが損をしたのか、プラスになったのか。その評価をする時に、TBS時代の小林と比較したら可哀想だし。その判断は難しいねえ。個人的な感情も入るし。俺は最初のドクター・デスとの金網デスマッチは取材に行ってないんだ。2回目の台東体育館でオックス・ベーカーとやった時に初めて観たんだけど、金網が想像していたものより華奢だったんでガッカリしたよ（笑）。当時は明らかにゲテモノでね。〝時間無制限1本勝負がデスマッチだ〟という物の言い方でやっていたから。でも、観たい人も多かったと思うよ、興味半分に。正直言って、木村はエースとしては無理だったんじゃないかなという気はする。吉原さんの分身じゃないんだから、自分なりのモノを出して欲しかったな。彼は自己主張が全然なかったもんね。木村に対する不満はそれだけ。ただ、木村は不器用なイメージがあるけど、試合はできたよ。関節技も使ったし、サンボの練習もしていたし。木村は献立を立ててもらうと、

76年10月開幕『勇猛シリーズ』のパンフレットより。「担当記者」として門馬氏は激動の74年を解説。プロレス評論家の菊池孝氏、デイリースポーツの石川雅清氏らも執筆している。

ちゃんとするんだよ。ジャンボ鶴田との試合だって、良かったよ。プロレス大賞でベストバウトを獲ったでしょ」

—76年3月28日、蔵前国技館での一騎打ちですね（1－1から両者同時フォールで引き分け）。全日本プロレス絡みですが、国際プロレスの所属選手がベストバウトを受賞したのは、この一戦だけでした。

「クラシックなラッシャーと現代的なジャンボは結構、合ったよ。でも、お客さんにはどう映ったのか」

—国際プロレスは、明らかに対抗戦で損をした部分がありますね。

「『全軍対抗戦』や『全軍激突戦』なんかを取材していて思ったのは、やっぱり木村に続く2番手、3番手がいなかった。全日本だけじゃなく、大木金太郎のところ（金一道場）も入ってくると、相手にキム・ドクもいるわけだから。小林ならまだしも、浜口、井上じゃサイズ的に厳しいところがあるよね。2人には悪いけど。そうなると、見栄えの問題でどうしても評価が低くなるし、損したなと。あの対抗戦は完全に損。サイズ的に草津クラスが2～3人いれば、いいよ。でも、選手が小粒だったというのも国際プロレスの評価の低さの中にはあったと思う。ファン側から見て、全日本はあまりにも大きかったもん。日本プロレスのいい時代の大きさがそのまま来たからね。グレート小鹿は今のレスラーに交じると大きいけど、当時の全日本はあれが普通なんだから。やっぱり見栄えだよ、当時は。そこが国際プロレスは分が悪かったよね」

——その後、吉原社長は提携先を新日本プロレスに変えましたよね。

「鞍替えした理由は、俺もよくわからないんだ。馬場さんと金で揉めたのかどうか…。ただ、どちらから声をかけたかはわからないけど、あれは新日本にいた永里高平さんとのパイプで繋がったんだと思う。具体的なビジネスの話は、新間さんとやったんだろうけどね。俺は吉原さんとよく酒を飲んだからわかるんだけど、早稲田のパイプは凄いよ。吉原さんは、早稲田のラインで飲みに行っていたしね。俺も早稲田のラグビー部の監督がやっていた築地の料亭に一緒に行ったりしたし。かなりいいポジションの人間たちとコネクションを持っていて、〝ああ、吉原さんのビジネスのラインは、これなんだな〟と」

「東スポは扱いが悪かったから、取材はキツかったけど、今でも思い入れのある団体。いつか国際プロレスの本を書いてみたい」というのが門馬氏の長年の夢である。

――79年8月26日には、東スポ主催の『プロレス 夢のオールスター戦』が行われました。当初は新日本と全日本だけで大会を行うというプランもあったそうですが。

「そこもプロレス大賞と同じで、バランスだよ。あのオールスター戦の調整役は櫻井さんでね。井上社長は〝国際プロレスも入れよう〟と。でも、櫻井さんは〝なくてもいいんじゃないか〟という感じだったと思うよ。吉原さんとしては、〝外されるぐらいなら、参加しておいた方がいいか〟という程度だったと思う。櫻井さんは馬場、猪木とはカードの交渉をしていたけど、吉原さんには事後承諾みたいな感じだったんじゃないかな。その頃の吉原さんの言葉で憶えているのは、〝俺のところを見くびってるのか〟と。そういう中で俺は取材したり、会社の決定事項を伝えに行ってたんだから（苦笑）。大会当日？　俺は東スポの人間だから雑用で動き回っていて、実は試合はあまり観てないんだよね」

――国際プロレスに話を戻すと、この時期は未来のエース候補として原進が大々的に売り出されましたよね。門馬さんの印象は？

「いい素材だなと思ったよ。〝和製チャールズ・ブロンソン〟と呼ばれていたけど、あの男臭さはいいなと。でも、キンキラキンの衣装で損したよね。あれで北尾と同じになっちゃった（笑）。原が売り出されて…ボヤいていたのは寺西だな。踏み台にされてるから、グチュグチュ言ってたよ。原とはいろいろ話をしたけど、本音を言ってくれたかどうかはわからないな。国際が潰れた時も悩んでいたよ。〝地元の長崎に帰るの？〟と聞いたら、〝帰るつもりなんだけど…〟と」

――その時、門馬さんが間に入って、全日本プロレス行きが決まったんですよね。

「馬場さんから家に電話が来たんだよ。ちょうど娘が中学3年で受験勉強をやっていて、夜中の1時か2時かな。〝お父さん、変な声の人から電話が来てる〟って（笑）。〝門ちゃん、原はどうしてる？〟、〝地元に帰るみたいなことを言ってるけど、まだ迷ってるみたいだよ〟、〝引き留めてくれる？　連絡は取れる？〟、〝うん、できるよ〟、〝じゃあ、頼むな。後で電話ちょうだい〟という感じで、その後に都内のホテルで3人で待ち合わせて会ったんだよね。原は汚い格好で来たんだよなあ。その場で馬場さんは条件を提示して、〝3番手で考えてるんだけど〟と。それはジャンボ、天龍の次ということだよね。原もOKして、俺は〝じゃあ、馬場さん、あとは進めてくださいよ〟と。そうしたら、年明けにいきなりスタン・ハンセンだよ」

——82年1月15日、木更津市倉形スポーツセンターで行われたハンセンの全日本移籍第1戦の相手は原さんでしたが、僅か2分半でウェスタンラリアットを食らって敗れ、本人の中では〝終わった〟という気持ちがあったようです。

「全日本に移る段取りをつけたのは俺だけど、そこまでは口を出せないからねえ」

——話は前後しますが、最後の羅臼大会には取材に行かれたんですか？

「行ってない。俺は最後のシリーズは取材に行ってないから。12チャンネルの中継が終わった時点で、会場には行ってないんだ。逆に言えば、12チャンネルの収録があるから、地方にも出張に行けたんであってね。確か俺は松下（正雄＝元週刊ファイト記者）さんから電話が来て、潰れたと知ったのかな」

——門馬さんから見て、国際プロレスが立ち行かなくなった原因はどこにあったんでしょうか？

「それは、もう出発点からよ。資金がないという。それにスター選手がいなかった。当然すぎるほど、当然の理由。せっかく作ったストロング小林は引き抜かれて、残ったのは…冷たい言い方かもしれないけど、しょうがないと思うよ、これは」

——そのまま団体が続き、阿修羅・原がエースになったとしても厳しかったでしょうね。

「だから、ラッシャーが自己主張する、ビジネスに対して意見を言えるぐらいの立場ができていたら話は別だったろうけど、人間的にそれはできないしね。ビジネスに口を出さないというところがエースとしての力量不足と俺は結論付けるね。ただ、逆にラッシャーが自己主張したがる性格だったら、国際プロレスは15年も持たなかったかもしれない。草津と絶対にぶつかるでしょ。だから、バランスが取れて良かったとも言えるんだよ。そこが難しいところだな。その後、吉原さんは新日本プロレスの顧問になったけど、がんの告知はされていないんでしょ？」

――本人には本当の病状は伝えなかったようですね。

「その頃、吉原さんから〝会いたいな〟と電話がかかってきたんだよ。自分から飲みたいと言ってきてね。まあ、勘定を払ったのは俺なんだけどさ（苦笑）。でも、あまり力強く飲まないんだよな。今思えば、もう胃がんを患っていたんだろうなと。その時、吉原さんは会計の用紙の裏に図面を書き始めてね。〝7階建てのビルで、1階が練習場、6階と7階が合宿所で…〟と説明しだして。図面を書きながら、〝こんなビルを建てたかったなあ〟と。それが吉原さんの思い出の一番最後」

――やはり心残りがあったというか、国際プロレスというものを引きずっていたんですね。

「最後に、この話を書いてよ。そのビルにはプロレスのリングだけじゃなくて、アマレスのマットで練習するスペースもあったし、別の階にボクシングのジムも入ってたよ。だから、総合的に格闘技をやりたかったんだろうね」

――それが吉原さんが目指していた国際プロレスの『理想形』なんですかね？

「そういう夢が旗揚げした時からあったんじゃないかと俺は思うよ。吉原さんにとっては、夢物語の15年だったんじゃないかな」

G SPIRITS BOOK Vol.7

# 実録・国際プロレス

2017年12月1日　初版第1刷発行

編　　著　Gスピリッツ編集部
編 集 人　佐々木賢之
発 行 人　廣瀬和二
発 行 所　辰巳出版株式会社
〒160-0022
東京都新宿区新宿 2-15-14 辰巳ビル
TEL：03-5360-8064（販売部）
TEL：03-5360-8977（編集部）
印刷・製本　大日本印刷株式会社

装　　丁　柿沼みさと
編集協力　清水 勉、小佐野景浩（Office Maikai）、
細田マサシ、小泉悦次、徳永哲朗
写真・資料提供　原 悦生、吉澤幸一、山内 猛、峯本清成、
大田哲男、流 智美、稲村行真、冨倉 太、
国枝一之、梶谷晴彦


Printed in Japan
ISBN 978-4-7778-1977-5